税务培训专用教程

U0822035

TAX ANALYSIS: Theory and Practice

税收分析

理论与实践

赵喜红◎主编

中国市场出版社
China Market Press
·北京·

图书在版编目（CIP）数据

税收分析理论与实践/赵喜红主编．—北京：中国市场出版社，2013.11
ISBN 978－7－5092－1150－2

Ⅰ．①税…　Ⅱ．①赵…　Ⅲ．①税收管理-经济活动分析　Ⅳ．①F810.423

中国版本图书馆 CIP 数据核字（2013）第 245752 号

税收分析理论与实践
赵喜红　主编
Shuishou Fenxi Lilun yu Shijian

出版发行：中国市场出版社
社　　址：北京月坛北小街 2 号院 3 号楼　　**邮政编码**　100837
出版发行：编 辑 部（010）68037344　读者服务部（010）68022950
发 行 部（010）68021338　68020340　68053489
68024335　68033577　68033539
总 编 室（010）68020336
盗版举报（010）68020336
邮　　箱：943341659@sina.com
经　　销：新华书店
印　　刷：河北省高碑店市鑫宏源印刷有限公司
规　　格：185 mm×260 mm　16 开本　　**版　　次：**2013 年 11 月第 1 版
印　　张：26.5　　**印　　次：**2013 年 11 月第 1 次印刷
字　　数：630 000　　**定　　价：**60.00 元

版权所有　侵权必究　　印装差错　负责调换

编委会

主　编：赵喜红

副主编：楚善良　冯　鹤

编　委：王林林　丛　琳　郭　龙　丁吉阔
孙　斌　付　阳　李魁英　周　璞
郑继耀　李　明　李旭光　李红东
薛岩静　郝　冰　刘明丽　曹树斌
张爱国　王　昕　王玉翠　赵守立
马　玮　马　振

序

税收分析是税收管理的眼睛。近年来，山东国税以强化税收分析为主线，以信息化手段为依托，深化经济税收分析，针对组织收入中的热点、难点、焦点问题，深入开展税收分析研究，较好地发挥了税收分析为组织收入、加强征管、税制改革、宏观调控服务的功能与作用。在繁杂的工作之余，诸位同仁能沉心静气，总结梳理税收分析的理论成果和实践经验，并编著成书，可喜可贺。

税收分析是运用科学的理论和方法，对一定时期内税收与经济税源、税收政策、税收征管等因素及其相互关系进行分析、评价，揭示经济发展、税收政策、税收征管中存在的矛盾和问题，进而提出相关建议和措施的一项综合性管理活动。税收分析不仅是税收管理工作的重要组成部分，是对税收问题的认识由表象到内在的必然手段和途径，是深化对税收问题和规律认识的客观要求，而且对改善税收管理，提高税收工作质效等都有重要作用。该书按照“理论与实践相结合”的原则和思路，不仅介绍了税收分析的各种理论，更注重与实际工作相结合，力求突出实用性，从分析指标、分析方法、分析范式、分析步骤等方面对税收分析的全过程进行详实的描述和展示，对实际工作具有较强的针对性。希望本书对从事税收分析工作或对税收分析工作感兴趣的同志能有所帮助，共同推动税收分析水平的不断提高和税收事业的发展进步。

锲而舍之，朽木不折；锲而不舍，金石可镂。随着经济税收分析日益受到各级的广泛关注，税收分析理论与实践创新还任重道远，期待着广大同仁继续探索，不懈努力。

是为序。

目 录

CONTENTS

CHAPTER

1

第一章 税收分析概述

本章主要从理论上对税收分析进行简单介绍，分别从定义、意义、原则和分类等方面对税收分析进行初步介绍，此外还介绍了目前国内外关于税收分析研究的相关成果，以便读者对税收分析这一概念有一定的初步认识，为以后各章节的阅读和学习做好准备。

第一节　税收分析的定义

在解释什么是税收分析前，我们首先要弄清什么是“分析”。

从哲学的角度上讲，“分析”是指对客观存在的某种事物或现象，辩证地剖析其各方面相互联系、相互影响、相互作用的矛盾关系，从中揭示出其本质属性和最普遍、最一般的规律。分析方法作为一种科学方法是由法国学者笛卡尔最早引入研究领域的。英文中分析（analyse）一词即起源于希腊文的“分散”（Ανάλυση），也就是说要进行分析，首先应将分析对象分散成不同部分，这是相关研究开展的必要步骤。进而我们可以认为，分析的前提是承认任何一个研究对象都是由不同的部分组成的一个有机整体。

按照目前学术界的通常理解，学术研究中的分析，就是将研究对象的整体按照不同的部分、方面、因素和层次加以区分，将事物、现象、概念分门别类，进而离析出研究对象的本质及其内在联系，并分别加以考察的认识活动。分析的最终目的在于通过细致的研究寻找能够解决问题的方法，并以此解决问题。现代科学体系中几乎所有的学科领域都要进行分析研究，不同学科都有自身特殊的分析方式，但其中又存在诸多共性，概括起来，各学科的分析都包括以下几方面内容：

（1）定性分析。此类分析是为了确定研究对象是否具有某种性质，主要解决“有没有”和“是不是”的问题。我们要认识某个客观对象，首先就要认识这个对象所具有的性质，进而把它与其他的对象区别开来。所以，定性分析是最基本和最重要的分析。

（2）定量分析。这种分析是为了确定客观对象各种成分或因素数量的分析，主要解决“有多少”的问题。客观对象的成分不仅具有质的区别，而且具有量的区别，有些客观对象因其各种成分在量上不同而具有不同性质。

（3）因果分析。这种分析是为了确定引起某一现象变化原因的分析，主要解决“为什么”的问题。因果分析就是在研究某一对象的先行情况时，把作为它原因的现象与其他非原因现象区别开来，或者是在研究某一对象的后行情况时，把作为它结果的现象与其他现象区别开来。因果性是自然界现象之间普遍的和基本的联系。

（4）可逆分析。在科学研究领域中，假定某两种结果存在因果作用关系，原本作为结果的某一现象在特定条件下，有可能反过来作为原因，作用于原本作为原因存在的现象。可逆分析正是针对此类问题的一种分析方法。

（5）系统分析。此种分析是一种动态分析，它将客观对象看成是一个发展变化的系统。系统分析又是一种多层次的分析，它把对象看作是一个复杂的多层次的系统。比如，认识大气对流层系统、人体生理系统、工程技术系统、环境控制系统、交通运输系统、军事系统等等，都要采用动态的、多层次的系统分析法。

税收分析，即以税收为对象开展的分析工作。目前较权威的关于税收分析的定义是由国家税务总局在2007年制订的《税收分析工作制度》中提出的，本书也以此说法为准。即：税收分析是运用科学的理论和方法，对一定时期内税收与经济税源、税收政策、税收征管等相关影响因素及其相互关系进行分析、评价，查找税收管理中存在的问题，进而提出完善税收政策、加强税收征管的措施建议的一项综合性管理活动。它是税收管理的重要内容和环节，是促进税收科学化精细化管理、充分发挥税收职能的重要手段。其中，“科学的理论和方法”是手段，“一定时期内税收与经济税源、税收政策、税收征管等相关影响因素及其相互关系”是分析对象，“查找税收管理中存在的问题，进而提出完善税收政策、加强税收征管的措施建议”是分析的目的。税收分析是税务机关从税收经济的整体出发，以一定的经济和税收理论为基础，以准确的税收核算数据为依据，以一定的税收工作实践为出发点，运用特有的分析方法，研究反映税收与经济、税收收入与税收征管以及税收与相关的社会现象之间的内在联系等问题的一种工作。科学准确地把握税收分析的定义，是搞好税收分析工作的前提和基础，也有助于我们在分析工作开展过程中做到有的放矢、少走弯路，切实提高分析水平，相应的分析成果也更具有针对性、实用性和准确性，使分析成果的作用得到充分有效地发挥。

第二节　税收分析的意义

税收分析是人们认识客观税收活动的重要形式，是税收管理的重要内容。税收活动不仅涉及社会再生产的各个环节，而且涉及与税收相关的各种自然人和法人。由于税收活动具有涉及范围广、与社会政治经济多方面均存在内在联系的特性，因此只有从多方面、多角度开展分析工作，才能准确认识和把握税收活动的发展规律。从一定意义上说，通过日常的税收管理活动，即可取得大量的有关信息，但是，这些在日常工作中反映出来的数据和情况，仅从表象上反映了税收活动的实际情况和已经取得的成果，而不能直接揭示各类税收实际情况产生的原因及其内在特点，也不能提供进一步改进工作的途径和方向，同样也无法对未来情况进行预测。要达到上述目的，只有先充分掌握这些信息，并对已取得的信息资料加工整理，结合有目的的调查研究，进行分析判断，方可实现。因此，税收分析不仅是税收管理工作的重要组成部分，是对税收问题的认识由表象到内在的必然手段和途径，是深化对税收问题和规律认识的客观要求，而且对改善税收管理，提高税收工作质效等，都有重要作用。其重要意义具体讲有以下几个方面：

1. 综合反映经济税收相关信息，助推经济社会发展全局，为宏观调控服务

税收是国家调控经济运行、调节收入分配的重要政策工具，涉及国民经济所有部门，作用于社会再生产过程的各个环节。因此，通过对税收收入相关情况的深入分析，可以从税收角度及时准确反映出宏观经济的发展速度及整体质效等基本情况和特点，以帮助各级领导和党政部门准确把握经济和税收发展态势，为科学合理调控经济运行提供准确依据和有效建议，是国家实施各项宏观经济政策，促进经济社会平稳健康发展的重要参考和保障。做好税收分析，不仅是促进税收事业科学合理发展的需要，也是有效实施宏观调控、保证经济社会平稳健康发展的客观要求。

2. 准确反映税收政策实施效应，有效地发挥参谋作用，为税制改革服务

目前，我国正处于经济社会快速发展的时期，税收是国家有效调控经济运行的重要手段。近年来，国家密集出台或调整大量税收政策规定，对经济的平稳运行和快速发展发挥了重要作用。要及时了解和掌握税制改革的成果和政策实施过程中遇到的问题，就必须通过科学合理的税收分析，及时获取有关政策实施效应的数据与信息。因此，全面科学的税收分析也可以客观反映税制改革各项措施规定对税收收入和宏观经济产生的影响及其具体程度，从而使决策部门及时准确掌握各项政策规定的落实程度，了解政策作用是否得到充分有效发挥，作用发挥是否与制度设计初衷相吻合，进而为政策调整细化或下一步出台新政策提供依据和参考，真正实现税收分析为税制改革服务的作用。此外，有效的政策效应分析也是充分展示税制改革成果，有效宣传税制改革内容和意义的重要手段，能够使社会各界和广大纳税人充分认识税制改革的作用，有利于各界共享改革成果，也进一步促进了政策调整的落实，发挥了税收的职能和作用。

3. 切实加强税源监控，进一步推进依法治税，为强化税收征管服务

通过对税负、税收弹性等经济税收相关指标和入库率、清欠率等税收会计指标进行分析，可以有效了解和掌握税收征管工作中存在的问题，查找征管过程中的薄弱环节或违规行为，从而进一步提升税收征管工作水平。一方面，通过科学合理的分析方法，利用经济税收相关指标和税收会计指标等不同类型的指标，可以更有针对性地把握征管工作是否存在漏洞，纳税人是否存在违法违规行为，从而及时发现和加强税收征管工作的薄弱环节，减少税收流失，为研究改进征收管理办法、健全税制、堵塞漏洞和提高纳税人依法纳税的自觉性提供有效途径。另一方面，还可以利用科学有效的分析成果，及时掌握税源企业经营发展情况，为更加科学合理地培植涵养税源、更好地贯彻中央依法治税的工作方针提供坚强保障，更好地促进税收征管和组织收入工作的科学长效健康发展；同时，深入合理的分析成果也可有效帮助税源企业挖掘内部潜力，提高企业效益，进一步提升纳税服务工作水平，促进税收征管与企业经营和谐发展。科学有效的税收分析不仅可以更加直观地反映日常征收管理工作的成效，也可以真正实现加强税收征管和组织收入工作的有机结合，进一步提升税收征管工作的质量和效率，为推进税源专业化管理和信息管税工作提供坚强保障。

4. 有效提升组织收入工作水平，全面反映税收状况，为组织收入服务

首先，通过对税收收入完成情况的总量分析和对产业结构、税收政策、征管状况等因素的专题分析，可以把税收收入放在经济发展的大环境中更好地展示组织收入工作成果。其次，通过分析科学估算税收能力，深入研究经济税收发展的关系及税收本身的内在性质和特点，科学合理地预测税收收入，可以更好地增强组织收入工作的系统性和预见性，更好地掌握组织收入工作的主动权。再次，“坚持依法征税，应收尽收，坚决不收过头税，禁止和制止越权减免税”是组织收入工作的基本原则，通过深入分析可有效反映税务部门在征税过程中的政策执行程度，进一步提升税收收入质量，预防和制止各类违规行为，更好地发挥组织收入工作的反映、监督、调控、参谋作用，保证组织收入工作的顺利进行，进一步淡化税收收入计划观念，真正实现依计划征税到依法征税的转变，提升组织收入工作水平，服务税收发展大局。

第三节 税收分析的基本原则

各级税务机关在开展税收分析工作时，应始终坚持实事求是、经济与税收相互作用、定性与定量相结合、宏观与微观相结合的原则。具体来说：

一、实事求是的原则

税收收入分析必须客观地反映实际发生的情况，实事求是地分析某一阶段税收的实际情况、存在问题和发展趋势，这是税收分析所应遵循的最基本原则。它贯穿于税收分析的全过程，如果违背客观性原则，不仅不能为各级领导做出正确决策提供科学依据，反而会起误导作用，甚至会给税收征管和组织收入工作造成不必要的损失。

二、经济与税收相互作用的原则

一方面，税收来源于经济，经济决定税收，税收的发展受经济影响，随经济形势的变化而变化；另一方面，作为有机统一的整体，税收又反作用于经济，各项税收政策的调整与实施都会对经济运行产生影响。国民经济是一个由众多要素构成的复杂整体，其中每一个要素的发展变化都受其他要素的影响，并且反过来又影响其他要素。因此，在对作为其中一部分的税收进行分析时，必须把它放在整体中加以考察，深入研究税收与经济之间整体与整体、整体与部分、部分与部分之间的相互关系和内在联系，揭示其本质规律，保证税收分析的准确性和科学性。同时，对经济税收相互作用进行深入分析也是税收服务职能的集中体现，税收分析的职能是“四个服务”，即：为做好组织收入工作服务、为强化税收征管服务、为实施税制改革服务、为宏观调控服务。要实现上述服务职能，必须在分析工作中坚持经济与税收相互作用这一原则。

三、定性与定量相结合的原则

定性分析是对事物发展的性质所作的分析；定量分析是对事物的发展程度和数量关系所作的分析。从定性的角度看，经济与税收相互影响，国民经济发展规模最终决定税收收入规模，生产的规模、速度、水平、经济效益及与之相关的经济结构、产业结构、行业结构决定税收收入规模、增长速度和税收构成。可以说定性分析是税收分析的基础。同时，经济发展与税收收入增长还存在一定的数量关系，只有揭示出经济与税收之间的数量关系，才能准确了解税收的规模、发展速度、分布特点及未来发展情况，缺少定量分析，税收分析也无法真正达到预期目的。所以，税收分析必须遵循定性分析和定量分析相结合的原则。

四、宏观与微观相结合的原则

从宏观层面来看，税收是国内生产总值的重要组成部分，是由宏观经济形势、税收政策规定等宏观因素决定的；从微观层面看，税收又是由千千万万的纳税人各自缴纳的税款组成，取决于广大纳税人自身的经营状况、税收遵从度及征管力度等因素。从不同层面看，自然会得出不同的结论。在进行税收分析时，我们既要从宏观层面准确把握经济发展大局和宏观税收特点，使分析结果为宏观决策服务，为确保经济平稳运行服务；又要从微观层面及时掌握各类税源企业的经营发展状况，牢牢掌握税收征管工作和组织收入工作的主动权。只有微观和宏观相结合，才能避免税收分析的片面性和狭隘性。

除此之外，税收分析工作中还需注意以下几个问题：

连续性。税务部门组织税收收入是一个连续的动态过程，它与国民经济的动态发展过程是相吻合的。税收收入分析必须遵循连续性原则，基期税收收入必然会对报告期税收收入有影响，报告期税收收入也必然受基期相关联的因素影响，要对影响当期税收收入的诸因素进行动态、连续分析，逐步深化对税收收入发展变化的不同特点、原因趋势的认识，而不能局限于某点上的孤立的、片面的分析。

重要性。影响税收计划，作用于税收收入的因素很多，一一罗列、逐条逐个分析既抓不住主要矛盾，又事倍功半。因此，税收分析必须要突出重点，要抓住重点税种、重点税源、重点因素和重点地区进行开展，才能收到理想效果。

及时性。税收收入分析是为各级税务机关领导决策税收收入工作服务的，对各级政府进行经济决策也有一定的参考作用，因此不仅具有很强的实用性，时间要求也非常严格。所以，在开展税收分析工作时必须注意坚持及时性原则。

综上所述，税收分析对于税收的日常征管、收入形势的把握具有特殊作用，只有在分析过程坚持这些原则，才能确保分析结果科学准确，确保分析的作用得到充分发挥。

第四节　税收分析的基本分类

由于税收分析涵盖的内容、对象非常广泛，涉及经济税收的方方面面，每一篇分析报告又有其各自的侧重点，因此区分的标准不同，税收分析的具体分类也各不相同。本章将从不同角度对税收分析逐一进行分类，以使读者对税收分析的类型有一个初步认识。具体来说，有以下几种分类方法：

一、按工作职责分类

目前，收入规划核算部门按工作职责，共分为三类岗位：组织收入、税收会计统计、重点税源监控。税收分析是三类岗位的共同职责，但具体分析内容和特点又因其岗位职责的不同而各有区别，具体来说：

（一）收入分析

收入分析主要是描述税收收入在某个时期内的完成情况，从地区、产业、行业、企业类型、企业规模等角度分析税收收入的结构特征，剖析影响税收收入变化的经济因素、政策因素和征管因素，提出加强组织收入工作的意见或建议。其分析的角度包括税种、入库级次、行业、区域、企业注册类型、企业规模等方面。该类分析主要侧重于服务组织收入工作，目的是及时准确地了解税收收入的变化情况及其产生原因，把握组织收入工作主动权，并对未来影响组织收入工作的因素及其可能产生的结果进行预测与判断。

（二）税收会统分析

税收会统分析是以税收会计统计核算资料为主要依据，运用科学的分析方法，对税收资金运动过程及其结果与构成特点进行综合、全面的研究和评价，揭示税收工作的成绩、问题及其原因，并提出改进措施，以保证税收资金的安全，确保税收收入的及时足额入库，是税收会计核算工作的延续。该类分析主要侧重于关注税收资金在不同形态间的变化及其存在的问题，目的在于充分发挥税收会计的反映和监督职能，确保税收资金的安全运行，增强组织收入工作的基础和保障。

（三）重点税源监控分析

重点税源监控分析是依据重点税源监控报表数据，对所辖各类重点税源企业的经营运转和税收征纳状况进行及时掌握和科学分析。管好所辖的各类重点税源企业是做好税收征管和组织收入工作的重要方面，了解和掌握了重点税源企业的经营和税收情况，也就大体了解掌握了其所在地区和行业的经济税收状况。相对而言，重点税源企业分析更侧重从微观层面揭示税源企业的相关情况和问题，从而见微知著，了解和掌握经济税收的总体情况。

二、按时间环节分类

在税收管理和组织收入工作的不同环节，开展税收分析都是一项必不可少的工作内容，但在不同的时点和环节，分析的内容和要求又有所不同，具体来说：

（一）事前的预测判断分析

对税收收入预测与判断是组织收入工作的一项重要内容，是现行国家预算体制的客观要求，也是科学把握组织收入工作主动权的重要手段。预测可分为两种类型：一是常规预测，二是政策效应测算。

常规预测，即对当前或下一时期的税收收入完成情况进行预测，主要依据的是对经济税源的运行情况和政策调整变化情况的充分掌握，预测结果是各级党政机关和财政部门制订预算，合理安排各类支出的依据，对经济社会的平稳运行有至关重要的作用。常规预测按照预测期间划分，有年度预测、季度预测、月份预测等；按照预测内容划分，有当期完成情况预测和未来期完成情况预测。

政策效应测算，即在某项经济税收政策调整实施前，就此项调整对税收可能产生的影响及其程度进行预测判断。其方法主要是通过详细研究税制模式及其调整内容，使用已有经济税收数据或其预测值，按照科学方法测算各类政策实施后可能产生的经济效应和税收效应，包括税收增减变化情况、税收影响经济继而引起的税源变化情况等。这既是科学预测税收收入的方法手段，也是政策管理部门制订实施各项政策的依据，对科学调控宏观经济运行有重要作用。

（二）事中的运行情况分析

事中分析是了解掌握经济税收运行情况的主要手段，是最常见的分析类型，也是各类税收分析的基础。其主要方法是在税收日常征管和收入组织过程中，及时掌握各类经济税收信息和数据，深入分析税收的增减变化及其构成与分布特点，把握收入完成进度。通过事中分析，不仅可以及时掌握当前经济税收的运行情况，还可以及时掌握各项政策的执行落实情况。通过科学合理的事中分析，也可以及时发现和解决税收征管和组织收入工作中存在的问题，并提出有针对性的意见和建议。此外，科学合理的事中分析，是对下一步经济税收走势进行准确判断与把握的基础。可见，事中分析既是基础，也是最直观最有效的分析形式。

（三）事后的评价建议分析

事后分析，是在某一时期的税收征管或组织收入工作完成后，或在税收政策调整实施一定时期后，对前一时期工作所进行的总结与分析。它既包括对收入完成情况的通报，也包括对政策实施效应的分析计算，还可以包括对过去一定时期经济税收发展情况的描述和评价。其主要意义在于通过整理分析过去的相关情况，总结经验，吸取教训，为未来工作提供借鉴和建议。这种分析，既是对既有成果的总结和展示，也是对未来走势的预测和判断。

三、按分析对象内容分类

根据税收分析所针对的不同对象和具体内容，税收分析又可以分为以下几大类：

（一）经济税源分析

经济决定税收，税收来源于经济。要真正把握组织收入工作的主动权，就必须关注经济、了解经济，密切跟踪税源的发展变化。因此，通过经济税源分析准确把握税源的特点和变化趋势，也是日常税收工作的客观要求。

经济税源分析要从宏观和微观两个层面开展。必须坚持宏观分析与微观分析相结合，力求全面地反映经济税源状况及其发展趋势。常用的有税负分析、税收弹性分析和税源分析三种，有时也涉及税收关联分析。

（二）政策效应分析

税收既是宏观调控的重要手段，又是经济发展的晴雨表。加强宏观经济政策和税收政策的效应分析，反映宏观调控效果，把握税收收入影响，及时发现经济运行和税收中的问题，是税收分析的一项重要任务。

政策效应分析又可分为经济政策效应分析和税收政策效应分析。政策效应分析对于经济和税收政策的制订、了解掌握政策落实情况、及时调整改革相关措施等具有最直接最有效的作用。

（三）管理风险分析

以提高征管质量与效率为主要目标，牢固树立风险管理意识，着力开展税收管理风险分析，最大限度地减少税收流失，是税收分析工作的重要内容，是收入规划核算部门加强征管服务的集中体现。

目前，已开展的税收管理风险分析主要包括：税收与经济指标对比分析、税收征管质量分析、税收征收率分析等。

（四）预测预警分析

税收分析不仅要分析过去和现在，而且要预测未来，把握经济与税收发展的趋势，税收预测预警分析正是基于这一要求开展的。

税收预测分析，主要针对税收收入预测，是通过既有的税收收入信息与数据，对未来税收收入的规模及变化趋势做出科学合理预测的分析工作。税收经济预警分析，是通过对税收指标与经济指标的对比，找出税收管理工作的疑点，并提醒相关管理人员，及时排查，解决问题。

四、按分析层面分类

按分析内容的具体层面来区分，税收分析可以分为宏观税收分析和微观税收分析。

（一）宏观税收分析

宏观税收分析是以宏观国民经济核算为基础、以说明税收经济关系为核心而展开的分析。宏观税收分析与微观税收分析相比，分析的基本内容和核心事项是一致的，都是对税收经济内在基本关系的分析，其区别主要在于分析的切入点和数据源不同。从切入点看，宏观税收分析是从国民经济核算账户入手，数据源是反映宏观经济内容的数据指标。宏观税收分析通过了解和掌握宏观经济指标的内涵，建立税收与经济关系模型，说明税收经济的内在关系，评价税收经济关系运行情况和发展态势，为在宏观上把握税收经济形势提供决策依据和数据支持。宏观分析的基本任务是：说明税制是否优劣、监测征管体系是否完善、评价税收职能实现的程度，核心是说明税收经济关系。宏观分析可从两个方面五项内容展开，两个方面是指数量分析和质量分析，五项内容包括：税收总量分析、静态税负分析、动态弹性分析、税源质量分析和税收征管状态考核分析。

（二）微观税收分析

微观税收分析是对具体纳税人的生产经营情况、财务状况及税收缴纳情况的系列分析。与宏观税收分析相比，微观税收分析就是针对具体纳税人而展开的税收经济关系分析，其核心内容是针对具体纳税人的税收负担分析和税收弹性分析，此两者分别从静态和动态上描述了税收经济关系。按照指标推进关系，可将此类分析分为总量分析、征收关系分析和影响因素分析，其基本内容主要包括：税源预警分析、税负预警分析、影响因素分析、征收力度分析和征收效能分析等。

第五节　国内外税收分析工作的开展情况

近年来，国内外在税收分析方面取得了诸多成果，由于篇幅所限，现就相关情况做一简单介绍，以使读者对相关情况有一个初步了解。

一、国外税收分析研究成果

在国外，税收数据分析的研究主要关注模型和算法的优化，以及数据挖掘等新技术在该领域内的应用。

（一）围绕税收经济分析的国外研究

1. 税收经济理论

税收经济理论的发展始终是与经济理论的发展同步进行的。随着以数理经济学为标志的现代经济学的发展，税收理论也采用了数理经济学的表达形式和研究范式，税收理论研究中逐步采用了数学分析、线性代数、集合论、线性规划和拓扑论等多种数学工具，特别是引入了博弈论和不确定信息的研究成果，大大加强了税收经济理论研究的深入性和实用性。

2. 税收经济数量分析方法和模型

现代国外经济研究在理论上最大的特点是用数理经济学的方法进行研究，在实证上最大的特点是极其广泛地应用数量分析方法，几乎所有的重要结论都必须用数量方法进行实证研究。国外数量分析的方法和模型众多，主要包括税收宏观经济计量模型、税收投入产出模型、税收可计算一般均衡（CGE）模型、税收微观模拟模型、税收系统动力模型和基于数据仓库技术的分析方法与模型等。

（二）围绕税收收入预测的国外研究

长期以来，各国均十分重视对税收收入的预测研究，尤其以美国在这一领域最为突出。在美国国家联邦层次，美国国会预算办公室（Congressional Budget Office，CBO）、财政部税收办公室（Office of Tax Analysis，OTA）和税收联合委员会（Joint Committee on Taxation，JCT）专门有研究人员负责税收收入预测模型研究工作，并且针对税收模型及预测问题召开过多次研讨会。十几年来，美国国内大学以税收收入预测为题，产生了不少优秀的博士论文，对各种预测方法在税收预测中的应用理论和实践方面进行了相应的研究。

（三）围绕税收收入能力估测的国外研究

关于税收收入能力估测的研究，国外学者主要沿着两种思路进行，即国际货币基金组织（International Monetary Fund，IMF）思路和美国思路。

IMF 思路大多以发展中国家的税收能力为研究对象，而对发达国家研究较少。从研究方法上看，只有少数学者注重理论研究，如巴尔。而大多数的学者和专家更注重实证研究和经验分析。这一思路主要是从国际组织的角度出发，对处于同一区域和相同经济发展阶段的国家的税收能力进行比较分析。

美国思路是指 1962 年由美国 ACIR（Advisory Commission on Intergovenmental Relations）成员塞尔玛·穆什金和艾丽丝·里维林（Selma Mushkin & Alice Rivlin）创建的采用标准税基与标准税率估测税收收入能力的思路。其目标是为了在各州实际财政收入不可比的条件下，由中央政府建立一个统一标准，依此计算各州税收收入能力，并在此基础上对各州公共服务能力进行比较。计算各州财政能力的标准被称为代表性税制法（Representative Tax System，RTS)，用该方法计算得到的收入称为税收收入能力。

（四）围绕税收征管分析的国外研究

这一领域的研究主要是论证税收征管的好坏程度对纳税人纳税行为的影响，从查处率、罚款率、税率的变动方面入手，来分析纳税人纳税行为好坏的选择。而对税收征管者即税务机关行为的分析则因实践性太强，国外文献很少见。但西方发达国家对税收征管强调执法公平、从严管理的理念一直未变，以规范的执法促进纳税人如实申报纳税。

（五）围绕纳税评估的国外研究

西方发达国家对纳税评估相关的研究、论述主要集中于分析影响纳税人真实申报的原因，零散分布在税收管理有关文献中，有少数也涉及选择评估对象的方法。

从纳税评估的方法看，国外常用的方法主要有综合审计法和行为模式法两种。综合审计法是目前使用比较多的纳税评估方法，其主要原理是利用税务机构所掌握的各种信息与纳税人申报资料进行逻辑核对和分析，以判断纳税人是否如实进行了申报。综合审计结果依赖于税务机构所掌握的信息是否全面有效。国外实行综合审计的有新加坡国家税务局等。

行为模式分析法是以美国国家税务局为代表的一些发达国家税务机构正在积极探索的评估方法，该方法主要通过运用风险理论、行为理论和统计学等工具对各种行业、各种信用等级的典型纳税人进行统计分析，归纳出不同信用等级纳税人的一些行为特征，并据此建立起一整套的数据模型，然后通过对纳税人的信息进行数学模型的匹配来分析出纳税人的行为特征，以判断纳税人信用状况是否良好可信。

（六）目前国外经济税收的常用模型简介

与国内相比较，国外更注重用数理经济学的方法进行研究，在实证上最大的特点是极其广泛地应用数量分析方法。国外数量分析的方法和模型众多，下面仅列举几种常用于税收经济分析的方法模型：

（1）税收宏观经济计量模型。该模型是荷兰经济学家丁伯根（Tinbergen）于 1939 年建立的。

(2) 税收投入产出模型。美国经济学家里昂惕夫 (Leontiev) 于1936年提出该模型。目前，国外较广泛应用该模型研究税收对价格、投资的影响，也用来进行收入能力估算。

(3) 税收可计算一般均衡 (CGE) 模型。CGE模型以瓦尔拉斯 (Walras) 一般均衡理论为基础建立。目前，CGE模型广泛应用于税收政策的分析中，几乎成为税收政策分析的标准工具。

(4) 税收微观模拟模型。美国经济学家奥卡特 (Orcutt) 于1957年首先提出微观模拟思想，并于1961年合作建立了第一个微观模拟模型。该模型目前是税收制度设计和税收政策分析必不可少的工具。

二、中国税收分析工作开展的基本情况

近年来，中国对税收分析工作高度重视，各税务部门在分析工作方面开展了大量工作，取得了丰硕的成果。

(一) 中国税收分析工作的基本思路演变

早在2003年，国家税务总局就在工作思路中明确提出强化税收分析预测，明确提出了税收分析的“四个服务”，即：一是要当好参谋，为做好组织收入工作服务；二是要加强监控，为强化税收征管服务；三是要准确测算，为实施税制改革服务；四是要关注经济，为宏观调控服务。

2005年，国家税务总局又进一步提出“以加强税收分析为重点”，并将构建“科学的税收分析方法体系”作为体系建设的四大重点目标之一。

2006年，国家税务总局提出“进一步深化税收分析”，并提出了税收分析的四种方法，即：税收弹性分析、税负分析、税源分析和税收关联分析。此外，还提出了建立两种分析联动机制，一是总局、省、市、县局四级计统部门纵向分析联动机制；二是税收经济分析、企业纳税评估、税源监控和税务稽查横向互动机制。

2008年，国家税务总局继续提出“以税收分析为重点”，并进一步提出了税收分析的四种类型，即：经济税源分析、政策效应分析、税收管理风险分析、预测预警分析。

2012年，国家税务总局进一步强调“深化税收分析工作”，并提出了详细要求。主要包括：深化预算执行情况分析，深化税收风险分析，深化政策效应分析和深化经济运行分析。

由此可见，近年来我国对税收分析工作的认识在不断加深，对工作的要求也日趋严格细致。

(二) 从制度上规范税收分析工作

国家税务总局于2007年4月制定了《税收分析工作制度》，并在全国范围内正式执行。该制度对税收分析的含义、职责、指标体系、方法内容等进行了详细明确的规定，进一步从制度上规范了中国各级税务机关的税收分析工作，有效促进了各级税务机关分析工作的广泛开展。通过建立税收经济分析、企业纳税评估、税源监控和税务稽查的互动机制，推进了税收科学化、精细化管理，及时发现税收征管中的薄弱环节和存在的问题，提

高税收征管的质量和效率，为税收分析建立起长效机制和制度保证，提升全系统税收分析水平，为税收职能的充分发挥奠定了坚实的基础。

（三）开展一系列重点工作

为进一步提升税收分析工作水平，使分析成果更好地服从服务于经济税收发展全局，近年来，中国各级税务机关陆续开展了多项重点工作，有效提升了分析工作水平，形成了多项有价值的分析成果。

1. 开展税收流失估算工作

税收收入能力（tax capacity）是指在既定的税制下某一国家或地区的税收潜能，不能观测但可以估算。简单来说，理论（潜在）税收收入能力等于理论税基乘以理论税率，理论税收收入减去实际税收收入即可得到税收流失额，税收流失除以理论税收收入即为税收流失率。

一般来说，影响税收流失水平的因素有多种，既有经济总量、经济结构、经济效益等经济因素，也有税收政策、货币财政政策、投资导向政策等政策因素，还有自然灾害、政治冲击等随机因素。

从方法上说，要估算税收流失，首先需进行税收能力估算。我国从2008年初开始针对税收收入能力和税收流失的估算工作，采取的方法主要有“自上而下法”和“自下而上法”。“自上而下法”即依据各类经济统计数据，通过使用随机边界模型、投入产出模型等计量分析模型估算税收收入能力和税收流失水平，这种方法主要用于税收收入总规模估算及流转税各税种估算，目前国内已利用这种方法先后开展了全国税收总规模估算、增值税及消费税分税种估算等工作，取得了一定的阶段性成果。“自下而上法”是在全部纳税人中通过科学抽样方法随机选取一部分纳税人，分户开展调查，得到样本纳税人的税收收入能力和税收流失规模，然后通过计量方法还原得到全体纳税人的税收收入能力和税收流失规模，这一方法主要针对所得税估算，目前，已在我国四川省部分地区试点开展了这一工作，取得了一定成果。

2. 规范税收预测方法

税收预测，即对未来税收收入的总量和结构等发展趋势所作出的分析、判断和推测。经济决定税收，经济发展水平和状况决定了税收收入的大小。要准确预测税收收入，就必须深入分析、研究和掌握经济运行诸要素和税收收入的关系，建立税收收入预测模型。

在过去相当长的时期，中国的税收预测工作一直停留在较为初级的阶段，预测工作主要依靠经验判断，缺乏具有科学依据的预测方法体系。近年来，通过大力引入和学习国内外科学预测方法和模型，中国的税收预测工作得到了快速发展，形成了由一系列科学方法和模型构成的预测方法体系。目前，国内在税收预测中使用的方法主要有回归分析法、时间序列法、经济模型法、神经网络预测法等。

回归分析法，是利用一元或多元线性回归模型，通过建立税收收入和其他一个或多个经济变量的回归模型，由其他经济变量的预测值来推断税收收入的预测值。一般来说，首先需建立科学准确的回归方程，科学估计方程参数并通过相关检验后，才能使用该模型进行收入预测。

时间序列是一串按时间记录的观察数据，时间序列预测是通过对时间序列的过去进行分析找出其规律，并将之延伸到未来，借以进行预测。此方法又分为确定型时间序列预测和随机性时间序列预测。

（四）构建税收分析指标体系

近年来，随着信息管税力度不断增强，中国税收征管工作信息化程度不断提升，初步形成了由多种指标数据构成的科学的税收数据体系。我国依据现有的会统报表、税收月快报、重点税源监控等已有数据资源，构建开发了税收分析指标体系。税收收入分析指标体系主要是针对全部税源建立相关税源指标体系，通过数据清洗，修正税收综合征管系统中的垃圾数据，利用税源指标进行数理运算（同比、环比、弹性、比重、增幅、排序等），派生出特性指标，建立固定分析表和自定义查询功能，筛选出异常纳税人，对纳税人申报情况的真实性和准确性做出定量的判断，发现征管中存在的异常点和风险点，不断提高税收收入质量。目前，税收分析指标体系共包括增值税、消费税和企业所得税申报表中的72个税源指标，系统的构建工作已初步完成，正在稳步推广过程中。

CHAPTER

2 第二章 税收分析的常用指标

税收分析指标是开展税收分析的基础，是描述税收事物的专业技术语言，没有一套科学完整的税收分析指标体系，就不能相应开展税收分析工作，也不可能客观、真实、准确地将具体税收管理工作的全貌呈现出来。建立税收分析指标体系，是奠定税收分析基础的需要，是探索税收分析理论的需要，是拓展税收分析领域的需要，也是深化税收分析内容的需要。

本章从宏观和微观两个角度，通过概念说明、来源口径、内容含义，介绍税收分析工作中的常用指标。

第一节　宏观税收分析的常用指标

宏观税收分析是以宏观国民经济核算为基础，以说明税收经济关系为核心开展的系列分析。宏观税收分析通过了解和掌握宏观国民经济指标的内涵，建立经济与税收关系模型，说明税收经济内在的关系，评价税收经济运行情况和发展态势，为在宏观上把握税收经济形势提供决策依据和数据支持。宏观税收分析指标主要包括经济指标、税收指标和税收经济关系指标三大类。

一、经济指标

经济指标是指描述宏观国民经济情况的各项数据指标，反映涉税经济活动的资源状况、运行状况和资金流量状况。这些指标通常是由从众多国民经济统计指标中抽取的、可作为计税依据的经济量化指标组成，也可以是反映经济活动总量的指标（经济指标及口径解释来自中华人民共和国国家统计局官方网站中的“国家统计主要指标解释”和《山东统计年鉴 2012》）。

主要包括：

（1）国内（地区）生产总值（GDP）指一个国家（或地区）所有常住单位在一定时期内生产活动的最终成果。国内生产总值有三种表现形态，即价值形态、收入形态和产品形态。在实际核算中，国内生产总值有三种计算方法，即生产法、收入法和支出法，三种方法分别从不同的方面反映国内生产总值及其构成。

1）生产法：从生产过程中生产的货物和服务总产品价值入手，剔除生产过程中投入的中间产品的价值，得到增加价值的一种方法。计算公式为：

增加值＝总产出－中间投入

2）收入法，也称分配法，按收入法计算国内生产总值是从生产过程创造收入的角度，对常住单位的生产活动成果进行核算。按照这种计算方法，增加值由劳动者报酬、生产税净额、固定资产折旧和营业盈余四个部分组成。计算公式为：

增加值＝劳动者报酬＋生产税净额＋固定资产折旧＋营业盈余

国民经济各部门的增加值之和等于国内生产总值。

3）支出法：从最终使用角度来反映国内生产总值最终去向的一种方法。计算公式为：

增加值＝最终消费支出＋资本形成总额＋货物和服务净出口

（2）产业增加值指第一、第二或者第三产业常住单位生产过程创造的新增价值和固定资产的转移价值。它可以按生产法计算，也可以按收入法计算。各产业部门增加值求和即为国内（地区）生产总值。按照国民经济行业分类（GB/T 4754—2011）标准，我国三次产业的划分是：第一产业为农业（包括农、林、牧、渔业）；第二产业为工业（包括采矿业，制造业，电力、热力、燃气及水生产和供应业）和建筑业；第三产业为除第一、第二产业以外的其他各行业。

（3）工业增加值指工业企业在报告期内以货币表现的工业生产活动的最终成果。工业增加值有两种计算方法：一是生产法，二是收入法。生产法是工业总产出减去工业中间投入加上应交增值税，目前统计年鉴中的工业增加值一般用生产法计算。收入法是从收入的角度出发，根据生产要素在生产过程中应得到的收入份额计算，这种方法也称要素分配法，计算公式为：工业增加值＝固定资产折旧＋劳动者报酬＋生产税净额＋营业盈余 。

规模以上工业企业的工业增加值可按行业大类、登记注册类型、企业规模等细分，由此可得到各行业（工业）增加值、各登记注册类型（工业）增加值等经济指标。自 2011 年起，山东省规模以上工业企业划分标准由年主营业务收入 500 万元及以上，提高到 2 000 万元及以上。

（4）工业总产值指以货币表现的工业企业在一定时期内生产的已出售或可供出售工业产品总量，它反映一定时间内工业生产的总规模和总水平。工业产值包括：在本企业内不再进行加工，经检验、包装入库（规定不需包装的产品除外）的成品价值；对外加工费收入；自制半成品、在产品期末期初差额价值。工业总产值采用“工厂法”计算，即以工业企业作为一个整体，按企业工业生产活动的最终成果来计算，企业内部不允许重复计算，不能把企业内部各个车间（分厂）生产的成果相加。但在企业之间、行业之间、地区之间存在着重复计算。

（5）总产出指一定时期一个国家（或地区）常住单位生产的所有货物和服务的价值，既包括新增价值，也包括被消耗的货物和服务价值以及固定资产货物和服务的价值。总产出按生产者价格计算，它反映常住单位生产活动的总规模。

（6）中间投入指常住单位在生产或提供货物与服务过程中，消耗和使用的所有非固定资产和服务的价值。中间投入也称为中间消耗，一般按购买者价格计算。

（7）最终消费指常住单位在一定时期内对货物和服务的全部最终消费支出，也就是常住单位为满足物质、文化和精神生活的需要，从本国经济领土和国外购买的货物和服务的支出；不包括非常住单位在本国经济领土内的消费。最终消费分为居民消费和政府消费。

（8）资本形成总额指常住单位在一定时期内获得减去处置的固定资产和存货的净额，包括固定资本形成总额和存货增加两部分。

（9）固定资产形成总额指常住单位购置、转入和自产自用的固定资产价值，扣除销售和转出的价值，包括有形固定资产形成总额和无形固定资产形成总额。有形固定资产形成总额包括一定时期内完成的建筑工程、安装工程和设备工器具购置（减处置）价值，商品房销售增值，土地改良形成的固定资产，新增役、种、奶、毛、娱乐用牲畜和新增经济林木价值。无形固定资产形成总额包括矿藏勘探、计算机软件、娱乐和文学艺术品原件等获得（减处置）的价值。

（10）存货增加指常住单位存货实物量变动的市场价值，即期末价值减期初价值的差额。存货增加可以是正值，也可以是负值；正值表示存货上升，负值表示存货下降。它包括生产单位购进的原材料、燃料和储备物资等存货，以及生产单位生产的产成品、在制品等存货。

（11）货物和服务净出口指货物和服务出口减货物和服务进口的差额。出口包括常住单位向非常住单位出售或无偿转让的各种货物和服务的价值。进口包括常住单位从非常住单位购买或无偿得到的各种货物和服务的价值。由于服务活动的提供与使用同时发生，因此服务的进出口业务并不发生出入境现象，一般把常住单位从国外得到的服务作为进口，非常住单位从本国得到的服务作为出口。货物的出口和进口都按离岸价格计算。

（12）劳动者报酬指劳动者因从事生产活动所获得的全部报酬。它包括劳动者获得的各种形式的工资、奖金和津贴，既包括货币形式的，也包括实物形式的，还包括劳动者所享受的公费医疗和医疗卫生费、上下班交通补贴和单位直接支付的社会保险费等。对个体经济来说，其所有者所获得的劳动报酬和经营利润不易区分，这两部分统一作为劳动者报酬处理。

（13）生产税净额指生产税减生产补贴后的差额。生产税指政府对生产单位生产、销售和从事经营活动以及因从事生产活动使用某些生产要素，如固定资产、土地、劳动力所征收的各种税、附加费和规费。具体包括销售税金及附加、增值税、管理费中开支的各种税、应交纳的养路费、排污费和水电费附加、烟酒专卖上缴政府的专项收入等。生产补贴与生产税相反，是政府对生产单位的单方面收入转移，因此视为负生产税处理，包括政策亏损补贴、粮食系统价格补贴、外贸企业出口退税收入等。

（14）固定资产折旧指一定时期内为弥补固定资产损耗，按照核定的固定资产折旧率提取的固定资产折旧，或按国民经济核算统一规定的折旧率虚拟计算的固定资产折旧。它反映了固定资产在当期生产中的转移价值。各种类型的企业和企业化管理的事业单位的固定资产折旧指实际计提并计入成本费用中的折旧费；不计提折旧的单位，如政府机关、非企业化管理的事业单位和居民住房的固定资产折旧则是按照统一规定的折旧率和固定资产原值计算的虚拟折旧。原则上，固定资产折旧应按固定资产的重置价值计算，但是目前我国尚不具备对全社会固定资产进行重新估价的基础，所以暂时只能采用上述办法。

（15）营业盈余是指常住单位创造的增加值扣除劳动者报酬、生产税净额和固定资产折旧后的余额。它相当于企业的营业利润加上生产补贴，但要扣除从利润中开支的工资和福利等。

（16）资产指企业拥有或控制的能以货币计量的经济资源，包括各种财产、债权和其他权利。资产按流动性分为流动资产、长期投资、固定资产、无形资产、递延资产和其他资产。数据来源于企业会计报表——《资产负债表》中“资产总计”项目的期末数。

（17）负债指企业所承担的能以货币计量，将以资产或劳务偿付的债务，偿还形式包括货币、资产或提供劳务。负债一般按偿还期长短分为流动负债和长期负债。数据来源于企业会计报表——《资产负债表》中“负债合计”的期末数。

（18）主营业务收入指企业生产经营产品和提供劳务等主要经营业务取得的业务收入总和。数据来源于企业会计报表——《利润表》中对应指标的本年累计数。未执行2001年《企业会计制度》的企业，用“产品销售收入”的本期累计数代替。

（19）主营业务成本指企业生产经营产品和提供劳务等主要经营业务发生的实际成本。数据来源于企业会计报表——《利润表》中对应指标的本年累计数。未执行2001年《企业会计制度》的企业，用“产品销售成本”的本期累计数代替。

（20）主营业务税金及附加指企业生产经营产品和提供劳务等主要经营业务应负担的生产性税金及附加。数据来源于企业会计报表——《利润表》中对应指标的本年累计数。未执行2001年《企业会计制度》的企业，用“产品销售税金及附加”的本期累计数代替。

（21）主营业务利润指企业生产经营产品和提供劳务等主要经营业务收入扣除其成本、费用、税金后的利润。

（22）利润总额指企业生产经营活动的最终成果，是企业在一定时期内实现的盈亏相抵后的利润总额（亏损以“－”号表示）。计算公式为：

利润总额＝营业利润＋补贴收入＋投资收益＋营业外净收入＋以前年度损益调整

（23）社会消费品零售总额指国民经济各行业直接售给城乡居民和社会集团的消费品总额。它反映各行业通过多种商品流通渠道向居民和社会集团供应的生活消费品总量，是研究国内零售市场变动情况、反映经济景气程度的重要指标。该指标按行业划分可得到批发和零售业、住宿和餐饮业等行业指标。

（24）商品销售总额指对本企业（单位）以外的单位和个人出售（包括对境外直接出口）的商品总额。它反映批发和零售业在国内市场上销售商品以及出口商品的总量，主要包括：1）售给城乡居民和社会集团消费用的商品；2）售给工业、农业、建筑业、运输邮电业、批发和零售业、餐饮业、服务业等作为生产、经营使用的商品；3）售给批发和零售业作为转卖或加工后转卖的商品；4）对国（境）外直接出口的商品。不包括出售本企业（单位）自用的废旧包装用品，未通过买卖行为付出的商品，经本单位介绍、由买卖双方直接结算、本单位只收取手续费的业务，购货退出的商品以及商品损耗和损失等。

（25）商品购进总额指从本企业（单位）以外的单位和个人购进（包括从境外直接进口）作为转卖或加工后的商品总额。它反映批发和零售业从国内、国外市场上购进商品的总量。主要包括：1）从工农业生产者购进的商品；2）从出版社、报社的出版发行部门购进的图书、杂志和报纸；3）从各种登记注册类型的批发和零售企业（单位）购进的商品；4）从其他单位购进的商品，如从机关、团体、企业等单位购进的剩余物资，从餐饮业、服务业购进的商品，从海关、市场管理部门购进的缉私和没收的商品，从居民手中收购的废旧商品等；5）从国（境）外直接进口的商品。不包括企业（单位）为自身经营使用和未通过买卖行为而收入的商品以及销售退回、商品升溢等。

（26）进出口总额指实际进出我国国境的货物总金额。它包括对外贸易实际进出口货物，来料加工装配进出口货物，国家间、联合国及国际组织无偿援助物资和赠送品，华侨、港澳台同胞和外籍华人捐赠品，租赁期满归承租人所有的租赁货物，进料加工进出口货物，边境地方贸易及边境地区小额贸易进出口货物（边民互市贸易除外），中外合资企业、中外合作经营企业、外商独资经营企业进出口货物和公用物品，到、离岸价格在规定限额以上的进出口货样和广告品（无商业价值、无使用价值和免费提供出口的除外），从保税仓库提取在中国境内销售的进口货物，以及其他进出口货物。该指标可以观察一个国家在对外贸易方面的总规模。我国规定出口货物按离岸价格统计，进口货物按到岸价格统计。

（27）国内（地区）生产总值指数指一个国家（或地区）的国内（地区）生产总值的增长速度。具体计算可用上一年或指定一年数据为基数。同理可计算各地区工业总产值指数。统计年鉴指数一般按可比价格计算。

（28）价格指数＝生产价格指数＋消费价格指数。生产价格指数主要是从生产者的角度进行的统计，如工业品出厂价格指数，原材料、燃料、动力购进价格指数等；消费价格指数主要是从消费者角度进行的统计，如居民消费价格指数、商品零售价格指数等。一般来说，生产者价格的变化要先于消费价格变动，换句话说，生产者价格变动往往会引起消费价格的变动。

（29）居民消费价格指数是反映一定时期内城乡居民所购买的生活消费品和服务项目价格变动趋势和程度的相对数，是对城市居民消费价格指数和农村居民消费价格指数进行综合汇总计算的结果。该指数可以观察和分析消费品的零售价格和服务项目价格变动对城乡居民实际生活费支出的影响程度。

（30）工业品出厂价格指数是从生产角度反映当月国内市场的工业品价格与上年同月的价格相比的价格变动。目前，我国以工业品出厂价格替代生产者价格。与居民消费价格指数相比，工业品出厂价格指数只反映了工业品出厂价格的变动情况，没有包括服务价格的变动；它的变动要比居民消费价格剧烈一些。

（31）商品零售价格指数是反映一定时期内城乡商品零售价格变动趋势和程度的相对数。商品零售价格的变动直接影响到城乡居民的生活支出和国家的财政收入，影响居民购买力和市场供需的平衡，影响到消费与积累的比例关系。因此，该指数可以从一个侧面对上述经济活动进行观察和分析。

（32）基尼系数是反映收入分配平等程度的指标。基尼系数为 0 表示收入分配绝对平等，为 1 表示收入分配绝对不平等。基尼系数界于 0～1 之间变动，越大就表明不均等程度越大，越小就表明收入分配越平均。基尼系数在0.2以下表示高度平均；0.2～0.3之间表示相对平均；0.3～0.4之间表示分配相对合理；0.4～0.5之间表示差距偏大；0.5以上表示差距悬殊。0.4被作为一般的警戒线。

（33）景气指标（预测宏观经济走势的重要指标）主要分为两类：

第一类指标是通过对现有宏观经济指标的分析，挑选出最能反映宏观经济运行特点的指标，按照各自的权重，统一加总为一个总指数，判断并预测经济形势。如国家统计局的“国经指数”、国家信息中心的“中经指数”、卡斯特经济评价中心的“卡斯特指数”等。1）国经指数，由国家统计局负责编制。选择先行指标4个，包括全国钢产量、基本建设新开工项目数、广义货币M2、10种有色金属产量；同步指标4个，包括狭义货币M1、消费品零售额、工业生产增长率、海关出口总额等。在此基础上用合成指数分别计算先行指数和同步指数，两个指数合起来称“国经指数”。2）中经指数，由国家信息中心负责编制。选择同步指标12个，包括现价工业增加值、工业产品销售率、基础农资产品指数（各种化肥产量、农药产量、合成氨产量、农膜产量的复合指数）、社会消费品零售总额、固定资产投资完成额、商品房销售额、货运量、财政支出、海关进出口总额、狭义货币M1、金融机构各项贷款、社会需求指数（复合指数）等，编制不同合成指数，称为中经指数。3）卡斯特指数，由卡斯特评价中心负责编制。选择先行指标7个，包括钢产量、银行各项贷款总额、出口总额等；同步指标6个，包括工业生产总值、社会消费品零售额、狭义货币M1、银行工资和其他个人支出、汽车产量、基建投资总额等；滞后指标5个，包括零售价格指数、国家财政支出．预算内工业企业销售收入、铁路货运量和城镇居民储蓄存款余额等。在此基础上，计算先行和同步指数，统称为卡斯特指数。

第二类指标是通过调查问卷设置问题对特定的调查对象如企业家、消费者等进行的景气或信心调查，通过对统计汇总的结果进行相应的处理，得出相应的指数。如国家统计局企业调查总队的企业景气指数、企业家信心指数，国家统计局中国经济景气监测中心的消费者信心指数等。1）企业景气指数和企业家信心指数通过对部分企业家定期进行问卷调查，并根据企业家对宏观经济状况及企业生产经营状况的判断和预期来编制景气指数，从而准确、及时地反映宏观经济运行和企业生产经营状况，预测经济发展的变动趋势。以企业景气指数为例，景气指数的数值介于0和200之间，100为景气指数的临界值，当景气指数大于100时，表明经济状况趋于上升或改善，处于景气状态；当景气指数小于100时，表明经济状况趋于下降或恶化，处于不景气状态。2）消费者信心指数通过对消费者定期进行问卷调查，根据消费者对未来消费的判读和预期来编制。消费者信心指数由消费者预期指数和满意指数组成。其中，预期指数反映消费者对家庭经济状况和总体经济走向的预期，满意指数反映消费者对当前经济状况和耐用消费品购买时机的评价，而信心指数则综合描述消费者对当前经济状况的满意程度和未来经济走向的信心。目前编制的消费者信心指数以1997年为基期，动态反映消费者信心指数的变化。这个数值越高，表明消费者的信心越强，这个数值越低，表明消费者的信心越弱。

（34）可比价格指计算各种总量指标所采用的扣除了价格变动因素的价格，可进行不同时期总量指标的对比。按可比价格计算总量指标有两种方法：1）直接用产品产量乘某一年的不变价格计算。2）用价格指数进行缩减。

（35）不变价格指以同类产品某年的平均价格作为固定价格，用于计算各年的产品价值。按不变价格计算的产品价值消除了价格变动因素，不同时期对比可以反映生产的发展速度。统计年鉴中的增长速度一般采用不变价格计算。

（36）平均增长速度。我国计算平均增长速度有两种方法：一是习惯上经常使用的“水平法”，又称几何平均法，是以间隔期最后一年的水平同基期水平对比来计算平均每年增长（或下降）速度。二是“累计法”，又称代数平均法或方程法，是以间隔期内各年水平的总和同基期水平对比来计算平均每年增长（或下降）速度。在一般正常情况下，两种方法计算的平均每年增长速度比较接近；但在经济发展不平衡、出现大起大落时，两种方法计算的结果差别较大。除固定资产投资用“累计法”计算外，其余均用“水平法”计算。从某年到某年平均增长速度的年份，均不包括基期年在内。如新中国成立 43 年的平均增长速度是以 1949 年为基期计算的，则写为 1950—1992 年平均增长速度，其余类推。

平均增长速度也叫平均递增速度，它和平均发展速度统称为平均速度。平均速度是各个时期环比速度（即报告期水平与前一期水平对比计算的速度）的平均数，说明社会经济现象在较长时期内速度变化的平均程度。平均发展速度表示现象逐期发展的平均速度，平均增长速度则是反映现象逐年递增的平均速度。计算公式为：

1）按环比发展速度连乘积

计算公式为：

$$\text{平均发展速度}(\%)=\sqrt[n]{\text{环比发展速度连乘积}}$$

式中，n 表示环比发展速度的项数。

例如：某地区增加值 1991—1995 年各年的环比发展速度分别为 115.6%，107.8%，105.6%，103.6%，107.2%，计算平均发展速度为：

$$\sqrt[5]{115.6\%\times107.8\%\times105.6\%\times103.6\%\times107.2\%}=108\%$$

平均增长速度为：

$$108\%-100\%=8\%$$

2）按总发展速度

计算公式为：

$$\text{平均发展速度}(\%)=\sqrt[n]{\text{某指标报告期(最后一年)数值}\div\text{该指标基期(最初一年)数值}}\times100\%$$

式中，n 为报告期与基期的间隔期数。举例如下：

某单位 1995 年增加值为 18 250 万元，1990 年为 14 300 万元，计算五年的平均发展速度和平均每年递增速度如下：

五年间的平均发展速度为：$\sqrt[5]{18\,250\div14\,300}=105\%$。

五年间的平均递增速度为：105%－100%＝5%。

发展速度是反映某种社会现象发展程度的相对指标，它是报告期发展水平与基期发展水平之比，也就是把基期发展水平定为 1（或 100%），报告期发展水平相当于基期水平的相对数值。计算公式为：

$$发展速度(\%)=\frac{某指标报告期数值}{该指标基期数值}\times 100\%$$

（37）工业增加值率指在一定时期内工业增加值占同期工业总产值的比重，反映降低中间消耗的经济效益。

计算公式为：

$$工业增加值率(\%)=\frac{一定时期内工业增加值}{同期工业总产值}\times 100\%$$

（38）产品销售率反映工业产品已实现销售的程度，是分析工业产销衔接情况、研究工业产品满足社会需求的指标。

计算公式为：

$$产品销售率(\%)=\frac{工业销售产值}{工业总产值(现价)}\times 100\%$$

（39）成本费用利润率反映企业投入的生产成本及费用的经济效益，同时也反映企业降低成本所取得的经济效益。

计算公式为：

$$成本费用利润率(\%)=\frac{利润总额}{成本费用额}\times 100\%$$

公式中成本费用总额为产品销售成本、销售费用、管理费用、财务费用之和。

（40）总资产贡献率反映企业全部资产的获利能力，是企业经营业绩和管理水平的集中体现，是评价和考核企业盈利能力的核心指标。

计算公式为：

$$总资产贡献率(\%)=\frac{利润总额+税金总额+利息支出}{平均资产总额}\times 100\%$$

公式中税金总额为产品销售税金及附加与应交增值税之和；平均资产总额为期初与期末资产之和的算术平均值。

（41）资产负债率既反映企业经营风险的大小，也反映企业利用债权人提供的资金从事经营活动的能力。

计算公式为：

$$资产负债率(\%)=\frac{负债总额}{资产总额}\times 100\%$$

（42）全员劳动生产率反映企业的生产效率和劳动投入的经济效益。

计算公式为：

$$全员劳动生产率(元/人)=\frac{工业增加值}{全部从业人员平均人数}$$

(43) 流动资产周转次数指一定时期内流动资产完成的周转次数，反映投入工业企业流动资金的周转速度。

计算公式为：

$$流动资产周转次数=\frac{产品销售收入}{全部流动资产平均余额}$$

公式中全部流动资产平均余额为期初和期末的流动资产之和的算术平均值。

(44) 直接消耗系数指某一个部门生产单位总产出需要直接消耗各部门产品和服务的数量，也称投入系数。它反映该部门与其他部门之间直接的技术经济联系和直接依赖关系。

(45) 完全消耗系数指增加某一个部门单位总产出需要完全消耗各部门产品和服务的数量。

计算公式为：

完全消耗系数＝直接消耗系数＋全部间接消耗系数

它是全面揭示国民经济各部门之间技术经济的全部联系和相互依赖关系的主要指标。

(46) 毛利率指毛利与销售收入（或营业收入）的百分比，其中毛利是收入和与收入相对应的营业成本之间的差额。

二、税收指标

税收指标是指描述税收收入组织和入库情况的相关指标，可以反映税收估算、预算和实际征收入库情况。这些指标主要来源于各级税务局的收入规划核算部门的税收月快报、会计统计报表、综合征管软件系统、出口退税管理系统、重点税源企业监控、金税工程系统等。税收指标体系通常分为税收会计指标、税收统计指标和其他类别三大类[1]。

（一）税收会计指标

税收会计指标主要包括待征类指标、应征类指标、减免类指标、入库类指标、查补类指标、代征代扣类指标等。

1. 待征类指标

待征类指标反映 2001 年 5 月 1 日以后发生的应征而未征的税收和其他收入，主要有“代征税收”和“代征其他收入”。待征类指标一般按照税种、分来源设置。

2. 应征类指标

应征类指标反映纳税人向税务机关申报或由税务机关直接核定的、由海关代征的以及通过税务稽查、日常检查或财政、审计、司法等其他部门查处的，影响国家缴纳的各项税收和其他收入，主要包括“应征税收”和“应征其他收入”。应征类指标按税种和企业注册类型详细反映当年应征税收发生的情况。数据来源于各类纳税人填报的各税种纳税申报表、代扣代缴税款报告、预缴税款通知书、企业纳税定额申请核定表或应纳税款核定书、

[1] 刘新利：《税收分析概论》，221 页，北京，中国税务出版社，2000。

年（季度）纳税营业额申报核定表或定税清册、纳税定额税款通知书、核准停业通知书、申报（缴款）错误更正通知书、税务处理决定书或税务行政处罚决定书、税收行政复议决定书、审计决定书或财政监督检查处理决定书、法院判决书以及各种临时征收凭证等。

3. 减免类指标

减免类指标反映纳税义务发生后对纳税人减征、免征的税收及其他收入。一般按税种和减免性质详细反映减免税收发生的情况。减免包括两部分内容：一是随申报和欠税抵顶减免而形成的征前减免；二是通过国库办理退税而形成的退库减免。数据来源于记载有减免税额的纳税申报表、抵顶欠税的减免税批准文件、办理减免退库的税收收入退还书或载有减免税退税的提退清单等。

4. 入库类指标

入库类指标反映国库已经收纳入库的税收和其他收入，一般按照政府预算收入科目有关款项和预算级次进行列示。数据来源于各种税收缴款书回执联（目前为电子信息）、预算收入日报表、更正通知书、免抵调库通知书以及收入退还书付账通知联等。该类指标中主要包含如下指标口径：

(1) 税收收入反映税务部门征收入库的各项税收之和，不包括契税和耕地占用税，包含海关代征的增值税和消费税，未扣除产品出口退增值税和消费税。我们通常将税收收入中扣除“海关代征增值税和消费税”的税收口径，称之为国内税收收入。国内税收收入再扣除“免、抵调增增值税”的税收口径，称之为直接税收收入。通俗地讲，由税务局征收的税收，我们称之为国内税收，由海关部门征收的税收，我们称之为海关代征税收。如：

国内增值税反映国家税务局征收的一般增值税和按“先征后退”政策审批退库的国内增值税，以及按照“免、抵、退”有关政策规定办理的“免、抵调增增值税”。进口货物增值税，反映由海关部门代征的一般进口货物增值税、特定区域进口自用物资增值税和进口货物增值税税款滞纳金、罚款收入。我们将国内增值税和进口货物增值税之和，称之为增值税收入；将国内增值税剔除“免、抵调增增值税”的增值税，称之为增值税直接收入。

消费税收入包含国内消费税和进口消费品消费税。国内消费税是反映国家税务局征收的国内消费税。进口消费品消费税是反映由海关部门代征的进口消费品消费税以及进口消费品消费税税款滞纳金、罚款收入。我们将国内消费税和进口消费品消费税之和，称之为消费税收入。

(2) 出口退税反映由税务部门审批退库的出口退增值税和消费税，以及免抵调减增值税之和。

(3) 其他收入反映由税务部门征收入库的，除上述税收收入以外的其他各项财政收入之和。

5. 查补类指标

查补类指标按税种反映查补税金应征和入库及税款滞纳金、罚款收入入库的情况。数据来源于税务处理决定书或税务行政处罚决定书。

6. 代征代扣类指标

代征代扣类指标按税种和项目反映扣缴义务人根据税收法律法规代扣、代收代缴入库的税款，以及代征单位根据委托代征协议结报入库的代征税款。数据来源于“代征代扣税款登记簿”。

（二）税收统计指标

税收统计指标集中反映报告期末入库税款在各种经济类型、各种行业、各税目中的分布情况。主要按税种、税目、项目、经济类型、行业指标等分类标准设置，包括税收总体指标、涉外税收指标、欠税呆账指标、增值税税源指标、减免税分项目指标等。

1. 税收总体指标

税收总体指标从总体上反映全部已入库税收资金在各经济类型、各行业、各项目中的分布情况，主要按税种、税目、项目、经济类型、行业等分类标准设置。如：税收收入分行业分税种统计、税收收入分企业类型统计、各主要税种税收收入分行业分税种统计等。

2. 涉外税收指标

涉外税收指标综合反映港澳台投资企业、外商投资企业和外国企业以及外籍人员（包括华侨、港澳台同胞）缴纳各项税收入库的情况。涉外税收主要按税种、分行业、分企业性质设置。

3. 欠税呆账指标

欠税呆账指标按税种、行业、企业类型反映报告期内实际欠税余额的情况。

4. 增值税税源指标

增值税税源指标按主要品目反映全部增值税纳税人增值税税源的情况。主要指标包括销售额和应纳税额。销售额中又分为按适用税率征税货物及劳务销售额、按简易征收办法征税货物销售额、免抵退办法出口货物销售额、免税货物及劳务销售额。应纳税额指标主要包括销项税额、进项税额（上期留抵税额、进项税额转出、免抵退货物应退税额、按适用税率计算的纳税检查应补缴税额）、应抵扣税额、实际抵扣税额、期末留抵税额、按简易征收办法计算的应纳税额、应纳税额减征额。

5. 减免税分项目指标

减免税分项目指标按照税种、注册类型、减免类型及项目，反映报告期末减免税的情况。如减免税分税种分项目统计。

（三）其他类指标

其他类指标包括纳税户数统计和由税务部门负责征收的非税财政收入。纳税户数统计指标分行业、分经济类型设置，反映纳税人在国民经济各行业、各经济类型之间的分布情况。数据来源于税务登记证及其他征管资料等。非税财政收入统计反映教育费附加等财政资金的入库情况，这类指标分企业类型、分项目、按隶属关系分级次核算，数据来源于各种非税财政收入的征税凭证。

三、税收经济关系分析指标

税收经济关系分析指标是指税收与经济的联系指标，可以反映税收实际征收入库数据与其税源相关经济数据指标的关系，是评价税收经济关系、考核税收征管工作的重要参考数据。税收经济关系指标按静态和动态划分，分别称为税收负担和税收变化弹性。本文从税收与经济总量指标、部分税种与其所对应的经济数据指标，进行了部分列示。

（一）税收收入与国内生产总值（GDP）

分析一个国家或地区税收收入增长是否正常时，一般要从宏观税负和税收弹性系数两个方面来分析。宏观税负是指税收收入与国内生产总值之比，一般用百分数表示。税收弹性系数为税收收入增长与GDP增长的比值，一般用绝对额表示。当税收弹性系数大于1时，表明税收收入增长快于GDP的增长；当税收弹性系数小于1时，表明税收收入增长慢于GDP的增长；当税收收入弹性系数等于1时，表明两者同步增长。目前经济学界较为认可的弹性系数在0.8～1.2之间。在进行税负和弹性分析时，要明确分析的目的和内容。选取税收指标时做到“三个一致”：一是区域范围要一致，二是对比的时期要一致，三是对比的内容要一致；选取经济指标时，一是要将经济数据的可比价调整为现价，二是部分企业调整为全部企业，三是注重细分经济指标。

税收收入与国内生产总值（GDP）关系分析列举指标如下：

1. 税负类

（1）宏观税负指单位国内生产总值所负担的税收收入。税收指标来源于税收计统数据，GDP来源于统计局公布数据。计算公式如下：

$$宏观税负=\frac{税收收入}{GDP}\times 100\%$$

说明：a. 根据分析需要，可对GDP、税收收入口径进行可比性调整，如GDP可扣除第一产业增加值，税收收入可扣除海关代征进口产品税收、证券交易印花税和消费税等。b. 税收收入可采用应征或入库税收收入，分别用于计算宏观应征税负或宏观入库税负。

（2）产业税负指单位产业增加值所负担的税收收入。产业税收收入来源于税收计统数据；产业增加值来源于统计局公布数据。计算公式如下：

$$产业税负=\frac{产业税收收入}{产业增加值}\times 100\%$$

说明：a. 用于计算第一、第二、第三产业税负。b. 产业税收收入可采用应征或入库税收收入，分别用于计算产业应征税负或入库税负。

（3）行业税负指单位行业增加值所负担的税收收入。行业税收收入来源于税收计统数据；行业增加值来源于统计局公布数据。计算公式如下：

$$行业税负=\frac{行业税收收入}{行业增加值}\times 100\%$$

说明：a. 用于计算行业总体税负。行业以国家统计局公布的国民经济行业分类为准。b. 行业税收收入可采用应征或入库税收收入，分别用于计算行业应征税负或入库税负。

（4）地区税负指单位地区生产总值所负担的税收收入。地区税收收入来源于税收计统数据；地区生产总值来源于统计局公布数据。计算公式如下：

$$地区税负=\frac{地区税收收入}{地区生产总值}\times 100\%$$

说明：a. 根据分析需要，可对地区生产总值、地区税收收入口径进行可比性调整，如地区生产总值可扣除第一产业增加值，地区税收收入可扣除海关代征进口产品税收、证券交易印花税和消费税等。b. 地区税收收入可采用应征或入库税收收入，分别用于计算地区应征税负或入库税负。c. 地区税负除了进行地区宏观税负分析外，还可以进行地区分产业、分行业税负分析。

2. 弹性类

（1）税收收入与GDP弹性反映国内生产总值每增长一个百分点对应的税收收入增长的百分点。税收收入来源于税收计统数据；GDP来源于统计局公布数据。计算公式如下：

$$税收收入与GDP弹性=\frac{税收收入增长率}{GDP增长率}$$

说明：a. GDP增长率原则上采用现价增长率，现价增长率通过本期GDP与基期GDP两个绝对值相除计算得出。b. 根据分析需要，可对GDP、税收收入口径进行可比性调整，如GDP可扣除第一产业增加值，税收收入可扣除海关代征进口产品税收、证券交易印花税和消费税等。c. 税收收入可采用应征或入库税收收入，分别用于计算应征税收弹性或入库税收弹性。

（2）产业税收弹性反映产业增加值每增长一个百分点对应的税收收入增长的百分点。产业税收收入来源于税收计统数据；产业增加值来源于统计局公布数据。计算公式如下：

$$产业税收弹性=\frac{产业税收收入增长率}{产业增加值增长率}$$

说明：a. 产业增加值增长率原则上采用现价增长率，现价增长率通过本期产业增加值与基期产业增加值两个绝对值相除计算得出。b. 用于计算第一、第二、第三产业税收弹性。c. 产业税收收入可采用应征或入库税收收入，分别用于计算产业应征税收弹性或入库税收弹性。

（3）行业税收弹性反映行业增加值每增长一个百分点对应的税收收入增长的百分点。行业税收收入来源于税收计统数据；行业增加值来源于统计局公布数据。计算公式如下：

$$行业税收弹性=\frac{行业税收收入增长率}{行业增加值增长率}$$

说明：a. 行业增加值增长率原则上采用现价增长率，现价增长率通过本期行业增加值与基期行业增加值两个绝对值相除计算得出。b. 行业以国家统计局公布的国民经济行业分类为准。c. 行业税收收入可采用应征或入库税收收入，分别用于计算行业应征税收弹性或入库税收弹性。

（4）地区税收弹性反映地区增加值每增长一个百分点对应的税收收入增长的百分点。地区税收收入来源于税收计统数据；地区生产总值来源于统计局公布数据。计算公式如下：

$$地区税收弹性=\frac{地区税收收入增长率}{地区生产总值增长率}$$

说明：a. 地区生产总值增长率原则上采用现价增长率，现价增长率通过本期地区生产总值与基期地区生产总值两个绝对值相除计算得出。b. 根据分析需要，可对地区生产总值、税收收入口径进行可比性调整，如地区生产总值可扣除第一产业增加值，税收收入可扣除海关代征进口产品税收、证券交易印花税和消费税等。c. 地区税收收入可采用应征或入库税收收入，分别用于计算地区应征税收弹性或入库税收弹性。d. 地区税收弹性除了进行地区总体税收弹性分析外，还可以进行地区分产业、分行业税收弹性分析。

（二）国内增值税

1. 税负类

（1）国内增值税税负指单位工业和批发零售业增加值所负担的国内增值税税额。国内增值税、免抵调增增值税来源于税收计统数据、综合征管软件系统，增值税免抵税额来源于出口退税管理系统；工商业增加值、存货增加来源于统计局公布数据。计算公式如下：

$$国内增值税税负=\frac{国内增值税}{工商业增加值}\times 100\%$$

说明：a.“国内增值税税负”通常有两种口径：入库国内增值税税负＝入库国内增值税（含免抵调增增值税）/工商业增加值×100％；应征国内增值税税负＝(应征国内增值税＋增值税免抵税额)/工商业增加值×100％。b.“工商业增加值”为全部现价数，即全部工业增加值和全部批发零售业增加值现价合计数，常用的口径有剔除存货增加和不剔除存货增加两个。剔除存货增加后的入库国内增值税税负计算公式为：

$$入库国内增值税税负=\frac{入库国内增值税(含免抵调增增值税)}{工业增加值-工业存货增加}\times 100\%$$

（2）工业增值税税负指单位工业增加值所负担的工业增值税税额。入库工业增值税、工业免抵调增增值税来源于税收计统数据，应征工业增值税来源于综合征管软件系统，工业增值税免抵税额来源于出口退税管理系统；工业增加值、存货增加来源于统计局公布数据。计算公式如下：

$$工业增值税税负=\frac{工业增值税}{工业增加值}\times 100\%$$

说明：a.“工业增值税税负”通常有两种口径：入库工业增值税税负＝入库工业增值税（含工业免抵调增增值税）/工业增加值×100％；应征工业增值税税负＝(应征工业增值税＋工业增值税免抵税额)/工业增加值×100％。b. “工业增加值”全部为现价数，常用的口径有剔除存货增加和不剔除存货增加两个。剔除存货增加后的入库工业增值税税负计算公式为：

$$入库工业增值税税负=\frac{入库工业增值税(含工业免抵调增增值税)}{工业增加值-工业存货增加}\times 100\%$$

（3）商业增值税税负指单位批发和零售业增加值所负担的商业增值税税额。入库批发和零售业增值税来源于税收计统数据，应征批发和零售业增值税来源于综合征管软件系统；批发和零售业增加值、存货增加来源于统计局公布数据。计算公式如下：

$$商业增值税税负=\frac{批发和零售业增值税}{批发和零售业增加值}\times 100\%$$

说明：a.“批发和零售业增值税”可采用批发和零售业应征增值税或入库增值税，分别用于计算商业增值税应征税负或入库税负。b.“批发和零售业增加值”为全部现价数，常用的口径有剔除存货增加和不剔除存货增加两个。剔除存货增加后的商业增值税税负计算公式为：

$$商业增值税税负=\frac{批发和零售业增值税}{批发和零售业增加值-批发和零售业存货增加}\times 100\%$$

（4）工（商）业增值税与销售额之比指单位工（商）业销售额所负担的工（商）业增值税税额。入库工（商）业增值税、工业免抵调增增值税、应征工（商）业增值税、工（商）业计征增值税销售额来源于综合征管软件系统、出口退税管理系统、税收计统数据、重点税源企业监控数据。计算公式如下：

$$工(商)业增值税与销售额之比=\frac{工(商)业增值税}{工(商)业销售额}\times 100\%$$

说明：a.“工（商）业增值税与销售额之比”通常有两种口径：入库工（商）业增值税与销售额之比＝入库工（商）业增值税（含免抵调增增值税）/工（商）业销售额×100%；应征工（商）业增值税与销售额之比＝[应征工（商）业增值税＋增值税免抵税额]/工（商）业销售额×100%。b.“工（商）业销售额”为增值税（包括小规模纳税人）申报表中按适用税率和简易办法计征工（商）业增值税的销售额和免、抵、退办法出口货物销售额合计数。

（5）商业增值税与社会消费品零售总额之比指单位社会消费品零售总额所负担的商业增值税税额。入库批发和零售业增值税来源于税收计统数据，应征批发和零售业增值税来源于综合征管软件系统；社会消费品零售总额来源于统计局公布数据。计算公式如下：

$$\begin{matrix}商业增值税与社会\\消费品零售总额之比\end{matrix}=\frac{批发和零售业增值税}{社会消费品零售总额}\times 100\%$$

说明：“商业增值税”可采用批发和零售业应征增值税或入库增值税，分别用于计算批发和零售业应征或入库增值税与社会消费品零售总额之比。“社会消费品零售总额”指国民经济各行业直接售给城乡居民和社会集团的消费品总额，虽然不是商业增值税的税基，但与商业增值税高度相关。

（6）商业增值税与批发和零售业销售额之比指单位批发和零售业销售额中所负担的商业增值税税额。入库批发和零售业增值税来源于税收计统数据，应征批发和零售业增值税来源于综合征管软件系统；批发和零售业销售额来源于统计局公布数据。计算公式如下：

$$\begin{matrix}商业增值税与批发和\\零售业销售额之比\end{matrix}=\frac{批发和零售业增值税}{批发和零售业销售额}\times 100\%$$

说明：“商业增值税”可采用批发和零售业应征增值税或入库增值税，分别用于计算批发和零售业应征或入库增值税与批发和零售业销售额之比。“批发和零售业销售额”具体反映批发和零售业在国内市场上销售商品以及出口商品的总量，与商业增值税高度相关。

（7）免抵增值税税额与生产企业自营出口货物销售额之比指生产企业自营出口货物单位销售额所负担的免抵增值税税额。免抵增值税税额来源于出口退税管理系统，生产企业自营出口货物销售额来源于综合征管软件系统。计算公式如下：

$$\text{免抵增值税税额与生产企业自营出口货物销售额之比}=\frac{\text{免抵增值税税额}}{\text{生产企业自营出口货物销售额}}\times 100\%$$

说明：a. 用于反映生产企业自营出口货物销售额中所免抵的增值税税额的比例。b.“生产企业自营出口货物销售额”为增值税申报表中免、抵、退办法出口货物销售额。

（8）工（商）业销项税额与销售额之比指单位工（商）业销售额中所负担的国内增值税销项税额。数据来源于综合征管软件系统。计算公式如下：

$$\text{工(商)业销项税额与销售额之比}=\frac{\text{工(商)业销项税额}}{\text{工(商)业销售额}}\times 100\%$$

说明：a. 用于反映工（商）业销售额中销项税额的比例。b.“工（商）业销项税额”，为增值税一般纳税人申报表中“销项税额”。“工（商）业销售额”为增值税一般纳税人申报表中按适用税率和简易办法计征工（商）业增值税的销售额合计数，不包括免、抵、退办法出口货物销售额和免税货物及劳务销售额。

（9）工（商）业进项税额与销售额之比指单位工（商）业销售额中所负担的国内增值税进项税额。数据来源于综合征管软件系统。计算公式如下：

$$\text{工(商)业进项税额与销售额之比}=\frac{\text{工(商)业进项税额}}{\text{工(商)业销售额}}\times 100\%$$

说明：a. 用于反映工（商）业销售额中进项税额的比例。b.“工（商）业进项税额”为增值税一般纳税人申报表中“进项税额合计”。“工（商）业销售额”为增值税一般纳税人申报表中按适用税率和简易办法计征工（商）业增值税的销售额合计数，不包括免、抵、退办法出口货物销售额和免税货物及劳务销售额。

2. 弹性类

（1）国内增值税弹性反映工业和批发零售业增加值每增长一个百分点对应的国内增值税增长的百分点。国内增值税、免抵调增增值税来源于税收计统数据、综合征管软件系统，增值税免抵税额来源于出口退税管理系统；工业和批发零售业增加值来源于统计局公布数据。计算公式如下：

$$\text{国内增值税弹性}=\frac{\text{国内增值税增长率}}{\text{工业和批发零售业增加值现价增长率}}$$

说明：a.“国内增值税弹性”通常有两种口径：入库国内增值税弹性＝入库国内增值税（含免抵调增增值税）增长率/工业和批发零售业增加值现价增长率；应征国内增值税税负＝(应征国内增值税＋增值税免抵税额）增长率/工业和批发零售业增加值现价增长率。b.“工业和批发零售业增加值现价增长率”可通过当期工业增加值和批发零售业增加值与基期工业增加值和批发零售业增加值两个绝对值相除计算得出。

（2）工业增值税弹性反映工业增加值每增长一个百分点对应的工业增值税增长的百分点。入库工业增值税、工业免抵调增增值税来源于税收计统数据，应征工业增值税来源于综合征管软件系统，工业增值税免抵税额来源于出口退税管理系统；工业增加值来源于统计局公布数据。计算公式如下：

$$工业增值税弹性=\frac{工业增值税增长率}{全部工业增加值现价增长率}$$

说明：a.“工业增值税弹性”通常有两种口径：入库工业增值税弹性＝入库工业增值税（含工业免抵调增增值税）增长率/工业增加值增长率；应征工业增值税弹性＝（应征工业增值税＋工业增值税免抵税额）增长率/工业增加值增长率。b.“全部工业增加值现价增长率”由于月度和年度所取得的工业增加值数据口径不同，适用不同计算公式为：

$$\begin{matrix}年度全部工业\\增加值现价增长率\end{matrix}=\left(\begin{matrix}报告期全部\\工业增加值\end{matrix}\Big/\begin{matrix}基期全部\\工业增加值\end{matrix}-1\right)\times100\%$$

或

$$\begin{matrix}年度全部工业\\增加值现价增长率\end{matrix}=\left[\left(\begin{matrix}全部工业增加值\\可比价增长率\end{matrix}+1\right)\times\left(\frac{工业品出厂价格指数}{100}\right)-1\right]\times100\%$$

$$\begin{matrix}月度全部工业\\增加值现价增长率\end{matrix}=\left[\left(\begin{matrix}规模以上工业企业\\增加值现价增长率\end{matrix}+1\right)\times\left(\begin{matrix}近期全部工业\\增加值现价增长率\end{matrix}+1\right)\Big/\left(\begin{matrix}近期规模以上工业\\增加值现价增长率\end{matrix}+1\right)-1\right]\times100\%$$

式中，规模以上工业企业增加值现价增长率＝[（规模以上工业企业增加值可比价增长率＋1）×（工业品出厂价格指数/100）－1]×100%。

“月度全部工业增加值现价增长率”也可以通过回归模型测算，先以本地区历年全部工业增加值现价增长率为因变量，以规模以上工业企业增加值现价增长率为自变量，建立回归模型，对二者关系进行量化，然后将计算的“月度规模以上工业企业增加值现价增长率”代入回归模型，测算出全部工业增加值现价增长率。

（3）商业增值税弹性反映商业增加值每增长一个百分点对应的商业增值税增长的百分点。入库批发和零售业增值税来源于税收计统数据，应征批发和零售业增值税来源于综合征管软件系统；批发和零售业增加值来源于统计局公布数据。计算公式如下：

$$商业增值税弹性=\frac{批发和零售业增值税增长率}{全部批发和零售业增加值现价增长率}$$

说明：“批发和零售业增值税”可采用批发和零售业应征增值税或入库增值税，分别用于计算商业增值税应征弹性或入库弹性。

（4）工业增值税与销售产值弹性反映工业销售产值每增长一个百分点对应的工业增值税增长的百分点。入库工业增值税、工业免抵调增增值税来源于税收计统数据，应征工业增值税来源于综合征管软件系统，工业增值税免抵税额来源于出口退税管理系统；工业增加值来源于统计局公布数据。计算公式如下：

$$工业增值税与工业销售产值弹性=\frac{工业增值税增长率}{工业销售产值增长率}$$

说明：a.“工业增值税与销售产值弹性”通常有两种口径：入库工业增值税与销售产值弹性=入库工业增值税（含工业免抵调增增值税）增长率/销售产值增长率；应征工业增值税与销售产值弹性=(应征工业增值税+工业增值税免抵税额）增长率/销售产值增长率。b.“工业销售产值”，是以货币形式表现的，工业企业在一定时期内销售的本企业生产的工业产品或提供工业性劳务活动的价值总量（有全部数用全部数，没有全部数的，用规模以上工业企业数据替代）。

（5）工（商）业增值税与销售额弹性反映工（商）业销售额每增长一个百分点对应的工（商）业增值税增长的百分点。入库工（商）业增值税、免抵调增增值税来源于税收计统数据，应征工（商）业增值税、工（商）业计征增值税销售额来源于综合征管软件系统、重点税源企业监控数据。计算公式如下：

$$\text{工(商)业增值税与销售额弹性}=\frac{\text{工(商)业增值税增长率}}{\text{工(商)业计征增值税销售额增长率}}$$

说明：a.“工（商）业增值税与销售额弹性”通常有两种口径：入库工（商）业增值税与销售额弹性=入库工（商）业增值税（含免抵调增增值税）增长率/工（商）业销售额增长率；应征工（商）业增值税与销售额弹性=[应征工（商）业增值税+增值税免抵税额]增长率/工（商）业销售额增长率。b.“工（商）业销售额”为增值税（包括小规模纳税人）申报表中按适用税率和简易办法计征工（商）业增值税的销售额和免、抵、退办法出口货物销售额合计数。

（6）商业增值税与社会消费品零售总额弹性反映社会消费品零售总额每增长一个百分点对应的批发和零售业增值税增长的百分点。入库批发和零售业增值税来源于税收计统数据，应征批发和零售业增值税来源于综合征管软件系统；社会消费品零售总额来源于统计局公布数据。计算公式如下：

$$\text{商业增值税与社会消费品零售总额弹性}=\frac{\text{批发和零售业增值税增长率}}{\text{社会消费品零售总额增长率}}$$

说明：“批发和零售业增值税”可采用批发和零售业应征增值税或入库增值税，分别用于计算商业增值税与社会消费品零售总额应征弹性或入库弹性。

（7）商业增值税与批发和零售业销售额弹性反映批发和零售业销售额每增长一个百分点对应的批发和零售业增值税增长的百分点。入库批发和零售业增值税来源于税收计统数据，应征批发和零售业增值税来源于综合征管软件系统；批发和零售业销售额来源于统计局公布数据。计算公式如下：

$$\text{商业增值税与销售收入弹性}=\frac{\text{批发和零售业增值税增长率}}{\text{批发和零售业销售额增长率}}$$

说明：“批发和零售业增值税”可采用批发和零售业应征增值税或入库增值税，分别用于计算商业增值税与批发和零售业销售额应征弹性或入库弹性。

（8）免抵增值税税额与生产企业自营出口货物销售额弹性反映生产企业自营出口货物销售额每增长一个百分点对应的免抵增值税税额增长的百分点。免抵增值税税额来源于出口退税管理系统，生产企业自营出口货物销售额来源于综合征管软件系统。计算公式如下：

$$\frac{免抵增值税税额与生产企业}{自营出口货物销售额弹性}=\frac{免抵增值税税额增长率}{生产企业自营出口货物销售额增长率}$$

说明："生产企业自营出口货物销售额"为增值税申报表中免、抵、退办法出口货物销售额。该指标用于反映生产企业自营出口货物销售额与免抵增值税税额的协调性。单独看一个企业，当静态弹性>1时，表明免抵增值税税额的增幅快于相应的生产企业自营出口货物销售额的增幅，可能存在多免抵的问题，应引起关注。当进行同一企业此弹性的不同时点的动态比较时，若此弹性提高，说明免抵税额增幅的提高快于相应的生产企业自营出口货物销售额增幅的提高；当进行此弹性的同业比较时，可以发现免抵增值税税额增幅明显偏高的异常企业，从而有针对性地进行评估，查找其中原因。

(9) 工（商）业销项税额与销售额弹性反映工（商）业销售额每增长1个百分点对应的工（商）业销项税额增长的百分点。数据来源于综合征管软件系统。计算公式为：

$$工(商)业销项税额与销售额弹性=\frac{工(商)业销项税额增长率}{工(商)业销售额增长率}$$

说明："工（商）业销项税额"为增值税一般纳税人申报表中"销项税额"。"工（商）业销售额"为增值税一般纳税人申报表中按适用税率和简易办法计征工（商）业增值税的销售额合计数，不包括免、抵、退办法出口货物销售额和免税货物及劳务销售额。该指标用于反映工（商）业销项税额与销售额增长的协调性，通过进行同一企业不同时点的比较和同业比较，可以发现销项税额增幅明显低于销售额增长或低于同业水平的异常企业，从而有针对性地进行评估，查找原因。

(10) 工（商）业进项税额与销售额弹性反映工（商）业销售额每增长一个百分点对应的工（商）业进项税额增长的百分点。数据来源于综合征管软件系统。计算公式为：

$$\frac{工(商)业进项税额与}{销售额弹性}=\frac{工(商)业进项税额增长率}{工(商)业销售额增长率}$$

说明："工（商）业进项税额"为增值税一般纳税人申报表中"进项税额合计"。"工（商）业销售额"为增值税一般纳税人申报表中按适用税率和简易办法计征工（商）业增值税的销售额合计数，不包括免、抵、退办法出口货物销售额和免税货物及劳务销售额。该指标用于反映工（商）业进项税额与销售额增长的协调性，通过进行同一企业不同时点的比较和同业比较，可以发现进项税额增幅明显高于销售额增长或高于同业水平的异常企业，从而有针对性地进行评估，查找原因。

(11) 工（商）业增值税与销售额之比与毛利率弹性反映工（商）业毛利率每增长一个百分点对应的工（商）业增值税与销售额之比增长的百分点。工（商）业增值税来源于税收计统数据或综合征管软件系统，工（商）业销售额与销售成本来源于企业财务报表。计算公式为：

$$\frac{工(商)业增值税与}{销售额之比与毛利率弹性}=\frac{工(商)业增值税与销售额之比增长率}{毛利率增长率}$$

说明：毛利率=(销售额−销售成本)/销售额×100%。该指标用于分析微观企业毛利率与微观税负（即增值税与销售额之比）之间的协调性，通过进行同一企业不同时点的比较和同业比较，可以发现微观税负增幅明显低于毛利率增幅或低于同业水平的异常企业，从而有针对性地进行评估，查找原因。

（12）品目增值税与其销量弹性反映品目销量每增长一个百分点对应的该品目增值税增长的百分点。品目增值税来源于税收计统数据，工业品销量、产量来源于统计局公布数据或行业协会统计数据或企业财务报表数据。计算公式为：

$$品目增值税与其销量弹性=\frac{品目增值税增长率}{该品目销量增长率}$$

如：$卷烟增值税与卷烟销量弹性=\frac{卷烟增值税增长率}{卷烟销量增长率}$

说明：品目按增值税主要征收品目划分，当品目销量难以取得，且产销率相对稳定时，可以通过产量测算销量，或直接用产量代替。如：发电行业增值税与发电量弹性＝发电行业增值税增长率 /发电量增长率

（13）品目增值税与其价格弹性反映品目价格每增长一个百分点对应的该品目增值税增长的百分点。品目增值税来源于税收计统数据，工业品价格来源于统计局公布数据或物价部门核定数据或企业财务报表数据。计算公式为：

$$品目增值税与其价格弹性=\frac{品目增值税增长率}{该品目价格增长率}$$

如：石油、天然气开采业增值税与石油、天然气价格弹性＝石油、天然气开采业增值税增长率/石油、天然气价格增长率。

说明：品目按增值税主要征收品目划分，产品价格口径为统计局公布或物价部门核定的主要工业产品价格。

（三）国内消费税

1. 税负类

（1）卷烟消费税与卷烟销售收入之比指单位卷烟销售收入所负担的卷烟消费税。数据来源于税收月快报或会统报表、重点税源监控报表、综合征管软件系统、统计局公布的行业销售收入等相关数据，分子与分母两类数据的使用应具备同一性。计算公式为：

$$卷烟消费税与卷烟销售收入之比=\frac{卷烟消费税}{卷烟销售收入}\times100\%$$

说明：根据分析要求，卷烟范围可具体细分为甲类卷烟、乙类卷烟、雪茄烟和烟丝。销售收入可以使用统计部门公布的烟草制品业销售进行换算，保持可比性；可以使用综合征管软件系统中消费税、增值税申报表或重点税源监控报表产品表的销售收入（计税销售收入）汇总数据，以汇总数据或样本数据推断总体。该指标主要反映卷烟产品税负水平和变动情况。

（2）卷烟消费税与卷烟产量之比指单位卷烟产量所负担的卷烟消费税。数据来源于税收月快报、会统报表、重点税源监控报表产品表、综合征管软件系统数据、企业相关报表、统计局公布的产量等相关数据，分子与分母两类数据的使用应具备同一性。计算公

式为：

$$卷烟消费税与卷烟产量之比=\frac{卷烟消费税}{卷烟产量(大箱)}$$

说明：根据分析要求，分析范围可具体细分为甲类和乙类卷烟，卷烟产量可以使用统计部门公布的产品产量数据，也可以使用综合征管软件系统中消费税申报表及重点税源监控报表产品表中产量汇总数据，以汇总数据或样本数据代表总体。该指标主要从数量角度反映卷烟产品税负水平和变动情况，开展税负测算、评价和预警工作。

（3）酒消费税与酒产量之比指单位酒产量所负担的酒消费税。数据来源于税收月快报、会统报表、重点税源监控报表产品表、综合征管软件系统数据、企业相关报表、统计局公布的数据，分子与分母两类数据使用应具备同一性。计算公式为：

$$酒消费税与酒产量之比=\frac{酒消费税}{酒产量(斤、吨、升)}$$

说明：根据分析要求，分析范围可具体细分为白酒、黄酒、甲类啤酒和乙类啤酒等品目，白酒、啤酒产量可以使用统计部门公布的产品产量数据，也可以使用综合征管软件系统中消费税申报表及重点税源监控报表产品表中销量或产量汇总数据；黄酒产量主要使用综合征管软件系统中消费税申报表及重点税源监控报表产品表产量数据，以汇总数据或样本数据代表总体。该指标主要从数量角度反映酒产品税负水平和变动情况，开展税负测算、评价和预警工作。

（4）酒消费税与酒销售收入之比指单位酒销售收入所负担的酒消费税。数据来源于税收月快报、会统报表、重点税源监控报表、综合征管软件系统、统计局公布的行业销售收入等相关数据，分子与分母两类数据使用应具备同一性。计算公式为：

$$酒消费税与酒销售收入之比=\frac{酒消费税}{酒销售收入}\times 100\%$$

说明：根据分析要求，分析范围可具体细分为白酒、黄酒、啤酒、其他酒和酒精等品目。销售收入可以使用统计部门公布的饮料制造业销售收入，但须注意数据口径的换算，保持可比性；也可以使用综合征管软件系统中消费税、增值税申报表或重点税源监控报表产品表销售收入或计税销售收入汇总数据，以汇总数据或样本数据代表总体。对于黄酒和啤酒等从量计征的税目，销售收入来源于增值税申报表。该指标主要反映酒产品税负水平及其变动以及酒产品税负结构变化。

（5）化妆品消费税与化妆品销售收入之比指单位化妆品销售收入所负担的化妆品消费税。数据来源于税收月快报、会统报表、重点税源监控报表、综合征管软件系统、统计局公布的行业数据，分子与分母两类数据的使用应具备同一性。计算公式为：

$$化妆品消费税与化妆品销售收入之比=\frac{化妆品消费税}{化妆品销售收入}\times 100\%$$

说明：销售收入可使用综合征管软件消费税、增值税申报表销售收入或重点税源监控报表产品表销售收入汇总数据，以汇总数据或样本数据代表总体。该指标主要反映化妆品税负水平和变动情况。

（6）贵重首饰消费税与金银珠宝类零售额之比指单位金银珠宝类零售额所负担的消费税。数据来源于税收月快报、会统报表、统计局公布的商业数据。计算公式为：

$$\frac{\text{贵重首饰消费税与}}{\text{金银珠宝类零售额之比}}=\frac{\text{贵重首饰消费税}}{\text{限额以上批发企业金银珠宝类零售额}}\times 100\%$$

说明：本指标只适用于地区的宏观分析，反映贵重首饰消费税与税源发展的变化和差异。

（7）贵重首饰消费税与贵重首饰销售收入之比指单位贵重首饰销售收入所负担的贵重首饰消费税。数据来源于税收月快报、会统报表、重点税源监控报表、综合征管软件系统、统计局公布的行业数据，分子与分母两类数据的使用应具备同一性。计算公式为：

$$\frac{\text{贵重首饰消费税与}}{\text{贵重首饰销售收入之比}}=\frac{\text{贵重首饰消费税}}{\text{贵重首饰销售收入}}\times 100\%$$

说明：贵重首饰销售收入可以使用重点税源监控企业的销售收入汇总数据以及综合征管软件消费税、增值税申报表销售收入数据，以汇总数据或样本数据代表总体。该指标用于反映贵重首饰税负水平和变动情况，开展税负测算、评价和预警工作。

（8）鞭炮及焰火消费税与鞭炮及焰火销售收入之比指单位鞭炮及焰火销售收入所负担的鞭炮及焰火消费税。数据来源于税收月快报、会统报表、重点税源监控报表、综合征管软件系统、统计局公布的行业数据，分子与分母两类数据的使用应具备同一性。计算公式为：

$$\frac{\text{鞭炮及焰火消费税与}}{\text{鞭炮及焰火销售收入之比}}=\frac{\text{鞭炮及焰火消费税}}{\text{鞭炮及焰火销售收入}}\times 100\%$$

说明：鞭炮及焰火销售收入可以使用统计部门的化学原料及化学制品制造业销售收入，但须注意数据口径的换算，如使用综合征管系统或重点税源监控报表中鞭炮焰火企业占化工企业销售收入比重进行推算，以保持可比性；或者直接使用重点税源监控企业的销售收入汇总数据以及综合征管软件消费税、增值税申报表销售收入汇总数据，以汇总数据或样本数据代表总体。该指标用于反映鞭炮及焰火税负水平和变动情况，开展税负测算、评价和预警工作。

（9）成品油消费税与成品油产量之比指单位成品油产量所负担的成品油消费税。数据来源于税收月快报、会统报表、重点税源监控报表产品表、综合征管软件系统数据、统计局公布的产量数据，分子与分母两类数据的使用应具备同一性。计算公式为：

$$\text{成品油消费税与成品油产量之比}=\frac{\text{成品油消费税}}{\text{成品油产量(升)}}$$

说明：根据分析要求不同，分析范围可具体细分为汽油、柴油、航空煤油、石脑油、溶剂油、润滑油和燃料油等品目。成品油产量可以使用统计部门公布的相关产品产量数据，也可以使用综合征管软件系统中消费税申报表及重点税源监控报表产品表中产量汇总数据，以汇总数据或样本数据代表总体。该指标主要从数量角度反映成品油产品税负水平和变动情况，开展税负测算、评价和预警工作。

（10）成品油消费税与成品油销售收入之比指单位成品油销售收入所负担的成品油消费税。数据来源于税收月快报、会统报表、重点税源监控报表、综合征管软件系统、统计局公布的行业数据，分子与分母两类数据的使用应具备同一性。计算公式为：

$$\text{成品油消费税与成品油销售收入之比}=\frac{\text{成品油消费税}}{\text{成品油销售收入}}\times 100\%$$

说明：根据分析要求不同，分析范围可具体细分为汽油、柴油、航空煤油、石脑油、溶剂油、润滑油和燃料油等品目。销售收入可以使用统计部门的石油加工、炼焦及核燃料加工业销售收入进行换算，保持可比性；也可以使用综合征管软件增值税申报表销售收入或重点税源监控报表产品表汇总数据，以汇总数据或样本数据代表总体。该指标用于反映成品油产品税负结构变化和水平变化。

（11）汽车轮胎消费税与汽车轮胎销售收入之比指单位汽车轮胎销售收入所负担的汽车轮胎消费税。数据来源于税收月快报、会统报表、重点税源监控报表、综合征管软件系统、统计局公布的相关数据，分子与分母两类数据的使用应具备同一性。计算公式为：

$$\begin{array}{c}\text{汽车轮胎消费税与}\\\text{汽车轮胎销售收入之比}\end{array}=\frac{\text{汽车轮胎消费税}}{\text{汽车轮胎销售收入}}\times 100\%$$

说明：销售收入可以使用橡胶制品业销售收入，但须注意数据口径的换算，如汽车轮胎销售收入＝橡胶制品业销售收入×（轮胎增值税/橡胶制品业增值税），也可以使用消费税、增值税申报计税销售收入和重点税源监控产品表中销售收入汇总数据，以汇总数据或样本数据代表总体。该指标用于反映汽车轮胎税负水平和变动情况，开展税负测算、评价和预警工作。

（12）摩托车消费税与摩托车销售收入之比指单位摩托车销售收入所负担的摩托车消费税。数据来源于税收月快报、会统报表、重点税源监控报表、综合征管软件系统、统计局公布的行业数据，分子与分母两类数据的使用应具备同一性。计算公式为：

$$\text{摩托车消费税与摩托车销售收入之比}=\frac{\text{摩托车消费税}}{\text{摩托车销售收入}}\times 100\%$$

说明：根据分析的目的和主体不同，分析范围可以具体细化为大、小排量摩托车品目，销售收入可以使用交通运输设备制造业销售收入换算，如以重点税源监控报表中摩托车企业销售收入占交通运输设备制造业销售收入比重进行推算，以保持可比性；也可以直接使用综合征管软件摩托车企业消费税、增值税申报表销售收入或者重点税源监控报表产品表的销售收入汇总数据，以汇总数据或样本数据代表总体。该指标用于反映摩托车税负水平及变动情况，开展税负测算、评价和预警工作。

（13）摩托车消费税与摩托车产量之比指单位摩托车产量所负担的摩托车消费税。数据来源于税收月快报、会统报表、重点税源监控报表、综合征管软件系统数据、统计局公布的产量数据，分子与分母两类数据的使用应具备同一性。计算公式为：

$$\text{摩托车消费税与摩托车产量之比}=\frac{\text{摩托车消费税}}{\text{摩托车产量}}$$

说明：摩托车产量可以使用统计部门的产量数据；也可以使用重点税源监控报表产品表的销售数量汇总数据，以汇总数据或样本数据代表总体。该指标用于反映单位量摩托车税负水平，体现产品实现税收能力，评价税负结构及其变化。

（14）小汽车消费税与小汽车销售收入之比指单位小汽车销售收入所负担的小汽车消费税。数据来源于税收月快报、会统报表、重点税源监控报表、综合征管软件系统、统计局公布的行业数据，分子与分母两类数据的使用应具备同一性。计算公式为：

$$\text{小汽车消费税与小汽车销售收入之比}=\frac{\text{小汽车消费税}}{\text{小汽车销售收入}}\times 100\%$$

说明：根据分析要求，分析范围可具体细分为乘用车、中轻型商用客车以及各档乘用车等品目，销售收入可以使用交通运输设备制造业销售收入，但须注意数据口径的换算，如以综合征管软件和重点税源监控报表乘用车或中轻型商用客车制造企业销售收入占交通运输设备制造业销售收入比重进行换算，以保持可比性；也可以使用综合征管软件消费税、增值税申报表销售收入或者重点税源监控报表产品表的销售收入汇总数据，以汇总数据或样本数据代表总体。该指标用于反映小汽车税负水平及变动情况，开展税负测算、评价和预警工作。

（15）小汽车消费税与小汽车产量之比指单位小汽车产量所负担的小汽车消费税。数据来源于税收月快报、会统报表、重点税源监控报表、综合征管软件系统数据，统计局公布的汽车产量数据，分子与分母两类数据的使用应具备同一性。计算公式为：

$$\text{小汽车消费税与小汽车产量之比}=\frac{\text{小汽车消费税}}{\text{小汽车产量}}$$

说明：根据分析的目的和主体不同，小汽车产量可以使用统计部门的产量数据，但须注意数据口径的换算，保持可比性；也可以使用重点税源监控报表产品表的销售数量汇总数据，以汇总数据或样本数据代表总体。该指标用于反映单位量小汽车税负水平，体现产品实现税收能力，评价税源税负结构及其变化。

（16）高尔夫球及球具消费税与高尔夫球及球具销售收入之比指单位高尔夫球及球具销售收入所负担的高尔夫球及球具消费税。数据来源于税收月快报、会统报表、重点税源监控报表、综合征管软件系统，分子与分母两类数据的使用应具备同一性。计算公式为：

$$\begin{array}{c}\text{高尔夫球及球具消费税与}\\\text{高尔夫球及球具销售收入之比}\end{array}=\frac{\text{高尔夫球及球具消费税}}{\text{高尔夫球及球具销售收入}}\times 100\%$$

说明：根据分析的目的和主体不同，销售收入可以使用综合征管软件消费税、增值税申报表销售收入或者重点税源监控报表产品表的销售收入汇总数据，以汇总数据或样本数据代表总体。该指标用于反映高尔夫球及球具税负水平及变动情况，开展税负测算、评价和预警工作。

（17）高档手表消费税与高档手表销售收入之比指单位高档手表销售收入所负担的高档手表消费税。数据来源于税收月快报、会统报表、重点税源监控报表、综合征管软件系统，分子与分母两类数据的使用应具备同一性。计算公式为：

$$\text{高档手表消费税与高档手表销售收入之比}=\frac{\text{高档手表消费税}}{\text{高档手表销售收入}}\times100\%$$

说明：根据分析的目的和主体不同，销售收入可以使用综合征管软件消费税、增值税申报表销售收入或者重点税源监控报表产品表的销售收入汇总数据，以汇总数据或样本数据代表总体。该指标用于反映高档手表税负水平及变动情况，开展税负测算、评价和预警工作。

（18）游艇消费税与游艇销售收入之比指单位游艇销售收入所负担的游艇消费税。数据来源于税收月快报、会统报表、重点税源监控报表、综合征管软件系统，但分子与分母两类数据的使用应具备同一性。计算公式为：

$$\text{游艇消费税与游艇销售收入之比}=\frac{\text{游艇消费税}}{\text{游艇销售收入}}\times100\%$$

说明：根据分析的目的和主体不同，销售收入可以使用综合征管软件消费税、增值税申报表销售收入或者重点税源监控报表产品表的销售收入汇总数据，以汇总数据或样本数据代表总体。该指标用于反映游艇税负水平及变动情况，开展税负测算、评价和预警工作。

（19）木制一次性筷子消费税与木制一次性筷子销售收入之比指单位木制一次性筷子销售收入所负担的木制一次性筷子消费税。数据来源于税收月快报、会统报表、重点税源监控报表、综合征管软件系统，分子与分母两类数据的使用应具备同一性。计算公式为：

$$\text{木制一次性筷子消费税与木制一次性筷子销售收入之比}=\frac{\text{木制一次性筷子消费税}}{\text{木制一次性筷子销售收入}}\times100\%$$

说明：根据分析的目的和主体不同，销售收入可以使用综合征管软件消费税、增值税申报表销售收入或者重点税源监控报表产品表产品表的销售收入汇总表，以汇总数据或样本数据代表总体。该指标用于反映木制一次性筷子税负水平及变动情况，开展税负测算、评价和预警工作。

（20）实木地板消费税与实木地板销售收入之比指单位实木地板销售收入所负担的实木地板消费税。数据来源于税收月快报、会统报表、重点税源监控报表、综合征管软件系统，分子与分母两类数据的使用应具备同一性。计算公式为：

$$\text{实木地板消费税与实木地板销售收入之比}=\frac{\text{实木地板消费税}}{\text{实木地板销售收入}}\times100\%$$

说明：根据分析的目的和主体不同，销售收入可以使用综合征管软件消费税、增值税申报表销售收入或者重点税源监控报表产品表的销售收入汇总数据，以汇总数据或样本数据代表总体。该指标用于反映实木地板消费税税负水平及变动情况，开展税负测算、评价和预警工作。

2. 弹性类

（1）卷烟消费税与卷烟销售收入的弹性反映卷烟销售收入每增长一个百分点对应的卷烟消费税增长的百分点。数据来源于税收月快报、会统报表、重点税源监控报表、综合征管软件系统、统计局公布的相关数据，分子与分母两类数据使用时应具备同一性。计算公式为：

$$卷烟消费税与卷烟销售收入的弹性=\frac{卷烟消费税增长率}{卷烟销售收入增长率}$$

（2）卷烟消费税与卷烟产量弹性反映卷烟产量每增长一个百分点对应的卷烟消费税增长的百分点。数据来源于税收月快报，会统报表、重点税源监控报表产品表、综合征管软件系统数据、企业相关报表，分子与分母两类数据使用时应具备同一性。计算公式为：

$$卷烟消费税与卷烟产量弹性=\frac{卷烟消费税增长率}{卷烟产量增长率}$$

（3）酒消费税与酒产量弹性反映酒产量每增长一个百分点对应的酒消费税增长的百分点。数据来源于税收月快报、会统报表、重点税源监控报表产品表、综合征管软件系统数据、企业相关报表、统计局公布的数据，分子与分母两类数据使用时应具备同一性。计算公式为：

$$酒消费税与酒产量弹性=\frac{酒消费税增长率}{酒产量增长率}$$

（4）酒消费税与酒销售收入的弹性反映酒销售收入每增长一个百分点对应的酒消费税增长的百分点。数据来源于税收月快报、会统报表、重点税源监控报表、综合征管软件系统、统计局公布的相关数据，分子与分母两类数据使用时应具备同一性。计算公式为：

$$酒消费税与酒销售收入的弹性=\frac{酒消费税增长率}{酒销售收入增长率}$$

（5）化妆品消费税与化妆品销售收入弹性反映化妆品销售收入每增长一个百分点对应的化妆品消费税增长的百分点。数据来源于税收月快报、会统报表、重点税源监控报表、综合征管软件系统、统计局公布的相关数据，分子与分母两类数据使用时应具备同一性。计算公式为：

$$化妆品消费税与化妆品销售收入弹性=\frac{化妆品消费税增长率}{化妆品销售收入增长率}$$

（6）贵重首饰消费税与金银珠宝类零售额弹性反映限额以上批发企业金银珠宝类零售额每增长一个百分点对应的消费税增长的百分点。数据来源于税收月快报、会统报表、统计局公布的有关商业数据。计算公式为：

$$\begin{array}{c}贵重首饰消费税与\\金银珠宝类零售额弹性\end{array}=\frac{贵重首饰消费税增长率}{限额以上批发企业金银珠宝类零售额现价增长率}$$

（7）贵重首饰消费税与贵重首饰销售收入的弹性反映贵重首饰销售收入每增长一个百分点对应的贵重首饰消费税增长的百分点。数据来源于税收月快报、会统报表、重点税源监控报表、综合征管软件系统、统计局公布的相关数据，分子与分母两类数据使用时应具备同一性。计算公式为：

$$\text{贵重首饰消费税与贵重首饰销售收入的弹性}=\frac{\text{贵重首饰消费税增长率}}{\text{贵重首饰销售收入增长率}}$$

（8）鞭炮及焰火消费税与鞭炮及焰火销售收入弹性反映鞭炮及焰火销售收入每增长一个百分点对应的鞭炮及焰火消费税增长的百分点。数据来源于税收月快报、会统报表、重点税源监控报表、综合征管软件系统、统计局公布的相关数据，分子与分母两类数据使用时应具备同一性。计算公式为：

$$\text{鞭炮及焰火消费税与鞭炮及焰火销售收入弹性}=\frac{\text{鞭炮及焰火消费税增长率}}{\text{鞭炮及焰火销售收入增长率}}$$

（9）成品油消费税与成品油产量弹性反映成品油产量每增长一个百分点对应的成品油消费税增长的百分点。数据来源于税收月快报、会统报表、重点税源监控报表产品表、综合征管软件系统数据、企业相关报表、统计局公布的数据，分子与分母两类数据使用时应具备同一性。计算公式为：

$$\text{成品油消费税与成品油产量弹性}=\frac{\text{成品油消费税增长率}}{\text{成品油产量增长率}}$$

（10）成品油消费税与成品油销售收入的弹性反映成品油销售收入每增长一个百分点对应的成品油消费税增长的百分点。数据来源于税收月快报、会统报表、重点税源监控企业报表、综合征管软件系统、统计局公布的相关数据，分子与分母两类数据使用时应具备同一性。计算公式为：

$$\text{成品油消费税与成品油销售收入的弹性}=\frac{\text{成品油消费税增长率}}{\text{成品油销售收入增长率}}$$

（11）汽车轮胎消费税与汽车轮胎销售收入弹性反映汽车轮胎销售收入每增长一个百分点对应的汽车轮胎消费税增长的百分点。数据来源于税收月快报、会统报表、重点税源监控报表、综合征管软件系统、统计局公布的相关数据，分子与分母两类数据使用时应具备同一性。计算公式为：

$$\text{汽车轮胎消费税与汽车轮胎销售收入弹性}=\frac{\text{汽车轮胎消费税增长率}}{\text{汽车轮胎销售收入增长率}}$$

（12）摩托车消费税与摩托车销售收入弹性反映摩托车销售收入每增长一个百分点对应的摩托车消费税增长的百分点。数据来源于税收月快报、会统报表、重点税源监控报表、综合征管软件系统、统计局公布的相关数据，分子与分母两类数据使用时应具备同一性。计算公式为：

$$\text{摩托车消费税与摩托车收入弹性}=\frac{\text{摩托车消费税增长率}}{\text{摩托车产量增长率}}$$

（13）摩托车消费税与摩托车产量弹性反映摩托车产量每增长一个百分点对应的摩托车消费税增长的百分点。数据来源于税收月快报、会统报表、重点税源监控报表、综合征管软件系统、统计局公布的相关数据，分子与分母两类数据使用时应具备同一性。计算公式为：

$$摩托车消费税与摩托车产量弹性=\frac{摩托车消费税增长率}{摩托车产量增长率}$$

（14）小汽车消费税与小汽车销售收入弹性反映小汽车销售收入每增长一个百分点对应的小汽车消费税增长的百分点。数据来源于税收月快报、会统报表、重点税源监控报表、综合征管软件系统、统计局公布的相关数据，分子与分母两类数据使用时应具备同一性。计算公式为：

$$\begin{matrix}小汽车消费税与\\小汽车销售收入弹性\end{matrix}=\frac{小汽车消费税增长率}{小汽车销售收入增长率}$$

（15）小汽车消费税与小汽车产量弹性反映小汽车产量每增长一个百分点对应的小汽车消费税增长的百分点。数据来源于税收月快报，会统报表、重点税源监控报表产品表、综合征管软件系统数据、企业相关报表、统计局公布的数据。计算公式为：

$$小汽车消费税与小汽车产量弹性=\frac{小汽车消费税增长率}{小汽车产量增长率}$$

（16）高尔夫球及球具消费税与高尔夫球及球具销售收入弹性反映高尔夫球及球具销售收入每增长一个百分点对应的高尔夫球及球具消费税增长的百分点。数据来源于税收月快报、会统报表、重点税源监控报表、综合征管软件系统、统计局公布的相关数据，分子与分母两类数据使用时应具备同一性。计算公式为：

$$\begin{matrix}高尔夫球及球具消费税与\\高尔夫球及球具销售收入弹性\end{matrix}=\frac{高尔夫球及球具消费税增长率}{高尔夫球及球具销售收入增长率}$$

（17）高档手表消费税与高档手表销售收入弹性反映高档手表销售收入每增长一个百分点对应的高档手表消费税增长的百分点。数据来源于税收月快报、会统报表、重点税源监控报表、综合征管软件系统、统计局公布的相关数据，分子与分母两类数据使用时应具备同一性。计算公式为：

$$\begin{matrix}高档手表消费税与\\高档手表销售收入弹性\end{matrix}=\frac{高档手表消费税增长率}{高档手表销售收入增长率}$$

（18）游艇消费税与游艇销售收入弹性反映游艇销售收入每增长一个百分点对应的游艇消费税增长的百分点。数据来源于税收月快报、会统报表、重点税源监控报表、综合征管软件系统、统计局公布的相关数据，分子与分母两类数据使用时应具备同一性。计算公式为：

$$游艇消费税与游艇销售收入弹性=\frac{游艇消费税增长率}{游艇销售收入增长率}$$

（19）一次性筷子消费税与一次性筷子销售收入弹性反映一次性筷子销售收入每增长一个百分点对应的一次性筷子消费税增长的百分点。数据来源于税收月快报、会统报表、重点税源监控报表、综合征管软件系统、统计局公布的相关数据，分子与分母两类数据使用时应具备同一性。计算公式为：

$$\text{一次性筷子消费税与一次性筷子销售收入弹性}=\frac{\text{一次性筷子消费税增长率}}{\text{一次性筷子销售收入增长率}}$$

（20）实木地板消费税与实木地板销售收入弹性反映实木地板销售收入每增长一个百分点对应的实木地板消费税增长的百分点。数据来源于税收月快报、会统报表、重点税源监控报表、综合征管软件系统、统计局公布的相关数据，分子与分母两类数据使用时应具备同一性。计算公式为：

$$\text{实木地板消费税与实木地板销售收入弹性}=\frac{\text{实木地板消费税增长率}}{\text{实木地板销售收入增长率}}$$

说明：以上各弹性类分析指标说明与其税负类指标说明相同，略之。弹性类分析指标用于反映各消费税品目消费税税收与销售收入（产量）等税源指标发展协调程度及其变动规律。

（四）企业所得税

1. 税负类

（1）企业所得税税负指单位利润总额所负担的企业所得税税额。企业所得税税额来源于会统报表、税收电月报或重点税源企业数据，利润总额来源于统计局公布数据或企业财务报表。计算公式为：

$$\text{企业所得税税负}=\frac{\text{企业所得税税额}}{\text{利润总额}}\times 100\%$$

说明：a.“利润总额”为第二、第三产业各行业利润总额之和，也可以是某行业、某企业利润，用于分析某行业、某企业所得税税负。b. 为使企业所得税与利润总额等相关经济指标保持可比性，进行某企业所得税分析时，应对“企业所得税税额”进行调整，将“入库的企业所得税”扣减“上年汇算清缴的当年入库额”加上“本年汇算清缴在下年的入库额”。进行企业所得税与相关经济指标对比分析时，均应进行上述调整。

（2）企业所得税与营业盈余之比指单位企业营业盈余所负担的企业所得税税额。企业所得税来源于会统报表、税收电月报或重点税源企业数据，营业盈余来源于统计局公布数据。计算公式为：

$$\text{企业所得税与营业盈余之比}=\frac{\text{企业所得税税额}}{\text{营业盈余}}\times 100\%$$

说明：营业盈余是指企业增加值扣除劳动者报酬、生产税净额和固定资产折旧后的余额。

（3）企业所得税与主营业务收入之比指单位企业主营业务收入所负担的企业所得税税额。数据来源于会统报表、税收电月报、重点税源企业数据、企业所得税申报表、财务报表。计算公式为：

$$\text{企业所得税与主营业务收入之比}=\frac{\text{企业所得税税额}}{\text{企业主营业务收入}}\times 100\%$$

2. 弹性类

（1）企业所得税与利润总额弹性反映利润总额每增长一个百分点对应的企业所得税增

长的百分点。数据来源于会统报表、税收电月报、重点税源企业数据、统计局公布数据。计算公式为：

$$企业所得税与利润总额弹性=\frac{企业所得税增长率}{利润总额增长率}$$

说明："利润总额"为第二、第三产业各行业利润总额之和，也可以是某行业、某企业利润。

（2）企业所得税与营业盈余弹性反映营业盈余每增长一个百分点对应的企业所得税增长的百分点。数据来源于会统报表、税收电月报、重点税源企业数据、统计局公布数据。计算公式为：

$$企业所得税与营业盈余弹性=\frac{企业所得税增长率}{营业盈余增长率}$$

（3）企业所得税与主营业务收入弹性反映企业主营业务收入每增长一个百分点对应的企业所得税增长的百分点。数据来源于会统报表、税收电月报、重点税源企业数据、企业所得税申报表、财务报表。计算公式为：

$$企业所得税与主营业务收入弹性=\frac{企业所得税税额增长率}{企业主营业务收入增长率}$$

（五）营业税

1．税负类

（1）营业税税负指单位主营业务收入所负担的营业税。数据来源于税收月快报、会统报表、纳税人综合申报表及财务报表、重点税源监控企业相关数据。计算公式为：

$$营业税税负=\frac{营业税}{主营业务收入}\times 100\%$$

说明：由于没有全国第三产业征收营业税的主营业务收入，因此，这个指标一般用于行业、微观企业的营业税税负分析。

（2）营业税与相关增加值之比指单位营业税相关增加值所负担的营业税。数据来源于税收月快报、会统报表、统计局公布的增加值数据。计算公式为：

$$营业税与相关增加值之比=\frac{营业税}{营业税相关增加值}\times 100\%$$

$$营业税相关增加值=建筑业增加值+第三产业增加值-批发和零售业增加值$$

说明：国民经济行业分类中还有教育、卫生、社会保障和社会福利业、公共管理和社会组织等行业基本不产生营业税，尽可能将有产值无税收的情况剔除。

（3）行业营业税税负指单位主要行业主营业务收入所负担的行业营业税税额。数据来源于税收月快报、会统报表、纳税人综合申报表及财务报表相关数据、重点税源监控企业相关数据。计算公式为：

$$某行业营业税税负=\frac{某行业营业税}{某行业主营业务收入}\times 100\%$$

（4）建筑业营业税与建筑业总产值之比指单位建筑业总产值所负担的建筑业营业税。数据来源于税收月快报、会统报表、统计局公布的相应数据。计算公式为：

$$建筑业营业税与建筑业总产值之比=\frac{建筑业营业税}{建筑业总产值}\times 100\%$$

（5）建筑业营业税与全社会固定资产投资额之比指单位全社会固定资产投资额所负担的建筑业营业税。数据来源于税收月快报、会统报表、统计局公布的相应数据。计算公式为：

$$\begin{matrix}建筑业营业税与全社会\\固定资产投资额之比\end{matrix}=\frac{建筑业营业税}{全社会固定资产投资额}\times 100\%$$

（6）房屋和土木工程建筑业营业税与房地产开发投资额之比指单位房地产开发投资额所负担的房屋和土木工程建筑业营业税。数据来源于税收月快报、会统报表、统计局公布的相应数据。计算公式为：

$$\begin{matrix}房屋和土木工程建筑业营业税与\\房地产开发投资额之比\end{matrix}=\frac{房屋和土木工程建筑业营业税}{房地产开发投资额}\times 100\%$$

说明：全社会固定资产投资额中包括建筑工程投资和设备、工具、器具购置费用及其他投资等三部分，房地产开发投资是其中重要的一部分，用来反映房地产开发投资在建筑环节缴纳营业税的情况。

（7）银行业营业税与国内金融机构人民币贷款余额之比指单位国内金融机构人民币贷款余额所负担的银行业营业税。数据来源于税收月快报、会统报表、统计局公布的相应数据。计算公式为：

$$\begin{matrix}银行业营业税与国内金融机构\\人民币贷款余额之比\end{matrix}=\frac{银行业营业税}{国内金融机构人民币贷款余额}\times 100\%$$

（8）证券业营业税与交易佣金收入之比指单位股票、期货成交金额所负担的证券业营业税。数据来源于税收月快报、会统报表，各地证监会公布的相关数据。计算公式为：

$$\begin{matrix}证券业营业税与股票期货\\交易佣金收入之比\end{matrix}=\frac{证券业营业税}{股票期货交易佣金收入}\times 100\%$$

说明：证券业营业税不仅仅来源于股票交易，还有期货市场，需加上期货交易佣金。

（9）保险业营业税与保费收入之比指单位保费收入所负担的保险业营业税。数据来源于税收月快报、会统报表、统计局公布的相关数据。计算公式为：

$$保险业营业税与保费收入之比=\frac{保险业营业税}{保费收入}\times 100\%$$

说明：指标中的保费收入指扣除人寿保险中的寿险和健康险以及财产险中的出口信用保险和农业保险等免营业税险种的保费收入。

（10）电信业营业税与电信业务收入之比指单位电信业务收入所负担的电信业营业税。数据来源于税收月快报、会统报表、信息产业部或统计局公布的相应数据。计算公式为：

$$电信业营业税与电信业务收入之比=\frac{电信业营业税}{电信业务收入}\times 100\%$$

（11）房地产业营业税与商品房销售额、二手房交易额、土地购置费和房屋租赁收入合计之比指单位商品房销售额、二手房交易额、土地购置费和房屋租赁收入合计所负担的房地产业营业税。数据来源于税收月快报、会统报表，以及统计、房管、建设等部门公布的相关数据。计算公式为：

$$\begin{array}{l}房地产业营业税与商品房销售额、\\二手房交易额、土地购置费和房屋\\租赁收入合计之比\end{array}=\frac{房地产业营业税}{\begin{array}{c}商品房\\销售额\end{array}+\begin{array}{c}二手房\\交易额\end{array}+\begin{array}{c}土地\\购置费\end{array}+\begin{array}{c}房屋租\\赁收入\end{array}}\times 100\%$$

2. 弹性类

（1）营业税弹性反映主营业务收入每增长一个百分点对应营业税增长的百分点。数据来源于税收月快报、会统报表、纳税人综合申报表及财务报表相关数据、重点税源监控企业相关数据。计算公式为：

$$营业税弹性=\frac{营业税增长率}{主营业务收入增长率}$$

说明：该指标用于行业、企业分析。分析中要尽量避免只取纳税人申报的主营业务收入进行分析，而是利用不同数据源，如行业主管部门、统计部门数据等，对企业纳税申报的主营业务收入的真实性进行甄别。

（2）营业税与相关增加值弹性反映营业税相关增加值每增长一个百分点对应营业税增长的百分点。数据来源于税收月快报、会统报表、统计局公布的增加值数据。计算公式为：

$$营业税税收弹性=\frac{营业税增长率}{营业税相关增加值增长率}$$

$$营业税相关增加值=建筑业增加值+第三产业增加值-批发和零售业增加值$$

（3）行业营业税弹性反映某行业主营业务收入每增长一个百分点对应该行业营业税增长的百分点。数据来源于税收月快报、会统报表、纳税人综合申报表及财务报表相关数据、重点税源监控企业相关数据。计算公式为：

$$某行业营业税弹性=\frac{某行业营业税增长率}{某行业主营业务收入增长率}$$

（4）交通运输业营业税与旅客周转量（货物周转量）弹性反映旅客周转量或货物周转量每增长一个百分点对应交通运输业营业税增长的百分点。数据来源于税收月快报、会统报表、统计局公布的相关数据。计算公式为：

$$\begin{array}{l}交通运输业营业税与旅客\\周转量(货物周转量)弹性\end{array}=\frac{交通运输业营业税增长率}{旅客周转量(货物周转量)增长率}$$

说明：用该指标分析时应结合考虑交通运输业营业税分别与旅客周转量、货物周转量的弹性，以进行结构分析，即分析旅客周转量、货物周转量对交通运输业营业税增长的影响。

(5) 建筑业营业税与建筑业总产值弹性反映建筑业总产值每增长一个百分点对应建筑业营业税增长的百分点。数据来源于税收月快报、会统报表、统计局公布的相应数据。计算公式为：

$$建筑业营业税与建筑业总产值弹性=\frac{建筑业营业税增长率}{建筑业总产值增长率}$$

(6) 建筑业营业税与全社会固定资产投资额弹性反映全社会固定资产投资额每增长一个百分点对应建筑业营业税增长的百分点。数据来源于税收月快报、会统报表、统计局公布的相关数据。计算公式为：

$$建筑业营业税与全社会固定资产投资额弹性=\frac{建筑业营业税增长率}{全社会固定资产投资额增长率}$$

(7) 房屋和土木工程建筑业营业税与房地产开发投资额弹性反映单位房地产开发投资额每增长一个百分点对应房屋和土木工程建筑业营业税增长的百分点。数据来源于税收月快报、会统报表、统计局公布的相应数据。计算公式为：

$$房屋和土木工程建筑业营业税与房地产开发投资额弹性=\frac{房屋和土木工程建筑业营业税增长率}{房地产开发投资额增长率}$$

(8) 银行业营业税与国内金融机构人民币贷款余额弹性反映国内金融机构人民币贷款余额每增长一个百分点对应银行业营业税增长的百分点。数据来源于税收月快报、会统报表、统计局公布的相关数据。计算公式为：

$$银行业营业税与国内金融机构人民币贷款余额弹性=\frac{银行业营业税增长率}{国内金融机构人民币贷款余额增长率}$$

(9) 银行业营业税与国内金融机构人民币存款余额弹性反映国内金融机构人民币存款余额每增长一个百分点对应银行业营业税增长的百分点。数据来源于税收月快报、会统报表、统计局公布的相关数据。计算公式为：

$$银行业营业税与国内金融机构人民币存款余额弹性=\frac{银行业营业税增长率}{国内金融机构人民币存款余额增长率}$$

(10) 证券业营业税与股票成交金额弹性反映股票成交金额每增长一个百分点对应证券业营业税增长的百分点。数据来源于税收月快报、会统报表、统计局公布的相关数据。计算公式为：

$$证券业营业税与股票成交金额弹性=\frac{证券业营业税增长率}{股票成交金额增长率}$$

(11) 保险业营业税与保费收入弹性反映保费收入每增长一个百分点对应保险业营业税增长的百分点。数据来源于税收月快报、会统报表、统计局公布的相关数据。计算公式为：

$$保险业营业税与保费收入弹性=\frac{保险业营业税增长率}{保费收入增长率}$$

说明：指标中的保费收入指扣除人寿保险中的寿险和健康险以及财产险中的出口信用保险和农业保险等免营业税险种的保费收入。

（12）电信业营业税与电信业务收入弹性反映电信业务收入每增长一个百分点对应电信业营业税增长的百分点。数据来源于税收月快报、会统报表、信息产业部或统计局公布的相关数据。计算公式为：

$$电信业营业税与电信业务收入弹性=\frac{电信业营业税增长率}{电信业务收入增长率}$$

（13）房地产业营业税与商品房销售额、二手房交易额、土地购置费和房屋租赁收入合计弹性反映商品房销售额、二手房交易额、土地购置费和房屋租赁收入合计每增长一个百分点对应房地产业营业税增长的百分点。数据来源于税收月快报、会统报表，以及统计、房管、建设等部门公布的相关数据。计算公式为：

$$\begin{array}{l}房地产业营业税与商品房销售额、\\二手房交易额、土地购置费和房屋\\租赁收入合计弹性\end{array}=\frac{房地产业营业税增长率}{\begin{array}{l}商品房销售额、二手房交易额、土地\\购置费和房屋租赁收入合计的增长率\end{array}}$$

（六）个人所得税

1. 税负类

（1）个人所得税税负指单位个人收入所得负担的个人所得税税额。个人所得税税额来源于税收月快报或会统报表，个人收入所得来源于地税核心征管系统申报表数据。计算公式为：

$$个人所得税税负=\frac{个人所得税税额}{个人收入所得}\times100\%$$

说明：该指标可以用核心征管系统中的申报表汇总数据进行宏观个人所得税税负分析，也可用单个纳税人的数据进行微观个人所得税税负分析。

（2）个人所得税与城镇居民可支配收入之比指单位城镇居民可支配收入所负担的个人所得税税额。个人所得税税额来源于税收月快报或会统报表，城镇居民可支配收入来源于统计局公布的相关数据。计算公式为：

$$\begin{array}{c}个人所得税与城镇居民\\可支配收入之比\end{array}=\frac{个人所得税税额}{城镇居民可支配收入}\times100\%$$

说明：该指标适用于季度、年度宏观个人所得税税负分析。

（3）个人所得税与劳动者报酬之比指单位劳动者报酬所负担的个人所得税税额。个人所得税税额来源于税收月快报或会统报表，劳动者报酬来源于统计局公布的相关数据。计算公式为：

$$个人所得税与劳动者报酬之比=\frac{个人所得税税额}{劳动者报酬}\times100\%$$

说明：该指标适用于季度、年度宏观个人所得税税负分析。

（4）工资、薪金所得个人所得税税负指单位工资薪金所得负担的个人所得税税额。工资、薪金所得个人所得税税额来源于税收月快报或会统报表，个人工资薪金所得来源于地税核心征管系统的申报表数据。计算公式为：

$$\text{工资、薪金所得个人所得税税负}=\frac{\text{工资、薪金所得个人所得税税额}}{\text{个人工资薪金所得}}\times 100\%$$

说明：该指标可以用核心征管系统中的申报表汇总数据进行宏观的税负分析，也可用单个纳税人的数据进行微观个人所得税税负分析。

（5）工资、薪金所得个人所得税与职工工资总额之比指单位职工工资所负担的个人所得税税额。工资、薪金所得个人所得税税额来源于税收月快报或会统报表，职工工资总额来源于统计局公布的相关数据。计算公式为：

$$\text{工资、薪金所得个人所得税与职工工资总额之比}=\frac{\text{工资、薪金所得个人所得税税额}}{\text{职工工资总额}}\times 100\%$$

说明：该指标适用于季度、年度宏观个人所得税税负分析。

（6）储蓄利息个人所得税税负指单位居民储蓄存款利息所得负担的储蓄利息个人所得税。储蓄利息个人所得税税额来源于税收月快报或会统报表，储蓄存款利息所得来源于税收综合征管系统的申报表数据。计算公式为：

$$\text{储蓄利息个人所得税税负}=\frac{\text{储蓄利息个人所得税税额}}{\text{储蓄存款利息所得}}\times 100\%$$

说明：该指标可以用税收综合征管系统中的申报表汇总数据进行宏观个人所得税税负分析，也可用单个纳税人的数据进行微观个人所得税税负分析。

（7）股息、红利所得个人所得税税负指单位个人拥有债权、股权而取得的股息、红利所得负担的个人所得税税额。股息、红利所得个人所得税税额来源于税收月快报或会统报表，个人拥有的债权、股权取得的股息、红利所得来源于地税核心征管系统的申报表数据。计算公式为：

$$\text{股息、红利所得个人所得税税负}=\frac{\text{股息、红利所得个人所得税税额}}{\text{个人拥有的债权、股权取得的股息、红利所得}}\times 100\%$$

说明：该指标可以用地税核心征管系统中的申报表汇总数据进行宏观个人所得税税负分析，也可用单个纳税人的数据进行微观个人所得税税负分析。

2. 弹性类

（1）个人所得税弹性反映个人收入所得每增长一个百分点对应的个人所得税增长的百分点。个人所得税来源于税收月快报或会统报表，个人收入所得来源于核心征管系统的申报表数据。计算公式为：

$$\text{个人所得税弹性}=\frac{\text{个人所得税增长率}}{\text{个人收入所得增长率}}$$

说明：该指标可以用核心征管系统中的申报表汇总数据进行宏观个人所得税弹性分析，也可用单个纳税人的数据进行微观个人所得税弹性分析。

（2）个人所得税与城镇居民可支配收入弹性反映城镇居民可支配收入每增长一个百分

点对应的个人所得税增长的百分点。个人所得税来源于税收月快报或会统报表，城镇居民可支配收入来源于统计局公布的相关数据。计算公式为：

$$\text{个人所得税与城镇居民可支配收入弹性}=\frac{\text{个人所得税增长率}}{\text{城镇居民可支配收入增长率}}$$

说明：该指标适用于季度、年度宏观个人所得税弹性分析。

（3）个人所得税与劳动者报酬弹性反映劳动者报酬每增长一个百分点对应的个人所得税增长的百分点。个人所得税来源于税收月快报或会统报表，劳动者报酬来源于统计局公布的相关数据。计算公式为：

$$\text{个人所得税与劳动者报酬弹性}=\frac{\text{个人所得税增长率}}{\text{劳动者报酬增长率}}$$

说明：该指标适用于季度、年度宏观个人所得税弹性分析。

（4）工资、薪金所得个人所得税弹性反映工资薪金所得每增长一个百分点对应的工资薪金所得个人所得税增长的百分点。工资、薪金所得个人所得税来源于税收月快报或会统报表，个人工资薪金所得来源于核心征管系统的申报表数据。计算公式为：

$$\text{工资、薪金所得个人所得税弹性}=\frac{\text{工资、薪金所得个人所得税增长率}}{\text{工资薪金所得增长率}}$$

说明：该指标可以用核心征管系统中的申报表汇总数据进行宏观弹性分析，也可用单个纳税人的数据进行微观个人所得税弹性分析。

（5）工资、薪金所得个人所得税与职工工资总额弹性反映职工工资总额每增长一个百分点对应的工资、薪金所得个人所得税增长的百分点。工资、薪金所得个人所得税来源于税收月快报或会统报表，职工工资总额来源于统计局公布的职工工资总额数据。计算公式为：

$$\text{工资薪金所得个人所得税与职工工资总额弹性}=\frac{\text{工资、薪金所得个人所得税增长率}}{\text{职工工资总额增长率}}$$

说明：该指标适用于季度、年度宏观个人所得税弹性分析。

（6）储蓄利息个人所得税弹性反映储蓄利息所得每增长一个百分点对应的储蓄利息所得个人所得税增长的百分点。储蓄利息个人所得税来源于税收月快报或会统报表，储蓄存款利息所得来源于国税核心征管系统的申报表数据。计算公式为：

$$\text{储蓄利息个人所得税弹性}=\frac{\text{储蓄存款利息所得个人所得税增长率}}{\text{储蓄利息所得增长率}}$$

说明：该指标可以用税收综合征管系统中的申报表汇总数据进行宏观个人所得税弹性分析，也可用单个纳税人的数据进行微观个人所得税弹性分析。

（7）股息、红利所得个人所得税弹性反映个人拥有的债权、股权所得的股息、红利所得每增长一个百分点对应的股息、红利所得个人所得税增长的百分点。股息、红利所得个人所得税来源于税收月快报或会统报表，个人拥有的债权、股权取得的股息、红利所得来源于地税核心征管系统的申报表数据。计算公式为：

$$\text{股息、红利所得个人所得税弹性}=\frac{\text{股息、红利所得个人所得税增长率}}{\text{个人拥有的债权、股权取得的股息、红利所得增长率}}$$

说明：该指标可以用地税核心征管系统中的申报表汇总数据进行宏观个人所得税弹性分析，也可用单个纳税人的数据进行微观个人所得税弹性分析。

（七）车辆购置税

1. 税负类

（1）车辆购置税税负指单位购车金额所负担的车辆购置税。车辆购置税数据取自税收月快报或会统报表，计税车辆销售额取自车购税征收系统或税收综合征管系统。计算公式为：

$$\text{车辆购置税税负}=\frac{\text{车辆购置税}}{\text{计税车辆销售额}}\times 100\%$$

（2）车辆购置税税负还可以表述为单车所负担的车辆购置税。车辆购置税数据取自税收月快报或会统报表，计税车辆台数取自车购税征收系统或税收综合征管系统。计算公式为：

$$\text{车辆购置税税负}=\frac{\text{车辆购置税}}{\text{计税车辆台数}}\times 100\%$$

（3）乘用车车辆购置税税负指乘用车单位购车金额所负担的车辆购置税。乘用车车辆购置税数据取自税收月快报或会统报表，乘用车计税车辆销售额取自车购税征收系统或税收综合征管系统。计算公式为：

$$\text{乘用车车辆购置税税负}=\frac{\text{乘用车车辆购置税}}{\text{乘用车计税车辆销售额}}\times 100\%$$

（4）乘用车车辆购置税税负还可以表述为乘用车单车所负担的车辆购置税。乘用车车辆购置税数据取自税收月快报或会统报表，乘用车计税车辆台数取自车购税征收系统或税收综合征管系统。计算公式为：

$$\text{乘用车车辆购置税税负}=\frac{\text{乘用车车辆购置税}}{\text{乘用车计税车辆台数}}\times 100\%$$

2. 弹性类

（1）车辆购置税与计税车辆销售额弹性反映计税车辆销售额每增长一个百分点对应的车辆购置税增长的百分点。车辆购置税取自税收月快报或会统报表，计税车辆销售额取自车购税征收系统或税收综合征管系统。计算公式为：

$$\text{车辆购置税与计税车辆销售额的弹性}=\frac{\text{车辆购置税增长率}}{\text{计税车辆销售额增长率}}$$

说明：该指标可以根据车辆购置税课税对象，细化为乘用车车辆购置税与乘用车计税销售额弹性等多项指标。

（2）车辆购置税计税数量与车辆保有增加量的弹性反映车辆保有量每增长一个百分点对应的车辆购置税计征车辆的数量增长的百分点。车辆购置税计税数量取自车购税征收系统或税收综合征管系统，车辆保有增加量取自行业主管部门。计算公式为：

$$\frac{\text{车辆购置税计税数量与}}{\text{车辆保有增加量的弹性}}=\frac{\text{车辆购置税计税数量增长率}}{\text{车辆保有增加量的增长率}}$$

说明：该指标可以根据车辆购置税课税对象，细化为乘用车车辆购置税计税数量与乘用车保有增加量的弹性等多项指标。

（3）车辆购置税计税数量与车辆新上牌量之比反映车辆购置税计征（仅指汽车、电车、挂车、农用车，不包括摩托车）数量与车辆（仅指汽车、电车、挂车、农用车，不包括摩托车）新上牌量的比值。车辆购置税计税数量取自车购税征收系统或税收综合征管系统，车辆新上牌量取自交警部门。计算公式为：

$$\text{车辆购置税计税数量与车辆新上牌量之比}=\frac{\text{车辆购置税计征车数量}}{\text{车辆新上牌量}}$$

说明：该指标反映车辆购置税申报征收数量与车辆上牌数量的之比关系。一般而言，车购税申报征收地与车辆登记上牌地一致，因此该指标应等于1。摩托车上牌基本采取现保有量总量控制的办法，上牌量与车辆购置税计税数量无直接关系，在计算此指标时不考虑。本指标可以根据车辆购置税课税对象，细化为乘用车车辆购置税计税数量与乘用车新上牌量的弹性等多项指标。

（4）车辆购置税与车辆销售环节增值税的弹性反映车辆销售环节增值税每增长1个百分点对应的车辆购置税增长的百分点。车辆购置税取自税收月快报或会统报表，车辆销售环节增值税取自税收综合征管系统。计算公式为：

$$\text{车辆购置税与车辆销售环节增值税的弹性}=\frac{\text{车辆购置税增长率}}{\text{车辆销售环节增值税增长率}}$$

说明：车辆购置税课税对象包括直接报关进口汽车，直接报关进口汽车未通过销售环节，所以在计算该指标时，应考虑弹性大于1的情况。车辆购置税征收期限为60天，存在跨月申报现象。

（5）车辆购置税计税销售额与车辆销售收入的弹性反映车辆销售收入每增长一个百分点对应的车辆购置税计税销售额增长的百分点。车辆购置税计税销售额取自税收月快报或会统报表；车辆销售收入取自税收综合征管系统。计算公式为：

$$\text{车辆购置税计税销售额与车辆销售收入的弹性}=\frac{\text{车辆购置税计税销售额增长率}}{\text{车辆销售收入增长率}}$$

说明：车辆购置税课税对象包括直接报关进口汽车，直接报关进口汽车未通过销售环节，所以在此指标计算时，应考虑弹性大于1的情况。车辆购置税征收期限为60天，存在跨月申报现象，在采用此指标分析时应予注意。

（八）海关代征进口产品税收

（1）海关代征进口产品税负指单位海关一般贸易进口额负担的税收。数据来源于税收月快报、会统报表、统计局（或商务部、海关）公布的进口总额数据。

计算公式1：

$$海关代征进口产品税负=\frac{海关代征进口产品税收}{海关一般贸易进口总额}\times 100\%$$

计算公式 2：

$$海关代征进口产品税负=海关代征增值税税负+海关代征消费税税负$$

式中，
$$海关代征增值税税负=\frac{海关代征增值税}{一般贸易进口总额}\times 100\%$$

$$海关代征消费税税负=\frac{海关代征消费税}{一般贸易进口总额}\times 100\%$$

（2）海关代征进口产品税收与一般贸易进口总额的弹性反映海关一般贸易进口总额每增长一个百分点对应的海关代征进口产品税收增长的百分点。数据来源于税收月快报、会统报表、统计局（或商务部、海关）公布的进口总额数据。计算公式为：

$$\begin{matrix}海关代征进口产品税收与海关\\一般贸易进口总额的弹性\end{matrix}=\frac{海关代征税收增长率}{海关一般贸易进口总额增长率}$$

（3）海关代征进口产品税收与贸易进口总额的弹性反映贸易进口总额每增长一个百分点对应的海关代征进口产品税收增长的百分点。数据来源于税收月快报、会统报表、统计局（或商务部、海关）公布的进口总额数据。计算公式为：

$$\begin{matrix}海关代征进口产品税收与\\贸易进口总额的弹性\end{matrix}=\frac{海关代征进口产品税收增长率}{贸易进口总额增长率}$$

（4）海关代征增值税的实际抵扣比重反映海关代征增值税总额中用于抵扣国内增值税的进项税额的比重。数据来源于税收月快报、会统报表、税收“四小票”抵扣系统。计算公式为：

$$\begin{matrix}海关代征增值税的\\实际抵扣比重\end{matrix}=\frac{海关代征增值税发票抵扣额}{海关代征增值税收入}\times 100\%$$

说明：由于入关地点与实际抵扣地点的不一致，该指标仅适用于作全国分析。

第二节　微观税收分析的常用指标

微观税收指标体系是指一组互相联系、用以系统概括说明纳税人税收经济关系、税收缴纳情况和税收征收管理工作状况的数据指标的集合。应用微观税收分析指标，微观上可以说明纳税人的税收缴纳情况，宏观上可以反映整体税收形势，考核评价税收征管工作。

一、税源类指标

税源指标是指描述税收源泉的经济指标，这些指标反映涉税经济活动的收入状况和所得状况，通常由作为计税依据的经济量化指标组成，也可以是反映经济活动总量的指标。

（1）产品产量指企业在会计核算期间主要生产产品的生产量，数据来源于企业的《产品生产统计表》。在采集时一般选择能代表企业基本情况的主要或重要产品，对产品种类比较复杂的企业应选择其最主要的几种产品。

（2）产品销量指企业在会计核算期间主要生产产品的销售量，数据来源于企业的《产品销售统计表》。在采集时注意应同产品产量指标保持对应关系。

（3）出口产品销量指企业在会计核算期间主要生产产品的出口销售量，数据来源于企业的《出口货物报关单》。

（4）营业收入指企业在从事销售商品、提供劳务和让渡资产使用权等日常经营业务过程中所形成的经济利益的总流入，分为主营业务收入和其他业务收入。数据来源于《企业所得税年度纳税申报表》中的“营业收入”栏。

（5）主营业务收入指企业经营按照营业执照上规定的主营业务内容所发生的营业收入，如制造业的销售产品、非成品和提供工业性劳务作业的收入；商品流通企业的销售商品收入；旅游服务业的门票收入、客户收入、餐饮收入等。数据来源于《利润表》中的“主营业务收入”栏。

（6）其他业务收入指企业主营业务收入以外的所有通过销售商品、提供劳务及让渡资产使用权等日常活动中所形成的经济利益的流入。如材料物资及包装物销售、无形资产转让、固定资产出租、包装物出租、运输、废旧物资出售收入等。

（7）营业成本指企业所销售商品或者提供劳务的成本。营业成本应当与所销售商品或者所提供劳务而取得的收入进行配比。营业成本又分为主营业务成本和其他业务成本。数据来源于《企业所得税年度纳税申报表》中的“营业成本”栏。

（8）营业税金及附加反映企业经营主要业务应负担的营业税、消费税、城市维护建设税、资源税、土地增值税和教育费附加等。数据来源于《企业所得税年度纳税申报表》中的“营业税金及附加”栏。

（9）销售费用指企业在销售产品、自制半成品和提供劳务等过程中发生的费用，包括由企业负担的包装费、运输费、广告费、装卸费、保险费、委托代销手续费、展览费、租赁费（不含融资租赁费）和销售服务费、销售部门人员工资、职工福利费、差旅费、办公费、折旧费、修理费、物料消耗、低值易耗品摊销以及其他经费等。数据来源于《企业所得税年度纳税申报表》中的“销售费用”栏。

（10）管理费用指企业为组织和管理企业生产经营所发生的各种费用。管理费用属于期间费用，在发生的当期就计入当期的损益。数据来源于《企业所得税年度纳税申报表》中的“管理费用”栏。

（11）财务费用指企业在生产经营过程中为筹集资金而发生的各项费用，包括企业生产经营期间发生的利息支出（减利息收入）、汇兑净损失（有的企业如商品流通企业、保险企业进行单独核算，不包括在财务费用内）、金融机构手续费，以及筹资发生的其他财务费用如债券印刷费、国外借款担保费等。数据来源于《企业所得税年度纳税申报表》中的“财务费用”栏。

（12）利润总额指企业在生产经营过程中各种收入扣除各种耗费后的盈余，反映企业在报告期内实现的盈亏总额。利润总额是衡量企业经营业绩的一项十分重要的经济指标。

利润总额＝营业利润＋营业外收入－营业外支出。数据来源于《利润表》中的“利润总额”栏。

（13）工业总产值指以货币形式表现的工业企业在报告期内生产的工业最终产品或提供的工业性劳务活动的总价值量，它反映一定时间内工业生产的总规模和总水平。工业总产值＝成品价值＋对外加工费收入＋自制半成品、在产品期末期初差额价值。

（14）期初存货指企业本期期初持有的以备出售，或者仍然处在生产过程，或者在生产或提供劳务过程中将消耗的各类材料或物品的总称，包括各类材料、商品、在产品、半成品、产成品等。数据来源于《资产负债表》中的“存货”栏。

（15）期末存货指企业本期期末持有的以备出售，或者仍然处在生产过程，或者在生产或提供劳务过程中将消耗的各类材料或物品的总称，包括各类材料、商品、在产品、半成品、产成品等。数据来源于《资产负债表》中的“存货”栏。

（16）劳动者报酬指劳动者因从事生产活动所获得的全部报酬。它包括劳动者获得的各种形式的工资、奖金和津贴，既包括货币形式的，也包括实物形式的，还包括劳动者所享受的公费医疗和医药卫生费、上下班交通补贴和单位支付的社会保险费等。

（17）全部从业人员平均人数指报告期内在企业内从事一定社会劳动并取得劳动报酬或经营收入的全部劳动力。数据来源于企业上报统计局的《工业企业主要经济指标》表的相应口径或企业用工花名册。

（18）职工工资总额指各企业在一定时期内直接支付给本单位全部职工的劳动报酬总额。它包括计时工资、计件工资、奖金、津贴和补贴、加班加点工资、特殊情况下支付的工资，不包括劳工保险和职工福利方面的各项费用、离退休人员各项支出、误餐补助、计划生育、独生子女补贴等。数据来源于企业明细账。

（19）主要能源消费量指各企业在生产过程中对能源类物资的消费数量或者金额，包括电力、煤炭、焦炭、天然气、原油等。数据来源于能源供应部门出具的消费单据或企业内部的物耗明细账。

（20）资产指过去的交易、事项形成并由企业拥有或者控制的资源，该资源预期会给企业带来经济利益，是企业、自然人、国家拥有或者控制的能以货币来计量的经济资源，包括各种收入、债权和其他资产。数据来源于企业《资产负债表》中的“资产总计”栏。

（21）所有者权益指所有者在企业资产中享有的经济利益，其金额为资产减去负债后的余额。所有者权益包括实收资本（或股本）、资本公积、盈余公积和未分配利润等。数据来源于企业《资产负债表》中的“所有者权益合计”栏。

（22）主营业务利润指主营业务收入减去主营业务成本和营业税金及附加后的金额。通常情况下，企业的主营业务利润应是其利润总额的最主要的组成部分。数据来源于企业《损益表》中的“主营业务利润”栏。

（23）负债指过去的交易、事项形成的现时义务，履行该义务预期会导致经济利益流出企业，是企业所承担的能以货币计量、需以资产或劳务偿还的债务。数据来源于企业《资产负债表》中的“负债合计”栏。

（24）应收及预付款项指企业在日常生产经营过程中发生的各项债权，包括应收款项和预付账款等。数据来源于企业《资产负债表》中的“应收票据”、“应收账款”、“其他应收款”、“预付账款”栏。该指标主要用于衡量企业偿债能力等方面。

（25）期末企业资产总额指通过过去的交易、事项形成并被企业拥有或者控制的资源，该资源预期会给企业带来经济利益。数据来源于《资产负债表》中的“期末企业资产总额”栏。

（26）应收账款指除应收票据、预付账款以外的应收或者暂付给其他单位和个人的款项，包括各种赔款、罚款、存款保证金、备用金、应向职工收取的各种垫付款项等。数据来源于《资产负债表》中的“应收账款”栏。

（27）流动资产指可以在 1 年或者超过 1 年的一个营业周期内变现或者耗用的资产，包括现金、各种存款、应收及预付款项、存货等。流动资产大于流动负债，一般表明短期偿债能力强，流动比率越高，企业资产的流动性越大，表明企业有足够变现的资产用于偿债。数据来源于《资产负债表》中的“流动资产”栏。

（28）流动负债指可以在 1 年或者超过 1 年的一个营业周期内偿还的债务，包括短期借款、应付票据、应付账款、应付工资、预收货款、应交税金、应付利润、其他应付款、预提费用等。数据来源于《资产负债表》中的“流动负债”栏。

（29）期末企业负债总额指通过过去的交易、事项形成的能以货币计量，需以资产或劳务偿付的义务。数据来源于《资产负债表》中的“期末企业负债总额”栏。

（30）营业利润是企业最基本经营活动的成果，也是企业一定时期获得利润中最主要、最稳定的来源。营业利润＝营业收入－营业成本－营业税金及附加－销售费用－管理费用－财务费用－资产减值损失＋公允价值变动净收益＋投资净收益。数据来源于《利润表》中的“营业利润”栏。

（31）营业利润率表明企业通过生产经营获得利润的能力，该比率越高表明企业的盈利能力越强。计算公式为：

$$营业利润率=\frac{营业利润}{营业收入}\times 100\%$$

（32）待摊费用指企业已经支出但应由本期和以后各期分别负担的分摊在 1 年以内的各项费用，如低值易耗品摊销、出租出借包装物摊销、预付保险费、应由销售产品分摊的中间产品税金、固定资产修理费用，以及一次购买印花票据和一次缴纳印花税税额较大需要分摊的数额等。

（33）原材料费用、燃料费用、电力费用、劳务支出费用指企业在生产过程中对能源、原材料、动力、劳务等的消费数额。数据来源于各部门出具的消费清单或企业内部的明细账。

（34）按适用税率征税货物及劳务销售额指纳税人本期按适用税率缴纳增值税的应税货物和应税劳务的销售额（销货退回的销售额用负数表示），包括在财务上不作销售但按税法规定应缴纳增值税的视同销售货物和价外费用销售额、外贸企业作价销售进料加工复出口的货物以及税务、财政、审计部门检查按适用税率计算调整的销售额。数据来源于增值税一般纳税人《增值税纳税申报表》中的“适用税率征税货物及劳务销售额”栏。

（35）应税货物销售额指纳税人本期按适用税率缴纳增值税的应税货物的销售额（销

货退回的销售额用负数表示），包括在财务上不作销售但按税法规定应缴纳增值税的视同销售货物和价外费用销售额，以及外贸企业作价销售进料加工复出口的货物。数据来源于增值税一般纳税人《增值税纳税申报表》中的“应税货物销售额”栏。

（36）应税劳务销售额指纳税人本期按适用税率缴纳增值税的应税劳务的销售额。数据来源于增值税一般纳税人《增值税纳税申报表》中的“应税劳务销售额”栏。

（37）纳税检查调整的销售额指纳税人本期因税务、财政、审计部门检查、并按适用税率计算调整的应税货物和应税劳务的销售额。数据来源于增值税一般纳税人《增值税纳税申报表》中的“纳税检查调整的销售额”栏。

（38）按简易办法征收增值税货物的销售额（销货退回的销售额用负数表示）包括税务、财政、审计部门检查、并按简易征收办法计算调整的销售额。数据来源于增值税一般纳税人《增值税纳税申报表》中的“按简易征收办法征税货物销售额”栏。

（39）免、抵、退办法出口货物销售额指纳税人本期执行免、抵、退办法出口货物的销售额。实行“免、抵、退”税管理办法的“免”税，是指对生产企业出口的自产货物，免征本企业生产销售环节的增值税；“抵”税，是指生产企业出口的自产货物所耗用原材料、零部件等应予退还的进项税额，抵顶内销货物的应纳税款；“退”税，是指生产企业出口的自产货物在当期内因应抵顶的进项税额大于应纳税额而未抵顶完的税额，经主管退税机关批准后，予以退税。数据来源于增值税一般纳税人《增值税纳税申报表》中的“免、抵、退办法出口货物销售额”栏。

（40）流动资产余额指可以在 1 年以内或者超过 1 年的一个营业周期内变现或被耗用的资产，主要包括各种现金、银行存款、短期投资、应收及预付款、待摊费用、存货等。数据来源于《资产负债表》中的“流动资产”总计栏。

（41）长期投资指除短期投资以外的投资，包括持有时间超过 1 年（不含 1 年）的各种股权性质的投资、不能变现或不准备随时变现的债券、其他债权投资和其他长期投资。数据来源于《资产负债表》中的“长期投资”栏。

（42）短期投资指能够随时变现并且持有时间不会超过 1 年（含 1 年）的投资，包括股票、债券、基金等。短期投资所包含的条件：一是能够在公开市场交易并且有明确的市价；二是剩余资金的存放形式，并保持其流动性和获利性。数据来源于《资产负债表》中的“短期投资”栏。

（43）固定资产原值指企业为生产商品、提供劳务、出租或经营管理而持有，使用期限超过 1 年，单位价值在 2 000 元以上的有形资产。数据来源于《资产负债表》中的“固定资产原值”栏。

（44）预收账款指买卖双方协议商定，由购货方预先支付一部分货款给供应方而发生的一项负债。数据来源于《资产负债表》中的“预收账款”栏。

（45）流动负债余额指将在 1 年（含 1 年）或者超过 1 年的一个营业周期内偿还的债务。包括短期借款、应付票据、应付账款、预收账款、代销商品款、应付工资、应付福利费、应付股利、应交税金、其他应交款、其他应付款、预提费用、一年内到期的长期借款、代转资产价值等。数据来源于《资产负债表》中的“流动负债”总计栏。

（46）手续费收入、手续费支出指适用于执行《金融企业会计制度》的证券公司，核算证券公司向客户提供服务收取的手续费，以及向证券交易所等机构支付的手续费。数据来源于金融企业会计制度的《利润表》中的“手续费收入”、“手续费支出”栏。

(47) 利息收入指纳税人购买各种债券等有价证券的利息、外单位欠款付给的利息以及其他利息收入。利息收入包括：购买各种债券等有价证券的利息（如购买国库券、重点企业建设债券、国家保值公债以及政府部门和企业发放的各类有价证券）、企业各项存款所取得的利息、外单位欠本企业款而取得的利息、其他利息收入等。

(48) 贷款余额适用于执行《金融企业会计制度》的银行，用以核算银行贷款规模。数据来源于金融企业会计制度的《资产负债表》中的“短期贷款”和“中长期贷款余额”合计数。

(49) 应收利息是指企业因债权投资而应收取的一年内到期收回的利息。数据来源于《资产负债表》中的“应收利息”栏。

(50) 支付给职工以及为职工支付的现金反映企业实际支付给职工的现金以及为职工支付的现金，包括本期实际支付给职工的工资、奖金、各种津贴和补贴等。数据来源于《现金流量表》中的“支付给职工以及为职工支付的现金”栏。

(51) 预计负债的含义包括该义务是承担的现实义务、该义务的履行很可能导致经济利益流出企业、该义务的金额能够可靠地计量。在税法中，预计负债一般不予确认，即不能抵扣应纳所得税。数据来源于《资产负债表》中的“预计负债”栏。

(52) 未分配利润是企业未作分配的利润，分为年初未分配利润和年末未分配利润。它在以后年度可继续进行分配，在未进行分配之前，属于所有者权益的组成部分。从数量上来看，未分配利润是期初未分配利润加上本期实现的净利润，减去提取的各种盈余公积和分出的利润后的余额。数据来源于《利润及利润分配表》中的“年初未分配利润”、“年末未分配利润”栏。

(53) 长期借款指企业向银行或其他金融机构借入的期限在1年以上（不含1年）或超过1年的一个营业周期以上的各项借款。数据来源于《资产负债表》中的“长期借款”栏。

(54) 短期借款指企业为维持正常的生产经营所需的资金或为抵偿某项债务而向银行或其他金融机构等外单位借入的、还款期限在1年以下（含1年）的各种借款。短期借款主要有经营周转借款、临时借款、结算借款、票据贴现借款、卖方信贷、预购定金借款和专项储备借款等。数据来源于《资产负债表》中的“短期借款”栏。

(55) 预提费用核算企业在日常经营活动中发生的某些不需要当时就要支付的、但按照权责发生制原则属当期的费用。数据来源于《资产负债表》中的“预提费用”栏。

(56) 营业费用指企业在销售商品过程中发生的费用，包括企业销售商品过程中发生的运输费、装卸费、包装费、保险费、展览费和广告费，以及为销售本企业商品而专设的销售机构（含销售网点，售后服务网点等）的职工工资及福利费、类似工资性质的费用、业务费等经营费用。商品流通企业在购买商品过程中所发生的进货费用，也包括在内。数据来源于《利润表》中的“营业费用”栏。

(57) 本年投资所支付的现金指企业本年对外短期投资和长期投资所支付的货币资金。数据来源于《现金流量表》中的“投资所支付的现金”栏。

二、税收类指标

税收指标是指描述纳税人税收特征的相关指标，可以反映纳税人的税金缴纳状况。这些指标通常来源于纳税人的纳税申报表。

(1) 销项税额指增值税纳税人销售货物和应税劳务，按照销售额和适用税率计算并向购买方收取的增值税税额。当期销项税额＝当期销售额×适用税率。数据来源于增值税一般纳税人《增值税纳税申报表》中的“销项税额”栏。

(2) 适用17%税率的销项税额指纳税人本期按17%的税率计征的销项税额。数据来源于增值税一般纳税人《增值税纳税申报表附列资料（表一)》中的“合计17%税率销项税额”栏。

(3) 适用13%税率的销项税额指纳税人本期按13%的税率计征的销项税额。数据来源于增值税一般纳税人《增值税纳税申报表附列资料（表一)》中的“合计13%税率销项税额”栏。

(4) 进项税额指纳税人购进货物或应税劳务所支付或者承担的增值税税额。购进货物或应税劳务包括外购（含进口）货物或应税劳务、以物易物换入货物、抵偿债务收入货物、接受投资转入的货物、接受捐赠转入的货物以及在购销货物过程当中支付的运费。数据来源于增值税一般纳税人《增值税纳税申报表》中的“进项税额”栏。

(5) 上期留抵税额指纳税人前期尚未抵扣完，留待后期继续抵扣的进项税额。数据来源于增值税一般纳税人《增值税纳税申报表》中的“上期留抵税额”栏。

(6) 进项税额转出指企业购进的货物发生非常损失（非经营性损失)，以及将购进货物改变用途（如用于非应税项目、集体福利或个人消费等)，其抵扣的进项税额应通过“应交税费——应交增值税（进项税额转出)”科目转入有关科目，不予以抵扣。数据来源于增值税一般纳税人《增值税纳税申报表》中的“进项税额转出”栏。

(7) 免抵退货物应退税额指纳税人按照出口货物免、抵、退办法审批的应退税额。数据来源于增值税一般纳税人《增值税纳税申报表》中的“免抵退货物应退税额”栏。

(8) 按适用税率计算的纳税检查应补缴税额指纳税人本期因税务、财政、审计部门检查按适用税率和征收率计算的纳税检查应补缴税额。数据来源于增值税一般纳税人《增值税纳税申报表》中的“按适用税率计算的纳税检查应补缴税额”栏。

(9) 应抵扣税额指纳税人本期应抵扣进项税额的合计数。应抵扣税额＝进项税额＋上期留抵税额－进项税额转出－免抵退货物应退税额＋按适用税率计算的纳税检查应补缴税额。数据来源于增值税一般纳税人《增值税纳税申报表》中的“应抵扣税额合计”栏。

(10) 实际抵扣税额指纳税人本期实际抵扣的进项税额。如本期应抵扣税额小于销项税额，则实际抵扣税额等于本期应抵扣税额；如本期应抵扣税额大于销项税额，则实际抵扣税额等于销项税额。数据来源于增值税一般纳税人《增值税纳税申报表》中的“实际抵扣税额”栏。

(11) 应纳税额指企业的应税收入乘以适用税率，减除依照税法关于税收优惠的规定减免和抵免的税额后的余额，应纳税额＝销项税额－实际抵扣税额。数据来源于增值税一般纳税人《增值税纳税申报表》中的“应纳税额”栏。

（12）适用4%、6%征收率的应纳税额指纳税人本期按简易征收办法计算并应缴纳的增值税税额，但不包括按简易征收办法计算的纳税检查应补缴税额。数据来源于增值税一般纳税人《增值税纳税申报表附列资料（表一）》中的“小计简易征收办法应纳税额”栏。

（13）期末留抵税额指纳税人在本期进项税额中尚未抵扣完，留待下期继续抵扣的进项税额。期末留抵税额＝应抵扣税额－实际抵扣税额。数据来源于增值税一般纳税人《增值税纳税申报表》中的“期末留抵税额”栏。

（14）简易征收办法计算的应纳税额指增值税一般纳税人，因行业的特殊性，无法取得原材料或货物的增值税进项发票，按照进销项的方法核算增值税应纳税额后税负过高，因此对特殊的行业采取按照简易征收率征收增值税计算的应纳税额。数据来源于增值税一般纳税人《增值税纳税申报表》中的“简易征收办法计算的应纳税额”栏。

（15）按简易征收办法计算的纳税检查应补缴税额指纳税人本期因税务、财政、审计部门检查并按简易征收办法计算的纳税检查应补缴税额。数据来源于增值税一般纳税人《增值税纳税申报表》中的“按简易征收办法计算的纳税检查应补缴税额”栏。

（16）应纳税额减征额指纳税人本期按照税法规定减征的应纳税额。数据来源于增值税一般纳税人《增值税纳税申报表》中的“应纳税额减征额”栏。

（17）期初未缴税额指纳税人上期期末应缴未缴的税额，为纳税人前一申报期的“期末未缴税额（多缴为负数）”减去本期发生的留抵税额抵减欠税后的数额。数据来源于增值税一般纳税人《增值税纳税申报表》中的“期初未缴税额”栏。

（18）本期已缴税额指纳税人本期实际缴纳的税额，但不包括本期入库的查补税款。数据来源于增值税一般纳税人《增值税纳税申报表》中的“本期已缴税额”。

（19）欠缴税额指纳税人、扣缴义务人超过征收法律法规规定或税务机关依照税收法律、法规规定的纳税期限，未缴或少缴税款形成欠税的税额。数据来源于增值税一般纳税人《增值税纳税申报表》中的“欠缴税额”栏。

（20）期末未缴税额指纳税人本期期末应缴未缴的增值税额，但不包括纳税检查应缴未缴的税额。数据来源于增值税一般纳税人《增值税纳税申报表》中的“期末未缴税额”栏。

（21）纳税检查本期应补缴税额指纳税人本期因税务、财政、审计部门检查按适用税率和征收率计算的纳税检查应补缴税额。

（22）即征即退实际退税额指纳税人本期因符合增值税即征即退优惠政策规定，而实际收到的税务机关返还的增值税额。即征即退是指对按税法规定缴纳的税款，由税务机关在征税时部分或全部退还纳税人的一种税收优惠。与出口退税先征后退、投资退税一并属于退税的范畴，其实质是一种特殊方式的免税和减税。

（23）本期入库查补税额指纳税人本期因税务、财政、审计部门检查而实际入库的税额，包括“按适用税率计算的纳税检查应补缴税额”和“按简易征收办法计算的纳税检查应补缴税额”两部分。

（24）内销货物计征消费税产品销售额指内销货物纳税人本期销售应税消费品取得的销售额及价外费用（不含增值税），数据来源于《消费税纳税申报表》“应税销售额”栏。

（25）内销货物免征消费税产品销售额指内销货物纳税人按照《中华人民共和国消费税暂行条例》及相关法规规定应免征消费税的应税消费品销售额。数据来源于《消费税纳税申报表附列资料（三)》。

（26）出口货物免征消费税产品销售额指出口货物纳税人按照《中华人民共和国消费税暂行条例》及相关法规规定应免征消费税的应税消费品销售额。数据来源于《消费税纳税申报附列资料（四)》。

（27）期初未缴消费税指纳税人上期期末应缴未缴的消费税额。数据来源于《消费税纳税申报表》中的“期初未缴税额”栏。

（28）消费税从价计征适用税率指《消费税税目税率（税额）表》及相关法规规定的比例税率或定额税率。数据来源于《消费税纳税申报表》中的“适用税率（单位税额)”栏。

（29）消费税从量计征适用单位税额指《消费税税目税率（税额）表》及相关法规规定的单位税额。数据来源于《消费税纳税申报表》中的“适用税率（单位税额)”栏。

（30）按政策规定减征的消费税税额指按照《中华人民共和国消费税暂行条例》及相关法规规定应减征消费税的应税消费品按规定税率与减征率计算的减征税额。数据来源于《消费税纳税申报表》中的“本期减征税额”栏。

（31）本期应纳消费税税额指纳税人本期应缴纳的消费税税额。数据来源于《消费税纳税申报表》中的“本期应纳税额”栏。

（32）本期已缴消费税税额指纳税人本期已缴纳的消费税税额。数据来源于《消费税纳税申报表》中的“本期已预缴税额”与“本期应补（退）税额”的差额。

（33）期末未缴消费税指纳税人按照税法规定已形成的欠缴消费税税额。数据来源于《消费税纳税申报表》中的“期末未缴税额”栏。

（34）应纳税所得额指企业每一纳税年度的收入总额，减除不征税收入、免税收入、各项扣除以及允许弥补的以前年度亏损后的余额。应纳税所得额＝纳税调整后所得－弥补以前年度亏损－免税所得＋应补税投资收益已缴所得税额－允许扣除的公益救济性捐赠额－加计扣除额。数据来源于《企业所得税年度纳税申报表》中的“应纳税所得额”栏。

（35）纳税调整减少额指纳税人已计入利润总额，但按税法规定可以暂不确认为应税收入的项目，以及在以前年度进行了纳税调增，根据税收规定从以前年度结转过来在本期扣除的项目金额。包括不征税收入、免税收入、减计收入以及房地产开发企业已转销售收入的预售收入按规定计算的预计利润等。数据来源于《企业所得税年度纳税申报表》附表三。

（36）免税所得指纳税人已并入利润总额中核算的符合税收规定免税条件的收入或收益，包括国债利息收入，符合条件的居民企业之间的股息、红利等权益性投资收益，在中国境内设立机构、场所的非居民企业从居民企业取得与该机构、场所有实际联系的股息、红利等权益性投资收益，符合条件的非营利组织的收入。数据来源于《企业所得税年度纳税申报表》中的“免税所得”栏。

（37）营业税应税收入指纳税人本期因提供营业税应税劳务、转让无形资产或者销售不动产所取得的全部价款和价外费用（包括免税收入)。数据来源于《营业税纳税申报表》

中的“应税收入”栏。

(38) 营业税应税减除项目金额指纳税人本期提供营业税应税劳务、转让无形资产或者销售不动产所取得的应税收入中按规定可扣除的项目金额。数据来源于《营业税纳税申报表》中的“营业税应税减除项目金额”栏。

(39) 营业税免税收入指纳税人本期提供营业税应税劳务、转让无形资产或者销售不动产所取得的应税收入中不需税务机关审批可直接免缴税款的应税收入或已经税务机关批准的免税项目应税收入。数据来源于《营业税纳税申报表》中的“营业税免税收入”栏。

三、税收经济关系分析指标

税收经济关系分析指标是指建立税收与经济联系的关系指标，可以反映纳税人申报税收数据与其税源数据相关关系，是对纳税人开展纳税评估的重要参考数据。

(1) 产品销售率指一定时期内销售产值与同期全部工业总产值之比，反映工业产品生产已实现销售的程度。通过分析企业产品销售率，可以弥补仅对企业产品产量进行分析所带来的税源分析误差。

(2) 销售利润率指企业利润总额与产品销售净收入的比率，反映企业每百元销售净收入中有多少利润。销售利润率越高，说明销售获利水平越高。在产品销售价格不变的条件下，利润的多少受产品成本和产品结构等的影响。

(3) 主营业务利润率指主营业务利润与主营业务收入的百分比，是评价企业核心竞争力的指标，可以用分析销售利润率的方法来分析企业主要业务的税源质量。

(4) 资产收益率指企业净利润与平均资产总额的百分比。该指标反映企业一定时期的净利润与企业的资产利用的综合效果。指标值越高，表明资产的利用效率越高，说明企业在增加收入和节约成本等方面取得了良好的效果，否则相反。

(5) 资本保值增值率指企业期末所有者权益总额与期初所有者权益总额的比率，用以反映投资者投入企业资本的完整性和安全性。当该指标≥100%时，表明投资人的所有者权益在企业经营过程中受到充分保障。

(6) 存货周转率和存货周转天数是衡量和评价企业购入存货、投入生产、销售收回等各环节管理状况的综合性指标。用时间表示的存货周转率就是存货周转天数。存货周转次数越多，周转天数越少，存货周转速度越快，存货的占用越低，流动性就越强。

(7) 总资产周转率指销售收入与平均资产总额的比值。用以反映资产总额的周转速度。周转越快，反映资产利用效果越好，销售能力越强，进而反映出企业的偿债能力和盈利能力都较强。

(8) 主营业务收入增长率指报告期主营业务收入与基期主营业务收入之差和基期主营业务收入的比值，用以衡量企业的产品生命周期，判断公司发展所处的阶段。

(9) 应税销售额变动率指纳税人当期销售额与基期销售额的差额同基期销售额的比率。销售额变动比率有正常范围，该范围是指纳税人在正常经营的前提下期内销售额与上年同期或上季度比较，其变动比率(±)所能达到的最大值。

(10) 应税销售额变动率与应纳增值税额变动率弹性分析可以反映企业纳税方面存在

的问题。一般来讲企业销售额的增长与应纳增值税的增长应当同步。

(11) 主营业务成本变动率指报告期主营业务成本与基期主营业务成本差额对基期主营业务成本的比值。该指标综合反映企业主营业务成本的变化情况，主要提供了与企业进项税金、产销率进行对比分析的依据。

(12) 主营业务成本变动率与应税销售额变动率弹性分析：主营业务成本变动和销售额变动理论上是一致的，通过分析二者变化的弹性系数可以发现企业在增值税申报方面可能存在的问题。

(13) 主营业务成本变动率与应纳增值税额变动率弹性分析：正常情况下二者应基本同步增长，比值应接近于1，该指标同样用于发现企业在增值税申报方面可能存在的问题。

(14) 电量消耗率指企业电力消耗量与计税销售收入的比值。企业的电力消耗通常情况是较为稳定的，因此可以通过一个企业的电力消耗情况侧面了解企业的生产经营情况和申报计税收入的合理性。

(15) 燃料消耗率指企业燃料费用与计税销售收入的比值。通过一个企业的燃料消耗情况，了解企业的生产经营情况和申报计税收入的合理性。

(16) 增值税应缴税负率指一定时期（通常指一年）内企业应缴增值税额与计征增值税销售收入的比率。该指标主要用于测算一个企业增值税应缴税金与应税销售收入的比例关系，衡量企业增值税负担水平的高低或轻重。

(17) 增值税实缴税负率指一定时期（通常指一年）内企业实缴增值税额所占计征增值税销售收入的比重。该指标主要用于测算一个企业实缴增值税与应税销售收入的比例关系，反映企业在一定时期内增值税实际负担水平。

(18) 销售收入的销项税额负担率指销项税额与计征增值税销售收入的比值，主要用于测算一个企业“单位应税销售收入”与销项税额比例关系，通过具体分析税收优惠、税率变化等方面来量化说明不同时期指标变动情况。

(19) 销售收入的进项税额负担率指进项税额与计征增值税销售收入的比值，主要用于测算一个企业“单位应税销售收入”与进项税额的比例关系。

(20) 销售收入的抵扣税额负担率指进项抵扣税额与计征增值税销售收入的比值，主要用于确定一个企业“单位应税销售收入”中进项抵扣税额含量的大小。

(21) 销售收入的增值税贡献率指增值税（含免抵调库）与企业计征增值税销售收入的比值，主要用于反映企业“单位应税销售收入”中增值税收入方面对中央和地方财政的贡献情况。

(22) 流动资产收入变动比率。收入变动比率是指本年收入减去上年收入后与上年收入的百分比。流动资产收入变动比率是指本年平均流动资产减去上年平均流动资产后与上年平均流动资产的百分比。该指标反映流动资产投入与收入是否匹配，进而判断收入是否真实。

(23) 计税收入率指各项计税收入合计与各项收入总和的百分比。该指标综合反映企业一定会计期间实现的总收入中排除非计税收入后所含净税源的比重，可以从计税收入和非计税收入关系上分析税源质量。

(24) 产量原材料配比率指本期耗用原材料同比增加率与本期产品产量同比增加率之

差，同一行业在原材料耗用上基本是一致的，耗用多少原材料就会生产出多少产品。如果配比率过高，就要考虑企业是否隐瞒产品产量。

（25）所有者权益比率指企业所有者权益与资产总额的比率。所有者权益比率与资产负债率之和按同口径计算应等于1。所有者权益比率越大，负债比率就越小，企业的财务风险也就越小。该指标从另一个侧面来反映企业长期财务状况和长期偿债能力。

（26）所有者权益与固定资产比率指所有者权益除以固定资产总额的比率。该指标是衡量公司财务结构稳定性的一个指标，反映购买固定资产所需要的资金有多大比例是来自于所有者资本。

（27）固定资产比率指固定资产与资产总额的比率。该指标用来观察企业固定资产有无资金闲置之现象，从资金营运能力来看，固定资产比率越低企业营运能力越强。

CHAPTER

3 第三章 税收分析的基本方法

开展税收分析，首先必须掌握一些基本方法。本章主要介绍了税收分析的主要方法，包括总量分析法、对比分析法、分组分析法、平均分析法、因素分析法、回归分析法和时间序列分析法等。重点介绍了各分析方法的概念、作用、应用范围、主要指标、分类、分析步骤及要求，并通过实例讲解说明如何根据分析结果对经济税收现象进行合理的描述和分析，为税收的宏观分析和微观分析提供有效的分析工具。

第一节　税收数据的处理方法

税收分析以国家的经济政策和税收政策为理论基础，以统计分析方法为分析工具，对调查、搜集的税源和税收收入数据等统计资料，进行加工整理，系统、定量地分析研究，从而认识税收收入的本质和规律性，并据以对税收未来的发展趋势做出科学的预测，为加强税收征收管理工作提供决策信息。税收数据处理方法是各类税收分析方法的基础。

一、税收数据的基本类型

（一）概　念

税收数据是反映税收经济现象总体单位或总体综合数量特征的信息，具体包括反映总体单位特征的名称及具体表现，即标志及其标志表现。反映总体综合数量特征的概念和具体数值，即税收统计指标（税收统计数据）。

（二）标志的基本分类

1. 标志按其性质可以分为品质标志和数量标志

品质标志表示事物的质的特性，其具体表现是不能用数值表示的，如纳税人的经济类型、纳税人所属行业等。数量标志表示事物的量的特性，其标志表现可以用数值表示，如某个纳税人的纳税额、利润额等。品质标志主要用于分组，将性质不相同的总体单位划分开来，便于计算各组的总体单位数，计算结构和比例指标。数量标志既可用于分组，也可用于计算各种税收统计指标。

2. 标志按变异情况可以分为不变标志和可变标志

标志如果在总体各单位之间的具体表现完全相同，该标志就称为不变标志。如果某些标志在总体各单位的具体表现不完全相同，这些标志就称为变异标志或可变标志。

可变的数量标志又称变量。变量按变量值是否连续可分为离散变量与连续变量两种。离散变量的数值只能用自然数或整数单位计算，例如企业个数、职工人数、设备台数等。反之，在一定区间内可以任意取值的变量叫连续变量，其数值是连续不断的，相邻两个数值可作无限分割，即可取无限个数值。例如，纳税数额、工资薪金所得等为连续变量，其数值只能用测量或计量的方法取得。

（三）税收统计数据的构成及基本分类

1. 税收统计数据的构成

税收统计数据一般包括五项内容：

（1）数据名称。说明所反映现象数量特征的性质和内容，如“税收收入”、“GDP”等。

（2）数据值。是数据名称的结果体现，如 100。

（3）计量单位。分为名数和无名数两类：名数是指计量单位有具体名称，如实物计量单位（吨、千克等）、货币计量单位（万元、元等）、劳动计量单位（工时、工日等）；无名数只有抽象的名称或无名称，通常有系数、倍数、成数、百分数等。

（4）时间范围。说明数据是时期数据还是时点数据。

（5）空间范围。给数据必要的空间限制，如 2012 年税收收入 3 000 亿元，因为没有说明空间范围，就基本没有意义。

2. 税收统计数据的基本分类

税收统计数据一般可以分为截面数据、时间序列数据和面板数据。截面数据又称静态数据，它是指在同一时间对不同总体的数量表现进行观察而获得的数据。如××省 2012 年增值税、消费税、企业所得税收入分别为 1987 亿元、654 亿元和 1876 亿元。这就是截面数据，即在一个时间点处切开，观察各个税种的不同数值。时间序列数据又称为动态数据，它是指在不同时间对同一现象的数量表现进行观察而获得的数据。如××市 2006、2007、2008、2009、2010 年各年增值税收入分别为 123 亿元、234 亿元、345 亿元、456 亿元和 567 亿元。这就是时间序列，即观察不同时间点的具体数值。面板数据是截面数据与时间序列数据综合起来的一种数据类型，具有时间序列和截面两个维度，当这类数据按两个维度排列时，是排在一个平面上，与只按一个维度排列在一条线上的数据有着明显的不同，整个表格像是一个面板，因此称为面板数据。××市 2006—2010 年四个主要税种的税收收入情况如表 3-1 所示。

表 3-1　××市 2006—2010 年主要税种税收收入情况表　单位：亿元

税种	2006 年	2007 年	2008 年	2009 年	2010 年
增值税	18	19	20	31	32
消费税	7	8	9	10	11
营业税	6	7	8	9	10
企业所得税	15	16	17	18	19

二、税收数据的加工整理

（一）税收数据的采集

税收分析工作是从收集税收数据开始的，我们要从数量上认识税收客观现象，必须先获取有用的税收数据。税收数据的采集是根据税收分析研究的目的与要求，运用科学的收集方法，有计划、有组织地搜集税收统计数据资料的过程。税收统计数据收集方式一般可分为两种：一种是直接向纳税人收集反映调查单位的税收统计数据，即原始资料，也称初始资料；另一种是根据税收研究的目的，收集已经加工、整理过的说明总体现象的数据，一般称为次级资料或第二手资料。原始资料可以直接从纳税人的申报资料或征管信息管理系统中收集，或者采用科学的调查方法直接向纳税人进行调查收集；间接税收资料可以从新闻、网络、统计年鉴及社会其他相关部门收集取得。

（二）税收数据加工处理的意义

税收数据的加工处理，是根据税收分析研究的目的和任务，对采集所得的原始资料进行科学的分类和汇总，或对已初步加工的次级资料进行再加工，使其系统化、条理化、科学化，以反映所研究的税收现象总体特征的工作过程。

一方面，通过对搜集的资料进行加工处理，使其成为系统化、条理化的综合资料，对总体内部规律性、相互联系和结构关系做出概括的说明。税收数据的加工处理是实现由对个别现象的认识过渡到对总体现象的认识，由对事物表象的认识过渡到对其本质与内在联系的全面深刻认识，由感性认识上升到理性认识的过程，是达到税收统计分析研究目的的重要环节。

另一方面，税收数据加工处理的正确与否、质量好坏，将直接影响税收分析及预测结果的准确性和真实性。不恰当的加工整理往往使收集得来的丰富、准确、全面的资料失去应有的价值，从而歪曲事情的真相，使人们得出错误的结论。因此，采用科学的方法进行税收数据的加工处理是顺利完成税收统计分析任务的前提。

总之，税收数据的加工处理在整个税收统计分析中起着承前启后的作用，它既是税收数据收集的继续和深化，又是税收统计分析的基础和前提，是税收数据收集和税收统计分析的连接点。

（三）税收数据加工处理的步骤

从完整的工作程序来看，税收数据加工处理的基本步骤如下：

1. 设计和编制税收数据加工处理方案

税收数据加工处理方案是根据税收统计分析研究的目的和要求，事先对整个工作做出全面的计划和安排，是通过一套综合表式和编制说明来反映的。其主要内容包括确定汇总指标与综合统计表，进行统计分组，选择资料汇总形式，确定资料审查的内容与方法等。统计分组是统计资料整理的基础，统计汇总是统计资料整理的中心内容，统计图表则是统计资料整理的表现形式。

2. 对收集的税收数据进行审核

在对收集的税收数据进行加工处理前，首先需要对其进行严格的审核，以保证数据质量，为进一步的整理和分析打下基础。审核的内容主要包括税收数据的准确性、及时性和完整性等。

3. 对收集的税收数据进行分组、汇总和计算

在税收数据加工处理过程中，对大量的原始资料进行分组、汇总和计算是一项主要的工作，其中统计分组是最基本的，是保证分类、汇总科学合理的基础。根据税收数据加工处理方案的要求，按已确定的汇总组织形式和具体方法，依照一定标志，对收集的税收数据进行分组。按分组的要求，对各项数字进行汇总，计算分组单位数、总体单位数、分组标志总量和总体标志总量。

（1）统计资料的分组。其工作内容是将全部调查资料按照一定的标志加以区分，使反映相同性质的税收活动的资料归并在同一组内，以便于对比分析。

（2）税收统计资料的汇总。统计资料经过科学分组后，按一定要求对统计资料进行综合归类。汇总的形式主要有集中汇总和逐级汇总两种。集中汇总是指由组织领导统计资料整理工作的工作机构，集中全部统计资料进行汇总；逐级汇总是指在汇总过程中，充分发挥各级税务部门的作用，将已经汇总好的资料逐级上报。

4. 对汇总后的调查资料进行审核

对加工处理好的资料再一次进行审核，更正汇总过程中所发生的各种差错。汇总后审核可以从以下几方面进行：

（1）复计审核，即对每个指标数值进行复核计算；

（2）表表审核，即审核不同统计表上重复出现的同一指标数值是否一致，对统计表中互有联系的各个指标数值，则审核它们之间是否衔接和符合逻辑性；

（3）表实审核，即对汇总得到的指标数值，与了解的实际情况联系起来进行检查；

（4）对照审核，即对各税种相关数据进行相互对照检查，看数字是否一致或比较接近，以便从中发现可能出现的错误。在审核过程中发现错误时，应查明原因，及时更正。

5. 编制统计表、绘制统计图

把整理好的税收统计资料用统计表或统计图的形式表现出来，以简明扼要地表现税收现象在数量方面的具体特征和相互关系。

三、税收分析的常用工具

税收分析常用的软件有 SAS、SPSS、Excel 等，其中 Excel 的使用最为普遍。本书将通过具体实例，介绍 Excel 在税收分析中的应用。

Excel 是通过电子表格方式来进行数据录入、管理与分析的，最基本的操作对象是单元格，Excel 常用的操作方式有快捷菜单方式，工具按钮方式和宏命令方式。另外，Excel 还有大量的函数，为计算和分析带来了极大的方便。

第二节　总量分析法

总量分析法是指运用总量指标进行分析的一种方法。总量分析主要适用于经济税源、

税收收入的总体规模及增减变化量分析。

一、总量指标的概念及作用

税收总量指标是反映一定时间、地点和条件下的税收总规模、总水平的统计指标。其表现形式为具有计量单位的绝对数，所以也称为绝对量指标。它可以揭示总体数量的绝对规模和水平，其数值大小受总体范围及包含单位数多少的制约。例如，2012 年某省国税税收收入是 4 321 亿元，剔除海关代征后，国内税收收入是 2 632 亿元。总量指标也可以表现为某现象总体在一定时空条件下数量增减变化的绝对数。例如，2012 年某省国税税收收入与 2011 年相比增加 314 亿元，国内税收收入比 2011 年增加 153 亿元。在税收统计分析中计算税收总量指标具有十分重要的意义。

(1) 税收总量指标是对整个分析研究对象总体认识的一个起点。它是对所研究对象总体的客观反映，反映其基本状况。

(2) 税收总量指标是税务工作中下达计划任务，检查监督税收计划执行进度、执行结果，加强税收征收管理的重要依据。

(3) 税收总量指标是计算税收相对指标、平均指标，进行税收相对水平分析和平均水平分析的基础。税收相对指标和平均指标都是以两个或两个以上有联系的税收总量指标为基础计算出来的，是税收总量指标的派生指标。税收总量指标的核算是否科学合理会直接影响到税收相对指标和平均指标的准确性。

对总量指标的分析描述应简洁、明了，突出其主要数量特征，给人以深刻的印象。例如，2012 年某市国内税收收入突破 300 亿元，比 2011 年增长 15.67%，增收 165 亿元，税收收入呈现稳定增长的态势。

二、总量指标的种类

(一) 按其反映的内容分类，可分为税收总体单位总量和税收总体标志总量

税收总体单位总量是总体单位数的总和，它说明总体本身规模的大小。如××县国税局 2012 年年末所辖一般纳税人为 2 000 户，2012 年年末在职税务干部为 150 人。税收总体标志总量反映的是总体内各个单位某一数量标志值的总和。如××县国税局 2012 年税收收入为 8 亿元，征收成本为 180 万元。

(二) 按其反映的时间分类，可分为时期指标和时点指标

时期指标反映总体在某一段时间内累计规模的总量。如上例中××县税收收入 8 亿元，2012 年××省国税税收收入 4 321 亿元，国内税收收入 2 632 亿元。时点指标是反映总体在某一时刻状态上规模的总量指标。如上例××县 2012 年年末所辖一般纳税人为 2 000户，2012 年年末在职税务干部为 150 人。

(三) 按其计量单位不同分类，可分为实物量指标、价值量指标和劳动量指标

(1) 实物量指标是以实物单位计量的总量指标，能够直观地反映产品使用价值的总量，它是计算价值量指标的基础。实物单位有自然单位、度量衡单位和标准实物单位等。

比如，电脑以“台”、小汽车以“辆”等自然单位计量。度量衡单位是以统一的度量衡制度规定的单位计量，如钢材、粮食以“吨”等计量。标准实物单位用于加总不同规格或含量的同类事物的实物数量，可以更加准确地反映产品的实用价值总量。以往我国的农业税俗称“公粮”，采用的就是实物量指标。

（2）价值量指标是以货币单位计量的总量指标，反映现象总体的价值总量。如“国内生产总值”、“税收总额”等。目前我国税收总量指标均表现为价值量指标，其计量单位表现为元、万元、亿元。

（3）劳动量指标是用劳动时间为单位计算的产品产量或完成的工作量，通常用于工业企业内部的核算。如“工时”、“工日”、“台时”等。

三、总量指标在 Excel 中的图表描述

总量指标在 Excel 中的图表具体可描述为折线图、柱形图、条形图等。以 2000—2012 年××市税收收入情况为例，如表 3-2 所示。

表 3-2　　2000—2012 年××市税收收入情况表　　单位：万元

时期	税收收入
2000 年	363 544
2001 年	401 480
2002 年	452 349
2003 年	511 363
2004 年	650 120
2005 年	822 354
2006 年	1 046 431
2007 年	1 333 258
2008 年	1 575 692
2009 年	1 764 105
2010 年	2 229 391
2011 年	2 633 900
2012 年	2 600 792

可以运用 Excel 提供的函数“SUM”计算 2000—2012 年该市税收收入入库总量。

用折线图描述，如图 3-1 所示：

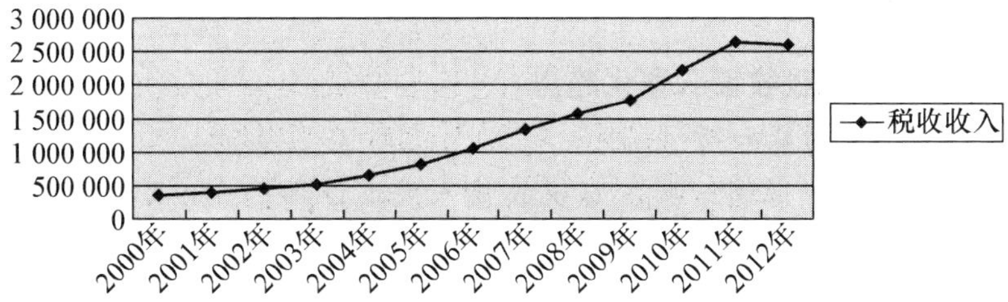

图 3-1　××市 2000—2012 年税收收入情况

用柱形图描述，如图 3-2 所示：

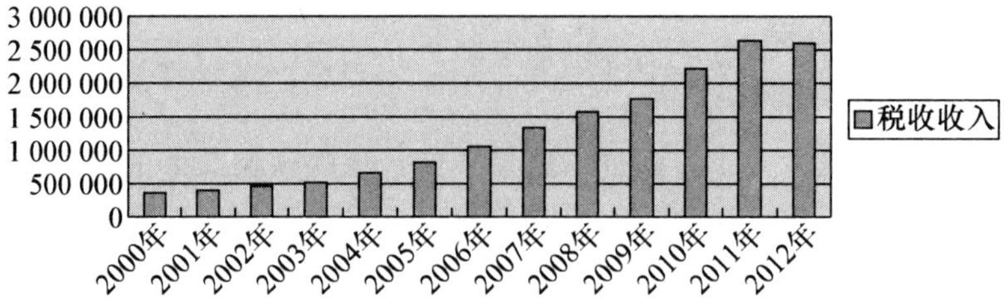

图 3-2 ××市 2000—2012 年税收收入情况

四、案例分析

在税收收入完成情况分析中，介绍总体情况时，通常会采用总量分析法。下面以两个案例说明总量分析法的应用：

案例一：

××省国家税务局关于 2012 年税收收入完成情况的通报

……

一、2012 年税收收入完成情况

（一）基本情况

2012 年，××省国税收入完成 3 329.97 亿元，比上年增长 7.55%，增收 233.76 亿元；其中，组织国内税收收入 2 487.13 亿元，比上年增长 4.62%，增收 109.73 亿元。

（二）主要特点

1. 收入规模继续扩大，增幅顺势回落。2012 年，全口径税收收入、国内税收收入分别突破 3 300 亿元、2 400 亿元，均创历史新高，收入规模进一步扩大。与经济走势一致，国税收入增速放缓，全口径税收收入和国内税收收入比上年分别增长 7.55%和 4.62%，较上年分别回落 13.54 和 10.89 个百分点。

……

案例二：

××省税收收入总量变化趋势与经济税收关系分析

一、税收收入总量与税收增长变化趋势

（一）税收收入的绝对额分析

“九五”至“十一五”期间，××省税收收入规模逐年扩大，3 个五年计划期间，税收总量分别为 2 097 亿元、4 833 亿元和 13 052 亿元。2010 年税收总量达到 3 552 亿元，是 1996 年的 11.7 倍，年均增长 19.4%。其中国内税收收入总量 2010 年达到 2 527 亿元，年均递增 17.3%。

（二）税收收入的增加额分析

总体保持快速增长态势，但年度间增加额波动较大。2000 年税收增收额首次超过 100 亿元，但随后的 2001 年和 2002 年增收额迅速减少。自 2004 年开始至 2008 年每年的增收额都在 200 亿元以上，但 2009 年锐减至 168.8 亿元，2010 年增收额创历史新高。“十一五”时期年均增收额达到 424.2 亿元，分别是“九五”、“十五”期间的 6.3 倍和 2.5 倍。

……

第三节　对比分析法

一、对比分析法的概念及分类

对比分析是指运用对比指标进行分析的一种方法。对比分析法的核心是将两个有联系的统计指标进行对比，用一个抽象化的比值（即对比之后的数值）表明社会经济现象之间的对比关系。通常使用事物的相对水平、发展过程、差异程度、内部结构与比例关系等来比较和分析事物之间的联系。

税收对比分析按时间和空间范围可划分为纵向和横向对比分析。纵向对比分析是指在一定时间限度范围内，以同一事物的各个发展阶段的不同数量指标进行对比分析，反映事物在不同阶段的发展变化情况。横向对比分析，则是指同一指标在不同空间范围内进行对比分析，用以反映经济现象在不同地区之间的差距。如某省宏观税负与相关省份同期宏观税负之比，就可以反映省际宏观税负水平差距。这种方法用在省内各地区之间的比较同样有效。

对比分析主要适用于经济税源、税收收入的结构分析，发展速度分析及经济税收关系分析（宏观税负、弹性分析），适用于经济税源、税收收入总量、结构、发展速度及税负、弹性等指标的纵向和横向对比分析，以发现和了解不同现象之间的结构现状、差异程度及发展趋势。

二、相对指标的概念及作用

相对指标是指将两个有联系的指标对比所得到的比值，反映事物的数量特征和数量关系，其具体数值表现为相对数，因此也称为相对数指标。相对指标可以反映现象之间的固有联系及联系程度，如现象的发展程度、结构、强度、普遍程度或比例关系等。借助于相对指标对现象进行对比分析，是统计分析的基本方法。

相对指标的表现形式有两种：一种是有名数，另一种是无名数。有名数是指对比的分子、分母有不同的计量单位，将分子和分母两个指标的计量单位结合使用，如人口密度用“人/平方公里”，人均 GDP、人均税收负担用“元/人”，劳动强度用“件/人”等。无名数是一种抽象化数值，常以倍数、系数、成数、翻番数、百分数、千分数等表示。

在统计分析研究中，相对指标的作用主要表现在以下方面：

（1）相对指标能具体表现社会经济现象之间的对比关系，有助于人们深入认识事物发展的质量与状况。社会经济现象之间是相互联系、相互制约的，总量指标只能反映现象的总规模、总水平，而运用相对指标把有关指标联系起来进行对比分析，就能把事物发展的规模大小、计划执行的好坏、变化速度的快慢、各种比例协调与否等情况反映出来。

（2）相对指标可以使不能直接对比的现象找到共同比较的基础。例如，考察不同类型企业的经济效益，由于生产规模不同、资金多少不同，一般不能用净利润直接对比，可以通过销售利润率、资本收益率等相对指标抽象掉个体的差异，再进行比较分析。

三、相对指标的分类

根据研究的目的和任务不同，相对指标计算时选择的对比基础也不同，对比所起的作用也有所不同，从而形成不同的相对指标。归纳起来主要有两类：一是同一总体内部对比的相对指标，如结构相对指标、比例相对指标、动态相对指标和计划完成程度相对指标；二是两个总体之间对比的相对指标，如比较相对指标和强度相对指标。

（一）结构相对指标

结构相对指标就是利用分组方法，将总体划分为性质不同的各个组成部分，以部分数值与总体数值对比而得出的比重或比率，来反映总体内部组成状况的相对指标。其计算公式为：

$$\text{结构相对指标}=\frac{\text{总体部分数值}}{\text{总体全部数值}}\times 100\%$$

结构相对指标一般用百分数或成数表示，各组比重之和等于100%或1。其分子和分母既可以同是总体单位总量，也可以同是总体标志总量，而且分子数值属于分母数值的一部分，即分子、分母是一种从属关系，位置不能互换。

例如，2012年××省国内增值税收入完成1 523亿元，约占国内税收收入的61.24%；企业所得税收入完成583亿元，约占国内税收收入的23.44%；国内消费税收入完成244亿元，约占国内税收收入的9.81%；其他税种完成137亿元，约占国内税收收入的5.51%。

结构相对数是统计分析中常用的综合指标，主要有以下两方面作用：

（1）可以反映总体内部的结构特征。

（2）不同时期结构相对数的变动状况，可以说明事物的变化过程及发展趋势。

（二）比例相对指标

比例相对指标是同一总体内不同组成部分之间数量对比的相对指标，用以反映总体中各组成部分之间的数量联系程度和比例关系。它的分子与分母可以互换。其计算公式为：

$$\text{比例相对指标}=\frac{\text{总体中某一部分数值}}{\text{总体中另一部分数值}}\times 100\%$$

比例相对指标一般用百分数、几比几或连比的形式表示。比例相对指标以对分析总体的统计分组为前提，没有分组就没有比例，并且该指标是由结构决定的。根据对比的目的不同，分子、分母可以相互交换位置。

例如，2012 年××市税收收入总额 157 亿元，其中第二产业税收收入 84 亿元，第三产业税收收入 73 亿元。第二产业税收收入：第三产业税收收入＝84：73＝1.15：1＝115：100。也可以计算分析第三产业税收收入：第二产业税收收入＝73：84＝0.87：1＝87：100。

在实际工作中，常将比例相对数和结构相对数结合起来应用，既可以研究总体的结构是否合理，也可以判断现象发展过程中的比例关系是否正常。

（三）动态相对指标

动态相对指标又称为发展速度，是将某一指标不同时间上的数值进行对比的相对指标，表明同类事物在不同时间状态下的对比关系，反映社会经济现象在时间上的运动、发展和变化。其计算公式为：

$$动态相对指标(发展速度)=\frac{报告期指标数值}{基期指标数值}\times 100\%$$

公式中报告期是所要研究或说明的时期，又称为计算期；基期是用来作为比较标准的时期。动态相对指标的分子、分母相对固定，不能互换位置。

例如，2012 年××市税收收入总额 1 345 亿元，2011 年为 1 115 亿元，则该市 2012 年税收收入发展速度$=\frac{1\ 345}{1\ 115}\times 100\%=120.63\%$。

动态相对指标对于分析社会经济现象的发展变化具有非常重要的意义。

（四）计划完成程度及计划执行进度指标

1. 计划完成程度相对指标

计划完成程度相对指标，简称为计划完成百分比，它是以现象在某一时期内的实际完成数与计划任务数进行对比的相对指标。在计算时，要求分子、分母在指标的内容、范围、计算方法及时间长度等方面完全一样，通常用百分数表示。其基本计算公式为：

$$计划完成程度相对指标=\frac{实际完成数}{计划任务数}\times 100\%$$

例如，××县 2012 年计划完成税收任务为 1 200 万元，实际完成税收任务 1 500 万元，则该县 2012 年税收任务计划完成情况为：

$$税收计划完成百分比=\frac{1\ 500}{1\ 200}\times 100\%=125\%$$

计算结果说明完成计划的 125%，实际完成税收比计划增加 1 500－1 200＝300 万元，超额完成计划的 25%。

通过计划完成程度相对指标，可以准确地反映计划完成情况，定期监督检查国民经济计划以及地区、部门或基层单位计划的执行情况，随时掌握计划执行进度及执行过程中存在的问题，找出薄弱环节，挖掘潜力，并可以根据实际情况对计划进行适当的修改，作为编制下期计划的参考。

2. 计划执行进度指标

计划完成程度相对指标只反映计划执行的结果，在分析计划执行情况时，还要检查计划执行的进度和均衡程度，需要运用计划执行进度指标。

计划执行进度指标是计划期中某一段时期的实际累计完成数与计划期全期计划数对比得到的指标。其计算公式为：

$$计划执行进度=\frac{期初至检查之日止累计实际完成数}{全期计划任务数}\times 100\%$$

计划执行进度指标用于检查计划执行与时间进度的要求适应与否，可以在计划期内，逐日、逐旬、逐月、逐季观察计划的进展情况，检查计划执行是否均衡，预计计划的可能完成情况，以便于及时发现问题、采取措施，保证完成或超额完成计划任务。一般来说，检查完成计划进度要与时间的进程相适应，即第一季度完成年计划的25%，第二季度累计完成年计划的50%，即时间过半，任务完成数也要过半。

例如，××县2012年度税收收入计划为9 200万元，季度税收计划执行进度如下：第一季度完成$\frac{2\ 500}{9\ 200}\times 100\%=27.17\%$；截至第二季度完成$\frac{2\ 500+2\ 600}{9\ 200}\times 100\%=55.43\%$（时间过半，任务过半）；截至第三季度完成$\frac{2\ 500+2\ 600+2\ 300}{9\ 200}\times 100\%=80.43\%$；全年计划完成$\frac{9\ 600}{9\ 200}\times 100\%=104.35\%$，全年超计划完成任务4.35%，超额完成计划任务400万元。

（五）比较相对指标

比较相对指标是将两个性质相同的指标在同一时间、不同空间条件下作静态对比求得的相对指标，可以反映国家之间、地区之间、行业之间、单位之间同类现象的对比关系。其计算公式为：

$$比较相对指标=\frac{某条件下的某项指标数值}{另一条件下的同项指标数值}\times 100\%$$

比较相对指标一般用百分数或倍数表示。其分子、分母根据分析目的不同可以相互交换位置。

例如，2012年A市税收收入总额157亿元，B市税收收入总额为305亿元。则A市与B市税收收入对比得到的比较相对指标=157∶305 =51.48%，也可以将B市与A市税收收入进行对比=305∶157=1.94倍。

计算比较相对指标时，用来对比的指标既可以是总量指标，也可以是相对指标或平均指标。由于总量指标易受总体规模和条件不同的影响，计算比较相对指标时更多采用相对数或平均数进行对比。如税收弹性系数指标：

$$税收弹性系数=\frac{税收增长率}{经济增长率}$$

税收弹性系数作为税收对经济增长的反应程度，其数值大于1，说明税收增长快于经济增长。其数值越大，对宏观税负的提升作用越明显。

例如，2000—2012年，全国现价GDP的平均增幅为12%，税收收入平均增幅为17.9%；××省GDP现价平均增长13.4%，税收收入平均增长16.5%，试计算两者的税收弹性系数。

$$全国税收弹性系数=\frac{17.9\%}{12\%}=1.49$$

$$该省税收弹性系数=\frac{16.5\%}{13.4\%}=1.23$$

由以上计算结果可知，该省税收弹性系数低于全国平均水平。

比较相对指标常用于不同国家、地区、单位的比较，用于先进与落后水平的比较，还可用于标准水平或平均水平的比较，用以寻找差距，挖掘潜力，为制订发展计划提供依据。

比例相对指标和比较相对指标的区别是：(1) 分子与分母的内容不同，比例相对指标是同一总体内不同组成部分之间数量对比的相对指标；比较相对指标是同类指标在同一时间、不同空间条件下对比求得的相对指标。(2) 说明问题不同，比例相对指标说明总体内部的比例关系；比较相对指标是不同单位的同类指标对比而确定的相对数，用以说明同类现象在同一时期内各单位发展的不平衡程度。

(六) 强度相对指标

强度相对指标是两个性质不同（不同类现象）而有一定联系的总量指标进行对比的结果，用以表明现象的强度、密度和普遍程度。这里所指的不同类现象一般分别属于不同的总体。其计算公式为：

$$强度相对指标=\frac{某一总量指标数值}{另一性质不同而相联系的总量指标数值}\times100\%$$

例如，2011 年××市 GDP（现价）总额为 111 亿元，该市税收收入为 3.5 亿元。该市 2011 年的税收负担率$=\frac{3.5}{111}\times100\%=3.15\%$，即该市每百元 GDP 带来 3.15 元的税收收入。

有些强度相对指标的分子、分母位置可以互换，所以存在正指标和逆指标两种形式。强度相对指标的数值大小与现象的发展程度或密度成正比时，称为正指标；与现象的发展程度或密度成反比时，称为逆指标。一般来说，正指标数值越大越好，逆指标数值越小越好。

四、对比分析时应注意的问题

(一) 两个对比指标的可比性

由于相对指标是两个有联系的指标数值进行对比计算的结果，因此，两个对比指标的可比性是计算相对指标的重要条件。所谓可比性，是指对比的两个指标在经济内容上要具有内在联系，并且在总体范围、时间、计算方法和计量单位上要求一致或相适应。

(二) 相对指标和总量指标结合使用

相对指标把现象的绝对水平抽象化，来反映社会经济现象的联系和差异程度，但是，它也掩盖了现象绝对水平的差别。因此，在利用相对指标进行分析时，必须与计算相对指标所依据的绝对水平联系起来考察，才能获得对客观事物正确的认识。

（三）多种相对指标结合运用

运用相对指标进行统计分析时，可以将从不同方面、不同角度说明问题的各种相对指标结合起来使用，全面地说明客观事物的情况及发展的规律性。只有多种相对指标综合运用，才能全面地、深入地说明要研究的问题。

五、案例分析

在进行税收收入增减变化分析时，通常会采用对比分析法。下面以两个案例说明对比分析法的应用：

案例一：

××省国家税务局关于2012年上半年税收收入完成情况的通报

……

上半年，××省国内税收收入完成1 355.03亿元，完成全年任务的52.05%，超时间进度2.05个百分点，顺利实现了时间任务“双过半”目标。

上半年，××省国税收入完成1 783.56亿元，同比增长7.88%，增收130.34亿元。不含海关代征“两税”，国内税收收入完成1 355.03亿元，同比增长6.17%，增收78.8亿元。

上半年，××省免抵调库收入共完成91.5亿元，同比增长31.48%，增收21.91亿元，占国内税收收入全部增收额27.8%，拉动国内税收收入增长1.72个百分点。

……

案例二：

××省国税收入结构比较分析研究

一、税收收入总量及税负比较分析

（一）税收收入规模绝对差距扩大，相对差距缩小

2010年全国共完成国税收入51 504亿元，××省国税收入规模占全国的6.9%，居全国第六位，前六位分别是：A省6 796.37亿元，B省5 772.85亿元，C省4 784.30亿元，D省4 346.78亿元，E省3 668.54亿元，××省3 552.10亿元。与“十五”期末相比，某省税收总量与先进省份的绝对差距在扩大，2010年××省国税收入比C、E、A三省分别少1 232.2亿元、116.44亿元和3 244.26亿元，与三省的绝对差额分别是“十五”期末的2.51、0.5和2.28倍，除E省外，均呈扩大趋势。相对差距则在缩小，2010年××省国税收入分别比三省低25.76%、3.17%和47.74%，比“十五”期末提高了－0.2、10.78和2.09个百分点；占全国国税收入的比重比2005年提高0.19个百分点，C省提高0.28个百分点，E省与A省则分别下降0.67和0.17个百分点。

（二）税收保持较快增长，居第一位

纵向看，××省税收增速呈上升趋势，“九五”时期税收年均增长18.75%，在四省中最低；“十五”时期年均增长19.62%，居第三位；“十一五”期间，××省税收保持较快增长，年均增长19.94%，在四省中居第二位，仅比C省低0.97个百分点，高于全国平均水平（19.27%）。2010年××省国税收入增长26.42%，在四省中增长最快，比全国、C、E、A省分别高2.14、4.28、4.79和1.39个百分点。

本文参考GEP评估法，以被研究对象税收比重的增长速度来划分其成长性，分为高成长性（大于0.8）、渐进成长性（0.6～0.8）、缓慢成长性（0.4～0.6）和非成长性（低于0.4）。如“十一五”时期某省税收成长指数等于××省国税收入占全国国税收入的比重与2005年税收比重之比。从成长性来看，四省税收均呈现高成长性，但××省成长指数相对低，“十五”期间最低，“十一五”期间为0.99，居第三位，C省、A省均为1.03。

（三）宏观税负水平差距较大，税收弹性理性回归

2010年某省宏观税负为9.01%，全国、C、E、A省宏观税负分别为11.69%、11.7%、13.54%和14.95%，比××省高2.67、2.68、4.53和5.93个百分点，每单位GDP税收贡献率分别是××省的1.3、1.3、1.5和1.66倍，远远高于××省。除A省外，××省与全国及C省、E省的税负系数与“十五”期末相比均有所上升，说明税负差距在缩小。“十一五”期间××省平均税收弹性1.21，全国及三省分别为1、1.17、1.14和1.26，与“十五”时期相比，某省税收弹性理性回归，保持与经济的协调增长。

……

第四节 分组分析法

社会经济现象的多样性和错综复杂性，要求在进行税收分析时，将错综复杂的社会经济现象区分为不同的类型，使税收分析进一步深化，这就需要借助分组分析方法。

一、统计分组的概念及作用

统计分组是根据税收分析研究的目的和分析对象的特点，将所研究的税收统计总体按照一定的标志划分为性质不同的若干个组成部分，使反映相同性质的税收活动的资料归并在同一组内，以便于对比分析的一种统计方法。总体中的这些组成部分称为“组”，也就是大总体中的小总体。能够对统计总体进行分组，是由统计总体中各单位所具有的差异性的特点决定的。

统计分组是开展税收分析、研究社会经济结构变化、产业结构变化、产品结构变化等对税收收入影响的基础和前提条件，只有按一定的标志进行科学的分组，才有可能取得总体内部各部分在总体中所占比重和各部分之间比例关系的资料；才有可能利用这些资料去研究和分析各种现象之间的依存关系；才有可能利用这种分析方法去进行客观正确的分析，以揭示客观事物发展的一般规律。

二、统计分组的原则

一是系统原则。即各分组内容之间要符合逻辑，界限明确，层次分明，既自成体系，又相互联系。

二是可比原则。即分组内容要与历史资料保持连贯，分组口径要前后一致，以便进行前后对比。

三是实用原则。进行各种分组要有利于税收统计资料的使用，满足当前税收工作的需要，并便于各级领导查阅。

确定分组内容时，必须综合考虑上述各项原则，尤其要兼顾统计资料的可比性和实用性。如果出现与前期资料分组口径不同，则必须在整理的统计资料中逐项加以说明，以免在使用资料时发生差错。

三、分组标志

统计分组中关键的问题在于选择分组标志和各组界限的划分，而选择分组标志则是税收统计分组的核心问题。

（一）分组标志的概念及其分类

分组标志就是将税收统计总体区分为各个性质不同的组的标准或根据。根据分组标志的不同特征，税收统计总体可以按品质标志分组，也可以按数量标志分组。

1. 按品质标志分组

按品质标志分组就是选择反映事物属性差异的品质标志为分组标志，并在品质标志的变异范围内划定各组界限，将总体划分为若干性质不同的组成部分。如按经济类型、按产业结构分组。将纳税人按所属的经济类型分组，可以分为国有企业、集体企业、股份合作企业、联营企业、股份公司、私营企业及其它企业。

2. 按数量标志分组

按数量标志分组就是根据统计研究的目的，选择反映事物数量特征和差异的数量标志作为分组标志，在数量标志值的变异范围内划定各组数量界限，将总体划分为性质不同的若干组成部分。在实际进行税收分析时，按数量标志进行分组常常用来分析某种指标的变动情况，这时被研究的指标就成为分组的标志。例如，将纳税人按缴纳税收额、利润额分组等。

（二）选择分组标志

任何社会现象客观上都有许多不同的标志。对同一总体的资料根据不同的标志进行分组，会产生不同的结论。为确保分组后的各组能够正确反映事物内部的规律性，选择分组标志时，应遵循以下原则：

1. 根据税收分析研究的目的与任务选择分组标志

在对税收数据进行分析研究时，可以根据不同的研究目的或任务从不同的角度进行研究，相应的要选择不同的分组标志进行分组。如以××省纳税人为总体进行研究时，这个研究对象就有很多标志，如经济类型、行业、规模等。在具体研究过程中到底应该采用哪种标志进行分组，就要看研究的目的。如研究税收负担率的行业差异情况，可选择行业作为分组标志；研究税收负担率的地区差异情况，可选择地区作为分组标志。

2. 从众多标志中，选择最能反映被研究现象本质特征的标志作为分组标志

由于社会经济现象复杂多样，具有多种特征，在选择分组标志时，会遇到既可以使用这种标志，又可以使用另一种标志的情况。这就需要根据被研究对象的特征，选择最主要的、最能反映事物本质特征的标志进行分组。例如，研究纳税人的纳税能力情况，可以用纳税人的销售收入作为分组标志，也可以用纳税人的资产、利润、税负作为分组标志。相比较而言，销售收入水平更能反映纳税人纳税能力的高低，更能反映现象的本质特征。

四、统计分组体系

对税收总体数量特征的认识，往往要从多方面进行研究，仅仅依赖一个分组标志很难满足需要，必须运用多个分组标志进行多种分组，形成一个分组体系才能满足需要。

所谓的统计分组体系，就是根据税收统计分析的要求，通过对同一总体进行不同分组，形成一组相互联系、相互补充的体系。统计分组体系有平行分组体系与复合分组体系之分。

（一）简单分组和平行分组体系

总体只按一个标志分组称为简单分组。例如，按税收收入对纳税人进行分组。对同一个总体选择两个或两个以上的标志分别进行简单分组，就形成平行分组体系。例如，为了解纳税人总体的基本特征，我们将纳税人总体按经济类型、行业等进行分组，形成平行分组体系如下。

按经济类型分组：国有企业，集体企业，股份合作企业，联营企业，股份公司，私营企业，其它企业；

按行业分组：采矿业，制造业，电力、热力、燃气及水的生产和供应业，建筑业……

平行分组体系的特点是：每一个分组固定一个分组标志，即只考虑一个因素的差异对总体内部分布情况的影响，而且各个简单分组之间彼此独立，没有主次之分，不互相影响。

（二）复合分组和复合分组体系

对同一总体选择两个或两个以上分组标志层叠起来进行分组，叫做复合分组。复合分组所形成的分组体系叫做复合分组体系。例如，将纳税人总体按经济类型、行业重叠分组形成的复合分组体系如下。

按经济类型、行业分组：

国有企业

—采矿业

—制造业

—电力、热力、燃气及水的生产和供应业

—建筑业

……

股份公司

—采矿业

—制造业

—电力、热力、燃气及水的生产和供应业

—建筑业

……

其他企业

—采矿业

—制造业

—电力、热力、燃气及水的生产和供应业

—建筑业

……

复合分组体系的特点是：每一次分组除了要固定本次分组标志对分组结果的影响外，还要固定前一次或前几次分组标志对分组结果的影响，且各个分组标志之间有主次之分。

复合分组体系可以从不同角度了解总体内部的差别和关系，因而比平行分组体系更能全面、深入地研究分析问题。但是也要注意，复合分组的组数等于各简单分组组数的连乘积，如果复合分组选择的标志过多的话，就会使复合分组体系过于庞大，会增加分组的难度，不容易反映现象的本质特征，制表也不方便。所以，进行复合分组时分组标志不宜过多。

五、分配数列

分配数列是进行税收统计分组的必然产物，是税收数据加工处理结果的一种重要表现形式。它可以表明税收现象总体的分布特征和内部结构，并为研究总体中某种标志的平均水平及其变动规律提供依据。

（一）分配数列的概念

分配数列是在税收统计分组的基础上，将总体的所有单位按组归类整理，并按一定顺序排列而形成的总体中各个单位在各组间的分布，又称分布数列或次数分配。分配数列可以说明总体的构成情况，是反映总体数量特征、揭示事物规律的重要方法。表3-3是2012年××市2 000个企业按经济类型分组形成的分配数列。

表3-3　××市2012年企业经济类型构成情况表

经济类型	企业数（个）	占总企业数的比重（%）
国有企业	350	17.5
集体企业	800	40

续表

经济类型	企业数（个）	占总企业数的比重（%）
其他企业	850	42.5
合计	2 000	100

（二）分配数列的种类

根据分组标志的不同，分配数列分为品质分配数列和变量分配数列两种。

1. 品质分配数列

按品质标志分组形成的分配数列称作品质分配数列，简称品质数列，也叫属性分布数列。表 3-3、表 3-4 都是品质分配数列。

表 3-4　　2012 年××省国内生产总值及构成情况表

产业	国内生产总值	
	绝对数（亿元）	相对数（%）
第一产业	35 477	10.6
第二产业	156 958	46.8
第三产业	142 918	42.6
合　　计	335 353	100

2. 变量分配数列

按数量标志分组所编制的分配数列称作变量分配数列，简称变量数列。如表 3-5，某厂工人按生产某种产品的日产量为分组标志所编制的变量数列。

表 3-5　　××厂工人生产某产品日产量资料

日产量（件）	工人数（人）	占总人数的比重（%）
22	30	15
23	50	25
24	60	30
25	40	20
26	20	10
合计	200	100

变量数列按变量的表示方法和分组方法不同，可以分为单项式分配数列和组距式分配数列两种。

（1）单项式分配数列是指将每一变量值列为一组形成的数列，即按单项式分组所编制的变量数列。适用于变量值个数较少、变动范围较小的离散型变量。表 3-5 中，变量值的数目较少并可一一列举，因此可编制单项式数列。

（2）组距式分配数列是以标志值变动的一定范围作为一组的分组，即组距式分组所形成的变量数列。组距式数列中的每个组不是用一个具体的变量值表示，而是用变量值的一定变化范围即各组变量值变动的区间来表示，一般适用于连续型变量以及变量值较多、变动范围较大的离散型变量。如表 3-6 所示。

表 3-6　　××市纳税人税收收入分配数列

税收收入	户数	
	绝对数（户）	相对数（%）
300 万元以下	2	5
300 万～400 万元	7	17.5
400 万～500 万元	15	37.5
500 万～600 万元	10	25
600 万～700 万元	4	10
700 万元以上	2	5
合计	40	100

（三）组距式变量数列的组成要素

1. 组距、全距与组数

在组距数列中我们用变量值变动的一定范围代表一个组，每个组的最大值为组的上限，最小值为组的下限，每个组上限和下限之间的距离称为组距，即：组距＝上限－下限。

全部变量值的最大值和最小值的距离，即全距，又称极差，即：全距＝最大变量值－最小变量值。

组数是指某个变量数列划分为多少组。组数与组距是相互联系的，在同一变量数列中，组距的大小与组数的多少成反比。组数越多，组距越小；组数越少，组距越大。

在等距分组时，组距、全距和组数的关系用公式表述如下：

$$i=\frac{R}{K},\quad R=X_{\max}-X_{\min}$$

式中，i 代表组距，R 代表全距，K 代表组数，$X_{\max}$ 代表最大变量值，$X_{\min}$ 代表最小变量值。

对一个总体来讲，分组的组数和组距必须恰当，组数不能太多也不能太少，组距不能太小也不能太大。组数太多，组距太小，分配数列显得很繁琐，不能反映总体分布特征；组数太少，组距太大，分配数列显得过于笼统，同样很难反映总体分布特征。

2. 组限与组中值

组限是圈定一组标志值变动范围的两个数，即每组两端的标志值。每组的最大值为上限，最小值为下限。在组距式分组中常有最小组无下限和最大组无上限的情况，这样的组叫开口组，其中只有上限无下限的称为下开口组，有下限无上限的组称为上开口组。例如，表 3-6 中的第一组 300 万元以下为下开口组，最后一组 700 万元以上为上开口组。

在编制组距数列时，作为各组名称的变量可以是离散变量，也可以是连续变量，这两种变量组限的表示方法有所不同。按连续变量分组划分组限时，相邻两组的组限必须重叠。如果上下限是两个不同的数值的话，那么相邻两组上下限之间就可能有很多数值无组可归，不符合穷尽性原则。在统计时，如果遇到某单位的标志值刚好等于相邻两组上下限数值时，为避免重复计算，一般遵循“上组限不在内”的原则。例如，某地区纳税人税收收入分组，有 300 万～400 万、400 万～500 万两组，如果某户纳税人税收收入为 400 万元，则应计入 400 万～500 万这一组。按离散变量划分组限时，相邻两组的组限可以以整数断开。

组中值是各组标志值波动范围的中点值，也就是每组上限和下限之间的中点数值。由于组距数列使用变量值变动的一段区间来表现变量值的取值，因而掩盖了分布在各组内各单位的实际变量值，为了反映各组中个体单位变量值的一般水平，税收统计分析中需要计算组中值来代表。其计算公式为：

$$组中值=\frac{上限+下限}{2}$$

例如，表 3-6 中，400～500 一组的组中值为$\frac{400+500}{2}=450$（万元）。

对于开口组，由于缺少上限或下限，确定组中值一般以相邻组的组距作为假定的组距，利用相邻组组距的一半来调整计算组中值。

$$上开口组中值=下限+\frac{邻组组距}{2}$$

$$下开口组中值=上限-\frac{邻组组距}{2}$$

例如，表 3-6 中，300 万元以下这一组其组中值为：$300-\frac{400-300}{2}=250$（万元），而 700 万元以上这一组组中值为：$700+\frac{700-600}{2}=750$（万元）。

用组中值来代表组内变量值的一般水平存在一个假定，即假定各单位变量值在本组范围内呈均匀分布，或在组中值两侧呈对称分布。而实际上，各组变量值往往不是均匀分布的，组中值与各组的实际平均水平仍有一定的差距，它只是各组实际平均值的近似代表值。

（四）分配数列的要素及意义

分配数列包括品质分配数列和变量分配数列，都是由两个基本要素构成：各组的名称和各组的次数或频率。各组的名称是表明标志变异范围及其变异程度界限的。两种分配数列构成要素的不同之处仅有一点，即品质数列组的名称使用文字表示标志属性差异，变量分配数列组的名称则是用标志值（即变量的不同水平）表示的数量变异界限。

分配数列中分布在各组中的个体单位数叫做次数，又称频数，是以绝对数的形式表现各组的总体单位数目，各组次数之和等于总次数。各组次数（即各组单位数）占总次数（即总体单位数）的比重叫做比率或频率，是以相对数形式表现的总体单位数目，各组频率之和等于 1 或 100%。××市纳税人税收收入分配数列如表 3-7 所示。

表 3-7　　××市纳税人税收收入分配数列

税收收入	户数	
	绝对数（户）	相对数（%）
300 万元以下	2	5.0
300 万～400 万元	7	17.5
400 万～500 万元	15	37.5
500 万～600 万元	10	25.0
600 万～700 万元	4	10.0

续表

税收收入	户数	
	绝对数（户）	相对数（%）
700 万元以上	2	5.0
合计	40	100.0

各组变量值　　次数　　频率

各组的单位数

在分配数列中，次数越大的组的标志值对于总体指标计算所起的作用越大；反之，次数越少的组的标志值所起的作用也越小。频率与次数所起的作用根本性质是相同的，不同的是频率还可以表明各组标志值对总体的相对作用程度。这种相对作用程度的具体数值，也是各组标志值在总体中出现的概率。

为研究整个变量数列的次数分配状况，并进行统计计算，税收统计分析中还常计算累计次数及其频率分布。将变量数列中各组的次数和频率逐组累计相加而成累计次数分布，它表明总体在某一变量值的某一水平上下包含的总体次数和频率。

累计次数和累计频率的计算方法有两种：向上累计和向下累计。向上累计，又称较小制累计，是将各组的次数或频率由变量值低的组向变量值高的组累计，各累计数的意义是各组上限以下的累计次数或累计频率；向下累计，又称较大制累计，是将各组次数或频率由变量值高的组向变量值低的组累计，各累计数的意义是各组下限以上的累计次数或累计频率。反映居民收入分配状况的洛伦茨曲线就是在居民收入分组的基础上，根据向上累计频率分布数列绘制的。××市纳税人税收收入次数累计表如表 3-8 所示。

表 3-8　　××市纳税人税收收入次数累计表

税收收入	户数（户）	频率（%）	向上累计		向下累计	
			累计次数（户）	累计频率（%）	累计次数（户）	累计频率（%）
300 万～350 万元	2	5	2	5	40	100
350 万～400 万元	7	17.5	9	22.5	38	95
400 万～450 万元	15	37.5	24	60	31	77.5
450 万～500 万元	10	25	34	85	16	40
500 万～550 万元	4	10	38	95	6	15
550 万～600 万元	2	5	40	100	2	5
合计	40	100	—	—	—	—

由上表可知，该市 40 户纳税户中税收收入低于 400 万元的有 9 户，占全部纳税户数的 22.5%。税收收入高于 500 万元的有 6 户，占全部纳税户数的 15%。

第五节　平均分析法

平均分析法是应用平均指标对总体数量方面的一般特征进行分析的方法。平均分析法主要适用于分析经济税源、税收收入、宏观税负、税收弹性等在一定时间、空间条件下所达到的一般水平，也可以用于税收预测。通过对平均指标的横向比较、纵向比较，可以反映经济现象的发展变化趋势及规律性。

一、平均指标的概念及作用

（一）平均指标的概念

平均指标是总体各单位某一数量标志值在具体时间、地点条件下达到的一般水平，又称平均数，是社会经济分析中常用的综合指标。计算平均指标的前提是必须具有同质性，即将同类现象的各个变量之间的差异抽象化，从而说明总体的一般水平。这种以一般水平代表总体各单位数量标志的具体表现是认识总体的基本方法，掌握了一般水平也就掌握了总体的一个重要方面。

（二）平均指标的作用

（1）平均指标可用于对比同类现象在不同空间上的表现，以反映经济现象的规模和水平。如将不同地区或纳税人的平均税负比较，可准确地反映出地区之间或不同纳税人之间的实际税负情况。

（2）平均指标可用于对比同类现象在不同时间上的表现，以反映经济现象的发展变化趋势或规律性。

（3）平均指标可用于分析现象之间的依存关系。如地区间或不同时期增值税与增值额相比得到实际平均增值税率，可以反映地区之间或不同时期的增值税征收管理情况。

（4）平均指标可用于推断现象之间的数量关系。如已知平均税率，根据下一月份或年度的税基值可推算出税收收入的估测值。

二、平均指标在税收统计中的运用

平均指标可分为数值平均指标和位置平均指标。数值平均指标包括算术平均数、调和平均数、几何平均数和平方平均数。位置平均指标包括众数和中位数。

（一）算术平均数

用算术公式计算出来的平均数，是计算平均指标的基本形式。其计算公式为：

$$\bar{x}=\frac{\sum x}{n} \qquad (1)$$

或

$$\bar{x}=\frac{\sum xf}{\sum f} \qquad (2)$$

式中，$\bar{x}$ 代表平均数，x 代表变量值，n 代表项数，f 代表次数。

由公式（1）计算得到的称为简单算术平均数，由公式（2）计算得到的称为加权算术平均数。

1. 简单算术平均数（未分组的统计资料）

根据统计资料将总体各单位的标志值简单加总，然后除以总体单位数，就得到简单算术平均数。其基本计算公式为：

$$\bar{x}=\frac{x_1+x_2+x_3+\cdots+x_n}{n}=\frac{\sum x}{n}$$

式中，x 为各单位的标志值，n 为总体单位数。

例如，某纳税人 2012 年 1—6 月份纳税额分别为 1 056 元、1 869 元、1 560 元、2 598 元、1 978 元、2 011 元，该纳税人上半年月平均纳税额为：

$$\bar{x}=\frac{1\,056+1\,869+1\,560+2\,598+1\,978+2\,011}{6}=1\,845.33(\text{元})$$

2. 加权算术平均数（已经分组的变量数列）

使用分组资料，用各组标志值乘以相应各组单位数求出总体标志总量，用总体标志总量除以总体单位总数即得到加权算术平均数。加权算术平均数适用于分组的统计资料，如果已知各组的变量值和变量值出现的次数，则可采用加权算术平均数计算。计算公式为：

$$\bar{x}=\frac{\sum xf}{\sum f}=\sum x\frac{f}{\sum f}$$

式中，x 为各单位的标志值，f 为各组的次数（权数），$\frac{f}{\sum f}$ 为各组单位数占总体单位数的比重（权数）。

从公式中可以看出，加权算术平均数受两个因素的影响：一是各组变量值；另一个是各组的次数或各组单位数占总体单位数的比重。当各组变量值不变时，各组次数或各组的比重对平均数起着决定作用，即哪一组次数多或比重大，平均数就越接近该组的变量值。因此，各组次数或各组的比重对算术平均数的大小起着权衡轻重的作用，统计上把各组的次数或各组的比重又称为权数。

（1）单项式数列计算平均数。单项式数列的每一组只有一个变量值，可以直接用公式计算。以××县国税局个体户征管情况为例，如表 3-9 所示。

表 3-9　　××县国税局个体户征管情况表　　金额单位：元

单位	个体户数（f）	户均入库额（x）	年入库总额（xf）
第一征收分局	220	200	44 000
第二征收分局	350	200	70 000
第三征收分局	180	211.11	38 000
第四征收分局	240	204.16	49 000
第五征收分局	400	212.5	85 000
合计	1 390	205.76	286 000

$$\begin{aligned}\sum xf&=200\times220+200\times350+211.11\times180+204.16\times240+212.5\times400\\&=286\,000(\text{元})\end{aligned}$$

$$\sum f=220+350+180+240+400=1\,390(\text{户})$$

$$\text{则该县局个体户年均税收缴纳额} = \frac{\sum xf}{\sum f} = 286\,000 \div 1\,390 = 205.76(\text{元})$$

（2）组距式数列计算加权算术平均数。根据组距式数列计算的加权算术平均数，各组的标志值 x 应是每组的组平均数，一般是假定各单位标志值在组内的分布是均匀的，使用每组的组中值来代替 x。而实际中各组的分布不可能是完全均匀的，各组组中值与组平均值就会存在一定的误差，因此，依据组中值计算的加权算术平均数是平均数的近似值。

例如，根据××单位管辖的纳税人年纳税额，计算该单位纳税人均纳税额。如表 3-10 所示。

表 3-10　　××税务局纳税人年纳税额统计表

年纳税额	纳税人数 f（人）	组中值 x	各组纳税额 xf（万元）
1 万～5 万元	86	3	258
5 万～10 万元	65	7.5	487.5
10 万～20 万元	31	15	465
20 万～30 万元	19	25	475
合计	201		1 685.5

该单位管辖的纳税人人均纳税额

$$\bar{x} = \frac{\sum xf}{\sum f} = \frac{1\,685.5}{201} = 8.39(\text{万元})$$

（二）调和平均数

调和平均数是总体单位各个标志值倒数的算术平均数的倒数，又称为倒数平均数。调和平均数也有简单调和平均数和加权调和平均数两种形式。

1. 简单调和平均数

简单调和平均数是指各变量值对平均数起同等作用时，各总体单位标志值倒数的简单算术平均数的倒数。在应用简单调和平均数时，要求各个标志值相应的标志总量均为一个单位。其计算公式为：

$$H = \frac{1}{\dfrac{\dfrac{1}{x_1} + \dfrac{1}{x_2} + \dfrac{1}{x_3} + \cdots + \dfrac{1}{x_n}}{n}} = \frac{n}{\sum \dfrac{1}{x}}$$

式中，x 为各单位的标志值，n 为项数。

2. 加权调和平均数

加权调和平均数是指以各总体单位标志值的标志总量为权数而得到的标志值倒数的算术平均数的倒数。在实际生活中，各标志值对应的标志总量往往是不等的，在这种情况下，就需要应用加权调和平均数来计算。其计算公式为：

$$H = \frac{m_1 + m_2 + m_3 + \cdots m_n}{\dfrac{m_1}{x_1} + \dfrac{m_2}{x_2} + \dfrac{m_3}{x_3} + \cdots \dfrac{m_n}{x_n}} = \frac{\sum m}{\sum \dfrac{m}{x}}$$

式中，H 代表调和平均数，x 代表各标志值（变量值），m 代表标志值的标志总量（即权数）。

例如，设某企业集团在甲地的总厂税负为 10%，在乙地的分厂税负为 9%，在丙地的分厂税负为 8%。现该集团的总厂和两个分厂分别缴纳税款 3 万元、2 万元、1 万元，该集团平均税负是多少?

该集团总计上缴税款为：$\sum m = 3 + 2 + 1 = 6$（万元）。

该集团总计纳税税基为：$\sum \frac{m}{x} = \frac{3}{10\%} + \frac{2}{9\%} + \frac{1}{8\%} = 64.7$（万元）。

该集团平均税负为：$h = \frac{\sum m}{\sum \frac{m}{x}} = \frac{6}{64.7} = 9.3\%$。

（三）几何平均数

几何平均数反映一个时期内事物发展的快慢程度，一般用百分数表示。一个历史时期经济的平均发展速度，不能用算术平均数求出，因为在该时期内，每年的基础水平不同，这些比值无法简单相加，只能按几何平均的方法求出。几何平均数的计算公式为：

$$G = \sqrt[n]{x_1 \times x_2 \cdots \times x_n} \times 100\%$$

或

$$G = \sqrt[n]{\frac{A_n}{A_0}} \times 100\%$$

式中，G 代表几何平均数，$x_1 \times x_2 \cdots \times x_n$ 代表各期观察值的相对数之积，n 代表观察的期数，A_0 代表基期绝对数，A_n 代表报告期绝对数。

例如，××县 2004—2012 年税收收入情况如表 3-11 所示，求该县税收收入平均增长速度。

表 3-11　　××县税收收入年发展情况表

年份	税收收入与上年比值（基年=100）
2004	102.4
2005	123.9
2006	144.4
2007	161.8
2008	130.4
2009	117.5
2010	114.8
2011	108.5
2012	113.9

$$G = \sqrt[n]{x_1 \times x_2 \cdots \times x_n} \times 100\%$$

本例中，$n=9$ 年，

$$\begin{aligned} x_1 \times x_2 \cdots \times x_n &= 102.4\% \times 123.9\% \times 144.4\% \times 161.8\% \times 130.4\% \times 117.5\% \\ &\quad \times 114.8\% \times 108.8\% \times 113.9\% \\ &= 6.4614 \end{aligned}$$

所以 $G=\sqrt[9]{6.4614}\times 100\%=123.04\%$

该县税收收入平均发展速度为123.04%，平均增长速度为23.04%。

（四）众数

众数是在总体中出现次数最多的标志值。在分配数列中，出现次数最多的那个组的标志值，就是众数。

1. 未分组资料确定众数

例如，某征收分局10名税务干部的年龄分别为：30、41、40、30、30、40、30、32、21、30岁。数值30出现的次数最多，故众数为30岁。

2. 分组资料确定众数

（1）单项数列确定众数。某分局纳税人纳税情况如表3-12所示。

表3-12　××分局纳税人纳税情况表

纳税额（万元）	纳税户数（户）
5	35
10	167
15	59
合计	261

经观察发现，纳税额为10万元的纳税人最多，因此，众数为10万元。

（2）组距数列确定众数。组距数列确定众数需要经过以下两个步骤：

1）确定众数组，即从分配数列中找出次数或频率最高的那个组。

2）依据与众数所在组相邻的两个组的次数以及计算公式来近似地确定众数的数值。

组距数列众数的计算公式：

根据上限计算 $M_0=U-\frac{\Delta_2}{\Delta_1+\Delta_2}\times d$

根据下限计算 $M_0=L+\frac{\Delta_1}{\Delta_1+\Delta_2}\times d$

式中，M_0 表示众数，U 表示众数所在组的上限，L 表示众数所在组的下限，Δ_1 表示众数所在组次数与前一组次数之差，Δ_2 表示众数所在组次数与后一组次数之差，d 表示众数所在组的组距。

例如，某县税务局年纳税额分组资料统计情况如表3-13所示，计算该局年纳税额的众数。

表3-13　××县税务局年纳税额分组资料统计表

按年纳税额分组	纳税户数（户）	比重（%）
40万～50万元	20	10
50万～60万元	40	20
60万～70万元	80	40
70万～80万元	50	25
80万～90万元	10	5
合计	200	100

年纳税额 60 万～70 万元这一组的纳税户数最多，为 80 户，L 为 60 万元，U 为 70 万元，Δ_1 为 40 户，Δ_2 为 30 户，d 为 10，将数据分别代入上述公式，两个公式计算结果相同，均为 65.71 万元。

由此可见，两种计算公式计算的结果是相同的。因此，在计算组距数列的众数时，只需要选择两个公式中的一个就可以了。同时，从上面的计算可知，众数的数值要受到众数所在组相邻两组次数多少的影响。当众数前一组次数大于众数所在组后一组次数时，众数接近众数组的下限；反之，当众数前一组次数小于众数所在组后一组次数时，众数接近众数组的上限；当众数所在组前后两组次数相等或当该数列次数呈对称分布时，众数所在组的组中值就是众数。

（五）中位数

中位数是指将被研究总体各单位的标志值按大小顺序排列后，处于中间位置的那个变量值，通常用 M_e 表示。它不受极端值的影响，在总体标志值差异很大时，具有较强的代表性。

1. 未分组资料确定 M_e

当 n 为奇数时，中位数 M_e 就是居于中间位置的那个标志值；当 n 为偶数时，中位数 M_e 就是居于中间位置的那两个标志值的算术平均数。

2. 所给的资料已分组

（1）单项数列确定众位数。根据单项数列确定中位数与根据未分组资料确定中位数方法基本一致。先计算各组的累计次数，再按公式 $\frac{\sum f+1}{2}$ 确定中位数的位置，并对照累计次数确定中位数。

（2）组距数列确定中位数。需要经过两个步骤：

1）确定中位数所在的位置组，按照公式 $\frac{\sum f+1}{2}$ 求出中位数所在组的位置。

2）依据与中位数所在组的次数来计算向上或向下的累计次数，运用计算公式来近似地确定中位数的数值。公式如下：

$$\text{根据上限计算 } M_e = U - \frac{\frac{\sum f}{2} - s_{m+1}}{f_m} \times d$$

$$\text{根据下限计算 } M_e = L + \frac{\frac{\sum f}{2} - s_{m-1}}{f_m} \times d$$

在上式中，M_e 表示中位数，U 表示中位数所在组的上限，L 表示中位数所在组的下限，f_m 表示中位数所在组次数，s_{m+1} 表示中位数所在组以后累计的次数，s_{m-1} 表示中位数所在组以前累计的次数，d 表示中位数所在组的组距。

例如，某县税务局年纳税额分组资料统计情况如表 3-14 所示，计算该局年纳税额的众数。

表 3-14　　××县税务局年纳税额分组资料统计表

按年纳税额分组	纳税户数（户）	向上累计次数	向下累计次数
40 万～50 万元	20	20	200
50 万～60 万元	40	60	180
60 万～70 万元	80	140	140
70 万～80 万元	50	190	60
80 万～90 万元	10	200	10
合计	200	—	—

将数据分别代入上限公式和下限公式计算确定，中位数均为 65 万元。由此可见，两种计算公式计算的结果是相同的。因此，在计算组距数列的中位数时，只需要选择两个公式中的一个就可以了。

（六）算术平均数、众数与中位数之间的关系

在算术平均数、众数与中位数三种平均数中，算术平均数是数值平均数的一种，对极端值的反应比较敏感；众数与中位数都是位置平均数，其具体数值不受极端值的影响。

（1）若数据的分布是对称的。则必有算术平均数、众数与中位数三者相等的情况，即：$M_0=M_e=\bar{x}$。

（2）若数据的分布是不对称的，是向左偏移的。则必有算术平均数大于中位数，且中位数大于众数的关系，即：$M_0<M_e<\bar{x}$。

（3）若数据的分布是不对称的，是向右偏移的。则必有众数大于中位数，且中位数大于算术平均数的关系，即：$\bar{x}<M_e<M_0$。

通过比较这个集中趋势的具体取值大小，可以反映数据的分布状态是否存在偏移，是左偏还是右偏，进而粗略地把握偏移的大致程度。

（七）计算和应用平均指标应注意的问题

（1）注意社会经济现象的同质性。同质性，是指总体各单位在被平均的指标上具有同质性，这是应用平均指标的基本原则。只有这样，计算出来的指标数值才可以反映所研究社会经济现象总体数量特征的一般水平，平均指标才具有实际意义。

（2）必须注意用组平均数补充说明总体平均数。平均指标反映了总体各单位某一数量标志值的一般水平，但掩盖了各组之间的差异。为了全面认识总体的特征和分布规律，对现象作出更准确的评价，还要以总体内各组或组内的平均数进行补充说明。

（3）注意用分配数列来补充说明总平均数。

（4）计算和运用平均数时，要注意极端数值的影响。

三、标志变异指标在税收统计中的运用

（一）标志变异指标的意义和种类

平均指标反映现象的集中趋势，反映现象的一般水平。平均指标代表了参与计算的其他标志值，但也掩盖了这些标志值间的差异。为了揭示标志值间的差异，从相反的角度来揭示现象的离中趋势，应计算标志变异指标。

标志变异指标是反映总体各单位标志值差异程度的综合指标，它表明总体各单位标志值的离散程度和离中趋势，又称标志变动度指标。其具体作用表现在以下两点：

第一，标志变异指标是衡量平均数代表性的尺度。平均数是个代表值，其代表性取决于总体各单位标志值的差异程度。当总体各单位标志值间的差异较大时，计算出的标志变异指标值就越大，平均数的代表性就越小；当总体各单位标志值间的差异较小时，计算出的标志变异指标值就越小，平均数的代表性就越大。

第二，标志变异指标可用来研究现象发展变化的均衡性、协调性。标志变异指标值越小，现象发展变化越均衡、越协调；标志变异指标值越大，现象发展变化越不均衡、越不协调。

（二）标志变异指标在税收统计中的应用

按计算方法的不同，标志变异指标可以分为全距、平均差、标准差和变异系数等六种。

1. 全距

全距又称极差，它是总体各单位标志值中最大值与最小值之差，用字母 R 表示，其公式为：

$$R=\text{最大标志值}-\text{最小标志值}=x_{\max}-x_{\min}$$

全距说明了总体中变量值的变动范围。全距越大，说明变量值的变动范围越大，从而表明标志值的变异程度越大；反之，越小。

全距是测定标志值变异程度最简单的方法，但是由于它只取决于总体各单位标志值中最大和最小两个标志值，没有反映其他标志值之间的差异，所以很容易受到极值的影响。

2. 平均差

平均差也称平均离差，是各变量值与其平均数离差绝对值的平均数，通常用 $A \cdot D$ 表示。计算平均差的目的是测算各单位标志值与算术平均数离差的大小。由于掌握的资料不同，可以分为简单平均差和加权平均差。

（1）简单平均差。如掌握的资料未分组时可用简单平均差来计算。计算公式为：

$$A \cdot D=\frac{\sum|x-\bar{x}|}{n}$$

例如，在 6、11、3、8、13 这组数据中，其平均数为 8.2，则其平均差为：

$$A \cdot D=\frac{\sum(|6-8.2|+|11-8.2|+|3-8.2|+|8-8.2|+|13-8.2|)}{5}=3.04$$

（2）加权平均差。如掌握的资料已经分组，此时应采用加权平均差来计算，其公式为：

$$A \cdot D=\frac{\sum|x-\bar{x}|f}{\sum f}$$

在可比的情况下，一般平均差的数值越大，则其平均数的代表性越小，说明该组变量值分布越分散；反之，平均差的数值越小，则其平均数的代表性越大，说明该组变量值分布越集中。

由于平均差是根据全部变量值计算出来的，可以全面反映总体各单位标志值的变异程度，但由于其计算时涉及绝对值，不能直接用代数方法处理，使用起来不方便，因此在统计分析中很少应用。

3. 标准差

标准差又称均方差，是总体各单位标志值对其算术平均数离差的平方和的算术平均数的平方根，它表明总体各单位标志值的离散程度和离中趋势，从而说明平均数的代表性。标准差值越大，总体各单位标志值间的差异就越大，平均数的代表性就越小；反之，越大。由于掌握的资料不同，标准差可以分为简单标准差和加权标准差。其计算公式为：

$$\sigma=\sqrt{\frac{\sum(x-\bar{x})^2}{n}} \tag{1}$$

或

$$\sigma=\sqrt{\frac{\sum(x-\bar{x})^2\cdot f}{\sum f}} \tag{2}$$

式中，σ 代表标准差，x 代表各标志值或变量值，$\bar{x}$ 代表算术平均数，n 代表项数，f 代表权数。

由公式（1）计算得到的称为简单标准差，由公式（2）计算得到的称为加权标准差。

下面依据 A 县国税局 2012 年税收收入分季度完成情况进行标准差的计算，如表 3-15 所示。

表 3-15　　A 县国税局 2012 年税收收入分季度完成情况标准差计算表

季度	x	$x-\bar{x}$	$(x-\bar{x})^2$
1	2 500	100	10 000
2	2 600	200	40 000
3	2 300	−100	10 000
4	2 200	−200	40 000
合计	9 600	—	100 000

$$\bar{x}=\frac{\sum x}{n}=\frac{9\ 600}{4}=2\ 400(\text{万元})$$

$$\sigma=\sqrt{\frac{\sum(x-\bar{x})^2}{n}}=\sqrt{\frac{100\ 000}{4}}=\sqrt{25\ 000}=158(\text{万元})$$

式中，x 代表完成税收任务的数额，单位为万元。

假设 B 县 2012 年税收收入完成情况亦为 9 600 万元，平均季度完成任务为 2 400 万元，若 B 县完成 2012 年度税收任务的标准差 $\sigma_B=200$ 万元，则说明 A 县 2012 年度平均每季度完成 2 400 万元的代表性比 B 县要强。即 A 县 2012 年度税收收入征收入库的均衡性、协调性比 B 县强，而 B 县 2012 年度税收收入征收入库的均衡性、协调性较差。

利用标准差进行统计分析，只局限于分析比较两个平均水平相同的平均指标的代表性大小，而要比较分析两个及其以上不同平均水平的平均指标的代表性大小，就必须计算标志变异的相对程度，这个相对指标就是标志变异系数。标志变异系数越大，说明变量值的离散程度越高，平均数的代表性越差；反之，越好。常见的有全距系数、平均差系数、标准差系数等，其中最常用的是标准差系数。

4. 全距系数

全距系数是全距与其相应的平均数相对比得到的相对指标，用 V_R 表示，其计算公式为：

$$V_R=\frac{R}{\bar{x}}\times100\%$$

5. 平均差系数

平均差系数是平均差与其相应的平均数相对比得到的相对指标，用 $V_{A.D}$表示，其计算公式为：

$$V_{A.D}=\frac{A\cdot D}{\bar{x}}\times100\%$$

6. 标准差系数

标准差系数是指总体的标准差与其相对应的某一数量标志算术平均数相除而得到的一个相对数，其计算公式为：

$$V\sigma=\frac{\sigma}{\bar{x}}\times100\%$$

式中：$V\sigma$ 为标准差系数，σ 为标准差，$\bar{x}$ 为算术平均数。

公式中之所以用标准差与平均数相除，其目的是为消除或降低平均数的影响，从而使不同总体之间能够对比。标准差系数值越大，平均数的代表性越小；标准差系数的值越小，平均数的代表性就越强。

如前例，计算得出 A 县 2012 年度税收收入分季度平均入库水平为 2 400 万元，标准差为 158 万元；若 B 县 2012 年度税收收入为 12 400 万元，分季度平均入库水平为 3 100 万元，标准差为 200 万元。

A 县的标准差系数为：$\frac{158}{2\ 400}\times100\%=6.58\%$。

B 县的标准差系数为：$\frac{200}{3\ 100}\times100\%=6.45\%$。

A 县的标准差系数为 6.58%，大于 B 县的标准差系数，说明 B 县平均入库水平的代表性比 A 县平均入库水平的代表性强。

计算结果表明：虽然 B 县的标准差大于 A 县，但是 B 县的税收收入规模和分季度平均收入入库水平大于 A 县，所以 B 县的税收收入分季度平均入库水平的代表性比 A 县要强，A 县平均收入的代表性要差一些。同时也表明 B 县税收收入入库的均衡性、协调性要优于 A 县。

四、案例分析

1. 甲县局 2012 年计划完成税收收入 7 200 万元，实际执行结果如表 3-16 所示：

表 3-16　　　　甲县局 2012 年分季度税收计划完成情况表　　　　单位：万元

时间	第一季度	第二季度	第三季度	第四季度	合计
税收收入	1 600	2 100	2 230	2 270	

要求：(1) 汇总该县 2012 年实际完成税收收入总量指标。

(2) 分析该县 2012 年税收收入计划完成情况和 2012 年税收收入计划完成进度。

(3) 分析该县 2012 年税收收入分季度结构情况。

(4) 该县 2011 年税收收入为 7 100 万元，分析其动态对比情况；该县相邻的乙县 2012 年税收收入为 12 000 万元，分析其静态对比情况。

(5) 该县 2012 年 GDP 收入为 234 280 万元，分析该县的宏观税负。

分析过程如下：

(1) 汇总该县 2012 年实际完成税收收入总量＝1 600＋2 100＋2 230＋2 270＝8 200 万元。

(2) 分析该县 2012 年税收收入计划完成情况和 2012 年税收收入计划完成进度。

1) 2012 年税收收入计划完成情况：

$$计划完成程度相对指标=\frac{实际完成数}{计划任务数}\times 100\%=\frac{8\,200}{7\,200}\times 100\%=113.89\%$$

该县税收收入超计划完成 13.89%，超额完成税收任务 1 000 万元。

2) 2012 年税收收入计划完成进度：

$$第一季度完成进度=\frac{第一季度累计完成数}{本期计划数}\times 100\%=\frac{1\,600}{7\,200}\times 100\%=22.22\%$$

该县第一季度税收收入落后于计划进度 2.78 个百分点。

$$截至第二季度完成进度=\frac{截至第二季度累计完成数}{本期计划数}\times 100\%$$

$$=\frac{1\,600+2\,100}{7\,200}\times 100\%=\frac{3\,700}{7\,200}\times 100\%=51.39\%$$

该县截至第二季度（上半年）实现税收收入双过半（时间过半、任务过半）目标，并且超计划完成 1.39 个百分点。

$$截至第三季度完成进度=\frac{截止第三季度累计完成数}{本期计划数}\times 100\%$$

$$=\frac{1\,600+2\,100+2\,230}{7\,200}\times 100\%$$

$$=\frac{5\,930}{7\,200}\times 100\%=82.36\%$$

该县截至第三季度累计完成税收收入超过 75%，并顺利实现了过 80%的目标。

(3) 分析该县 2012 年税收收入分季度结构情况。

$$第一季度收入比重=\frac{1\,600}{8\,200}\times 100\%=19.51\%$$

$$第二季度收入比重=\frac{2\ 100}{8\ 200}\times 100\%=25.61\%$$

$$第三季度收入比重=\frac{2\ 230}{8\ 200}\times 100\%=27.20\%$$

$$第四季度收入比重=\frac{2\ 270}{8\ 200}\times 100\%=27.68\%$$

（4）第一步，该县2011年税收收入为7 100万元，分析其动态对比情况。

该县2012年税收收入发展速度为$=\frac{8\ 200}{7\ 100}\times 100\%=115.49\%$，2012年该县税收收入较2011年增长15.49个百分点。

第二步，该县相邻的乙县2012年税收收入为12 000万元，分析其静态对比情况。

该县与相邻的乙县2012年税收收入对比$=\frac{8\ 200}{12\ 000}\times 100\%=68.33\%$，说明该县税收收入是相邻乙县的68.33%。

（5）该县2012年GDP收入为234 280万元，分析该县宏观税负。

该县2012年宏观税负$=\frac{2012年税收收入}{2012年GDP}=\frac{8\ 200}{234\ 280}\times 100\%=3.5\%$，说明该县2012年每百元GDP收入带来3.5元的税收收入。

2. 甲市局2012年税收收入分季度完成情况如表3-17所示，2003—2011年税收收入完成情况如表3-18所示：

表3-17　甲市局2012年税收收入分季度完成情况表　单位：万元

季度	税收收入	$(x-\bar{x})$	$(x-\bar{x})^2$
1	25 000	1 000	1 000 000
2	26 000	2 000	4 000 000
3	23 000	−1 000	1 000 000
4	22 000	−2 000	4 000 000
合计	96 000	—	10 000 000

表3-18　甲市局2003—2011年税收收入完成情况表　单位：万元

年份	2003	2004	2005	2006	2007	2008	2009	2010	2011
税收收入	10 000	15 300	19 900	28 600	41 000	55 000	68 200	76 500	91 000

要求：（1）计算分析该市2003—2012年平均税收收入情况。

（2）分析该市税收收入平均发展速度和平均增长速度。

（3）若乙市2012年度税收收入为124 000万元，分季度平均入库水平为31 000万元，标准差为2 000万元，对甲、乙两市税收收入入库的均衡性进行分析。

分析过程如下：

（1）计算分析该市2003—2012年平均税收收入情况。

$$\bar{x}=\frac{\sum x}{n}$$

$$=\frac{10\,000+15\,300+19\,900+28\,600+41\,000+55\,000+68\,200+76\,500+91\,000+96\,000}{10}$$

$$=\frac{501\,500}{10}=50\,150(\text{万元})$$

该市 2003—2012 年平均税收收入为 50 150 万元。

(2) 分析该市税收收入平均发展速度和平均增长速度。

$$\bar{x}=\sqrt[n]{x_1\times x_2\cdots\times x_n}\times 100\% \quad \text{或} \quad \bar{x}=\sqrt[n]{\frac{A_n}{A_0}}\times 100\%$$

$$\bar{x}=\sqrt[9]{(15\,300/10\,000)\times(19\,900/15\,300)\times(28\,600/19\,900)\times\cdots\times(91\,000/682\,000)\times(96\,000/91\,000)}\times 100\%$$

$$=128.57\%$$

或

$$\bar{x}=\sqrt[9]{\frac{96\,000}{10\,000}}\times 100\%$$

$$=128.57\%$$

$$\bar{x}-100\%=128.57\%-100\%=28.57\%$$

该市税收收入平均发展速度为 128.57%，平均增长速度为 28.57%。

(3) 对甲、乙两市税收收入入库的均衡性进行分析。

根据已知资料可计算甲市有关数据：

$$\bar{x}_{\text{甲}}=\frac{\sum x}{n}=\frac{96\,000}{4}=24\,000(\text{万元})$$

$$\sigma_{\text{甲}}=\sqrt{\frac{\sum(x-\bar{x})^2}{n}}=\sqrt{\frac{10\,000\,000}{4}}=\sqrt{2\,500\,000}=1\,581(\text{万元})$$

甲市 2012 年度分季度平均入库水平为 24 000 万元，标准差为 1 581 万元。已知乙市 2012 年度分季度平均入库水平为 31 000 万元，标准差为 2 000 万元，

$$\bar{x}_{\text{乙}}=31\,000\text{ 万元} \qquad \sigma_{\text{乙}}=2\,000\text{ 万元}$$

甲市标准差系数为：$V_{\sigma_{\text{甲}}}=\frac{\sigma_{\text{甲}}}{\bar{x}_{\text{甲}}}\times 100\%=\frac{1\,581}{24\,000}\times 100\%=6.59\%$，

乙市标准差系数为：$V_{\sigma_{\text{乙}}}=\frac{\sigma_{\text{乙}}}{\bar{x}_{\text{乙}}}\times 100\%=\frac{2\,000}{31\,000}\times 100\%=6.45\%$。

计算结果表明，虽然 $\sigma_{\text{甲}}<\sigma_{\text{乙}}$，但 $\bar{x}_{\text{甲}}<\bar{x}_{\text{乙}}$，最终 $V_{\sigma_{\text{甲}}}>V_{\sigma_{\text{乙}}}$，说明乙市税收收入入库的均衡协调性优于甲市。

五、用 Excel 计算描述统计量

常用的描述统计量有算术平均数、调和平均数、几何平均数、中位数、众数、标准差、方差、标准差系数等。一般来说，在 Excel 中计算以上统计量，对于未分组的资料需

要用函数计算，分组资料可用公式计算。

【案例】某重点税源企业 2009 年各月纳税情况如下，据此计算各类平均数和标准差。

图 3-3

（一）利用“描述统计”分析工具计算各种描述统计量

第一步，将数据输入新建的工具簿中，如图 3-3 所示。

第二步，单击工具菜单，选择“数据分析”选项，从其对话框中选择“描述统计”选项，如图 3-4 所示。

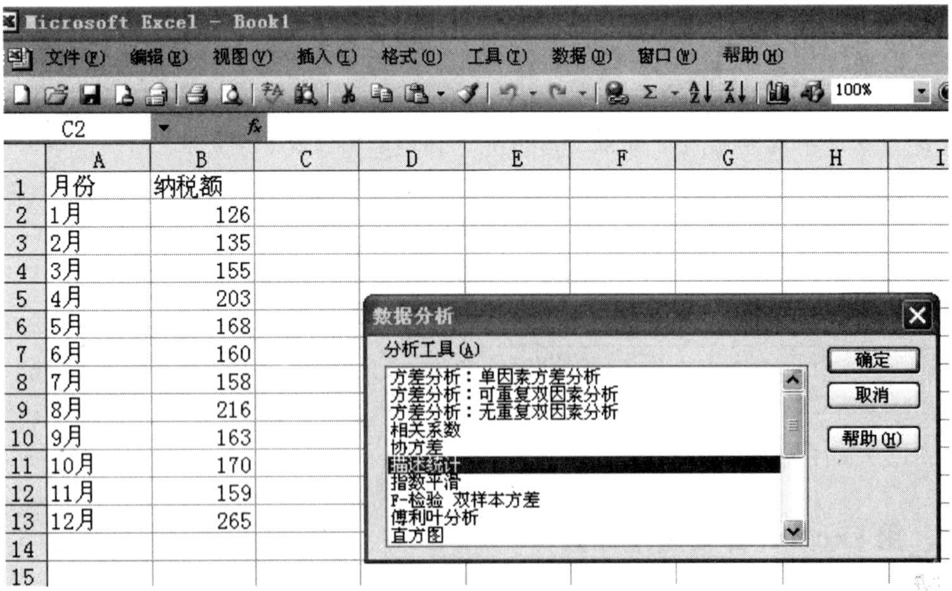

图 3-4

单击“确定”按钮后，打开“描述统计”对话框，在“输入区域”输入数据所在单元格，在输出区域中选择计算数据的输出位置，其他复选项可根据需要选定，如图 3-5 所示。

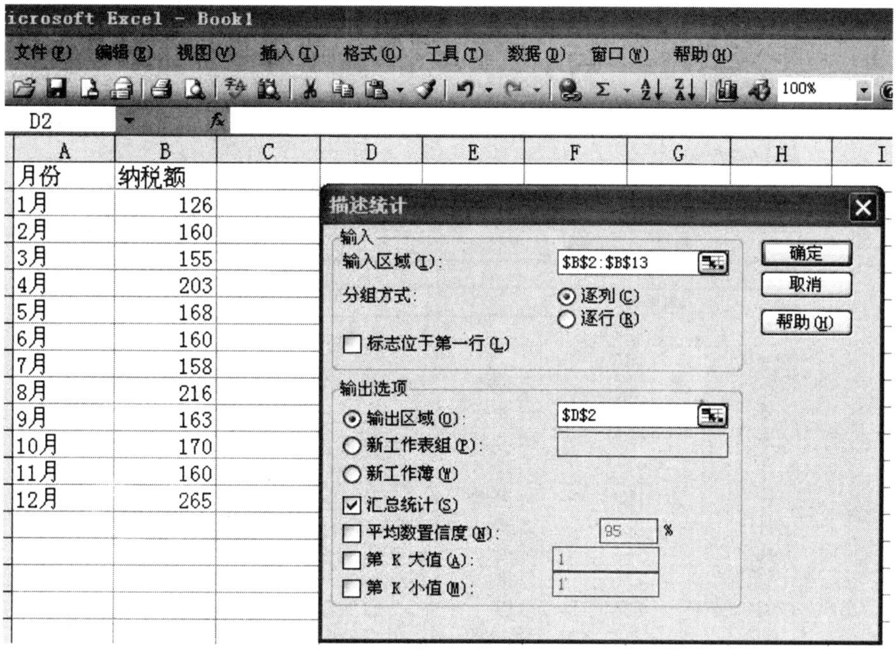

图 3-5

第三步，单击“确定”按钮，可得到输出结果，如图 3-6 所示。

图 3-6

在上面的结果中，“平均”表示算术平均数，“区域”即“全距”。

（二）利用统计函数计算描述统计量

仍用上例中的数据，根据 Excel 提供的函数来计算描述统计量。

1. 用函数计算各种平均数

(1) 算术平均数。输入“=AVERAGE(B2：B13)”，然后回车，可得到算术平均数，如图 3-7 所示。

A	B	C	D	E	F	G
月份	纳税额					
1月	126		列1			
2月	160					
3月	155		平均	175.3333	算术平均数	175.3333
4月	203		标准误差	10.49771		
5月	168		中位数	161.5		
6月	160		众数	160		
7月	158		标准差	36.36515		
8月	216		方差	1322.424		
9月	163		峰度	2.665184		
10月	170		偏度	1.502729		
11月	160		区域	139		
12月	265		最小值	126		
			最大值	265		
			求和	2104		
			观测数	12		

图 3-7

(2) 调和平均数。输入“=HARMEAN(B2：B13)”，然后回车，可得到调和平均数，如图 3-8 所示。

A	B	C	D	E	F	G
月份	纳税额					
1月	126		列1			
2月	160					
3月	155		平均	175.3333	算术平均数	175.3333
4月	203		标准误差	10.49771	调和平均数	169.5723
5月	168		中位数	161.5		
6月	160		众数	160		
7月	158		标准差	36.36515		
8月	216		方差	1322.424		
9月	163		峰度	2.665184		
10月	170		偏度	1.502729		
11月	160		区域	139		
12月	265		最小值	126		
			最大值	265		
			求和	2104		
			观测数	12		

图 3-8

(3) 几何平均数。输入“=GEOMEAN(B2：B13)”，然后回车，可得到几何平均数，如图 3-9 所示。

G6 =GEOMEAN(B2:B13)

A	B	C	D	E	F	G
月份	纳税额					
1月	126		列1			
2月	160					
3月	155		平均	175.3333	算术平均数	175.3333
4月	203		标准误差	10.49771	调和平均数	169.5723
5月	168		中位数	161.5	几何平均数	172.2814
6月	160		众数	160		
7月	158		标准差	36.36515		
8月	216		方差	1322.424		
9月	163		峰度	2.665184		
10月	170		偏度	1.502729		
11月	160		区域	139		
12月	265		最小值	126		
			最大值	265		
			求和	2104		
			观测数	12		

图 3-9

(4) 中位数。输入“=MEDIAN(B2：B13)”，然后回车，可得到中位数，如图 3-10 所示。

G7 =MEDIAN(B2:B13)

A	B	C	D	E	F	G
月份	纳税额					
1月	126		列1			
2月	160					
3月	155		平均	175.3333	算术平均数	175.3333
4月	203		标准误差	10.49771	调和平均数	169.5723
5月	168		中位数	161.5	几何平均数	172.2814
6月	160		众数	160	中位数	161.5
7月	158		标准差	36.36515		
8月	216		方差	1322.424		
9月	163		峰度	2.665184		
10月	170		偏度	1.502729		
11月	160		区域	139		
12月	265		最小值	126		
			最大值	265		
			求和	2104		
			观测数	12		

图 3-10

(5) 众数。输入“=MODE(B2：B13)”，然后回车，可得到众数，如图 3-11 所示。

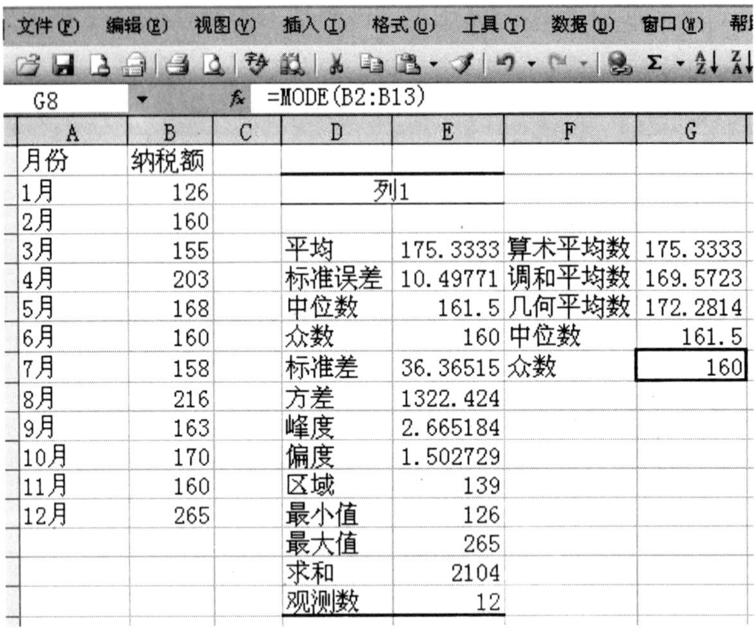

文件(F) 编辑(E) 视图(V) 插入(I) 格式(O) 工具(T) 数据(D) 窗口(W) 帮

G8 =MODE(B2:B13)

A	B	C	D	E	F	G
月份	纳税额					
1月	126		列1			
2月	160					
3月	155		平均	175.3333	算术平均数	175.3333
4月	203		标准误差	10.49771	调和平均数	169.5723
5月	168		中位数	161.5	几何平均数	172.2814
6月	160		众数	160	中位数	161.5
7月	158		标准差	36.36515	众数	160
8月	216		方差	1322.424		
9月	163		峰度	2.665184		
10月	170		偏度	1.502729		
11月	160		区域	139		
12月	265		最小值	126		
			最大值	265		
			求和	2104		
			观测数	12		

图 3-11

（6）全距。输入“＝MAX(B2：B13)－MIN(B2：B13)”，然后回车，可得到全距，如图 3-12 所示。

文件(F) 编辑(E) 视图(V) 插入(I) 格式(O) 工具(T) 数据(D) 窗口(W) 帮助

G9 =MAX(B2:B13)-MIN(B2:B13)

A	B	C	D	E	F	G
月份	纳税额					
1月	126		列1			
2月	160					
3月	155		平均	175.3333	算术平均数	175.3333
4月	203		标准误差	10.49771	调和平均数	169.5723
5月	168		中位数	161.5	几何平均数	172.2814
6月	160		众数	160	中位数	161.5
7月	158		标准差	36.36515	众数	160
8月	216		方差	1322.424	全距	139
9月	163		峰度	2.665184		
10月	170		偏度	1.502729		
11月	160		区域	139		
12月	265		最小值	126		
			最大值	265		
			求和	2104		
			观测数	12		

图 3-12

（7）标准差。输入“＝STDEV(B2：B13)”，然后回车，可得到标准差，如图 3-13 所示。

A	B	C	D	E	F	G
月份	纳税额					
1月	126		列1			
2月	160					
3月	155		平均	175.3333	算术平均数	175.3333
4月	203		标准误差	10.49771	调和平均数	169.5723
5月	168		中位数	161.5	几何平均数	172.2814
6月	160		众数	160	中位数	161.5
7月	158		标准差	36.36515	众数	160
8月	216		方差	1322.424	全距	139
9月	163		峰度	2.665184	标准差	36.36515
10月	170		偏度	1.502729		
11月	160		区域	139		
12月	265		最小值	126		
			最大值	265		
			求和	2104		
			观测数	12		

图 3-13

(8) 标准差系数。输入"＝STDEV(B2：B13)/AVERAGE(B2：B13)"，然后回车，可得到标准差系数，如图 3-14 所示。

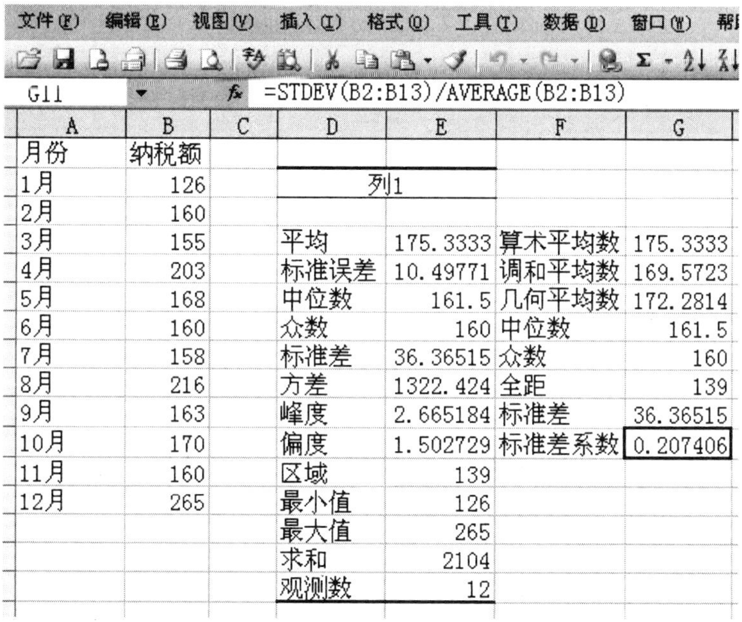

A	B	C	D	E	F	G
月份	纳税额					
1月	126		列1			
2月	160					
3月	155		平均	175.3333	算术平均数	175.3333
4月	203		标准误差	10.49771	调和平均数	169.5723
5月	168		中位数	161.5	几何平均数	172.2814
6月	160		众数	160	中位数	161.5
7月	158		标准差	36.36515	众数	160
8月	216		方差	1322.424	全距	139
9月	163		峰度	2.665184	标准差	36.36515
10月	170		偏度	1.502729	标准差系数	0.207406
11月	160		区域	139		
12月	265		最小值	126		
			最大值	265		
			求和	2104		
			观测数	12		

图 3-14

2. 用函数计算加权平均数和标准差

根据甲区和乙区的纳税人情况，计算各自的平均数、标准差及标准差系数。有关资料如图 3-15 所示。

甲区和乙区法人企业2009年度纳税情况			
甲区		乙区	
纳税额（万元）	户数	纳税额（万元）	户数
50以下	65	50以下	89
50-100	78	50-100	51
100-150	69	100-150	31
150-200	53	150-200	26
200以上	21	200以上	15
合计	286	合计	212

图 3-15

（1）计算甲区和乙区各组的组中值，如图 3-16 所示。

甲区和乙区法人企业2009年度纳税情况					
甲区			乙区		
纳税额（万元）	户数f	组中值x	纳税额（万元）	户数	组中值x
50以下	65	25	50以下	89	25
50-100	78	75	50-100	51	75
100-150	69	125	100-150	31	125
150-200	53	175	150-200	26	175
200以上	21	225	200以上	15	225
合计	286	—	合计	212	—

图 3-16

（2）甲区和乙区各组的税收额为 xf，填充并进行求和计算，如图 3-17 所示。

D9 =SUM(D4:D8)

甲区和乙区法人企业2009年度纳税情况							
甲区				乙区			
纳税额（万元）	户数f	组中值x	xf	纳税额（万元）	户数	组中值x	xf
50以下	65	25	1625	50以下	89	25	2225
50-100	78	75	5850	50-100	51	75	3825
100-150	69	125	8625	100-150	31	125	3875
150-200	53	175	9275	150-200	26	175	4550
200以上	21	225	4725	200以上	15	225	3375
合计	286	—	30100	合计	212	—	17850

图 3-17

(3) 计算甲区和乙区各组纳税人的人均纳税额，如图 3-18 所示。

文件(F) 编辑(E) 视图(V) 插入(I) 格式(O) 工具(T) 数据(D) 窗口(W) 帮助(H)

D10 f_x =D9/B9

A	B	C	D	E	F	G	H
甲区和乙区法人企业2009年度纳税情况							
甲区				乙区			
纳税额（万元）	户数f	组中值x	xf	纳税额（万元）	户数	组中值x	xf
50以下	65	25	1625	50以下	89	25	2225
50-100	78	75	5850	50-100	51	75	3825
100-150	69	125	8625	100-150	31	125	3875
150-200	53	175	9275	150-200	26	175	4550
200以上	21	225	4725	200以上	15	225	3375
合计	286	—	30100	合计	212	—	17850
		平均数	105.245			平均数	84.198

图 3-18

(4) 计算 $(x-\bar{x})^2 f$，填充并进行求和计算，如图 3-19 所示。

文件(F) 编辑(E) 视图(V) 插入(I) 格式(O) 工具(T) 数据(D) 窗口(W) 帮助(H)

E4 f_x =(C4-D10)^2*B4

A	B	C	D	E	F	G	H	I	J
甲区和乙区法人企业2009年度纳税情况									
甲区					乙区				
纳税额（万元）	户数f	组中值x	xf	$(x-\bar{x})^2 f$	纳税额（万元）	户数	组中值x	xf	$(x-\bar{x})^2 f$
50以下	65	25	1625	418549.3	50以下	89	25	2225	311893.1
50-100	78	75	5850	71350.13	50-100	51	75	3825	4314.87
100-150	69	125	8625	26928.61	100-150	31	125	3875	51608.61
150-200	53	175	9275	257887.1	150-200	26	175	4550	214369.5
200以上	21	225	4725	301167.7	200以上	15	225	3375	297377.6
合计	286	—	30100	1075883	合计	212	—	17850	879563.7
		平均数	105.245				平均数	84.198	

图 3-19

(5) 计算标准差，如图 3-20 所示：

文件(F) 编辑(E) 视图(V) 插入(I) 格式(O) 工具(T) 数据(D) 窗口(W) 帮助(H)

D11 f_x =SQRT(E9/B9)

A	B	C	D	E	F	G	H	I	J
甲区和乙区法人企业2009年度纳税情况									
甲区					乙区				
纳税额（万元）	户数f	组中值x	xf	$(x-\bar{x})^2 f$	纳税额（万元）	户数	组中值x	xf	$(x-\bar{x})^2 f$
50以下	65	25	1625	418549.3	50以下	89	25	2225	311893.1
50-100	78	75	5850	71350.13	50-100	51	75	3825	4314.87
100-150	69	125	8625	26928.61	100-150	31	125	3875	51608.61
150-200	53	175	9275	257887.1	150-200	26	175	4550	214369.5
200以上	21	225	4725	301167.7	200以上	15	225	3375	297377.6
合计	286	—	30100	1075883	合计	212	—	17850	879563.7
		平均数	105.245				平均数	84.198	
		标准差	61.33374				标准差	64.41	

图 3-20

（6）计算标志变异系数，如图 3-21 所示：

D12 =D11/D10*100

A	B	C	D	E	F	G	H	I	J
甲区和乙区法人企业2009年度纳税情况									
甲区					乙区				
纳税额（万元）	户数f	组中值x	xf	$(x-\bar{x})^2f$	纳税额（万元）	户数	组中值x	xf	$(x-\bar{x})^2f$
50以下	65	25	1625	418549.3	50以下	89	25	2225	311893.1
50-100	78	75	5850	71350.13	50-100	51	75	3825	4314.87
100-150	69	125	8625	26928.61	100-150	31	125	3875	51608.61
150-200	53	175	9275	257887.1	150-200	26	175	4550	214369.5
200以上	21	225	4725	301167.7	200以上	15	225	3375	297377.6
合计	286	—	30100	1075883	合计	212	—	17850	879563.7
		平均数	105.245				平均数	84.198	
		标准差	61.3337				标准差	64.41	
		标准差系数	58.2772				标准差系数	76.5	

图 3-21

由以上计算结果可以得出以下结论：甲区与乙区相比，其标准差系数相对较小，因此，甲区的代表性较好。标准差的重要特点是，不受计量单位和标志值水平的影响，消除了不同总体之间在计算单位、水平方面的不可比性。

第六节　因素分析法

一、因素分析法的概念及作用

唯物辩证法告诉我们，事物是普遍联系、不断发展变化的。事物之所以发展变化，是由各种因素造成的。区别引起事物变化的各个因素何为有利因素，何为不利因素，对各种因素在事物变化中的影响程度作定量或定性分析，就是因素分析法。它在税收分析中具有十分重要的作用。

因素分析法是用来测定受多种因素影响的某种经济现象总变动中各个因素的影响方向和影响程度的一种统计分析方法。因素分析法既可以全面分析各因素对某一经济指标的影响，又可以单独分析某个因素对经济指标的影响。既可以根据相关因素的性质，开展其数量变化对研究现象变动影响的定性分析，又可以将分析指标分解为各个可以计量的因素，据以测定各因素对分析指标的量化影响。

税收研究中的因素分析法是从影响总体的诸因素各自对总体的作用，去研究其特征和变化规律的。它区别于研究现象总体本身的对比分析（对比总体与总体之间的差异）、结构分析（分析总体本身的构成）、平均分析（分析总体的一般水平）以及动态分析如时间序列分析（分析总体的发展变化状况）等。

二、因素分析法的分类

（一）相关联因素的剖析

其特点不是借助于数字模型，而是根据相关因素的性质，表明其数量变化对所研究现象变动的影响关系与制约关系，从本质上讲属于经验方法，也属于通常所说的定性分析方法。

（二）指数因素分析法

在经济上有联系，在数字上存在等式关系的两个或两个以上的指数，称为指数体系。指数因素分析主要借助于指数体系测定各种因素变动对某种经济现象总体变动的方向和程度所产生的影响，基本分析步骤是：第一，将总指数分解为各构成因素连乘积的指数体系；第二，假定其他因素不变，测定某一因素影响程度和影响方向；第三，若干因素指数乘积等于总量指标变动的总指数，若干因素影响值之和等于总量指标之差。

1. 根据分析指标的性质，可以划分为总量指标的因素分析法和平均指标的因素分析法，分别分析社会经济现象总体总量指标和平均指标的变动受各种因素变动的影响程度。

（1）总体总量指标的连锁因素分解公式。一个总量指标可以分解为一个数量指标和若干质量指标的乘积。有些事物的变化是由于一连串相互连接的因素同时影响造成的，而这些因素之间又相互影响，在这种情况下，就要从各个因素的连锁去分析各个因素对事物变动的影响。这种方法也叫连锁因素分析法。

设 A 代表某一总量指标，则：

$$A=\frac{B\times A}{B}=B\times\frac{C}{B}\times\frac{A}{C}=B\times\frac{C}{B}\times\frac{D}{C}\times\frac{E}{D}\times\cdots\cdots\times\frac{A}{Z}$$

例如，增值税税额＝商品销售收入×平均税负＝商品销售量×平均单价×平均税负。

若把上式简化为三因素，并用 a、b、c 代入各因素，即可得到：$A=a\times b\times c$。

（2）对总体相对指标的因素分解公式。设 $\frac{A}{B}$ 代表某一相对数或平均数表示的相对指标，则：

$$\frac{A}{B}=\frac{C}{B}\times\frac{A}{C}=\frac{C}{B}\times\frac{D}{C}\times\frac{E}{D}\times\cdots\cdots\times\frac{A}{Z}$$

例如，税收占 GDP 的比重因素分解可作如下处理：

$$\frac{\text{税收总额}}{\text{GDP}}=\frac{\text{税收总额}}{\text{国民收入}}\times\frac{\text{国民收入}}{\text{GDP}}$$

即：

宏观税负＝国民收入税负×国民收入占 GDP 比重

可见，相对指标分解的结果是若干个相对数或平均数的乘积。

2. 根据影响因素的多少，可以划分为双因素指数分析法和多因素指数分析法。实际上双因素分析法是多因素分析法的应用特例。

（三）相加因素的分析方法

在社会经济现象中，有一些现象的变动是其总体内各个组成部分（或称构成因素）变动影响的结果。如工业总产值的变动是轻工业与重工业共同变动影响的结果；税收总额的变动是各税种收入共同影响的结果。总体指标的并列因素分解公式为：

$$A=B+C+D+\cdots$$

例如，税收总额＝增值税＋消费税＋企业所得税＋车辆购置税＋……＋其他各税。

由此可见，相加因素是指现象变动是由各个组成因素变动的总和引起的，一般采用比重法和差额法测定总体各个组成部分的变动，也称构成因素分析法。对现象总变动的影响程度也称拉动力度。

比重法是根据某因素在基数中所占比重与该因素报告期和基期的相对离差确定某因素变动对现象总量变动的影响程度。差额法是指某因素的报告期绝对量与基期绝对量的离差与基数对比，确定某因素变动对现象总量变动的影响程度。

综合以上叙述，运用一个图示来表示因素分析法的分类，可以见图 3-22：

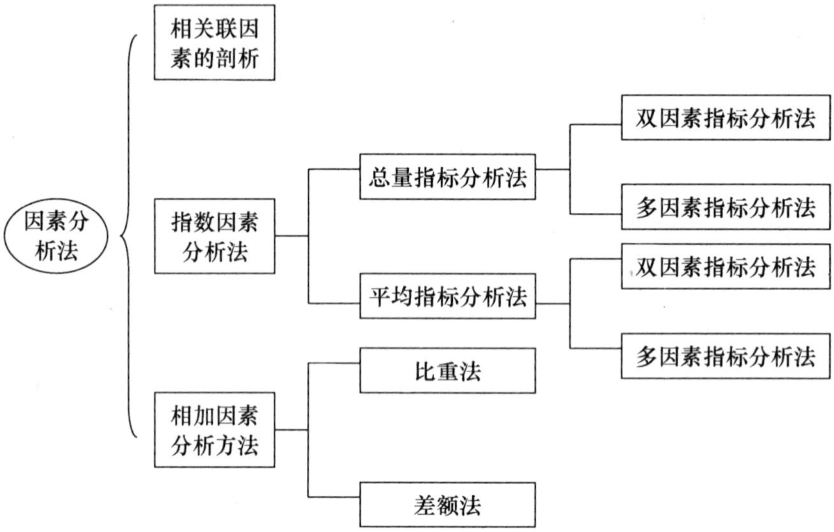

图 3-22　因素分析法分类示意图

三、相关联因素分析法

通过对相关联因素的剖析，系统分析影响税收收入增减变动的因素，主要包括三个方面：

（1）经济因素。即宏观经济、微观税源等经济税源发展变化因素，影响税源的同时也会影响税收收入，如应税产品产销增长情况、产品结构的变化、企业组织机构的变化等。

（2）政策因素。重点反映相对于上年同期新发生的政策变动的影响，包括国家出台的产业政策、财政政策和税收政策，其中税收政策的调整会对税收收入产生直接的影响，包括税率规定、减免税税收优惠政策等。税率提高，使得税收收入增加；反之，税收收入减少。

（3）征管因素。征管措施、征管力度及征管质量都会影响税收收入的增减，如加强税源管理、纳税评估、新批缓缴税款、清理欠税、查补税款入库等。一般情况下，经济持续增长及税率提高会带来税收收入的增长，如果税收收入增长与经济增长及税率提高不同步，出现异常，就要从征管方面查找原因。

关于相关联因素分析的具体应用可见以下案例分析：

在"逆向调节"表象之下——2002年税收大盘点专题分析

税收增长率与国内生产总值（GDP）增长率的比值得出的弹性系数，可以直观地反映税收增长与经济增长的变化关系。税收弹性系数为1，表明税收与GDP同步增长；大于1，表明税收富有弹性；小于1，表明弹性不足。近几年，我国税收弹性系数一直在1以上，税收超经济增长的现象，宏观税负的逐步提高，引起了社会高度关注，有人认为这种增长对经济产生了"逆向调节"作用，不利于经济发展。那么实际情况如何呢？

通常讲，影响税收收入有三大因素：经济、政策、管理。但是即使单就经济因素而言，笼统地用同步增长来解释也并不恰当。无论是税收收入的来源，还是经济总量的构成，以及两者之间的关系，都需要作深入的分析。

第一产业因素使弹性显大

2002年，按税收收入增长12.1%，GDP增长8%计算，弹性系数为1.51。但是，需要指出的是，现行税务部门税收收入核算口径不包括来自第一产业的税收，只是由第二产业和第三产业提供的税收，其对应的经济总量指标是第二、第三产业的增加值。税收与经济的关系，用税收收入与第二、第三产业增加值的弹性解释更准确。

2002年，第二、第三产业增加值分别比上年增长9.9%和7.3%，总体增长率为9.0%。2002年全国税收收入比上年增长12.1%，税收收入与第二、第三产业增加值的弹性系数为1.34。可以看出，由于第一产业增加值的增长远远低于第二、第三产业增加值的增长，使得国内生产总值的增长低于第二、第三产业增加值的增长，在使用税收收入与国内生产总值计算税收弹性时，数值会变大，以此来解释经济和征管因素对税收收入的影响，肯定会产生一些夸大。

政策性因素不容忽视

近年来，政策性因素一直是影响税收收入的重要原因。2002年，税收收入增幅和增收额出现回落的原因，主要是由于政策性减收因素较多，以及消化上年所得税分享体制改革造成的高基数影响所致。

2002年，主要的增收因素是：烟酒消费税政策调整带来翘尾性增收45亿元；生产企业实行"免、抵、退"税政策多调库增收111亿元，两项合计增收近160亿元。

主要的减收因素是：金融保险营业税税率降低一个百分点，减收70亿元；证券交易印花税税率下调两个千分点，减收110亿元；农产品抵扣率由10%提高到13%，减收30亿元；进口关税加权平均税率从15.3%降至9.0%，下降6.3个百分点，影响海关代征进口产品税收减收80多亿元，几项合计减收290亿元。如果再考虑消化2001年所得税分享体制改革抬高基数减收的90亿元，共合计减收380亿元。

2002年政策性增减因素相抵后为净减收220亿元，若将政策性等不可比因素还原，依靠经济和征管带来的税收收入增收额为2 052亿元。由此可见，剔除政策性、一次性因素影响后，2002年依靠经济和征管带来的税收收入继续保持了近年来快速增长的势头，税收收入比上年增长13.5%，税收收入与第二、第三产业增加值之间的弹性系数为1.50。

进出口影响需分析进出口贸易对税收增长和其对经济增长的影响机制不同。按照现行税收统计口径，出口产品征收的增值税、消费税和进口产品征收的增值税、消费税全部纳入税务部门的统计范围。但是根据国内生产总值的核算方法，只包括净出口。如果进出口贸易是平衡的，那么其对国内生产总值的贡献率为零，但是无论是进口还是出口都将带来税收收入的增长，而且进出口增长越快，带来的税收收入增长越多，对税收增长的拉动作用越大。

当进出口税收增长的幅度高于第二、第三产业增加值增长的幅度时，会对税收弹性产生正向拉动作用，使税收弹性变大；当进出口税收增长的幅度低于第二、第三产业增加值的增长幅度时，会对税收弹性产生负向拉动作用，使税收弹性变小。

为了简化进出口税收对税收弹性影响的分析，我们假定出口产品征收的增值税、消费税与进口环节代征的增值税、消费税大体相当。2002年海关代征进口产品税收为1 890亿元，相应地，出口产品缴纳的增值税、消费税也为1 890亿元，2002年由进出口带来的税收收入为3 780亿元。这样算来，进出口税收增长13.9%，高于经济增长4.9个百分点，正向拉动弹性0.12。剔除此项因素，2002年税收收入与第二、第三产业增加值之间的弹性系数为1.22。其他因素影响总体弹性在税收收入中，还有一些税种与经济总量指标相关度较低，也有一些税种在社会发布的经济指标中难以找到相应的指标。如消费税，在工业增加值一定的情况下，主要与卷烟、酒、汽油、柴油和汽车、摩托车等应税产品的销量有关，而与经济总量的增长无直接关系。车辆购置税仅与汽车销量有关。与个人所得税较接近的经济指标是城镇居民人均可支配收入，但由于收入结构的差异，相关性较差。还有一些地方税种目前也难以分析与经济总量的相关性。这些与经济总量关系不很直接的税收，其超经济增长，会提高税收收入与第二、第三产业增加值的弹性，其增长低于第二、第三产业增加值增长，会降低税收收入与第二、第三产业增加值的弹性。

2002年，除证券交易印花税受税率调整和交投量萎缩影响下降外，许多与经济总量相关性不大的税种，其增长幅度都不同程度地高于第二、第三产业增加值增长，这也是2002年税收超经济增长的重要原因。

除了以上对影响税收总体弹性的分析之外，我们还必须注意：征管对税收收入的作用是有阶段性的。当一项重大的征管措施出台后（比如金税工程），税收征管水平会有一个质的提高，这也是近年来税收超经济增长的重要原因。但随着征管水平达到一个更高的平台后，征管对税收增收的边际效益会逐渐减小。按同口径测算，2002年税收弹性较2001年下降0.34，一定程度上表明征管因素对税收增收的贡献正在有所减弱。另外，税收总量与经济总量之间，还存在一个结构性的问题。只有将主体税种与经济总量中相对应的经济指标进行分析，才能够更好地揭示税收与经济的关系。

总之，税收占GDP的比重固然是衡量宏观税负的主要指标，但影响税收收入增长的因素很多，宏观税负的提高并不一定表现为微观税负的提高。有一些税收超经济增长并不影响微观税负，也有一些税收超经济增长影响微观税负，在既定政策框架下，这是完善征管的体现，是对已经足额缴纳税款的纳税人的公平待遇。这几年税收政策变化不大，宏观税负的稳步提高不存在“逆向调节”的问题。至于税收占 GDP 的比重究竟多少为宜，将宏观税负与微观税负结合分析更能说明问题。

四、相加因素分析法

某些事物的变化是许多并列因素同时影响的结果，或者是由构成这一事物的各个部分同时影响的结果。这就要求分析各个构成部分的变化及其如何影响事物的变化。这种分析方法也称为构成因素分析法。

设某一事物 A，影响其变化的各因素为 a、b、c、d。假如 A 由 A_0 增长到 A_1，那么影响 A 变化的各因素可按如下公式分析：

$$A_1-A_0=(a_1-a_0)+(b_1-b_0)+(c_1-c_0)+(d_1-d_0)\cdots\cdots$$

【案例】 某县 2012 年税收收入比上年上升了 31.7%，由 2011 年的 43 775 万元增至 2012 年的 57 661 万元，见表 3-19。税收收入的变动，是由税收收入包含的各税种收入共同影响的结果，其影响程度分析如下：

该县税收收入由 6 个税种即 6 个因素构成（增值税、调库收入、消费税、企业所得税、车辆购置税、海关代征增值税），每个税种的增量之和即为税收收入总增量。即：

57 661－43 775 ＝13 886 万元

＝7 706 万元＋883 万元＋353 万元＋2 835 万元＋1 848 万元＋261 万元

各税种影响税收收入的增长率，即：

31.7%＝17.6%＋2%＋0.8%＋6.5%＋4.2%＋0.6%

各因素增量占税收收入总增量的百分比，说明该因素在税收收入变化中的作用地位。

100%＝55.5%＋6.4%＋2.5%＋20.4%＋13.3%＋1.9%

表 3-19　　××县税收收入分税种变动因素分析表　　金额单位：万元

税种	入库税额		各因素增减额	各因素增减率%	影响税收收入%	在总增量中的比重%
	2010 年	2009 年				
增值税	28 891	21 185	7 706	36.4	17.6	55.5
调库收入	6 886	6 003	883	14.7	2	6.4
消费税	12 013	9 178	2 835	30.9	6.5	20.4
企业所得税	3 525	3 172	353	11.1	0.8	2.5
车辆购置税	5 389	3 541	1 848	52.2	4.2	13.3
海关代征增值税	957	696	261	37.5	0.6	1.9
合计	57 661	43 775	13 886	31.7	31.7	100

本例中，作用最大的是增值税的增加，占税收收入增量的 55.5%，增收额 7 706 万

元。税收收入增收的另两项重要因素，一是企业所得税增收 2 385 万元，占税收收入增量的 20.4%，二是车辆购置税增收 1 848 万元，占税收收入增量的 13.3%。

这种构成分析，还可以一步一步深入下去。例如在增值税增收的 7 706 万元中，主要来自哪个行业、哪些企业增收，这些税收来源分析，可以使我们把握税收运动的“脉搏”。

可以将相关联因素分析法、指数因素分析法（连锁因素分析法）和构成因素分析法结合起来进行分析，这就产生对比因素分析法。有些事物的变化，是既有互相作用，又有并列的因素影响的结果，对比因素分析适用于分析这类事物。

五、指数因素分析法的应用规则

（一）统计指数基本概念

统计指数的概念有广义和狭义两种理解。广义指数是泛指社会经济现象数量变动的比较指标，即用来表明同类现象在不同空间、不同时间、实际与计划等对比变动情况的相对数。狭义指数仅指反映不能直接相加的复杂社会经济现象在数量上综合变动情况的相对数。例如，要说明一个国家或一个地区商品价格综合变动情况，由于各种商品的经济用途、规格、型号、计量单位等不同，不能直接将各种商品的价格简单相加对比，要解决这种复杂经济总体各要素相加的问题，就要编制统计指数综合反映它们的变动情况。本节中的综合指数是指狭义的指数概念。

在税收分析工作中经常遇到综合评价事物的情况，特别是近年来加强税收精细化管理，综合指数被广泛地运用于税收分析工作中，对税收征管和税源质量的科学评价起到有力的推动作用，使税收管理和决策步入科学化的轨道。

综合指数概念具有抽象性、综合性等特征。虽然综合指数可简洁地反映事物的综合情况，但也正是由于这种数据的综合处理隐含了许多事物的具体因素特征，所以单一指数具体值的解读不能给出一个具体的含义和概念。指数的使用通常只能用于事物的比较分析中，或不同样本群体的比较，或同一样本不同期间变化的比较，用以分析不同样本或不同期间综合情况的变化和差异。

（二）统计指数的分类

指数的种类有很多，可以按不同的标志作不同的分类。

1. 按其反映对象范围的不同，分为个体指数和总指数

说明个别事物（例如某种商品或产品等）数量变动的相对数称为个体指数。个体指数通常记作 K，例如：

个体产品产量指数 $k_q=\dfrac{q_1}{q_0}$

个体产品税率指数 $k_t=\dfrac{t_1}{t_0}$

个体价格指数 $k_p=\dfrac{p_1}{p_0}$

式中，q 代表产量，t 代表单位产品征收税率，p 代表商品或产品的单价；下标 1 代表报告期，下标 0 代表基期。

总指数是说明度量单位不相同的多种事物数量综合变动的相对指数，例如工业总产量指数、零售物价总指数等。总指数与个体指数有一定的联系，可以用个体指数计算相应的总指数。总指数有综合指数和平均数指数，综合指数是总指数的基本形式。

2. 按其所反映的社会经济现象特征不同，分为数量指标指数和质量指标指数

数量指标指数简称数量指数，主要是指反映现象的规模、水平变化的指数，例如商品销售量指数、税额指数等。质量指标指数简称质量指数，是指综合反映生产经营工作质量变动情况的指数，例如物价指数、宏观税负指数、产品成本指数等。

3. 按其采用基期的不同，分为定基指数和环比指数

将不同时期的某种指数按时间先后顺序排列，形成指数数列。在同一个指数数列中，如果各个指数都以某一个固定时期作为基期，就称为定基指数。如果各个指数都是以报告期的前一期作为基期，则称之为环比指数。

4. 按其对比内容的不同，分为动态指数和静态指数

动态指数是由两个不同时期的同类经济变量值对比形成的指数，说明现象在不同时间上发展变化的过程和程度。静态指数包括空间指数和计划完成情况指数两种。空间指数（地域指数）是将不同空间（如不同国家、地区、部门、企业等）的同类现象进行比较的结果，反映现象在不同空间的差异程度。计划完成程度指数是由同一地区、单位的实际指标值与计划指标值对比而形成的指数，反映计划的执行情况与完成程度。指数方法论主要论述动态指数，动态指数是出现最早、应用最多的指数，也是理论上最为重要的统计指数。静态指数则是动态指数在实际应用中的扩展。

5. 按照常用的计算总指数的方法或形式，分为综合指数和平均指数

综合指数从数量上表明不能直接相加的社会经济现象的总指数。平均指数是以个体指数为基础，采取平均形式编制的总指数。

（三）综合指数理论知识

综合指数是编制总指数的基本形式。它是由两个总量指标对比而形成的指数。其编制方法是先综合后对比。在所研究的总量指标中，包含两个或两个以上的因素时，将其中一个或一个以上的因素指标固定下来，仅观察其中一个因素的变动情况，用这种方法编制出来的总指数就叫做综合指数。从综合指数的编制方法来看，它具有以下特点：

（1）先综合后对比。

（2）把总量指标中的同度量因素加以固定，以测定所要研究的另一个因素的变动情况。

（3）分子、分母所研究对象的范围，原则上必须一致。

六、综合指数编制及因素分析法的应用讲解

（一）综合指数编制及指标体系

根据小规模纳税人 2011—2012 年纳税的资料（见表 3-20）进行指数编制。

表 3-20　　2011—2012 年小规模纳税人纳税情况表

项目	2011 年（基期）			2012 年（报告期）		
	应税销售额 q_0（元）	征收率 p_0（%）	税额 p_0q_0（元）	应税销售额 q_1（元）	征收率 p_1（%）	税额 p_1q_1（元）
工业企业	10 000	6	600	6 000	3	180
商业企业	6 000	4	240	3 000	3	90
合计	16 000	—	840	9 000	—	270

1. 数量指标指数

数量指标指数是用来说明社会经济现象规模的变动情况的指数。现以销售额指数为例，说明数量指标指数的编制方法。

销售额个体指数的计算公式如下：

$$k_q=\frac{q_1}{q_0}$$

式中，k_q 代表数量指标个体指数，q_1 代表报告期数量指标，q_0 代表基期数量指标。

两个企业的销售额个体指数分别为：

工业企业甲：$k_q=\frac{q_1}{q_0}=\frac{6\ 000}{10\ 000}=60\%$

商业企业乙：$k_q=\frac{q_1}{q_0}=\frac{3\ 000}{6\ 000}=50\%$

数量指标综合指数将质量指标作为同度量因素，所属时期一般采用基期。销售额综合指数计算公式如下：

$$\bar{k}_q=\frac{\sum q_1p_0}{\sum q_0p_0}$$

式中，$\bar{k}_q$ 表示销售额综合指数，分子是报告期销售额与基期销售价格的乘积，分母是基期销售额与基期征收率的乘积。

两个企业的销售额综合指数计算如下：

$$\bar{k}_q=\frac{\sum q_1p_0}{\sum q_0p_0}=\frac{6\ 000\times 6\%+3\ 000\times 4\%}{10\ 000\times 6\%+6\ 000\times 4\%}=\frac{480}{840}=57.1\%$$

两个企业应税销售额下降 42.9%，反映的实际含义是由于销售额的下降导致税额下降 42.9%。由于销售额的下降导致税额下降的绝对数为：

$$\sum q_1p_0-\sum q_0p_0=480-840=-360(\text{元})$$

2. 质量指标指数

质量指标指数是用来说明社会经济现象质量、内涵变动情况的指数。编制质量指标综合指数的一般原则是，将数量指标作为同度量因素，并将其固定在报告期的水平上。用符号“$\bar{k}_p$”表示。

计算两个企业的征收率个体指数如下：

$$\bar{k}_p=\frac{p_1}{p_0}$$

式中，p_1 表示报告期征收率，p_0 表示基期征收率；

工业企业甲：$\bar{k}_p=\frac{p_1}{p_0}=\frac{3\%}{6\%}=50\%$

商业企业乙：$\bar{k}_p=\frac{p_1}{p_0}=\frac{3\%}{4\%}=75\%$

两个企业的征收率综合指数计算公式为：

$$\bar{k}_p=\frac{\sum q_1p_1}{\sum q_1p_0}=\frac{6\ 000\times3\%+3\ 000\times3\%}{6\ 000\times6\%+3\ 000\times4\%}=\frac{270}{480}=56.3\%$$

计算结果说明征收率的综合变动程度，即报告期比基期征收率下降43.7%，由于征收率的下降导致税收下降43.7%。由于征收率下降而减少的税额为：

$$\sum q_1p_1-\sum q_1p_0=270-480=-210(元)$$

3. 指标体系

指数体系是指三个以上在经济内容上具有内在联系，在数量表现上具有对等关系的指标。这种对等关系表现为两方面：一是总量指标等于因素指数的乘积；二是总量指数相应的绝对增长额等于与因素指数相应的绝对增长额的代数和。即：

综合指数＝数量指标指数×质量指标指数

综合增量＝数量指标引起的增量＋质量指标引起的增量

依据指数体系的对等关系得到：

税额指数＝应税销售额指数×征收率指数

即
$$\frac{\sum p_1q_1}{\sum p_0q_0}=\frac{\sum p_0q_1}{\sum p_0q_0}\times\frac{\sum p_1q_1}{\sum p_0q_1}$$

税额减量＝销售额变动引起的减量＋征收率变动引起的减量

即
$$\sum p_1q_1-\sum p_0q_0=\left(\sum p_0q_1-\sum p_0q_0\right)+\left(\sum p_1q_1-\sum p_0q_1\right)$$

由上例，两个企业的税额综合指数：

$$\bar{k}=\frac{\sum p_1q_1}{\sum p_0q_0}=\frac{6\ 000\times3\%+3\ 000\times3\%}{10\ 000\times6\%+6\ 000\times4\%}=\frac{270}{840}=32.1\%$$

两个企业税额下降32.1%，反映的实际含义是由于销售额和征收率的下降导致税额下降32.1%。税额下降的绝对数为：

$$\sum p_1q_1-\sum p_0q_0=270-840=-570(元)$$

（二）总量指标因素分析法应用

1. 总量指标的两因素分析法应用讲解

如表3-20，小规模纳税人征收税额受到应税销售额和征收率两个指标因素的影响，分析两个因素的变化带来的影响，是建立在指数分析法的基础上。

$$\text{税额指数 } \bar{k} = \frac{\sum p_1 q_1}{\sum p_0 q_0} = \frac{270}{840} = 32.1\%$$

税额报告期比基期增加的绝对额：

$$\sum p_1 q_1 - \sum p_0 q_0 = 270 - 840 = -570(\text{元})$$

计算结果表明，税额的变动是销售额和征收率两因素变动的结果。

其中，销售额变动的影响：

$$\bar{k}_q = \frac{\sum q_1 p_0}{\sum q_0 p_0} = \frac{6\,000 \times 6\% + 3\,000 \times 4\%}{10\,000 \times 6\% + 6\,000 \times 4\%} = \frac{480}{840} = 57.1\%$$

$$\sum q_1 p_0 - \sum q_0 p_0 = 480 - 840 = -360(\text{元})$$

征收率变动的影响：

$$\bar{k}_p = \frac{\sum q_1 p_1}{\sum q_1 p_0} = \frac{6\,000 \times 3\% + 3\,000 \times 3\%}{6\,000 \times 6\% + 3\,000 \times 4\%} = \frac{270}{480} = 56.3\%$$

$$\sum q_1 p_1 - \sum q_1 p_0 = 270 - 480 = -210(\text{元})$$

各因素指数的乘积等于总变动指数：

$$\text{税额指数 } \bar{k} = \frac{\sum p_1 q_1}{\sum p_0 q_0} = \frac{\sum p_0 q_1}{\sum p_0 q_0} \times \frac{\sum p_1 q_1}{\sum p_0 q_1} = 57.1\% \times 56.3\% = 32.1\%$$

各因素指数分子与分母差额的总和等于总量指数实际发生的总差额：

$$\sum p_1 q_1 - \sum p_0 q_0 = 270 - 840 = -570 = -360 + (-210)$$

2. 总量指标的多因素分析法应用讲解

（1）多因素分析法的应用规则。多因素分析常采用根据指数原理派生出来的连锁替代法，来解决多因素指数体系编制问题，其操作过程是：

第一步，将影响某一经济指标的各个因素，按照它们之间的逻辑关系，并考虑计算的实际经济意义，排列成合理的顺序。即数量指标排列在先，质量指标排列在后，相邻的两个因素指标相乘或相除有实际的经济意义（等于新的指标）；

第二步，分析某一个因素变动对总变动的方向程度所产生的影响时，假定只有该因素变动，而其余因素都固定不变，一直分析到最后一个因素为止。

假设 D 是被影响因素，A、B、C 是 D 的影响因素，它们之间的数学关系为：$D = A \times B \times C$，显然，A、B、C 的任何变动都会使 D 发生变动。因素分析法就是要分别计算

出 A、B、C 的变动对 D 的影响。我们用脚标 0 表示初始状态，用脚标 1 表示现存状态，使用连环替代法可得到（1）式至（5）式。（1）式表示已知的数学关系，（2）式表示初始状态，（5）式表示现存状态，（2）式到（5）式是依次替换，（3）式减（2）式是 A 因素变动造成 D 的变动，（4）式减（3）式是 B 因素变动造成 D 的变动，（5）式减（4）式是 C 因素变动造成 D 的变动。虽然因素分析法也可以表现为一系列的计算公式，但这些公式是不需要记忆的，只要理解因素分析法的规则即可，所有公式都可以从规则中方便引出，考虑复杂经济现象仅存在一个样本的初始情况，按照规则计算过程如下：

$$D=A\times B\times C \tag{1}$$

$$D_0=A_0\times B_0\times C_0 \tag{2}$$

$$=A_1\times B_0\times C_0 \tag{3}$$

$$=A_1\times B_1\times C_0 \tag{4}$$

$$=A_1\times B_1\times C_1 \tag{5}$$

$(3)-(2)=(A_1-A_0)\times B_0\times C_0=A$ 单独变化的差异

$(4)-(3)=A_1\times(B_1-B_0)\times C_0=B$ 单独变化的差异

$(5)-(4)=A_1\times B_1\times(C_1-C_0)=C$ 单独变化的差异

建立指数体系的过程如下：考虑多个样本的情况下，以小规模纳税人征收税额为例，小规模纳税人征收税额=应税销售额×征收率=产品销量（q）×产品价格（m）×征收率（p），将两因素影响扩展到三因素影响。按照上述原则，首先进行指标排列：

$$\sum qmp=\sum q\times m\times p$$

构造指数体系，见下式：

$$\frac{\sum q_1m_1p_1}{\sum q_0m_0p_0}=\frac{\sum q_1m_0p_0}{\sum q_0m_0p_0}\times\frac{\sum q_1m_1p_0}{\sum q_1m_0p_0}\times\frac{\sum q_1m_1p_1}{\sum q_1m_1p_0}$$

其绝对水平变动存在下列等式关系：

$$\sum q_1m_1p_1-\sum q_0m_0p_0=(\sum q_1m_0p_0-\sum q_0m_0p_0)+(\sum q_1m_1p_0-\sum q_1m_0p_0)+(\sum q_1m_1p_1-\sum q_1m_1p_0)$$

（2）三因素分析步骤如下：

【案例】 小规模纳税人两家企业的纳税情况如表 3-21 所示。

表 3-21　　2011—2012 年小规模纳税人纳税情况表

项目	产品销量单位	2011 年（基期）				2012 年（报告期）			
		产品销量 q_0	产品价格 m_0（元）	征收率 p_0（%）	税额 p_0 m_0q_0（元）	产品销量 q_1	产品价格 m_1（元）	征收率 p_1（%）	税额 p_1 m_1q_1（元）
工业企业	台	2 000	5	6	600	1 500	4	3	180
商业企业	件	1 000	6	4	240	600	5	3	90
合计		16 000		—	840	9 000		—	270

①税额的变动

税额指数：

$$\bar{k}_{qmp}=\frac{\sum q_1m_1p_1}{\sum q_0m_0p_0}=\frac{1\,500\times4\times3\%+600\times5\times3\%}{2\,000\times5\times6\%+1\,000\times6\times4\%}=\frac{270}{840}=32.1\%$$

税额变动的绝对数：

$$\sum q_1m_1p_1-\sum q_0m_0p_0=270-840=-570(\text{元})$$

②由于产品销量的变动对税额的影响

产品销量指数：

$$\bar{k}_q=\frac{\sum q_1m_0p_0}{\sum q_0m_0p_0}=\frac{1\,500\times5\times6\%+600\times6\times4\%}{2\,000\times5\times6\%+1\,000\times6\times4\%}=\frac{594}{840}=70.7\%$$

产品销量带来的绝对数影响：

$$\sum q_1m_0p_0-\sum q_0m_0p_0=594-840=-246(\text{元})$$

③由于价格变动对税额的影响

价格指数：

$$\bar{k}_m=\frac{\sum q_1m_1p_0}{\sum q_1m_0p_0}=\frac{1\,500\times4\times6\%+600\times5\times4\%}{1\,500\times5\times6\%+600\times6\times4\%}=\frac{480}{594}=80.8\%$$

价格变动带来的绝对数影响：

$$\sum q_1m_1p_0-\sum q_0m_0p_0=480-594=-114(\text{元})$$

④由于征收率变动对税额的影响

征收率指数：

$$\bar{k}_p=\frac{\sum q_1m_1p_1}{\sum q_1m_1p_0}=\frac{1\,500\times4\times3\%+600\times5\times3\%}{1\,500\times4\times6\%+600\times5\times4\%}=\frac{270}{480}=56.3\%$$

征收率变动带来的绝对数影响：

$$\sum q_1m_1p_1-\sum q_0m_0p_0=270-480=-210(\text{元})$$

⑤四个指数间的关系

相对数：32.1％＝70.7％×80.8％×56.3％

绝对数：－570＝－246＋(－114)＋(－210)

以上指数体系说明，2012 年小规模纳税人两家企业税额比 2011 年减少 67.9％，是产品销售减少 29.3％、产品价格下降 19.2％和征收率下降 43.7％三个因素共同影响的结果。由于销售量下降导致税收下降 246 元，由于价格下降导致税收下降 114 元，由于征收率下降导致税收下降 210 元，三个因素共同导致税收下降 570 元。

(3) 多因素分析法应用需要注意的问题。在应用多因素分析法时，应遵守以下规则：

一是注意因素分解的关联性；二是因素替代的顺序性；三是顺序替代的连环性，即计算每一个因素变动时，都是在前一次计算的基础上进行，并采用连环比较的方法确定因素变化影响的结果；四是计算结果的假定性，连环替代法计算的各因素变动的影响数，会因替代计算的顺序不同而有差别，即其计算结果只是某种假定前提下的结果。

(三) 平均指标的因素分析法应用

1. 平均指标指数与指数体系

平均指标指数是用来反映同一经济内容的平均指标在不同时期变化程度的指数，也称可变构成指数。可用公式表示如下：

$$\bar{k}_{\bar{x}} = \frac{\bar{x}_1}{\bar{x}_2} = \frac{\dfrac{\sum x_1 f_1}{\sum f_1}}{\dfrac{\sum x_0 f_0}{\sum f_0}} = \frac{\sum x_1 \cdot \dfrac{f_1}{\sum f_1}}{\sum x_0 \cdot \dfrac{f_0}{\sum f_0}}$$

式中，$\bar{k}_{\bar{x}}$ 表示平均值指标数（可变构成指数），$\bar{x}_1$、$\bar{x}_0$ 分别为报告期和基期的平均指标，x_1、x_2 分别为报告期和基期的变量值或组平均数，f_1、f_2 分别为报告期和基期的组次数或权数。

构造相应的指数体系：

$$固定构成指数 = \frac{\dfrac{\sum x_1 f_1}{\sum f_1}}{\dfrac{\sum x_0 f_1}{\sum f_1}} = \frac{\sum x_1 \cdot \dfrac{f_1}{\sum f_1}}{\sum x_0 \cdot \dfrac{f_1}{\sum f_1}}$$

$$结构影响指数 = \frac{\dfrac{\sum x_0 f_1}{\sum f_1}}{\dfrac{\sum x_0 f_0}{\sum f_0}} = \frac{\sum x_0 \cdot \dfrac{f_1}{\sum f_1}}{\sum x_0 \cdot \dfrac{f_0}{\sum f_0}}$$

从上述总平均指标指数、固定构成指数和结构影响指数的编制，可以看出三个指数的数量对比关系具有密切的联系，它们组成平均指数的指数体系。即：

$$\frac{\bar{x}_1}{\bar{x}_0} = \frac{\dfrac{\sum x_1 f_1}{\sum f_1}}{\dfrac{\sum x_0 f_0}{\sum f_0}} = \frac{\dfrac{\sum x_1 f_1}{\sum f_1}}{\dfrac{\sum x_0 f_1}{\sum f_1}} \times \frac{\dfrac{\sum x_0 f_1}{\sum f_1}}{\dfrac{\sum x_0 f_0}{\sum f_0}}$$

可变构成指数＝固定构成指数×结构影响指数

三种指数的绝对数，也存在以下的关系：

$$\bar{x}_1-\bar{x}_0=\frac{\sum x_1f_1}{\sum f_1}-\frac{\sum x_0f_0}{\sum f_0}=\left(\frac{\sum x_1f_1}{\sum f_1}-\frac{\sum x_0f_1}{\sum f_1}\right)+\left(\frac{\sum x_0f_1}{\sum f_1}-\frac{\sum x_0f_0}{\sum f_0}\right)$$

总平均数的增长额 = 组平均数的变动对总平均数的影响额 + 结构的变动对总平均数的影响额

2. 平均指标因素分析法应用讲解

【案例】 根据××市2011—2012年宏观税负情况（见表3-22），分析产业结构变化和产业税负对整体宏观税负的影响。

表3-22　　2011—2012年××市宏观税负情况表

项目	2011年			2012年		
	税收 t_0（亿元）	GDP f_0（亿元）	税负 x_0（%）	税收 t_1（亿元）	GDP f_1（亿元）	税负 x_1（%）
第一产业	0.72	6.66	10.81	0.57	6.47	8.81
第二产业	678.91	3 815.78	17.79	763.64	3 831.64	19.93
第三产业	852.09	3 984.1	21.39	910.62	4 363.12	20.87
合计	1 531.72	7 806.54	19.62	1 674.83	8 201.23	20.42

整体宏观税负水平指标即代表平均税负水平的含义，它直接受到各产业税负以及产业结构比重的影响，用公式表示为：

$$\bar{x}_1-\bar{x}_0=\frac{\sum x_1f_1}{\sum f_1}-\frac{\sum x_0f_0}{\sum f_0}=20.42\%-19.62\%=0.8\%$$

由于产业结构变动带来整体宏观税负水平增长：

$$\left(\frac{\sum x_0f_1}{\sum f_1}-\frac{\sum x_0f_0}{\sum f_0}\right)=\frac{10.81\%\times6.47+17.79\%\times3\,831.64+21.39\%\times4\,363.12}{8\,201.23}$$

$$-\frac{10.81\%\times6.66+17.79\%\times3\,815.78+21.39\%\times3\,984.1}{7\,806.54}$$

$$=0.1\%$$

由于产业税负提高带来整体宏观税负水平增长：

$$\left(\frac{\sum x_1f_1}{\sum f_1}-\frac{\sum x_0f_1}{\sum f_1}\right)=\frac{8.81\%\times6.47+19.93\%\times3\,831.64+20.87\%\times4\,363.12}{8\,201.23}$$

$$-\frac{10.81\%\times6.47+17.79\%\times3\,831.64+21.39\%\times4\,362.12}{8\,201.23}$$

$$=0.7\%$$

2012年，该市宏观税负水平达到20.42%，比2011年提高0.8个百分点，其中，由于产业结构调整影响，宏观税负提高0.1个百分点；由于产业税负水平提高，整体宏观税负提高 0.7 个百分点。

（四）案例分析

对影响税收收入增减因素的分析，可以应用因素分析法，说明经济因素及政策因素对税收收入增减的影响，主要是量化分析。也可以通过定量与定性分析相结合的方法，进一步说明影响税收收入增减的经济因素、政策因素及征管因素。

【案例】某汽车厂生产乘用车，汽缸容量在 1.5 升以上至 2.0 升（含），适用消费税税率 5%。2009 年销量、价格、销售额及应征消费税情况见表 3-23，我们运用因素分析法测算销量、单位价格变动对小汽车消费税的影响。

表 3-23　　××汽车厂消费税收入因素分析表

项目	销量（吨）	单位价格（元）	销售额（万元）	税率 %	应征消费税（万元）
当年	51 149	81 657	417 666	5	20 883
上年	78 485	56 538	443 735	5	22 187
增减额	−27 336	25 119	−26 069		−1 304
增减%	−34.83	44.43	−5.87		−5.87
销售量变动对收入的影响					−7 728
单位价格变动对收入的影响					6 424
合计					−1 304

小汽车消费税＝销量×单价×税率＝qpt

报告期(当年)小汽车消费税＝q_1p_1t＝51 149×81 657×5%＝20 883(万元)

基期(上年)小汽车消费税＝q_0p_0t ＝78 485×56 538×5%＝22 187(万元)

小汽车消费税增长额＝$q_1p_1t - q_0p_0t$ ＝20 883－22 187＝ －1 304(万元)

销量变动对小汽车消费税的影响＝$(q_1-q_0)p_0t$＝－27 336×56 538×5%

＝－7 728(万元)

单位价格变动对小汽车消费税的影响＝$q_1(p_1-p_0)t$＝51 149×25 119×5%

＝6 424(万元)

对小汽车消费税影响的汇总＝－7 728＋6 424＝－1 304(万元)

通过因素分析，可以看出，2009 年该汽车厂消费税下降的原因如下：由于该厂调整生产经营策略，生产比上年性能及配置更好的小汽车，使得小汽车单位价格上升，而销量有所下降。小汽车销量比上年减少 27 336 辆，影响小汽车消费税减收 7 728 万元，由于单位价格上升 25 119 元，影响消费税增收 6 424 万元，销量及价格两因素共同影响小汽车消费税减收 1 304 万元。由此，可以得出，该汽车厂消费税下降的主要原因是由于生产价位更高的小汽车，销量和产品销量收入有所下降，从而导致消费税下降。

【案例】2009 年无铅汽油消费税定额税率由 0.2 元/升（277.6 元/吨）上升为 1 元/升（1 388 元/吨），销量及征收率（即 1－外购已税产品已纳税消费税的扣除率）也有所变动（见表 3-24），运用因素分析法测算销量、单位税额及征收率变动对汽油消费税的影响。

表 3-24 ××省汽油消费税收入因素分析表

项目	销售量（吨）	单位税额（元）	征收率%	消费税收入（万元）
当年	5 864 096	1 388	41	333 714
上年	5 795 481	277.6	63	101 356
增减额	68 615	1 110	−22	232 358
增减%	1.18	400.00	−34.92	229.25
销售量变动对收入的影响				1 200
单位税额变动对收入的影响				410 224
征收率变动对收入的影响				−179 066
合计				232 358

汽油消费税＝销量×税额×征收率＝qtr

报告期(当年)汽油消费税＝$q_1t_1r_1$＝5 864 096×1 388×41%＝333 714(万元)

基期(上年)汽油消费税＝$q_0t_0r_0$＝5 795 481×277.6×63%＝101 356(万元)

汽油消费税增长额＝$q_1t_1r_1-q_0t_0r_0$＝333 714−101 356＝ 232 358(万元)

销量变动对汽油消费税的影响＝$(q_1-q_0)t_0r_0$＝68 615×277.6×63%＝1 200(万元)

单位税额变动对汽油消费税的影响＝$q_1(t_1-t_0)r_0$＝5 864 096×(1 388−277.6)×63%＝410 224(万元)

征收率变动对汽油消费税的影响＝$q_1t_1(r_1-r_0)$＝5 864 096×1 388×(41%−63%)

＝−179 066(万元)

对汽油消费税的影响额汇总＝1 200＋410 224−179 066＝232 358(万元)

通过因素分析，我们可以看出，2009 年该省汽油消费税大幅增长的原因如下：由于销量比上年增加 68 615 吨，影响汽油消费税增收 1 200 万元；由于单位税额每升增长 0.8 元，影响消费税增收 410 224 万元；由于征收率比上年下降 22 个百分点（即外购已税产品已纳消费税的扣除率比上年提高 22 个百分点），影响汽油消费税减收 179 066 万元，以上因素共影响汽油消费税比上年增收 232 358 万元。由此，可以得出，汽油消费税的大幅增长主要是由于单位税额调高所致。

第七节 相关与回归分析法

一、相关与回归分析基本原理

（一）相关的概念和种类

税收与各种经济现象有着千丝万缕的联系。税收与经济现象之间相互依赖、相互制约的关系就是税收与经济现象之间的相互依存关系。这种相互依存的关系就是相关关系，是税收与经济现象之间不严格、不确定的依存关系。

从宏观上看，税收与GDP、社会消费品零售总额、固定资产投资等其他宏观经济指标有关，第一、第二、第三产业的税收又与第一、第二、第三产业的增加值及其他经济指标有关。从微观上看，企业的税收与其生产经营活动产生的产量、增加值、营业收入、利润、工资、成本等经济指标有关，企业的产量与其生产产品所需要的原材料、辅助材料、电力、动力、劳动力等的消耗有关。

1. 按相关的程度分，有完全相关、不完全相关和完全不相关

完全相关是指自变量和因变量之间的取值有确定的对应关系，即实际上的函数关系。完全不相关是指两个现象之间是各自独立、互不影响、毫不相干的关系。不完全相关，是介于完全相关和完全不相关之间的相关关系。相关分析的主要对象就是不完全的相关关系。

2. 按相关的性质分，有正相关和负相关

正相关是指自变量由小变大时，因变量也相应地由小变大；反之，则由大变小。一般来说，许多经济现象，如GDP、社会消费品零售总额、固定资产投资等其他宏观经济指标与税收变动的方向是一致的，所以税收与这些经济现象是正相关关系。负相关是指自变量由小变大时，因变量反而由大变小；反之，则由小变大。某些经济现象如企业成本等与税收变动的方向是相反的，所以这些经济现象与税收是负相关关系。

3. 按相关的形式分，有线性相关和非线性相关

线性相关是指自变量和因变量之间在坐标系上表现为直线相关关系，也可以认为是一次曲线相关关系，比如$y=ax+b$。非线性相关是指在坐标系上自变量和因变量是用曲线表示的相关关系，也可以认为是二次以上的曲线相关关系。

4. 按影响因素多少分，有单相关和复相关

单相关是指一个自变量和一个因变量之间的关系，即两个现象之间的关系。复相关是指两个或两个以上的自变量和一个因变量之间的关系。

（二）相关与回归的区别与联系

相关和回归都是研究税收与经济变量相互关系的分析方法。税收相关分析就是研究税收与一个或两个及以上的经济变量之间相关方向及相关程度大小的一种方法。税收回归分析是对具有相关关系的税收与一个或两个及以上经济变量之间数量变化的一般关系进行测定，建立一个相应的数学模型，以便由一个已知经济量来推算税收，为税收预测提供依据的一种重要方法。二者的区别主要表现在三个方面。

区别一：相关分析研究税收与变量之间相关的方向和密切程度，但是相关分析不能指出税收与经济变量相互关系的具体形式，也无法从一个经济变量的变化来推测税收的变化关系。回归方程则是通过一定的数学模型来反映税收与经济变量之间相互关系的具体形式，从一个已知的经济变量来推测另一个未知量税收，为估算预测税收提供了一个重要的方法。

区别二：相关分析既可以研究因果关系的现象，也可以研究共变的现象，不必确定两变量中哪个是自变量，哪个是因变量。税收回归分析是研究税收与经济变量之间具有因果

关系的数学形式，经济决定税收，因此必须事先确定经济变量为自变量，而税收是因变量。

区别三：计算相关系数的两变量是对等的，可以都是随机变量，各自接受随机因素的影响，改变两变量的地位并不影响相关系数的数值。在税收回归分析中作为因变量的税收是随机的，而作为自变量的经济变量是可控制的解释变量，不是随机变量。因此，税收回归分析中只能用作为自变量的经济变量来估计作为因变量的税收，而不允许由税收来推测经济变量。

相关分析和回归分析是互相补充、密切联系的。相关分析需要回归分析来表明现象数量相关的具体形式，回归分析应该建立在相关分析的基础上。依靠相关分析表明现象的数量变化密切相关，进行回归分析求其相关的具体形式才有意义。在相关程度很低的情况下，回归模型的表达式代表性就很差。

二、相关分析

税收相关分析，通常使用相关图表和计算相关系数来进行。

（一）相关表

编制相关表可以直观地显示税收与经济现象之间的数量相关关系，它也是计算相关指标的基础。相关表有简单相关表和分组相关表，分组相关表又有单变量分组相关表和双变量分组相关表。

（二）相关图

相关图有相关散点图和相关曲线图。借助相关图可以直观而形象地显示税收与经济现象之间相关的性质和密切程度。

（三）相关系数

相关系数是在直线相关条件下，说明现象之间相关关系密切程度的统计分析指标，它是一个相对数，用 r 表示。其计算公式如下：

$$r=\frac{\sum xy-\frac{1}{n}\sum x\sum y}{\sqrt{\left[\sum x^2-\frac{1}{n}\left(\sum x\right)^2\right]\cdot\left[\sum y^2-\frac{1}{n}\left(\sum y\right)^2\right]}}$$

相关系数计算出来后，必须要检验以便进一步研究税收与经济指标的相关关系有无实用价值。

最常用的检验方法之一是相关系数临界值检验。它是通过计算得到相关系数以后，从理论分布规律导出的数值相比较来衡量的，说明税收与经济现象相关的密切程度。

相关系数的符号反映相关关系的方向，其绝对值大小则反映变量之间的密切程度。r 的取值范围为 $0\leqslant|r|\leqslant 1$。r 的绝对值越接近 1，表明线性相关关系越密切；r 的绝对值越接近 0，表明线性相关关系越不密切。

$r=0$，表明两个变量没有线性相关关系，可能有曲线相关关系。

$r=+1$ 或 $r=-1$，表明两个变量完全线性相关。当 $r=+1$ 时，完全正相关；当 $r=$

-1 时，完全负相关。

$-1<r<0$，表明两个变量的变化趋势相反，即负相关；当自变量呈增长趋势时，因变量随自变量的增加而减少。

$0<r<1$，表明两个变量的变化趋势相同，即正相关；当自变量呈增长趋势时，因变量随自变量的增加而增加。

$|r|<0.3$，为微弱相关；$0.3\leqslant|r|<0.5$，为低度相关；$0.5\leqslant|r|<0.8$，为显著相关；$0.8\leqslant|r|<1$ 为高度相关；$|r|=1$，为完全相关（即为函数关系）。

一般来说，只要税收与经济变量呈现高度相关关系，就可以进行回归分析。特殊情况下，也可以在呈现显著相关关系时进行回归分析供参考。

利用相关系数的基本公式计算相当繁琐，但利用 Excel 可很快计算出相关系数。下面通过案例，介绍用 Excel 计算相关系数的操作方法。

【案例】××地区经济和税收发展势头迅猛，分析推动税收增长的经济因素。现将该地区 1994 年至 2008 年主要经济指标地区国内生产总值、固定资产投资、社会消费品零售总额与税收收入（见表 3-25）作相关关系分析。

表 3-25　　××地区主要经济指标和税收收入情况资料　　单位：万元

年份	地区国内生产总值	固定资产投资	社会消费品零售总额	税收收入
1994	48 108.5	17 042.86	18 622.9	4 622.71
1995	59 810.5	20 019.3	23 613.8	5 468.12
1996	70 142.5	22 913.5	28 360.2	6 238.52
1997	78 060.8	24 941.1	31 252.9	7 517.07
1998	83 024.3	28 406.2	33 378.1	8 550.96
1999	88 479.2	29 854.7	35 647.9	9 696.85
2000	98 000.5	32 917.7	39 105.7	11 365.72
2001	108 068.2	37 213.5	43 055.4	13 979.16
2002	119 095.7	43 499.9	48 135.9	16 214.33
2003	135 174	55 566.6	52 516.3	18 222.41
2004	159 586.7	70 477.4	59 501	22 219.72
2005	184 088.6	88 773.6	67 176.6	26 775.97
2006	213 131.7	109 998.2	76 410	32 578.53
2007	259 258.9	137 323.9	89 210	42 750.31
2008	302 853.4	172 828.4	108 487.7	50 764.45

计算步骤：

（1）将样本数值输入 Excel 工作表，点击菜单“工具”栏——选择“数据分析”项，如图 3-23 所示：

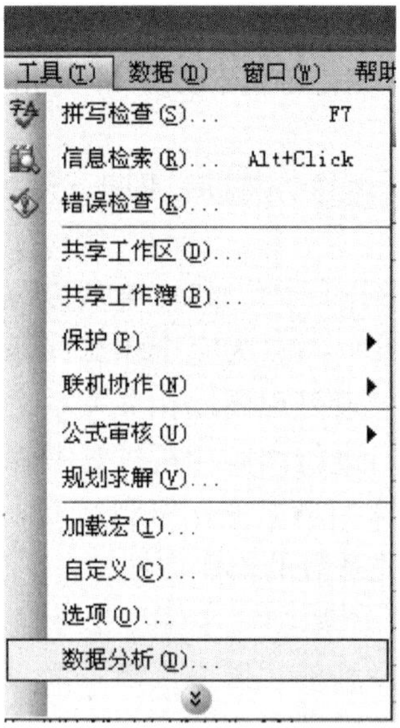

图 3-23

(2) 这时出现数据分析对话框，再选择对话框中的"相关系数"方法——点击"确定"按钮即可出现相关系数对话框，如图 3-24 所示：

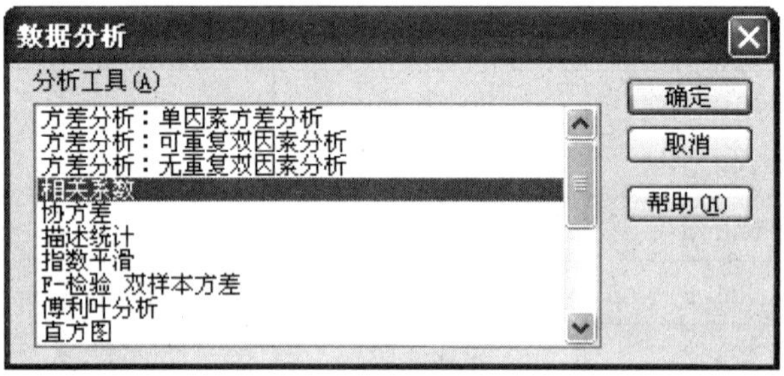

图 3-24

(3) 在对话框中需要选择三个指标：即输入区域、分组方式和输出选项，在输入区域中选择 B3∶F18 单元格区域，在分组方式中选择"逐列"，同时在输出区域中选择 H9 单元格，如图 3-25 所示：

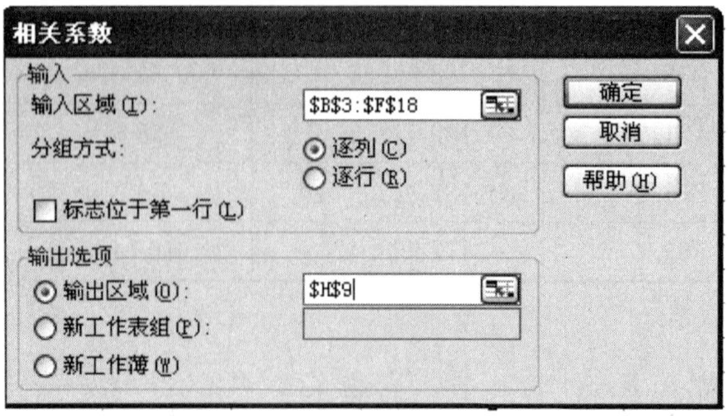

图 3-25

(4) 点击“确定”按钮，就可出现如图 3-26 所示的结果：

	地区生产总值	固定资产投资	社会消费品零售总额	税收收入
地区生产总值	1			
固定资产投资	0.993698	1		
社会消费品零售总额	0.99789	0.987096	1	
税收收入	0.998069	0.995955	0.994217	1

图 3-26　某地区税收与主要经济指标的相关系数表

根据以上相关系数，可以看出税收收入和国内生产总值的相关系数为 0.998 1，税收收入和固定资产投资的相关系数为 0.996 0，税收收入和社会消费品零售总额的相关系数为 0.994 2。税收收入与以上三个指标相关系数都大于 0 接近于 1，表明税收收入与这三个指标都是高度正相关关系，即税收收入的变动与国内生产总值、固定资产投资和社会消费品零售总额的变动具有高度密切的关系。特别是国内生产总值与税收收入的相关系数达到 0.998 1，说明二者相关关系更为紧密。

三、税收回归分析法

税收回归分析是对具有相关关系的税收与一个或两个及以上经济变量之间数量变化的一般关系进行测定，确定其因果关系，并建立一个相应的数学模型。

税收相关分析可以帮助我们从定性角度描述税收与相关经济之间的关系。税收回归分析则主要是从定量的角度分析税收经济关系，通过建立税收指标与相关经济指标的回归方程，研究税收指标受其他经济指标影响的程度，同时也可以利用回归方程来推算税收，为税收预测提供依据。

回归分析法在税收分析中有着广泛的用途，税收分析工作者经常利用这一方法进行税收经济关系分析。但在利用这一方法时，存在操作不完善，运用不系统，“重应用，轻检验”的问题。其根本原因就是对回归分析法没有一个系统的、理论上的理解。运用回归分析一个非常重要的方面就是必须对拟合的回归方程进行检验。只有完全通过理论检验的方程，才是有用的模型。

税收回归分析方法的基本作用，就是研究税收与经济指标实际数据资料之间的密切程度，并建立回归模型。根据回归模型对税收进行预测，并了解税收预测可以达到的准确程度。按照不同的分类方法，可以将回归模型作不同的分类。首先，根据回归模型自变量的多少，可分为一元回归和多元回归模型。一元回归模型是根据某一因变量与一个自变量之间的相关关系建立的模型。多元回归模型是根据某一因变量与两个或两个以上自变量之间的相关关系建立的模型。其次，根据回归模型是否为线性，可分为线性回归模型和非线性回归模型。在线性回归模型中，因变量与自变量的关系是呈直线型的。在非线性回归模型中，因变量与自变量的关系是呈曲线形的。

（一）一元线性回归分析法

一元线性回归分析法是回归分析的基础，掌握其基本原理，就可运用到其他复杂的回归分析中。

税收回归分析是在定性分析税收与经济指标相关关系的基础上进行的。一般选取对税收收入影响最大的经济指标作为自变量，通常选择国内生产总值。需要收集税收与经济指标的实际数据资料，即样本，样本容量不宜太小，否则无法消除偶然因素的影响。一般来说，样本容量 n 等于或大于 30 时，称为大样本，小于 30 时称为小样本。只有 3—5 组数据时一般不能很好地适用回归分析法。以 1995 年为基数，收集 15 年以上的数据资料为例。

一元线性回归方程的一般形式为：

$$y=a+bx+\varepsilon$$

式中，y 代表因变量，x 代表自变量，a 代表直线在 y 轴上的截距，b 表示直线的斜率，又称为回归系数，ε 为误差项。回归系数的含义是：当自变量 x 每增加一个单位时，因变量 y 的平均增加值。当 b 的符号为正时，表示两个变量是正相关；当 b 的符号为负时，表示两个变量是负相关。a 和 b 都是待定参数，可以用最小二乘法求得。根据最小二乘法原理，已推导出建立模型的参数 a 和 b 的求值公式。

$$\begin{cases} b=\dfrac{n\sum xy-\sum x\sum y}{n\sum x^2-(\sum x)^2} \\ a=\dfrac{\sum y}{n}-b\dfrac{\sum x}{n} \end{cases}$$

对于参数的计算，可以借助 Excel 和其他相关统计软件方便地求出。

下面结合税收经济数据，具体探讨税收回归分析的过程以及回归分析在 Excel 中的实现过程。

【案例】 接上例，利用上表中地区生产总值和税收收入的数据（见表 3-26）进行回归分析。

表 3-26　××地区国内生产总值和税收收入回归分析表　单位：万元

年份	地区国内生产总值	税收收入
1994	48 108.5	4 622.71
1995	59 810.5	5 468.12
1996	70 142.5	6 238.52
1997	78 060.8	7 517.07
1998	83 024.3	8 550.96
1999	88 479.2	9 696.85
2000	98 000.5	11 365.72
2001	108 068.2	13 979.16
2002	119 095.7	16 214.33
2003	135 174	18 222.41
2004	159 586.7	22 219.72
2005	184 088.6	26 775.97
2006	213 131.7	32 578.53
2007	259 258.9	42 750.31
2008	302 853.4	50 764.45

利用 Excel 的散点图和趋势线进行一元线性回归分析，具体操作步骤如下：

第一步，制作税收收入与地区生产总值的散点图，观察二者之间关系。

单击“插入”——“图表”命令，弹出对话框“图表向导—4 步骤之 1—图表类型”，在“标准类型”中的列表框中选择 XY 散点图，在“子图表类型”中单击选中“散点图”，如图 3-27 所示，单击下一步。

在“图表向导—4 步骤之 2—图表数据”中的数据区域中输入 C2：C16 单元格区域，选中“系列产生在”中的“列”单选按钮，在“系列”选项卡中的“名称”中输入“税收收入与地区生产总值关系回归分析”，在“X 值”中输入 B2：B16 单元格，见图 3-28，点击下一步。

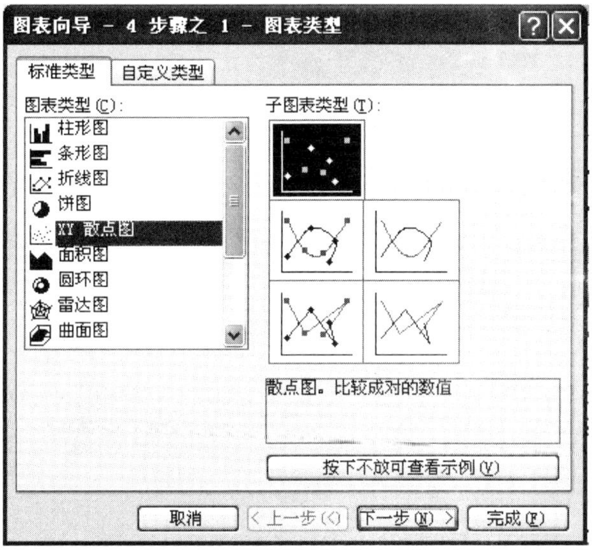

图 3-27

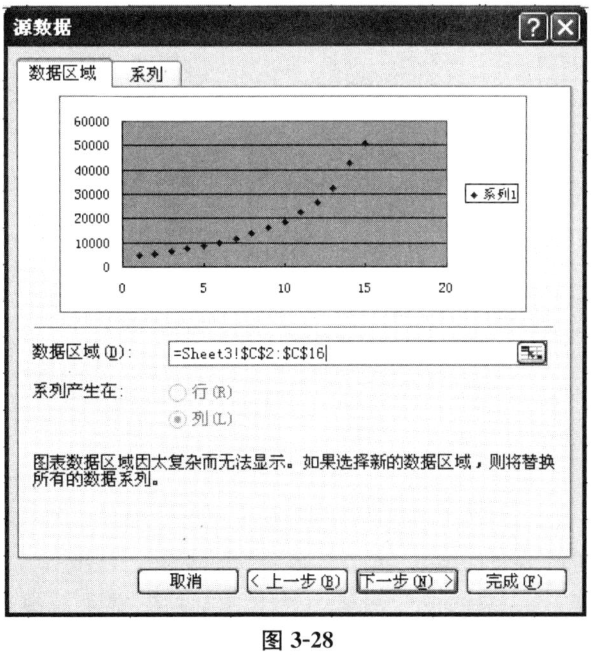

图 3-28

在弹出的“图标向导—4 步骤之 3—图标选项”中的“标题”下的“数值 X 值”中输入“地区生产总值”,“数值 Y 值”中输入“税收收入”，见图 3-29。如果需要作出的图表更加美观，可以在其他菜单中选择需要的项目，最后点击“完成”。输出结果如图 3-30 所示：

图 3-29

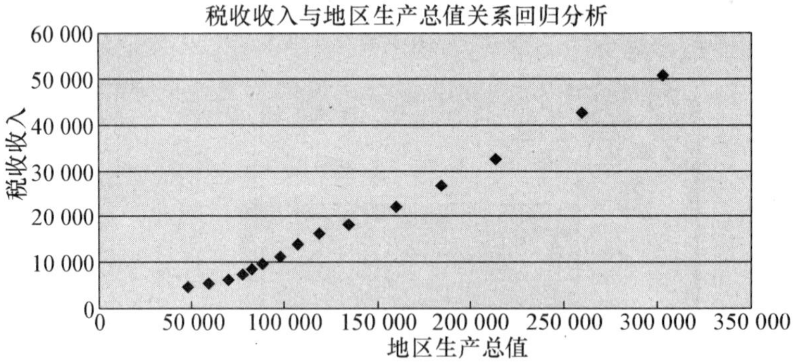

图 3-30

通过散点图可以看出，税收收入与国内生产总值呈现典型的线性相关趋势，因此，建立二者之间的一元线性回归模型方程：

$$y=a+bx$$

第二步，进行一元回归分析。

在 Excel 中进行回归分析，可以用“数据分析”菜单进行操作，具体过程如下：

单击“工具”下的“数据分析”，选择其中的“回归”菜单，弹出对话框。

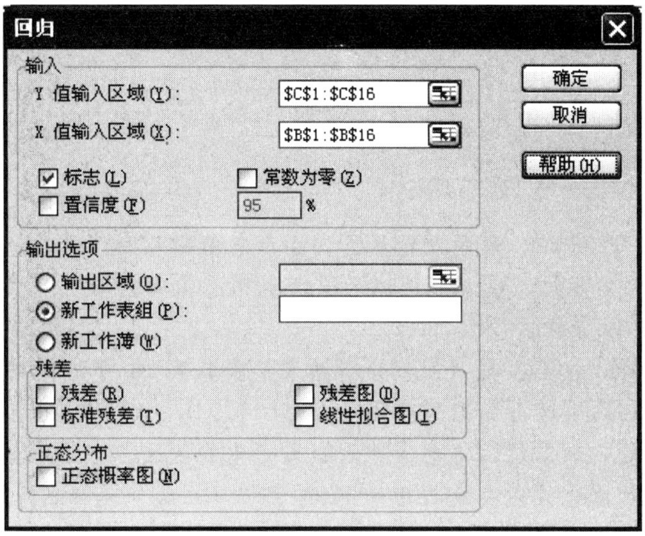

图 3-31

在“Y 值输入区域”中输入 C1∶C16 单元格，在“X 值输入区域”中输入 B1∶B16 单元格，选择“标志”，单击“确定”，如图 3-31 所示，得到回归分析结果，见图 3-32。

	A	B	C	D	E	F	G	H	I
1	SUMMARY OUTPUT								
2									
3	回归统计								
4	Multiple R	0.99806923							
5	R Square	0.99614219							
6	Adjusted R Square	0.99584543							
7	标准误差	910.906336							
8	观测值	15							
9									
10	方差分析								
11		df	SS	MS	F	gnificance F			
12	回归分析	1	2.79E+09	2.79E+09	3356.785	4.45E-17			
13	残差	13	10786755	829750.4					
14	总计	14	2.8E+09						
15									
16		Coefficients	标准误差	t Stat	P-value	Lower 95%	Upper 95%	下限 95.0%	上限 95.0%
17	Intercept	-6410.5484	489.5382	-13.0951	7.28E-09	-7468.13	-5352.97	-7468.13	-5352.97
18	地区生产总值	0.18592163	0.003209	57.93777	4.45E-17	0.178989	0.192854	0.178989	0.192854

图 3-32　回归分析结果

“回归分析结果”中的相关数据解读后面会逐一解释，这里不再详述。

从回归结果中可以得到参数估计值（在回归分析结果的 B 列和第 17、18 行交叉处），即：

$$b=\frac{n\sum xy-\sum x\sum y}{n\sum x^2-(\sum x)^2}=0.185\,922$$

$$a=\frac{\sum y}{n}-b\frac{\sum x}{n}=-6\,410.548$$

代入回归模型 $y=a+bx$，则有：

$$y=-6\ 410.548+0.185\ 922x$$

因此，该地区税收收入回归模型的估计式为：

$$y=0.185\ 922x-6\ 410.548$$

回归系数 $b=0.185\ 922$，表示该地区国内生产总值每增加 1 万元，就会使该地区税收收入平均增加 0.185 9 万元，或者说该地区国内生产总值每增加 1 亿元，就会使该地区税收收入平均增加 1 859 万元。

同时我们也看到，在图 3-32“回归分析结果”中 F 列 18 行和 G 列 18 行估计出回归系数的区间。本例中回归系数 b 的取值区间应为（0.179 0，0.192 9）。回归系数取值区间的含义即自变量每变动一个单位，将会导致因变量变化的区间。该地区国内生产总值每变动一个单位，将会导致该地区税收收入在 0.179 0 到 0.192 9 个单位之间变动。

第三步，拟合方程的检验。

对得出的线性方程能否适用，还需要进行统计检验。统计检验包括“回归方程的显著性检验”和“残差分析”。

（1）t 检验。该检验是统计推断中常用的一种检验方法，在回归分析中，t 检验主要用于检验回归系数的显著性。回归系数的显著性检验就是要检验因变量对自变量的影响程度是否显著。如果不显著，则因变量与自变量之间没有真正的线性关系。

关于 t 检验的基本原理和过程，本节不再详述，可参考相关书籍。

对本案例来说，t 检验可以通过回归结果中的项目观察。若取显著性水平为 0.05，查 t 值分布表得 $t_{0.025}(15-2)=2.16$，对常数项的显著性检验的 t 值$=-13.1$（回归分析结果 D 列 17 行），其绝对值远大于 2.16，故常数项显著不为零。

但我们主要关心的是回归系数 b 的显著性。对自变量的显著性检验的 t 值$=57.94$（回归分析结果中的 D 列 18 行）>2.16，可知自变量参数显著不为零。

（2）F 检验。对线性回归方程显著性的另外一种检验是 F 检验。F 检验是对方程整体是否是线性的检验。其检验过程与 t 检验类似。

本案例 F 值$=3\ 356.785$（回归分析结果中的 E 列 12 行），用于检验的 p 值$=4.45\times10^{-17}<0.05$，说明回归方程的线性关系显著成立。

（3）样本决定系数检验。该检验是对方程线性回归效果的检验，用于检验的指标是样本决定系数 r^2，或称拟合优度。该指标反映了因变量的波动中能用自变量解释的比例。该指标值越大说明解释的比例越大。

$$r^2=\frac{\sum_{i=1}^{n}(\hat{y}_i-\bar{y})^2}{\sum_{i=1}^{n}(y_i-\bar{y})}=\frac{SSR}{SST}$$

本案例中，$r^2=0.998\ 1$，表明税收收入的变动中有 99.81% 可以由地区生产总值的变动来解释，进一步说明了税收收入与地区生产总值高度线性相关。

（4）自相关检验。自相关又称序列相关，主要是指回归模型中随机误差项与其滞后项的相关关系。如果一个模型中存在自相关，容易导致对 t 值评价过高，常用的 F 检验和 t 检验失效。如果忽视这一点，可能导致得出的回归参数统计检验为显著，但实际上并不显著的严重错误结论，那么模型方程的有效性将大打折扣（自相关产生的原因及后果详细内容请参考相关书籍）。对自相关检验的一个重要方法是观察残差图。如果残差图中各个点在 0 上下随机波动，则可以简单认为不存在自相关关系。

本案例中，从残差图（图 3-33）可以观察到，残差点在 0 上下波动。但是同时也发现残差点的分布具有连续性的下降或上升（连续下降然后连续上升）特点，因此判定其存在自相关问题。统计学上，定量观察变量之间自相关的方法是“Durbin-watson 统计量”法。关于“Durbin-watson 统计量”需要我们用相关统计分析软件操作，常用的统计软件是 Eviews。

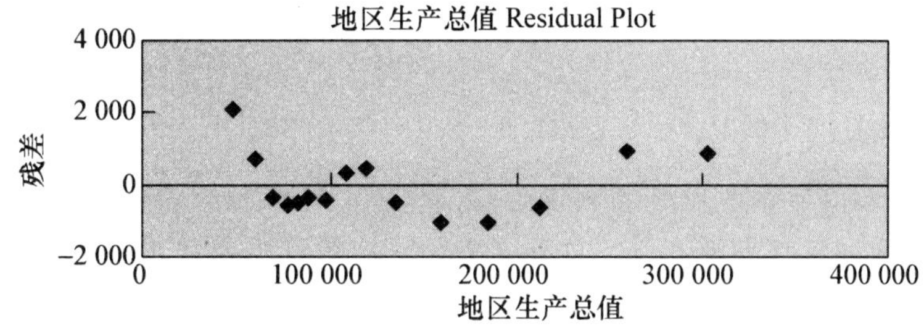

图 3-33

通过 Eviews 计算的结果，即 D-W 值为 0.716 4（正自相关范围是 0～1.08），说明两者之间确实存在自相关问题。

统计学上，消除自相关的方法很多，其中最常用的是“广义差分法”。广义差分法是通过将原计量经济学模型变换为差分后，再进行最小二乘估计，从而消除回归中自相关问题的比较有效的方法。

在该方法下，首先设定 $Dy=y-\rho^* y^{(-1)}$，$Dx=x-\rho^* x^{(-1)}$，$a^*=a\times(1-\rho)$ 这样就通过差分的方式形成了新的数列（具体转换的过程见相关参考书）。
式中，$y^{(-1)}$ 表示滞后一期的因变量值，$x^{(-1)}$ 表示滞后一期的自变量值。

$$\rho=1-\frac{\text{D-W 值}}{2}=1-\frac{0.716\,4}{2}=0.641\,8$$

然后对新形成的数列进行最小二乘估计（过程同上）。回归结果为：

$$Dy=-2\,945.21+0.19\times Dx$$

该回归模型方程能通过上述所有检验。

利用 Eviews 计算的 D-W 值为 1.581（无自相关区域为 1.36～2.64），说明该模型基本消除了自相关问题。

最后进行还原，将 $a=a^*/(1-\rho)$ 代入上述方程内，可得最终确定的回归模型方程：

$$y=-7\,931.6+0.19x$$
$$(t=47.32)$$

$R^2=0.9942 \quad F=2239.00$

$\text{D-W}=1.581$

第四步，模型方程的确定和应用。

经过拟合方程和检验过程之后，该案例中模型方程为：

$$y=-7931.6+0.19x$$

建立回归模型的目的就是为了应用，预测是回归模型最重要的应用。下面我们简单讨论回归模型在预测方面的应用。

（1）点预测。点预测就是用单个值作为因变量新值的预测值。上例中，假如该地区计划 2009 年 GDP 在 2008 年的基础上增长 15%，则该地区 2009 年 GDP 要求达到 348 281.41 万元（302 853.4×115%），将 2009 年 GDP 的预计数代入该地区的税收回归模型，可得：

$$y=-7931.6+0.19x=-7931.6+0.19\times348281.41=58241.87\text{(万元)}$$

表明该地区 2009 年的税收点预测值为 58 241.87 万元。

（2）区间预测。仅仅知道点预测值意义并不大，预测也不够准确。因此，对于预测问题，我们还希望知道预测的精度，这就需要知道区间预测。本节不再讨论区间预测计算的过程，直接给出区间预测的结果。

样本容量相对较大时，因变量的区间预测近似为：

$$y_0\pm2s$$

其中 y_0 是点预测值，s 为标准差。

上例中，假设该地区 2009 年 GDP 要求达到 348 281.41 万元，则区间预测为：

$$58241.87\pm2\times541.655$$

一元线性回归分析方法虽然比较简单，但它所代表的统计分析思想非常重要，后面将要介绍的多元线性回归分析内容是一元线性结果的直接推广。

（二）多元线性回归

前面介绍了税收指标（因变量）只与一个经济指标（自变量）有关的一元线性回归和非线性回归问题，但在实际工作中，一元线性回归只不过是回归分析中的一个特例。税收指标的变动并不能仅仅归因于某一项经济指标的变动，往往需要考虑更多更深层次的众多因素。下面重点介绍多元线性回归模型以及模型方程和回归系数的显著性检验等。

需要说明的是，多元回归的计算远比一元回归复杂得多，很多时候需要借助计算机软件来完成。

1. 多元线性回归模型的一般形式

对于多元线性回归模型的分析，仍然借助于税收指标与相关经济指标来说明。

假定 y 表示税收指标，理论上认为影响该税收指标变动的经济指标分别为 x_1，x_2，x_3，…，x_n。

那么 y 与这些指标的线性回归模型为：

$$y=a+b_1x_1+b_2x_2+\cdots+b_nx_n+\varepsilon$$

该公式中，a，b_1，b_2，…，b_n 是未知数，a 称为回归常数，b_1，b_2，…，b_n 称为偏回归系数，ε 是随机误差或者解释为对税收指标有影响但影响较小的其他经济变量的集合。

2. 多元线性回归方程中回归系数的解释

上面公式中 b_i 表示假定其他变量不变，当第 i 个经济指标 x_i 每变动一个单位时税收指标 y 的平均变动值。

该回归方程的图形是一个平面或者超平面，无法直观的用集合图形展示。

3. 对回归参数的估计

多元线性回归方程中未知参数 a，b_1，b_2，…，b_n 的估计与一元线性回归方程参数估计原理一样，仍然采用最小二乘法。

计算多元线性回归方程中参数的估计值，需要用到线性代数以及微积分的内容，这里不再深入探讨。现代计算机的进步提供了直接方便的计算。

税收分析中，多元线性回归分析的操作步骤如下：

第一步，从经济理论出发，在一定的条件下选取与税收指标变动比较密切的若干经济指标，确立其线性关系；

第二步，按照统计学关于多元线性回归分析的方法建立多元线性回归模型及对应方程，确定模型方程中参数的估计值（一般借助相关计算机软件完成）；

第三步，对模型方程以及变量参数的估计值进行显著性检验；

第四步，从检验结果出发，修正多元回归模型，得出最终的模型方程；

第五步，利用建立的模型方程进行税收经济关系分析。

下面通过案例借助 Excel 软件直接拟合线性方程。

【案例】地区生产总值是衡量一个地区经济发展水平的重要指标。按三次产业构成的分类可将地区生产总值分解为第一产业、第二产业和第三产业增加值。从我国现行税制来看，国税收入主要集中在第二产业和第三产业，第二产业和第三产业增加值是国税收入的来源。本案例基于这个基础，研究 1994 年以来××省国税收入与三次产业增加值之间的定量关系。

表 3-27 中的数据是该省 1994 年以来国税收入以及按三次产业构成分类的三次产业增加值。其中，Y 代表国税收入，X_1 代表第一产业增加值，X_2 代表第二产业增加值，X_3 代表第三产业增加值。

表 3-27　　1994—2009 年国税收入与三次产业构成情况表　　单位：亿元

年份	国税收入 Y	第一产业增加值 X_1	第二产业增加值 X_2	第三产业增加值 X_3
1994	116.142 1	546.68	1 058.89	611.26
1995	138.543 6	762.99	1 394.98	830.4
1996	158.299 6	937.64	1 677.62	1 019.43
1997	179.361 8	1 008.55	1 861.28	1 171.26
1998	209.553 8	1 071.39	1 937.83	1 299.02
1999	209.551 8	1 123.14	1 981.07	1 413.73

续表

年份	国税收入 Y	第一产业增加值 X_1	第二产业增加值 X_2	第三产业增加值 X_3
2000	249.811 4	1 161.58	2 294.15	1 597.26
2001	272.471	1 234.34	2 510.45	1 788.22
2002	304.648 4	1 288.36	2 768.75	1 978.37
2003	353.987 9	1 198.7	3 310.14	2 358.86
2004	428.949 9	1 649.29	4 182.1	2 722.4
2005	515.262 5	1 892.01	5 514.14	3 181.27
2006	650.110 3	1 916.74	6 724.61	3 721.44
2007	825.835 2	2 217.66	8 282.83	4 511.97
2008	957.880 8	2 658.8	10 477.92	5 271.06
2009	982.901 6	2 768.99	10 968.63	5 629.66

第一步，观察判断税收指标与经济指标之间的关系。分别建立国税收入与三次产业增加值之间的散点图以便做出判断。图 3-34 展示了国税收入指标与三次产业之间的散点图，操作过程略。

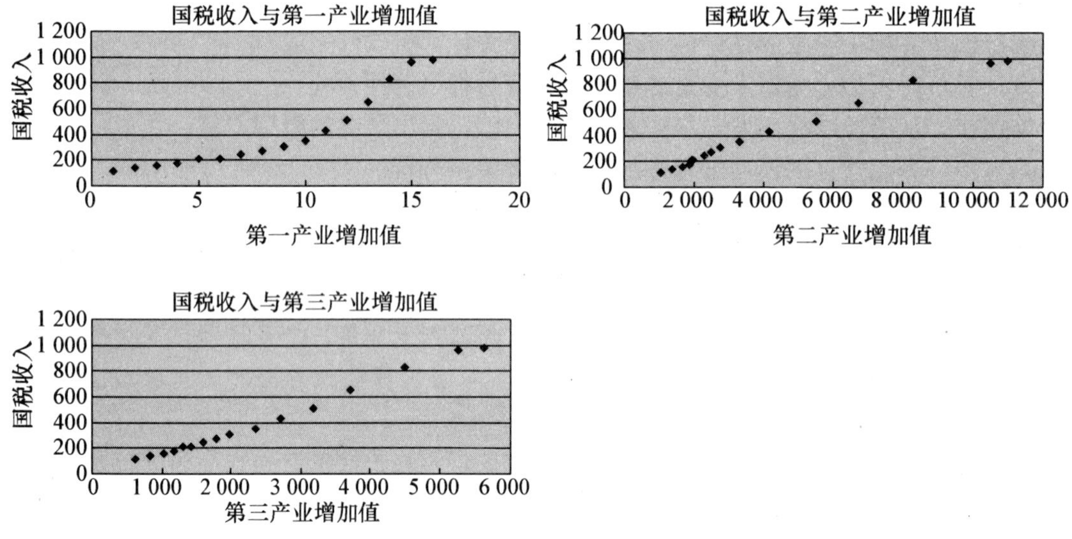

图 3-34

从上图中可以看到国税收入与第二产业增加值、第三产业增加值线性关系比较明显，与第一产业增加值之间的线性关系不突出。因此，依上图可以基本判断，国税收入与三次产业增加值之间均存在一定的线性关系。

国税收入与三次产业增加值的线性关系式为：

$$y=a+b_1x_1+b_2x_2+b_3x_3$$

第二步，对模型方程进行参数估计。操作过程类似一元线性回归模型参数的估计。利用 Excel 数据分析工具可得回归结果如下图 3-35：

1	SUMMARY OUTPUT								
2	回归统计								
3	Multiple	0.998879229							
4	R Square	0.997759714							
5	Adjusted	0.997199643							
6	标准误差	15.49557785							
7	观测值	16							
8	方差分析								
9		df	SS	MS	F	gnificance F			
10	回归分析	3	1283274	427757.9	1781.486	3.7E-16			
11	残差	12	2881.355	240.1129					
12	总计	15	1286155						
13		Coefficients	标准误差	t Stat	P-value	Lower 95%	Upper 95%	下限 95.0%	上限 95.0%
14	Intercept	30.78043561	22.25473	1.383096	0.191829	-17.7085	79.26933	-17.7085	79.26933
15	X1	-0.065672738	0.041149	-1.59599	0.136475	-0.15533	0.023983	-0.15533	0.023983
16	X2	0.049440927	0.009895	4.996478	0.000311	0.027881	0.071001	0.027881	0.071001
17	X3	0.109706646	0.025772	4.256807	0.001114	0.053554	0.165859	0.053554	0.165859

图 3-35

从回归结果中可以得到参数估计值，即：

$$a=30.78,\quad b_1=-0.0657,\quad b_2=0.0494,\quad b_3=0.1097$$

拟合的模型方程可以表示为：

$$y=30.78-0.0657x_1+0.0494x_2+0.1097x_3$$

$$(-1.596)\qquad(4.996)\qquad(4.257)$$

$$F=1781.486\quad R^2=0.9989$$

模型方程的建立并不意味着模型能够直接应用到实际工作中去，后面还会作进一步检验，该模型方程可能并不理想，所选经济指标的部分回归参数的显著性检验不能通过，并且可能存在多重共线性问题。下面进行模型及回归参数的检验。

第三步，对拟合方程及参数进行检验。

在一元线性回归中，用 F 分布检验回归模型整体线性显著问题，用 t 分布检验回归参数问题，这种方法同样可用到多元线性回归模型及参数的检验中，只不过计算过程稍微复杂。同样，检验的过程还要借助于计算机得出的结果。下面的检验原理与前面所述重复的不再叙述，检验过程中的置信度均为 0.05。

（1）F 检验——多元线性回归方程的显著性检验

本案例 F 值=1 781.486，用于检验的 p 值$=3.7\times10^{-16}<0.05$，说明回归方程的线性关系显著成立。

（2）t 检验——回归系数的显著性检验

上面回归模型方程下面括号中的数字是每个自变量参数对应的 t 值。即第一产业、第二产业、第三产业增加值回归参数对应的 t 值分别为：−1.596、4.996、4.257，对应的用于检验的 p 值，分别为 0.136 5、0.000 3、0.001 1，可以发现并不是所有的经济指标单独对税收指标有显著的影响。其中最大的用于检验的 p 值（第一产业增加值对应的 p 值为 0.136 5）大于给定的显著性水平 0.05。这个案例进一步说明了尽管回归方程通过了显著性检验，也会出现某些单个自变量对因变量并不显著的情况。

（3）拟合优度——描述回归方程对样本观察值的拟合程度

在一元线性回归中，定义了样本决定系数 $r^2=SSR/SST$，同样在多元线性回归中可以定义样本决定系数为：

$$r^2=\frac{SSR}{SST}=1-\frac{SSE}{SST}$$

有些分析人员把拟合优度的高低作为判断方程拟合优劣的第一标准，这种观点是不准确的。一个好的模型方程只有通过了所有检验之后才能确认为有效。

本案例中，$r^2=\frac{SSR}{SST}=0.997\,8$，从拟合优度检验的角度来说，模型方程在99.78%的程度上通过了检验。

(4) 自相关检验——检验随机误差项之间是否相关

检验模型方程中是否存在自相关问题，一般是计算D-W值，看该值是否落入到自相关的区域。该值的计算需要借助相关统计软件，利用Eviews软件计算的D-W值=1.75[无自相关区域为(1.75，2.25)]，因此该模型可认定为不存在自相关问题。如果存在自相关问题，那么就需要按照前面所探讨的步骤重新建模。

(5) 多重共线性检验——检验自变量之间是否存在多重共线性

在多元线性回归中有一个基本假定就是要求自变量之间存在线性无关关系。但是在实际经济问题中，完全的多重共线性问题不多见，部分变量之间存在共线性的问题比较常见。如果多元回归模型存在多重共线性问题，就会影响最小二乘法对回归参数的估计，甚至出现估计量的经济意义无法解释的情况。

一般来说，当回归方程的自变量之间存在很强的线性关系，回归方程的检验高度显著时，有些与因变量的简单相关系数绝对值很高的自变量，其回归系数检验不能通过显著性检验，甚至出现有的回归系数所带符号与实际经济意义不符的情况。这时就认为变量间存在多重共线性问题。

既然所建立的模型方程存在多重共线性问题，就要考虑采用一定的手段去消除。理论上，消除多重共线性问题的方法主要有剔除不重要的解释变量和增大样本容量两种。就本案例而言，增大样本容量不容易做到，可以通过逐步回归法剔除不重要的解释变量消除多重共线性问题。

1) 运用最小二乘法逐一求Y与各个自变量的回归。结合经济意义和统计检验选出拟合效果最好的一个一元线性回归方程。图3-36、图3-37和图3-38是Y分别与三次产业增加值的回归结果。

	A	B	C	D	E	F	G	H	I
1	SUMMARY OUTPUT								
2									
3	回归统计								
4	Multiple	0.982491							
5	R Square	0.965289							
6	Adjusted	0.96281							
7	标准误差	56.46941							
8	观测值	16							
9									
10	方差分析								
11		df	SS	MS	F	gnificance F			
12	回归分析	1	1241512	1241512	389.3359	1.29E-11			
13	残差	14	44643.11	3188.794					
14	总计	15	1286155						
15									
16		Coefficien	标准误差	t Stat	P-value	Lower 95%	Upper 95%	下限 95.0%	上限 95.0%
17	Intercept	-232.861	35.48793	-6.56169	1.27E-05	-308.975	-156.747	-308.975	-156.747
18	X1	0.438586	0.022228	19.7316	1.29E-11	0.390913	0.48626	0.390913	0.48626

图 3-36

	A	B	C	D	E	F	G	H	I
1	SUMMARY OUTPUT								
2									
3	回归统计								
4	Multiple	0.997018							
5	R Square	0.994046							
6	Adjusted	0.99362							
7	标准误差	23.38831							
8	观测值	16							
9									
10	方差分析								
11		df	SS	MS	F	nificance F			
12	回归分析	1	1278497	1278497	2337.233	5.57E-17			
13	残差	14	7658.183	547.0131					
14	总计	15	1286155						
15									
16		Coefficien	标准误差	t Stat	P-value	Lower 95%	Upper 95%	下限 95.0	上限 95.(
17	Intercept	34.30634	9.718236	3.5301	0.00333	13.4628	55.14988	13.4628	55.1498
18	X2	0.089691	0.001855	48.34494	5.57E-17	0.085712	0.09367	0.085712	0.0936

图 3-37

	A	B	C	D	E	F	G	H	I
1	SUMMARY OUTPUT								
2									
3	回归统计								
4	Multiple	0.996359							
5	R Square	0.992731							
6	Adjusted	0.992212							
7	标准误差	25.84098							
8	观测值	16							
9									
10	方差分析								
11		df	SS	MS	F	Significance F			
12	回归分析	1	1276807	1276807	1912.085	2.25E-16			
13	残差	14	9348.584	667.756					
14	总计	15	1286155						
15									
16		Coefficien	标准误差	t Stat	P-value	Lower 95%	Upper 95%	下限 95.0	上限 95.0
17	Intercept	-38.2797	12.10933	-3.16117	0.006936	-64.2517	-12.3078	-64.2517	-12.30778
18	X3	0.183242	0.004191	43.7274	2.25E-16	0.174254	0.19223	0.174254	0.1922298

图 3-38

2）对比分析。依据调整后的样本决定系数大小，选取 X_2 作为进入回归模型的第一个解释变量，形成一元回归模型。

3）逐步回归。将其余解释变量分别加入模型，得到如图 3-39 和图 3-40 所示的二元回归模型。分别观察回归结果中样本决定系数以及相关检验变量，选取拟合较好的指标进入模型方程中。

	A	B	C	D	E	F	G	H	I
1	SUMMARY OUTPUT								
2	回归统计								
3	Multiple	0.998641							
4	R Square	0.997284							
5	Adjusted	0.996866							
6	标准误差	16.39175							
7	观测值	16							
8									
9	方差分析								
10		df	SS	MS	F	Significance F			
11	回归分析	2	1282662	641331.1	2386.885	2.09E-17			
12	残差	13	3492.964	268.6896					
13	总计	15	1286155						
14									
15		Coefficien	标准误差	t Stat	P-value	Lower 95%	Upper 95%	下限 95.0	上限 95.0
16	Intercept	-0.49441	11.15865	-0.04431	0.965333	-24.6012	23.61238	-24.6012	23.61238
17	X2	0.048829	0.01046	4.668325	0.00044	0.026232	0.071425	0.026232	0.071425
18	X3	0.084192	0.021383	3.937255	0.001702	0.037996	0.130388	0.037996	0.130388

图 3-39

	A	B	C	D	E	F	G	H	I
1	SUMMARY OUTPUT								
2	回归统计								
3	Multiple	0.997184							
4	R Square	0.994377							
5	Adjusted	0.993512							
6	标准误差	23.58666							
7	观测值	16							
8									
9	方差分析								
10		df	SS	MS	F	Significance F			
11	回归分析	2	1278923	639461.4	1149.427	2.37E-15			
12	残差	13	7232.299	556.3307					
13	总计	15	1286155						
14									
15		Coefficien	标准误差	t Stat	P-value	Lower 95%	Upper 95%	下限 95.0%	上限 95.0%
16	Intercept	6.93365	32.78433	0.211493	0.835782	-63.8926	77.75989	-63.8926	77.75989
17	X1	0.042984	0.049127	0.874943	0.397482	-0.06315	0.149117	-0.06315	0.149117
18	X2	0.081185	0.0099	8.200344	1.7E-06	0.059797	0.102573	0.059797	0.102573

图 3-40

经过观察，无论是样本决定系数还是各项检验指标，X_3都相对较好，因此选取该指标进入模型方程中。

4）根据上述选取指标的原则，继续进行逐步回归（3 个指标以上时），进一步选取指标。但是，如果选取指标进入方程后，观察到新形成的方程的样本决定系数有下降的趋势，则认为逐步回归终止。

最终的回归模型应是：

$$Y=-0.4944+0.04883X_2+0.0842X_3$$

$$\qquad\qquad(4.67)\qquad(3.94)$$

$$F=2386.88 \quad R^2=0.9973$$

对新拟合的模型方程重复方程显著性和回归参数显著性检验，均能通过。利用 Eviews 软件计算的 D-W 值为 1.58［无自相关区域为（1.54，2.46)］，说明已无自相关。

建立模型的一个主要应用就是对税收经济关系进行解释。

从建立的回归模型方程整体来说，直观的解释是国税收入的变动跟第二产业、第三产业增加值变动具有线性关系。第二、第三产业增加值对国税收入变动的解释程度为 99.73%。

从估计的参数来看，当第二产业增加值以及其他因素不发生变化时，第三产业增加值每变动一个单位将会引起国税收入变动 0.084 2 单位；当第三产业增加值以及其他因素不发生变化时，第二产业增加值每变动一单位将引起国税收入变动 0.048 83 单位。

上述有关方程均假定其他因素不发生变动时，某个指标对因变量的推动作用。但是在现实工作中，这种情况很少发生，即其他因素不可能不变，选择的自变量之间也大都有一定联系。就本例来说，三次产业的分类是以行业为标准的，那么行业与行业之间的变动关系也是存在的，有的时候关系非常密切。如果简单地认为回归参数代表变动的比例关系就不太合理，也就是说线性回归分析对于实际工作具有指导意义，但不能完全用回归分析方法来推动工作的开展。回归分析是如此，其他统计学方法在实际工作中应用时也是如此。

四、案例分析

前面用时间序列数据介绍了一元线性回归和多元线性回归分析基本原理和建模流程。统计方法应用在税收分析中的一个重要方面就是建立税收收入与相关经济指标之间的定量关系，进而指导税务机关对企业的纳税行为进行判断，即建立企业纳税行为的量化模式。

在纳税评估中，企业的税收与其生产经营活动产生的产量、生产总值、增加值、营业收入、利润、工资等经济指标有关，如果要比较准确地评估企业的税收，完全可以根据企业的税收与其生产经营活动产生的各项经济指标的相关关系，建立回归模型，然后再依据企业当前的各项经济指标数据，对企业税收进行综合纳税评估。如果需要评估企业的产量，可以根据企业产品产量与生产产品所需要的原材料、辅助材料、电力、动力、劳动力等消耗的相关关系，建立相应的回归模型，以便对企业的产量进行比较准确的评估。只要掌握了企业纳税行为与企业相关经营指标之间的量化关系，对于掌握企业是否正常纳税就能有一个准确的判断。

一般来说，采集某一年度同一行业不同企业的税收指标和相关经营指标数据会形成一组横截面数据。回归分析对于横截面数据的处理同对时间序列数据的处理基本是一致的，不同的是横截面数据一般不产生自相关问题。

【案例】某省 18 户铝加工企业 2010 年度实际上缴税金和销售收入见表 3-28，建模过程中的相关流程不再描述。

表 3-28　　2010 年××省铝加工企业实际完成税收和销售收入情况表　　单位：万元

企业	上缴税金	销售收入	企业	上缴税金	销售收入
1	132.966 6	1 659.49	10	696.99	48.479 2
2	10.156 9	312.45	11	376.11	22.424
3	90.173 7	1 172.6	12	437.94	32.934 7
4	51.112 9	696.33	13	856.01	46.378 1
5	56.104 6	647.39	14	416.05	21.004 7
6	9.410 8	225.3	15	358.44	8.091 4
7	30.029 3	521.2	16	420.92	8.573 4
8	33.631	689.65	17	343.5	19.877 3
9	28.869 3	437.17	18	212.36	23.607 1

第一步，观察散点图（见图 3-41）。

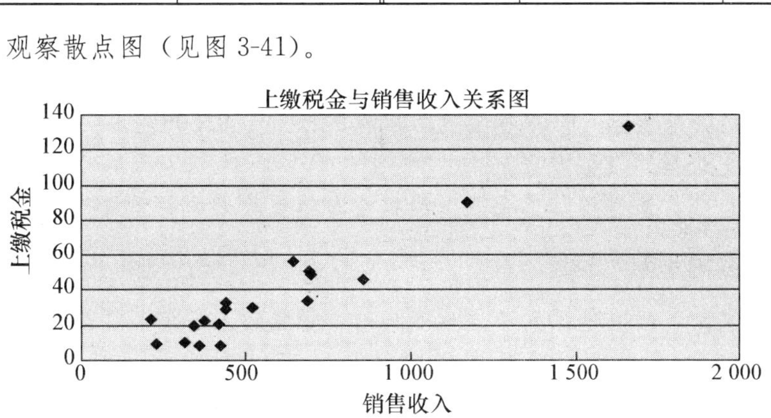

图 3-41

从上图可以观察到，企业上缴税金与销售收入之间存在一定的线性相关。因此，建立企业上缴税金和销售收入之间的线性模型方程：

$$y=a+bx$$

其中，y 代表上缴税金，x 代表销售收入，a、b 为待估计的参数。

第二步，估计模型参数和模型方程。运用最小二乘法求出方程中的参数（借助 Excel 完成）。回归结果如图 3-42 所示：

	A	B	C	D	E	F	G	H	I
1	SUMMARY OUTPUT								
2	回归统计								
3	Multiple	0.959469							
4	R Square	0.92058							
5	Adjusted	0.915617							
6	标准误差	9.193186							
7	观测值	18							
8									
9	方差分析								
10		df	SS	MS	F	Significance F			
11	回归分析	1	15674.21	15674.21	185.4614	3.22E-10			
12	残差	16	1352.235	84.51468					
13	总计	17	17026.45						
14									
15		Coefficien	标准误差	t Stat	P-value	Lower 95%	Upper 95%	下限 95.0	上限 95.0
16	Intercept	-11.5784	4.200985	-2.75611	0.014056	-20.4841	-2.67269	-20.4841	-2.67269
17	销售收入	0.084184	0.006182	13.61842	3.22E-10	0.071079	0.097288	0.071079	0.097288

图 3-42

从上图可得参数估计值，其中 $a=-11.58$，$b=0.084$，因此模型方程可描述为：

$$y=-11.58+0.084x$$
$$(13.62)$$
$$r^2=0.9206 \quad F\text{ 值}=185.46$$

第三步，对模型方程及参数进行检验（显著性水平 $p=0.05$）。

(1) t 检验。从回归结果中观察到 t 值$=13.62$，用于检验的 p 值远小于 0.05，说明参数通过了 t 检验，显著不为零。

(2) F 检验。从回归结果中观察到 F 值$=185.46$，用于检验的 p 值远小于 0.05，说明模型方程线性通过了检验，回归系数显著不为零。

(3) 拟合优度检验。从结果中观察到，样本决定系数 $r^2=0.9206$，说明该地区铝加工企业上缴税金的影响因素可以用销售收入解释的比例为 92.06%。

第四步，确定最终的模型方程。

经过估计、检验，该省铝加工企业上缴税金与销售收入的关系式为：

$$y=-11.58+0.084x$$

该模型的意义为，当其他因素不发生变化时，销售收入每增长 1 个单位，企业上缴税金应平均增加 0.084 个单位。同时在回归结果中可以看到对回归系数的估计区间为（0.071 1，0.097 3），即销售收入每增长 1 个单位，企业上缴税金将增加的数值区间为（0.071 1，0.097 3）。

回归分析方法的应用要特别注意定性分析与定量分析相结合。当现阶段的实际情况与建模时所用数据资料的背景发生较大变化时，不能机械地死搬硬套公式，应该对模型进行修改。修改包括重新收集数据，尽可能用近期数据；是否增加新的自变量，因为影响某种经济现象的因素可能发生了变化，可能还有一些重要的因素需要考虑，或者说建立模型当期该因素并不重要，随着形势的变化，该因素的重要性发生了变化，需要重新考虑加入。

第八节　时间序列分析法

运用时间序列分析法有利于分析解决税收工作中的一系列问题，特别是运用时间序列分析法预测本地区税收收入，为判断本地区税源和税收收入发展趋势提供了有力的决策参考。

一、时间序列分析的概念及作用

（一）时间序列的概念及分类

时间序列实际上是时间序列数据，通常也称时间数列或动态数列，将某一个统计指标在不同时间上的各个数值，按时间先后顺序排列，就形成一个时间数列。它是对某一统计指标，按照相等时间间隔测量的一系列数据点，反映的是某变量在时间上的一系列变化。

时间数列按其排列的指标表现形式的不同，可分为三类：

1．绝对数时间数列

绝对数时间数列是由一系列同类的税收总量指标数值按时间顺序排列的时间数列。又分为时期数列和时点数列，若数列中的每个指标数值都是税收时期总量指标，就称为时期数列；若数列中的每个指标数值都是税收时点总量指标，就称为时点数列。

2．相对数时间数列

相对数时间数列是由一系列同类的税收相对指标数值按时间顺序排列的时间数列。

3．平均数时间数列

平均数时间数列是由一系列同类的税收平均指标数值按时间顺序排列的时间数列。

（二）时间序列分析的概念

时间序列分析就是估算和研究某一时间序列在长期变动过程中所存在的统计规律，然后依据这些规律建立相应的时间序列模型。

时间序列分析法是指使用一个模型，在未来数据被实际测量之前，利用过去已知的数据对其作出预测，如依据税收收入过去的表现预测未来某月、某季或某年的税收收入情况等。时间序列分析法的显著特征是只使用以前时间段的信息进行预测，除了它本身过去的数值之外，时间序列预测独立于所有的变量。因此，用时间序列法进行的税收收入预测不需要其他经济变量如 GDP 等的支撑。

（三）时间序列分析的作用

时间序列分析是常用的分析方法之一。其作用具体表现为：一是准确描述经济现象的发展状态和结果；二是研究经济现象的发展趋势和发展速度；三是探寻经济现象的发展规律性；四是利用时间序列所表现出来的趋势，对经济现象进行预测，是税收预测的有效工具；五是利用时间序列进行不同总体的对比分析，如对不同地区的税收收入或不同税种的征收情况所组成的时间序列进行对比动态分析，找出不同总体的差异状况和本质区别。

二、时间序列变动因素的构成与分解

（一）变动因素的构成

时间序列的变动，是多种因素共同影响综合作用的结果，各种因素的性质不同，其作用程度也不同。一般说来，税收指标的时间数列包含以下四种变动因素：

1. 长期趋势变动（T）

长期趋势是指税收现象在一个相当长的时期内持续发展变化的总趋势，如持续上升、持续下降、基本持平。通常是一种稳定的变动，用 T 来表示这一变动因素。长期趋势变动可能呈现为直线型变动趋势，也可能呈现曲线型变动趋势，依变量不同而异。长期趋势变动是时间数列中最基本的规律性变动，是税收现象受到各个时期普遍的、持续的决定性的基本因素影响的结果。

2. 季节性变动（S）

季节性变动是指变量的时间序列值因季节变化而产生的季节性周期变动，用 S 来表示这一变动因素。

3. 周期性变动（C）

周期性变动又称循环变动，它是指变量的时间序列值相隔数年后所呈现的周期变动，是一种周期较长的、近乎规律性的由高到低，再由低到高周而复始的变动，用 C 来表示这一变动因素。在一个时间序列中，循环变动的周期可以长短不一，变动的幅度也可大可小，是由多种不同的原因引起的。

4. 不规则变动（I）

不规则变动是指变量的时间序列值受突发事件、偶然因素或不明原因所引起的非趋势性、非季节性、非周期性的随机变动。因此，不规则变动是一种无规则可循、无法预测的波动，用 I 来表示这一变动因素。例如地震、水灾、非典、政策的改变等所引起的变动。

（二）因素分解和时间序列模型

一个时间序列通常包含上述四种变动因素，但不是所有的时间序列都含有这四种变动因素。例如，年份统计表数据就不存在季节性变动因素；按季统计的数据不一定就存在周期性变动因素；在某些时间序列中，季节变动和周期性变动可能同时存在，也可能不同时存在。

上述影响因素与时间序列的关系用一定的数学关系式表示出来，就构成了时间序列分解模型。按四种因素对时间序列影响方式的不同，时间序列可分解为多种模型，如加法模型、乘法模型等。

加法模型：假设时间序列中四个变动因素之间相互独立且其数值可依次相加，即 $Y_t=T_t+S_t+C_t+I_t$，其中，Y_t表示变量在 t 时间的取值；T_t表示变量在 t 时间的长期趋势值；S_t、C_t和 I_t分别表示季节变动、周期变动和不规则变动与长期趋势值的离差。加法模型假设季节因素、周期因素和不规则因素的变动均围绕长期趋势值上下波动，它们可表现为正值或负值，以此测定其在长期趋势值的基础上增加或减少若干单位，并且反映其各自对时间序列值的影响和作用。

乘法模型：假设时间序列中四个变动因素之间为相乘关系，即变量的时间序列值是各因素的连乘积。用公式表示 $Y_t=T_t\times S_t\times C_t\times I_t$，其中，$Y_t$ 表示变量在 t 时间的取值；T_t 表示变量在 t 时间的长期趋势值；S_t、C_t 和 I_t 分别表示季节变动、周期变动和不规则变动与长期趋势值的变动率。乘法模型也假设季节因素、周期因素和不规则因素的变动围绕长期趋势值上下波动，但这种波动表现为一个大于或小于 1 的系数或百分比，以此测定其在 t 时间的长期趋势值的基础上增加或减少的相对程度。

由于不规则变动值（I）往往是一种随机变动，长期来看，多种随机变动因素对经济现象的作用刚好相反，可互相抵消。因此，时间序列预测中主要考虑长期趋势变动值（T）和季节变动值（S）。

三、移动平均法

移动平均法是通过扩大原时间序列的时间间隔，并按一定的间隔长度逐期移动，分别计算出一系列移动平均数，由这些平均数形成的新的时间序列对原时间序列的波动起到一定的修匀作用，削弱原序列中短期偶然因素的影响，从而呈现出现象发展的变动趋势。移动平均法是趋势变动分析的一种较简单也是常用的方法。

移动平均法常用的有简单移动平均法和加权移动平均法。

（一）简单移动平均法

简单移动平均法，又叫做一次滑动平均法。它是在计算算术平均数的基础上，通过逐项分段移动，求得下一期预测值的方法。其基本公式是：

$$\hat{Y}_t=\frac{Y_{t-1}+Y_{t-2}+\cdots\cdots+Y_{t-N}}{N}$$

式中，$\hat{Y}_t$ 代表移动平均值，即代表第 t 期预测值，Y_i（$i=t-1$，$t-2$，$\cdots\cdots t-N$）代表各期的实际数值，N 表示移动平均时的分段数据的项数。

（二）加权移动平均法（加权滑动平均法）

加权移动平均法，又叫加权滑动平均预测法，就是在计算移动平均数时，不同等对待各时间序列的数据，给近期的数据以较大的权数，远期数据以较小的权数，以不同的权数值调节各观察值所起的作用，从而使预测值更接近于实际。公式如下：

$$\hat{Y}_t=\frac{\alpha_1 Y_{t-1}+\alpha_2 Y_{t-2}+\cdots\cdots+\alpha_N Y_{t-N}}{N}$$

式中，$\hat{Y}_t$ 代表第 t 期的加权移动平均数，即表示第 t 期的预测值，α_i（$i=1$，$2\cdots\cdots N$）表示加权系数，$\frac{\sum_{i=1}^{n}\alpha_i}{N}=1$。

对于权数的运用，一般需要对时间序列数据资料进行分析判断，通过试验的方法加以确定。

在移动平均法中，分段数据项数 N 的取值是否恰当是用好这种方法的关键。在实际应用中，N 取值的大小，要根据时间序列中项数的多少和预测的目的要求而定。通常考虑以下几个方面来确定 N 的取值：（1）如果观察期时间序列的项数比较多，N 可以取得大一些。（2）如果要灵敏地反映历史统计数据的变动趋势，N 可以取得小一些。（3）如果是各年的季度或月份税收资料，则可取 4 项或 12 项移动平均，这样处理可消除周期变动的影响，取得较好的修匀效果，确切反映现象发展的长期趋势。（4）只有当原来数列的基本趋势为直线形式时，应用移动平均法计算的一系列移动平均数才与该数列的基本趋势符合。如果原数列的基本趋势为非直线型的，则计算所得的一系列移动平均数与原数列有较大的差异，不能如实反映现象固有的发展趋势。

（三）移动平均法实例

1. 简单移动平均法的应用

【案例】 根据某市 2005—2008 年各季度国税税收收入数据（见图 3-43），分别取移动间隔 N=2 和 N=4，用 Excel 计算 2009 年一季度税收预测值，计算出预测误差，并将原序列和预测后的序列绘制成图形进行比较。

	A	B
1	year	tax
2	Jan-05	331547
3	Feb-05	371886
4	Mar-05	300079
5	Apr-05	352912
6	Jan-06	399122
7	Feb-06	451643
8	Mar-06	369431
9	Apr-06	440317
10	Jan-07	498576
11	Feb-07	603910
12	Mar-07	563387
13	Apr-07	579664
14	Jan-08	818691
15	Feb-08	784597
16	Mar-08	622906
17	Apr-08	634968
18	Jan-09	

图 3-43　××市 2005—2008 年各季度税收收入情况（单位：万元）

在 Excel 中的操作步骤如下：第一步，启动 Excel 软件——点击菜单“工具”栏——选择“数据分析”项，这时出现数据分析对话框，再选择对话框中的“移动平均”方法——点击“确定”（见图 3-44）即可出现移动平均对话框——在对话框中需要输入三个指标，即输入数据源，数据间隔项和输出数据项，以 N=2 和 N=4 为数据分析间隔。

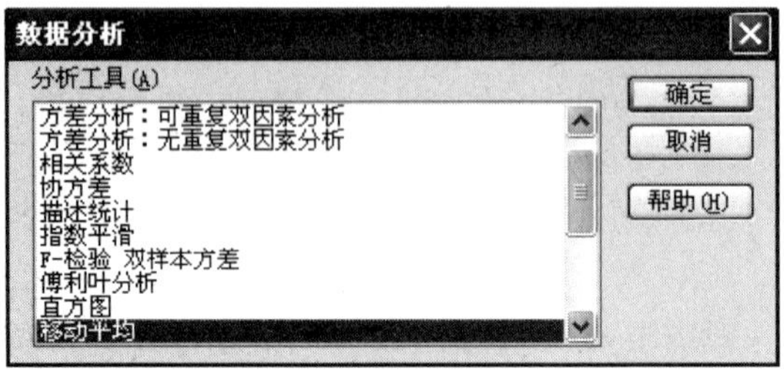

图 3-44

第二步，在该步骤中，在“输出区域”选择中，为了直观反映下一期的预测值，应将对应单元下移一位作为输出起始单元，如图 3-45 所示。

	year	tax
1	year	tax
2	Jan-05	331547
3	Feb-05	371886
4	Mar-05	300079
5	Apr-05	352912
6	Jan-06	399122
7	Feb-06	451643
8	Mar-06	369431
9	Apr-06	440317
10	Jan-07	498576
11	Feb-07	603910
12	Mar-07	563387
13	Apr-07	579664
14	Jan-08	818691
15	Feb-08	784597
16	Mar-08	622906
17	Apr-08	634968

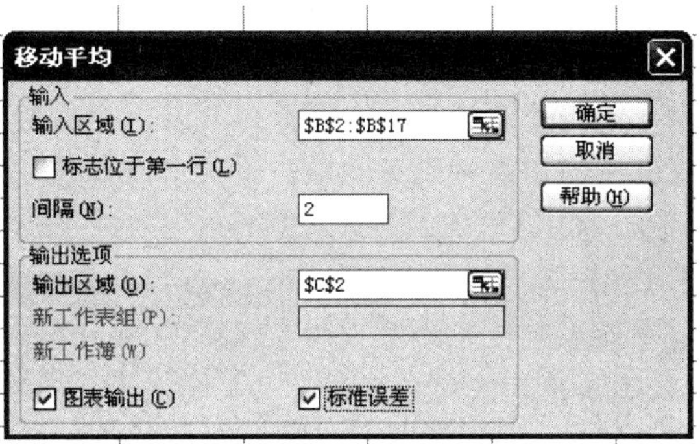

图 3-45

第三步：

	A	B	C	D	E	F
1	year	tax	N=2移动平均	标准误差	N=4移动平均	标准误差
2	Jan-05	331547				
3	Feb-05	371886				
4	Mar-05	300079	351716.5			
5	Apr-05	352912	335982.5	29110.32		
6	Jan-06	399122	326495.5	31518.98	339106	
7	Feb-06	451643	376017	24816.05	355999.75	
8	Mar-06	369431	425382.5	24733.12	375939	
9	Apr-06	440317	410537	34491.43	393277	45688.79
10	Jan-07	498576	404874	38379.09	415128.25	46887.44
11	Feb-07	603910	469446.5	32440.21	439991.75	50907.55
12	Mar-07	563387	551243	42557.85	478058.5	71543.38
13	Apr-07	579664	583648.5	39902.01	526547.5	72908.05
14	Jan-08	818691	571525.5	15439.62	561384.25	72391.32
15	Feb-08	784597	699177.5	84704.52	641413	110631.6
16	Mar-08	622906	801644	85364.15	686584.75	103350.4
17	Apr-08	634968	703751.5	58423.43	701464.5	109017.7
18	Jan-09		628937	57325.25	715290.5	115819.9

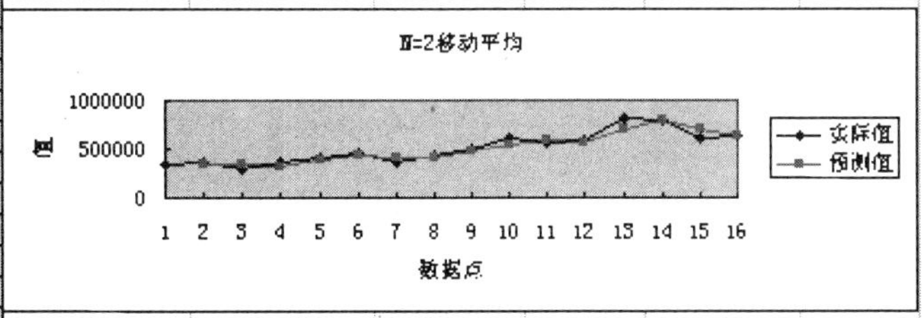

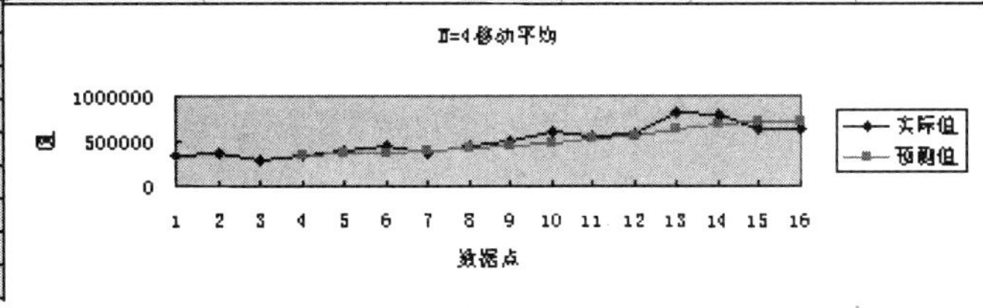

图 3-46

对步骤 3 的解释：N=2 移动平均，628 937 就是 2008 年第三季度和第四季度的平滑值，它可以作为 2009 年一季度的预测值。同理 715 291 就是在 N=4 为时间间隔的情况下可作为 2009 年一季度的预测值。通过对以上图表中标准误差的观察分析，在 N=2 条件下得出标准误差明显大于 N=4 的情况，所以采用时间间隔为 4 进行移动平均得出的结果较好。

标准误差是指预测结果值与实际值（第一项数据值除外）两数组值数据之差的平方之和，然后根据时间间隔来求平均值，最终对平均值求平方根所得到的数值。如 N=2 时标准误差公式为 SQRT(SUMXMY2(array _ x，array _ y)/2)，N=4 时标准误差公式为 SQRT(SUMXMY2(array _ x，array _ y)/4)，其中函数 SUMXMY2(array _ x，array _ y) 为求两数组中对应数值差的平方和，SQRT(Number) 为返回数值的平方根。

2. 加权移动平均法的应用

【案例】 数据仍以图 3-43 中所列数据为分析预测对象，运用加权移动平均法预测 2009 年一季度税收收入。由于在简单移动平均法中已经验证对于该数据特征，时间间隔取 4 效果较好。本例中对第一、第二、第三、第四季度分别赋予 0.1、0.2、0.3 和 0.4 的权数。

具体操作为：在 C6 单元格中写公式=B5×0.4+B4×0.3+B3×0.2+B2×0.1（越与预测期接近的数据所占权重越大，分别为 0.4、0.3、0.2、0.1）得出第一个移动平均值，并复制公式到以后各期，得到以下结果，如图 3-47 所示：

	A	B	C	D	E
1	year	tax	加权移动平均		
2	Jan-05	331547			
3	Feb-05	371886			
4	Mar-05	300079			
5	Apr-05	352912			
6	Jan-06	399122	374011.6	=B2*0.1+B3*0.2+B4*0.3+B5*0.5	
7	Feb-06	451643	402639		
8	Mar-06	369431	446148.4		
9	Apr-06	440317	435324		
10	Jan-07	498576	461228.6		
11	Feb-07	603910	500433.6		
12	Mar-07	563387	576534.3		
13	Apr-07	579664	606613.4		
14	Jan-08	818691	629487.7		
15	Feb-08	784597	756313.1		
16	Mar-08	622906	810177.3		
17	Apr-08	634968	768536.7		
18	Jan-09		743144.3	=B14*0.1+B15*0.2+B16*0.3+B17*0.5	
19					
20					
21					

图 3-47

通过对以上两个实例的观察分析可知，由于 2009 年一季度该市国税收入为 771 148 万元，加权移动平均得到的结果比简单移动平均更加接近实际，所以预测效果较好，即由于加权移动平均对近期数据给予较大的权重，因而在修匀时间序列时更贴近实际。

四、指数平滑法

指数平滑法是一种简便易行的时间序列预测方法，也是一种计算长期变动趋势的方法，是加权移动平均法的特殊形式。它主要分为一次指数平滑法和二次指数平滑法，由于一次指数平滑法在处理有线性趋势的数据时，会产生滞后偏差，在此主要介绍二次指数平滑法，对一次指数平滑法仅作简单介绍。

（一）一次指数平滑法

一次指数平滑法是利用本期的观测值和当期的预测值，通过对它们的不同加权分配求得一个指数平滑值，作为下期预测值的一种方法。公式如下：

$$S_t^{(1)}=\alpha Y_t+(1-\alpha)S_{t-1}^{(1)}$$

式中，$S_t^{(1)}$ 表示第 t 期的指数平滑值，也就是第 $t+1$ 期的预测值，Y_t 表示第 t 期的观测值，$S_{t-1}^{(1)}$表示 $t-1$ 期指数平滑值，即第 t 期的预测值，α 表示加权系数，$0<\alpha<1$。

同时，上述公式可改写为：

本期预测值＝α×上期观测值＋$(1-\alpha)$×上期预测值

（二）二次指数平滑法

二次指数平滑法是在一次指数平滑法的基础上，对一次指数平滑值再作一次指数平滑，然后，利用两次指数平滑值，通过求解平滑系数，建立数学预测模型进行预测。

当时间序列没有明显的趋势变动时，使用第 t 周期一次指数平滑就能直接预测第 $t+1$ 期之值。但当时间序列的变动出现直线趋势时，用一次指数平滑法来预测仍存在明显的滞后偏差，因此，也需要进行修正。修正的方法也是在一次指数平滑的基础上再作二次指数平滑，利用滞后偏差的规律找出曲线的发展方向和发展趋势，然后建立线性趋势预测模型，故称为二次指数平滑法。

设一次指数平滑为 $S_t^{(1)}$，则二次指数平滑 $S_t^{(2)}$ 的计算公式为：

$$S_t^{(2)}=\alpha S_t^{(1)}+(1-\alpha)S_{t-1}^{(2)}$$

若时间序列 y_1，y_2，…，y_t，…从某时期开始具有直线趋势，且认为未来时期亦按此直线趋势变化，则与趋势移动平均类似，可用如下线性趋势模型来预测：

$$\hat{y}_{t+T}=a_t+b_tT \quad T=1,2,\cdots$$

式中，t 为当前时期数，T 为由当前时期数 t 到预测期的时期数，$\hat{y}_{t+T}$为第 $t+T$ 期的预测值，a_t 为截距，b_t 为斜率，其计算公式为：

$$a_t=2S_t^{(1)}-S_t^{(2)}$$

$$b_t=\frac{a}{1-a}(S_t^{(1)}-S_t^{(2)})$$

式中，$S_t^{(2)}$ 代表第 t 期的二次指数平滑值，$S_{t-1}^{(2)}$代表第 $t-1$ 期的二次指数平滑值，a_t、b_t 代表平滑系数。

由于一次指数平滑法和移动平均法一样，当时间序列的发展变化呈现出明显的线性趋势时，用上述方法进行预测会产生滞后偏差，也就是预测值比实际值偏小，所以必须要用二次指数平滑法。

（三）指数平滑法的应用

【案例】某市1998—2008年国税收入数据如图3-48所示，请选择适当的加权系数α，采用Excel进行指数平滑，测算标准误差，并选择适当的模型预测该市2009年国税收入。

年份	时期 T	税收收入
	0	
1998	1	382 948
1999	2	436 999
2000	3	500 530
2001	4	602 387
2002	5	732 964
2003	6	894 415
2004	7	1 115 549
2005	8	1 356 424
2006	9	1 660 513
2007	10	2 245 537
2008	11	2 861 162
2009		

图3-48

第一步，打开Excel软件，点击菜单“工具”栏，选择“数据分析”项，在“分析工具”栏中选择“指数平滑”方法，弹出“指数平滑”对话框，如图3-49所示。

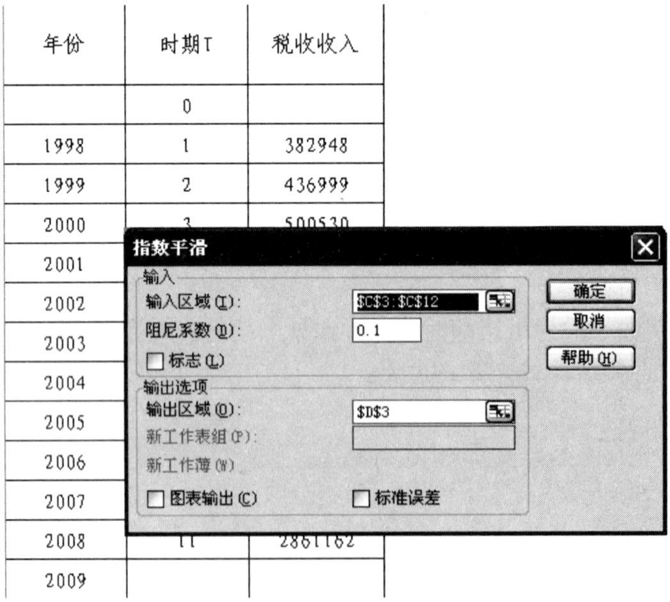

图3-49

第二步，“输入区域”中输入数据区域税收收入，在“阻尼系数”输入α（注：假定这里面确定加权系数$\alpha=0.8$，那么Excel中的阻尼系数就应该为0.2），选择合适的输出区域。

第三步，分别选取 $\alpha=0.5$、$\alpha=0.7$ 和 $\alpha=0.9$ 作为加权系数分别进行指数平滑，各选项确定后，单击“确定”按钮，就可得到如下结果（见图 3-50）。

年份	时期 T	税收收入	加权系数 0.5		加权系数 0.7		加权系数 0.9	
			指数平滑	标准误差	指数平滑	标准误差	指数平滑	标准误差
	0							
1998	1	382 948	382 948		382 948		382 948	
1999	2	436 999	409 973.5		420 783.7		431 593.9	
2000	3	500 530	455 251.8		476 606.1		493 636.4	
2001	4	602 387	528 819.4	104 516	564 652.7	91 472.79	591 511.9	80 623.39
2002	5	732 964	630 891.7	154 406.7	682 470.6	129 754.9	718 818.8	110 434.8
2003	6	894 415	762 653.3	210 371.4	830 831.7	172 307.8	876 855.4	144 533.1
2004	7	1 115 549	939 101.2	280 270.6	1 030 134	226 798.8	1 091 680	189 576.2
2005	8	1 356 424	1 147 763	350 303.8	1 258 537	278 358.1	1 329 950	229 418.3
2006	9	1 660 513	1 404 138	432 668.7	1 539 920	341 132.4	1 627 457	280 675.6
2007	10	2 245 537	1 824 837	617 798.2	2 033 852	505 287.1	2 183 729	432 583.4
2008	11	2 861 162	2 343 000	825 597.6	2 612 969	669 308.5	2 793 419	562 793.9
2009				2 975 933		2 414 420	2 030 639	

图 3-50

从图 3-50 结果可知，当加权系数 α 为 0.9 时，预测标准误差最小，所以适合本例的指数平滑模型为 $S(t)=0.9\times Y(t)+0.1\times S(t-1)$。

第四步，在确定加权系数 α 的基础上，进行一次指数平滑和二次指数平滑，然后根据 $\hat{y}_{t+T}=a_t+b_tT \quad T=1, 2, \cdots$ 预测模型，通过求解平滑系数 a 和 b 来预测 2009 年税收收入（a，b 的计算方法见前述）。最终得到结果如图 3-51、图 3-52 所示：

年份	时期 T	税收收入	一次指数平滑	二次指数平滑	预测值	准确率
	0		382 948	382 948		
1998	1	382 948	382 948	3 829 748		
1999	2	436 999	431 593.9	426 729	382 948	
2000	3	500 530	493 636.39	486 945	480 239	95.95
2001	4	602 387	591 511.94	581 055	560 543	93.05
2002	5	732 964	718 818.79	705 042	696 078	94.97
2003	6	894 415	876 855.38	859 674	856 582	95.77
2004	7	1 115 549	1 091 679.6	1 068 479	1 048 668	94
2005	8	1 356 424	1 329 949.6	1 303 802	1 323 685	97.59
2006	9	1 660 513	1 627 456.7	1 595 091	1 591 420	95.84
2007	10	2 245 537	2 183 729	2 124 865	1 951 110	86.89
2008	11	2 861 162	2 793 418.7	2 726 563	2 772 366	96.9
2009	12				3 461 972	

图 3-51

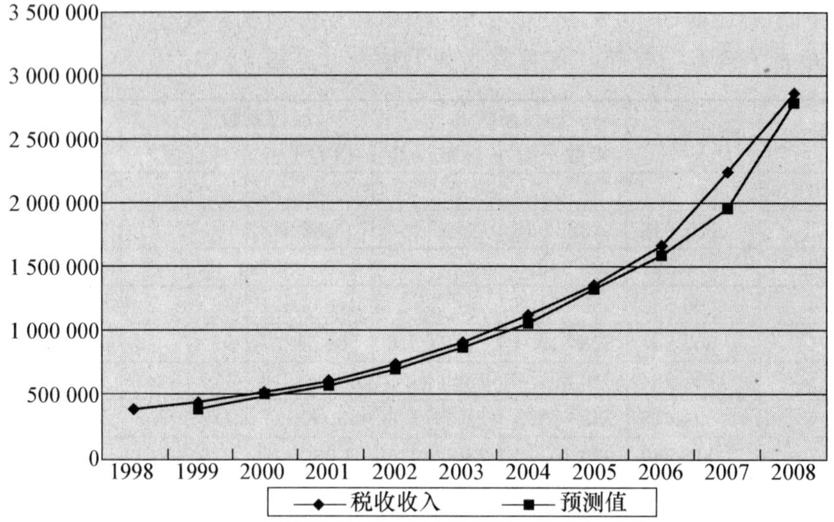

图 3-52

通过上面的图表可以明显看出，2009 年税收收入预测值为 346.2 亿元，同比增长 20.9%，也可以从往年看出，该方法预测的税收年度数据准确率除 2007 年偏低外，基本都在 95%左右波动。2007 年准确率偏低的原因主要与当年该市经济飞速发展密切相关，2007 年经济总量（GDP）突破 4 000 亿元大关，可比价增长幅度达到近 30 年来最高，为 19.42%，直接导致税收增长 35.23%，为该市国税成立以来最高水平。对于预测值，由于受当前国际金融危机以及该市经济发展现状的影响，加上税收政策等多项税收减收因素，此方法预测的该市 2009 年税收收入数据有可能偏高。

指数平滑法应用需要注意的地方有：单纯从指数平滑法来看，它是移动平均法的一种特例，对时间序列的要求仍然是相对稳定，波动幅度要求不大。由于税收收入呈现逐年增长的趋势，如果纯粹运用一次指数平滑法来预测税收收入，显然是行不通的。通过对近年该市税收收入的应用研究，运用二次指数平滑法来预测逐年上升的税收收入还是比较准确的。运用二次指数平滑法时，一是选取标准误差较小的加权系数，二是对指数平滑法作一定的变通，即本期指数平滑值等于本期观察值与上期平滑值的权重分配关系，这样得出的平滑值就与实际值水平相近，最后根据平滑值呈现的线性趋势，建立税收预测模型 $Y=a+bT$ 预测来年税收收入。

趋势分析法需要注意的地方有：一是如果将趋势分析方法应用于税收收入预测，该方法一般只适用征收相对稳定的税种，或长期以来征收额稳定增长的税种，或在预测期内税率、规则没有发生改变的税种的收入预测；二是由于该方法忽视其他经济变量的信息和预测，对依靠经济环境变化的许多税种都不适合。不过，当税率或规则发生改变时，如果考虑变化因素并对历史数据进行调整的话，还是可以使用趋势分析法的。

五、线性趋势法

长期趋势是时间序列的主要构成要素，它是指现象在较长时期内持续发展变化的一种趋向或状态。通过对时间序列长期趋势变动的分析，可以掌握现象活动的规律性，并对其未来的发展趋势做出判断或预测，其中线性趋势线拟合法是一种非常适合作税收预测的方法。

（一）直线趋势线拟合法

趋势线拟合法就是选择一条数学曲线来拟合时间序列的趋势，并根据趋势线方程计算长期趋势值。使用趋势线拟合法，首先应画出散点图，然后根据散点图的形状，选择适当的趋势线，建立趋势线方程，最后利用最小二乘法算出方程的各个参数，在此主要介绍直线拟合模型。

直线趋势预测数学模型：

$$Y_t = a + bT$$

式中，Y_t 为预测值，T 为预测年份序列数（通常为时期的代号），a、b 为方程参数。

利用最小二乘法，可以得到计算参数 a 和 b 的两个方程式：

$$\sum Y_i = Na + b\sum T_i \tag{1}$$

$$\sum Y_i T_i = a\sum T_i + b\sum T_i^2 \tag{2}$$

其中 N 为时间序列的项数，根据上述两个方程式可以得出 a 和 b 的计算公式：

$$a = \frac{\sum Y_i - b\sum T_i}{N} \tag{3}$$

$$b = \frac{N\sum T_i Y_i - \sum T_i \sum Y_i}{N\sum T_i^2 - \sum T_i \sum T_i} \tag{4}$$

根据（3）式和（4）式就可直接求出 a 和 b 两个参数值，然后再把 a、b 值代入直线方程 $Y_t = a + bT$ 中，即可得到所需要的趋势直线方程式，直接进行预测。

（二）趋势线拟合法实例

【案例】××市 1998—2008 年税收收入情况如图 3-53 所示，通过观察税收时间序列散点图，建立线性趋势模型，预测该市 2009 年可以实现多少税收收入。

年份	时期 T	税收收入
1998	1	382 948
1999	2	436 999
2000	3	500 530
2001	4	602 387
2002	5	732 964
2003	6	894 415
2004	7	1 115 549
2005	8	1 356 424
2006	9	1 660 513
2007	10	2 245 537
2008	11	2 861 162
2009		

图 3-53

第一步，根据图 3-53 建立税收时间序列散点图（见图 3-54）。

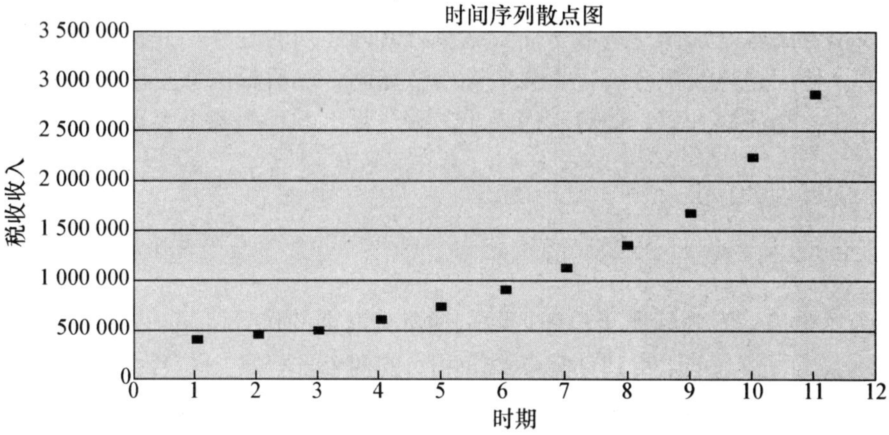

图 3-54

从图 3-54 可以看出，该市税收收入随着年度变化呈现出明显的逐年增长趋势，根据最小二乘法原理，通过 Excel 软件求解直线趋势模型参数 a 和 b，建立直线趋势模型。

第二步，打开 Excel 软件，点击菜单“工具”栏，选择“数据分析”项，在“分析工具”栏中选择“回归”方法，弹出“回归”对话框，如图 3-55 所示。

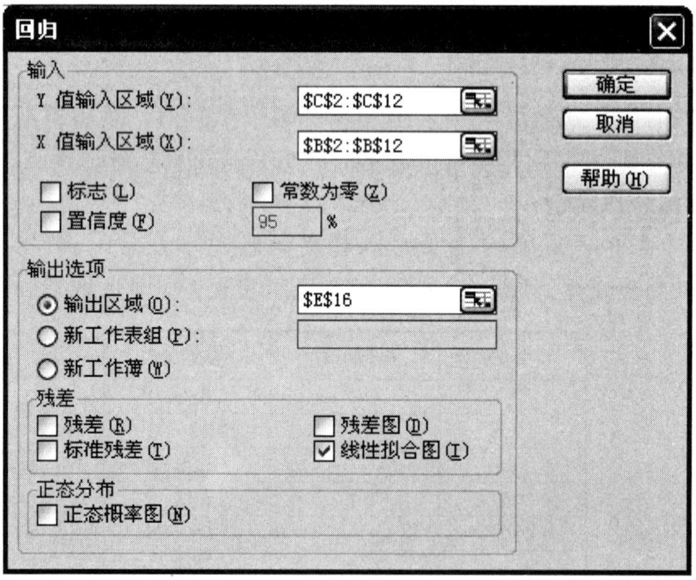

图 3-55

在 Y 值输入区域中选择 1998—2008 年税收收入数据，X 值输入区域中选择时期 1—11 即可，其中定义以 1998 年为时期 1，以后逐年递增 1 个时期。点击“确定”按钮，即可得到以下回归参数，见图 3-56：

SUMMARY OUTPUT

回归统计	
Multiple	0.935612
R Square	0.875369
Adjusted	0.861521
标准误差	299755.6
观测值	11

方差分析

	df	SS	MS	F	gnificance F
回归分析	1	5.68E+12	5.68E+12	63.21319	2.33E-05
残差	9	8.09E+11	8.99E+10		
总计	10	6.49E+12			

	Coefficien	标准误差	t Stat	P-value	Lower 95%	Upper 95%	下限 95.0%	上限 95.0%
Intercept	-200734	193842.9	-1.03555	0.327435	-639237	237769.5	-639237	237769.5
X Variabl	227234.8	28580.58	7.950672	2.33E-05	162581.1	291888.6	162581.1	291888.6

图 3-56

第三步，观察上表可以看出，时间与税收收入的相关系数 R 为 93.56%，判定系数 R^2 为 87.53%，回归参数 $a=-200\ 734$，$b=227\ 234.8$，对应的回归线方程可以表示为：

$$Y=-200\ 734+227\ 234.8X$$

第四步，将各年份对应时期代入线性趋势模型，即可得到各年的预测值，其中将 $X=12$ 代入上式，得到该市 2009 年的税收收入大概可以完成 252.61 亿元，得到以下散点图（见图 3-57）：

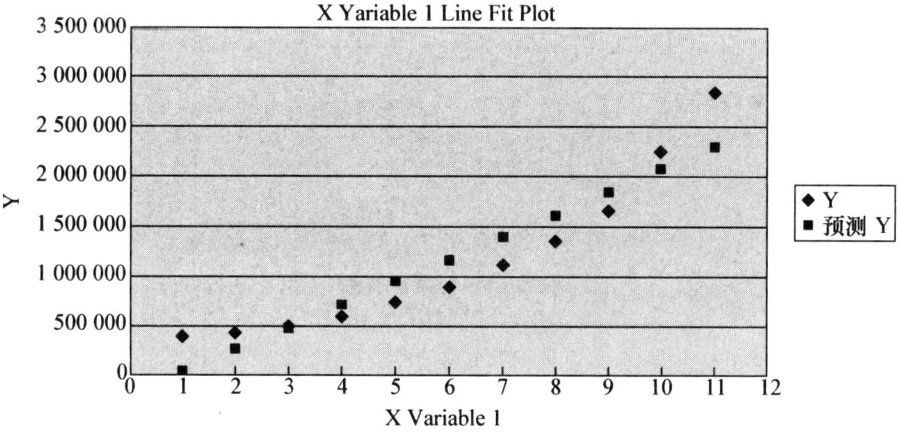

图 3-57

不难发现，使用这种方法预测的税收收入与实际完成情况相差较大，主要因为税收收入近年来增长幅度较大，呈现出曲线状态，而得出的预测数据为一条直线，除少数年份数据接近外（两条曲线交叉点），其余都相差较大。虽然用此种方法可以消除其他因素的影响（如季节波动、周期波动、随机因素等），把握总体的发展趋势，但用来作税收收入预测仍显得力不从心。建议在用此种方法作税收预测时，先对税收时间序列数据取自然对数，平滑此时间序列，然后再求回归方程。

（三）曲线趋势线拟合法

时间序列的长期趋势多数情况下都表现为曲线形式，总是以直线形式表现的较少。联系税收工作实际，近年来税收收入的增长总是表现为曲线变动形式，在这种情况下，就必须作曲线趋势线拟合。二次抛物线预测模型为：

$$y_t = a + bt + ct^2$$

通过对上式求解一阶差分和二阶差分，可以发现二次抛物线的二阶差分恒等于 $2c$。所以，如果时间序列的二阶差分接近于一个常数，即每期增长量的增长大致相等，则这个时间数列的长期趋势属于二次抛物线形趋势，需要配合一条二次抛物线。以图 3-58 所示的数据为例，分别作时间序列图和差分序列图，如图 3-59、图 3-60 所示。

	A	B	C	D	E	F
1	year	tax	year	tax	year	tax
2	1995	21.57	2000	50.05	2005	135.64
3	1996	26.65	2001	60.24	2006	166.05
4	1997	32.48	2002	73.3	2007	224.55
5	1998	38.29	2003	89.44	2008	286.12
6	1999	43.7	2004	111.55		

图 3-58

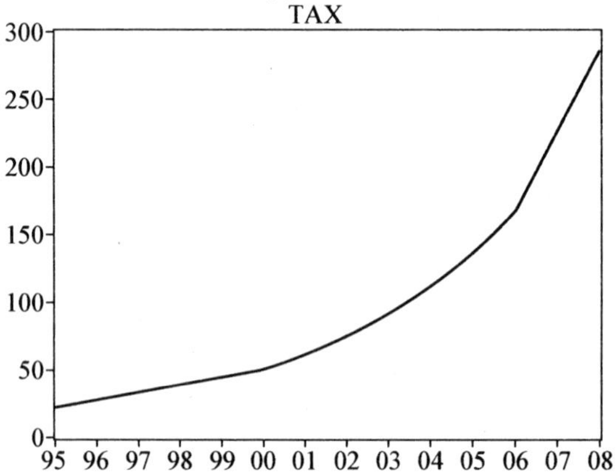

图 3-59　时间序列图

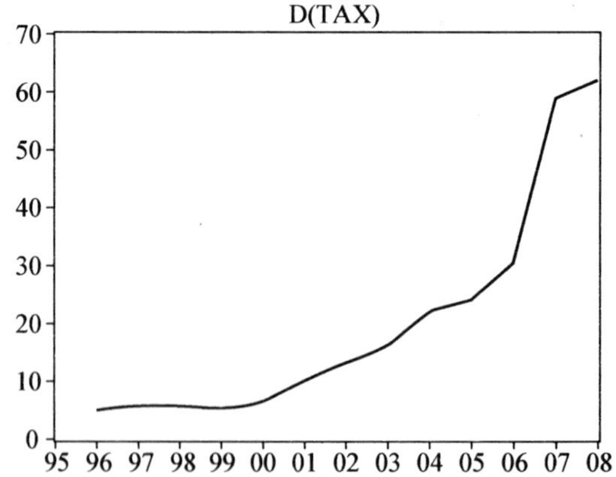

图 3-60　差分序列图

通过观察以上两图可以发现，虽然税收时间序列图呈现逐年增长趋势，但差分序列图明显与曲线趋势图要求相左，即每年税收收入也呈现一个明显的增长趋势，而不是处于一个相对平稳的水平，根据此特征，强行用二次抛物线法进行税收预测误差较大。

六、季节变动法

季节变动是指由于自然条件和社会条件的影响，税收现象在一年内随着季节的转变而引起的周期性变动。

进行季节变动的分析和预测，首先应分析判断该时间数列是否呈季节性变动。通常，可按三至五年的已知税收资料在Excel中绘制曲线图，以观察其在一年内有无周期性波动来作出判断。然后，将各种因素结合起来考虑，即考虑它是否还受趋势变动的影响、不规则变动的影响等，从而选用季节变动法来进行分析、预测。

常用的测定季节变动的方法有以下两类：一类是不考虑长期趋势的影响，采用按月（或按季）平均法；另一类则是考虑长期趋势的影响，采用移动平均法，借以剔除长期趋势的影响，所以也称为移动平均趋势剔除法。

（一）季节比率的测定方法

1. 按月（或按季）平均法

首先整理被研究现象若干年的月度资料或季度资料，编制成平行的时间数列，在此基础上，先要计算各年同期的平均数（如果是月度资料，计算各年同一月份的平均数；如果是季度资料，则计算各年同一季度的平均数）。其次，计算各年总的月（季度）平均数。最后，将各年同月（季度）的平均数与总的月（季度）平均数对比，即得各月（季度）的季节比率。

【案例】现以某地区1996—2004年商业增值税税收收入统计数据为例，说明季节比率的测定方法。

（1）分析判断该时间数列是否呈季节性变动。按2002—2004年三年的税收收入资料在Excel中绘制折线图，如图3-61所示，可见三年内该时间数列呈明显的周期性波动。

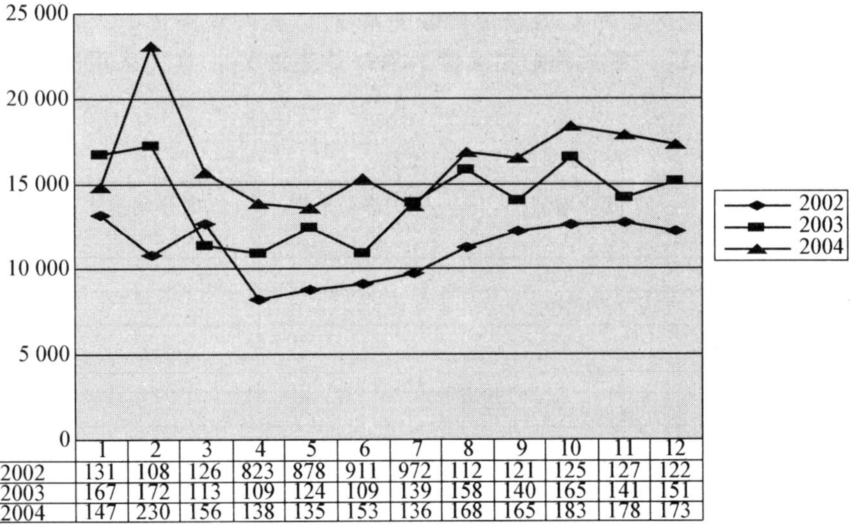

	1	2	3	4	5	6	7	8	9	10	11	12
2002	131	108	126	823	878	911	972	112	121	125	127	122
2003	167	172	113	109	124	109	139	158	140	165	141	151
2004	147	230	156	138	135	153	136	168	165	183	178	173

图3-61

（2）将资料编制成平行的时间数列（见表3-29），分别计算九年的各月的平均数、总的月平均数和各月的季节比率。

表 3-29　　1996—2004 年商业增值税税收收入情况表　　单位：万元

月份	1996 年	1997 年	1998 年	1999 年	2000 年	2001 年	2002 年	2003 年	2004 年	九年月平均	季节比率（%）
1	4 533	4 896	4 658	3 317	5 826	16 788	13 168	16 705	14 789	9 409	96.56
2	3 471	5 067	7 647	3 361	9 706	15 751	10 832	17 240	23 093	10 685	109.65
3	7 623	7 735	5 425	12 739	5 639	11 983	12 670	11 379	15 669	10 096	103.6
4	5 753	6 980	5 680	7 466	10 752	10 100	8 238	10 910	13 834	8 857	90.89
5	4 344	6 460	7 145	6 081	7 008	10 983	8 786	12 457	13 545	8 534	87.58
6	5 738	6 255	7 231	7 733	1 903	−346	9 113	10 949	15 300	7 097	72.83
7	6 114	4 937	2 466	6 558	16 327	14 930	9 721	13 905	13 656	9 846	101.04
8	4 959	6 074	10 051	7 104	7 454	13 553	11 251	15 836	16 849	10 348	106.19
9	7 341	8 018	8 047	9 125	9 333	10 298	12 197	14 003	16 514	10 542	108.18
10	6 622	7 160	7 534	7 547	3 755	9 929	12 587	16 553	18 351	10 004	102.66
11	6 281	5 195	7 565	8 902	13 643	10 617	12 740	14 172	17 875	10 777	110.59
12	9 669	10 345	10 257	7 004	7 355	7 326	12 237	15 159	17 304	10 740	110.21
年平均	6 037	6 594	6 976	7 245	8 225	10 993	11 128	14 106	16 398	9 745	1 200

2. 移动平均趋势剔除法

移动平均趋势剔除法就是按移动平均法来剔除长期趋势的影响，再计算季节比率的方法。

【案例】仍以上述 2000—2004 年五年的商业增值税税收收入资料为例，说明移动平均趋势剔除法的计算。

首先，采用 12 项（因为是月度资料）移动平均法，求出移动平均趋势值 Y_1。还要再进行一次两项移动平均，得出趋势值 Y_2。

其次，从原数列剔除已测定的长期趋势变动 Y_2，剔除趋势值的方法有两种，一是从实际值 Y 减去趋势值 Y_2；另一种是实际值 Y 除以趋势值 Y_2。本例采用除的方法，如表 3-30 所示。

表 3-30

年份	月份	商业增值税（Y）	一次移动平均（Y_1）	二次移动平均（Y_2）	$S=Y/Y_2$
2000	1	5 826			
	2	9 706			
	3	5 639			
	4	10 752			
	5	7 008			
	6	1 903	8 225.08		
	7	16 327	9 138.58	8 681.83	1.880 594
	8	7 454	9 642.33	9 390.46	0.793 784
	9	9 333	10 171.00	9 906.67	0.942 093
	10	3 755	10 116.67	10 143.83	0.370 176

续表

年份	月份	商业增值税（Y）	一次移动平均（Y_1）	二次移动平均（Y_2）	$S=Y/Y_2$
2000	11	13 643	10 447.92	10 282.29	1.326 844
	12	7 355	10 260.50	10 354.21	0.710 339
2001	1	16 788	10 144.08	10 202.29	1.645 513
	2	15 751	10 652.33	10 398.21	1.514 780
	3	11 983	10 732.75	10 692.54	1.120 688
	4	10 100	11 247.25	10 990.00	0.919 017
	5	10 983	10 995.08	11 121.17	0.987 576
	6	−346	10 992.67	10 993.88	−0.031 472
	7	14 930	10 691.00	10 841.83	1.377 073
	8	13 553	10 281.08	10 486.04	1.292 480
	9	10 298	10 338.33	10 309.71	0.998 864
	10	9 929	10 183.17	10 260.75	0.967 668
	11	10 617	10 000.08	10 091.63	1.052 060
	12	7 326	10 788.33	10 394.21	0.704 816
2002	1	13 168	10 354.25	10 571.29	1.245 638
	2	10 832	10 162.42	10 258.33	1.055 922
	3	12 670	10 320.67	10 241.54	1.237 118
	4	8 238	10 542.17	10 431.42	0.789 730
	5	8 786	10 719.08	10 630.63	0.826 480
	6	9 113	11 128.33	10 923.71	0.834 241
	7	9 721	11 423.08	11 275.71	0.862 119
	8	11 251	11 957.08	11 690.08	0.962 440
	9	12 197	11 849.50	11 903.29	1.024 675
	10	12 587	12 072.17	11 960.83	1.052 351
	11	12 740	12 378.08	12 225.13	1.042 116
	12	12 237	12 531.08	12 454.58	0.982 530
2003	1	16 705	12 879.75	12 705.42	1.314 794
	2	17 240	13 261.83	13 070.79	1.318 971
	3	11 379	13 412.33	13 337.08	0.853 185
	4	10 910	13 742.83	13 577.58	0.803 530
	5	12 457	13 862.17	13 802.50	0.902 518
	6	10 949	14 105.67	13 983.92	0.782 971
	7	13 905	13 946.00	14 025.83	0.991 385
	8	15 836	14 433.75	14 189.88	1.116 007
	9	14 003	14 791.25	14 612.50	0.958 289
	10	16 553	15 034.92	14 913.08	1.109 965
	11	14 172	15 125.58	15 080.25	0.939 772
	12	15 159	15 488.17	15 306.88	0.990 339
2004	1	14 789	15 467.42	15 477.79	0.955 498

续表

年份	月份	商业增值税(Y)	一次移动平均(Y_1)	二次移动平均(Y_2)	$S=Y/Y_2$
2004	2	23 093	15 551.83	15 509.63	1.488 946
	3	15 669	15 761.08	15 656.46	1.000 801
	4	13 834	15 910.92	15 836.00	0.873 579
	5	13 545	16 219.50	16 065.21	0.843 126
	6	15 300	16 398.25	16 308.88	0.938 140
	7	13 656			
	8	16 849			
	9	16 514			
	10	18 351			
	11	17 875			
	12	17 304			

最后，根据剔除趋势值所得的结果 $S(Y/T_2)$，计算季节比率。

计算季节比率，是将各年同月的 S 重新排列，分别求出各月的平均数，列表计算。1—12 月的季节比率之和应该是 1 200%，否则就应修正，本例 1—12 月的季节比率之和等于 1 200.861%，因此应修正。修正系数为 $\frac{1\,200}{12\,000.861}=0.9992\,83$，以这一系数分别乘各月的季节比率 A，即得季节比率 B，如表 3-31 所示。

表 3-31

月份	2000 年	2001 年	2002 年	2003 年	2004 年	月平均	季节比率 A(%)	季节比率 B(%)
1		1.645 5	1.245 6	1.314 8	0.955 5	1.290 4	127.350 8	127.259 5
2		1.514 8	1.055 9	1.319 0	1.488 9	1.344 7	132.709 3	132.614 2
3		1.120 7	1.237 1	0.853 2	1.000 8	1.052 9	103.919 6	103.845 1
4		0.919 0	0.789 7	0.803 5	0.873 6	0.846 5	83.540 9	83.481 0
5		0.987 6	0.826 5	0.902 5	0.843 1	0.889 9	87.830 2	87.767 3
6		−0.031 5	0.834 2	0.783 0	0.938 1	0.631 0	62.272 9	62.228 3
7	1.880 6	1.377 1	0.862 1	0.991 4		1.277 8	126.110 4	126.020 1
8	0.793 8	1.292 5	0.962 4	1.116 0		1.041 2	102.758 0	102.684 3
9	0.942 1	0.998 9	1.024 7	0.958 3		0.981 0	96.816 8	96.747 5
10	0.370 2	0.967 7	1.052 4	1.110 0		0.875 0	86.361 2	86.299 3
11	1.326 8	1.052 1	1.042 1	0.939 8		1.090 2	107.596 0	107.518 9
12	0.710 3	0.704 8	0.982 5	0.990 3		0.847 0	83.594 4	83.534 5
年平均	1.004 0	1.045 8	0.992 9	1.006 8	1.016 7	1.013 2	1 200.861 0	1 200.000 0

（二）趋势比率预测法

趋势比率预测法，是根据历史上各期的实际税收值，首先建立趋势预测模型，求得历史上各期的预测值，然后以实际值除以趋势值，进行同月（季度）平均，计算季节比率，最后，用季节比率和趋势值结合起来求预测值的方法。其预测步骤为：

（1）建立趋势预测模型求历史上各期的趋势值 Y_C。

（2）剔除趋势值。

（3）求季节比率。

（4）建立趋势季节模型进行预测。

【案例】 仍以上述资料为例，为方便计算，将 2000—2004 年的月度资料合并为季度资料。

（1）建立趋势预测模型。

根据表中的商业增值税（Y），用最小二乘法求参数 a、b，建立线性趋势预测模型：

$$Y_C = 21\,625 + 1\,417.7t$$

（2）求历史各期的趋势值 Y_C，计算结果见表 3-32。

$$Y_{C1} = 21\,625 + 1\,417.7 \times 1 = 23\,042.7$$

$$Y_{C2} = 21\,625 + 1\,417.7 \times 2 = 24\,460.4 \cdots\cdots$$

（3）剔除趋势值 Y_C，得到 $S(S = Y/Y_C)$。

表 3-32

年份	季度	时期 T	商业增值税（Y）	趋势值 Y_C	$S=Y/Y_C$
2000	1	1	21 171	23 042.7	0.918 773
	2	2	19 663	24 460.4	0.803 871
	3	3	33 114	25 878.1	1.279 615
	4	4	24 753	27 295.8	0.906 843
2001	1	5	44 522	28 713.5	1.550 56
	2	6	20 737	30 131.2	0.688 224
	3	7	38 781	31 548.9	1.229 235
	4	8	27 872	32 966.6	0.845 462
2002	1	9	36 670	34 384.3	1.066 475
	2	10	26 137	35 802	0.730 043
	3	11	33 169	37 219.7	0.891 168
	4	12	37 564	38 637.4	0.972 219
2003	1	13	45 324	40 055.1	1.131 541
	2	14	34 316	41 472.8	0.827 434
	3	15	43 744	42 890.5	1.019 9
	4	16	45 884	44 308.2	1.035 565
2004	1	17	53 551	45 725.9	1.171 131
	2	18	42 679	47 143.6	0.905 298
	3	19	47 019	48 561.3	0.968 24
	4	20	53 530	49 979	1.071 05

（4）求季节比率 F_i，见表 3-33。

表 3-33　　季节比率计算表

季度	2000 年	2001 年	2002 年	2003 年	2004 年	季平均	季节比率 F_i（%）
1	0.918 773	1.550 56	1.0664 75	1.131 541	1.171 131	1.167 696	116.695 82
2	0.803 871	0.688 224	0.730 043	0.827 434	0.905 298	0.790 974	79.047 411
3	1.279 615	1.229 235	0.891 168	1.019 9	0.968 24	1.077 631	107.695 06
4	0.906 843	0.845 462	0.972 219	1.035 565	1.071 05	0.966 228	96.561 711
年平均	0.977 275	1.078 37	0.914 976	1.003 61	1.028 93	1.000 632	400

（5）进行预测。

预测值＝趋势值(Yc)×季节比率(F_i)

$\hat{y}=(21\,625+1\,417.7\,t)\times F_i$

2005 年第一季度预测值＝(21 625 ＋1 417.7×21)×116.695 82%
＝59 977.8(万元)

2005 年第二季度预测值＝(21 625 ＋1 417.7×22)×79.047 411%
＝41 748.42(万元)

2005 年第三季度预测值＝(21 625 ＋1 417.7×23)×107.695 06%
＝58 405.29(万元)

2005 年第四季度预测值＝(21 625 ＋1 417.7×24)×96.561 711%
＝53 736.4（万元）

CHAPTER

4 第四章 税收分析的主要内容

第一节　税收收入分析

一、税收收入分析的概念

税收收入分析是描述在某个时期内的税收收入完成情况，从地区、产业、行业、企业类型、企业规模等角度分析税收收入的结构特征，剖析影响税收收入变化的经济因素、政策因素和征管因素，提出加强组织收入工作的意见或建议，形成分析报告的一种税收管理活动。它是税收管理的重要内容和环节，是促进税收科学化精细化管理、充分发挥税收职能的重要手段。

二、税收收入分析的意义

1. 综合反映经济税收信息，有效地发挥参谋助手作用

税收是国家调节收入分配的重要经济杠杆，税收变动涉及国民经济各个部门，作用于社会再生产过程的各个环节，因此，通过对税收收入执行情况的分析，可以从税收角度及时反映出经济运行速度及质量的相关信息，供领导和上级部门决策时参考。

2. 税收收入分析是强化收入监控和税收征收管理的重要保障

通过对税收收入总量、结构完成情况等指标进行分析，揭示组织收入工作中存在的问题，反映征管过程中的薄弱环节，尤其是通过经济税收相关性的分析，利用宏观税负、行业税负、企业税负等不同层级的指标，通过比较分析，可以反映征收管理的效果，揭示税收征管中存在的问题，加强税收征管和组织收入工作的有机结合。

3. 税收收入分析为组织收入工作原则奠定基础

税务机关要认真贯彻落实“依法征税，应收尽收，坚决不收过头税，坚决制止和防止越权减免税，坚决落实各项税收优惠政策”的组织收入原则，通过对税收收入完成情况的总量分析及产业结构、税收政策、征管状况等因素进行分析，可以把税收放在经济发展的

大环境中把握其发展趋势；反映税务部门在征税过程中的政策执行程度，对有税不征和收过头税的违法行为进行有效监督；充分发挥组织收入工作的反映、监督、调控、参谋作用，保证组织收入工作的顺利进行；进一步淡化税收收入计划观念，实现依计划征税到依法征税的转变。

4. 税收收入分析为科学预测提供可靠依据

税收收入分析是税收收入预测的前提和基础，通过对收入情况的跟踪分析，动态监控、测算各种经济指标对现实税源的影响程度及各种涉税政策的出台对税收的影响，可以找出税收与经济之间的一些规律性的东西，预测收入前景，有效发挥税收收入的目标管理作用。

三、税收收入分析的基本原则

（一）客观性原则

客观性原则是指税收收入分析必须客观地反映实际情况，实事求是地分析某一阶段的收入情况、存在问题和发展趋势，这是税收收入分析所应遵循的最基本原则。它贯穿于税收收入分析的全过程，如果违背客观性原则，不仅不能为领导作出正确决策提供科学依据，反而会起误导作用，甚至会给组织收入工作造成不应有的重大损失。

（二）整体性原则

国民经济是一个由众多要素构成的复杂整体，其中每一个要素的发展变化都受其他要素的影响，并且反过来又影响其他要素。因此，在对作为其中一部分的税收进行分析时，必须把它放在整体中加以考察，深入研究税收与经济之间、整体与整体、整体与部分、部分与部分之间的相互关系和内在联系，揭示其本质规律，保证税收收入分析的准确性和科学性。

（三）连续性原则

税务部门组织税收收入是一个连续的动态过程，它与国民经济的动态发展过程是相吻合的，税收收入分析必须遵循连续性原则，基期税收收入必然会对报告期税收收入有影响，而报告期税收收入也必然受与基期相关联的因素影响，要对影响当期税收收入的诸因素进行动态、连续分析，逐步深化对税收收入发展变化的不同特点、原因趋势的认识，而不能局限于某点上的孤立的、片面的分析。

（四）定性分析和定量分析相结合的原则

定性分析是对事物发展的性质所作的分析和判断；定量分析是对事物的发展程度和数量关系所作的分析和预测。从定性的角度看，经济决定税收，国民经济发展规模最终决定税收收入规模，生产的规模、速度、水平、经济效益及与之相关的经济结构、产业结构、行业结构决定税收收入规模、增长速度和税收构成。可以说定性分析是税收分析的基础。同时，经济发展与税收收入增长还存在一定的数量关系，只有揭示出经济与税收之间的数量关系，才能准确预测税收的发展趋势，所以，税收收入分析必须遵循定性分析和定量分析相结合的原则。

（五）重要性原则

影响税收收入的因素很多，一一罗列、逐条逐个因素分析既抓不住主要矛盾，又事倍功半。因此，税收收入分析要突出重点，要抓住重点税种、重点税源、重点因素和重点地区开展，才能收到理想效果。

（六）及时性原则

税收收入分析是为各级税务机关领导指导、决策税收收入工作服务的，对各级政府进行经济决策也有一定的参考作用，时间要求非常严格。所以，税收收入执行情况分析必须坚持及时性原则。

四、税收收入分析的基本内容

（一）全面反映各级税务部门组织收入情况、收入进度和执行结果

税收收入分析要按预算级次、税种、地区、品目对本期税收入库绝对额进行分析，通过与邻期、同期和收入计划的数额对比，对本地区收入完成情况进行展示和评价，找出影响收入完成情况的主客观因素，预测税收收入的发展趋势。

（二）反映本期税收收入的特点

税收收入分析要揭示税收收入的突出特点及规律性。如：本期税收收入与客观经济变动是否适应，工业环节的增值税与工业增加值之间是否同步，中央级收入和地方级收入的比重及增幅与同期相比有什么变化等，从动态上分析研究税收发展的趋向，把握其发展变化的规律。

（三）反映重点税源的发展变化情况

通过静态的重点税源数据比较分析和深入企业进行实际的调查研究，了解重点行业、重点企业的生产经营及纳税情况，掌握一手资料，预测税源的变化趋势。

（四）反映经济税收政策的变动及征管质量对税收的影响

经济、税收政策的变动是影响税收收入的重要因素。每一项经济、税收政策的出台都会直接、间接地影响到税收收入，收入分析要把经济和税收政策对收入的影响进行量化，客观、如实地反映其影响程度。同时，税收收入完成的好坏，与组织收入工作的质量和征管质量有着密切的关系，因此应把收入分析与征管质量评价考核结合起来，利用有关税收经济指标和税收征管质量评价考核指标，反映各地工作的开展情况，衡量各地的征管力度，把组织收入工作中的成功经验加以推广，不断提升征管质量。

五、税收收入分析的对象

（一）税　源

税源，顾名思义，即能够产生税收的源泉，是税收之根本。税源因税制而存在，现行税源与经济密切相关。税源又细分为：

1. 投资

（1）投资对税收增长的间接影响。

（2）投资形成存货影响税收收入。

（3）投资对税收的滞后影响。

2. 消费

（1）消费是 GDP 的构成部分。

（2）消费与税收收入密切相关。

3. 出口

（1）进口总额和进口环节税收征收率的影响。

（2）出口方的出口总额和出口退税率的影响。

（二）税　制

1. 纳税人

纳税人适用的标准税收制度包括各法规、条例，如增值税条例，消费税条例，企业所得税法，税收征管法以及各种规范性文件，各种税收优惠政策等。特别是税制变化的内容要重点关注。

2. 税务机关关注的征税方式方面的制度

征税方式方面的制度包括总分机构预缴汇缴政策，单个纳税人异地预缴汇缴政策，免抵调库政策，税收预算级次划分政策等。

（三）税收征管

1. 持续性征管水平

持续性征管水平表现形式包括行业建模、制度创新、一窗式管理、小规模纳税人管理、车辆购置税一条龙管理、卷烟消费税管理、企业所得税核定方法规范、各税种加强管理堵塞漏洞的办法、金税工程、清理漏征漏管户等。

2. 一次性征管水平

一次性征管水平表现形式包括稽查、纳税评估、反避税、税务审计、专项检查等。一次性征管力度提升也存在着持续效应。

（四）税务机关主观能动力

（1）表现形式：免抵调库力度、退库力度，税收调控，税收政策从紧或从松。

（2）影响因素：政府财政约束等。

六、范文及分析

编写税收收入分析报告是税收分析人员的常规性工作，优秀的税收收入分析报告较多，以××省国税局编写的《××省国家税务局关于2011年税收收入完成情况的通报》为例进行介绍。该文的主要段落结构如下：

一、税收收入完成情况

（一）基本情况

（二）收入特点

（三）税收收入增长较快的主要原因

（四）主要税种、行业增减收因素分析

二、2012年经济税收形势分析

（一）经济发展形势分析

（二）当前组织收入中存在的矛盾和问题

三、2012年拟采取的组织收入工作措施

（一）坚持组织收入原则，完善工作机制

（二）全面把握经济税收形势，加强预测统筹

（三）强化收入目标动态管理，加强工作考核

（四）全面落实各项税收政策，助推经济转型

（五）积极推进专业化和信息化管理，提高征管效能。

点评：这篇分析报告分为三大部分，第一部分为税收收入完成情况，这部分从2011年该省国税收入完成的基本情况、收入特点、税收收入增长较快的主要原因、主要税种和行业增减收因素四个方面进行了介绍，收入基本情况简明扼要，收入特点总结得准确明显，比较全面。分析税收收入增长较快的主要原因时抓住经济发展、强化征管、物价上涨三个主要因素，既点明了经济发展是税收较快增长的主因，也指出了国税部门加强征管的重要促进作用，对物价上涨的特殊因素也进行了客观分析。主要税种、行业增减收因素的分析，先分税种，再从该税种的骨干行业入手，结合相应的龙头重点税源企业的生产经营和纳税情况，运用了大量的财务、税收数据，非常具体详细。第二部分为2012年经济税收形势，该部分从经济发展形势分析和当前组织收入工作中存在的矛盾和问题两方面进行了分析，侧重点有所不同，经济发展形势分析以宏观经济指标和微观经济指标为主；当前组织收入中存在的矛盾和问题以税收收入情况为主，均做到全面深入、客观透彻。第三部分是2012年拟采取的组织收入工作措施，该部分从多个角度阐述了加强组织收入工作的思路和措施，对2012年的组织收入工作有较强的指导意义，是材料的“收官”部分，使材料显得完整。若没有这部分，一是体现不出2012年的组织收入工作思路，二是反映不出国税部门在组织收入工作上的积极作为，这篇材料就称不上完整了。总体看，该篇材料内容充实，结构完整顺畅，数据量大，分析全面透彻，是一篇比较典型的税收收入分析报告，值得税收分析人员借鉴。

第二节　经济税源分析

一、经济税源概述

经济税源简称“税源”，即税收收入的经济来源。从广义上说，税源归根到底是物质生产部门的劳动者创造的国民收入，税收来源于经济，离开经济的发展，税收即成为无源之水，无本之木。从狭义上说，税源则指各个税种确定的课税对象。从归宿上说，税源即税收的最终来源，也即税收的最终归宿。税务实际工作中所说的税源是就狭义的税源而言，具体指与各个税种征税对象有密切联系的生产、销售、利润等在一定时期内的数量状况。经济税源作为税收收入的经济来源，其丰裕程度决定着税收收入量的规模，税收收入随着国民经济的发展和国民收入的增加不断地增长。

经济税源分析主要是反映税收占国民收入的比重变化、税收与经济发展的协调度、影响经济税源的因素以及经济税源发展趋势。经济税源分析在税收分析工作中使用频率高、范围广、实用性强，是政府、税务以及社会各界广泛关注的涉税事项，它对完善税收制度、加强税收征管有积极意义。常用的经济税源分析有税负分析、税收弹性分析和税源分

析等三种。

二、经济税源分析内容

根据分析的目的和角度不同，经济税源分析可以概括地分为税负分析、税收弹性分析和税源分析三大类。

（一）税负分析

2011 年美国《福布斯》杂志推出了全球税负痛苦指数排行榜，中国大陆是 2009 年度排名全球第二的税负痛苦地，自此，税负一词受到社会各领域前所未有的关注。开展税负分析不仅可以澄清一些税收误解，更可以反映一个地区税务机关征收管理的力度和成效，从中发现管理中存在的问题。

所谓税负即税收负担，是指国家征收的税款占纳税人税源数量的比重，反映出税款与社会新增财富之间的内在关系。以不同主体为出发点，税收负担具有两个方面的含义。一方面，从国家的角度看，税收负担反映出国家在税收课征时的强度要求，即要征收多少税收；另一方面，从纳税人的角度看，税收负担反映出纳税人在税收缴纳时的负担水平，即承担了多少税款。税负就是税收规模与经济规模的对比。

税负分析按照其分析的对象和角度的不同，可分为宏观税负分析和微观税负分析两大类，其中宏观税负分析又可进一步分为地区税负分析、税种税负分析和行业税负分析三种。

1. 地区宏观税负分析

地区宏观税负分析是指一个地区（国家、省、市、县等）在一定时期内税收总收入占当期社会新增财富的比重，反映出一定时期纳税人因国家课税而承受的经济负担水平，是一个受制于国家政治、经济、财税体制等诸多因素的综合经济指标。

计算公式为：

$$\text{宏观税收负担率}=\frac{\text{税收总收入}}{\text{国内生产总值}}\times 100\%$$

工作中进行宏观税负分析时，常用以下几个口径：

（1）全口径税收宏观税负，是指全口径税收收入（一个地区的国、地税部门征收的全部税收收入，包括海关代征税收、免抵调库收入）占该地区生产总值的比重。计算公式为：

$$\text{全口径税收宏观税负}=\frac{\text{全口径税收收入}}{\text{地区生产总值}}\times 100\%\text{。}$$

（2）国内税收宏观税负，是指一个地区全口径收入扣除海关代征税收后的税收收入占该地区生产总值的比重。计算公式为：

$$\text{国内税收宏观税负}=\frac{\text{国内税收收入}}{\text{地区生产总值}}\times 100\%$$

国税部门分析宏观税负时，税收收入是指国税部门负责征收的税收。

2. 税种税负分析

单项税种的税收负担是指某一税种在一定时期内的收入占该税种税基的比重，反映该税种的征税强度，是分析和研究税收制度和税制结构的重要内容。

计算公式为：

$$增值税负担率=\frac{实缴增值税税额}{不含税销售额}\times 100\%$$

$$企业所得税负担率=\frac{实缴所得税额}{利润总额}\times 100\%$$

3. 行业税负分析

行业税收负担是指按照统计局发布的国民经济行业分类，测算某行业的税收与相关税源之比，计算出某行业税负。其计算公式为：

$$某行业税负=\frac{某行业税收}{该行业主营业务收入}\times 100\%$$

在计算单项税种行业税负过程中，根据分析需要，既可以计算实际税负（以实缴税收作为分子），也可以计算名义税负（以应缴税收作为分子），既可以计算销售收入税负，也可以计算增加值税负。如：

$$某行业增值税宏观税负=\frac{某行业增值税}{该行业增加值}\times 100\%$$

4. 微观税负分析

微观税负分析是利用微观税收和经济数据开展的针对企业层面的税负分析，如企业实现税金与销售收入对比、应纳所得税与利润总额对比。其计算公式为：

$$企业增值税微观税负=\frac{企业缴纳(实现)增值税}{该企业计征增值税销售额}\times 100\%$$

$$企业所得税微观税负=\frac{企业缴纳(实现)企业所得税}{该企业利润总额}\times 100\%$$

实际税负分析工作中可以将宏观税负与微观税负分析相结合，进行税负综合分析。税负分析中要注意进行五个比较，即实际税负与法定税负的比较，不同地区之间的宏观税负比较、同行业税负比较、税种税负比较，以及企业税负与所属行业平均税负的比较。通过这些比较来揭示实际税负与法定税负的差异，揭示地区、行业、企业以及税种税负之间的差异和动态变化，据此评判检验税收征管的努力程度，按照“宏观看问题、微观找原因”的思路，将问题提交管理部门进行纳税评估，真正找出管理上的漏洞。

（二）税收弹性分析

弹性是西方经济学的基本概念之一，主要用来衡量某一经济变量随另一经济变量的变化而变化的力度或敏感性。

税收弹性，也叫做税收收入弹性，是指税收收入的变化与经济发展情况的比率。其宗旨是对整个社会的宏观税收负担程度进行比较分析，了解掌握整体税负的变化，以便从宏观上对全社会经济效益进行比较研究，并从动态上分析研究税收相对经济变化的量变及其运动规律。

其计算公式为：

$$税收收入弹性=\frac{税收增长率}{经济增长率}$$

如：$$税收收入弹性=\frac{税收收入增长率}{GDP增长率(此率换算为现价)}$$

$$工业增值税弹性=\frac{工业增值税收入增长率}{规模以上工业增加值现价增长率}$$

$$商业增值税弹性=\frac{商业增值税收入增长率}{批发和零售业增加值现价增长率}$$

$$企业所得税弹性=\frac{企业所得税收入增长率}{规模以上工业企业利润总额增长率}$$

税收弹性表示出的税收增长与GDP增长之间的对比关系有三种情况：

（1）税收弹性＞1，表明税收富有弹性，税收增长速度快于GDP的增长速度，或者说高于经济增长速度；

（2）税收弹性＝1，表明税收为单位弹性，税收增长速度与GDP增长速度同步，或者说与经济发展同步；

（3）税收弹性＜1，表明税收的增长速度慢于GDP的增长速度，或者说低于经济增长速度。

经济学界一般认为，0.8～1.2为弹性系数合理区间。合理的税收比例对经济发展有促进作用，但税收收入增长过缓，也会影响政府的宏观调控能力。

开展税收弹性分析，可以反映税收增长与经济增长是否协调，并据此对收入形势是否正常作出判断；可以通过对税收增长与经济增长不协调原因进行剖析，进一步查找影响税源和税收变化的因素，从中发现征管中存在的薄弱环节和漏洞。弹性分析是深化税收分析必须紧紧抓住的一条主线，在税收分析中具有普遍意义。在开展税收与经济对比分析中，不仅要从总量上进行经济增长与税收增长的弹性分析，而且要从分量上、从税种、税目、行业以至企业等税收弹性观察税收与经济增长的协调性。作好税收弹性分析要注意剔除税收收入中的特殊因素，以免其影响真实的弹性，掩盖税收征管中的问题。根据目前情况，要进一步加强增值税与增加值、企业所得税与企业利润的弹性分析，积极进行消费税各税目与相关经济指标的弹性分析。通过深入细致的弹性分析，深挖税收与经济不适应的根源，解决管理中存在的问题，促进税收与经济协调发展。

（三）税源分析

税源是经济发展成果在税收上的体现，是税收的起点，因而也是税收征管、税收分析的起点。开展税源分析的目的，就是要了解真实税源状况，判断现实征收率，并据以查漏补缺，应收尽收。工作中接触到的主要有重点税源分析和税源调查分析。

1. 重点税源分析

重点税源的纳税额一般相对比较大，规模和影响力突出。重点税源分析可以是一户企业分析，也可以是重点行业或税收多户企业分析，也可以是影响一个地区税收的重点监控税源分析。

主要的分析方法有以下几种：(1) 进度分析。就是根据分析时点的需要，将重点税源税收收入实际数与计划数相比较，分析计划完成进度和重点源变化情况。(2) 趋势分析。即以本期实际数与上期或上年同期实际数相比较，以分析重点税源的发展变化趋势。(3) 结构分析。即按不同标志分组对比重点税源结构的变化情况，如按税种、按行业、按地区、按经济类型、按同一产品的不同等级、按不同产品的比重等分组进行比较，以分析税源构成的变化情况。(4) 因素分析。即全面分析社会经济变化中各因素的变化对各项税收的影响程度。(5) 季节变动分析。即通过将各年各季税源资料加以整理，分析经济税源在各年各季的变化及分布情况，从中探索税源季节性变动规律。(6) 相关指标分析。即通过对相关指标，例如产品数量与课税数量等进行分析，探求其因果或比例关系。

2. 税源调查分析

税源调查分析是经济税源调查工作的总结，该类分析应数据翔实、逻辑清晰、深入透彻，能充分反映税源情况，科学指导税收计划管理。按照分析报告结构完整的要求，税源调查分析应包含税源基本情况介绍、新增税源介绍、影响因素分析、重点行业税源介绍、全年税收预测以及工作措施等几个方面。通过各个角度的分析，为作好各阶段税收计划建议和税收征收管理提供科学依据。

其中影响因素分析一般应包括：(1) 政策因素对税源的影响。税收作为一种以国家为主体的分配行为，其收入来源，必然受到一定时期国家政策的影响和制约。如税收制度和税收政策的影响、财政政策和产业政策的影响等。(2) 产业因素对税源的影响。产业因素对税源的影响反映在产业结构、产品结构的变化上，产业结构的变化将影响税收收入结构的变化，而产品结构的变化将直接关系到税收数量的变化。(3) 价格因素对税源的影响。价格总水平的变动对税收来源的影响可能出现两种情况：在总体价格水平上涨有利于资源的合理配置时，将会促进税源增长；但是在物价上涨幅度过大，引起资源配置严重失调时，则不仅会减少税收来源，甚至可能出现社会动荡。(4) 管理因素对税源的影响。在经济环境和税收制度一定的情况下，能否保证税收收入及时、足额入库的关键就在于税收征管水平。

三、范文及分析

范文 1：《关于 2004 年××省国税收入负担的分析报告》，该文的主要段落结构如下：

一、××省 2004 年国税收入负担现状

（一）纵向看，××省国税收入负担稳步提高

（二）与兄弟省市相比，××省税收负担水平还有待于进一步提高

（三）重点行业税收负担与全国和兄弟省市大体相当，绝大部分行业高于全国税负预警下限

二、××省国税收入负担偏低的原因分析

（一）经济结构差异是造成××省国税收入负担偏低的主要原因

1. 从 GDP 产业构成看，××省第一产业增加值总量较大，影响了国税收入负担的合理水平

2. 第二产业内部结构不合理制约了税负水平的提高

（1）第二产业增加值中工业增加值比重相对较低

（2）规模以上工业增加值占GDP的比重偏低

（3）工业内部产业结构层次较低

①采掘业占工业比重较高，但产品深加工不够，附加值低，对税负的提高有较大影响

②制造业比重小、档次低、以传统行业为主，高科技高附加值产业发展不足，增值能力相对较弱

③部分低税负行业严重影响了整体税负

3. 从经济类型看，占××省主体地位的国有、集体经济运行质量还不够高，百元产值利润率相对较低，带来税负较低

4. 从投资情况看，对拉动××省经济快速增长作用明显，但对国税收入的影响并不同步

（二）税收政策特别是税收优惠规模迅速扩大，对国税收入负担率的提高有一定制约作用

1. 主体税种减免税优惠对税负的影响

2. 低征高扣政策对税负的影响

3. 免抵调库对税负的影响

4. 税款汇总异地缴纳对税负的影响

（三）从税收征管方面分析，征管措施加强促进了国税收入宏观税负的稳定提高，但税收征管仍存在一定薄弱环节

（四）经济指标核算方法及数据统计口径问题是影响××省国税收入宏观税负水平的重要原因

1. 核算方法的原因

2. 统计口径的原因

综上分析，……

三、促进全省国税收入负担稳步提高的几点建议

（一）优化经济结构，促进经济运行质量不断提升

（二）进一步加大征管力度，努力挖潜增收

（三）深化经济税收关系分析

（四）加强部门协调配合，不断提高信息共享度

（五）进一步规范、统一企业报送生产经营指标的口径

点评：这篇税负分析报告按照税负现状、影响税负的原因和促进税负提高的建议三大块进行构思，结构清晰，原因分析深入透彻，建议具体可行。第一部分税负现状分析从本省近几年来税负变化、与兄弟省市税负比较情况以及行业税负与全国和兄弟省市比较情况三个方面进行了介绍，既描述了近年来税负变动趋势，比较了相关省份税负差距，又分析了行业税负差异，清晰了本省税负现状，也为下一部分的分析打下了伏笔。第二部分对影响税负的原因进行深入剖析，从经济结构、税收政策、税收征管和核算口径四个方面进行了细致分析。首先从影响税负的分母开始分析，该省第一产业增加值总量较大，第二产业

内部结构不合理、主体经济运行质量不够高，投资对拉动经济、税收增长的弹性作用差距较大，四个因素导致分母增长快于分子增长，是税负偏低的一项原因。然后分别从税收政策和税收征管方面详细分析了影响税负分子的因素，减税政策和征管水平有待提高是分子减收的两方面原因。另外，经济来源于税收，但二者核算方法、统计口径存在差异，导致分子分母不完全对应可比。四个原因分析之后，形成一个小结，综上分析给出税负偏低的原因概述。第三部分承接第二部分有针对性地提出稳步提高税负的建议，分别从优化经济结构、加大征管力度、深化经济税收关系分析、提高信息共享度和统一指标报送口径五个角度提出相应建议。这篇报告的结构和影响税负的原因分析在税负分析方面具有一定的借鉴参考意义。

范文 2：《增值税与增加值的理论关系与实证分析》，该文的主要段落结构如下：

一、增值税与增加值的理论关系

（一）工业增值税与工业增加值

（二）商业增值税与批发零售业增加值

（三）海关代征增值税与一般贸易进口额

二、增值税与增加值实证分析

（一）工业增值税与工业增加值

（二）商业增值税与批发零售业增加值

（三）海关代征增值税与一般贸易进口额

三、增值税与增加值增速不匹配的原因分析

（一）经济指标考虑因素复杂

（二）企业效益变化影响不同

（三）计算方法不同

（四）无税产值、税收减免等对增值税影响较大

（五）固定资产进项税额抵扣对实现增值税的影响

（六）税收征管因素和税收政策影响

（七）抽样范围不同

四、几点启示

一是从长期的范围内看，工业增值税变化与工业增加值变化之间存在高度相关性。

二是工业增值税与工业增加值之间不是完全的函数对应关系，众多的因素影响着两者，也可以说经济并不是税收的唯一决定性因素。

三是在进行经济税收关系的比对分析时，不可盲目的追求经济与税收的绝对相关，要层层剥离各种因素，实事求是的反应实际情况。

点评：这篇分析报告分为四大部分，第一部分先从理论上找出税收与经济的对应关系，便于下一步开展实证分析。第二部分通过数据进行对比分析，反映经济税收发展的适应度和协调度。第三部分具体分析实证与理论不匹配的各方面原因。从宏观到微观，从经济到税收征管、政策变动，有方法差异也有个体差异，从七个方面分别进行阐述。第四部分在第三部分的基础上发现问题，引发思考，提出对策。

第三节　政策效应分析

一、政策效应分析的概念

政策效应分析是指宏观经济政策和税收政策的效应分析，反映宏观调控效果，把握其对税收收入影响，及时发现经济和税收运行中的问题，是税收分析的一项重要内容。政策效应分析的主要内容包括：一是测算税制改革和税收政策调整对于税收收入总量与结构的影响，为组织收入服务；二是研究分析税制改革和政策调整对于地区或行业经济的影响，及时发现执行中的问题，为完善税制、优化税收政策提供依据；三是开展经济政策效应分析，从税收角度反映宏观调控效果，把握其对税收收入的影响，及时发现经济和税收运行中的问题。

二、税收政策的作用

1. 有效筹集财政收入，为经济和社会发展提供强大的资金支持

雄厚的财政实力是一个国家强大、稳定、安全的重要体现和有力保证，也是保持社会和谐的重要物质基础。税收是国家财政的主要收入来源，没有充足的税收，政府将无法运转。税收政策的首要目标就是筹集财政收入，为国防、外交、政权机关的正常运转和各项社会公共事业的发展提供资金保障，为经济建设提供必要的资金支持，从而直接或间接地促进经济和社会发展。改革开放以来，我国从制度建设和改革入手，不断调整和完善税收政策，规范国家与企业、国家与个人的分配关系，为财政收入的稳定增长提供了强有力的制度保障。税收收入的快速增长，不断壮大着国家的财政实力，为经济建设和社会发展提供了持续不断的强大资金支持。大规模的持续增长的财政投入，使我国的人民民主政权更加巩固，国防实力日益增强，基础设施和基础产业迅速发展，城乡面貌焕然一新，教育、科学、文化、卫生等社会事业取得长足发展。税务部门要始终把筹集财政收入作为税收政策的首要任务，加快推进新一轮税制改革，切实加强税收征管，努力提高税收的足额征收率，进一步提高财政收入占国内生产总值的比重，不断壮大国家的财政实力。

2. 公平税收负担，促进企业公平竞争

经济和社会的活力，来自于不断的创造和创新，创造和创新则要求政府营造一个公平竞争的政策环境。税收负担的公平，是保证企业公平竞争的重要方面。税制改革一直是我国税收政策工作的核心内容，其主要目的就是为企业创造公平竞争的税收环境，以公平的利益分配导向，鼓励广大企业扩大生产，提高效率。

3. 对经济发展实施必要的宏观调控

税收政策对经济结构的战略性调整和经济增长方式的转变，起到了非常重要的作用。作为相机抉择的财政政策的组成部分，税收政策还能够对投资和进出口等施加一定的影响，从而促进实现经济的总量平衡。需要强调的是，税收调控必须坚持税收的中性原则，不能对市场活动产生扭曲作用，不能滥用税收优惠政策。对于确需税收政策长期发挥导向作用的重点领域，要通过完善税制，使之体现在新的税制体系之中；对于相机抉择的税收政策，当宏观调控目标实现后，必须及时“归位”，不能把特定时期内的税收政策固定化、长期化。另外，国家制定的支持西部地区和民族自治区域发展的税收优惠政策、鼓励企业吸纳下岗失业人员和残疾人员就业的税收优惠政策等，体现了对低收入者和困难群体的照顾，也起到了维护社会公平的作用。在市场经济条件下构建和谐社会，市场经济越发展，就越需要宏观调控。税收是国家宏观调控的重要手段之一。税收政策对经济的调控，主要是在特定时期内，根据国家产业政策和区域经济发展战略，通过制定差别化的税收政策，鼓励某些行业、某些地区加快发展，限制不符合国家产业政策、对社会发展和生态环境有害的经济活动，从而优化经济结构，促进国民经济的协调快速健康发展。改革开放以来，我国制定了许多这样的税收政策。

4. 调节收入分配，维护社会公平

收入和财富占有的公平是社会公平的一个重要方面。收入差距过分悬殊，必然带来社会的不安定，和谐也就失去了基础。税收政策能够参与个人收入和财产的分配，如通过征收个人所得税等，对个人收入及财富进行调节，以缩小社会成员的贫富差距，维护社会公平。

5. 贯彻民主法制，实行依法治税

目前国家致力于建设民主法制的社会，民主法制，就是人民当家做主，就是依法治国。依法治税是民主法制在税收工作中的具体体现，是构建和谐社会的内在要求。具体来讲，一是通过税收立法，不断提高税收活动的法制化程度，减少部门、单位和个人在税收政策上的自由裁量权。二是强化税收执法，改进税收征管手段，严厉打击偷逃骗税等违法行为，保证税收法律法规得到正确的贯彻执行。三是加强税收执法监督，做到有权必有责，用权受监督。

三、范文及分析

近年来关于政策效应分析的材料很多，比较突出的一篇是××省国税局编写的《从固定资产抵扣税款看我省投资质量》一文，编写的初衷是2009年我国实施了结构性减税政策，其中影响力最大的是增值税转型政策，即允许纳税人在应缴税款中抵扣购置机器设备类固定资产时支付的增值税税款。2009—2011年该省全省企业共申报固定资产抵扣税款635亿元，折合投资4 370亿元。这篇文章旨在通过对固定资产抵扣税款进行分析，反映该省投资状况，探讨该省投资中存在的薄弱环节，并提出相关对策建议，以期对优化投资、促进经济又好又快发展有所裨益。

该文的主要段落结构如下：

一、增值税转型对我省经济税收的影响

（一）增值税转型对经济的影响

一是明显减轻了企业税负

二是有效提高了企业投资积极性

三是促进了产业结构优化升级

（二）增值税转型对税收的影响

一是直接抵减当期实现的税款

二是新办企业实现税收滞后

二、从固定资产抵扣税款看我省投资质量

（一）与A省相比，该省固定资产抵扣税款规模差距较为明显

（二）大企业投资意识较强，中小企业投资力度还需进一步加大

（三）大中型投资项目较少，小型投资项目占绝大多数

（四）高耗能行业、产能过剩行业投资较大，投资层级不高

（五）高新技术行业投资比重小，尚未形成规模发展

（六）自有资金投资占主体，多渠道利用资金不足

三、对××省加强和优化投资的几点建议

（一）强化政府调控引导，加快产业升级改造步伐

（二）加大财税政策支持力度，创造良好的发展环境

点评：这篇分析报告分为三大部分，第一部分运用大量数据，客观详细地分析了增值税转型对该省经济和税收的影响；第二部分运用对比等分析方法，提炼出了该省固定资产投资的6大特点，做到客观真实，侧重于暴露问题以图改进和提高；第三部分对该省加强和优化投资提出了两方面的建议，第一方面建议紧扣特点，针对该省固定资产投资的薄弱环节有的放矢，提出了针对性较强的建议和措施，第二方面充分利用税务部门熟知政策的职能优势，从税收政策层面给出了较好的建议。

总体看，整篇材料有四个特点，一是思路清晰、架构简单紧凑，层次递进感明显。第一部分是基础，第二部分是重点，第三部分是关键。第一、第二部分是第三部分的良好铺垫，第三部分是第一、第二部分的升华。有了第一、第二部分的基本情况、问题揭示和特点总结，第三部分的措施也就呼之欲出、水到渠成了。二是论点客观准确。如分析增值税转型对经济税收的影响既反映了政策对经济发展的良性影响，也揭示了对税收的负面影响；再如总结提炼该省固定资产投资的特点，既看到优势的一面，也发现诸多不足之处，作者均能做到客观准确。三是数据准备充分，坚持用“数据说话”。本篇材料中每一个论点的形成，都是建立在大量数据整理分析的基础上的，数据量大，数字用得活用得深显得有理有据，而不是毫无根据的泛泛而谈。显然作者事先通过综合征管系统数据提取、问卷调查、请兄弟省市提供等方式准备了大量数据，为本篇材料的编写做了很好的数据支撑。四是分析方法运用恰当。本篇材料中运用了大量的对比分析方法，起到了良好的作用，如将该省固定资产抵扣税款规模与某邻省进行了对比分析；大企业与中小企业进行了对比分析；大中型投资项目与小型投资项目进行了对比分析，等等，比出了差距，比出了优劣，提升了材料的实用性。

第四节　税收管理风险分析

一、风险和风险管理的定义和含义

（一）风险的定义

风险的基本含义是指某一特定环境下，在某一特定时间段内，某种损失发生的可能

性。或者在某一个特定时间段里，人们所期望达到的目标与实际出现的结果之间产生的距离。

（二）风险管理的定义

风险管理主要考虑纯粹风险，并管理这些风险。风险管理是一种应对纯粹风险的科学方法，它通过预测可能的损失，设计并实施一些流程去最小化这些损失发生的可能；对于发生的损失，最小化这些损失的经济影响。

（三）税收风险管理的含义

税收风险管理理念是近年来各地都在研究探讨的新的税收管理模式，其含义是：将现代风险管理理念引入税收征管工作，旨在应对当前日益复杂的经济形势，最大限度地防范税收流失，规避税收执法风险；实施积极主动管理，最大限度地降低征收成本，创造稳定有序的征管环境，是提升税收征收管理质量和效率的有益探索。在现实税收管理工作中，如何更好地引入风险管理理念、强化税源控管，规避执法风险是当前应该着重探讨的问题。

（四）税收风险管理分析的含义

税收风险管理分析就是针对确定的风险分析对象，通过调研和搜集各类数据，将数据按照分析指标进行归纳整理，然后按照数据分析和调研的结果，总结被分析对象的现状，指出其存在的或者可能存在的风险点，最后将风险点分解落实，并提出加强管理的建议。

二、税收风险管理分析的对象和主要内容

税收风险按其对象划分主要有两种：一是税源监管风险，二是税收执法风险。

税源监管风险。近年来，税务违法违章案件越来越多，金额越查越大，究其原因，与很多因素有关。如：国、地税机构分设所带来的信息不畅和差异、税制结构是否合理、税种设置是否科学、征管环节的多少、纳税手续的繁简以及税率是否适当、是否超出了纳税人的心理及经济承受能力、逃避税收得到的利益与被处罚应付出的预期代价之间的权衡等等。这些因素都影响着纳税人是否采取逃避税收的行为，是税收征管中产生漏洞的潜在危机。为弥补这些漏洞，需要税务机关、税务人员进行研究，寻找对策，强化税源管理。这种对税款实现潜在的影响实际上就是一种税源监管风险。

税收执法风险是指税务机关在执法过程中，违反税收法律法规的行为所引起的不利的法律后果。它包括对税法及相关法律法规理解偏差产生执法过错，带来的执法风险，以及执法程序不严谨、执法随意性大带来的执法风险和滥用职权、玩忽职守、徇私舞弊造成的执法风险。同时随着整个社会法制建设不断完善，纳税人法制观念不断增强，对税务机关执法手段、征管方式等要求越来越高，如果执法方式简单，容易诱使征纳双方矛盾激化，也会相应使执法人员的执法风险加大。

税收风险管理分析的内容主要是对税收管理风险点的分析，以查找风险点为切入点，研究如何严密内部管理机制，如何创新完善制度和健全纪检监察协作配合机制，最终达到二者结合共同预防税收风险的发生。

（1）税源管理风险点。把潜在的税源转化为税收，要求税务机关必须与时俱进，不断

更新征管手段，适应新形势的变化、解决新问题。要充分发挥税收管理员的职业敏感，综合知识和分析能力，对所分管企业进行税源风险识别。结合社会环境、经济发展程度、经营者素质、企业效益等因素综合评价确定高风险税源点片区、行业、企业。即哪些地方最容易出现税款流失问题及不依法纳税、跑冒滴漏税款现象。综合采用行业税负比较法、各税收与相关经济指标对比等方法，分行业分税种进行横向纵向比较，重点锁定高利润行业、经营流动性大的行业、新型行业及难以监管行业。把这些税源管理难点，确认为税源管理风险点。

（2）税收执法风险点。目前在税收征管工作过程中容易产生执法风险的环节主要存在于管理、稽查、审批减免缓抵退税和违章处罚方面，其发生与税收执法人员综合能力息息相关，如：由政治素质产生的滥用职权、玩忽职守，徇私舞弊、以权谋私问题；由业务能力产生的不作为、违规执法、政策理解偏差以及自由裁量权的运用带来的问题，等等。其他环节如税务登记、发票管理、账簿凭证管理、纳税申报、税收保全、强制执行措施等，目前来看，产生执法风险的情况相对较少。但随着整个社会法制化进程的加快以及纳税人法制意识的不断增强，对于税收征管整个流程的各个环节都应保持风险意识。

三、发达国家税收风险管理现状

（一）瑞典的税收风险管理

在瑞典，中央层级负责协调，各个层级都参与其中。管理层负责研究决定需要处理的风险及适用的方法和策略；风险分析选择组负责风险的识别和分析，参与计划执行的全过程；分析管理参考组确定风险的优先级，向管理层提出应对方法。

（二）英国的税收风险管理

英国皇家税务与海关总署（HMRC）成立专门的机构：Risk and Intelligence Service（风险和情报服务部门），简称 RIS；和 Knowledge，Analysis and Intelligence（知识、分析和情报部门），简称 KAI，负责收集内部和外部信息，通过对数据的分析，识别税收管理风险，并通知相关部门。

（三）德国的税收风险管理

1．工资税风险管理系统

税务机关面临个案数量不断增加、有限的人力资源以及税法的复杂性不断上升等局面，因此，税务机关不可能详细检查每一份工资申报。这样就需要建立一个风险过滤系统，用于区分存在工资税缴付不足的个案和风险程度较低的个案。低风险的申报将由机器负责处理；风险较高的申报则由人工处理，其他申报实行随机抽样接受人工检查。

2．增值税风险管理系统

目前德国已建成增值税欺诈案件在线数据库，覆盖全国的所有在册纳税人姓名、地址及增值税信息系统，使用统一一览表完成合格新增值税登记，由联邦中央办公室与所有联邦政府的对应部门协调循环骗税等重大增值税骗税案件，由一家联邦中央单位负责利用网络分析系统，分析网络区域内的各种未经登记的商业活动等。各联邦政府的税务当局还将在各州建立一个统一的风险管理系统（RMS）。主要目标是以系统化的方式识别高风险的增值税个案。为了能够应对不同风险，针对某些选定领域开发了 3 个不同的自动化风险识别系统。

（四）美国的税收流失估算

美国国家税务局（Internal Revenue Service，以下简称 IRS）IRS 从上世纪 60 年代开始启动“税收遵从评估项目”（TCMP），从 1979 年开始利用 TCMP 项目得到的数据开展税收流失估算工作，主要致力于联邦个人所得税、公司所得税和工薪税流失的估算工作。周期性地对个人所得税申报表、小公司申报表、工薪税申报表进行随机性的审计调查。上世纪 90 年代，TCMP 项目被中止，原因主要有两点：第一，纳税人抱怨 TCMP 项目给纳税人造成太大的审计负担；第二，TCMP 项目的执行成本非常高昂。

从 2000 年开始，美国 IRS 重新启动所谓“国家研究项目（NRP）”，继续进行税收流失估算研究。估算步骤是首先获得和维护用于风险评估的数据，主要是数据的收集、储存、整理、维护和改进，以用于机器和人工评估。数据的来源主要是电子报税表上的报税数据、从纸质报税表和相关文件上扫描的影像和数据、纳税人披露的信息、查税历史和非国税局（外部）数据。其次就是检测报税一级的潜在风险。在大企业和国际税务司，用于在报税一级进行分析的系统称为判别式分析系统。当前，判别式分析系统（DAS）仅使用报税数据，把每份报税表分开评估。DAS 把通过统计方法编制的非直观规则归纳为具体报税表的综合风险评分。如规则 1：如果 0.156＞纳税/总收入≥0.071，加 100，否则加 0；规则 2：如果 5 000 000＞国外税收抵扣≥1 165 731，加 50；如果国外税收抵扣≥5 000 000，加 100，否则加 0。报税表按资产档次划分，计算出每一份报税表的报税风险评分。评分为每个资产档次内的风险评级，在档次之间没有可比性，评分显示有关报税表产生的每小时税务员工作时间调整补税数额至少达到既定门槛值的可能性，不产生总体风险所涉金额的估计数。

四、从征管体制的变革看我国税收风险管理的发展

改革开放以来，我国税收征管模式随着经济改革和发展而不断创新发展，逐步实现了以下四个转变，即：由专管员管户的保姆式、包办式管理向管事的专业化管理转变；由专管员上门收税向纳税人自行申报纳税转变；由传统的手工操作向以计算机为主的现代化科学管理转变；由全职能的分散型、粗放型管理向集约型、规范型管理转变。最近几年，我国税务机关在税收风险管理方面借鉴国外经验，进行可贵探索，积累了一些有效的经验，并在管理模式中引入风险管理理念。国家税务总局发布的若干文件对于开展税收风险管理作出了原则性部署，这是中国税收管理现代化的一个重要进展，提升了我国公共风险管理水平。

（一）税务专管员专责的征管模式

1978—1987 年，我国实行的是“一员进厂，各税统管，集征管查于一身”的税务征管模式。其特点是：每个税务专管员都固定各自的纳税人，凡涉及所辖纳税人的纳税事宜均由该税务专管员一人负责办理，征、管、查三权高度集于税务专管员一身。这种模式虽然有利于发挥征收、管理、检查三大环节的衔接、联系、协调优势，但税收征管效率低

下，缺乏监督制约机制，征纳双方权责不清。

（二）“征、管、查两分离或三分离”的征管模式

1988年国家税务总局开始选择部分地区试行“征、管、查两分离或三分离”管理模式，税务机关分别形成了征收、管理、检查三个系列，将过去由税务人员上门收税、包办纳税事宜改为由纳税人依法上门申报纳税。这种模式仍只是局限于税务机关内部分工的调整，没有改变对纳税人的保姆式管理，没有从制度上保证纳税人自觉履行纳税义务。

（三）“30字”征管模式

1993年国务院批转的《国家税务总局工商税制改革方案》（即1994年税制改革方案），提出“建立申报、代理、稽查三位一体的税收征管新格局”，并于1997年由国务院批转确立了“30字”征管模式，具体内容是：“以申报纳税和优化服务为基础，以计算机网络为依托，集中征收，重点稽查”。1999年国家税务总局把深化改革的突破口定位在解决基层征管机构的设置和岗责划分上。2000—2001年又提出税收工作“科技加管理”的工作思路，和税收征管要实现“信息化加专业化”的指导思想，启动了以信息建设为基础，以征管改革为龙头的机构和人事制度综合改革，“30字”征管模式应运而生。

（四）“34字”征管模式

2003年国家税务总局针对税收征管工作中存在的“淡化责任、疏于管理”问题，对原“30字”征管模式加以完善，首次将“强化管理”纳入管理模式，形成了“以申报纳税和优化服务为基础，以计算机网络为依托，集中征收，重点稽查，强化管理”的“34字”征管模式。该征管模式进一步加强了征管基础工作，规范机构设置，优化征管流程，整合信息资源；建立了税收管理员制度，税收管理员工作初步实现了“管户”与“管事”相结合，属地管理与分类管理相结合的税源管理方式；建立了以税收分析为核心的税收分析、税源监控、纳税评估、税务稽查“四位一体”的税源管理机制；初步实现与海关、公安、银行、财政、社保等部门以及国税局、地税局之间的信息共享，信息管税稳步实施，税收征管质量和效率大为提高，但这种模式也存在对快速发展的税收环境的适应性和针对性不强的问题。

（五）逐步加强风险管理在税收征管中的重要性

2008年，为解决管理方式单一问题，降低管理风险，探索新的模式，进行机构改革，国家税务总局设立大企业管理司，承担对大型企业提供纳税服务工作，实施税源监控和管理，开展纳税评估，组织实施反避税调查与审计。2010年国家税务总局下发《关于开展税源专业化管理试点工作的指导意见》，决定在上海、江苏、安徽、河南、广东、青岛国税局和广东、山东地税局等八个单位开展试点，并在全国税务工作会上大力推进税源专业化管理，鼓励大胆尝试。在税收管理方面，提出要强化税源监控和评估，加强税收风险管理，实施信息管税，构建税收征管新格局，不断提高税法遵从度和税收征收率。2012年7月全国税务系统深化征管改革工作会议提出总体要求：构建以明晰征纳双方权利和义务为前提，以风险管理为导向，以专业化管理为基础，以重点税源管理为着力点，以信息化为支撑的现代化税收征管体系，努力达到提高税法遵从度和税收征收率，降低税收流失率和征纳成本的目标。

五、范文及分析

2010年××市国税局为排查税收风险点、强化税收管理、提高组织收入工作质量、规范税收执法行为、化解执法风险，编写了《××市国家税务局2010年1—7月份税收收入风险分析》。该篇分析通过提取综合征管软件系统数据、全市及各县区经济指标和企业财务报表数据、申报征收数据等信息，对当年全省、全市和10个县区局上半年宏观税负及前7个月分行业、企业的税收、经济数据和涉税信息进行对比分析，指出可能存在的风险点，并针对风险点对全市及各县区税收管理提出建议。该文的主要段落结构如下：

一、宏观经济税收情况分析及主要风险点

（一）经济税收对比分析

（二）主要风险点

（三）税收风险管理建议

二、一般纳税人数据分析及主要风险点

（一）分县区数据及分析

（二）分行业数据及分析

（三）重点行业数据及主要风险点

1. 农副食品加工业

2. 纺织业

3. 化学原料及化学制品制造业

4. 医药制造业

5. 电力、热力的生产和供应业

6. 批发零售业

三、小规模纳税人申报情况及主要风险点

四、个体双定户入库税款情况及主要风险点

五、临商税款入库情况及主要风险点

点评：这篇分析报告分为五个部分，分别从不同角度、不同层面对全市和各县区税收收入情况进行了比较分析，每部分均有分析表、风险点分析和建议，并在附件中将重点税源和非重点税源情况分列进行详细比较。该篇报告数据均来自征管系统，数据翔实，能够将各县区收入现状较为明显的展现出来，对各级税务机关加强管理，规避管理风险提供了依据。第一章先从全局角度来分析，运用宏观的分析指标站在全局的角度去发现风险点，从数据可以看出大部分县区税负比较低，有可能存在管理漏洞，没有全面掌握税源情况等问题。第二产业税收虽然有较大增长，但主要是受个别县区带动，部分县区第二产业税收明显慢于经济增长或与经济增长背道而驰，有可能存在对工业企业分析不透，存在新税源没有纳入管理或老税源存在漏税、欠税等问题。在查摆出可能存在的风险点后，提出要求和建议，如要求县区加强经济税收关系分析、收入质量的分析、税源状况分析，税收形势分析，及时发现、研究和解决组织收入中存在的问题和矛盾。针对问题突出的县区提出更加具体的要求和建议，如建议税负较低的县区对全县税收与经济进行全面分析，找出税负一直较低的根源，针对问题想办法，将经济的发展体现到税收收入上来。建议税负较低的县区对批零、金融、房地产等三个行业进行专项检查，分析是否存在管理不到位造成漏征或应征未征等情况。在分析全局情况的基础上，文章后四个部分按照纳税人规模展开分析，以第二部分对一般纳税人的分析为例，首先说明分析的对象、指标和目的，通过一般纳税人税收收入占总收入比重强调一般纳税人管理的重要性，并明确了将要分析的内容，就是对一般纳税人增值税税负进行综合和分行业的分析，来查摆目前管理中存在的问题和相应的解决措施。其次通过数据的展现分析目前现状。先是从总的情况看，全市一般纳税人税负同比提高，但重点税源税负要远远高于非重点税源税负。然后通过数据分县区、分行业和分企业类型展开分析各县区存在的一些共性和个体问题。最后，针对数据的分析结果提出可能存在的风险点并有针对性的对相关县区提出建议。对非重点税源企业税负远低于重点税源企业税负的县区建议加强管理，尽量缩小差距。对重点税源企业税负低的更要认真查找原因，切实避免人为因素影响税收收入的实现。总的来看，这篇分析层次清晰，数据来源方便，呈现出来的问题较为真实可靠，能够很好地帮助基层人员及时发现管理中可能存在的风险，以便采取有效的措施进行化解和规避。

上面的分析报告是一篇综合性的风险管理分析，在日常工作中我们还常常会对某一个行业或某几户企业进行微观的风险分析，这种分析针对性更强，能够细化到具体纳税人，给稽查部门和企业管理部门提供检查和管理的方向。下面就是一篇某县的一个基层分局编写的关于钢材经销行业的风险管理分析，其内容如下：

钢材经销行业税收风险管理分析

这里所说的钢材经销企业是指主要从事线材（含普线、高线、螺纹钢）和型材（含H型钢、工字钢、槽钢、角钢）等民用钢材经销的增值税一般纳税人。近年来，钢材行业成为增值税专用发票违法案件的重灾区，××省查处的增值税发票案件中，多数与钢材有关，该县也出现过销售人员虚开发票的违法案件，钢材经销行业也成为我们关注的重点。但经营方式和销售对象的不同，决定了不同类型企业的风险也不相同。下面以该分局所辖钢材经销行业为例，做一下分析。

一、基本情况

该分局现辖钢材经销企业主要有10户，2011年销售收入4.2亿元，实现增值税218万元，平均税负0.51%，各企业情况如表4-1所示：

表4-1

企业名称	销售额（元）	增值税税额（元）	税负
××实业有限公司	160 726 727.42	845 331.11	0.53%
××有限公司	13 736 511.66	136 741.74	1.00%
××商贸有限公司	123 973 266.53	247 688.83	0.20%
××物资有限公司	26 186 610.41	144 884.90	0.55%
××实业有限公司	5 597 398.30	33 814.51	0.60%
××物资有限公司	11 268 906.00	106 688.28	0.95%
××型钢有限公司	9 324 196.13	44 653.97	0.48%
××物资金属建材有限公司	38 711 595.12	347 789.65	0.90%
××金属材料贸易中心	17 322 631.47	180 547.77	1.04%
××物资有限公司	17 960 379.55	95 771.40	0.53%
合计	424 808 222.59	2 183 912.16	0.51%

从上表中可以看出，各企业收入与税负差别比较大，收入最大的达到1.6亿元，最小的只有500万，税负最高的超过1%，最低的只有0.2%。

二、经营风险和税负分析

在以上企业中，根据经营方式和销售对象的不同，可以简单分为三类：

一类是一级经销商，该类企业主要代理一家大型钢材生产企业（也有的附带销售其他生产企业的产品），销售对象是钢材经销企业，一般不直接面对终端用户。该类企业的业务流程比较简单，一般是接受客户的订单，然后办理提货手续，客户持提货手续直接到生产厂家提货。所以该类企业一般没有仓库，也没有实际库存，也不负责运输。货款的结算方面，向厂家购进都是预付款，销售时有预收也有应收，但即使是应收，期限也不长，资金结算比较及时，资金往来长期挂账的情况较少。由于该类企业可以根据市场价格确定是否接受订单，所以承担的经营风险较小（只有为了完成厂家的销售任务时，才会出现价格倒挂），但利润很低，一般每吨只有5～10元，在完成销售任务的情况下，每吨可获15元的返利（一般是在下月，通过发票上的折扣来兑现），两者相加，利润仍很低，所以税负也就很低。总的来说，该类企业的特点就是风险小，利润低，销量大。

二是单一销售对象企业，该类企业的销售对象是一家或几家大型工业企业，不对其他单位和个人销售。该类企业是根据合同来组织货源，因销售价格已经确定，所以购进价格就至关重要，合同执行期越长，市场变化就越难预测，风险也越大。该类企业一般从一级经销商进货，自己负担运费，一般是直接运到用户手中，但有时因用户原因，暂时不能卸货，所以有时有实际库存。另外，由于要根据客户的要求开具发票，所以发票的开具经常滞后，在企业根据发票的开具时间来作账务处理的情况下，会出现账实不符的情况。

在这里需要说明一下该行业的一个潜规则，由于大企业都实行招标的办法来确定价格和供货商，于是同时竞标的几个单位互相串通，抬高竞标价格，然后由中标单位给其他单位一定经济补偿。在这一规则下，该行业的名誉利润比较高，税负也较高，表中税负居前几位的都是这种情况。

三是多销售对象企业，该类企业的销售对象复杂，有大企业，也有小企业，有建筑商，也有个人，销售方式上有批发，也有零售，业务往来比较复杂，利润水平也不一样。该类企业一般都有一定的库存，存在较高的经营风险。由于有部分销售业务不需要开具发票，使得该类企业容易调节税负，税负一般集中在0.5%左右。

点评：由于是分局，管辖的纳税人特别是某一个行业的纳税人数量较少，更有利于开展微观的如行业性的风险管理分析，而且企业在同一管辖范围内，生产经营环境相同，可以通过各种指标的分析，得出相对客观的结论，还可以明确到纳税人，进行日后的强化管理或者检查，所以基层分局更应该经常性地进行微观的风险管理分析。就上面的分析而言，篇幅不长，行业也很单一，但通过分析，能够明确地得知每户纳税人的现状，再通过不同规模，不同类型的划分，可以直观地发现每户企业存在的管理风险。文章开篇就对要分析的对象和内容及原因进行了阐明，因为近年来，钢材行业成为增值税专用发票违法案件的重灾区，该县所在的省查处的增值税发票案件中，多数与钢材有关，该县也出现过销售人员虚开发票的违法案件，所以钢材经销行业也成为关注的重点。本文是对民用钢材经销的增值税一般纳税人按经营方式和销售对象，也就是按照不同类型的企业进行风险管理的分析。通过言简意赅的文字说明整篇分析的用意，起到画龙点睛的作用。文章第一部分同样以表格的形式将该分局所管辖的符合条件的每户纳税人的数据进行展示，从表中可以清楚地看出，虽然管辖的户数不多，只有10户一般纳税人，但企业规模和税负相差较大，而且并不是销售额大的企业税负就高，如表中第三户纳税人销售额过亿元，增值税税负只有0.2%，第6户纳税人销售额与其相当，增值税税负达到0.95%，明显高于第三户企业，这就是具体分析的重点。文章第二部分就对这10户纳税人根据经营方式和销售对象的不同，分为三类进行详细分析。第一类是一级经销商，该类型的纳税人销售的对象是钢材经销企业，一般不直接面对终端用户。通常没有仓库，没有实际库存，也不负责运输，一般按照订单生产。这类纳税人经营风险较小，但利润很低，一般是通过走量进行销售，所以销售收入较大，但税负较低，这也就把上面说到的第三户纳税人的风险点分析的比较清楚了。第二类单一销售对象企业的销售对象是一家或几家大型工业企业，通常根据合同来组织货源，由于市场变化难以预测，所以合同执行期越长，风险也越大。这类纳税人会出现账实不符的风险，同时由于行业潜规则的存在，虽然其税负较高，但在日常管理中要把这类纳税人作为加强监管的主要对象。第三类是多销售对象企业，该类企业一般都有一定的库存，存在较高的经营风险。税负一般集中在0.5%左右，这类纳税人由于有部分销售业务不需要开具发票，使得该类企业容易调节税负，在日常管理中也要加强这个类型纳税人的管理特别是发票管理。从整个分析可以清晰地看出每类纳税人的特征和存在的风险，有利于下一步有针对性地采取措施防止税收管理风险的发生，是一篇比较典型的微观税收风险管理的分析。

第五节 税收预测分析

税收预测分析就是对预测方法的文字体现，也是对预测结果的论据陈述。它是在翔实掌握经济税收数据的基础上，对税收发展趋势的预见，是实现税收统筹能力的途径。

一、定义与意义

税收预测是以政府宏观调控政策为指导，以充分掌握影响税收收入变化的因素和税收历史资料为基础，运用数理统计和逻辑思维等方法，对未来税收收入的发展趋势进行预估、测算和推断。它是税源管理的重要组成部分，是提高税收收入工作主动性和预见性，实行科学决策、科学管理的重要手段。

税收预测分析的目的是准确判断经济发展和税收收入形势，指导组织收入，为税收决策提供科学依据，促进税收的征收管理，发挥税收监督职能。税收预测分析是对预测结果的说明与检验，也是事前反映和监督税源、税收变化的有效方法，可为针对性地开展税源监控、税收征管、纳税评估和税务稽查提供参考。

二、内容与分类

税收预测的内容包括预测经济税源发展变化、预测税收计划完成进度、预测税收政策实施情况、预测税收管理措施的落实效果。

（1）预测经济税源发展变化。根据国民经济统计资料和专题材料以及经济主管部门提供的情况，预见经济税源的发展势态，包括工农业生产发展速度、主要工农业产品产量、产品价格、销售额、社会商品零售额、社会的购买力情况等。

（2）预测税收计划完成进度。根据税收统计资料，在对经济税源发展势头准确预测的基础上，对税收收入在预测期可能达到的水平及完成税收计划目标的可能程度作出推测，从而便于采取对策，确保计划目标的实现。

（3）预测税收政策实施情况。在深入调查研究的基础上，预测税收政策对于调节生产、流通、分配和消费的作用及其效果，以便及时提供政策实施的反馈信息，为领导决策提供依据。

（4）预测税收管理措施的落实效果。根据不同时期不同地区所采取的加强税收征管的措施、办法来预测其作用和效果，从而揭露矛盾，发现优劣，促进征管水平的提高。

税收预测分析可从宏观和微观两个层面进行。宏观预测分析是运用税负比较、弹性分析等手段，对税收总量、税种、行业等宏观领域税收与经济总量的关系进行分析研究，综合税收政策因素和税收征管因素，测算总体税源的纳税能力。微观预测分析是以具体纳税人为对象，对纳税人生产经营活动和税款缴纳情况进行调查，对纳税人的财务指标和税源指标变化趋势进行分析，预测区域税收形势。预测分析的种类按性质可分为定性预测分析和定量预测分析；按时间可分为长、中、近期预测和短期预测分析；按对象可分为总量预测分析和单项预测分析；按范围可分为全面预测分析和局部或区域预测分析。

当前各级国税机关定期开展月度、季度、年度税收预测，税收年度预测、季度预测和月度预测是制订年度、季度和月度税收计划的依据。年度预测除年初上报本年度计划建议以外，分别在 9 月份、10 月份、11 月份和 12 月份上报；季度预测分别在 1 月份、4 月份、7 月份上报；月度预测分别在上旬、中旬随同旬报上报。对预测过程中出现的重大增减收因素、一次性因素、同比负增长因素以及税收政策变动因素应形成预测分析报告一同上报。

三、流程与方法

（一）流　程

税收预测分析工作的基本流程是：确定预测目标和预测期限——数据资料的收集、筛选和初步分析——确定预测方法、模型——开展预测分析、形成预测结果——根据素材和写作目的构思结构——撰写分析报告。

数据资料的收集既包括收集历史资料，也包括调查资料；既有数据资料，又有文字资料。这样可使预测建立在丰富、确凿的信息基础上，从而保证预测结果的准确可靠。数据资料的筛选即对所搜集到的资料在使用之前进行认真的整理和审核，以保证资料的准确性、系统性、完整性和可比性，从而使数据在质量方面得到可靠保证。初步分析即对经过审核和整理后的资料研究其结构的稳定性，从而为选择适当的预测方法、模型奠定基础。

（二）方 法

税收预测方法包括税收调查预测法、宏观税负与税收弹性预测法、滚动预测法、税收趋势预测法、税收回归预测法。

1. 税收调查预测

税收调查预测是通过对税源的调查取得经济税收数据资料进行定性分析预测税收的发展趋势的一种方法，通常有抽样调查和重点调查两种预测方法。抽样调查预测就是从全部税收调查对象中，抽取部分具有普遍性和代表性的企业进行调查，通过对抽样企业的经济税收的增减变化趋势进行分析找出税收发展变化的一般规律，对税收收入形势进行定性预测。重点调查预测就是通过对税收总规模中起决定作用的重点税源的生产经营指标和税收数据进行分析，根据其同期、本期、预测期间的规模、结构、增减、进度等变动情况，分析测算出重点税源税收收入预期值，进而预测税收总量及变化趋势。此方法尤其适用于县级税务机关。

2. 宏观税负与税收弹性预测

宏观税负与税收弹性预测是通过运用时间序列平均增长的原理，用宏观税负和税收弹性两个指标进行简单的税收收入预测的一种方法。本办法应满足三个前提：一是事先能够较为准确地预测相关的国民经济发展指标，如GDP、规模以上工业增加值、规模以上工业企业利润、社会消费品零售总额等；二是能够较为准确地评价税收征管、稽查等对税收征收效率的影响；三是经济指标与税收收入之间存在客观联系，并且是经过历史经验数据验证的。

GDP税收负担率预测方法：以本年预计实现的GDP值和上年的税收负担率为依据，预测本期税收收入。其计算公式为：

本年收入＝本年度GDP预计值×上年税收负担率

弹性系数预测方法：以上年税收收入为基数，根据上年税收与GDP的弹性系数来确定本年税收增长系数，预测本年税收收入。其计算公式为：

本年收入＝上年收入×(1＋税收增长系数)

税收增长系数＝本年GDP计划增长率(工业增加值率等)×税收弹性系数

税收弹性系数＝税收增长幅度/GDP增长幅度

3. 滚动预测

滚动预测是预测近期活动发展态势常用的预测方法。按照预测期间长度的变化与否来分类，有两种基本形式：一种是给定固定长度的预测期间的不断递推，来实现滚动预测，即预测期间总的长度根据需要是给定不变的，随着近期活动的完成，再加一个单位的预测期间继续向前预测；另一种是预测期的终点是给定的，随着近期活动的不断实现，预测的期间也不断地缩短，在已实现数据的基础上修正预测参数，继续滚动预测其余期间的态势。

4. 税收趋势预测

税收趋势预测是利用税收收入完成指标所组成的时间数列资料所反映的发展趋势和发展速度，进行外推和延伸，预测未来税收收入水平的一种预测方法，又叫时间数列分析法，主要有平均发展速度预测法、移动平均预测法、指数平滑预测法和线性趋势预测法。

平均发展速度预测法，是通过计算整个税收收入时间序列的平均发展速度，以此发展速度乘以预测期上一期的税收数值所得结果，作为预测期税收数值的一种方法。

移动平均预测法，是对平均发展速度预测法进行修正后的一种方法，考虑时间序列的趋势性和周期性，一定程度地消除不规则、随机的因素影响，对给定固定长度的时间序列，每次移动地求出平均发展速度，用以预测下一期税收数值。

指数平滑法，从移动平均预测法演变而来，是加权移动平均预测法的一种，它对整个时间序列分别给予不同的权数进行加权平均，即对不同时间点的数据作不等权处理。本期预测值加上误差修正值（平滑指数乘以本期预测误差）即为下一期预测值。只要知道本期的实际值和预测值即可预测下一期税收。

线性趋势预测法，又叫直线趋势预测法，在变量和时间之间基本存在线性联系的基础上，通过收历史时期的时间序列资料求得趋势直线 $Y=aX+b$，用直线斜率 a 表示增长趋势，利用趋势直线的延伸外推求得预测值。

5. 税收回归预测

税收回归预测是利用从一个变量的变化去推断另一个变量的变化的一种回归分析预测方法。通常包括一元回归预测和多元回归预测。

一元线性回归预测法是分析一个因变量与一个自变量之间的线性关系的预测方法。根据因变量税收收入、工业增值税、商业增值税、企业所得税等指标的不同，自变量可选择GDP、规模以上工业增加值、社会消费品零售总额、规模以上利润总额等指标。通过一元线性回归模型得出回归预测方程，带入预测期自变量值即可得到因变量预测值。

多元回归预测法是在确定两个或两个以上的自变量和因变量之间的相关关系的基础上，建立回归数学模型，用以进行预测的一种预测方法。首先运用因素分析法全面考虑影响税收收入的各因素（如 GDP、规模以上工业增加值、社会消费品零售总额、规模以上利润总额、进出口贸易总额、财政支出、税收政策变动影响、征管稽查因素影响等），然后进行简单的相关分析，按照变量间是否有较强的线性关系进入回归方程，最后通过逐步回归法确定影响税收收入的主要因素，进行相应的回归分析。

四、数据准备工作

做好税收预测分析工作，需要建立在强大的数据基础之上。

一是建立经济税收数据档案。经济税收数据是研究测算未来税收增减趋势的基本资料，是统筹规划税收形势的数据基础。日常工作中可充分利用统计年鉴和国税年鉴，对历年来的经济税收数据进行建档保存，将本地区 GDP、规模以上工业增加值、社会消费品零售总额、企业利润总额完成情况，以及年度税收总额、分税种、分行业、分级次、分县区完成情况等数据通过表格形式进行统计，保障经济税收数据使用的连续性和一致性，为开展税收预测、分析工作提供翔实资料，为全面掌握税收形势奠定数据基础。

二是汇编历史重点税源数据。为减少重点税源调查工作中的重复劳动，保证重点税源数据的连续性，最好将近几年重点税源企业资料汇编成册，选取本地区具有行业代表性的企业，将其基本资料和主要的经济税收指标整理建档，以后逐年更新续存，使其成为领导和从业人员的手边工具书，同时也为加强重点税源管理分析提供有力数据支撑。

三是实时管理当期重点税源数据。对影响全局的重点税源企业实行动态化账簿管理，对其经济税收数据及时统计入账，从中发现经济税源运行中的问题，为针对性地开展税源调查分析和税收分析提供支持。

四是常态化内外部信息交流。系统内部，通过邮件、电话、会议等形式充分交流信息，及时掌握税源发展变化。外部相关部门，主动加强联系，建立数据信息互换平台，了解各部门的最新数据，及时把握经济税源发展变化。选取企业，进行有必要的税源调查。通过微观税源发展变化了解企业经营情况、行业情况、市场需求变动等，由点及面，掌握最前沿的经济运行趋势，为全面掌握全局组织收入形势提供保障。

五、预测方法举例[1]

前面介绍了滚动预测方法的两种形式，考虑税收收入按年度计划和考核的需要，选择第二种形式的预测较为合适。以 1999 年度为例，对其分月的税收收入进行预测。其基本思路和步骤是：

第一步，计算税收月分布经验曲线。首先用 1996 年、1997 年、1998 年 3 年各月税收的平均数求出经验分布曲线，其目的在于消除个别月税收收入变化的超常波动。将计算出的各月平均数除以合计数求出各月的分布系数，再将 1998 年的总收入乘以分布系数，对 1998 年的总收入按月进行重新分配，形成 1998 年的经验分布曲线。1996—1998 年分月税收收入分布如表 4-2 所示。

表 4-2　　1996—1998 年分月税收收入分布表

月份	1	2	3	4	5	6	7	8	9	10	11	12
1996 年	501	347	485	549	522	593	548	479	506	571	539	800
1997 年	568	405	593	649	608	756	653	541	592	681	615	888
1998 年	611	483	630	694	628	849	668	588	716	773	807	1 105
平均	560	412	569	631	586	733	623	536	605	675	654	931
分布	0.075	0.055	0.076	0.084	0.078	0.098	0.083	0.071	0.080	0.090	0.087	0.124
调整	637	469	648	718	667	834	709	610	688	768	744	1 059

第二步，计算已实现税收（1—7 月）增长的权重：$(12-5)/12=0.583\,3$

第三步，计算已实现税收（1—7 月）的增长比率：$5\,864/4\,682=1.25$

第四步，计算综合增长系数。1999 年上半年全国 GDP 增长 7.6%，1—7 月份全国工业增加值比上年同期增长 9.4%。综合各项因素，保守估计，下半年的经济增长预期分高中低 3 种情况，8%、7.5%和 7%。实际税收增长和预期经济增长加权后，综合增长系数分别为：

$$高=(1-0.583\,3)\times(1+8\%)+0.583\,3\times1.25=0.45+0.729\,1=1.179\,1$$

[1] 摘自焦瑞进的《税收收入分月滚动预测模型》。

中＝(1－0.583 3)×(1＋7.5％)＋0.583 3×1.25＝0.448＋0.729 1＝1.177 1

低＝(1－0.583 3)×(1＋7％)＋0.583 3×1.25＝0.445 9＋0.729 1＝1.175

由于剩余月份的减少，经济增长成分的权重降低，经济增长对综合增长系数的影响不是很大。

第五步，计算 1999 年未实现（8—12 月）的税收。由于 1999 年与 1998 年相比，税收政策未作大的调整，有关税率的增长变化近似为 1。

分高中低 3 种情况预测，1999 年的税收收入分别为 10 426 亿元、10 420 亿元或 10 411 亿元，如表 4-3 所示。

表 4-3

月份	1	2	3	4	5	6	7	8	9	10	11	12	合计
高	818	569	812	949	800	1 026	890	719	811	906	877	1 249	10 426
中	818	569	812	949	800	1 026	890	718	810	904	876	1 248	10 420
低	818	569	812	949	800	1 026	890	717	808	902	874	1 246	10 411

上述预测结果，是在一种简单的纯经济数据基础上产生的，未考虑税收收入计划的因素和税收政策调整的微小变化。如考虑到税收收入计划的拉动作用，这一结果会有偏差。

由于 1999 年税收收入增长计划与前几个月已实现的收入的增长状况相比偏低，各地在完成 1999 年税收收入计划后，有可能主观地为下一年的税收计划留有余地，从而会影响预测收入的实现。另一方面，1998 年税收增收 1 003 亿元，有清缴欠税 200 多亿元和限制期初存贷已征税款的抵扣等人为征管因素，而这两项措施在今年不会再不折不扣地重演，再加上 1999 年出台的允许企业按固定资产投资的一定比例进行企业所得税抵免的政策，会影响企业所得税收入的减少。因此，如果 1999 年的经济增长没有大的突破，1999 年的税收收入最终不会超过 10 400 亿元，预计会在 10 100 亿～10 200 亿元之间。

第六节　税收会计分析

一、税收会计分析的定义

税收会计分析是以税收会计核算资料为主要依据，运用科学的分析方法，对税收资金运动过程及其结果进行综合、全面的研究和评价，揭示税收工作的成绩和问题及其原因，并提出改进措施，它是税收会计核算的延续。积极开展会计分析，对于充分发挥税收会计的反映和监督作用有着十分重要的意义。

二、税收会计分析的对象与内容

（一）税收会计分析的对象

税收会计是国家预算会计的一个重要组成部分，是核算与监督税收资金运动的一门专业会计。它是以直接负责税款征收、入库业务的税务机关为会计主体，以货币（人民币）为计量单位，运用会计核算的基本原理和方法，对税收资金及其运动进行连续、系统、全面、综合地核算与监督，为税收决策及时、准确地提供信息资料，以保证税收政策法规的正确执行和各项应征税款及时、足额入库的一种税收管理活动。这一概念的内涵包括以下几层含义：

（1）税收会计的主体是直接负有组织税款征收与入库职责的税务机关；

（2）税收会计的客体是税收资金及其运动，其具体内容包括应征税金、待征税金、待解税金、在途税金、入库税金、减免税金、欠缴税金、提退税金和损失税金等；

（3）税收会计的基本职能是对税收资金及其运动进行核算和监督；

（4）税收会计还具有反映税收政策的作用，如税收会计科目的设置反映出税收政策的现状，而科目设置的改动在大多数情况下反映了税收政策的变动。

（二）税收会计分析的内容

税收会计分析是会计核算管理工作的最后一个环节，也是会计管理的最高阶段，在这个阶段，会计分析利用会计核算的结果研究分析税收资金运动的特征，提出税收资金运动过程中可能存在的问题，并揭示问题的成因，提出辅助决策建议。税收会计分析主要围绕税收会计核算的内容展开。其具体内容主要有：

1．应征税金分析

主要对分析期内实现的税金总量，分地区、分税种与基期对比，与应征税金总额对比，以了解各地区、各税金总量变动规律与发展趋势。

2．欠缴税金分析

主要对分析期内应缴未缴的税款，分地区、分税种与基期对比，与欠缴税金总额或应征税金相对比，通过增长率和应征欠缴率掌握欠缴税金各构成部分的变动情况及对欠缴税金总量的影响程度，为及时控制和清理欠缴提供依据。

3．减免税金分析

主要对分析期内的减免税款，分地区、分税种、分减免性质与基期对比，与减免总额和应征税金对比，掌握减免税金的变动趋势和影响减免税金变动的主要因素。

4．在途税金分析

主要分地区与应征税金相比，并结合税款在途时间对分析期内的在途税金进行分析，以了解在途税金是否正常，是否存在占压税款现象，以便采取措施，加快税款入库速度。

5．提退税金分析

主要分析各地区、各税种和各种不同性质的提退税金变化情况和各构成部分对提退税金总量的影响程度，以及提退税金占应征税金的比重变化情况。

6．入库税金分析

入库税金是税金运动的终点，它是应征税金减去税金运动过程中所发生的减免税金、欠缴税金、待解税金、损失税金、在途税金和提退税金后的余额。保证各项应征税金及时足额入库，是税收管理工作的主要任务。所以，对入库税金进行分析，实质上是对税金运动各环节的综合分析，是税收会计分析的核心。它对于评价税收管理工作和分析税收收入计划完成情况有着极为重要的意义。入库税金分析除按地区、按税种与基期和应征税金进行对比分析外，还需要进行因素分析，即将应征税金、减免税金等各种税金作为影响入库税金的各个因素，分别计算每个因素对入库税金的影响方向与程度，从而找出影响入库税金变化的主要原因。此外，还常常将它与在途税金相比较，以分析在途税金的入库速度。

三、税收会计分析的作用与意义

税收会计分析的作用与意义在某种程度上通过税收会计来反映，因为税收会计分析本身就是税收会计的组成部分。其作用与意义主要有：

（一）完整反映

完整、及时、真实地反映税收业务活动。在税收会计核算的基础上，通过分析完整地反映税收业务活动中能够用税收资金表现的各个方面，如申报税款、征收税款、检查补税、罚没款项、减免税款，等等。

（二）真实披露

税收会计本身就具有披露组织内部经济信息的功能。利用会计核算独特的方法，认真执行各项税收法规、国家预算管理制度、国家金库制度、税收会计制度及其他财经纪律，通过会计核算和会计检查，真实披露有关税收资金运动的信息。那些不能通过观察账目一目了然的、隐藏其中的问题，必须通过税收分析予以揭露。通过深入剖析，找到问题之所在和问题的成因。

（三）保证核算客体的安全

监督税款及时、足额入库，保护国家税款的安全完整。凡税款皆属国家所有，应及时、足额缴入国库，任何单位和个人都不得延误、积压和占用。通过税收会计分析，为各级税务主管部门及时提供税收资金运行状况。通过对税收资金的严密跟踪、反映和监督，保护其安全完整。

（四）保证税收计划的准确制定和顺利完成

编制税收计划必须切实掌握税收收入的有关历史资料，而税收会计所反映的正是关于税收收入成果和税收收入过程的全面历史信息，这些信息是准确制定税收计划的重要依据；同样，通过对这些信息的分析，可以及时掌握税收计划的完成进度，发现差距，以便采取必要的征收管理措施，确保税收计划的完成。

四、税收会计分析的特点

税收会计分析的特点在某种程度上与税收会计本身的特点相联系，主要有以下三个：

（1）逻辑严密。税收会计自身所具有的逻辑严密性决定了税收会计分析必然具有这个特点。税收会计将税收资金分为两形态、三阶段、四环节。两形态指税收资金来源和占用形态，三阶段指申报、征收和入库阶段，四环节指纳税申报、开票收款、上解税款和办理税款入库环节。在将资金分类的基础上，再以相互关联的账户和报表体系，将各种会计要素有机地结合在一起。循着会计核算的这个严密过程，税收会计分析也具有了逻辑严密的特点。

（2）专业性强。税收会计分析以会计核算为基础，因此其分析方法、分析语言、分析结论都显示出与会计学以及税收会计紧密联系、专业性强的特点。如应征税金、欠缴税金、入库税金分析是典型的税收会计语言。

（3）集中分析税收资金运动特征。税收会计分析始终围绕税收资金运动的过程和结果进行，不像计划、统计、宏观分析那样以经济指标为分析和对比的基础。税收资金运动有四大特点：一是税收资金形态的转化不像企业资金那样与实物形态的转化相联系，它只表现为现金流量在不同运动阶段上的不同形态，强调的是货币资产在空间位置上和在所有权上的转移；二是税收资金运动的阶段划分不像企业资金那样明显；三是税收资金运动不会增值；四是税收资金运动不存在循环与周转。税收会计分析也正是针对税收资金的这些特征分析税款是否及时、足额入库实现所有权的转移，分析税收资金存在形式的合理性等。

（4）重视微观分析。由于会计主要是针对企业经营行为进行核算，会计分析也以企业分析为中心，所以会计分析主要反映税收与微观经济的关系。

五、范文及分析

该题材的分析可以作为调研分析，总体分析资金管理的现状，存在的问题和提出建议，也可作为评价税收质量的一部分。下面以××市国家税务局编写的《浅析税收资金安全方面存在的问题及建议》和《××省 2008 年税收收入质量评价报告》来介绍税收会计的分析。《浅析税收资金安全方面存在的问题及建议》的总体结构如下：

浅析税收资金安全方面存在的问题及建议

税收资金是指税务部门组织征收的各项收入，包括各种税款、非税收入、附加费、基金等。一般来说，税务机关组织征收的各项收入都要先后经过纳税申报、开票征收、上解入库等三个环节，而在税收资金的整个流动过程中存在着税收资金管理风险，它是由征纳双方关系及税务管理的特点和内涵决定的。本文从税收资金申报、征收和入库三个阶段入手，结合基层日常工作实际，就税收资金运动过程中存在的一些系统内外风险隐患进行简要分析，提出加强管理监控的具体举措，以期达到进一步夯实税收征收管理行为，确保税收资金安全有序，提高税收收入质量的目的。

一、税收资金安全的分析背景及现状

二、目前税收资金管理中存在的问题与成因

（一）税金申报阶段主要存在系统外风险隐患

第一，信息采集方面，大量涉税信息尚未被采集和整理。

第二，税源管理方面，注重静态管理，忽视动态管理。

第三，政策方面，部分政策的实施导致一些征管风险的存在。

第四，减免税方面，存在具体管理措施不严的现状。

（二）税款征收阶段主要存在系统内风险隐患

第一，有的地方人为调节税收收入进度，提前或延缓征收税款，影响税收的真实性。

第二，税务人员管理不严，纳税人的税收遵从度不高。

第三，税收票证管理中尚有执行不到位的地方。

第四，税务稽查查补运用不当。

（三）税款入库阶段，风险因素内外交困

一是代扣代缴单位延压税款。

二是征收机关滞留税款。

三是代理国库经收业务的商业银行积压延解税款。

四是国库延压税款及其他问题。

三、对税收资金安全管理的相关建议

（一）对申报阶段税收资金安全管理的建议

一是规范征收，深化税源专业化管理。

二是强化数据分析，降低税收资金安全风险。

三是严格审批，严防违反规定提前征收和延缓征收。

四是要严格欠税管理，做好防欠、清欠工作。

五是要严格减免税管理，正确贯彻和落实国家税收优惠政策。

（二）对征收阶段税收资金安全管理的建议

一是严格事前防范，抓好税款基础信息质量。

二是规范事中执行，按规定及时足额征收税款。

三是狠抓事后追缴，提高税收征管质量。

四是严格税收票证管理，防范票证违规行为。

（三）对入库阶段税收资金安全管理的建议

一是做好与国库的对账工作。

二是加强部门协作。

三是完善代征流程，将委托代征纳入综合征管软件系统中管理。

四是严格执行税款退库制度。

（四）弱化系统外风险因素，强化系统内安全机制

一是利用各种途径获取有效信息，弱化系统外风险因素。

二是强化税务日常管理，降低系统内风险隐患。

点评：该文是通过对整体税收资金运转过程进行调研后形成的一份很有参考价值的报告。该文首先说明了分析的对象、内容和目的，就是以税收资金运动过程中存在的一些系统内外风险隐患为对象，以税收资金申报、征收和入库三个阶段为内容，结合基层日常工作实际，通过简要分析，提出加强管理监控的具体举措，达到进一步夯实税收征收管理行为，确保税收资金安全有序，提高税收收入质量的目的。文章的第一部分为编写背景和被分析对象的现状，通过对税收资金的介绍，明确了对资金安全进行分析和加强日常管理的重要性。第二部分通过调查研究，从税金申报阶段、税款征收阶段和税款入库阶段分别展开分析了系统内外存在的隐患和成因，风险点简明扼要，成因分析得较为具体，能够系统

全面地说明目前税收资金在整个流转过程中存在的问题。第三部分根据存在的问题提出相应的建议，并且每条建议都详细说明应该如何整改落实，针对性和可操作性较强，便于各级税务机关制定相应的措施来加强税收资金的安全管理。

上面的例文是对整体税收资金运转情况的分析，而《××省 2008 年税收收入质量评价报告》是通过具体数据进行税收会计分析，作为反映收入质量的重要指标。文中第二部分就采用了新欠发生率、应退税款退库率、往年陈欠增减率、正常申报率、查补税款入库率和误收退税率等多项税收会计的客体作为评判指标。文章第四部分对各指标展开分析，利用相关数据反映出各地区间的差异。该篇分析采用收入质量的指数评价法，在指标分析的基础上，将各项指标标准化，以标准化后的全省平均水平为基础，考察各地相对于全省平均水平的位置，计算该指标的相对分值，汇总各指标的分值得到单一指标，即合成指标，并以此对各地区的收入质量进行总体评价。《××省 2008 年税收收入质量评价报告》的部分内容摘录如下：

实际运用中也可以直接根据指标的实际数值对收入质量作出判断，如新欠发生率实际数值越小说明该地区征管能力越高，从新欠发生率可以看出新欠发生率最低的市只有 0.01%，其最终得分也最高。目前，各级税务机关对税收收入质量的关注度日益提高，税收资金运转的质量正是税收收入质量的重要组成部分。因此，税收会计分析将会越来越多的运用到税收收入质量评价当中。税收收入质量评价指标如表 4-4 所示。

表 4-4　　税收收入质量评价指标

项目	序号	名称	公式
宏观层面	1	工业增值税弹性系数	工业增值税税源增长/工业增加值现价增长
	2	商业增值税弹性系数	商业增值税税源增长/批发零售总额增长
即期收入	3	新欠发生率	当年新增欠税/当年应征
	4	应退税款退库率	当年实际办理退库税额/当年审核通过的应退税额
微观层面	5	增值税行业税负综合指数	（地区行业税负/全省平均税负）×（地区行业销售收入/地区销售收入）
	6	所得税行业利润率综合指数	（地区行业利润率/全省平均利润率）×（地区行业营业收入/地区营业收入）
参考指标	7	工业增值税和工业用电量系数	工业增值税税源增长/工业用电量增长
	8	往年陈欠增减率	（报告期往年陈欠－基期往年陈欠）/基期往年陈欠
	9	增值税零负申报面增减率	（报告期零负申报面－基期零负申报面）/基期零负申报面
	10	所得税亏损面增减率	（报告期亏损面－基期亏损面）/基期亏损面
	11	所得税查账征收面	查账征收户数/（查账征收企业户数＋核定征收企业户数）
	12	所得税预缴率	所得税预缴收入/（所得税预缴收入＋所得税汇缴收入）
	13	正常申报率	正常申报税额/（正常申报税额＋查补税额＋评估税额＋其他）
	14	查补税款入库率	查补入库税额/查补应征税额
	15	误收退税率	发生误收退税户数/一般纳税人户数

表 4-5　　新欠发生率

地区	应征税金	本年欠税	新欠发生率	标准化数值	得分	最终得分
A 市	5 141 148	15 848	0.31	0.618 0	0.888	0.618 0
B 市	4 378 425	1 470	0.03	0.970 1	1.393	0.970 1
C 市	1 818 434	5 697	0.31	0.611 6	0.878	0.611 6
D 市	2 053 429	16 231	0.79	0.000 0	0.000	0.000 0
E 市	6 127 775	14 572	0.24	0.708 3	1.017	0.708 3
F 市	1 643 537	5 101	0.31	0.615 3	0.884	0.615 3
G 市	608 048	979	0.16	0.806 8	1.159	0.806 8
H 市	925 761	95	0.01	1.000 0	1.436	1.000 0
I 市	759 928	2 537	0.33	0.585 2	0.841	0.585 2
J 市	1 077 757	1 367	0.13	0.850 6	1.222	0.850 6
K 市	971 266	1 814	0.19	0.773 8	1.111	0.773 8
L 市	1 296 536	1 334	0.10	0.881 3	1.266	0.881 3
M 市	336 260	61	0.02	0.989 9	1.422	0.989 9
合计	27 138 303	67 106	0.25	0.696 2	1.000	—

说明：新欠为待征税金中“本年新欠”发生额，应征税金为“应征税金”科目中的当年发生额，数据来源均为征管信息系统。

新欠发生率是反映即期收入质量的指标。新欠发生率越低，说明当年应征税金中形成的欠税越少，税务部门内部的征管能力越高。考察各地的新欠发生率，是希望各地能够进一步加强欠税管理，保证税款及时足额入库。

退库率越高，说明当期的税收收入水平较为客观，后期的收入压力相对较小，当期的收入质量相对较高。考察退库率，就是要求各地要坚决落实组织收入原则，防止个别地区为保收入增长而可能出现的应退不退的问题。为了使退库率的比较能够反映真实情况，实际退库税金和应退库税金不包含出口退税和误收退税。应退税金退库率如表 4-6 所示。

表 4-6　　应退税金退库率

地区	2008 年应退税金	2008 年已退税金	退库率	标准化数值	得分	最终得分
A 市	310 906.1	307 218.6	98.81	0.816 7	1.258	0.720 4
B 市	184 361.9	181 812.1	98.62	0.760 6	1.172	0.670 9
C 市	25 923.8	25 620.8	98.83	0.821 7	1.266	0.724 7
D 市	109 983.0	109 902.1	99.93	1.133 7	1.746	1.000 0
E 市	274 632.8	265 823.5	96.79	0.240 7	0.371	0.212 3
F 市	60 034.3	57 601.5	95.95	0.000 0	0.000	0.000 0
G 市	20 302.6	20 192.4	99.46	1.000 0	1.540	0.882 1
H 市	32 230.9	32 000.8	99.29	0.951 2	1.465	0.839 0
I 市	21 178.9	20 986.5	99.09	0.895 8	1.380	0.790 2
J 市	59 301.0	57 809.6	97.49	0.438 1	0.675	0.386 4
K 市	52 474.8	52 037.0	99.17	0.916 9	1.412	0.808 8
L 市	51 690.2	50 779.5	98.24	0.652 7	1.005	0.575 7
M 市	16 373.6	15 979.3	97.59	0.468 7	0.722	0.413 4
合计	1 219 393.9	1 197 763.6	98.23	0.649 2	1.000	—

说明：应退税金指按照政策规定，经审核通过应办理退税的金额，不包括出口退税和误收退税。已退税金指经审核通过后实际办理的退税金额，数据来源为征管信息系统。

往年陈欠增减率是反映即期收入质量的指标。往年陈欠增减率越高，说明清理欠税的力度越大。考察往年陈欠增减率，是希望各地不仅要控制新欠的发生，同时也要采取各种措施清理欠税，创造公平的税收环境。

表 4-7 往年陈欠增减率

	2007 年初余额	2008 年末余额	增加率	标准化数值	得分	最终得分
A 市	12 218.2	10 152.4	−16.91	0.185 4	1.271	0.185 4
B 市	8 325.0	7 690.2	−7.63	0.077 0	0.528	0.077 0
C 市	6 580.6	6 097.6	−7.34	0.073 7	0.505	0.073 7
D 市	13 482.2	11 858.3	−12.04	0.128 6	0.882	0.128 6
E 市	5 974.1	3 702.2	−38.03	0.432 1	2.963	0.432 1
F 市	2 901.3	387.3	−86.65	1.000 0	6.856	1.000 0
G 市	929.0	914.5	−1.56	0.006 2	0.042	0.006 2
H 市	136.2	51.8	−61.99	0.712 0	4.881	0.712 0
I 市	4 577.1	4 219.5	−7.81	0.079 2	0.543	0.079 2
J 市	2 346.8	2 322.5	−1.03	0.000 0	0.000	0.000 0
K 市	2 285.4	2 172.7	−4.93	0.045 5	0.312	0.045 5
L 市	2 994.5	2 778.6	−7.21	0.072 2	0.495	0.072 2
M 市	2 054.8	1 864.4	−9.26	0.096 1	0.659	0.096 1
合计	68 417.8	59 166.9	−13.52	0.145 9	1.000	—

说明：往年陈欠为待征税金中“往年陈欠”余额，数据来源均为征管信息系统。

第七节 税收统计分析

一、税收统计分析的定义

税收统计分析，是指根据政府的经济政策和税收政策，按照科学的理论和统计分析方法对通过调查搜集的国民经济和社会发展情况，以及税源和税收收入情况等统计资料的加工整理，进行系统、定量地分析研究，阐明问题产生的原因，揭示这些现象的本质及其规律性，提出解决问题的办法，为各级领导决策提供参考。由此可见，税收统计分析是一种税收管理活动。它对税收收入的主要特征以及税收与各种经济现象的关系从量化角度进行分析，然后得出结论，并提出可供决策参考的政策建议，最终形成分析报告。税收统计分析是统计信息、咨询、监督整体功能的集中体现，是税收统计全过程的一个重要方面，也是税收统计的最高阶段。

二、税收统计分析的对象和内容

税收统计的基础任务是进行统计调查、统计整理、统计分析，提供统计资料，实行统计监督，反映经济税源发展变化情况和税收政策的实施效果，为研究制定国家税收政策，编制和检查税收计划服务。其具体任务有以下三个方面：

（1）研究建立税收会统报表指标体系，正确反映税收的规模、水平和构成，研究各个时期、各个地区税收分税种、分经济类型的发展变化，相互间的比例关系及其规律性，为国家及时了解税收的收入状况，有计划地组织财政收入，编制和检查监督税收计划执行情况提供依据。

（2）根据国家经济政策，通过对税务统计资料的搜集和整理，研究税收在宏观经济调节中所发挥的作用，为国家制定和检查税收政策提供依据，同时也为各级领导机关了解情况，指导工作和研究政策，提供各项统计调查资料。

（3）通过税务统计资料的分析，及时反映有关经济活动的动态和规律性，对税收活动进行统计监督，为加强税收的征收管理工作提供决策信息。

三、税收统计分析的作用和意义

（1）满足市场经济条件下税务管理决策对决策信息的需求。市场经济的基本特征之一就是决策的民主化。搞好税收统计分析可以提高计划性和预见性，满足实行科学决策、科学管理的要求。通过统计分析监督反馈各项税收政策的实施效果和揭示存在的差异的原因，为决策者科学决策提供可靠的咨询建议。

（2）分析社会经济发展变化对税收的影响。税收来源于经济，又反作用于经济。通过税收统计分析，不断提高对税收的认识深度、精度和广度。根据经济发展变化的趋势，利用税收与经济发展的关系，指导组织收入工作。反过来，利用经济与税收的关系，适时提出促进经济发展的税收政策。

（3）研究税收领域的发展规律和税务效益。搞好税收统计分析有利于促进税务统计改革和税务统计科学研究的发展，有利于促进税务统计理论和统计方法的变更，逐步实现税务统计工作的现代化。

（4）发挥统计的整体功能。搞好税收统计分析是充分发挥税务统计整体功能，广泛参与决策，实现优质服务的根本途径和重要保证。税务统计部门作为国家税务管理系统的重要组成部分，同时拥有信息、咨询、监督三种职能，并构成有机整体，发挥整体功能。信息职能、咨询职能、监督职能等三种职能，是相互作用、相辅相成的。因此，搞好税收统计分析工作可以预测税收经济现象、税务征管工作和组织收入发展趋势，增强计划性和预见性。

（5）锻炼人才。搞好税收统计分析能够不断促进广大税收统计人员提高理论政策水平和实际业务能力。

四、税收统计分析的特点

税收统计分析是对税收活动的数量表现进行调查研究的一种认识活动。它是反映税收成果、税源变化和税政执行情况的一种信息系统，是科学管理税收的重要手段。税收统计分析作为经济分析的一个组成部分，除了具有经济分析的一般属性外，还具有其本身的特点，主要表现在：

（一）数量性

税收统计分析是从税务现象的数量变化来研究税收发展变化规律的。因此，税收统计分析工作离不开对税源、税收和税政的数字资料进行加工整理和分析研究。重视数量分析，是社会经济统计分析的首要特点。

（二）具体性

税收统计分析所研究的对象都有其具体的社会经济内容。每一个数据都是在一定时间、地点和条件下的量的表现，而不是空洞、抽象的数字。因此，税收统计分析也是对某个具体的税收问题，在某个时期、某个地点具体表现的分析。

（三）综合性

税务部门在国民经济各部门中属于综合性部门，因此税务部门提供的统计资料具有综合性。税收作为国家重要经济杠杆，存在于社会经济现象之中，国家税收来自国民经济各个部门、各个行业和各种经济类型，税源的增减变化，国民经济结构、产品结构的变化，以及税收收入结构比重的变化，都能综合反映国民经济的发展变化。这就决定了税收统计具有特定的综合性。

（四）广泛性

税收统计分析作为国家统计分析的一个组成部分，政策性很强，牵涉面很广。一方面税收统计所反映的课税对象，几乎涉及国民经济的各个部门；另一方面，税收统计所反映的指标内容，既要反映税收及税源的增减变化、税收结构的变化趋势，同时又要反映税政措施的实施效果。

五、税收统计分析的基本原则

为了切实有效地发挥税收统计分析的信息、咨询和监督的整体职能，保证税收统计分析报告的质量，实现税收统计分析工作的优质服务。在税收统计分析中，必须遵循下列原则：

（一）实事求是的原则

实事求是是税收统计分析工作必须遵循的基本原则。在分析过程中，必须从客观实际出发，切忌主观性，不能按照自己的主观臆断先有结论后去例证，凑情况，凑数字，而必须反映税收以及经济现象的实际，从中引出结论。要做到实事求是，必须从统计调查、搜集资料开始，所搜集的各种经济、税收资料及典型例证必须客观、真实、可靠；其次是分析方法的选择要与分析的方向和搜集的资料相适应，论点和论证方法要达到统一，整个税收统计分析过程要立足客观实际和遵循事物内部联系及发展规律。

（二）系统分析的原则

国民经济是由一个众多子系统构成的系统，其中每一个系统内构成要素的发展变化都受到其子系统结构要素的影响，并反过来作用于其他子系统或系统整体的要素。因此，我们在税收统计分析中必须遵循系统分析的原则，注意抓住系统的三个特征：目的性、整体性、层次性。把税收经济子系统放到系统中加以分析考察，分析它与国民经济系统整体和其他子系统要素的相互关系和作用。这样才能确保税收统计分析的可靠性、科学性和正确性。

（三）微观与宏观相结合的原则

税收统计分析要具体情况具体分析，找出不同地方、不同税种变化的共性和个性。但是，分析研究这些共性和个性时，必须站在整个国民经济发展的高度上。坚持宏观和微观、点与面结合的原则来从事税收统计分析十分重要。税收源于经济，经济的发展和变化，必将对税收以及税收工作产生直接的影响。观察和分析税收现象，应注意社会经济、税收发展的大趋势，注意横向的经济发展和税源变化。在税收统计分析中还要树立全面的观点。坚持全面的观点，首先要求我们搜集的各种社会经济统计资料、税收统计资料及其他资料要全面系统，不能零碎不全；其次在分析中要用联系的观点看经济、税收相互关系的各个方面，既要看到在组织收入、依法治税、促产增收、发展经济中取得的成绩，也要看到自身工作的不足；既要看到现在，也应看到过去和未来；既要看到组织收入中的有利因素，也要看到影响税收变化的不利因素。只有在分析中坚持全面的原则，才能得出正确的结论。

（四）定性与定量相结合的原则

准确的税收统计数据，是我们税收工作数量方面的真实反映，它本身就属于情况的范畴。然而，社会经济现象和税收工作情况是十分复杂的，我们的税收统计数字往往只能反映最主要最基本的情况，这些基本资料对于了解收入完成进度、税源和税收结构的变化情况，对于制定税收政策，编制税收计划，指导税收工作，正确分析和解决问题具有十分重要的作用。但是在分析研究时，为了深入认识事物的本质和规律，仅仅依据基本的统计资料，有较大的局限性，这就需要深入实际，多了解一些实际情况，研究实际问题，使我们的认识和结论进一步深化，克服片面性。

六、范文及分析

税收统计分析从税务部门整体的角度出发，对税收总量进行综合分析；税收统计分析以准确的税务统计资料为基础，对税务管理活动进行分析；税收统计分析采用统计特有的分析方法，对经济税源进行统计分析；税收统计分析在分析中注意定量分析与定性分析和系统分析相结合。由此可见，税收统计分析是非常有特色的专业分析。以××省国税局编写的《从税收视角对我省经济发展方式转变和结构调整的思考》为例进行介绍。该文整体架构如下：

从税收视角对我省经济发展方式转变和结构调整的思考

一、从税收视角看××省转方式调结构成效明显

（一）税收收入规模增长迅速，与经济实现协调发展

（二）第三产业税收比重上升，全省产业结构逐步升级

（三）第二产业保持稳定增长，工业经济结构日趋优化

二、从税收视角折射出转方式调结构中存在的问题

（一）经济税收贡献率低，经济发展的质量和效益不高

（二）高耗能行业税收比重高而高新技术产业税收贡献率低，经济结构有待于进一步优化

（三）涉外与私营企业税收发展缓慢，成为经济发展的薄弱环节

（四）个人所得税较低，全省人均收入、居民消费和购买力不足

（五）出口产品结构有待优化，对外经济结构亟待升级

三、促进××省经济发展方式转变和结构调整的建议

（一）利用现行税收政策，优化产业结构，提高经济含税量

（二）增加居民特别是中低收入阶层居民收入，切实提高居民消费能力

（三）大力推动我省涉外和民营经济的发展壮大

（四）提高税收管理水平，促进经济税收良性互动

点评：从标题看，这篇文章具备统计分析的四个特点，首先是说明文章主要是针对税收和经济来展开分析，两者都离不开数据的支撑，符合其数量性和具体性要求；其次从标题可以看出是通过税收来看经济，从税收变化来思考经济发展的变化，是研究两者之间的作用与相互作用，符合其综合性和广泛性要求。既然是通过税收看经济，那文章第一部分就是对税收近几年来的变化情况和特点，从总量和分产业情况予以分析归纳总结，并与经济相比较，得出相应的结论，税收规模迅速增长，与经济相协调，第二产业税收稳定增长，第三产业税收比重增加，通过数据来说明全省转方式调结构的成效。在看到成绩的同时，文章第二部分通过与其他省相比较，采用宏观和微观相结合的方法，从多角度、多方面、多层次来分析不足和差距，查找原因，得出结论。首先通过整体税收情况进行分析，虽然全省近年来税收规模自身有了较快增长，但与其他发达省份相比，收入仍存在较大差距。其次通过经济税收指标进行比较，虽然GDP总量居全国第三位，但税收规模仅为全国第五，单位GDP税收贡献低于全国平均和其他发达省份，反映出由于经济发展的质量和效益问题，影响了税收的实现。后面继续通过对行业、经济类型和税种的税收收入进行对比，分析了与其他省份存在的差距。在分析出全省经济发展中存在的不足后，文章最后一部分针对这些问题提出了如何促进经济发展方式转变和结构调整的建议，由于有了上面两部分的详细分析和比较，所以建议部分针对性较强，重点明确，有较高的可操作性，为领导决策提供了有力的依据，也充分体现出税收统计分析定性与定量相结合的原则。总的来看，这是一份目的明确，层次清晰，资料翔实，结论准确，建议贴合实际，针对性强的统计分析。从文章的第一段我们可以清晰地了解笔者编写该文的目的，就是通过近年来的税收情况来看全省经济发展的成效，并通过多个方面对比来看自身发展的优势和不足，向管理层提出相应的建议。

CHAPTER

5 第五章 税收分析的主要范式

税收分析的类型因分类所依据的标志不同可有多种分类结果。按照表现形式分类，税收分析的主要文种可分为税收简报、收入通报、分析报告、专题汇报、课题分析、调研报告、统计分析和重点税源企业分析等类型。本章将税收分析主要文种的范式介绍如下。

第一节 税收简报

一、税收简报的定义

简报是传递某方面信息的简短的内部快报，是具有汇报性、交流性和指导性的工作快报。简短、灵活、快捷的简报又称“动态”、“简讯”、“要情”、“摘报”、“工作通讯”、“情况反映”、“情况交流”、“内部参考”等。也可以说，简报就是简要的调查报告，简要的情况报告，简要的工作报告，简要的消息报道等。它具有简、精、快、新、实、活和连续性等特点。

简报是各行政机关之间用来下情上报、上情下达和互通情况、交流信息的一个文种，是信息类公文中最重要、最常用的一种。它是一种机关文书，是应用写作实践中的一种常用文体。

税收简报是便于各级领导及时、准确、全面地获得必要的税收数据信息，使领导在繁杂的事务中抓住要害，确定某一时期的中心工作，抓大事、抓要事，提高工作效率的税收分析文种，属于信息简报范畴。

二、税收简报的作用

（1）反映情况。通过简报，可以将税收工作进展情况以及工作中出现的新情况、新问题、新经验，及时反映给各级决策机关，使决策机关了解下情，为决策机关制定政策、指导工作提供参考。

（2）交流经验。简报体现了税务机关的工作成绩，通过组织交流，可以向各级领导或其他部门提供税收收入和相关经济税源变化情况，以供借鉴经验、吸取教训，这样对工作有指导和推动作用。

（3）传播信息。简报本身即是一种信息载体，可以使各级机关及从事行政工作的人了解税收工作情况，吸收经验、学习先进、改进工作。

三、税收简报的特点

税收简报具有客观性、新颖性和时效性的特点。作为对税收数据进行提炼、加工、整理的税收简报，必须突出一个快字。首先，要短小精悍。一篇税收简报要反映基本问题，不要面面俱到，做到说短话、写短文，不搞长篇大论。其次，要简洁明了，开门见山。把事情交代清楚明白，语句表达准确精练，不含糊其辞、模棱两可，尤其要把疑难点解释清楚，使人一看就懂。再次，要迅速及时，这是税收简报的突出特点和根本要求，一般每月3日前应完成税收简报的起草、定稿、印刷和发放。要通过税收简报，使领导在最短的时间内获得最主要的信息。

四、税收简报的内容

税收简报一般反映当期税收完成基本情况和主要特点、分税种级次地区税收收入结构变化情况、重要的经济税源增减变化情况、重大政策性和征管性因素对税收收入的影响等。也可以突出反映对当前各级领导比较重视的工作，如新建项目税收实现情况、财政税收结构情况、地方级收入预算完成情况等重点事项。

五、税收简报的结构

税收简报的结构主要由标题、导语和正文组成。

税收简报标题应尽量精练地反映本期税收收入最主要的特点，可以使用《全市税收收入实现首季开门好》、《上半年我市税收收入呈现五大特点》等直入主题的标题，也可以使用《×月份税收收入完成情况快报》等固定性标题。

税收简报导语用来揭示主题，说明基本情况，用精练的语言将读者最关注的情况进行归纳，吸引读者阅读正文。导语可以反映本期主要工作，如："2012年，××市国税局在省国税局以及市委、市人大、市政府的正确领导下，始终坚持依法征税、应收尽收，坚决不收过头税的组织收入原则，积极应对经济税源形势和税收政策变化，深入落实结构性减税政策，依靠全面加强税收管理增加税收，实现了税收收入稳定增长的目标，税收收入增长速度高于全省，位次明显前移。全年税收收入完成情况简报如下"。也可以说明现象，如："今年以来，全市国税系统面对严峻的经济税源形势和全国全省税收增速下滑的大环境，狠抓组织收入工作，千方百计保增长。1—5月，全市国税全口径税收收入完成40.72亿元，较上年同期增长5.3%，增收2.05亿元；扣除海关代征进口增值税、消费税，国内税收收入完成38.94亿元，同比增长8.4%，增收3.03亿元；全市市以下地方级收入完成

9.26亿元，同比增长6%，增收5 265万元，完成年度预算的40.2%。全市国税收入主要呈现以下主要特点”等。

税收简报的正文一般分出1～2个层次即可，可以使用并列式结构，如：“一是整体税收增速受经济税源大环境影响逐月回落；二是各项税收增减与相应税源变化趋势一致；三是区域税收增减受当地主体税源形势影响明显；四是地方级收入增速位次同比前移；五是重点税源企业减收面较大影响全市税收增长；六是政策性减收逐步扩大，征管性收入明显增加”。也可以使用递进式结构，如《前5个月全市国税税收收入与经济保持同步增长》从以下几个方面反映情况：“一是深挖税源确保税收与经济保持同步增长，二是加强征管保持各项税收增速高于全省，三是精心调度实现月度税收逐月增收，四是加强收入督导促进区域税收均衡增长，五是注重结构性增长提高征管性收入比重，六是统筹兼顾全面落实税收优惠政策”。

六、税收简报的格式及范文

税收简报范文：《上半年我市国税税收收入实现“稳增长、双过半”目标》。

税收简报

××市国家税务局　　　　20××年第1期　　　　20××年×月×日

上半年我市国税税收收入实现“稳增长、双过半”目标

上半年，全市国税系统努力克服影响税收收入稳定增长的诸多不利因素，全面加强各项组织收入工作，坚决贯彻执行国家结构性减税政策，实现了税收收入的持续稳定增长。1至6月，全市完成税收收入50.73亿元，较上年同期增长6.4%，增收3.05亿元。扣除海关代征增值税、消费税，全市国内税收收入完成48.55亿元，较上年同期增长8.4%，增收3.78亿元。上半年全市税收收入完成基本情况及特点简要分析如下：

一是上半年税收总量突破50亿元，税收增速实现企稳回升。

二是地方级收入稳定增长，确保实现双过半任务目标。

三是全面加强收入调度和税收征管，征管性收入因素拉动税收增长明显。

四是主体税种稳步增长，经济税收关系协调稳定。

……

第二节　税收收入通报

一、税收收入通报的定义

通报是上级把有关的人和事告知下级的公文。

税收收入通报是上级税务机关将税收情况告知下级或同级其他部门的公文文种，主要用于传达重要经济税收情况以及需要各单位各部门知道的事项，其目的是通报税收收入情况，分析税收收入增长因素，交流经验，推动组织收入工作的进一步开展。

二、税收收入通报的特点

税收收入通报具有告知性、教育性、政策性的特点。首先，税收收入通报的内容，是把税收工作实践和组织收入工作过程中的基本情况或某些带倾向性的重要问题告知各级各部门，用来传达重要精神，沟通重要情况，让下级单位对一些税收工作中的重要事件或整体税收状况有所了解。其次，收入通报的目的，不仅仅是让各单位知晓通报的内容，它主要的任务是让下级单位知晓内容之后，从中接受上级的指导，或警戒错误、引起注意，这就是通报的教育性。第三是政策性，通报中的决定或下一步工作措施（即处理意见），直接涉及具体工作和事情的处理，同时，此后也会牵涉到其他单位、部门效仿执行的问题。决定正确与否，影响颇大。因此，必须讲究政策依据，体现税收政策法规。

三、税收收入通报的类型

一是从内容上划分，有税收收入完成情况通报、宏观税负和税收弹性通报、税收收入质量考核通报、税收调查等专项工作完成情况通报等。

二是从写作方法上划分，有直述式通报和转述式通报。直述式通报是发文单位直接叙述被通报的事件。又可分为综合性通报、专题性通报。综合性通报，是把各地各部门同类的有关问题、情况及经验教训综合整理后一并通报。专题性通报，是把某一件事件的经过、产生的原因、处理的情况、应吸取的经验教训等专门行文的通报。转述式通报，又叫转发性通报，是发文单位转发下级机关通报的事件，也可分为正式通报和参阅性通报。正式通报，是指比较重要的、用有特定版头的文件转发下级机关通报的通报，在本级通报标题之下、下级通报标题之前加按语。有的虽不用特定版头、也不写标题和文种，用函的形式下发，也属正式通报。参阅性通报，是指通报的事件、内容不很重要，但也必须向下级机关通报，使之引起注意，对工作有借鉴作用的通报。这种通报，一般不用特定版头的文件下发，而是用内参、简报的形式，在下级机关的通报或报告或调查报告前面加按语，指出通报的目的、应吸取的教训、对下级机关的要求等。通报的范围，视情况和工作需要确定。

三是从行文的主体上划分，有独立行文的通报和联合行文的通报。

四、税收收入通报的结构

税收收入通报的结构，一般由标题、成文日期、主送机关、正文、印发传达范围、发文机关署名和印章组成。

（1）标题。一般由发文机关名称、通报的主题与“通报”组成。在特定的情况下，也可省略发文机关名称或只写“通报”二字。

（2）成文日期。有两种标注方式：一是不标注主送机关、正文之后不署发文机关名称、不需加盖发文机关印章的，成文日期加圆括号居中标注在标题之下。二是标注主送机关、正文之后必须加盖发文机关印章的，成文日期标注在正文之后或发文机关署名之下。

（3）主送机关。即主要受理通报的机关。普发性通报用统称，专指性通报用特称，均顶格标注在标题之下、正文之前。在党政机关的通报中，有的通报在正文之前不标注主送机关，那么，应在印发传达范围处标注。

（4）正文。一般由三个部分组成，即说明现象、分析问题和解决问题。

通报的正文，一般由发文的缘由与根据，事情发生时间、原因、过程和结果，应当学习借鉴之处或应当吸取的教训等组成。正文的内容要从全局出发，用概括性语言，对应当通报的情况作简要的概括性叙述，篇幅不宜太长，达到通报的目的即可。以税收收入完成情况通报为例，正文由三个部分构成：

第一，缘由与目的。税收收入完成情况通报的开头要首先叙述基本事实，阐明发布通报的根据、目的、原因等。如：《国家税务总局关于2010年宏观税负和税收弹性情况的通报》正文开头指出：“为了便于各地开展宏观经济与税收对比分析，提高税收征管质量和效率，国家税务总局根据2010年税收完成数据和国民经济核算初步数据，对2010年全国及分地区宏观税负、增值税税负和税收弹性情况进行了测算和简要分析。现将有关情况通报如下” 作为开头，篇幅不宜过长，要综合归纳，要言不烦。

第二，情况与信息。主体部分主要用来叙述有关情况，传达某些信息，通常内容较多，篇幅较长，要注意梳理归类，合理安排结构。在税收收入完成情况通报这类收入通报中，主要通报税收收入完成基本情况和主要特点、组织收入工作采取的措施、主要税种行业经济税收关系分析及增减收因素分析等。

第三，希望与要求。在明确情况的基础上，对受文单位提出一些希望和要求．这部分是全文思想的归结之处，写法因文而异，总的原则是抓住要点，切实可行，简练明白。如《××省国家税务局关于2012年税收收入完成情况的通报》一文在结尾中提出：“2013年是全面贯彻落实党的十八大精神的开局之年，是实施“十二五”规划承前启后的关键一年，是为全面建成小康社会奠定坚实基础的重要一年。总体判断，今年我省经济社会发展具备很多有利条件和积极因素，经济将继续保持平稳发展势头。但是，我省经济发展仍面临诸多困难和挑战，税源结构性矛盾依然存在，税收增长后劲不足，形势严峻而复杂，需要各级国税部门高度重视、积极应对。”并提出以下具体要求：“一是认真测算，科学分解落实税收计划；二是缜密组织，密切监控经济税源变化；三是迅速行动，扎实做好首季、首月组织收入工作。”

五、税收收入通报的格式及范文

税收收入通报范文一：《国家税务总局关于2010年宏观税负和税收弹性情况的通报》。

国家税务总局文件

国税发〔2011〕××号

国家税务总局关于2010年宏观税负和税收弹性情况的通报

各省、自治区、直辖市和计划单列市国家税务局、地方税务局：

为了便于各地开展宏观经济与税收对比分析，提高税收征管质量和效率，国家税务总局根据2010年税收完成数据和国民经济核算初步数据，对2010年全国及分地区宏观税负、增值税税负和税收弹性情况进行了测算和简要分析。现将有关情况通报如下：

……

附件：1. 2010年宏观税负和税收弹性情况表
2. 2010年国税局宏观税负、弹性情况表
3. 2010年地税局宏观税负、弹性情况表
4. 2010年经济税收调整后宏观税负、弹性情况表
5. 2010年国税局经济税收调整后宏观税负、弹性情况表
6. 2010年地税局经济税收调整后宏观税负、弹性情况表
7. 2010年工业增值税税负、弹性情况表
8. 2010年商业增值税税负、弹性情况表

二〇××年×月×日

（对下只发电子文件）

信息公开选项：不予公开
国家税务总局　　　　　　　　20××年×月×日封发
校对：收入规划核算司

税收收入通报范文二：《××省国家税务局关于2012年税收收入完成情况的通报》。

××省国家税务局

×国税函
〔2013〕××号

××省国家税务局关于2012年税收收入完成情况的通报

各市国家税务局：

2012年，在国家税务总局和省委、省政府的坚强领导下，全省国税系统以科学发展

观为统领，以组织收入为中心，迎难而上，真抓实干，积极推进依法治税，大力加强税收征管，努力克服经济下行压力，全省国税收入实现平稳增长。

一、2012年税收收入完成情况

（一）基本情况

2012年，全省国税收入完成3 089.97亿元，比上年增长7.55%，增收233.76亿元；其中，组织国内税收收入2 387.13亿元，比上年增长4.62%，增收109.73亿元。

（二）主要特点

……

信息公开选项：不予公开

抄送：国家税务总局，省委、省政府、省人大有关领导，省发改委，省财政厅，省地税局，中国人民银行××分行，省统计局，省经信委，财政部驻××省财政监察专员办事处，国家审计署驻××办事处，有关省市国家税务局，本局各局领导、巡视员、各处室

××省国家税务局收入规划核算处承办　　　办公室2013年×月×日印发

第三节　税收分析报告

一、税收分析报告的定义

报告是向上级机关汇报工作、反映情况、提出意见或者建议，答复上级机关的询问时使用的公文。按照上级部署或工作计划，每完成一项任务，一般都要向上级写报告，反映工作中的基本情况、工作中取得的经验教训、存在的问题以及今后工作设想等，以取得上级领导部门的指导。

税收分析报告是从税务部门的整体角度出发，以准确的税务统计资料和有关情况为依据，运用统计特有的方法，研究反映税收、税源变动等税收现象的内在联系，以及相关的社会经济现象、情况和问题的一种文种。是向上级机关和同级党委政府报告税收完成情况的上行文。

二、税收分析报告的特点

税收分析报告从文种上来说属于公务文书，从文体上来说属于应用文。因而它具有公务文书和应用文共性的特点：一是实用性，用以解决实际问题，达到某种目的而写作；二是真实性，这是应用文和公务文书的生命，必须用真材、说真话，不得编造事实、虚构原因；三是时效性，在一定时间内发挥效用，根据税收分析制度规定，下级税务机关要按月度、季度、年度向上级税务机关报告税收完成情况；四是程式性，一般具有规范的行文格式、习惯用语、结构安排等。税务工作的基本性质、税收分析方法以及独特的表达方式决

定了税收分析报告是一种综合性、专业性、深入性、数量性和政策性都较强的应用文。因此，税收分析报告既有公务文书和应用文的共性，还具有自身独有的特性：

一是综合性。税收分析报告是一篇报告，具有综合性，它是一种把税收核算资料和一定的经济理论用于分析税收问题的应用文体，不是文字材料的简单堆砌和数据资料的简单罗列。因此，过于简单的报道和数字罗列，不能算是税收分析报告。

二是专业性。税收分析报告研究的是税收的基本问题以及税收与经济的关系，通常从税收的整体出发，对税收总量、经济总量特征以及二者数量关系进行综合分析，应用专业的分析方法，如对比分析法、分组分析法、因素分析法等一系列方法，来计算税收规模、构成、水平、速度和比例关系等。

三是深入性。税收分析报告强调的是分析，必须通过应用一定的经济和税收理论，运用各种分析工具，揭示税收问题的内在规律性、反映税收问题的本质。既要反映现象，又要揭示矛盾，还要提出解决问题的方法，既有数据，又有分析，比普通的工作报告更深刻、更专业化，比税收学术报告更实用，更有针对性。

四是数量性。税收分析报告具有独特的表达方式和结构特点，基本表达方式是以事实来叙述，让数字来说话，在开展中议论，在议论中分析，实话实说、就事论事。结构上脉络清晰，层次分明，一般是先摆事实和数据，以事实阐述道理、说明问题，最后提出建议、办法和措施。

三、税收分析报告的作用

(1) 税收分析报告是表现税收成果的最好形式。通过税收分析报告，可以全面地向上级单位、政府部门汇报税收成果，揭示税收增长因素和结构特征，反映问题和矛盾，提出措施建议。同时，税收成果以文章的形式表现比单纯用表格、图形等更能充分表现灵活的情况，以及它们所不能表现的定性分析和定量分析相结合的特点。

(2) 税收分析报告是税务管理活动中进行决策和实施监督的有力工具。通过报告的研究分析，发现问题，找出原因，提出建议，为决策和监督服务。

(3) 税收分析报告表现税务工作在国民经济活动中的重要作用。税收分析报告使社会各界深刻了解税收工作动态、征管措施、税收规模、税收结构、政策效应等。

(4) 税收分析报告能为实施科学化、精细化管理服务。税收管理是一项极为复杂的系统工程，通过研究分析揭示其内在的联系及规律性，可以更好地指导我们开展工作。

(5) 税收分析报告可以反映国家经济政策以及税收政策的贯彻执行情况。

四、税收分析报告的写作原则

一是言之有物，不尚空谈。税收分析报告要从客观事实出发，以事实和数据为基础，让事实来说明观点，避免空洞无物。税收分析报告写作前，首先要收集丰富的材料，深入实际，掌握了解情况，为写作打好扎实的基础，其次要认真整理选材，深刻研究分析，得出正确观点。

二是实事求是，反映真理。分析报告必须具有真实性，要尊重事实，坚持真理，分析说明要符合客观事物的本来面目。

三是目标明确，有的放矢。写作目的要明确，要领会大的政策精神、领导意图和工作重点，抓住热点、难点、焦点和疑点问题。

四是分析综合，内容真切。分析报告必须有真实贴切的内容，不仅反映现象，更要抓住本质。关键是要提出问题、分析问题、解决问题，使税收分析报告的中心思想得到表现。

五是认真负责，反复修改。要以高度的责任心和认真负责的态度对分析报告的主题、观点、材料、结构、语言等方面进行反复修改，对存在的不足和问题予以补充和纠正。

五、税收分析报告的结构特点

税收分析报告的结构，传统上有“一情况二问题三建议”三段式或“提出问题—分析问题—解决问题”三段式，但是由于税收分析报告的广泛性，税收分析报告的结构不必固守教条。如有的分析报告是情况、问题、原因、预测、建议五部分，有的是情况、问题、根源、建议四部分。应根据税收分析报告的性质和分析设计来决定报告的结构。确定好的结构形式，应考虑以下几个原则：一是必须反映客观事物的逻辑关系。税收分析报告的中心论点、分论点、小论点以及各个论据中间都是有逻辑关系的，它们之间的主次、轻重和先后次序在作者主观意图之外早有客观的安排。在报告的结构上，只有正确地反映这种逻辑关系，税收分析报告的论事说理才能符合事物的本来面貌。二是要讲究文章的完整、严谨、自然、和谐。三是要符合读者的认识规律。四是要发挥创造性，符合作者表达的需要。

税收分析报告在构成上大体可以分为以下几个部分：

（1）标题。税收分析报告的标题，要准确反映税收分析报告的内容，做到精炼、准确、全面。一般是“某地区某时期税收分析报告”等综合性题目，也可以针对分析报告的主要内容，使用“某地区某时期经济税收关系分析报告”、“某地区某时期税收收入质量评价报告”、“某地区某时期税源发展报告”等题目。

（2）导语。税收分析报告的导语要点明一篇税收分析报告的主题思想，在表现手法上要求语言高度概括、能够吸引读者。

（3）主体。主体是税收分析报告的主要组成部分。所谓主体就是承接导语，用足够有说服力的统计数字和事实，对导语中提出的问题或结论加以解答或说明，阐述税收分析报告的主体思想。主体是税收分析报告的骨干部分，起着举足轻重的作用，要求写作结构严谨、层次分明、条理清晰。

税收分析报告主体的层次结构，常见的有以下几种：

递进结构。又称纵式结构，税收分析报告的内容，是按照事理的发展顺序纵向展开的。一般又可分为按照事物因果关系展开的递进结构和按照事物逻辑展开的递进结构。如《国家税务总局关于当前税收完成情况和全年税收形势分析的报告》一文中，主体部分的结构为：“一、前三季度税收收入情况；二、前三季度税收情况分析；三、全年税收形势分析；四、进一步完善税收应对措施需要重点考虑的几个问题和建议”等，通过摆明情况—分析原因—预测发展—提出建议的顺序层层递进，将有关情况一步步说明清楚。

并列结构。又称横式结构，即把税收分析报告的主体部分，根据所要反映的事物本身情况，分成并列的几部分展开，如年度税收分析报告就是按照各税种、各地区以及各产业行业进行横向排列的。

序时结构。即税收分析报告的主体部分，按照时间先后顺序展开，这种结构多用于反映经济税收随着时间的变化而变化的税收分析报告中。

税收分析报告主体的层次除了以上三种基本结构之外，还有递进、并列交叉的结构，序时和并列交叉的结构以及序时和递进交叉的结构等。

四是结尾。结尾可以起到画龙点睛、加深印象的作用，把税收分析报告的立意更加深刻、更加明确地展现在读者面前。常用的结尾方式主要有总括全文、对策建议、明确结论和预测走势等。

六、税收分析报告的格式及范文

1.《关于2011年上半年税收收入完成情况的分析报告》——××省国家税务局

××省国家税务局文件

×国税发〔2011〕90号　　　　　　　　　　　　签发人：×××

关于2011年上半年税收收入完成情况的分析报告

国家税务总局：

今年上半年，我省国税系统在国家税务总局和省委、省政府的正确领导下，深入贯彻落实科学发展观，积极推进依法治税，不断完善体系建设，大力组织税款入库，顺利实现了时间任务“双过半”。现将有关情况报告如下：

一、税收收入完成情况

（一）基本情况

……

第四节　税收专题汇报

一、税收专题汇报的定义

汇报指汇集材料向上级领导和部门报告，专题汇报就是侧重某个问题进行较深入的调查研究后形成的报告，这类报告常常在标题上反映出来，它能及时发现工作中存在的矛盾，反映基层单位的要求，研究急需要解决的实际问题，并根据调查研究的结果提出处理意见、建议或措施。

税收专题汇报是根据领导的要求或针对当前税收工作中出现的突出问题，通过广泛收集整理资料，进行全面分析判断，为领导决策提供基本情况以及措施建议的税收分析文种。

二、税收专题汇报的特点

一是真实性。税收专题汇报的情况必须是组织收入工作中真实客观存在的现象，不得随意编造、隐瞒或夸大。撰写税收专题汇报必须树立严谨的科学态度，彻底抛弃“假、大、空”的虚伪作风，不仅要报喜，还要报忧；不仅要充分反映税收工作成绩，还要真实地反映税收收入中存在的问题。报喜不报忧，容易掩盖问题，失去解决问题和矛盾的最佳时机。报忧不报喜，容易渲染失落情绪，失去昂扬的斗志和坚定的信心。

二是针对性。专题汇报是针对组织收入工作中一些较为迫切的实际情况，解决一些实际问题而进行的报告，在写作上必须中心突出，明确提出所反映的问题，明确交代这一问题所依据的事实材料，分析出问题的症结所在，切实可行地提出意见和建议。

三是典型性。专题汇报所依据的税收资料要具有代表性，所反映的现象和问题要具有普遍性，不能以偏概全，误导决策。

四是系统性。专题汇报所得出的结论，必须具有说服力，把被说明的情况完整地、系统地交代清楚，要抓住税收工作的主要方面和主要矛盾，写出结论的推理过程。

三、税收专题汇报的写作要求

（1）抓住问题的主要方面。如在给地方党政领导的汇报中要重点分析国税收入对地方级财政的贡献情况。地方财政收入是各级地方政府部门可支配的财力，是各级地方政府机构发挥职能、管理各类社会事务的物质基础，也最为地方政府所关心。在分析报告中对此应进行着重分析，只有这样，分析报告才能引起政府重视，为政府的决策提供有效信息，我们撰写分析报告的目的才能得到充分体现。在国税机关管理的各税种中，增值税、企业所得税是对地方财政收入有直接影响的税种，因此在分析时应侧重于这一类税种的分析。

（2）语言精练，详略得当。在具体分析过程中应直截了当，一针见血。使各级领导在阅读过程中能迅速获取最重要的信息，了解到关于税收的准确信息。领导一般工作繁忙，能用于阅读我们所呈送的分析报告的时间也较为有限，因此我们在分析中必须做到观点突出、一目了然，使领导能在最短的时间内获取最丰富的信息；反之，如果报告过于冗长，内容过于庞杂，不仅领导读来费时费力，也难以及时获取最关键的信息。

（3）充分结合政治经济形势。对于税收的分析应与政治经济形势紧密结合。税收来源于经济，经济对税收起决定性作用，因此对税收进行分析就必然离不开经济。在分析中必须紧密结合经济形势，深入剖析其中的联系，并通过与经济形势的对比反映税收的实际情况与变化特点，使分析报告呈现出更为直观的效果。

(4) 平实可读。在分析过程中应尽可能使用浅显易懂的语言表述，避免使用过多的税收专业术语。一般来说，党政领导未必是税收专业毕业或者从事过税收工作，因此对于税收范畴中的各种专业术语会感觉比较陌生，如果我们在分析报告中过多使用这类术语，会给领导阅读造成较大障碍。因此，我们在报告的写作中应尽可能使用平实易懂的语言词汇进行表述，即使使用术语，也应在文章中加以详细解释，以便于理解。

(5) 合理建议。积极对未来税收形势进行展望，并提出相应的措施建议。各级领导关心的不仅仅是当前经济税收形势如何，更为关心的是未来经济税收呈何种走势，对经济社会发展会产生何种影响。只有这样，我们的分析报告才能具有更强的前瞻性，才具有更为积极的意义，而如果仅仅满足于分析税收的现状，则过于滞后，也难以获得领导的认可。此外，我们在进行分析时还应结合已有的分析成果，积极提出建议措施，为领导决策提供参考。

(6) 统筹兼顾，慎重评价，不妄下结论。在专题汇报中应着重阐述税收收入形势中积极的一面，而对于形势中不利的一面进行阐述则应慎重。因为向党委政府等机构呈送的分析报告不仅是对税收形势的分析与展望，更是国税机关工作成果的展示与宣传。因此，对于税收收入形势中的积极方面应着力阐述，使领导充分了解国税部门的工作成绩；对于收入形势中的不利内容，应认真考虑，谨慎表达，必要时应向部门领导进行请示，以免给工作造成消极影响。

四、税收专题汇报的内容和结构

专题汇报的内容主要对税收中特定问题或现象进行分析，通常包括：对问题或现象进行客观描述；对问题或现象产生的根源进行分析；对发展趋势做出预测；提出改进的措施建议等。

专题汇报的结构大体有：标题、导语、概况介绍、资料统计、理性分析、总结和结论或对策建议，以及所附的材料等。由此形成的专题汇报结构，就包括标题、导语、正文、结尾和落款。

(1) 标题。专题汇报的标题有单标题和双标题两种。所谓单标题，就是一个标题，其中又有公文式标题和文章式标题两种。公文式标题由“事由＋文种”构成，如《某国税局关于 2012 年地方预算执行情况的汇报》。文章式标题，如《从税收结构看转方式调结构的必要性》，还有表明作者通过调查所得到的观点的标题，如《加快工业大项目建设 促进工业税源持续增长》等。所谓双标题，就是两个标题，既一个正标题、一个副标题。如《大力发展煤炭经济产业链——关于我市煤炭行业税收情况的汇报》。

(2) 导语。导语是专题汇报的前言，简洁明了地介绍有关调查的情况，或提出全文的引子，为写正文作好铺垫。常见的导语有：简介式导语，对调查的对象、问题等作简明的介绍；概括式导语，对汇报的内容作概括的说明；交代式导语，对汇报情况的由来作简明的介绍和说明。

（3）正文。正文是专题汇报的主体。它对调查研究的事实和有关材料进行叙述，对所作出的分析进行论证，对调查研究的结果和结论进行说明。正文的结构有不同的框架，根据逻辑关系安排材料的框架有纵式结构、横式结构、纵横式结构。按照内容表达的层次组成的框架有："情况、成果、问题、建议"式结构，多用于反映基本税收情况的汇报；"现象、问题、原因、意见或建议"式结构，多用于反映问题的汇报。

（4）结尾。结尾的内容多是汇报人对问题的看法和建议，这是分析和解决有关税收问题的必然结果。专题汇报的结尾方式主要有补充式、深化式、建议式、激发式等。

（5）落款。专题汇报的落款要写明汇报单位或汇报人，以及完稿时间，如果标题下面已注明汇报人，则落款可以省略。

五、税收专题汇报的范文

税收专题汇报范文一：《关于20××年全国税收收入情况和20××年税收收入形势分析的汇报》——国家税务局总局。

关于20××年全国税收收入情况和20××年税收收入形势分析的汇报

国家税务总局

（20××年×月×日）

××委员会：

根据通知要求，现将20××年全国税收收入完成情况和20××年税收收入形势分析汇报如下：

一、20××年税收收入完成情况

20××年，税务部门认真贯彻党中央、国务院决策部署，全面落实各项税收政策，积极稳妥深化税制改革，切实改进纳税服务，依法加强税收征管，圆满完成了年度税收收入任务。……

税收专题汇报范文二：《国家税务总局关于当前税收完成情况和全年税收形势分析的报告》——国家税务局总局。

国家税务总局关于当前税收完成情况和全年税收形势分析的报告

国务院：

按照《国务院办公厅关于做好经济形势分析有关工作的通知》（国办函〔20××〕××号）要求，我局对20××年前三季度的税收完成情况和全年税收形势进行了分析，提出了进一步深化税制改革和落实完善税收政策的思路。现报告如下：

一、前三季度税收收入情况

……

第五节　税收课题分析

一、税收课题分析的概述

税收课题分析是反映税收分析工作结果并将其对外发布的书面形式，撰写税收课题分析不仅是税收工作者对整个课题分析工作的全面总结，更主要的是为了将分析的结果通过各种途径，如刊登于专业报刊、打印散发、学术会议交流等，让更多的人能比较全面系统地了解，并由他们通过理解与验证，来评判、接受或应用这一分析成果。

税收课题分析包括实证性税收分析和文献性税收分析。其中，实证性税收分析又包括观察报告、调查报告、实证报告、经验总结、行动分析五种形式。

二、税收课题分析的特点

（一）科学性

税收分析必须切切实实从税收工作实际出发，从中引出合乎实际的结论。科学性是税收科研工作之“本”。失去了科学性，也就失去了分析的价值。一般而言，评价税收课题分析的科学性，有下列三个指标：

1. 数字化

通过对各项税收指标及统计数字进行推理，找出其中严谨的成因或规律。

2. 实验化

分析问题的原因并总结其中的规律，通过实验来验证分析的可行性。

3. 理论化

对税收工作的理论概括，需要用严格的定义、关系、逻辑学来表述税收工作中问题的成因与结论。

（二）创新性

税收分析的生命在于发现和创新，创新性是税收科研工作之“魂”。这种创新，归纳起来有下列三种情况：（1）能够在某一税收工作领域内，对前人或他人已取得的成就加以补充、完善和发展。（2）能够在某一税收工作中对前人或他人的某一观点、理论或观察实验结果进行修正，甚至否定，提出自己的新见解。（3）能够把某些分散的材料加以整理，综合成系统的税收知识，并用新的观点或方法加以论证，得出新的结论。

（三）针对性

针对性是税收科研工作之“要”，税收分析是围绕税收工作领域内某一专题展开分析而形成的专题学术报告，具有为税收工作服务的针对性特点。

三、税收课题分析写作的要求

1. 必须具有科学依据

税收课题分析工作必须立足于税收工作实际，以客观、真实的科学事实为依据。这种科学事实要能经得住税收工作的验证，具有重复性。

2. 必须具有创造性

税收课题分析工作的本质在于创新。没有创新的课题分析，就谈不上是科研成果。创新总是以各种不同的形态表现为新方法、新举措、新建议等。

3. 必须具有学术价值或实用价值

税收课题分析的实质和目的，是为了探索新的工作方法、制定科学的税收政策、服务社会发展。所以课题分析必须是有用的，即具有一定的学术价值或实用价值。成果的价值，从根本上说，是由科研的最终目的决定的。

4. 必须经过鉴定和评价

写出税收课题分析结果，这仅意味着该课题的调查、分析工作基本上告一段落。这时，不能说分析结果已转化为科研成果。只有经过广泛的论证与评审，作出认可性的评价结论的分析成果才算转化成了科研成果。

四、税收课题分析的一般格式

税收课题分析的结构由两大部分组成：前置部分和主体部分；必要时再加上附录部分。

（一）分析的前置部分

1. 标题

标题即课题分析的名称（也称题目或文题）。它是课题分析的眉目。题目要简单明了，不宜过长，如果意思未尽，则可列副标题。

标题是文章的“窗户”。一个好的标题常常可以起到极好的“点睛”作用。一些有经验的编辑和专家，往往只要一看标题，就可以大概地判断文章的好坏。所以，给课题分析取个好标题是十分重要的。

税收课题分析的标题常常直接采用分析的名称，例如《原油价格波动对相关行业税收收入的影响研究》，这样使得写作的目的更加精确、明了，使人能对分析的问题一目了然。课题分析的标题不但应反映该项分析的核心问题，而且应能引起读者对报告的兴趣和注意。因此，要简短、明确，并注意采用读者感兴趣的措词。

2. 署名

署名表示文责自负，也是知识产权的体现，一般不用化名或笔名。署名要与“封面”中“责任者姓名”部分所规定的内容一致。由多人合作完成的，署名则以对本次课题分析贡献大小来决定排名顺序，贡献大小看是否“提出分析设想，承担主要分析工作，解决关键问题”，一般以第一、第二作者为主要作者。对于为课题分析工作出过力的人员，就在前言、附注或脚注加以说明或在正文末专门致谢。标题下的署名是表示分析者对该项分析及报告的负责。署名大多是分析者的真实姓名，有时参加的人员很多，不便一一署名，可以署“××国家税务局课题组、××国家税务局课题写作组”等。

3. 摘要

要求把分析讨论的主要内容、取得的主要成果作个明晰的交代。一般应简要地说明分析工作目的、实验分析方法、结果和最终结论等，重要的是结果和结论。摘要字数一般在200～300字为宜（外文摘要不宜超过250个实词）。写摘要要运用高度的概括力，写得简洁、明确、畅达。摘要应具有独立性和自含性，即不阅读分析，就能获得必要的信息。一则供读者确定有无必要阅读全文，二则供文摘等二次文献采用。

（二）分析的主体部分

1. 提出问题

主要包括：课题分析的背景；课题分析的经历回顾（别人在该问题分析上已做过的工作，问题分析或解决到什么程度）；分析工作的意义、重要性；以及所要解决的问题等。

当然，有的课题分析在此之前还有个“引言”。引言即简要地阐述课题分析的来源、分析内容、分析过程和分析方法。

2. 分析方法

主要包括：课题分析对象的选取；调研过程和方法、调研工具（问卷调查表设计）、制定测题；问卷调查法、访谈法、个案典型剖析法；数据处理和统计分析。

3. 结果与分析

通过数据处理，列成表格或绘制成图表，得出统计结果，并进行多角度分析。与学术课题分析不同，税收课题分析对于同一结果，可以图表并列（见图5-1、图5-2），不厌其烦地进行详尽而细致的分析说明。撰写分析的结果，只要有数据、有材料，不要过多地考虑篇幅的长短，关键是把分析的问题说清楚，写明白。

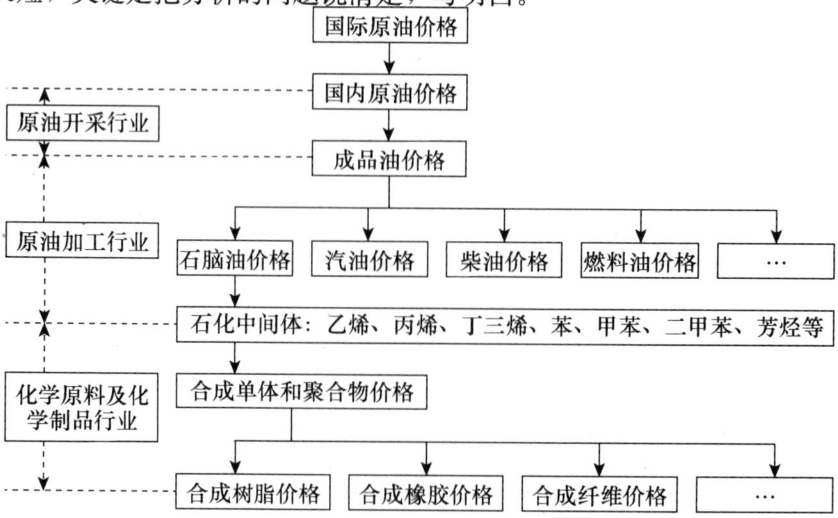

图5-1 国际原油价格对相关行业及产品价格传导图

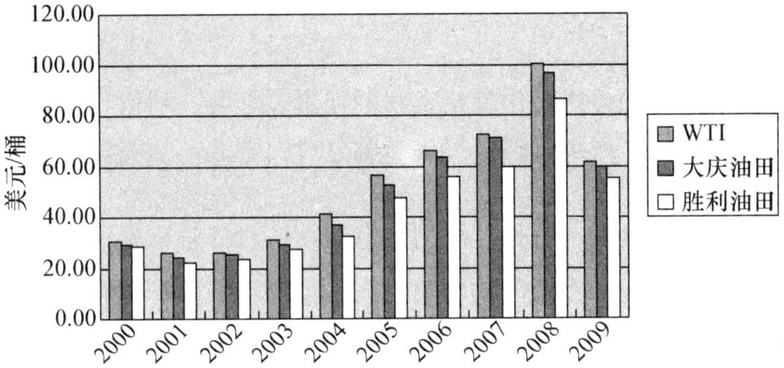

图 5-2　WTI、大庆和胜利原油价格比较图

4. 结论

一是根据课题分析的结果，二是参考别人相关的分析结果，得出此次分析的结论，或留有余地，称启示与思考。如果不可能导出应有的结论，也可以没有结论，而进行必要的讨论。可以在结论或讨论中提出建议。结论是正文的最后部分，是整个分析过程的结晶，是全篇课题分析的精髓，是作者独到见解的集中体现。

本部分既要考虑与序论部分相呼应，还要考虑与本论部分相联系，结论应是本论部分阐述的必然结果。

这部分的主要内容包括：作者对分析的问题得出的答案（结论性意见）；结论（应准确、完整、明确、精练）；作者对分析问题提出的探索性意见（还未经证实的结论，只是一种探索性的看法）；对未解决的问题提出某种的设想和建议。

（三）附录部分

附录部分主要是参考文献。一般均置于课题分析正文的末尾。其格式为：主要作者姓名、参考文献名称、出版地、出版单位、出版年号、引用文献内容的页码。列出参考文献的目的在于：一是反映作者的科学态度和求实精神，表示作者对前人或他人成果的尊重；二是便于读者了解该领域的分析情况，从而便于读者进一步查找该领域分析成果；三是反映作者对本课题分析的深度和广度，分析的视角和方法，从而便于他人评价课题分析的质量水平及其结论的可信度；四是一旦发现引文有差错，也便于查找和纠正。

五、税收课题分析的写作步骤

（一）选择课题

（1）课题分析的选题既要注意实用性，又要有一定的理论性，有一定的指导作用。课题分析无论是形式还是内容都和工作总结、调查报告有着区别。文章要以逻辑思维的方式为展开的依据，在事实的基础上展开严谨的推理过程，得出令人信服的结论。

（2）课题分析选题要有新意。课题分析成功与否、质量高低、价值大小，很大程度上取决于文章是否有新意。所谓新意，即课题分析中表现自己的新看法、新见解、新观点。

（3）课题分析选题要知己知彼，难易适中。要知己知彼，量力而行。选题的方向、大小、难易都应与自己的知识积累、分析问题和解决问题的能力、写作经验相适应，要做到

"知己知彼"。

（二）搜集材料

从某种意义上讲，课题分析写作就是资料的搜集、学习、利用和再创造的过程。

（1）搜集材料的作用。搜集资料可提供课题分析的观点，拓宽课题分析的思路，指导课题分析的写作。

（2）搜集材料的主要途径。一是广泛浏览书刊，注意日常积累；二是有的放矢，快速获取系统资料。

（三）构思谋篇

课题分析动笔之前，一个重要的工作就是确立文章的标题、中心论点、论述的结构层次、材料的安排顺序等，以便有条理、分步骤地将自己的创见和教育科研成果集中表达出来。

科研课题分析的标题一般表现为3种基本类型：

一种是揭示课题的标题，这种标题只反映课题分析的课题，而没表示出课题分析的观点；

另一种是揭示课题主旨或论点的标题，这种标题直接反映课题分析的主张或论点；

还有一种兼有正副的标题，既反映科研课题分析的课题又反映论点的。科研课题分析的中心论点一般都难以用一句简短的语言概括为标题，所以大多数科研课题分析的标题都只是用以表达课题的主要内容。因此，对撰写标题总的要求是直接、具体、醒目。

（四）执笔写作

1. 前置部分

序论又称绪论、前言、引论，它是学术课题分析的起始部分，起着提纲挈领的作用。序论部分可以包括以下内容：

（1）分析这一课题的目的、理由和意义；

（2）对本课题分析历史作简要回顾，简要地交代一下分析的起点；

（3）说明论证方法。

序论的写作多种多样，可先从解释概念入手，可从提出问题入手，可从分析过程入手，也可从批驳的问题入手。序论要简洁，迅速把读者导入本论，使人一看就知道你要分析什么问题，准备如何分析，有何意义。有时，还可以直接从本论入手。

2. 主体部分

（1）结构安排。对于这部分的逻辑结构可采用纵式（递进式）、横式（并列式）两种基本类型，以及纵横结合的混合式。

纵式结构就是对所立论点由一点到另一点，沿着一根线索直线移动，步步深入层层展开，全文的论证只围绕这个论点展开。

横式结构就是把从属于中心论点下面的若干分论点一一列举出来，再并列就分论点展开论述。

对于撰写内容比较丰富且篇幅较长的课题分析适合于用纵横结合式。一般而言，选题较大的科研课题分析，内容丰富，涉及面宽，不仅头绪较多，篇幅较长，不得不既采用直线推论，又采用并列分论的方式。为了使篇幅长、结构复杂的课题分析主体条理清楚、层次分明，文中应分列多级标题并加以序码，使读者弄清行文线索和论证过程。

（2）主要论证方法。本论是科研课题分析的论证部分，是课题分析的主体。这部分承担着阐述课题、分析课题，证明作者的中心观点及相关看法的任务。

关于结构：结构要合理，讲究协调和匀称美，各段落的篇幅应大致相当。

具体写法如下：

1）一般三段论：税收工作的现状与问题、成因、对策及建议。

2）分支节三段论。如关于增值税政策的几个问题，各问题又是三段论。

3）分析时有选择地加入原则、关系、模式等方面的探讨。

4）国外专业课题分析的一般格式：税收问题及分析结果的评价、分析过程、结语（结果及对结果的讨论）。

六、其他注意事项

1. 要理清思路

税收课题分析的写作是一件难度较大的工作，最关键和首要的工作是要理清思路。要了解分析格式所要求的思路，并将格式的各个项目与自己的分析工作建立对应关系，回顾和确立课题分析的假设与依据、措施与效果之间的因果关系。这两个关系的确立能有效地帮助作者迅速理清思路。

2. 充分占有资料

在写作课题分析之前，要尽可能地了解和占有材料。这些材料包括课题分析的实施（过程）材料、课题分析的效果材料、课题分析的参考材料以及原来写作的课题分析的文件材料等。能否全面地占有材料，关系到课题分析在多大程度上能反映出课题分析的深度和广度，以及课题的理论价值和实践价值。

3. 要加强思考

在理清思路和占有材料之后、动笔写作之前还要做一项工作，那就是加强思考。这一步不同于理清思路，它的重点是对分析过程的资料进行条分缕析、抽象概括和提炼，将一些好的做法原则化，上升到理论的高度，并将理论联系实际进行思考，深化原有的理论认识。

4. 要注意技巧

分析的写作要用到一定的技巧，如数据的处理可以用图表形式、有关的内容可以用图示或表格形式加以简化等。

七、税收课题分析的格式及范文

税收课题分析范文：《××省国税收入结构演进与经济结构调整问题研究》——××省国家税务局课题组。

登记号	

项目编号	

国家税务总局税收专题研究项目

申　请　书

课　题　名　称　××省国税收入结构演进与经济结构调整问题研究

项　目　负　责　人　×××

负责人所在单位　××省中青年税收理论研究会

填　表　日　期　20××年×月×日

国家税务总局税收专题研究项目管理委员会办公室印制

目　录

××省国税收入结构演进与经济结构调整问题研究

××省国家税务局课题组

第一章 导 论

第一节 研究背景及研究价值

一、研究背景

经济结构是经济运行中国民经济各部门、各产业之间以及产业内部的比例关系。比例是经济运行结果的客观反映，表现出经济运行的状态，因而结构本身也构成经济运行的具体内容，成为衡量地区经济发展水平的重要尺度。经济结构调整是指国家运用经济的、法律的和必要的行政的手段，改变现有的经济结构状况，使之合理化、完善化、高级化，进一步适应生产力发展的过程。长期以来，经济结构调整一直是我国经济发展的主题。

二、文献回顾

（一）经济结构调整研究

国内国外相关资料对经济结构调整都有比较完善的描述，欧美经济强国对经济学的发展更是登峰造极，对经济发展各个阶段的描述及应对都有较好的理论及实践支持，国内自改革开放以来对经济调整的讨论就推陈出新，特别自加入世贸组织以来对于国内国外环境变化加快经济结构调整的希冀更炽。在此只简单阐述主要资料：

……

第六节 税收调研报告

税收调查研究不仅是税务工作的一种工作方式，而且是各级领导正确决策的前提，同时为服务地方经济发展提供借鉴。因此，搞好税收调查研究，写好调研报告，就显得尤为重要。

一、税收调研报告的概述

税收调研报告又叫税收调查研究报告，它是对税收理论、税收政策和税收管理等方面的问题，经过深入细致的调查后，将调查中收集到的材料加以系统整理，分析研究，以书面形式向上级和领导汇报调查情况的一种文书。调查报告主要功能是搜集情况，并通过对调查所得情况进行深入研究，提出一定的见解。它不仅是调查的产物，更是研究的产物。

从调研的内容划分，税收调研报告一般可分为综合调研报告和专题调研报告两大类。综合调研报告主要是就税收的全局性工作所进行的全面系统调查，具有涉及面广、调查深入和篇幅较长的特点。专题调研报告主要是就税收的某一项工作或某一个领域进行深入调查，了解情况，反映问题，研究解决问题的具体措施，或根据调研结果提出处理意见、对策建议。

二、税收调研报告的意义

首先，税收调研是研究解决税收工作问题的重要环节。经济是税收的根本，也是源源不断的税源基础。只有把发展经济、服务经济作为税收工作的出发点和归宿，才能保证税收工作永远立于不败之地。特别是在当前发展市场经济条件下，随着改革开放的不断深入，各种经济现象、经济利益关系十分复杂，矛盾也十分突出，要使税收对经济发展起到促进作用，实现经济与税收之间的良性循环，就需要加大对税收政策等重大问题的研究，不仅要发现问题，而且还要解决问题。税收不仅要“取之有理、有据、有度”，被广大纳税人心悦诚服地接受，而且还要公平税负、合理负担，以不影响经济的发展为前提。这样，就需要我们税务机关和税务人员在实际工作中责无旁贷地研究税收工作中遇到的各种问题和困难，提出解决的办法和建议，从而促进税收收入及地方经济快速发展。

其次，税收调研是税收工作科学决策的重要依据。没有调查就没有发言权。只有通过深入实地的调查研究，才能了解和掌握真实情况，才能透过现象看本质，抓住主要矛盾。否则，就难免出现瞎指挥的问题，导致工作失误，影响工作开展。随着市场经济的深入发展，税收工作所面临的形势和环境发生了很大变化，影响税收的因素越来越复杂。面对新情况、新问题、新挑战，需要我们对复杂的经济现象和税收难点问题进行调查研究，只有充分了解情况，掌握第一手资料，抓住主要矛盾，才能有效地处理好税收工作中的各种实际问题，才能发挥税收研究对工作的指导作用，提高决策的科学性。

再次，税收调研是提高理论水平和工作能力的有效途径。税收调研就是利用现行的法律法规、税收政策以及经济方面的知识，有针对性地认识、分析、解决税收工作中遇到的实际问题。调查研究的过程同样也是一个不断学习、不断提高的过程，它需要运用各方面的知识和智慧进行理性思考，去发现问题、分析问题、思考问题、研究问题、解决问题，是一个综合能力素质的体现；它还可以锻炼干部用辩证的观点看待事物，提高具体问题具体分析的能力。

三、税收调研报告的特点

1. 真实性

用事实说话是调查报告撰写的最基本手法，客观事实是调查报告赖以存在的基础，用叙述性的语言实事求是地反映某一客观事物。

2. 针对性

调查报告一般有比较明确的意向，相关的调查取证都是针对和围绕某一综合性或是专题性问题展开的。

3. 逻辑性

调查报告离不开确凿的事实，但又不是材料的机械堆砌，而是对核实无误的数据和事实进行严密的逻辑论证。

4. 时效性

调查报告要求能及时回答人们迫切需要了解的问题，否则，时过境迁，成为“马后炮”，调查报告就会失去应有的价值。

四、撰写税收调研报告的原则

（一）观点正确

搞调查研究首先必须要有正确的观点，才能实事求是地进行调查研究，认识事物的本来面貌，得出合乎客观实际的结论。

（二）态度端正

要想写出内涵丰富又具有参考价值的调研报告，就要有饱满的写作热情、刻苦钻研的作风和实事求是的态度。

（三）目的明确

调查研究从根本上来说就是为了掌握实际情况，有助于制定和执行正确的方针政策，树立先进典型，批判错误的倾向，使各项工作沿着正确的方向前进。

（四）方法讲究

为了获得丰富的材料，还要讲究调查的方法。

（1）召开座谈会。组织召集从事实际工作的一线人员或纳税人，介绍有关情况，畅谈对调研问题的看法，或让一线的同志提出建议。通过座谈讨论，对调研的问题达成共识。

（2）专人采访。请一线干部和相关人员介绍情况，提出观点、看法。可以当面请教，也可以问卷调查。

（3）查阅原始资料。深入基层，直接查阅有关文件、原始凭证、报表、记录等原始资料，确保税收调研内容的真实可靠。原始资料可以从税务机关取得，也可以从纳税人或有关部门取得。

（4）实地考察。调研人员要到现场多走走、多看看，增加感性认识，便于对调研问题的分析理解。要真正带着问题来，解决问题归，切忌走马观花、形式主义。

五、税收调研报告的格式

税收调研报告行文灵活，写法多样，没有固定的格式。但一般而言，其内容大体上由标题、导语、正文、结尾、落款五部分组成。

（一）标　题

标题就是调研报告的题目，一般要求醒目、具体、明确，以概括文章的中心内容为主。调研报告的标题有单标题和双标题两类。

所谓单标题，就是一个标题，其中又有公文式标题和文章式标题两种。

公文式标题由“事由＋文件”构成，如《××省经济税源情况的调查报告》、《××市火力发电行业经济税收调研分析报告》等。

文章式标题，一般以文章内容或者作者通过调查所形成的观点而定，不要求带“文种”，如《从“十一五”××市经济税收结构探寻推进转方式调结构的对策建议》。

所谓双标题，就是两个标题，即一个正题、一个副题。如《新技术带来新工作模式——×市财税库银联网运行情况的调查》。

(二) 导　语

导语又称引言，它是调研报告的前言，简洁明了地介绍相关税收调查情况，或提出全文的引子，为正文写作作好铺垫。常见的导语有三种：

一是简介式导语，即对调查的课题、对象、时间、地点、方式、经过等作简明的介绍。

二是概括式导语，即对调查报告的内容（包括课题、对象、调查内容、调查结果和分析的结论等）作概括的说明。

三是交代式导语，即对调查报告产生的由来作简要的介绍说明。

(三) 正　文

正文是调研报告的主体。主要是对调研的过程和结果作具体的叙述和说明，并通过阐述剖析，揭示规律，然后将文章的中心内容进行归纳、提炼，形成观点，并通过典型事例和确凿的数据对这些观点进行论述。

正文的结构有不同的框架：

（1）根据逻辑安排材料的框架有纵式结构、横式结构、纵横式结构这三种结构，以纵横式结构采用居多。

（2）按照内容表达的层次组成的框架有：

1）“情况—成果—问题—建议”式结构，多用于反映基层税收工作情况的调查报告；

2）“成果—具体做法经验”式结构，多用于介绍税收工作经验的调查报告；

3）“问题—原因—意见或建议”式结构，多用于揭露税收工作中存在的问题的调查报告；

4）“事件过程—事件性质结论—处理意见”式结构，多用于揭示税收案件是非的调查报告。

(四) 结　尾

结尾的内容大多是调查者对税收工作中的问题的看法和建议，这是分析问题和解决问题的必然结果。调查报告的结尾方式主要有补充式、深化式、建议式、激发式等。

(五) 落　款

调查报告的落款要写明调查者——单位名称和个人姓名以及完稿时间。

六、税收调研报告的写作步骤

(一) 准备阶段

调查之前，必须作好准备工作，对调查的各个环节都要充分的考虑，先调查什么，后调查什么，调查什么部门、什么人，都要事先制定详细的调查预案。对调查的相关情况进行初步了解，根据平时的所见、所闻、所思，以及查阅的相关资料，对所调研的问题有一个大致的、粗线条的了解，克服调研工作的盲目性，提高针对性。对一些情况比较复杂，牵扯面比较广的调查，应当准备几套预案，这样才能心中有数，不慌不乱。

(二) 调查阶段

调查就是深入细致了解情况，掌握大量翔实准确的第一手资料的过程。常用的调研方法主要有召开座谈会、个别询问、实地考察、电话了解、问卷调查等。在实践工作中，有时单独用，有时综合来用。要讲究调查技巧。调查提问的方法很多，如环环紧扣、步步紧逼、旁敲侧击、迂回包抄等，以便抓住调查对象的心理。调查对象千差万别，各有特点，不能一个方法、一种方式用到底。调查过程中还会遇到一些难以预料的问题，什么时候问什么、怎么问、怎么引导，要因人、因事、因地而异，要顺势而变、应时而变，这样才能做到主动。

（三）研究撰写阶段

对税收调研的对象进行深入分析和理性思考，把工作中存在的最本质的、带有规律性的问题挖掘出来，从特殊到一般，从形形色色的个体中找出同类问题或某项税收工作的基本特征和规律，提出具有普遍性、针对性、指导性的建议。从结构上看，税收调研报告一般由起因、主体和结论三部分组成。起因是调研报告的开头部分，通常是简要叙述为什么对这个问题进行调查；调查的时间、地点、对象、范围、经过以及采用什么方法等。主体是调查报告的核心部分。通常写调查到的实际情况，包括事物产生的前因后果、发展经过、具体做法等；研究、分析事实材料所揭示的事物本质及其特点、规律等。结论是调研报告的结尾部分。是根据调查作出的分析，得出的结论，并提出对策、建议等。反映情况或问题的调查报告，内容结构一般是“三段论”，即主要包括基本情况、存在问题、工作建议三大部分。介绍经验或典型的调查报告结构则可以灵活一些，最常用的结构是首先阐述经验或成果、再讲具体做法。

七、税收调研报告写作的注意事项

一篇好的税收调研报告，是思想性、艺术性和实用性的有机结合，要做到观点鲜明、内容真实、文风严谨。

1. 观点鲜明

观点是调研报告的灵魂，提倡开门见山，直接表明主题。有的税收调研报告的标题也就是观点和主题，观点提炼上要反复思考，反复推敲，做到鲜明、深刻、独特，更接近事物的本质，能发人深省，提炼出最能反映调查对象本质特征的闪光点。

2. 内容真实

调研报告必须一切从实际出发，实事求是，反映的情况、问题、经验要以准确事实为依据，不能道听途说，更不能人为杜撰。材料取舍上要避免平衡性，对材料分不清主次，泛泛地用，详略不得当，就会重点不突出，影响整体效果。

3. 文风严谨

文字表达要准确、具体、生动、精练，要虚实结合，有理有据，用事实说话。要朴实无华，不要堆砌华丽词语，让人看了眼花缭乱，也不可套话连篇，晦涩难懂，更不能用明显带有情绪渲染的语言。

八、税收调研报告的格式及范文

税收调研报告范文：《从固定资产抵扣税款看我省投资质量》（《研究报告》20××年

第×期)。

从固定资产抵扣税款看我省投资质量

×××

2009年我国实施了结构性减税政策，其中影响力最大的是增值税转型，允许纳税人在应缴税款中抵扣购置机器设备时支付的增值税税款。2009—2011年我省企业共申报固定资产抵扣税款635亿元，折合投资4 370亿元。我们拟通过对固定资产抵扣税款进行分析，反映我省投资状况，探讨我省投资中存在的薄弱环节，并提出相关对策建议，以期对优化投资、促进经济又好又快发展有所裨益。

一、增值税转型对我省经济税收的影响

(一) 增值税转型对我省经济的影响

(二) 增值税转型对我省税收的影响

二、从固定资产抵扣税款看我省投资质量

三、对我省加强和优化投资的几点建议

……

第七节　税务统计分析

一、税务统计分析的定义

统计是将信息统扩起来进行计算的意思，它是对数据进行定量处理的理论与技术。统计分析(Statistical Analysis)，是指运用统计方法及与分析对象有关的知识，从定性与定量结合上进行的研究活动。统计分析是统计工作中统计设计、资料收集、整理汇总、统计分析、信息反馈五个阶段最关键的一步，是在前几个阶段工作的基础上通过分析从而对研究对象有更为深刻的认识。它也是在一定的选题下，集分析方案的设计、资料的收集和整理而展开的研究活动。如果缺少这一步或这一步做得不好，均将降低统计工作的作用。没有统计分析，税收统计核算工作就没有活力、没有发展，也没有税收统计核算工作的地位。因此，税收统计工作者必须学会写统计分析，积极地为领导决策服务。

税务统计分析，是按照科学的理论和统计方法，对通过调查收集到的国民经济和社会发展情况、税源和税收收入情况、行业和企业纳税申报资料等统计资料的加工整理，实事求是地进行系统、定性和定量的分析研究。剖析税务涉及的与经济有关的各种指标的相互关系、相互作用，揭示税源、税收、税政与经济现象各因素之间有关内在联系和数量关系，及其在一定时间、地点、条件下的性质、特征状态发展过程和变化的规律性，探究影响税源税收增减变化的原因，预测它们的发展趋势，作出符合客观实际的结论或推断，发现问题和矛盾，提出解决问题的办法，为各级领导决策提供服务。

税务统计分析是一种税收管理活动。它对税收统计数据的主要特征以及税收与各种经济现象的关系从量化的角度进行分析，然后得出结论，并提出可供决策参考的政策建议，最终形成统计分析报告。税务统计分析是统计信息、咨询、监督整体功能的集中体现，是税收统计全过程的一个重要方面，也是税务统计的最高阶段。

二、税务统计分析的特点

运用统计方法、定性与定量相结合是统计分析的重要特征。税务统计分析作为统计分析的重要方面和税收分析的一个主要类型，除具有统计分析和税收分析的一般属性之外，还具有其本身的特点：

（1）数量性。重视数量分析，是统计分析的首要特点。税务统计分析从税收数量变化来研究税收发展变化规律，因此，税务统计分析离不开对税源、税收和税政的数字资料进行加工整理和分析研究。

（2）具体性。税务统计分析所研究的对象都有具体的社会经济内容。每一个数据都是在一定时间、地点和条件下的量的表现，而不是空洞、抽象的数字。因此，税务统计分析也是对某个具体的税收问题，在具体时期、具体地点、具体表现的分析。

（3）综合性。税务部门在国民经济各部门中属于综合性部门，因此税务部门提供的统计资料具有较强的综合性。税收作为国家重要的经济杠杆，存在于社会经济现象之中，国家税收来自国民经济的各个部门、各个行业、各种经济类型，税源的增减变化、国民经济结构、产业行业结构的变化都可以反映在税收结构的变化中。这就决定了税务统计分析具有特定的综合性。

（4）广泛性。税务统计分析作为统计分析的一个组成部分，政策性强、覆盖面广。一方面税务统计所反映的课税对象几乎涉及国民经济的各个部门；另一方面，税务统计所反映的指标内容，既要反映税收及税源的增减变化、税收结构的变化趋势，同时又要反映税收政策的实施效果。

三、税务统计分析的任务

税务统计分析的任务是：坚持实事求是的原则，及时、准确、系统地收集、整理税务经济统计资料，正确运用统计数据和信息资料，分析税收的发展速度、水平和构成，研究各个时期、各个地区税收中税种结构、行业结构、经济类型结构的发展变化，揭示相互的比例关系，探索发展的规律性，真实地反映税收在宏观经济调节中所发挥的杠杆作用，产生的正负效应和存在的问题，分析社会经济发展变化对税收的影响，预测经济税源发展变化趋势。具体来讲，主要有以下几个方面。

（1）分析社会经济发展变化对税收的影响。税收来源于经济，通过税务统计分析，不断提高对税收的认知深度和广度，根据经济发展变化的趋势，利用经济与税收的关系指导组织收入工作。

（2）监督反馈经济税收政策的实施效果。税收是国家宏观调控的一个重要手段，在各项宏观政策的实施过程中，必然会产生大量的税收信息，反映着政策实施效果。通过税务统计分析，全面、准确、及时地检查和反映各项税收政策和征管措施的实际效果和存在问题，并揭示实施效果存在差异的原因，提供政策实施的反馈信息。

（3）研究税收领域的发展规律和税收效益。税收具有自身产生、发展和作用的规律，要通过开展统计分析，站在一定的理论高度，观察和分析具有重要价值的税收经济运行中的现象，运用统计分析的基本原理和基本方法，正确揭示税收经济现象中的规律性。

（4）总结经验为领导科学决策和管理服务。通过对整理的税务统计资料进行分析研究，真实全面系统综合地反映宏观调控措施、税制改革的成效和税收工作成绩，总结经验教训，揭示发展规律，促进科学决策和科学管理。

（5）预测税收经济现象和税收收入发展趋势。税务统计分析要通过综合性和定量性的分析，把税务领域里个别的、生动的、具体的表现综合成一般的、共同的、动态化的变化趋势。从实际出发，在调查研究的基础上，收集历史和现实的经济税源和税收的多种信息资料，运用统计分析的方法，对未来时期税收的发展趋势作出定量分析预测和推断。

四、税务统计分析写作的基本原则

开展税务统计分析工作，完成一篇优秀的统计分析报告，必须遵循以下原则：

（1）分析态度要实事求是，切忌弄虚作假。在分析与写作中，必须从客观实际出发，分析问题切忌主观性，不能按照自己的主观臆断先有结论后找论据和例证，必须立足实际反映经济税收现象，客观地反映事物的内部联系和发展规律。统计数据要充分、可靠，分析要有理有据，用数据说明观点，用观点提炼结论。要从实际出发，具体情况具体分析，分清主要矛盾和次要矛盾，以求得到符合客观实际的结论。

（2）分析选题要对路，切忌答非所问。开展税务统计分析，选题很关键，必须把握规律性，增强预见性，敏锐地发现经济税收现象中的热点、焦点、难点问题，善于从统计数据的纵向和横向的比较中发现问题，结合本地实际，才能选好题。

（3）分析内容要丰富多彩，切忌枯燥无味。掌握丰富的信息，是提高税务统计分析的必要条件，必须要注意平时积累，将有关的统计数据按照指标体系分门别类进行汇编。同时要开阔眼界，丰富思路，广开信息源，增加信息量。这样，在撰写统计分析时，就能取舍自如，恰到好处，否则就容易形成信息贫乏，枯燥无味，说理不充分，没有吸引力。

（4）分析论断要综观全局，切忌片面性。经济税收现象是错综复杂、相互联系的，开展税务统计分析要善于把事物发展过程中各个环节的内在联系结合起来进行观察，不能只凭一点、一事而推及全部，片面地去观察、分析问题。在分析时应看到各项指标之间的联系及其相互影响，不能只看单项数据的变化。要注重宏观与微观相结合，不要只比较宏观数据，还要比较有关的微观指标。

（5）分析方法要多种多样，切忌就事论事。在税务统计分析中，应该从税收工作特点出发，除了运用常规的行之有效的分析方法，如比较法、因素法、评价法之外，还应采用信息化手段，运用现代统计技术和计算机模型进行分析研究，不断提高税务统计分析的加工深度和预见性，不能就事论事，泛泛而谈。

五、税务统计分析报告的结构

税务统计分析报告的结构安排具有一定的规律性，通常包括标题、导语、主体（正文）、结尾四个要素。确定税务统计分析报告的结构形式，必须考虑到以下几个方面：一是必须反映客观事物的逻辑关系；二是应该符合读者的认识规律；三要符合作者表达的需要；四要讲究文章的排篇布局。

（一）标　题

统计分析的标题应能够准确地概括统计分析报告的内容，做到标题与内容相符，文切题旨，宽窄适宜，做到简洁、醒目。简洁，就是要求文章题目言简意赅，高度概括；醒目，就是指标题要力求新颖生动、不落俗套，有较强的吸引力和感染力。

（二）导　语

导语是统计分析报告的开头部分，通常要交代作者撰写税务统计分析的动机、目的、想法，或者说明报告所涉及的范围及关注的焦点。

（三）主　体

税务统计分析主体部分要求结构严谨，层次分明，条理清晰，重点突出。主体部分一般分为若干层次，应该根据文章的内容统筹安排，合理组织。常见的主体结构一般有递进结构、并列结构和交叉式结构等。

（四）结　尾

结尾是统计分析报告的结束语，它应该与报告的导语部分相呼应。结尾通常是对作者在导语中提出的观点的总结或复述，或者是对作者在导语部分所提出问题的回答。对结尾的基本要求，一是自然、圆满，二是简练。

六、税务统计分析的格式及范文

税务统计分析范文：《股份制改革对××石化生产经营与税收影响情况分析》。

税务统计分析

第 1 期（总第 35 期）

二〇××年×月×日

××市国家税务局　　　　签发：×××

股份制改革对××石化
生产经营与税收影响情况分析

××石化（含中石化××分公司、××股份公司、××石化公司，下同）为我市大型骨干税源企业，其生产经营与税收情况的变动直接影响我市整体组织收入形势。2007 年下半年××石化将进行股份制改革，此举对我市的税收收入总量，特别是市区级收入将产生一定影响。为了进一步摸清税源底数，把握组织收入工作的主动权，确保全年税收收入任务的全面完成，我们对××石化的股改及生产经营情况进行调研分析，并对其2007年度税收形势进行预测。

一、股权分置改革情况

……

第八节 重点税源企业分析

一、重点税源企业分析的定义

重点税源企业分析是指在了解和掌握重点税源企业生产经营情况和财务数据的基础上，对纳税人的税收经济关系和税收申报缴纳状况进行客观评价和说明的分析。它既可以针对单一的重点税源企业进行重点分析，又可以对某一行业或某一地区的重点税源企业进行综合分析。

二、重点税源企业分析的特点

重点税源企业分析是实行税收科学化、精细化管理的推进器，是有效开展纳税评估工作的前提。它作为税收分析工作的重要组成部分具有时效性、准确性和专业性三大特点。

（1）时效性。企业的收入实现、资金运行等指标都是按一定时间进行的，重点税源企业分析也必须按一定的时期对企业的生产经营情况和影响因素进行分析。如按年、半年、季度、月进行跟踪分析，超过了一定时间段，分析就失去了意义。

（2）准确性。重点税源企业分析与其他几个类型的税收分析相比，对数据质量的要求更加的严格。为了获得企业生产经营情况的准确结论，首先要提高数据质量。以不真实可靠或虚假的数据出发进行分析，得出的结论必然偏差万里，这样的结论还可能误导决策，贻害无穷。因此，获得数据的翔实准确成为重点税源企业分析的重要特点。

（3）专业性。重点税源企业分析以企业的生产经营情况为基础，以会计核算为依托，因此其分析方法、分析语言、分析结论都存在较强的专业性。不但要能准确地运用会计学对企业经营行为进行核算，还要对企业的工艺流程、产品情况有一定的了解。

三、重点税源企业分析的内容

重点税源企业分析的目标在于客观说明和评价具体纳税人的税收经济关系和税收缴纳状况，而说明这两项内容，首先要分别掌握纳税人的税源情况、税款缴纳情况，并建立两者之间的内在联系，所以，重点税源企业分析的基本内容至少应该包括重点税源企业税源特征分析、重点税源企业税收特征分析和重点税源企业税收与经济关系的分析等。

（一）重点税源企业税源特征分析

在重点税源企业分析中，税源特征是指可具体量化的各种税源数据指标，如纳税人的经营收入、产销量、价格等。税源特征分析就是针对这些数据指标开展的系列量化特征分析，其主要分析内容包括：

1. 企业规模分析

企业规模是指企业生产经营规模的大小。企业规模的大小，可以用许多指标来描述，如生产规模、销售规模、资产规模或雇员人数，等等。为了方便从效益的角度研究后续的经济税收关系，要选定与税收有直接关系的企业资产规模指标作为主要的研究对象，来探讨企业规模和企业税收的关系，其中两个代表性的指标就是企业资产规模和企业税源规模。企业资产规模是指企业所占用的除人力资源以外的各种社会资源价值的总和，在企业税收分析中研究企业规模的目的之一，就是要建立税收与企业资产规模的相对关系，从社会效益的角度评价企业的税收贡献。企业税源规模是指企业在一定时期内的产品销售收入或经营收入总量，研究企业税源规模，其目的是建立税收与税源的相对关系，评价企业税负的合理性，研究企业欠税变化的合理性。

2. 企业经济效益分析

分析企业的经济效益，一般从分析企业的收益性、成长性、流动性、安全性及生产性来分析，这又叫做经济效益的五性分析。企业收益性分析的目的在于观察企业一定时期的收益及获利能力。企业流动性分析的目的在于观察企业在一定时期内资金周转状况，是对企业资金活动的效率分析，为此要计算出各种资产的周转率和周转期，分别讨论其运用效率。安全性是指企业经营的安全程度，也可以说是资金调动的安全性。企业安全性指标分析的目的在于观察企业在一定时期内的偿债能力状况。一般来说，企业收益性好，安全性也高。但在有的情况下，收益性高，资金调度却不顺利。企业成长性分析的目的在于观察企业在一定时期内的经营能力发展状况。一个企业即使收益性很高，但如果成长性不好，也不能给以很高的评价，成长性就是从量和质的角度评价企业发展情况即将来的发展趋势。其指标是将前期目标作分母，本期指标作分子，求得增长率。企业的生产性指标分析的目的在于查明企业在一定时期内的人均生产经营能力、生产经营水平和生产成果的分配问题。

3. 主要经济税收指标变动同期比较分析

主要经济税收指标变动同期比较分析是根据相关数据指标简要概括重点税源和税收缴纳变化情况的综合分析。其主要分析指标为企业主营业务收入、成本费用、利润、主要税种计税销售额、实现税收与入库税收等。通过对上述主要数据指标的处理，能描述这些指标的变化情况、税收入库情况和税收经济关系，通过分析对纳税人的税源和税收形势进行基本描述、对征管现状给予客观评价。

（二）重点税源企业税收特征分析

重点税源企业税收特征分析是针对重点税源企业税收缴纳情况所反映的规律特征开展的系列分析，包括重点税源企业实现税金和入库税金的规模、结构、变化趋势、两者之间的相关性，以及欠税、减免退税情况的分析。通过这一系列的分析，了解和掌握纳税人税收缴纳状况、税收构成、欠税及减免税优惠信息等，检验纳税人缴纳的税收与相关经济指标之间关系的合理性，其主要分析内容包括：

1. 企业税收入库分析

企业税收入库率是入库税收与实现税收的比例关系，是反映税收征管最重要的指标之一。税收入库测算分析就是测算分析重点税源企业实现税金和入库税金的规模、结构、变化趋势以及两者之间的相关性，说明重点税源企业的征管现状及其对税收收入的影响。其具体分析指标为税收入库率及其变化幅度。要求能够按地区、行业、企业经济类型和税种分类进行税收入库测算，客观地描述重点税源企业税收入库在各地区、行业和企业类型间的现状和变化，揭示征管入库的薄弱环节。

2. 企业欠税分析

企业欠税分析是围绕企业未缴税金开展的系列分析，是监督税收流失、反映税收征管最重要的指标之一。企业欠税测算分析就是对影响企业欠税的指标开展企业欠税的相关分析或因素分析，说明重点税源企业欠税现状及其对税收收入的影响。其主要分析指标为未缴税金总量、欠税新旧比例、变化幅度及占应缴税金的比例关系。通过对重点税源企业未缴税金的解析测算，能客观地描述企业欠税在所处地区、行业和企业类型中的位置和水平，揭示征管入库的薄弱环节和增收潜力。

3. 企业减免税分析

减免税是对某些纳税人或课税对象的鼓励和照顾措施，减免税分析就是对重点税源企业减免税总量、范围以及规模进行分析，以掌握其对企业生产经营及税收的影响。其主要分析指标为减免税总量、同期变化情况、适用政策、减免范围等。通过对重点税源企业减免退税金情况进行统计分析，可以客观地描述企业减免税落实情况及其对企业的影响。

（三）重点税源企业税收与经济关系分析

在说明企业税源特征和税收特征的基础上，进一步开展重点税源企业税收与经济关系的分析，从静态说明两者之间比例关系的合理性，从动态说明两者之间变化关系的合理性。其主要分析内容包括：

1. 企业税负测算分析

税收负担概括地说是税收与税源的比例关系，是反映税收经济关系最基本的指标。企业税负测算分析就是根据相关税源指标计算这种比例关系，说明重点税源企业税收经济关系现状及其变化。其主要分析指标为税负率及其变化幅度。通过对企业所处行业税负水平以及企业自身税负的测算、对税负变化趋势的分析，在企业税源既定的情况下检验企业税收负担是否满足税法规定要求和经济运作客观规律。通过对纳税人税收负担的合理性进行分析，为揭示税收征管工作中的问题、挖掘税收潜力、完善税收征管措施提供数据支持和服务。

2. 企业税收弹性分析

在描述税源变化对税收收入的影响时，会用到税收变化弹性这一指标，即税收的增长与税源增长的比例关系。其主要分析指标为企业实缴各税总和的增长幅度与企业相应经济指标的增长幅度。开展税收弹性分析，可以反映税收增长与经济增长是否协调，并据此对收入形势是否正常作出判断；可以通过对税收增长与经济增长不协调原因的剖析，进一步查找影响税源和税收变化的因素，从中发现征管中存在的薄弱环节和漏洞。在开展税收与经济对比分析中，不仅要从总量上进行经济增长与税收增长的弹性分析，而且要从分量上、从税种、税目、行业以至企业等税收弹性看税收与经济增长的协调性。作好税收弹性分析要注意剔除税收收入中的特殊因素，以免其影响真实的弹性，掩盖税收征管中的问题。

四、重点税源企业分析的写作

（一）写作原则

重点税源企业分析的写作，总的来说要遵循以下五个原则：一是言之有物，不尚空谈；二是实事求是，反映真理；三是有的放矢，看准对象；四是分析综合，内容真切；五是认真负责，反复修改。

（二）语言使用技巧

重点税源企业分析的表达是用书面语言进行的，在语言使用上，应具有其自身的特点。

1. 规范

规范是最基本的语言特点。语言规范就是在反映客观事物时要使用规范或专业的语言，不能为了标新立异，故意使用不规范的语言。数字使用要规范。在分析报告中，凡可使用阿拉伯数字而又得体的地方，均应使用阿拉伯数字，特殊情况可以变通，但应保持相对一致。

2. 准确

准确也是税收分析报告最基本的语言特点。语言准确就是要正确地反映客观事物的真实情况，贴切地表达作者的看法和主张。即：用词准确、语句通顺、数据真实、合乎逻辑。

3. 简明

简明是使用概括的手法，把事实高度浓缩，以尽可能少的文字表达尽可能多的内容。同时报告中使用数字要繁简得当，给人一种清晰准确的印象，切忌数字的随意堆砌，让读者感到枯燥厌烦。

4. 通俗

通俗就是要通俗易懂，即使运用专业性很强的术语，也要用平凡的语言、深入浅出地进行表达和解释。

（三）结构安排

完整的重点税源企业分析一般由标题、导语、正文、结尾四部分组成。但有时为了避免重复，可略去导语部分。还有的重点税源企业分析附有背景材料，对分析的内容起到补充作用。

1. 标题

重点税源企业分析标题一般使用规范化的标题格式，基本格式如《××市纺织行业税源发展状况分析》、《2011 年全省重点税源监控企业税收分析》等。标题要求尽量贴切、简明、新颖。贴切就是标题能够准确概括文章的内容，做到标题与内容相符；简明就是要求标题言简意赅、高度概括。新颖就是不落俗套，要有自己的鲜明观点和独特风格。

2. 导语

导语是文章的开头，点明一篇报告的主题思想，要求语言高度概括凝练，用简明扼要的语言介绍情形，说明情况，交代分析的目的和要求。例：2011 年，面对错综复杂的国内外经济环境，全省以科学发展为主题，以加快转变经济发展方式为主线，经济继续保持平稳较快增长。企业规模日益壮大，企业效益逐步提高，纳税能力稳步提升。本文利用 2011 年省局监控的重点税源企业数据，结合统计年鉴及会统年报等相关资料，对我省重点税源企业税收及发展状况进行了较为详尽的分析，揭示了我省重点税源企业税收运行特点和存在的问题，并提出相应的对策建议，以期促进我省税收健康和谐发展。

3. 正文

正文是文章的主要组成部分，用数字和事实来阐明主题思想。正文要求结构严谨，层次分明，条理清晰。首先介绍情况，主要是介绍分析对象（指标）的情况，包括基本情况的文字说明和具体数字说明，如指标、百分比、有关数据等；其次进行分析，分析就是对报告反映或说明的有关税收情况和数据，运用科学的分析方法进行系统的评论分析，最后进行归纳概括，对分析结果进行概括，肯定成绩，指出问题。从结构层次来看一般分为纵贯式结构、并列式结构、递进式结构和对比式结构。纵贯式结构方式按照引论（导论、绪论）、本论（正文）、结论三部分组织材料。它大体上是按照提出问题——分析问题——解决问题的逻辑顺序来安排的，又称“三段式结构方式”。围绕中心论点，从不同角度进行论证，形成若干分论点，几个分论点构成并列关系，共同论证中心论点，这就是重点税源分析中的并列式结构方式。递进式结构方式在阐述中心论点时，各层次、段落之间的关系，是环环相扣、逐层深入的关系，前一部分论述是后一部分论述的基础，最后推导出分析文章的结论。对比式结构方式是把正反两方面的数据、指标、原因等对比地组合在一起的结构方式，形成强烈的反差，使两种不同的因素在对比中更清晰，从而更有力地突出正面的观点和主张。实际写作过程中，上述结构方式常常交错使用，一般是以某一种结构方式为主，以其他方式为辅，这样，既可使行文富于变化，又不会使文章杂乱无章。

4. 结尾

结尾是报告的简短结束语，总括全文，点明主题，起到画龙点睛的作用。结尾的写法也比较多，可以根据企业当前面对的经营问题提出解决问题的方法、对策或下一步改进工作的建议；或总结全文的主要观点，进一步深化主题；或提出问题，引发人们的进一步思考；或展望前景，发出鼓舞和号召。

以上几种税收分析类型有着明显的区别。八种分析的分析数据来源不同、分析应用方法不同、分析的要求不用、分析的时效性不同、分析的侧重点不同。在实际的税收分析工作中，除去这八种之外，根据实际工作的需要，我们还可能涉及其他一些类型的分析报告，其使用频率及实用性都较低，限于篇幅原因在此不再赘述。

CHAPTER

6 第六章 税收分析的写作步骤

本章主要介绍了税收分析的写作步骤，包括税收分析写作的选题、税收分析写作素材的搜集、税收分析写作的结构和框架、税收分析的写作及税收分析写作的修改等内容。

第一节　税收分析写作的选题

俗话说“万事开头难”，税收分析写作的选题，是税收分析写作的第一步，是重要的也是最难的一步。选择一个可论之题，就是选择一个税收分析的切入点，是一篇税收分析文章成功与否的关键。好的文章是可论之题加有价之说，能在一篇文章中分析清楚自己想要说明的问题，加上正确、新颖、有理有据的观点，这是选题的目标。相反，即使通畅、结构清楚，而论点不明确或论点没有价值就不能写出好的税收分析文章。选题是否准确，直接关系到作者分析写作的目的。

一、选题的原则

合理选择分析写作的题目，应掌握以下几个基本原则：

（一）选题要准

“准”的含义就是要握准经济税收的根本问题，把准一定时期税收工作的重点问题，切准当前社会关心的热点问题，瞄准税收工作的焦点问题，认准税收理论的难点问题，测准税收问题变动的时点以及未来趋势。这就是选题对“准”的要求。

（二）选题要新

完成一篇成功的税收分析文章，要在“新”字上下工夫，这个“新”包括两层含义：一是对现有研究现象或问题进行长期深入的观察、分析，以便从中发现别人没有发现或没有涉及过的问题，提出新思路、开辟新角度。二是对于税收工作中尚未发生但将要发生的新动向或刚刚发生的新变化，积极跟踪、分析，提出新观点。

（三）选题要实

实事求是是税收分析必须要遵守的基本原则，对所分析的问题要事前进行周密的调查研究，忠于客观实际，尊重事实。切忌带着框框找材料，或凭空捏造，主观臆想，面壁虚构。这个原则还意味着在选题时要量力而行。既要考虑各级领导和社会的需要，也要考虑分析所需资料、数据是否充分，调研渠道是否便捷，以及分析者是否有能力对所选题目进行深入分析等。不能在选题时贪大求深，最终因力不从心或事不可及而不得不放弃，有事无功。

二、正确选题的途径

有了以上选题的原则，如何在实际选题中落实这些原则，就成了选题的关键问题。为了选好分析题目，一般应从以下几个方面入手。

（一）从长期积累的素材中选择

选题要注意与自己平时的积累相一致。长期以来，分析者由于工作岗位等原因，在某一方面，积累的知识、接触的材料比较多，选题就应该在这个方面。不要选自己平时比较生疏的题目来做，临时冥思苦想，不仅费力，可能还会误事。没有平时的积累，寸步难行。

（二）密切关注税收形势的不断变化

税收形势的变化与经济形势的变化密不可分，选题应密切跟踪国内外经济形势变化情况，把准一定时期税收工作的重点问题，深入分析经济形势变化给税收带来的影响，有效发挥税收分析的作用。

（三）深入钻研，认准税收工作的难点问题

随着经济社会的不断发展，税收工作面临的环境也在不断变化，原有税收工作方法、制度、理论等已经不适应新形势下税收工作的需要，随着矛盾的不断出现，给税收工作带来了一定影响，分析人员必须勇于深入分析矛盾产生的根源，探索解决矛盾的方法，提出解决问题的有效性建议，充分发挥参谋助手的作用。

（四）准确预测税收问题的未来趋势

税收预测是以整个税收工作的发展趋势为研究对象的，以此为选题点，有助于对未来税收收入总量和结构等发展趋势作出符合客观实际的分析、判断和推测，对于及时发现税收工作中的问题和矛盾，找出解决的办法有积极的意义。

（五）广泛涉猎，切准当前社会关心的热点、焦点问题

要想切准当前社会关心的热点、焦点问题，必须广泛涉猎，通过报刊、杂志、新闻媒体、计算机网络等多种渠道，积极了解社会各方对税收问题的关注点，从中选择自己分析写作的对象。

（六）求实创新

实事求是是税收分析工作的生命线，税收分析写作应尽量从能够真实反映经济税收状况、切实促进税收工作发展等方面入手，不能摆花架子，搞面子工程。创新是税收分析报告的灵魂，随着新时期税收工作不断快速发展变化，应不断对税收政策变化、工作机制等方面进行积极尝试，大胆创新，不断推出具有新意和前瞻性的分析成果，推进税收工作的跨越式发展。

三、选题的要点

（一）税收热点问题

税收热点问题是指在一定社会时期人们议论较多，大家比较关注，涉及税收的问题。热点问题一般伴随着税收政策的变化而产生，它关系到纳税人切身经济利益，社会关注度较高。如馒头税、税收起征点提高、营改增等问题。

（二）主要矛盾集中点

矛盾集中点是指税收或社会经济中矛盾比较集中，并且短期内尚未解决的问题。例如，税收收入增速放缓和政府刚性支出增加的矛盾；产业结构调整和传统行业税源减少带来收入短期内下滑的矛盾等。

（三）经济税收关系

经济税收关系主要是经济与税收总量关系，如税收弹性分析；经济结构与税收结构关系分析，如税种、税收级次结构与相应的税源结构分析；经济税源质量与税收产出关系分析，如企业增加值与增值税关系分析；影响税收经济关系的因素分析，如价格、产量因素分析等。

（四）经济税收发展趋势预测

经济税收发展趋势预测主要是运用科学预测方法，对经济税收增减变动、重大经济税源变动和经济税收政策调整等影响未来税收收入的因素进行分析，以对未来税收发展趋势做出可靠预测，如工业增值税预测分析、地区经济税源调查分析等。

第二节　税收分析写作素材的搜集

一、税收分析素材的种类

（一）税收数据

税收数据包括与税收收入有关的各种内容。主要有税收收入总收入、分税种收入、分地区收入、分级次收入、分经济类型收入、分行业收入、重点税源企业收入等各种原始数据。数据来源有税收年鉴、月报、会计统计报表、重点税源报表等。

（二）经济数据

经济数据主要来自不同单位发布的含有经济指标数据的公报、年鉴等资料。如各级统计局发布的统计公报、统计年鉴，物价部门发布的产品价格信息、海关发布的进出口贸易额等。

（三）征管数据

这类资料来自税务部门内部，主要是在税收征收管理过程中形成的纳税人申报、入库和税收减免等情况及各行业销售收入、利润等税源情况。

（四）其他文字材料

一是税收研究的各种理论成果，主要是所有论及税收问题的教科书、专著、杂志、期刊、论文、专题调研报告、考察报告等。二是各种经济学、统计学、财政学等理论，这些资料从理论上论证了经济现象的一般规律，可以从根本上提高对税收问题的认识深度，提高税收分析的水平。三是来源于各级政府部门发布的经济发展规划，如国民经济和社会发展第十二个五年规划。四是各类会议精神，如中央经济工作会议、全国税务工作会议。五是领导讲话等其他文字资料。

二、素材的选择

充分的占有材料是税收分析写作的基础和前提，搜集材料要多而全面，但在具体选用材料时，则应严格把关，科学选用。材料选用不当，就会使税收分析中心论点缺乏足够的说服力。选用材料时通常应注意以下几个方面：

（一）围绕分析文章的中心论点选择材料

税收分析材料要为观点服务，材料和观点必须是统一的，即使是真实可靠的材料，如果离开了分析所要阐述的观点，那它的价值依然是不高的。因此，要根据所写税收分析主题的需要来决定选用材料的多少、选用材料的详略以及选用材料的表现形式。决不能以为“多多益善”，以致分析越写越长，而将主体湮没于材料堆中。比如我们选的题目是分析税收政策调整对税收收入的影响，我们应从众多的数据资料中选择税收政策文件、涉及的相关行业经济税收情况等材料，从这些资料出发，就可以开始着手进行税收分析写作了。

（二）选择有代表性的典型材料

典型性材料，就是能比较集中、突出地反映税收分析核心问题的材料，它具有一定的代表性，说服力强，有普遍的指导意义。如在进行某个行业的税收分析写作中，我们总是习惯于将行业中龙头企业进行重点剖析，这样的企业无论是经济总量还是税收总量所占比重较大，代表性强，基本能反映整个行业经济税收发展趋势，因此，适当地选择典型材料，可强化主题，使文章分析更加生动。

（三）选择真实、准确的材料

税收分析写作要求材料绝对真实，要以事实为依据，既不夸大，也不缩小，不能将不同的材料捏合在一起，更不能无中生有，任意编造材料入文。同时选取材料应能准确说明文章论点，不能拖泥带水、模棱两可，给读者造成误解以致得出错误的结论。

（四）选择新颖的材料

随着经济税收形势不断发展变化，税收分析写作的内容和要求也在不断变化。在我们选择材料的时候，应注意剔除现有材料中陈旧、不合时宜的东西，选取包含最大信息量、最能反映当前情况、具有较高的参考价值和较深的实践作用的材料。

第三节 税收分析写作的结构和框架

一、结构在税收分析写作中的作用及应遵循的原则

（一）结构在税收分析写作中的作用

税收分析结构是指文章内部的组织构造，是整个分析活动的叙述在逻辑和次序上的安排。写作结构“大体则有，定体则无”，没有一个固定的模式，但客观事物都有其内在规律，安排写作的结构也应遵循一定的客观规律。在税收分析写作中，我们经常有这样的感触：主旨的产生、材料的搜索并不是很困难，难的是如何将两者统一起来、构成一篇文章，而且这时写作主体，尤其是初写者，往往是脑中一片杂乱，不知从何下笔。原因在于，确定主旨，选取材料，仅解决了写作中言之有理，言之有物的问题，还没解决言之有序的问题，就是文章结构的安排，即谋篇布局。如果说主旨是文章的灵魂，材料是血肉，那结构就是骨骼。精心安排好结构，能使文章中心鲜明突出，内容层次分明，条理清晰，衔接自然贯通。

（二）税收分析写作结构安排应遵循的原则

一是逻辑原则。税收分析必须正确反映事理和事物的内在规律，具体体现为税收分析的中心论点、分论点、小论点以及相关论据之间有着严密的逻辑关系，它们之间的主次、轻重和先后关系，在作者构思之外早有其客观安排。这种客观安排，不是作者可以随意颠倒和破坏的。因此，在税收分析结构安排上，只有正确地反映这种逻辑关系，整篇分析才能准确地反映事物和事理的本质面貌。

二是严谨原则。税收分析的严谨性主要体现在三个方面，在整体结构上，要有开头、有主体、有结尾，内容完整，层次分明。在层次段落上，要体现问题分解的逻辑，即同一层次各部分之间、每部分各段落之间呈现统一的结构形式，条理清晰，井然有序。层次的安排要反映事物逻辑，各段内容要清楚地体现层次意义。要注意段落的单一性和完整性，即每一段只说明一个中心意思。各层、各段既要相对独立又要彼此关照、前后呼应。在内容组织上，结构安排必须服从主题的需要。一篇税收分析会涉及方方面面，作者必须在纷繁复杂的资料和数据中，抓住关键因素、重点因素。因此，对资料的取舍、分析的详略、论述的先后与轻重等都要得当，都要以表现主题为标准。

三是适用原则。税收分析的结构组织必须服从税收分析的目的，突出全文主旨。因此，在遵循客观事理和读者认知规律的基础上，作者还应该发挥自己的创造性。如，为了突出表达某一观点，就必须加强这部分内容的分量，组织有效统计数据和文字语言，从而使这一观点更加突出。写作的目的不同，分析的章法也就不同，没有僵化的模式。具体到语言组织的层次上，可以先叙后议，先摆出数据，后作量化分析，予以议论阐述，揭示事物的规律与本质，提出针对性的建议；也可以夹叙夹议，边列数据表，边量化分析，边作理论阐述。

二、税收分析的组成部分

(一) 标　题

标题即文章的题目，篇名，常常是文章中心内容、基本思想的集中体现。有人把它比作文章的“眼睛”，一篇文章有了好的标题，可以对读者产生强烈的吸引力，使文章增色不少。

对税收分析来说，其标题应做到确切、简洁、新颖。

1. 确切，就是准确概括税收分析的内容，做到标题与内容相符，文切题旨，恰如其分。

2. 简洁，就是标题要精练、扼要，用尽可能少的文字概括全文的内容，使读者看了标题就能了解全文梗概，简洁的程度以“增一字太多，减一字不足以表达”为准。

3. 新颖，即不落俗套，要有自己的鲜明观点和独特风格。

拟定标题常用的方法有：

1. 突出主题。如《装备制造业产业经济税收形势应予关注》。

2. 现象引题。如《40家光伏重点税源企业第一季度亏损严重 税收下滑超90%》。

3. 结论引题。如《超市赢利模式对税负和利润有重要影响》。

4. 目的引题。如《从重点税源看产业结构调整成效与问题》。

5. 提问引题。如《我省钢铁行业税负为何如此之低》。

(二) 导　语

导语是文章的开头，点明一篇税收分析的主题思想，要求语言高度概括凝练。要为全文展开理清脉络，牵出头绪，作好铺垫。写法上可开门见山，落笔入题，高度浓缩，揭示观点，或提出根源，突出中心，引入下文。组织开头常用的方法有：

1. 概述全文的主要内容

用简练的语言对全文的内容进行综述，使读者对文章有一个宏观了解，便于更好地理解下文。

2. 阐述分析课题的意义

论述文章课题的意义，引起读者重视。

3. 介绍分析对象的基本情况

在导语中说明“时间、对象、事件”三要素，用简短的描述给读者比较充足的信息量。

4. 揭示税收分析的基本观点

简明扼要说清文章的主题和基本观点，开宗明义，使读者加深对下文的理解。

例文1：直接揭示中心观点

标题：超市赢利模式对税负和利润有重要影响

开头：超市零售隶属于零售业中的综合零售业，是零售业中的重要细分行业。近几年来，由于外资大型零售企业在中国市场的加速发展和本土龙头企业的强劲崛起，行业竞争日趋激烈，新型营销策略、赢利模式应运而生。经初步分析，超市企业选择的赢利模式、营销手段对税负和利润有着重要影响。

例文 2：介绍研究对象，提出研究问题

标题：超市零售业经营中的涉税问题研究

开头：超市零售隶属于零售业中的综合零售业，是零售业中的重要细分行业。超市行业主要经营食品、日用品等生活必需品，需求受经济周期波动相对较小，随着我国城镇化进程的逐步加快，消费品市场逐步扩大，行业发展较为平稳。但是近几年来，由于外资大型零售企业在中国市场的加速发展和本土龙头企业的强劲崛起，行业竞争日趋激烈，新型营销策略、赢利模式应运而生，由此带来了税收管理上的难题和困扰，值得研究和探讨。

例文 3：综合介绍课题研究思路

标题：我国高新技术产业减免税政策效应分析

开头：发展高新技术产业是世界各国提升竞争力的重要途径。多年来，我国为加快高新技术产业发展，不断采取税收优惠措施，随着 2008 年新企业所得税法的实施，我国减免税力度进一步增强。本报告采用理论与实证相结合、统计分析与调查研究相结合的方法，首先从理论上阐述我国高新技术产业减免税政策的内在机理，然后充分运用 2008—2010 年全国减免税调查数据对高新技术产业减免税政策效应进行实证分析，并结合实地调研成果，深入剖析我国高新技术发展中存在的问题，最后借鉴国际经验，提出相关的政策改革建议。

例文 4：介绍情况、提出问题，总括全文

标题：2012 年第一季度重点税源企业运行状况分析

开头：2012 年第一季度，6 000 户省级重点税源企业累计实现营业收入 15 942 亿元，同比增长 0.3%；实现利润 857 亿元，同比下降 23.4%；期末资产总额 94 302 亿元，增长 14.5%，增幅较上年同期均有回落。重点税源企业累计缴纳国税三大税种 629.3 亿元，较上年同期减收 43 亿元，同比下降 6.4%，下降幅度比全省国税直接收入的下降幅度大 4.6 个百分点。重点税源企业运行质量下降，经营面临诸多困难，对全省经济税收的贡献下降，应引起关注。

（三）主　体

主体是税收分析的正文，是文章的主要组成部分，要求写作结构严谨，层次分明，条理清晰。主体部分一般分几个层次来写。

主体层次常用表现方式有：

1. 分述式

分述式也叫并列结构，或平行结构，即把税收分析的主体部分，根据要反映的事物或事理的内在逻辑关系，分成并列的几部分展开论述，如：分税种看、分企业看、分入库情况看……

例文：

题目：我市部分服务业企业所得税预缴率偏低须关注

结构：

（1）少数地区预缴率低于全省平均水平

（2）内资企业预缴率低于外资企业

（3）预缴率较低行业地区间差异明显

(4) 预缴率较低行业企业集中度较高

2. 层进式

层进式也叫递进结构。即按事物或事理的发展顺序纵向展开，常用“是什么—为什么—怎么办”思路贯穿全文。

例文：

题目：套期保值业务对企业利税的影响分析

结构：

(1) 套期保值的基本概述（概念、交易原则和基本原理）

(2) 套期保值对企业利税影响的尝试性分析

一是套期保值业务对企业经营效益的影响分析

二是从会计核算角度看套期保值对企业利税的影响

(3) 关于套期保值业务引起相关风险的思考

税收政策风险、征管风险、企业财务风险

3. 三段式

现状、原因、对策，按照引论、本论、结论三部分组织材料。常用的组织形式有以下几种：

(1) 总分式。总说提出中心论点，然后横向展开分论点，进而开始论述。

(2) 综合式。正文将上述各种结构形式融为一体，加以综合运用，即为综合式。例如，用“分述结构”来写“三段结构”中的“现状”；用“三段结构”来写“层进结构”中的一个层次；用“总分结构”来写“分述结构”中的某一方面内容等。

例文：

题目：对房地产开发企业所得税预缴率偏低问题的分析和探讨

结构：

(1) 我省房地产开发企业所得税预缴率明显偏低

(2) 房地产开发企业预缴率偏低的成因分析

(3) 提升房地产开发企业所得税预缴率水平的措施和建议

(四) 结　尾

结尾是税收分析的简短结束语，总括全文，点明主题，起到画龙点睛的作用。好的结尾，可以使读者感到言已尽而意未休、发人深省，耐人寻味。结尾要求要自然、完美，简短、概括。可首尾呼应，可预测未来，亦可提出措施建议。组织结尾常用方式有以下几种。

1. 总括全文

对上文的各个层次、种种关系进行概括提炼，进一步加强中心观点。如：“综上所述，在当前情况下，进一步强化行业税负管理，既有必要，也有可能”。“总之”、“总而言之”、“概括地说”是该类结尾的常用词。

2. 对策建议

根据上文中列出的问题或难点，提出有一定针对性的建议，使整个文章看起来有头有尾，首尾呼应。建议有两类：一是提出宏观措施，用简练的语言把建议内容概括进来；二是以最后一个层次的若干条建议来收尾。无论哪种方式提出建议，都应做到及时准确、周全缜密、前瞻创新。

3. 得出结论

通过上文的论述，在篇末用简练的语言提出主要观点，应注意的是，主论点应与上文中各个分论点相呼应。

4. 预测走势

常见的税收预测分析，基本上是采用数学模型对某一社会现象的发展趋势进行预测，结尾部分显示预测结果。需要注意的是，预测表述时要避免过于肯定的语言，应留给读者一定的思考空间。

5. 给予启示

在分析论述后，选择一些要点进行提问、反问，引起读者的思考和探索，进而突出强调税收分析的论点。

例文 1：(得出结论＋对策建议)

我国高耗能行业面临的节能减排、产业转型的任务极其艰巨，必须贯彻落实“十二五”规划纲要提出的有关要求，加强宏观调控政策的针对性，健全制度约束，加大检查力度，努力促进经济结构战略性调整和经济发展方式转变。对税务部门而言，一要认真落实各项政策，充分发挥税收职能作用，促进科技进步和新能源、新技术产业发展，严控“两高一资”产品出口，为节能减排创造良好环境；二是完善税收政策，深化税制改革，尽快调整资源税，完善消费税，开征环保税，加大高耗能生产成本，尽快淘汰落后产能，为经济结构调整提供制度支持；三是加强高耗能行业税收征管，大力防止新欠、清理陈欠，从严控制缓税，努力做到应收尽收，使征管与政策形成合力，更好地实现宏观调控的目标。

例文 2：(总括全文＋预测走势)

综上所述，2012 年我国医药制造业的发展将是机遇与挑战并存。初步预计，2012 年该行业税源发展很可能呈现前低后高走势，全年主要经济指标增速达到上年水平。反映在税收上，预计医药制造业重点税源企业实现税金增幅可望达到 15%左右的水平，其中增值税考虑转型改革带来的减税因素后，仍将保持 10%以上的增长；而企业所得税在企业盈利空间缩减、落实高新技术企业税收优惠政策等负面因素与产业利好政策共同作用下，也有望继续保持两位数的增长。总体看，2012 年我国医药制造业税收将继续保持稳定增长态势，在国民经济和税收收入的地位可望继续提升。

例文 3：(阐述态势＋给予启示)

当前工业利润增幅明显下降和企业销售势头减缓，表明去年实施的一系列宏观调控效应正在持续显现。但是，在调控过热行业、抑制投资需求的情况下，上游行业产品的价格仍居高不下，这一相悖现象是今后继续实施宏观调控必须认真研究的问题。

(五) 过　渡

文章结构除了标题、导语、主体、结尾外，在文章的主体部分，层次之间、段落之间，需要过渡照应来贯通全文，使上下文不同意思能够自然转换，顺理成章，文章紧凑、匀称、完整、和谐自然。常用过渡段、过渡句、过渡词来实现转换。常见的过渡有以下几种：

1. 两层意思之间的转换

如：为什么今年该行业税负明显低于去年？主要原因是……

2. 具体和概括之间的转换

如：从以上情况可以看出，商业实现税收增幅明显高于工业实现税收增幅，中小企业实现税收增幅明显高于大型企业实现税收。

3. 承上启下

如：上述情况表明，我市的税收征管工作总的情况好于去年，但同样存在以下问题……

三、不同税收分析结构特点

税收分析的结构，在过去有个约定俗成的格式，就是“一情况、二问题、三建议”这种三段式。还有一种就是提出问题—分析问题—解决问题。这是最常见的也是经常用的两种格式。但税收分析的格式应该是多样化的，例如：有的税收分析是情况、问题、根源、预测、建议五个部分组成；有的是情况、问题、根源、建议四个部分组成；有的虽然也是三段式，但组成部分是情况、问题、根源或者是问题、根源、建议；还有的是两部分，如情况、问题，或问题、根源，或问题、建议，或情况、建议；也有的则专门写情况，或专门写问题，或专门写建议。总之，税收分析的结构应该不局限于三段式，应该是多种形式的。

根据受众和功能的不同，税收分析的结构特点也略有不同，下面对几种主要类型的税收分析作简要介绍。

（一）收入简报

收入简报的特点是期限短、反映快、篇幅小、信息量少。因此，收入简报结构常用“情况—原因”两段式结构，以短小精悍的文字及时反映收入状况或进度，便于领导了解情况，对工作进行及时指导。

（二）收入通报

收入通报主要是面向一定范围人群，反映一段时间内本地区税收收入全面情况，主要由反映事实的税收资料来直接阐述，不作过多的分析。其标题是一种公文式的标题，正文的结构是往往采用“情况—问题—原因—建议或要求”四段式。

（三）专题汇报

专题汇报是对税收总体情况或某一具体情况进行的总结式、说明式的分析。其对象应是经济税收发展情况，而不是工作情况，写作重点是分析经济税收发展形势，总结问题不足，提出建设性意见等。结构大都采用五段式。开头是简要总说，接着写情况、形势（包括成绩与问题），进而总结规律，然后写今后的方向和目标，最后写建议，每个部分应设小标题，使层次更分明。

（四）课题分析

课题分析着重研究解决问题的办法和进行理论探讨，其语言风格是论述严密、说理充分，没有漏洞。标题应有适当变化，但要做到题文一致，用词准确、郑重。结构相对比较固定，一般按照“情况（现状）—问题—根源—预测—建议”五个环节组织，也可根据实际情况有所取舍。

（五）调研报告

调研报告具有明确的调查目的，用事实说话，有一定深度，其标题应灵活多样，结构形式也可以不拘一格，一般的安排是叙事式。先概述调查目的、调查形式和调查范围，以较大篇幅阐述调查情况，然后是概况的分析研究，并得出结论，最后可提出一些建议。

（六）重点税源企业分析

重点税源企业分析侧重反映整个或单一税源的具体状态，表现为具体问题具体分析。标题应该灵活多样，结构也是最为灵活的，涵盖“情况—问题—根源—建议”等多个层次，其中，情况分析是最为重要的环节。

第四节　税收分析的写作

一、税收分析写作的原则

（一）言之有物

税收分析写作要有理有据，避免空洞无物。这就要求税收分析人员深入实际掌握了解情况，围绕中心论点收集丰富的材料，为写作打好扎实基础；同时，还应该认真整理选材，做到说理清楚、论证有力。

（二）实事求是

税收分析要从客观事实出发，让事实来说明观点，不能人为捏造材料入文，掩盖客观事物的本来面目，从而误导读者，得出错误的结论。

（三）目的明确

税收分析写作目的要明确，要领会政策精神、领导意图和工作重点，抓热点、难点、焦点、疑点。材料组织要紧紧围绕中心论点、分论点、小论点来开展，切忌下笔千言，离题万里。

（四）数据准确

税收分析主要以数据分析为主，这就要求对文章中需要用到的各类经济税收数据进行认真的测算分析，确保数据准确无误，以免因数据不实或计算错误而得到错误的结果。

（五）认真修改

修改是税收分析写作的必要步骤，是对初稿中存在的不足和问题予以补充和纠正。要以高度的责任心，对文章的主题、材料、结构、语言等方面进行反复修改，并多多听取别人的建议，尤其是领导和行家里手的建议。

二、税收分析的表达方式

（一）背景说明

如果需要反映事理和事务的客观情况或现象，则必须介绍说明其背景资料。介绍背景时应尽量全面客观，避免按照个人好恶进行取舍，影响读者判断。

（二）情况说明

情况说明主要是说明问题或现象在产生、发展过程中呈现出的各种不同的结构、状态、变化、速度、规模、性质、特征等情况。

（三）原因说明

问题或现象的出现都是有原因的，在分析时要详细说明，包括主观或客观、内因或外因、直接或间接、现实或历史原因等等。

（四）建议说明

为了帮助领导决策或指导工作，税收分析不仅要反映情况、说明情况、分析情况、还要提出解决问题的办法和建议措施。

（五）阐述议论

税收分析中的“记叙”手法，即对分析对象进行详细说明，其目的是用来作为论据支撑作者观点的，不在于记叙事实本身，侧重于用论据论证观点。

三、税收分析的语言技巧

（一）明　晰

所谓明晰，就是文字语言表达通俗易懂，不晦涩，无歧义。要特别注意以下三点：一是选用含义确定、自己明白的词语。如果自己都不懂或似懂非懂，表达出来的意思就会含混不清、晦涩难懂。二是选通俗易懂的词语。不要用过时、冷僻的词语，更不能生造词语。比如，在计量单位的应用上，我国曾实行市制，现在实行公制，在税收分析写作中就不应该再用诸如尺、平方尺，而应该用米、平方米。三是选用能准确表达意义的词语。就是要选用最恰当、最能说明中心论点的词语入文，应尽量少用模糊性词语，如“可能”、“大概”、“由于某种原因”等，以免引起读者疑惑。

（二）简　明

所谓简明，就是文字语言表达简明扼要、直陈直叙，不冗长繁杂，不浮华藻饰。要使税收分析语言达到“简朴”的要求，应该注意以下几点：一是实事求是，实话实说，不说假话、空话、套话。二是叙事说理，开门见山。中心论点确定之后，就要话不离题。三是遣词造句，惜字如金。一个词能概括就不用两个词，三句话能交代清楚的就不用四句话。值得注意的是，语言简明是既简又明，而不是无原则的越简越好。

（三）庄　重

所谓庄重就是文字语言表达要端庄、郑重。要做到以下几点：一是用规范的书面语言。用词造句，要符合现代汉语的规范要求，避免使用口语、方言、土语。二是恰当地使用专用语。由于行文关系和处理程序的需要，公文逐渐形成了一套常用的专用语，即公文特定用语。税收分析同样要按照行文需要使用公文特定语。

四、数字的运用

税收分析是数字、文字的有机结合。只有通过精心布局，把文字和数字结合起来，才能提高税收分析的准确性和可读性。数字的运用要掌握好以下几个方面：

（一）掌握好数字的使用量

没有数字的文章，也就无所谓税收分析，税收分析要靠数字说明观点，须用数据支撑立场。但一篇税收分析决不能做成数字方阵，切忌罗列数字，空洞无物，应注意通篇布局、合理分配，尽量避免某个部分数字密度过大，而另外的段落缺乏具有说服力的数据。

（二）把握好数字的形式

绝对数有时点数、时期数，相对数有平均数、百分数、成数（以 10 为总体单位）等。在实际运用中，要视具体情况而定。百分数是相对数的一种常见形式，一篇税收分析中可能会数次出现%，为了更直观、更易理解，不妨把部分百分数换成成数、1/10 或几分之一。如 30%可说成三成、3/10、1/3；对一些特殊数值如 29%、34%，可写成近三成、1/3 强；增长 60%可写成“猛增”，下降 50%可写成“锐减”等等，以此类推，这样更易使人形成概念化的东西，对所表达的语意留下更深刻的印象。另外注意变通使用数字，如同样是“增加”的概念，可变成“由…增加到…”，亦可换成“提高”；“增长…%”，可换为“比…提高…个百分点”等，正所谓“好话不能重三遍”，以此增强税收分析中语言的新鲜感。

（三）数字使用注意事项

1. 倍数、番数只用于表示数量的增加，反映数字的减少或下降，只能用分数或成数。如：增长了 2 倍，翻了一番，减少了 3 成（30%）。

2. 约数（近似值）表达常在数字（单位）后面带上“左右、上下、以上、以下”或在前面写上“约、大约、近”等。如：预计增加 300 万元左右。

3. 用“以上”和“以下”表示数字的分界时，通常“以上”包括前面的本数在内。如：“入库 100 万元以上的单位有……”就包括 100 万元。

4. 公历世纪、年代、年、月、日和时刻应使用阿拉伯数字。如：20 世纪 80 年代，2006 年 3 月 12 日下午 2 点；年份不能简写，如：2006 年不能简写成 06 年；星期几一律用汉字，如：星期六。

5. 记数与计量应当使用阿拉伯数字。如：1234、20%、365 天、25 米等。

6. 表示参数范围的值时，国家技术监督局 GB/T1.1-1993 标准指出：“规定线性值的参数范围时，只在其后书写单位符号，且范围两端的数值应完整。两参数之间用“—”加以连接，表示计量单位的符号或者文字只出现在后一个数字的后面。”如：钢材价格每吨 3 500—4 000 元。

7. 长期以来约定俗成的词语中作为语素的数字，必须使用汉字。如：一概、五省一市等。

8. 相邻的两个数字并列连用表示概数的，须使用汉字数字，且之间不能用符号隔开，如：“三四天”不能写成“三、四天”，“八九万套”不能写成“八、九万套”。

9. 根据 2012 年 7 月 1 日起执行的《党政机关公文处理工作条例》（中办发〔2012〕14 号）规定，成文日期（即公文生效的时间）标识在正文之下右空 4 字。用阿拉伯数字将年、月、日标全。

五、图的使用

图像相比文字及数字来说，具有更强的直观性。在税收分析中，常用示意图的类型主要有折线图、柱状图、饼状图等三种。

（一）折线图

折线图主要是在按照时间序列分析指标值变化趋势的情况下使用。这些指标值用折线图表示之后，可以明确周、月或年的变化趋势，得到类似“同比增长 30%、连续 14 个月上涨”等分析结论。图 6-1 中，横轴是时间，纵轴是数值，一般贸易进口总值和海关代征进口增幅情况一目了然。

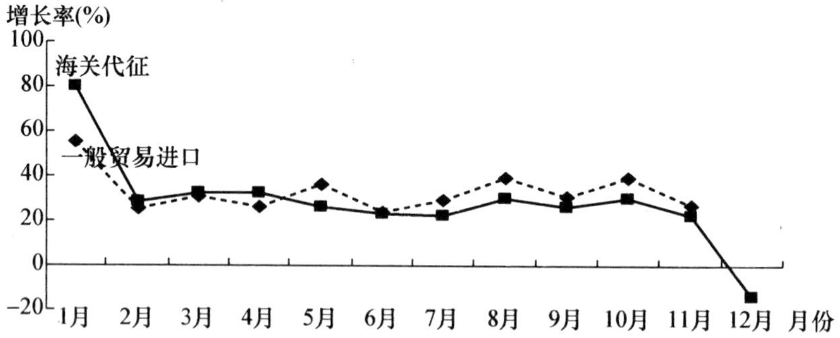

图 6-1　2011 年一般贸易进口总值、海关代征进口税收增幅情况图

在做成折线图时要注意以下几点：

1. 图表中的指标要明示。

2. 当纵轴有多于 5 个项目时推荐使用折线图，当不足 5 个项目时可以使用柱图。

3. 在一组折线图中如果折线超过了 4 条，折线之间有重复的部分就会看不清楚。这种情况下，可以拆分成两组折线图去表现。

（二）柱状图

柱状图主要是在用特定的轴线来比较指标值大小的情况下使用，是分析中最常使用的一种图表。一般用来表示一类项目的横向对比。图 6-2 中，柱状图的纵轴代表确定数值大小的刻度尺，非常直观地反映出 10 个省市两项经济指标的占比份额。

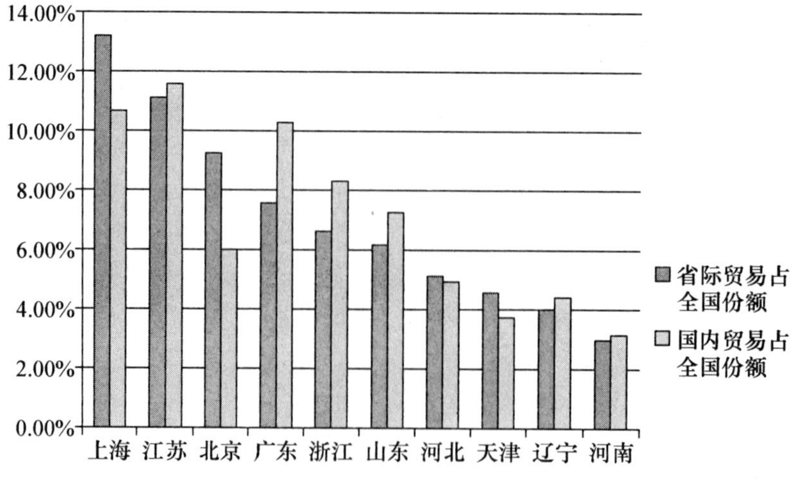

图 6-2　2009 年我国主要省份货物贸易集中度

在做成柱状图的时候要注意以下几点：

1. 柱的数量过多导致柱间空隙很小时，可以选择使用折线图。

2. “数量”和“比例”最好做成不同的柱图。

（三）饼状图

饼状图主要是在分析整体指标值中成分比例时使用，特点是能够直观分辨出各成分所占比例情况。图 6-3 中很容易就能发现各个区域税收占比情况。

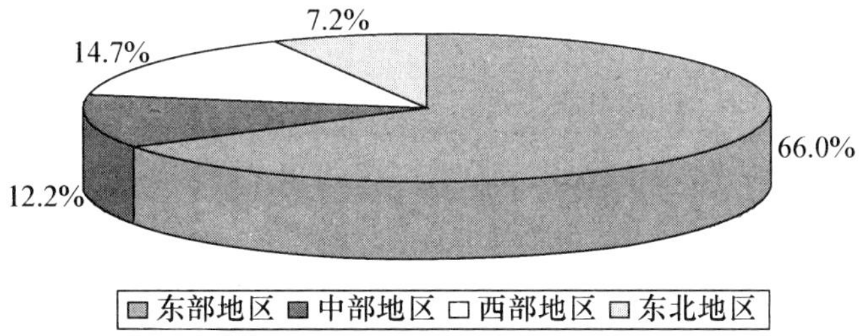

图 6-3　2011 年四大区域税收收入占全国税收收入比重情况

在做成饼状图时要注意以下几点：

1. 由于饼状图是为了确认比例而不是数量，所以饼状图上表示的是比例，如果想要表现总数值的话，可以添加一行“n=××××”这样的描述。

2. 当饼状图中的构成元素有 10 种以上时，可将排在后面的数据总结在一起用“其他”来表示。

3. 饼状图中的构成元素是按照百分比降序排列的，上述 2 中“其他”除外。

4. 由于人们习惯顺时针看东西，所以最好把最重要的内容放在 12 点位置附近。

六、符合规范的公文格式

（一）序　号

正文最多可设四层小标题，其序号第一层用“一”、“二”、“三”……第二层用“(一)”、“(二)”、“(三)”……第三层用“1.”、“2.”、“3.”……第四层用“(1)”、“(2)”、“(3)”……应该注意的是，“(一)”或者“(1)”等加括号符号后面，不需加“.”等分隔符号。

（二）字体及行间距

标题用宋体加黑，二号字。

正文：第一层用黑体字，第二层用楷体字，第三和第四层用仿宋体字，正文全部用三号字。正文的行间距为 28 磅。

（三）附　件

如有附件，要在正文最后一行后空 1 行的左侧空 2 个字，用 3 号仿宋体字排印“附件”2 字后标全角冒号和附件名称。如有 2 个以上附件，用阿拉伯数字依次标注序号。附件名称长需要回行时，应当与附件名称的文字对齐，序号后面用小圆点。

在附件正文中，首页左上角顶格用 3 号黑体字，排印“附件”2 字及附件的顺序号。

第五节 税收分析写作的修改

一、修改的目的和意义

俗话说，写文章“三分作，七分改”。文不厌改，修改是确保税收分析文章质量的最后环节，是对文章内容和形式的深加工，是写作过程的重要组成部分，一切文章都需要修改，初稿完成，仅是文稿的“半成品”，还需经过不断的修改才能使文章趋于完善成熟。凡优秀文章无一不千锤百炼、反复修改。

（一）认识过程的艰巨性决定了修改的必然性

人们对事物的认识不可能一次性完成，税收分析的写作也是一样，税收分析人员对研究成果的反映也有一个由不够准确、恰当，到比较准确、恰当的过程。对文章修改可以提供一个再观察再认识研究对象的机会，以弥补先前分析工作的盲点，纠正先前分析工作的误点，使作者能够尽量深刻全面地把握分析对象的特征。

（二）修改是税收分析写作中贯穿始终的重要环节

从总体来看，修改是贯穿整个写作过程的，包括酝酿构思中的修改、动笔后的修改、初稿后的修改等。其中最为重要的是初稿之后的修改，因为税收分析在起草初稿的过程中，作者对每个论点、论据不可能想得很周密，表达则更难做到准确无误，而在草稿写出后，作者的着眼点可以从局部写作转到总体审视，居高临下地检查、推敲中心论点的表达是否突出，各层次、段落的安排是否妥当。

（三）修改是税收分析者对社会负责、对读者负责的表现

撰写税收分析文章主要是提供给社会各界尤其是给各级政府部门领导及干部阅读的，是他们了解形势，开展工作，制定政策等的可靠依据。因此，作者如果对税收分析文章的质量抱着无所谓的态度，就是一种不负责任的表现。

（四）修改是提高税收分析者写作水平的重要途径

反复修改是提高税收分析水平的催化剂，在不断的修改过程中，税收分析者可以逐步认识到自己文章的不足，从而有针对性地进行弥补和改正，使文章逐步接近完善，使写作水平在修改过程中不断得到提高，这种提高，往往比正面学习写作知识提高得更快。

二、修改的内容及应注意的问题

文章的修改，主要包括两大方面：一是对文章的内容进行修改，即实质性修改，主要是论点的修改、材料的增删、结构的调整；二是对文章表现形式进行修改，即语言文字的润饰和标点符号的修正。税收分析的实质性修改是重点，语言文字的润饰是在此基础上进行的，二者相互联系，缺一不可。税收分析在修改过程中应注意以下问题：

（一）着眼全篇，宏观把握

面对已起草好的税收分析文章，我们应先整体浏览，从全局出发，看文章中心是否明

确，看所选材料是否紧扣中心；然后再考虑文章整体框架方面的环节，看文章结构是否紧凑，布局详略是否合理，过渡是否自然。只有从全篇入手进行修改，才能统观全局，从大的背景上权衡得失，局部修改才能有依据。

（二）重视开头和结尾的修改

开头和结尾是文章结构的重要组成部分，开头起到“点题”的作用，必须与全文的主要内容、中心思想紧密相连，结尾起到“画龙点睛”的作用，是对全文内容的提炼和升华，同时两者均是为文章正文主体内容服务的，应注意语言的精简性，以免造成不分主次、喧宾夺主。

（三）小处着手，细致检查

一般来说，应特别注意以下几点：（1）标题是否恰当；（2）是否有遗漏字、重复字；（3）是否有错别字；（4）标点是否有误；（5）是否符合格式要求；（6）是否有语病；等等。

三、修改的步骤、要求和方法

（一）修改的步骤和要求

1. 论点的修改

税收分析内容是为中心论点服务的，所以论点修改是税收分析写作修改的第一步也是最重要的一步，论点好坏，关系整个分析文章的成败。论点的修改主要包括两个方面：第一，要综观全局，立足全篇，审视文章的中心论点是否正确、集中、鲜明、深刻，是否具有创新性，文题是否相符。如果中心论点把握不准确，不能把最典型、最具本质意义的思想和规律揭示出来，或者有某种失误和偏颇，就要动“大手术”，进行一次大改写甚至重写；如果文章中的论点落后于形势的发展，缺乏新意，就要重新构思和概括，或改变论证角度，进一步挖掘和提高。第二，修改标题。税收分析文章的题目是税收分析的“眼睛”，如果题目精练、鲜明，就能传神生辉，使人一看就有兴趣。所以对初稿的题目进行斟酌、推敲和改动，是非常重要的。税收分析写作，文和题是互相作用、互相影响的。文要切题，题要配文，如果文不对题，题目过长或太笼统，都必须修改，要使题目能概括地表达税收分析的中心论点和讨论的范围，起到“画龙点睛”的作用。

2. 对材料进行“补瘦削肥”

在确定中心论点准确无误后，接下来就需要对税收分析写作中涉及的材料进行“补瘦削肥”。“补瘦”是对文章论点的论证方法的补充，一篇好的文章，仅有好的论点远远不够，还要有充分说服力的材料来支撑论点。这就需要认真审视自己的文章初稿，选取的材料是否已经能够充分对论点进行分析说明，确保思想表达充分、论证严密，否则就要对材料进行补充，或更换一些更有生命力、说服力的典型材料，以使材料能更有力的说明论点。“削肥”就是删除文章中多余、重复的材料。大体有三种情况，一是对与主题表达无关或错误的材料要坚决删除“削掉”。二是对与思想观点表达作用不大的材料要尽可能删除不用。三是要去掉可有可无的文字，以使文章利落精粹。在我们日常的税收分析写作中尤其要注意的是避免开头冗长拖沓、主题内容简单粗浅这种“大头小体”的文章出现，这种文章是必须要“削肥”的。

3. 结构的调整

结构是税收分析表现形式的重要因素，是分析内容的组织安排。结构的好坏，直接关系着分析内容的表达效果。结构的调整和校正，关系着全文的布局和安排。具体来讲，应注意以下三个方面：

第一，层次是否清楚，思路是否通畅。文章在内容上是否符合“提出问题，分析问题，解决问题”等逻辑联系；全文的布局、层次、段落和语句的安排是否有条理；层次的脉络是否分明、顺畅；各段的分论点是否明确、协调。

第二，结构是否完整。税收分析文章要有一个完整的结构。各个部分应协调一致，主次、详略得当，尽量避免“虎头蛇尾”、两头突中间凹等现象的发生。

第三，结构是否严密。一篇分析文章论点与论据，大论点与小论点之间应该有严密的逻辑性，对全文各部分的过渡和照应、结构的衔接、语句的连贯等方面，也要认真的考虑和修改。

4. 校正全文

当税收分析初稿经过增、删、调等修改后，在定稿之前还要进行最后的全文校正，作最后一番梳妆打扮。所谓全文性的校正，就是将经过上述三个步骤修改后的文章进行一次全文性的审读，对以前的修改内容进行进一步的检查，同时对文章的表现形式进行规范。一是对需要斟酌的字、词和语句，进行推敲更正。二是对字、词的疏漏之处作增补修正。三是对全文的错别字、错误的标点符号、有误的注释等进行校正。四是对税收分析的有关数据、图表等进行校对改正。五是对行文格式、字体、字号等进行校对改正。

（二）常用的修改方法

常用的修改方法有念读修改法、按纲查改法、冷却修改法、热改法、求助修改法、比较修改法等。

1. 念读修改法

所谓念读修改，就是将税收分析初稿从头到尾轻声地念读一遍，以便发现不顺口，不连贯和说理不顺畅，不够有力的地方，进行边读边改。因为汉语的语法和声调等的规则在口语里一般比较规范，而且有较强的惯性。因此，根据平时说话的习惯和诵读时的语感，就很容易发现文字上疏忽的地方，人们之所以强调诵读是文章修改的好方法，其原因也就在这里。

2. 按纲查改法

提纲，就是全篇分析报告的纲要。修改文章，首先要查看是否偏离了原先拟定的提纲。因为有的文章篇幅较大，写作时间也较长，写作过程中既有可能对原提纲不太清晰，又有可能因新情况、新问题的出现修改原提纲。按提纲修改全文，在工作实践中被证明是有效的。

3. 冷却修改法

文章写完后有些毛病不容易被发现，只有放置一段时间才能看出文章的问题所在。这是因为人们在思考问题时，每采取一种特定的思路，相隔时间越短而重复同样思路的可能性就越大，这时候的思考就会受到已有思路的局限。把文章冷却一段时间再改，旧的思路会减弱和淡薄，就有可能采用新的思路，克服习惯性思路的消极影响，从而发现存在的毛病，初稿上的问题就会一目了然。古人写作后把初稿贴在墙上，不断看，不断改，就是这种冷却修改法。

4. 热改法

热改法，即通常所说的“趁热打铁”，一旦文稿起草完毕马上进行修改。这时，作者对写作的整体构思依然十分熟悉，对一些具体问题的思考也还记忆犹新，这时进行修改，可以及时有效地发现并弥补行文过程中的某些遗漏。同时，作者在起草过程中往往会有一些为了不打断行文思路而暂时搁置的问题，例如某个材料是否需要调换，以及某些语言的运用尚待深入推敲等等，都需要在完稿之后再从全局出发统筹考虑，妥善处理。

5. 求助修改法

求助修改法，即参照别人对初稿所提出的意见进行修改。自己对初稿的瑕疵常常不能很快察觉，而别人则旁观者清，往往一眼就能看出作者意识不到的毛病。这是由于每个人的生活阅历、文化背景、思想方法、审美情趣、政治观点等都存在着一定的差异。通过“求助”别人修改，常可使文章更加通俗易懂。

6. 比较修改法

凡是初稿中觉得别扭的地方，用不同的字、词、句以及新的材料等，同初稿中感觉不妥的部分加以比较，然后从中找出一个最佳方案进行修改，这样容易改得精当、稳妥些。

税收分析修改的过程，是税收分析写作中的一道重要工序，是对分析中心内容进一步深化认识思考的过程。好的分析文章是通过实践“做”出来的，也是精心修改出来的。在修改过程中，有可能几种方法同步运用，或交替运用，需要从实际出发，灵活掌握。

CHAPTER

7 第七章 未来税收分析的发展趋势

对税收经济现象的研究，理论上可以"透过现象"看到其"本质"。但是，"横看成岭侧成峰"，认知能力的差异、归纳和演绎能力的缺憾、分析工具的选择恰当与否等因素，都会导致分析质量的天渊之别。完全实用或"科学"的分析方法是不存在的，税收分析方法能得以发展并日臻完善，就在于我们正在运用或思索的每一种方法都是能被证伪或迟早会被证伪的。我们所能做的，就是在掌握国内外税收分析发展趋势，辩证地运用各种税收分析方法，更好地实现逻辑思维与辩证方法统一的同时，加强对西方分析方法优秀成果和中国传统文化精髓的合理吸收，不懈地进行分析方法的创新，不懈地朝税收问题本质接近，再接近。

第一节　税收分析的发展方向

税收分析质量取决于分析人员的素质与分析方法，税收分析的发展主要依靠这两方面因素的推动。"一桶水的容量取决于最短的桶板"，即便我们做了大量基础工作，也有扎实理论功底，但由于分析方法、逻辑思维甚至是形式逻辑的一些小偏差，也可能导致分析结果的南辕北辙。欧美发达国家具有较为完善的税收分析人员机构配置，而且分析模型、应用理论也非常丰富。我国的税收分析工作，在促进税收收入工作由计划管理向质量管理转变的过程中发挥着越来越重要的作用，也越来越被各级税务部门所重视，逐渐成为税务工作的重点工作。

一、国外税收分析的发展方向

马克思曾经指出"能否成功地运用数学，是一门学科是否成熟的标志"。自杰文斯掀起边际革命以来，西方税收分析乃至整个经济学都显露出了明显的数学化特征。如今数学的三大分支，即分析、代数和拓扑学都已进入了税收经济领域。数学在税收分析中的运用，使税收分析呈现出数理逻辑的严密性，避免了税收概念理解上的歧义和无意义的争辩，从而提高了分析效率。

上世纪 30 年代，凯恩斯主义提出了反映政府增加或减少税收所引起的国民收入变动程度的税收乘数理论。阿瑟·拉弗的“拉弗曲线”指出，在市场经济条件下，当税收在一定区间内增长时，会促进 GDP 的增长，而当税收增长超过一定限度时，会对经济增长产生抑制作用。近年来，萨缪尔森、托宾等人利用现代计算技术、通过数学模型研究，准确地说明和论证税收政策变化对经济的影响，更是引领了税收分析的发展方向。从近期欧美税收分析经验来看，主要存在模型分析、团队分析两大发展方向。

模型分析在欧美发达国家税收研究中比较普遍，在未来相当长的一段时间内，模型分析将仍然是一个研究热点，也是国外税收分析的一个发展方向。西方研究者多是以方案和措施的形式提出问题，运用计量模型加以论证，由此产生了大量税收分析模型，如用来估算税法变化对于税收收入影响的微观模拟模型，包括个人税收模型、公司税收模型、遗产和赠与税收模型、个人面板模型、消费税模型等。英国的个人所得税模型（Personal Tax Model，简称 PTM），就是英国税务海关总局利用微观模拟方法进行个人所得税政策分析的一个有力工具。[①]该模型使用 SAS 语言编写，由税收政策分析小组负责运行和维护，主要有帮助编制预算、帮助政策选择、进行税收收入预测三个用途。用来分析税制改革对宏观经济影响的宏观经济模型，包括宏观经济增长模型、动态随机一般均衡增长模型等。自从 1874 年，列昂·瓦尔拉斯（Leon Walras）提出一般均衡的概念，并由数学家阿罗（Arrow）和经济学家德布鲁（De-breu）证明了一般均衡解的存在后，CGE 作为一种分析方法得到了广泛的应用。Ballard，Shoven，Whalley（1985）构造了一个跨期动态模型，分析美国主要税收所带来的福利损失。Jorgenson & Yun（1986）构造的 CGE 模型分析了税收政策对资本分配的影响。Goulder & Summer（1987）建立的跨期动态 CGE 模型，研究公司税和投资税收信贷对美国经济的影响。Bye & Avitsland（2003）研究了挪威资本利得税及房产税改革的效果。税收 CGE 模型在结构上已发展得较为完善，大量的税收 CGE 模型根据不同税收结构特点进行应用研究。[②]欧美在进行税收政策调整前，往往要构建有针对性的税收 CGE 模型，对政策进行模拟。

随着社会的发展，税收涉及的方方面面的因素越来越多，受制于时间、知识等因素，个人很难完成税收的深度研究，这就要求有一个配备经济、税收、法律等各方面人才的团队或聘用专门机构集体进行税收分析。以美国为例，由参议院和众议院联合设立了“税收联合委员会（JCT）”，并且将其税制改革效应分析的职能以法律的形式确定下来。自设立以来，随着职责的不断强化，税收联合委员会一直不断加强人力资源的配备，有经济学专家、法律专家、计算机专家、会计专家和统计专家等专业人员，由各学科专家组成的团队保证了税收分析的专业性、有效性和及时性。税收联合委员会还与外部研究机构签约，使用外部研究机构开发的分析模型进行税收分析，如租用宏观经济顾问公司和全球视野公司的大规模宏观经济模型等。

---

① 王道树，董丽红，韦国龙，赵连伟．英国税收微观模拟模型简介及启示［J］．税务研究，2009 年第 8 期．

② 程凌，潘慧峰．国内外税收 CGE 模型及应用综述［J］．科学决策，2010 年第 7 期．

二、国内税收分析的发展方向

我国税收分析工作起步较晚，最初的“计划管理”工作模式，对税收分析的要求较低，多是对税收完成情况的事后增、减收因素分析。随着由“计划管理”向“质量管理”工作模式的转变，税收分析工作逐渐走向前台，在税收工作的事前、事中、事后都发挥着积极的、越来越重要的作用。2012 年全国收入规划核算工作会上，明确提出今后凡税制改革和税收政策调整，在制订方案时都需要提交有关收入影响和经济效应的分析结果，为决策层提供参考，并适时向相关利益方公开。

在人员培养上，我国加大对税收分析人员的培训力度，与国际货币基金组织、国际经合组织等联合开展了多层次、多角度的税收分析骨干培训班，制定完善了税收分析方法，不断拓宽税收分析思路，实现了由税收进度、增减情况的简单对比分析，向宏观税负、税收弹性等征管质量状况分析的转变。提出设立专门的部门，常规性地开展税收收入影响的估算和经济效应的分析工作。加强税制改革效应分析人才建设，给专门的机构配备数量足够、结构合理的专业化分析人才，并在工作实践与学术交流中不断提高业务素质与分析能力。

在分析方法上，我国通过积极探索税收分析方法，将微观经济学、数理统计学理论和方法应用到重点税源分析领域中，建立起重点税源分析方法体系，包括税源经济分析方法、企业税收分析方法、微观税收经济分析方法以及增值税、消费税、营业税、企业所得税分税种微观分析指标体系，创建了跨期数据稽核模型、微观税负聚类分析模型、税源质量与征收效能分析模型、效能位差评估分析模型等技术和应用方法。同业税负分析模型、行业税负预警模型等已经在税收互动分析中使用。

在工作方式上，采取课题组的形式，联合外部研究机构，共享社会研究资源，组建由经济、税收、法律、统计等相关学术领域人才构成的临时课题组，共同完成税收分析工作。根据税收分析任务的需要，提出研究命题，联合院校、科研机构的研究力量，借鉴国外发达国家的理论研究成果，并结合中国实际加以改造，探索出满足中国经济税收分析工作要求的理论框架、实证方法和分析模型。

在数据模型上，以国外模型为基础，结合我国税收分析工作，进行个性化改造，建设有中国经济税收特色的模型分析。建立微观模拟模型，以个人、家庭和企业等微观单位为模拟对象，在计算机上再现社会经济环境，建立分主要税种的微观模拟模型，评估政府税收政策对每个微观个体的影响，然后通过统计汇总得到政策的总体宏观效果或者对每一类微观群体的影响。建立微观（或中观）计量模型，对税务部门拥有的包括税收统计、重点税源、税收调查和减免税调查等不同时期、不同维度的基础数据进行详细的清洗、梳理和加工，在微观或中观层面上，构建包括税收时间序列、税收经济面板和税收向量自回归等在内的多种计量经济学模型体系。建立宏观模拟模型，用于模拟税制改革政策对财政收入、整体经济和各部门的产出、就业、储蓄等各方面的影响，特别是长期的结构性的变化。在测算营业税改征增值税的经济税收效应中，构建了静态的中国税收可计算一般均衡模型，并在此基础上进一步研究动态模型。建立宏观计量模型，依托现有比较成熟的宏观计量模型框架，设置详细的税收模块开展研究，根据自身需求建立以税收为中心的模型框架。由于宏观计量模型各有自身的特点和适用性，一项比较大的政策改革往往需要同时使用不同类别的模型开展分析，多种模型并存是最优选择。

在数据资源上，结合金税三期建设，加强数据共享建设，实现多方数据资源共享。在总的分析思路前提下，按照构建模型的要求，逐步建立起一套完整、连续的数据库。首先，赋予税收经济效应分析部门数据建设的权限，使之能够根据分析工作要求，建立相应的数据库和分析模型。其次，整合税务部门内部现有的数据资源，使之在经济税收分析方面发挥最大效用，同时减少对纳税人申报数据的重复要求，减轻纳税人负担。再次，共享政府部门与行业部门已有的核算数据与各项调查数据，在必要时开展专门的统计调查，获取必要的补充数据。

综合国内外近期的税收分析研究，对税收收入能力的估算分析、税收政策效应分析、税收预测分析、税收风险分析关注较多，我们将在随后几节中分别予以介绍。

第二节　税收收入能力的估算分析

我国实行的是分税制财政体制，各税种在不同地区基本采用统一的税率标准，但各地区税收征管能力、税收成本的差异性很大。各税种的发展潜力有多大，有多少应征收入游离于税务机关的监管之外？税务机关的征管水平有多高？这都是各级政府及税务部门迫切需要掌握的。无论是基于税收制度改革、转移支付等财税制度的安排，还是基于税收预算计划管理、税收征管效率提高等管理方面的需求，深入研究税收收入能力的内涵、理论和测算都是非常必要的，这就形成了税收收入能力的估算分析。税收收入能力是既定经济环境下税制规定的税收名义应缴税额，税收年度内名义应缴税额与实际征收税额之间的差异形成税收流失。税收收入能力的估算分析在进一步优化征管资源配置、提高征管工作水平的科学性和战略性方面具有重要意义。

一、国外税收收入能力估算的发展方向

目前，英国主要应用三种方法来估算税收流失。第一种是“自上而下”的方法（Top-down method）；第二种是“自下而上”的方法（Bottom-up method）；第三种是专家建议法（Expert opinion）。

所谓“自上而下”的方法，就是通过税务机关掌握的第三方数据来估算理论税收收入，减去实际征收的税收收入，差额即为税收流失。这一方法主要适用于那些第三方数据比较全面且容易取得、税制设计又相对简单的税种。由于估算的数据来源于第三方，与税务机关掌握的纳税人信息相对独立，所以使用这种方法估算出来的税收流失结果比较客观。英国的间接税税制结构比较简单，关于税基的消费税数据比较容易取得，所以主要运用“自上而下”的方法来估算间接税的税收流失。

所谓“自下而上”的方法，就是使用税务机关自身的征收管理数据和税收专项调查数

据，运用随机抽样方法测算样本的税收流失，进而推算总体税收流失。对于所得税来讲，由于很难取得与应税所得有关的比较全面的第三方独立数据，而且税制设计又比较复杂，对不同的群体、不同的所得适用不同的税率，所以无法使用“自上而下”的估算方法。在这种情况下，“自下而上”的估算方法应运而生。目前，英国税务海关总局采用这种方法估算直接税税收流失。这种方法所使用的数据只是税务机关掌握的纳税人申报数据，而纳税人故意隐匿的避税信息税务机关并不掌握，因而采用“自下而上”的方法估算出来的税收流失结果有可能不够客观。英国税务海关总局在直接税税收流失估算方面比较成熟，并且公开发表估算结果，包括个人所得税、资本利得税、社会保险税和中小型企业公司所得税。抽样样本数据来自英国税务海关总局专门的征管申报系统。

专家建议法，是在前两种方法都不能适用的情况下，根据税收专家的经验来估算税收流失。在英国，这种方法只用于印花税和遗产税。

英国税务海关总局运用风险评估管理系统来评估大企业的税收流失。英国税务部门非常注重与大企业的日常沟通，尽可能地将税收流失的风险控制在事前。英国利用大型上市公司年报、季报中对公众披露的数据来测算有效税率，通过比较法定税率和有效税率之间的差距来测算税收流失。对于故意隐匿经济活动或应税劳务不申报的企业或个人，英国税务海关总局采取诸如比较社会就业人数和征管数据中的纳税人数的方法来估算税收流失规模，但是实际效果并不理想。

1962年，美国创建了代表性税制法，它是采用标准税基与标准税率估测税收收入能力的一种方法。美国各州的税种和税率都不相同，实际税收多的州并不一定税收收入能力强，实际税收收入低的州也不一定税收收入能力弱。代表性税制法旨在比较各州间税收收入能力的大小，估测结果主要用于为中央政府分配转移支付提供依据。该方法属微观方法，它充分考虑到各税种之间的税基、税率的差异，更强调各税种的独特性。但是数据采集的工作量大，成本高。当地区之间的实际税基和税率差别大时，不容易确定代表性的税基和税率。对于一些经济发展差异较大的国家或地区，使用代表性税制法会错误估计单个地区的税收收入能力，在使用时需要注意估算精度和估算成本的权衡。

二、国内税收收入能力估算的发展方向

我国从20世纪90年代，开始探索税收收入能力估算方法。主要通过对应纳税额的测算，结合当时财税改革的实际情况，评估各地区税收努力程度，革除计划管理工作的弊端，研究科学的税收收入预算目标编制方法和合理的税收计划分配方法，进而探讨均衡财政、转移支付的科学途径，实现中央政府对各地区财力的合理分配。2008年初，我国正式重新启动税收收入能力估算工作。首先，选择税制设计相对简单明晰、数据基础相对较好的国内增值税进行流失估算，研究构建了投入产出估算模型和随机边界估算模型。其次，为对我国总体税收流失有一个基本了解，积极探索利用随机边界模型估算总体税收流失情况。再次，启动营业税和企业所得税流失估算的研究工作，加快推进税收流失估算工作。2009年，我国和国际货币基金组织（IMF）联合举办了税收流失估算国际研讨会。2010年，为配合营业税改征增值税测算工作，税务部门研究完成了营业税流失估算，并

启动企业所得税流失估算工作。2011 年，税务部门再次与 IMF 联合举办税收流失估算国际研讨会，重点研究 2009 年以来国际税收流失估算工作进展情况。同年选定四川省乐山市作为企业所得税流失估算的试点单位。

随着“金税工程”三期的展开，税收信息化建设将取得更多成就。税收经济信息资源的集成与分析处理需求日增，而税收收入能力测算的方法众多，如何将这些方法集成于税收征管系统，实现税收收入能力测算的数据、模型与方法的信息化集成管理是一个颇有前景的研究领域。

美国、英国、瑞典等国在进行税收流失估算时，充分考虑税制、纳税人的不同类型及流失来源的类型，并根据所拥有的数据来源，选择不同的估算方法，开发不同的模型。我国在广泛吸取发达国家个人所得税税收流失估算经验的基础上，针对我国的税制特点、纳税人行为特点、经济运行特征及统计数据基础，重点探索出一套适合我国国情的税收流失估算方法。在确定税收流失估算方法时，采用宏观和微观模拟互相印证的方法，在开展好试点工作的基础上，总结经验并逐步推广。加快组建专门的工作机构，配备和培养高素质、专业化的估算人才，同时联合外部智力，着眼实际问题，实现技术攻关。充分利用税收流失估算结果，为全面发挥税收的职能服务。

第三节　税收政策效应分析

自 2008 年下半年开始，为了应对国际金融危机的影响，我国积极对税收政策进行了调整。这些税收政策的效应如何？对宏观经济的影响有哪些？其传导机制又是什么？这些税收政策在出台和实施过程中是否充分发挥了作用，是否还有不尽如人意之处？这些显然是需要认真研究和回答的重要问题。加强税收政策的效应分析，反映宏观调控效果，把握税收收入影响，及时发现经济和税收运行中的问题，是税收分析的一项重要任务。

一、国外税收政策效应分析的发展方向

税收作为政府取得财政收入的主要来源和干预经济的有效手段，如同在市场配置资源的过程中加进了一个楔子，使消费者愿意支付的数额与生产者愿意提供的数额之间产生了差额，因此造成了消费者或生产者剩余的损失，这必然会影响到生产者或消费者的经济行为，并带来市场效率的损失。

对于税收政策效应探讨的理论渊源，可以追溯到古典主义经济学时代，集大成于供给学派。19 世纪末，英国新古典学派的代表人物马歇尔基于“均衡价格理论”，认为国家课税会在不同程度上影响资源有效配置，产生税收超额负担，提出凡是影响价格均衡的税收都是“非中性”的，只有符合中性原则的税收才能保持均衡价格。

自 20 世纪 20 年代以来，西方对有关税制优化问题的研究，先后形成了最优税收理论、供给学派的税制优化理论和公共选择学派的税制优化理论。供给学派的新税制优化理论，已成为 90 年代西方税制改革的主要理论基石。税制优化理论是西方税收思想理论中

的重要组成部分，其研究的是税收制度的不断优化、完善过程，强调的是在市场机制基础上，在政府适度干预下获取税制优化状态的重要性与现实性，考虑在税制优化过程中税收效率目标、公平目标与收入目标的并重，并注重和分析税制在不充分信息条件下对经济行为主体决策的刺激作用问题。供给学派与传统凯恩斯主义的主张是对立的，它是让市场充分发挥调节作用，以市场作为资源配置的基础和经济调节的基本手段。供给学派主张国家将干预经济的范围和干预程度降到最低限度，尽可能地让市场自由发挥作用。供给学派税收理论的核心是尽量减轻税收所带来的超额负担，使税收对市场和市场经济参与者行为的扭曲作用尽可能地减轻或者避免，进而实现税收制度的效率目标。

国外关于税收政策效应研究文献中，探讨税收政策的长期经济效应的文献较多，而且主要是从税收与经济增长的关系角度来分析的。因为长期税收的供给效应体现在税收对于供给能力的提高上，而供给能力的提高通常是用经济的增长率来衡量的，所以税收对于经济增长的影响体现了税收对于供给能力的影响。自 Marsden（1983）开创了税收与经济增长实证研究的先河以来，国外学者对此作了大量研究。总的来看，税收对于供给能力的抑制作用得到普遍的认同。另外，从税收结构的角度进行分析，格雷纳研究表明，提高扭曲性税收（所得税）税率意味着对资本收益征收更高的税收，从而产生“挤出效应”，抑制了私人投资，减缓了经济增长。非扭曲税收（消费税和劳动税）不影响私人资源的配置，对于经济增长没有影响。这些研究主要是从税收对于经济增长的影响来分析的，体现了税收政策的长期供给效应，税收对于经济增长率的不同影响，说明税收对于供给能力的影响也不同。这种对供给能力的影响，具体体现在对劳动、资本以及技术进步等微观经济主体征税的扭曲效应上。对于这种经济效应的分析，仅限于对于长期经济行为的研究。而根据供给学派的观点，税收会对这些微观经济主体产生抑制或激励作用，将会对短期总供给产生影响。而以凯恩斯主义为主流的现代经济学，更多的是关注税收的短期需求效应，故关于短期内税收对于总供给影响的国外文献较少。在短期对于税收经济效应的分析研究中，倾向于分析税收的需求效应，体现在税收与产出之间关系的研究上，所采用的方法通常是 VAR 模型。Blanchard & Perotti（1999，2002）采用了结构 VAR 模型，分析了政府支出和税收对美国战后经济活动的影响。结果表明：政府支出增加对产出产生正效应，而税收增加对产出则产生负效应。Kenneth N Kuttner & Adam Posen（2002）通过建立日本 1976—1999 年的结构 VAR 模型，分析了此期间财政政策的需求效应。模型中包含 3 个变量：实际产出、税收收入和政府支出。通过实证分析发现，无论是减税还是增加政府支出的扩张性的财政政策，都存在明显的刺激效应，减税的政策乘数比政府支出乘数大 25%。这些研究结论与凯恩斯经济理论关于税收政策经济效应的主张大致相一致。

国外税收政策效应分析呈现出专门化的趋势，往往由专门的部门和人员进行研究。美国设有专门进行税收分析的税收联合委员会，其重要的一项工作就是税收政策效应分析。2003 年美国国会就立法规定，任何税制改革提案必须由税收联合委员会提供有关宏观经济效应的分析结果。税收联合委员会为科学评估各项税制改革，开发了大量的税收经济分析模型。如用来估算税法变化对于税收收入影响的微观模拟模型，包括个人税收模型、公司税收模型、遗产和赠与税收模型、个人面板模型、消费税模型等；用来分析税制改革对宏观经济影响的宏观经济模型，包括宏观经济增长模型、动态随机一般均衡增长模型等。

在世界银行、国际货币基金组织的工作报告中，专家们对发展中国家、转轨国家的税制改革进行了诸多研究。这类税收制度的研究遵循以下程序：首先，构建一个理论框架，提出一个理想的税制模式；然后，对有关国家的现实情况进行调查，明确这些国家和预设理想税制模式的差距；最后，根据设计的税收制度，把“现行”的实际情况转变为“应该”的格局。上述做法固然有其优点，但也存在缺乏对现实情况的详密考察，难以保证理想税收制度中的预定条件和现实的吻合，难以保证改革方案的真正落实等不足。

二、国内税收政策效应分析的发展方向

税收政策效应分析主要包括符合国家层面战略规划，以及地区层面社会经济效益最大化的内容。如经济社会方面的 GDP、投资、消费、进出口、物价、就业、福利、收入分配，财政方面的税收收入、地方财力，经济总量、结构方面的长期、短期，以及地区差异、区域竞争、税收征管、意外情况及应对措施。增值税转型、“营改增”等都属于税收政策效应分析的内容。

我国税收政策效应分析主要在政策出台前进行模拟分析，为领导决策提供参谋，对政策提出建议或者争取相应的政策，对可能出现的问题进行预估，并建立应对措施。在政策执行后，跟踪政策实施情况，分析评价是否达到预期效果，对政策执行效果进行评估，为税收政策调整和优化提出建议。

我国虽然没有从法律层面上进行规定，但是在实际政策推行过程中，也都进行了政策效应分析。例如“营改增”试点之前，国家税务总局运用一般均衡模型（CGE 模型）模拟“营改增”政策执行的经济效应分析；在上海试点后，上海市税务部门运用处理效应分析模型进行经济效应分析。为减轻企业负担，促进经济发展，国家还将出台一系列的结构性减税政策，税收政策效应研究将越来越重要。

我国的税收政策效应分析在未来将进一步得到加强。未来凡税制改革和税收政策调整，在制订方案时都需要提交有关税收影响和经济效应的分析结果，为决策层提供参考，并适时向相关利益方公开。因此，应加强税制改革效应分析工作的机构建设，设立专门的结构，常规性地开展税收收入影响的估算和经济效应的分析工作；应加强税制改革效应分析人才建设，给专门机构配备数量足够、结构合理的专业化分析人才，并在工作实践与学术交流中不断提高他们的业务素质与分析能力。

我国税收政策效应分析应联合外部研究机构，共享社会研究资源。根据分析任务的需要，提出研究命题，联合院校、科研机构的研究力量，结合目前已有的宏观经济分析模型，在外部模型的基础上结合税收需要进行个性化改造，逐步建立有中国税收经济特色的税收政策效应分析模型。

第四节　税收预测分析

“今年能收多少？明年能收多少？”这个古老的话题一直受到各级政府和税务部门的关

注。准确的税收预测，能够为税务部门的组织税收工作、开展有针对性的税收征管和为领导决策提供重要的数据支持作用，是国家进行经济决策和编制预算的重要参考和依据。税收预测不同于税收估算，一般是出于预算的目的，在现行法律法规下提供税收收入预期。

一、国外税收预测分析的发展方向

在发达国家，基本都设有专门的机构负责税收预测，主要使用时间序列模型、总体计量模型、宏观计量模型、微观模拟模型以及多种模型相结合的综合预测。

美国长期以来一直重视对税收收入的预测，设有多个部门，有专门的研究人员负责税收收入预测模型研究工作，对各种预测方法在税收预测中的应用理论和实践方面作出了相应的研究。在英国，财政部的经济观察小组行使经济预测职能。该小组大致由 10 人组成，主要应用计量经济模型对世界经济发展前景、英国财政收入、收支平衡、财务预测以及中期评估等内容进行预测。英国税务海关总局负责维护和运行税收收入预测模型，提供详尽的分税种税收收入预测结果。其中，所得税收入预测由“税收政策分析小组”负责，增值税、消费税和国民保险税等收入预测由“税收遵从和收入分析小组”负责，资本利得税、继承税、印花税等收入预测由“税收政策和产品分析小组”负责。英国税务海关总局在进行税收收入预测的时候，需要使用财政部关于经济预测的结果。

荷兰中央计划局（Central Planning Bureau）独立于财政部，是荷兰唯一负责宏观经济预测的部门，具有很高的权威性和独立性。荷兰中央计划局每年都要采用一般均衡模型对宏观经济进行多次预测。在预测过程中，中央计划局就预测技术方法层面的问题与财政部专家进行探讨，在方法上达成一致后将经济预测的结果对外发布，议会、政府等任何其他部门均无权对其预测提出质疑。财政部与中央计划局进行预测时，所基于的宏观经济数据是一致的，不同的是财政部有时会掌握更多、更详细的纳税人信息，如个人的收入信息等，而中央计划局有时会有更详细的宏观经济信息，因此两个部门在一些具体税种的测算上会有不一致的情况。通常情况下，两个部门会定期召开会议，将双方掌握的信息提供给对方参考，将预测结果互告对方，并对预测差距进行讨论。

在模型使用方面，英国税务海关总局对消费税、资本利得税等税种使用计量经济模型进行预测，对个人所得税、公司所得税、北海油气税、继承税、土地使用印花税等税种使用微观模拟模型进行预测。例如，预测公司所得税的微观模拟模型基于 15 000 家非北海公司纳税人样本的历史数据，其中包括纳税额最大的 3 000 家公司的数据。预测北海公司油气税的微观模拟模型则是基于北海所有公司的历史纳税数据。个人所得税的微观模拟模型的数据来自于个人收入调查中的纳税人样本。

二、国内税收预测分析的发展方向

我国的税收收入预测工作起步较晚，税务部门对税收收入的预测研究始于 19 世纪 80 年代后期，当时这种工作多以个人研究为主，侧重于对税收收入预测的定性研究。19 世纪 90 年代以来，税收收入预测工作才得以普遍展开，有关学者开始用传统的计量经济模型对税收收入预测进行定量研究，但其研究还大多局限于简单线性模型。近几年，税收收入预测模型的研究得到进一步发展，一方面，不少学者将计量经济学和时间序列中的方法用于对税收收入预测的研究，并取得了较好的效果；另一方面，他们将简单线性模型推广到非线性模型，包括二次函数模型和指数模型等。此外，在对经济现象越来越侧重于数理分析和实证研究的大环境下，不少学者将投入产出法、神经网络模型、逻辑模型、马尔可夫预测模型等也用于税收收入预测的研究中。

国内理论界使用理论、模型相对较多，例如张伦俊（1998）通过时间序列、线性回归、自回归模型三种方式对税收收入进行预测，并比较了三种方法的预测精度，在此基础上对原模型进行改进。郭菊娥、钱鑫、曹华（2004）首先在对我国税收收入利用 AMOS 软件建立因果模型的基础上，分析得到影响我国税收收入的主要因素，在此基础上构建税收收入的回归预测模型。寇铁军、金双华（2001）在税收收入数据期限较短以及缺少相关经济变量资料的条件下，运用灰色系统理论建立 GM（1，1）预测模型，并将其与拓展的线性二次移动平均方法联合运用，对具体税种收入进行预测分析。

国内实务界主要参考时间序列模型使用定性法对税收收入进行预测。例如，全国人大常委会预算工作委员会建立的全国税收收入预测模型主要是时间序列模型，但考虑到时间序列模型本身难以反映和解释经济增长对税收收入的影响，因此在建立税收收入时间序列短期预测模型的同时，也建立了税收收入的计量经济学长期预测模型。具体建模时采用了季度、年度预测相结合的方法。采用季度数据建立了 ARMA 模型，这一模型主要考虑数据生成本身，不考虑影响数据的经济变量和中间变量的传递预测，适合用于税收收入的短期预测。采用年度数据建立了税收收入计量经济学预测模型，主要考虑了宏观经济变量之间的相互关系，结合 1994 年以来税收政策的变化，考虑了对税制结构、税率等的调整，适合于中长期税收收入预测。最后在实际应用中，结合我国财政政策变化可能对财政收入及税收收入造成的影响，对模型预测的税收收入进行了调整。

无论是理论界还是实务界，都加强了对税收预测的研究，未来，我国的税收预测方法、模型将越来越丰富，税收预测方法、理论都将呈多样性发展。但是在税收完成由计划管理向质量管理转变之前，理论界和实务界的税收预测结果很难被政府部门采用。而基层部门，特别是基层税务部门，税收预测仍将沿用参照上级布置任务、结合税源抽样调查结果的方式。未来将建立起各个税种的分析预测模型，研究分析影响各税种的相关指标和因素，形成由税种预测模型构成的税收收入预测体系，通过提高税种的预测精度来实现对总收入发展趋势的准确把握。

未来，我国与国内外研究机构的交流合作将更加密切。税收收入预测在世界各国仍然是一个非常有挑战性的课题，而且随着经济状况和税收制度的变化，仍在不断产生新的问题。解决这些问题，有时仅靠税务部门人员是不够的，通常还需要借助研究机构的力量。另外，参加国际交流和合作也是非常必要的，借此学习其他国家在税收收入预测方面成功的经验，了解和掌握国际上预测方法的研究进展动态。在此基础上，逐步引入国外科学有效的预测方法，并结合我国税制特点和税收工作实际，创造出真正适合我国国情的税收收入预测方法，研制出符合我国实际的预测模型。

未来，我国将逐步建立起税收收入预测专门机构，并通过多种方式培养和积累一批具有较好的理论基础和一定实践经验的税收收入预测人才。将经济税收理论基础扎实、懂数理统计知识及其应用工具、掌握计算机技术的高素质人员充实到税收分析预测岗位，逐渐建立一支具备一定规模、专业化程度较高的税收分析预测队伍，更好地发挥税收分析预测的作用。

第五节　税收风险分析

政府的征税，既可以满足财政收入，实现政府职能的需要，同时也将对经济、社会甚至政治产生重要的影响和作用。在这些重要作用发挥的同时，也孕育着一定的税收风险。在市场经济制度下，政府经济活动的主要一项就是税收，征税权力是国家最大的权力，是整个国家上层建筑之根基。与金融风险、财政风险不同的是，税收风险的重要性目前还没有引起人们的广泛重视。但是，税收风险的存在和爆发，不但会使得政府活动的效能大大下降，甚至在危机时期，往往成为经济、社会乃至政治危机，甚至政权更替的导火线。对税收风险进行分析防范，有助于健全财税制度，保证收入分配公平，保持社会稳定。

一、国外税收风险分析的发展方向

税收风险存在于税收管理的整个过程和各个环节。最初，国外税务部门将“征收更多的税款”作为风险管理的目标；后来，越来越多国家的税务部门不限于此，而将“提高税法遵从度”、“提高纳税人满意度”共同作为风险管理的目标。在这样的“目标”指向之下，对于“税收风险”的分析与认定就有了更宽的视角和更长远的考虑，税收风险分析管理呈现新的发展趋势。

国外税收风险分析主要是针对企业的纳税行为。澳大利亚国家税务部门针对纳税人采取了税务风险的评估。Michael Carmody（2003）认为，税务风险是一种不确定性，来自内部和外部两个因素，而外部因素是企业不可控制的，因而税务风险管理主要是指对内部因素的控制，即纳税人通过经营活动或个人事务活动的合理安排，实现合理避税，并规避税务机关的检查，力图实现缴纳最低的税收。

此外欧盟经济委员会（EC）和经济合作与发展组织（OECD）总结发达国家税收风险管理的经验，设计包括风险识别、分析、排序、处理和评估等环节在内的一套管理流程，不同的国家根据本国实际充实相应的管理内容。EC 成员国和 OECD 成员国都不同程度地开发出结合本国实际，并且带有共同性的一套科学方法。这些方法涉及对外部信息来源的获取、内部信息资源的整合、税收风险特征库的建立、税收风险的概念化与指标化设置、税收风险重要性权重的设立及其与风险发生概率的结合等。

随着经济全球化的发展，跨国企业在全球贸易和投资中所占比重不断提高，国际税源流动日益普遍。这既对国际税收权益竞争提出严峻挑战，也对跨国税收管理合作提出迫切要求。顺应这一趋势，国际税收界涌现了一些有影响的国际税收管理组织，如 OECD 的税收管理论坛（FTA）、欧盟经济委员会关税与税收委员会、泛美税收管理中心（CIAT）以及亚洲税收管理与研究组织年会（SGATA）等。

OECD成员国一般根据纳税人的不同类型，如非营利组织、中小企业和大型企业等，在税务管理部门内部分别设置专门的组织，实施专业化管理。由于纳税人各自具有不同的组织特性和行为特征，税务机关需要有专门机构从事研究工作，实施有针对性的管理与服务。由于重点行业纳税人经营活动多样、组织形态复杂，经常跨地区甚至跨国经营，税额又占很大的比重，EC成员国和OECD成员国一般对重点行业设立专门机构，强化专家指导。针对重点行业纳税人，在税务内部设置专门管理机构、配备专门人才，并且聘请税务机关之外的熟悉重点行业的专家，成立重点行业专家小组，对相关涉税风险的识别、分析以及相关管理工作提出专业化指导意见。

EC成员国甄别不同涉税环节的风险，对税务登记行为性风险、纳税申报表填报行为性风险、纳税申报真实性风险和税款缴纳及时性风险分别作出专门化处理，主动采取预防性措施，通过优化纳税服务来消除非主观故意的税收风险，通过实行纳税人可感知的风险遏制措施，减少主观故意的税收风险发生的可能。美国、英国等发达国家还专门开展税收流失估算，通过选取样本、开展审计和获取有代表性的数据，科学地把握税收流失分布格局，了解不同的税收流失风险成因，建立税收风险特征库，用以指导风险处理措施的选择，包括风险转移、风险减轻和风险覆盖等。

二、国内税收风险分析的发展方向

我国的税收风险分析从针对企业的税收风险分析，逐步转变为针对税务部门的风险分析，而且呈现出以下几个方面的发展趋势。

在法律保障方面，发达国家税务机关获取外部有效信息，大都具有较好的法律保障。即便在这种情况下，美、英等国开展税收流失估算的结果均表明，所有缺少第三方信息的领域都是税收流失最为严重的风险高发地。因此，我国实施税收风险管理，从信息管税的角度讲，首先须通过立法，允许税务机关依法取得可能获取的第三方信息；其次，尽快改变目前税务机关内部国税与地税机关之间、上下级税务机关之间、同级税务机关不同部门之间信息难以共享的局面。

在机构设置方面，未来将设置专门的组织，实施专业化管理。综观欧盟成员国，几乎每个国家都有专门的部门对税收风险进行分析管理。由于各国所处发展阶段不同，这些税收风险管理组织机构没有统一的模式，却有两个基本的趋向和特征：其一，在税务机构内部强化有关风险管理的信息、情报和分析职能；其二，在中央层面、区域层面和地方层面税务机构之间，就风险管理职能进行合理分工。不同国家在不同层面发挥的作用不尽一致。目前我国暂时没有独立的税收风险分析管理部门，税收风险分析暂时由税务系统的收入规划核算部门进行。应当认识到，税收风险不仅是税务部门的风险，而且是整个政府作为主体所面临的风险。因此，要实行政府综合治税，各部门涉税信息共享，建立起协税护税的良性、长效机制。

在管理流程方面，未来需要设计科学的税收风险分析管理流程，提高税收风险分析方法的科学性。我国实施税收风险分析管理，需要根据我国实际，科学地设计适合我国的税收风险管理流程和丰富具体的管理内容。在税收风险管理流程中的每一个环节，开发出适合我国实际的科学方法。针对我国经济发展阶段、税制环境和纳税人行为特征，提高我国税收风险分析方法的科学性。

在国际合作方面，未来需要进一步加强国际税收管理合作。针对国际税源管理，国外成立诸如国际联合反避税信息中心（JITSIC）这样的专门组织，并在英国伦敦和美国华盛顿设立常设机构。随着外资不断进入中国市场和中国企业越来越多地“走出去”，中国实施税收风险管理必须关注国际税收风险，加强国际税收管理方面的合作与交流。

在计算机应用方面，未来需要建立专门的税收风险分析管理系统。建立税收风险分析管理系统，关键不在于技术工具本身的应用，而在于是否明确税收风险分析与分析的规则，以及是否善于将这样一套规则通过数据仓库（或者数据集市）的建立，融入信息支持系统之中。传统条件下税收专家脑子当中的知识只能在极小的范围内得以共享；而在信息化条件下，基于税收专家多年来获得的知识而建立起来的规则就可以在极大的范围，通过标准化、信息化的方式为众多的管理者提供专家指导，并且得以不断积累与丰富，形成专业知识库。这一点，也是国内税收信息化建设方面意识最为薄弱的环节。

此外，在我国实施税收风险分析管理的过程中，要以纳税人为本，确保各级税务机关严格按照税法规定的权限和程序行使权力，尽职尽责，确保征纳双方在法律地位上真正平等，大力改进和优化纳税服务，提升税法和税务机关的公信力，从而构建和谐的、诚信的税收征纳关系。

附录一　国家税务总局税收分析工作制度

第一章　总　则

第一条　为进一步加强税收管理，规范税收分析工作，提升税收分析水平，提高税收征管的质量和效率，根据国家有关税收法律法规，制定本制度。

第二条　税收分析是运用科学的理论和方法，对一定时期内税收与经济税源、税收政策、税收征管等相关影响因素及其相互关系进行分析、评价，查找税收管理中存在的问题，进而提出完善税收政策、加强税收征管的措施建议的一项综合性管理活动。它是税收管理的重要内容和环节，是促进税收科学化精细化管理、充分发挥税收职能的重要手段。

第三条　税收分析的主要内容包括：税负分析、税收弹性分析、税源分析、税收关联分析等。

第四条　税收分析根据工作需要，运用多种分析方法，从宏观和微观层面进行常规分析和专题分析。常规分析主要动态反映当期（月、季、年）税收收入情况；专题分析主要反映特定税收问题或现象。

第五条　税收分析坚持实事求是、从经济到税收、定性与定量相结合、宏观与微观相结合的原则。

第六条　按照建立健全税收经济分析、企业纳税评估、税源监控和税务稽查之间互动机制的要求，通过税收经济分析，及时发现征管中存在的问题，为企业纳税评估和税源监控提供参考，企业纳税评估和税务稽查又促进税收分析水平进一步提高。

第七条　税务总局和省、市、县税务机关的税收分析工作适用本制度。县以下基层税务分局、税务所的税收分析工作可参照本制度进行。

第二章　税收分析工作职责

第八条　税收分析工作实行层级管理，分税务总局和省、市、县税务机关4级管理，上级税务机关负责对下级税务机关税收分析工作进行指导和监督，下级税务机关要对上级税务机关反馈税收分析的具体执行情况。

第九条　税务总局税收分析工作职责主要包括：

（一）定期开展全国宏观税负、税收弹性以及税种和行业与对应经济指标相关关系的宏观分析；组织进行全国纳税能力估算，开展税收征收率的测算和分析工作；组织开展税收政策变动及重大税收征管措施对税收收入影响的跟踪分析；定期开展全国税收预测。

（二）定期发布税务总局监控重点税源企业分行业税负标准和税负预警指标，通报行业和重点税源企业的税负率、利润率、平均物耗等指标及变动情况。

（三）实行月度税收分析会议制度，提出完善政策、加强管理的措施建议；实行税收收入分析报告与通报制度；实行税收分析档案管理制度；开展税收调研分析工作。

（四）建立健全全国规范统一的税收分析指标体系和方法体系，研究建立税收分析预测模型，协调开发税收分析软件并推广使用。

（五）制定与完善税收分析工作制度，举办税收分析业务培训与交流，指导各地税收分析工作。

第十条 省、市税务机关税收分析工作的主要职责是贯彻上级税收分析工作要求，负责分析和监控本地区及行业税源、税收情况，推动本级税收分析工作，组织指导下一级做好税收分析工作。

第十一条 县税务机关税收分析工作的主要职责包括贯彻上级税收分析工作要求，开展本地区经济税源分析调查，做好税收日常分析和专题分析，特别是做好本地区重点税源企业的税收微观分析，并做好税收分析的上报和信息反馈工作，为上级领导决策和加强税源管理提供可靠依据。

第三章 税收分析工作机制

第十二条 税收分析工作机制的内容主要包括月度税收分析会、地区税收分析会、税收情况报告通报、定期税收预测、经济税源调查以及税收分析档案管理等。

第十三条 月度税收分析会。各级税务机关原则上每月召开税收收入分析会（至少每季度召开一次），分析把握税收形势，研究加强税收征管、完善税收政策的措施。税收收入分析会由主要局领导主持，计统、税种管理、征收管理以及税源管理等部门参加。计统部门负责税收收入综合情况分析，税种管理部门负责分管税种收入情况及政策执行情况分析，征收管理部门负责征管措施成效分析，税源管理部门负责税源情况分析。

第十四条 地区税收分析会。地区税收分析会至少每季度召开一次。会议由税务机关的局领导或计统部门组织，一般由下级税务机关负责税收分析工作的人员参加，必要时分管计统工作的局领导参加，并扩大到税种管理、征收管理、税源管理等部门以及行业主管部门和企业财务人员。地区税收分析会要针对问题进行专题讨论，避免流于形式。

第十五条 税收情况报告和通报。各地税务机关要每月向上级税务机关报告、向下级税务机关通报税收收入完成情况，及时分析收入形势，发现问题，提出建议，促进征管质量和效率的提高以及组织收入工作的顺利开展。当收入情况发生异常波动或出现较大问题时，要及时汇报或通报。

第十六条 定期税收预测。包括年度预测和月度预测。年度预测通常一年进行 4 次，分别在 7 月份、10 月份、11 月份和 12 月份进行。月度预测一般每月 2 次，分别在每月的上旬和中旬进行。基层税款征收单位的月度预测要在纳税申报的基础上，综合考虑税款预缴入库等因素进行。省、市、县税务机关税收预测要充分考虑下级预测和税款所属期宏观经济运行情况。

第十七条 经济税源调查。经济税源调查的内容主要包括产业、行业、企业生产经营情况，工商登记信息、企业资金状况等相关情况，实现应征、上缴入库税收情况，税收政策执行情况，征管措施实施情况，税制变化、政策调整影响税收情况等。经济税源调查可采取全面调查或抽样调查、经常性调查或一次性调查、案头调查或实地调查等方式，在实际工作中要根据调查目的，科学确定调查方式。

第十八条 建立税收分析档案。要对开展税收分析所必需的税收收入情况、影响税源和税收变动的各种因素、主要宏观经济指标、重点税源生产经营情况等数据、文字资料，按照规范、完整、及时、准确、连贯的原则建立税收分析档案，对其实行动态管理和连续性分析，充分挖掘使用税收分析档案资料，深化本级税收分析，并按规定层层上报。

第四章 常规税收分析工作流程

第十九条 常规税收分析工作流程：获取和查阅税收及相关资料——加工整理形成各种分析图表——分析人员共同研究讨论收入形势和分析重点——撰写内部分析报告——专题会议研究——行文向上级报告、向下级通报收入情况——整理税收分析档案——跟踪了解分析中所发现问题的成因及改进措施的落实情况。

第二十条 税收及相关资料具体包括税收月快报、税收会计统计报表、重点税源监控资料、税收分析档案等税收情况，以及有关经济税源信息和新出台的税收政策、征管措施等。要将上述相关数据信息融入到月度税收分析中，以扩展月度税收分析的数据源和信息量，丰富月度税收分析内容。

第二十一条 月度税收分析时间要求。税务总局每个月份终了后5日内完成税收月快报数据采集和情况搜集，6日内完成会计统计报表数据采集，25日内完成重点税源监控资料采集；10日内完成税收分析报告；15日内税务总局召开办公会专题分析税收收入，研究加强税收征管的措施；按要求完成向全国人大、国务院的税收完成情况报告；15日内完成对各省收入情况通报；整理税收分析档案。各地上述税收分析工作时间安排相应提前。

第二十二条 月度税收分析报告、通报和分析档案。税收收入（或税种、行业税收）同比增幅超过30%或出现下降的省税务机关月份终了后4日内向税务总局上报主要增减原因分析；省税务机关月份终了后10日内正式行文向税务总局报告、向下级税务机关通报收入情况；按规定时间向税务总局报送税收分析档案。市、县税务机关上述税收分析工作时间安排相应提前。

第五章 税收分析指标体系

第二十三条 税收分析指标体系包括基础指标和分析指标。基础指标主要包括税收计统业务指标、税收征管业务指标和经济指标。分析指标按分析工作需要根据基础指标加工而成。

第二十四条 税收计统业务指标包括税收月（旬）快报、会计统计报表、重点税源监控资料、税收分析档案等目前计统部门核算、统计的数据指标。

第二十五条 税收征管业务指标包括税收征收管理系统、出口退税管理系统以及其他管理软件中的税务登记、纳税申报、税款征收和入库等相关数据指标。

第二十六条 经济指标主要包括与税收分析相关的国内生产总值、工商业增加值、社会消费品零售总额、物价、企业利润总额、进出口贸易额等宏观经济指标以及行业、企业生产经营情况指标。

第二十七条 分析指标主要由基础指标经过运算加工而成，用于反映税收内部状况、税收与经济关系以及税收征收管理水平等情况。

第二十八条 要统一指标定义，规范指标口径，确保各项数据及时、准确、完整。加强部门之间的协调配合，建立稳定顺畅的信息交流机制。运用各种先进工具加强对各类数据的整理和应用，充分挖掘数据利用价值。

第六章 税收分析方法与内容

第二十九条 税收分析方法包括对比分析法、因素分析法以及数理统计分析法。

（一）对比分析法。通过各项税收指标之间或者税收与经济指标之间的对比来描述税收形势、揭示收入中存在的问题。税收数据的对比分析通常包括规模、结构、增减、进度、关联税种等方面的对比分析，税收与经济的对比分析主要采用税负和弹性两种方法。

（二）因素分析法。从经济、政策、征管以及特殊因素等方面对税收、税源进行分析。其中，经济因素包括经济规模、产业结构、企业效益以及产品价格等变化情况；政策因素主要是指税收政策调整对税收、税源的影响；征管因素主要包括加强税源管理和各税种管理、清理欠税、查补税款等对税收收入的影响；特殊因素主要是一次性、不可比的增收、减收因素。

（三）数理统计分析法。运用一元或多元统计分析、时间序列分析等数理统计理论和方法，借助先进统计分析工具，利用历史数据，建立税收分析预测模型，对税收与相关影响因素的相关关系进行量化分析。

第三十条 税收分析内容具体包括税负分析、税收弹性分析、税源分析和税收关联分析等。

（一）税负分析。分为宏观税负分析和微观税负分析，宏观税负分析包括地区税负、税种税负、行业税负等分析，如地区税收总量与地区生产总值对比，工商业增值税与工商业增加值对比，企业所得税与企业利润对比，行业税收与相关经济指标对比等，反映宏观层面的税负情况；微观税负分析是针对企业层面的税负分析，通常采取同行业税负比较的方式，揭示企业税负与同行业税负的差异，查找税收征管漏洞。

（二）税收弹性分析。分为总量弹性分析和分量弹性分析。总量弹性分析是从全国（地区）税收总量和经济总量上做弹性分析，分析税收增长与经济增长是否协调；分量弹性分析是从税种、税目、行业以及企业税收等分量上与对应税基或相关经济指标进行细化的弹性分析，分析税收增长与经济增长是否协调。要注意剔除税收收入中特殊因素的影响，以免因特殊增收减收因素影响真实的弹性，掩盖税收征管中的问题。

（三）税源分析。通过企业生产经营活动的投入产出和税负率等指标的分析对企业财务核算和纳税申报质量进行评判。利用工商、银行、统计以及行业主管等外部门数据，细致测算判断企业税源状况。通过对宏观经济数据的分析，开展税种间税基关系的研究，开展增值税、营业税、企业所得税等主要税种的纳税能力估算，从宏观层面测算分析各地税源状况和征收率，减少税收流失。

（四）税收关联分析。对有相关关系的各种税收、税源数据进行对比分析，包括发票销售额与申报表应税销售额，申报应征税收与入库税款和欠税，增值税与所得税，宏观经济和企业财务经营状况与税收、税源等关联数据分析，有效地发现企业纳税申报、税款征收和入库中存在的问题，加强税收管理。

第三十一条 税收分析应从宏观和微观两个层面进行。

（一）宏观分析反映全国或地区、税种、行业税收总量等宏观领域税收与经济总量的关系，包括税收与经济关系研究、税源测算、纳税能力估算等。运用税负比较、弹性分析等手段从宏观层面揭示税收增长与经济发展是否协调、税源管理和征收情况是否正常。

（二）微观分析反映微观领域税款征收入库情况。通过对企业生产经营活动的监控分析、与同行业平均税负比较以及纳税评估等手段，及时发现企业财务核算和纳税申报中可能存在的问题，发现征管的薄弱环节，进而提出堵塞漏洞、加强征管的建议。

第三十二条 税收分析有常规分析和专题分析两种形式。

（一）常规分析。主要反映当期（月、季、年）税收收入的总体情况和形势，其主要内容有：准确判断和客观描述税收收入形势；深入透彻分析税收增减变化的原因，进行各主要税种、行业的税收与相关经济情况的对比分析；发现税源变动、征收管理以及政策执行中存在的问题；预测收入趋势，提出加强税收管理、完善税收政策的措施建议。

（二）专题分析。主要对税收中特定问题或现象进行分析，通常包括：对问题或现象进行客观描述；对问题或现象产生的根源进行分析；对发展趋势做出预测；提出改进的措施建议。

第三十三条 上述各类分析既相对独立又密切相关。在实际工作中，要将各种分析有机结合起来，全面、完整地反映税收和税源状况，及时、准确地反映税收管理中存在的问题，提出有价值的意见和建议，通过全面分析，提高税收征管的质量和效率。

第七章　税收分析组织保障与考核

第三十四条 按照税收分析工作的要求，建立局领导统一领导、计统部门牵头负责、有关部门共同参与、上下级密切配合的税收分析保障体系。县以上税务机关的计统部门是税收分析的综合部门，要配备一定数量的懂经济税收、数理统计和计算机技术的高素质人才。

第三十五条 开展多种形式的税收分析培训，提高税收分析人员的素质，造就一支高水平的税收分析专家队伍。

第三十六条 定期开展税收分析工作情况检查，将分析工作开展情况作为税收工作目标管理的一项重要内容。

第三十七条 定期开展优秀税收分析报告评审，对通过分析反映问题深入、指导实践效果突出的，给予表彰、奖励，激发税收分析人员的积极性和创造性。

第三十八条 各级税务机关要建立税收分析人才库，及时将理论素养高、实践能力强的分析人员纳入人才库，加强对分析人才的培养和使用。

第八章　附　则

第三十九条 各省税务机关可根据本制度制订实施方案，报税务总局备案。

第四十条 本制度自发布之日起执行。

附录二　税收分析范文选读

范文 1

关于20××年全国税收收入情况和明年税收收入形势分析的汇报

根据通知要求，现将20××年全国税收收入完成情况和明年税收收入形势分析汇报如下：

一、20××年税收收入完成情况

20××年，各级税务部门认真贯彻党中央、国务院决策部署，全面落实各项税收政策，积极稳妥深化税制改革，切实改进纳税服务，依法加强税收征管，圆满完成了年度税收收入任务。××税收收入（不包括关税、船舶吨税、契税和耕地占用税，未扣减出口退税，下同）完成××亿元，比上年增收14 286亿元，增长22.6%。其中中央级和地方级税收收入分别完成××亿元和××亿元，分别增长21.9%和23.9%。共办理出口退税××亿元，比上年增长13%。此外，税务部门还组织其他收入××亿元，同比增长36.1%。

20××年全国税收收入主要有以下几个特点：

（一）税收增长与经济发展趋势一致，由快速回升向稳定增长转变

今年以来，我国积极实施应对金融危机的一揽子措施，国民经济运行继续向着宏观调控预期方向发展，第一季度GDP增长11.9%，第二、第三、第四季度GDP分别增长10.3%、9.6 %和9.8%，经济持续向好的基础更加稳固。与之相适应，全国税收收入分季度看，四个季度分别同比增长33.9%、23.8%、14.2%和19.9%，税收增长也由快速回升转向稳定增长，总体情况良好（见图A2-1、图A2-2）。

（二）各税种收入全面增长，海关代征进口税收增长突出

20××年，税务部门组织税收收入（不含海关代征）完成××亿元，比去年增长20.8%，增收11 506亿元，其中国内增值税、国内消费税、营业税和车辆购置税分别完成××亿元、××亿元、××亿元和××亿元，分别增长14.8%、27.5%、23.8%和54%，四项货物劳务税共完成××亿元，同比增长20.4%，增收6 873亿元；企业所得税和个人

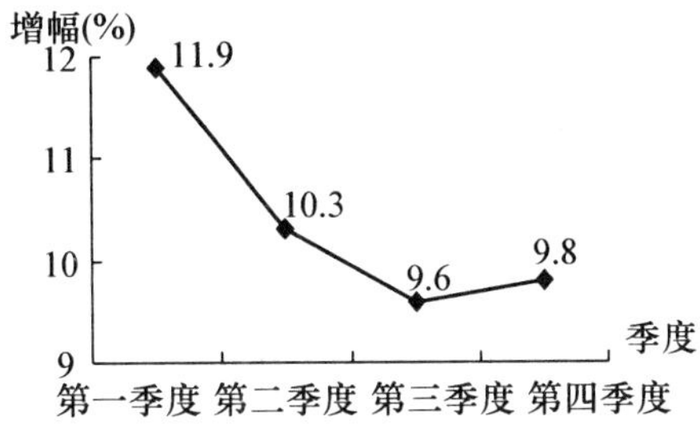

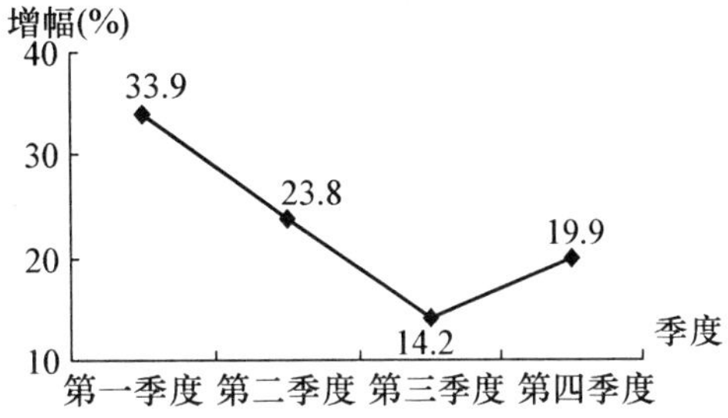

图 A2-1　20××年分季度 GDP 增幅情况　图 A2-2　20××年分季度税收增幅情况

所得税分别完成××亿元和××亿元，分别增长 19.7%和 22.7%，两项所得税共完成××亿元，增长 20.4%，增收 3 286 亿元；财产行为各税（含证券交易印花税）共完成××亿元，同比增长 24.5%，增收 1 347 亿元。海关代征进口税收完成××亿元，比 2009 年增长 35.9%，增收 2 780 亿元（见图 A2-3）。

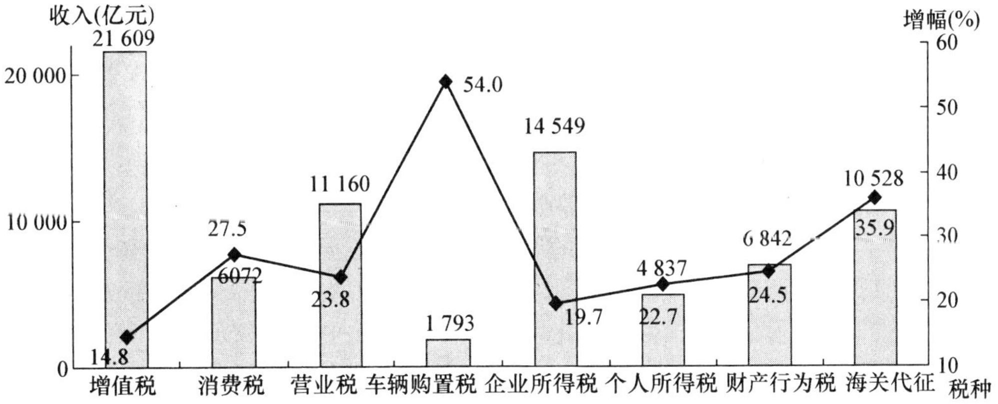

图 A2-3　20××年分税种收入规模、增幅情况

（三）第三产业税收比重提高，产业税收结构更加优化

20××年，第一、第二、第三产业税收分别完成 78 亿元、40 615 亿元和 36 701 亿元，分别增长 40%、21.5%和 23.9%，增收 22 亿元、7 199 亿元和 7 069 亿元。来自第一产业的税收占税收总额的比重为 0.1%；第二产业税收占比为 52.5%，比上年降低 0.5 个百分点；第三产业税收占比为 47.4%，比上年提高 0.4 个百分点（见图 A2-4、图 A2-5）。

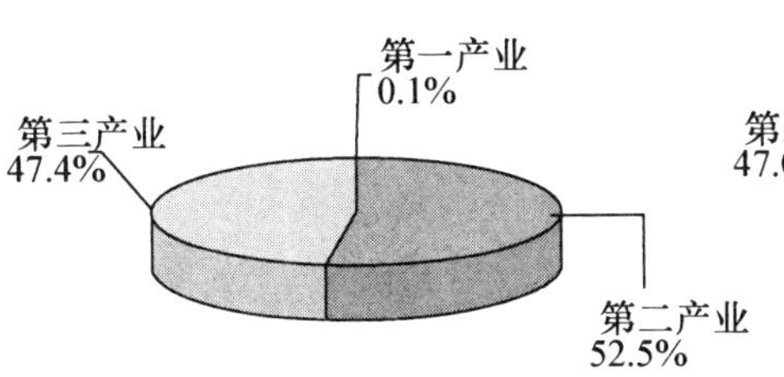

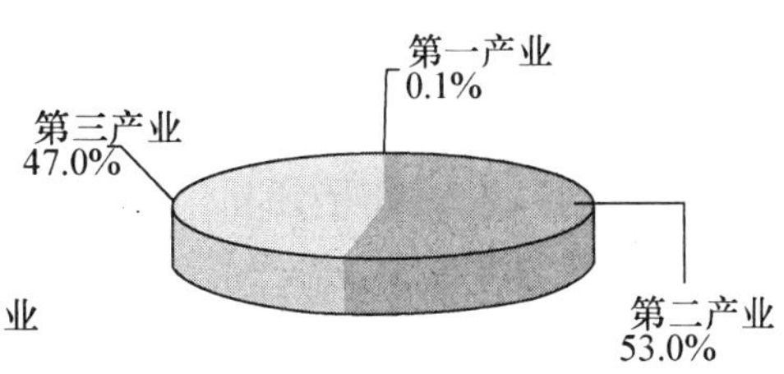

图 A2-4　20××年分产业税收收入结构图　图 A2-5　上年分产业税收税收入结构图

（四）各经济类型税收增长基本协调，经济多元化特征明显

20××年，分企业经济类型来看，国有企业、股份公司、港澳台投资企业和外商投资企业税收分别完成 11 974 亿元、33 672 亿元、5 115 亿元和 11 275 亿元，合计占全部税收的 80.2%，分别增长 17.7%、23.6%、19.2%和 20.9%；私营企业和个体经营税收也分别增长 28.7%和 28.8%（见图 A2-6）。

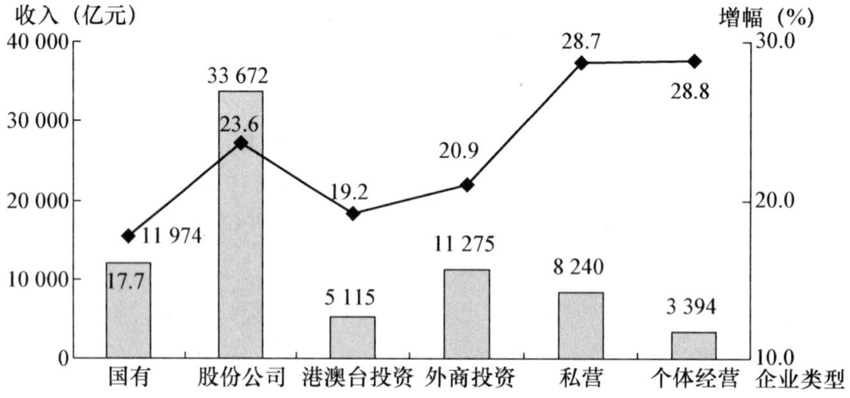

图 A2-6　20××年分企业类型税收收入规模、增幅情况

（五）西部地区税收增长快于东部和中部，地区间差异不断缩小

20××年，东、中、西三大区域分别完成 53 342 亿元、12 002 亿元和 12 046 亿元，分别增长 21.1%、23.5%和 29%（见图 A2-7），西部的增速比东部和中部分别快 7.9 和 5.5 个百分点。西部地区占全国税收的比重为 15.6%，比上年提高了 0.8 个百分点；中部地区比重提高了 0.1 个百分点；东部地区比重降低了 0.9 个百分点。

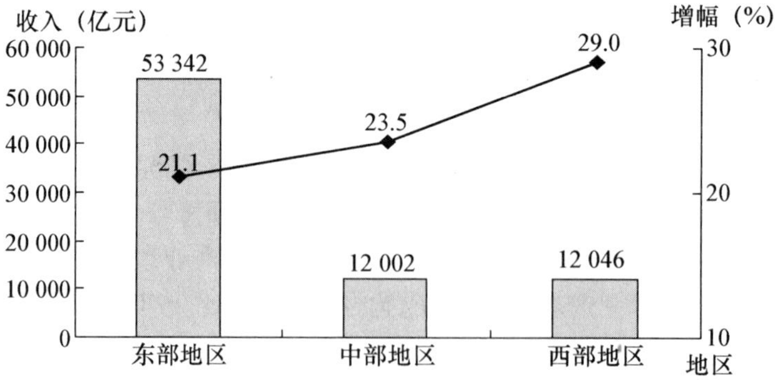

图 A2-7　20××年分地区税收收入规模、增幅情况

二、全年税收收入情况分析

总体看，20××年税收收入稳定较快增长，主要是经济较快发展奠定了坚实的税源基础，依法加强税收征管为税收收入提供了保障。此外，上年对比基数较低，也相应抬高了 20××年税收增幅。

（一）经济发展为税收增长奠定了税源基础

20××年国内生产总值 397 983 亿元，可比价增长 10.3%，现价增长 16.7%，与税收相关性较大的工业增加值、固定资产投资、社会消费品零售总额、进出口等各项主要经济指标增长较快，经济的发展为税收增长奠定了税源基础，同时经济增长速度由快速回升向平稳过渡的态势也在税收上反映出来。

1. 工业发展和居民消费拉动国内增值税较快增长。20××年，工业生产保持较快增长，全国规模以上工业增加值增长 15.7%，工业品出厂价格增长 5.5%，工业企业产销率达到 97.9%，出口交货值增长 25.4%，虽然受到增值税转型翘尾减收因素影响，20××年国内增值税依然实现较快增长，完成 21 609 亿元，比上年增长 14.8%，增收 2 789 亿元，其中工业增值税完成 16 711 亿元，增长 11.4%。20××年各月国内增值税、工业增加值增幅情况如图 A2-8 所示。分行业看，资源性行业受产品价格上涨因素影响，增值税收入增长较快，其中成品油增值税增长 73.2%，原油增值税和煤炭增值税分别增长 39.7%和 29.7%，三个行业共增收 879 亿元，占工业增值税总增收额的 51.2%；卷烟、交通运输设备和有色金属等行业增值税也增长较快，增幅均在 20%左右；钢坯钢材和电力产品增值税则因铁矿石、煤炭价格上涨和固定资产购进较多，导致进项税额大幅增长，分别下降 20%和仅增长 1.6%。受出口、汇率等因素影响，服装皮革和电气器材增值税分别仅增长 3.7%和 0.5%；电信设备和纺织品增值税分别下降 12.9%和 0.3%。

今年以来，在国家扩大消费、促进就业、上调工资等多重因素作用下，消费需求呈现速度加快和结构优化的良好态势，20××年社会消费品零售总额增长 18.4%，加之废旧物资税收政策的推动，全年商业增值税收入完成 4 897 亿元，比上年增长 28.1%，增收1 074亿元。

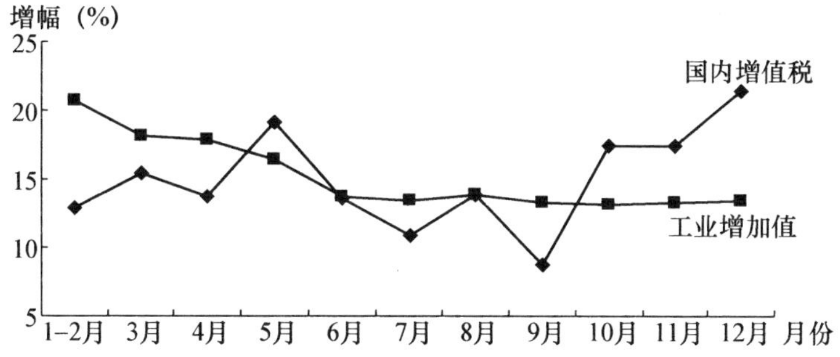

图 A2-8　20××年各月国内增值税、工业增加值增幅情况

2. 企业利润增长带动企业所得税较快增长。20××年 1—11 月，规模以上工业企业实现利润同比增长 49.4%（见图 A2-9）。全年企业所得税完成 14 549 亿元，比上年增收 2392 亿元，增长 19.7%，其中预缴企业所得税增长 32.7%，汇算清缴上年企业所得税下降 15.9%。分行业看，工业企业所得税完成 5 169 亿元，同比增长 40.4%，其中成品油和交通运输设备所得税增长突出，分别增长 119.5%和 66.3%，纺织、专用设备和电信设备行业所得税增幅也在 50%以上；建筑业和房地产业所得税分别增长 38.5%和 50%。从增长趋势来看，1—11 月工业利润增幅比 1—8 月回落了 5.6 个百分点，比 1—5 月回落了 32.2 个百分点，比 1—2 月回落了 70.3 个百分点，企业利润增幅的逐季回落减弱了预缴企业所得税增长的基础，使得四个季度预缴企业所得税分别增长 47.1%、38.7%、31.1%和 16.9%，增幅也逐步回落（见图 A2-10）。

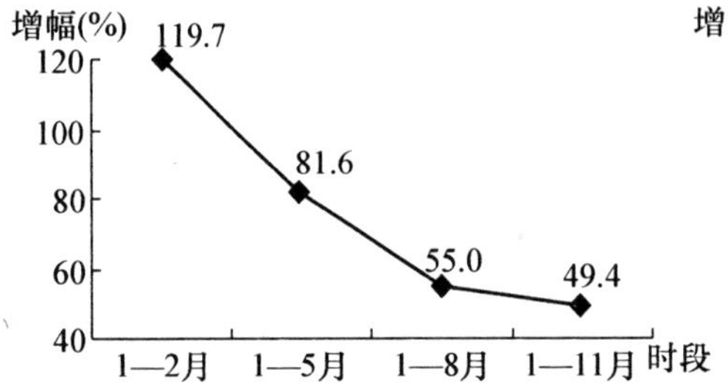

图 A2-9　20××年分时段工业企业利润增幅情况

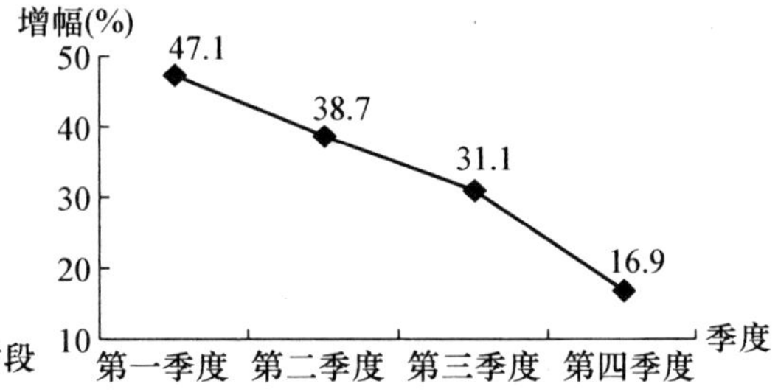

图 A2-10　20××年分季度预缴企业所得税增幅情况

3. 消费升级和政策调整拉动国内消费税和车辆购置税较快增长。20××年，国内消费税完成 6 072 亿元，比上年增长 27.5%，增收 1 310 亿元。20××年汽车销量达到 1 806 万辆，同比增长 32.4%，拉动汽车消费税增长 55.8%；卷烟产销形势较好，消费档次不断升级，一类、二类、三类卷烟占比分别提高 2.1、1.1 和 4.3 个百分点，加上卷烟消费税政策调整翘尾增收，全年卷烟消费税同比增长 32%；成品油产、销量分别增长 10.7% 和 11.1%，同时受政策调整翘尾增收拉动，成品油消费税增长 18.7%，汽车、卷烟和成品油三大品目消费税共增加 1 275 亿元，占消费税总增收额的 97.3%。从增长趋势来看，上半年国内消费税增长 41.8%，下半年这些政策性翘尾增收因素消失，国内消费税增长 15.3%，比上半年大幅回落 26.5 个百分点。汽车市场持续旺销和排气量 1.6 升及以下机动车车辆购置税税率由 5%恢复到 7.5%带来的增收，20××年车辆购置税完成 1 793 亿元，增长 54%，增收 629 亿元。20××年国内消费税增收结构如图 A2-11。

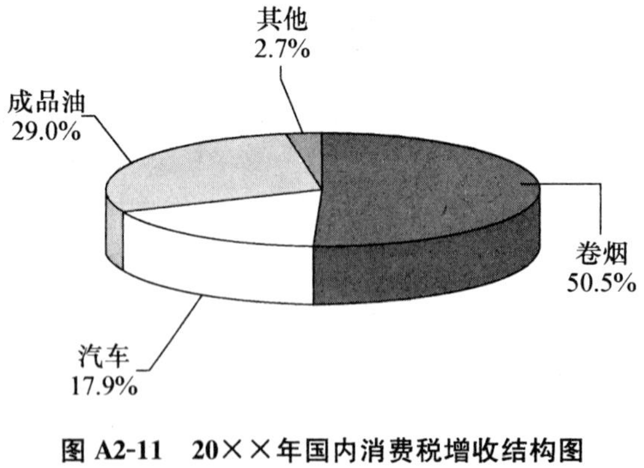

图 A2-11　20××年国内消费税增收结构图

4. 房地产市场前期火热带动营业税快速增长。20××年营业税完成 11 160 亿元，比上年增长 23.8%，增收 2 145 亿元。其中，房地产业和建筑安装业的增长是营业税收入增长的主要驱动力，20××年建筑安装工程和房地产业投资额分别增长 24.2%和 33.2%，商品房销售额增长 18.3%，全年房地产营业税和建筑安装营业税完成 5 673 亿元，增收 1 363 亿元，增长 31.6%，增收额占营业税总增收额的 63.5%。受房地产调控政策影响，房地产业各项税收增幅自6月起出现大幅回落，7—9月房地产营业税增幅分别为2.7%、－11.1%和－5.5%（见图A2-12），第四季度商品房销售额由降转升，房地产营业税也出现小幅增长。

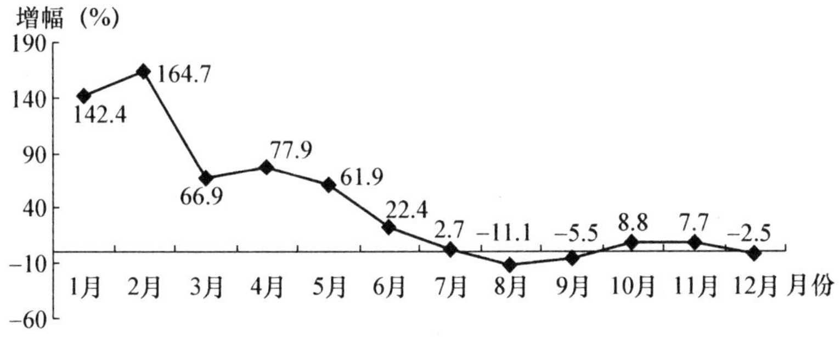

图 A2-12　20××年各月房地产营业税增幅情况

5. 海关代征进口税收与进口贸易形势基本协调。20××年，在国内需求旺盛、国内新开工项目增长较多、鼓励进口政策显效、国际大宗商品价格回升等因素影响下，我国进口呈现出强劲增长态势，特别是资源性产品和农产品等初级产品进口增加迅猛。20××年一般贸易进口商品总值增长43.7%，与之密切相关的海关代征进口税收也呈现较快增长态势，全年完成10 528亿元，比上年增收2 780亿元，增长35.9%。20××年各月海关代征进口税收、一般贸易进口总值增幅情况如图A2-13所示。

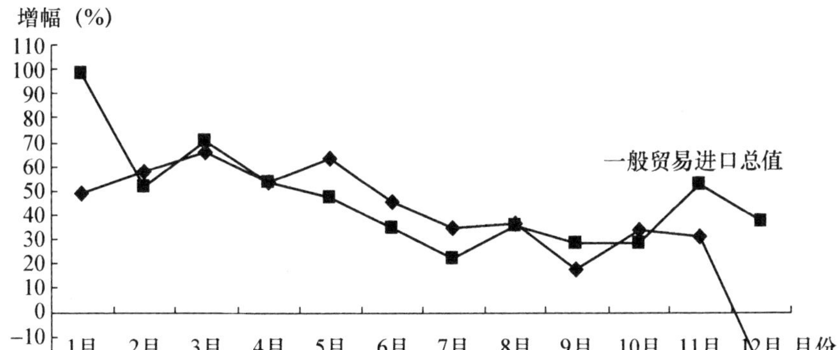

图 A2-13　20××年各月海关代征进口税收、一般贸易进口总值增幅情况

（二）继续实施的结构性减税政策促进了经济税源的发展

2008年第四季度以来，为应对国际金融危机，国家陆续出台了一系列结构性减税政策。实践证明，这些政策的实施较好地发挥了税收在经济回升向好过程中的促进作用。从税收的角度看，这些政策的实施对20××年税收收入也带来了一定的影响。

对税收影响较大的减收政策有：

一是为支持企业技术进步和技术改造，增值税转型于上年1月开始执行，由于企业从购置固定资产到实际抵扣要有一定的滞后期，因此真正反映在税收上是从上年第二季度开始，20××年有一个季度的翘尾减收，测算减收500亿元。

二是为支持“三农”建设和农村经济的发展，金融企业涉农贷款损失准备金准予税前扣除；金融机构农户小额贷款的利息收入免征营业税、减按90%计入企业所得税应纳入所得额；涉农金融保险机构减按3%的税率征收营业税。

三是为扶持中小企业发展和减轻中小企业负担，金融企业中小企业贷款损失准备金准予税前扣除；对年应纳税所得额低于3万元（含3万元）的小型微利企业所得减按50%计入应纳税所得额，按20%的优惠税率缴纳企业所得税。

四是为支持扩大两岸交流和国际交流，对台湾航空公司从事海峡两岸空中直航业务在大陆取得的运输收入免征营业税和企业所得税；对境内单位或者个人提供的国际运输劳务免征营业税。

五是为支持和帮助玉树、舟曲灾区恢复重建，实施了包括减轻企业和个人税收负担的一系列税收政策；鼓励金融机构加大对灾区信贷投放等税收优惠措施。

此外，继续执行的下岗失业人员从事个体经营和企业吸收下岗失业人员就业给予的税收优惠等政策也减少了一些税收收入。初步测算，20××年政策性减收因素共计减少税收收入900亿元左右。

对税收影响较大的增收政策有：

一是为公平社会负担，促进节能减排和结构调整，成品油税费改革于上年1月开始执行，真正反映在税收上是在上年2月，20××年有一个月的翘尾，增收196亿元；为合理引导消费，卷烟消费税政策调整于上年5月开始执行，20××年有五个月的翘尾，增收341亿元，两项合计增收537亿元。

二是调整车辆购置税政策，排气量1.6升及以下乘用车车辆购置税税率由5%恢复到7.5%，增加税收收入112亿元。

三是为调节社会收入分配，促进资本市场长期稳定健康发展，对个人转让限售股取得的所得按20%的比例税率征收个人所得税。

四是为加快新疆经济社会发展，充分发挥当地的资源优势，促进全国资源税改革从酝酿走向实施，自20××年7月1日起将新疆原油、天然气资源税由原来的从量计征改为按产品销售额的5%计征。同时，经国务院批准，自20××年12月1日起，将资源税改革由新疆推广到西部的12个省区，但反映在税收上是从明年1月开始。

此外，个人住房转让营业税免征期由2年恢复为5年、再生资源行业由免征增值税改为实行先征后财政退还政策也都增加部分税收收入。初步测算，以上政策性增收因素共计增加税收收入800亿元。

综合来看，20××年政策因素对收入的影响是减收略大于增收。

（三）依法加强税收征管为税收收入提供了保障

20××年，全国税务机关坚持依法征管，按照科学化、精细化管理理念推行专业化、信息化管理，实现了税收征管方式的与时俱进。积极推进依法行政。认真落实组织收入原则，全面实行税收执法责任制，深化税务行政审批制度改革，大力推行政务公开，不断规范税收执法行为。积极实施信息管税，探索税源专业化管理，规范征管程序，健全运行机制，推进分类分级管理，认真开展纳税评估，强化税收分析，大力加强税务稽查，20××年稽查查补收入875亿元，清理以前年度欠税135亿元。继续探索大企业税收管理与服务的新思路、新方法。突出抓好国际税收管理和反避税工作，强化关联申报管理，加大转让定价调查力度，推动预约定价和双边磋商，规范非居民税收管理，减少国际税源流失。20××年来自非居民企业税收779亿元，比上年增加218亿元，增长39%。加强各税种管理，深入查找薄弱环节，堵塞征管漏洞，加强土地增值税清算工作成效显著，20××年，土地增值税完成1 278亿元，比上年增长77.6%。

另外，受国际金融危机影响，上年收入基数较低（仅增长9.1%），也相应抬高了20××年税收收入增幅，与前一年相比，两年税收收入的平均增幅为15.7%。

三、明年税收收入形势分析及主要工作

明年，“十二五”规划的实施将给经济注入新活力、新动力，战略性新兴产业规划启动、居民消费升级和城镇化将给内需提供有力支撑，我国经济仍处于重要战略机遇期，经济发展将继续向好。中央经济工作会议预期明年经济增长率在8%左右，CPI为4，PPI为6，经济的持续稳定增长和价格的上涨，将为税收收入增长奠定税源基础。统一内外资企业城市维护建设税、资源税改革等税收政策将增加税收收入。切实强化税收征管，努力提高税收征管质量和效率也将进一步促进税收收入增长。

与此同时，明年税收收入增长也存在一些不确定因素：

一是经济发展面临的环境将更加复杂。从外部环境看，国际金融危机的深层次影响尚未完全消除，复苏的基础还不稳固，复苏进程将艰难曲折，人民币升值压力增大，贸易摩擦形势严峻，对我国出口造成较大影响。从国内看，宏观经济政策转向趋势明显，连续提高存款准备金率和利率，对高耗能、房地产行业进行宏观调控。推进结构调整，加大节能减排力度，淘汰落后产能并严格控制产能过剩行业的新增投资项目，钢铁、建材等行业工业生产将会明显减速。随着地方政府融资平台的逐步清理规范，地方政府的投资能力将受到一定限制。房价、物价上涨对居民消费能力和消费意愿产生负面影响，消费继续较快增长的难度加大。要素成本进入集中上升期，挤压企业利润空间，进而影响税收收入增长。

二是房市和车市对税收增长的拉动作用将会减弱。去年下半年以来，房地产市场在通胀预期的刺激下保持较快增长，再加上加大土地增值税清算力度等因素的带动，来自房地产税收总体增长较快。20××年来自房地产业的税收收入增长42%，增收2 029亿元，占税收总增收额的14.2%。随着国家房地产调控措施的陆续出台，政策效应不断显现，20××年5—8月全国商品房销售额已经连续出现下降。从目前来看，未来一段时间房地产市场的政策调控方向不会改变，预计明年房地产税收增幅将会明显回落。20××年以来车市交易火爆，来自汽车制造业税收增长46.1%，车辆购置税增长54%。考虑到油价总体上涨、北京等大城市陆续开始采取限牌措施以及车辆购置税税率恢复到10%等因素，再加上上年基数较高，预计明年汽车行业相关税收增幅将会明显回落。

此外，明年继续对小型微利企业实施所得税优惠措施，实施促进节能减排、环境保

护、增加就业、产业结构升级和服务业发展的税收减免政策，正在研究中的一些税收政策如个人所得税改革若正式执行，也将相应减少税收收入。

综合分析，明年税收收入仍将继续平稳增长，但增幅较20××年将会有所回落。财政部初步安排明年税收收入增长8.5%，其中税务部门负责征收的税收收入增长8.8%（中央级收入增长8.7%），海关代征进口税收增长7%。我们分析认为，在前述经济预期的基础上税务部门是可以完成这个目标的。年度执行过程中，经济运行的变化和经济税收政策变化都将会带来税收收入的变化。税务部门将一如既往地坚持依法征税的组织收入原则，切实加强税收征管，更好地组织税收收入，努力完成国家预算，为构建和谐社会和全面建设小康社会提供更多的财力保证。

前不久召开的中央经济工作会议对税收工作提出了新的要求，概括起来：一是继续实行结构性减税政策促进经济社会又好又快发展，减轻企业和居民税收负担，增强经济发展的内生动力，保持经济平稳健康运行。二是积极推进税制改革推动经济结构战略性调整，包括改革个人所得税、增值税、资源税等税收制度，促进产业结构升级和服务业发展，加强收入分配调节，增强经济发展协调性、可持续性和竞争力。三是依法加强税收征管保证财政收入持续稳定增长，严厉打击税收违法行为，为经济社会发展提供必要的财力保证。明年我们将重点做好以下几方面的工作：

一是始终坚持依法行政。认真贯彻国务院关于建设法治政府的工作部署，进一步推进依法行政，使税法得到普遍遵从。提高税收立法和制度建设质量，规范税收执法，不断改进税收执法方式，严格落实问责制度。

二是认真研究和落实各项税收政策与税制改革措施。进一步完善税收政策，加强对税收政策执行情况的检查，健全反馈机制，开展效应分析评估，确保税收政策取得实效；建立有效地税收调控体系，加强与财政、货币等宏观调控手段之间的协调配合；继续推进税制改革，扩大资源税改革试点范围、统一内外资企业和个人城市维护建设税和教育费附加政策、分步实施个人所得税改革、实行增值税扩围改革的试点、实行境外购物离境退税试点、研究和完善加快转变经济发展方式与调整经济结构的税收政策。

三是大力改进和优化纳税服务。以全面推进纳税服务体系建设为主线，着力推进纳税服务业务标准建设、平台建设、权益保护和联合办税工作。

四是积极实施税源专业化管理。以实行分类分级管理为基础，以加强税收风险管理为导向，以实施信息管税为依托，以完善运行机制为保障，在试点基础上全面推行税源专业化管理。

五是着力强化国际税收管理和反避税工作。按照统筹国内国际两个大局的要求，在加强国内税收管理的同时，大力推进国际税收管理和反避税工作，切实维护我国税收主权和跨境纳税人合法权益。

六是不断完善内部行政管理。着眼提高效率、严肃纪律、改进作风，进一步提高内部行政管理水平。规范管理行为，提高工作效率；严肃工作纪律，保持良好秩序；加强作风建设，弘扬务实精神。

七是切实加强税务干部队伍建设。以提高领导水平和执政能力为核心，切实加强各级税务机关领导班子建设；适应形势发展变化，创新激励机制；按照建设学习型机关和大规模培训干部、大幅度提高干部素质的要求，切实加强干部教育培训工作。

八是扎实推进反腐倡廉建设。以完善惩防体系为重点，抓紧落实工作规划和实施办法确定的任务，加强对领导干部的教育和监督，整体推进反腐倡廉各项工作任务。

范文 2

关于 20××年前七个月税收收入完成情况和后五个月组织收入工作建议的汇报

一、前七个月税收收入完成情况

前七个月，全国税收收入（含耕契两税，不含关税和船舶吨税，下同）累计完成××亿元，比上年同期增长 9.1%，增收 5 818 亿元。全国共办理出口退税和免抵调库××亿元，比上年同期增长 14%，增加 732 亿元。此外，税务部门还组织教育费附加、文化事业建设费、社保基金等其他收入××亿元，比上年同期增长 26.7%。

前七个月全国税收收入主要有以下几个特点：

（一）税收增长与经济发展趋势基本一致

上半年，国民经济运行总体平稳，经济发展稳重有进，GDP 可比价增长 7.8%，其中第一、第二季度分别增长 8.1%和 7.6%（见图 A2-14），第二季度比第一季度回落 0.5 个百分点。与之相适应，前七个月全国国内税收收入增长 9.1%，其中第一、第二季度分别增长 9.4%和 10.5%（见图 A2-15），7 月增长 3.8%；第二季度税收收入增幅回升主要是受企业所得税汇算清缴收入增长较高拉动，若扣除此因素，第一、第二季度分别增长 9%和 7.9%，与经济增速回落的趋势一致。

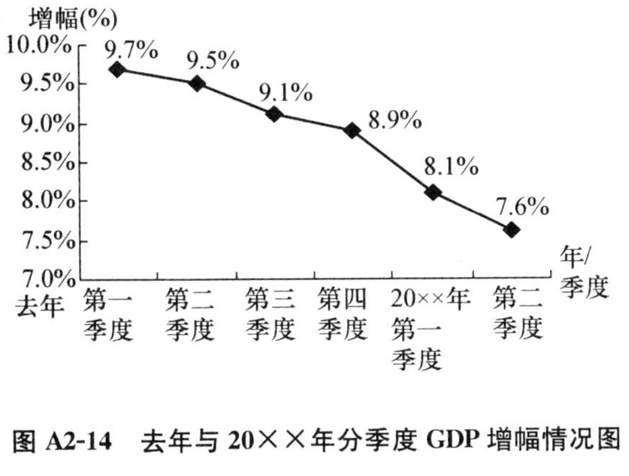

图 A2-14 去年与 20××年分季度 GDP 增幅情况图

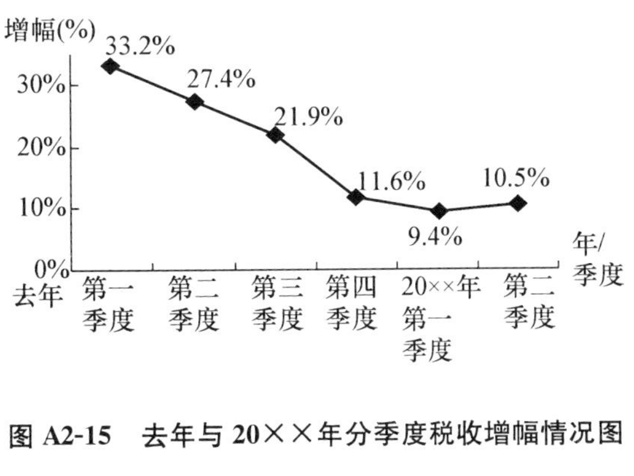

图 A2-15 去年与 20××年分季度税收增幅情况图

（二）各月税收收入增幅波动较大

前七个月中，1 月、4 月和 7 月税收收入增幅较低，分别增长 5.9%、4.1%和 3.8%，

2月、3月和6月增幅较为平稳，分别增长12.3%、12.1%和11.6%，5月受企业所得税汇算清缴影响增幅较高，增长16.1%（见图A2-16）。

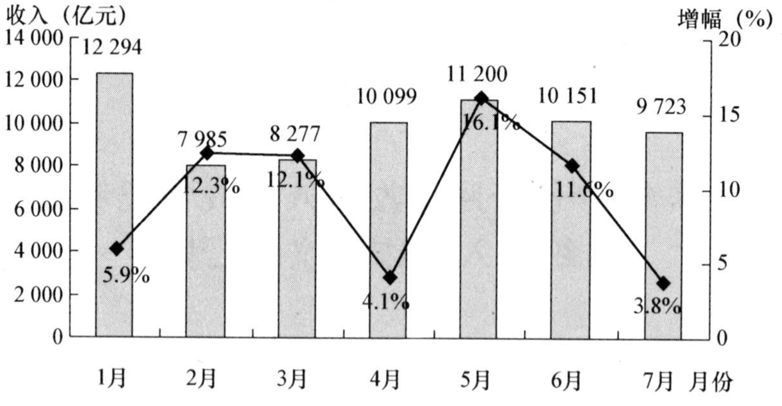

图A2-16　20××年前7个月分月税收收入及增幅情况图

（三）地方级税收收入增幅略大于中央级税收收入

前七个月，中央级和地方级税收收入分别完成××亿元和××亿元，分别占全部收入的58.5%和41.5%，分别增长8%和10.6%（见图A2-17），地方级税收增幅比中央级税收收入大2.6个百分点。在地方级收入中，省、市、县三级收入占比分别为22.3%、29.6%和48.1%。

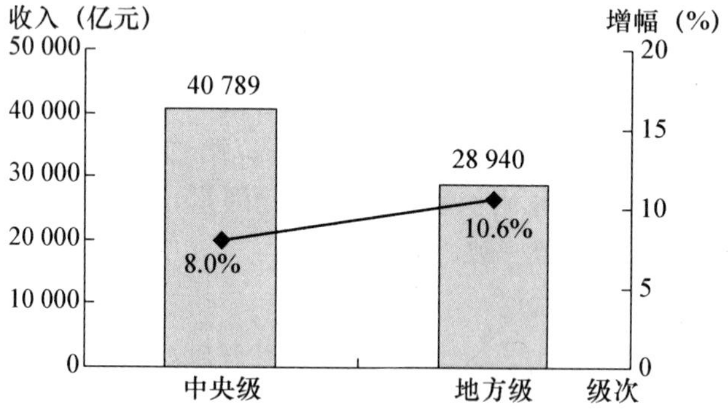

图A2-17　20××年前7个月分级次税收收入及增幅情况图

（四）各税种收入中财产行为税增长较快

前七个月，个人所得税、证券交易印花税和契税三个税种收入出现减收，分别下降7.8%、34%和9.5%；国内增值税和海关代征进口税收增幅较低，分别增长5.9%和6%；国内消费税、营业税、企业所得税和车辆购置税税收增幅大于全部税收，分别增长12%、10.4%、13.3和12.1%；其他财产行为各税增幅普遍较大，资源税、城镇土地使用税、房产税、车船税、烟叶税和耕地占用税分别增长64.6%、28.3%、29.3%、26.5%、46.7%和57%。20××年前七个月分税种税收收入及增幅情况如图A2-18所示。

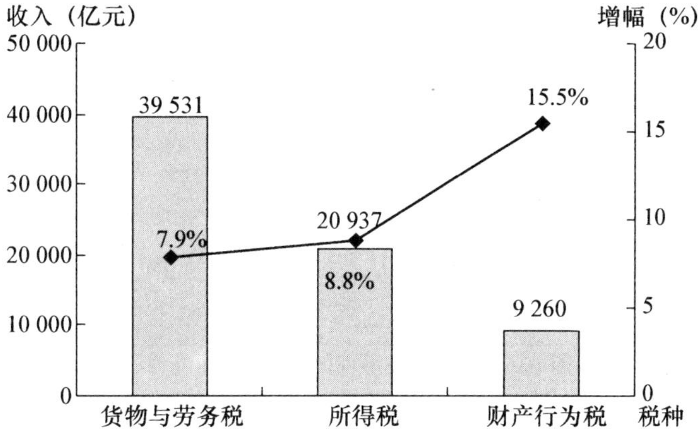

图 A2-18　20××年前 7 个月分税种税收收入及增幅情况图

（五）金融业税收增长突出

第一、第二、第三产业税收分别完成××亿元、××亿元和××亿元，占全部税收的比重分别为 0.1%、48.3%和 51.5%，分别增长 33.1%、8.1%和 10%，第三产业税收增幅比第二产业大 1.9 个百分点。行业税收增幅分化较为严重，金融业税收完成 7 960亿元，同比增长 33.1%，增收 1 980 亿元，占总增收额的 34%。此外，增收还主要体现在烟草制品业、建筑业、石油和天然气开采业以及信息传输和软件及信息技术服务业，分别增长 17.6%、15.5%、23.5%和 28.5%。减收的行业主要有房地产业、石油加工炼焦和核燃料加工业、化学原料和化学制品制造业以及黑色金属冶炼和压延加工业，分别下降 1.6%、1.5%、0.2%和 10.4%。20××年前七个月分产业税收收入及增幅情况如图 A2-19 所示。

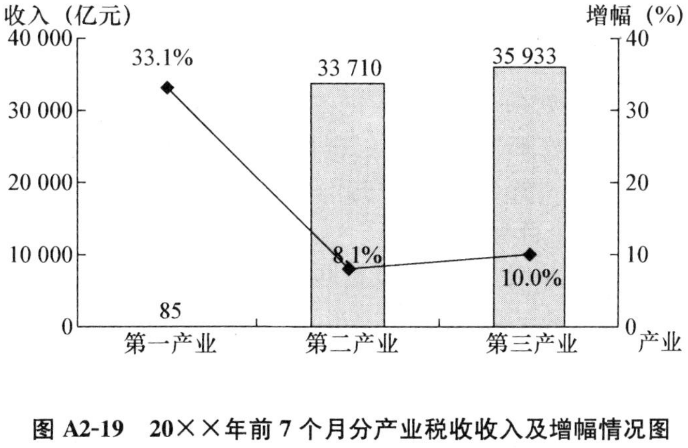

图 A2-19　20××年前 7 个月分产业税收收入及增幅情况图

（六）东部地区税收收入增幅小于中、西部地区

东、中、西部地区税收分别完成 47 054 亿元、11 595 亿元和 11 080 亿元，分别占全部税收的 67.5%、16.6%和 15.9%，分别增长 7.8%、12.3%和 11.6%（见图 A2-20）。经济发达程度最高的东部地区税收增幅最小，分别比中部和西部小 4.5 和 3.8 个百分点。

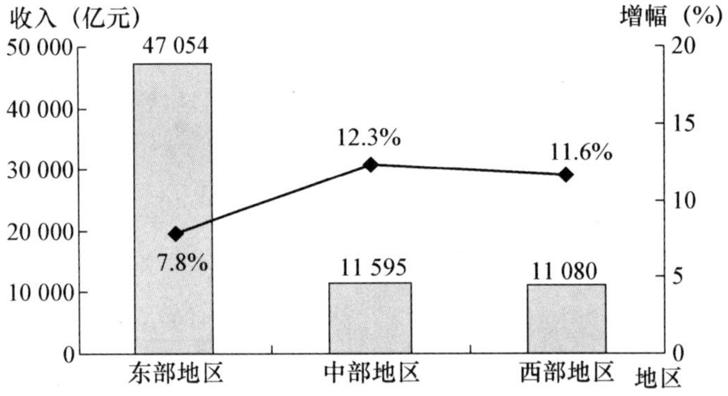

图 A2-20　20××年前 7 个月分地区税收收入及增幅情况图

二、前七个月税收收入情况分析

前七个月，全国税收收入稳定增长，但增幅较去年同期有较大幅度下降，主要是由于经济增速放缓、价格涨幅回落、税收政策调整减收，以及上年同期基数较高等多重因素综合影响的结果。

（一）经济增速放缓是税收增幅回落的主要原因

去年二季度以来，受经济刺激政策退出、经济结构调整和主要发达国家经济增长步伐放缓的影响，我国经济增速持续回落。进入 20××年以来，经济平稳回落的趋势进一步确立，20××年上半年，GDP 同比增长 7.8%，增速比上年第四季度和上年同期分别放慢 1.1 和 1.8 个百分点。工业生产进入去库存阶段，相关行业生产收缩，工业增加值增速超预期下滑，上半年规模以上工业生产增长 10.5%，比上年同期回落 3.8 个百分点，其中第一季度增长 11.6%，第二季度增长 9.5%；工业产品销售率同比下降 0.6%，加上提高增值税起征点等政策影响。与此相对应，前七个月工业增值税仅增长 7.5%，主要品目中原油和汽车增值税增幅较高，分别增长 20.8%和 21.4%；建材、通用设备和专用设备增速分别仅为 1.5%、2.2%和 4.7%；成品油、化工产品和钢坯钢材增值税分别下降 22.8%、1%和 20.4%。企业经营效益不佳，上半年全国规模以上工业企业实现利润同比下降 2.2%，较上年同期回落 30.9 个百分点，与此相对应，前七个月工业企业所得税仅增长 4%，比上年同期回落 39.4 个百分点。

投资出现减速态势，上半年固定资产投资同比增长 20.4%，比上年同期回落 5.2 个百分点，拉动建筑业税收增长 15.5%。房地产市场交易萎缩，上半年商品房销售额下降 5.2%，但从各月发展趋势看，降幅呈逐月收窄态势，6 月更是增长 6.9%；与之相适应，房地产业税收回升趋势明显，第一季度下降 8.9%，5 月、6 月、7 月三个月分别增长 3.3%、13.5%和 6.6%，前七个月累计下降 1.6%，其中房地产业营业税和企业所得税分别下降 6.7%和 3.9%，契税下降 9.5%。上半年一般贸易进口总值同比增长 7.8%，增幅较上年同期回落 25.2 个百分点，与此相对应，地前七个月海关代征进口税收增长 6%，增幅比上年同期回落 28.7 个百分点。

（二）价格涨幅回落对税收增长的拉动作用减弱

20××年以来，物价涨幅快速回落，通胀压力明显缓解，上半年 CPI 和 PPI 分别为

3.3和－0.6，分别比上年同期回落2.1和7.6个百分点，其中6月CPI和PPI分别为2.2和－2.1，创前年2月以来同比最低值。其中PPI下降更为明显，上半年同比下降1.2个百分点，价格涨幅回落对以现价计算的税收增长拉动作用明显减弱，也是造成税收增幅回落的重要原因。受价格影响波动较大的行业如化工产品、建材、钢坯钢材、有色金属增值税和企业所得税都呈现低速增长或下降态势。

（三）税收政策调整减少相关税种收入

继续实施结构性减税政策一定程度上造成税收减收。一是实施新个人所得税法，实施新个人所得税法，前七个月个人所得税下降7.8%，其中工资薪金所得个人所得税下降12.4%，个体工商户生产经营所得个人所得税下降15.9%；二是实施支持小型微型企业发展的税收优惠政策，如提高个体工商户增值税和营业税起征点、扩大小型微利企业所得税优惠政策适用范围、金融机构与小微企业签订借款合同在三年内免征印花税等，减少了部分收入。此外，实施支持西部大开发、促进就业再就业等税收政策相应减少了税收收入。

此外，20××年前七个月全国税收收入增长28.8%，收入基数较高，也相应降低了今年收入增幅。

在经济增长放缓以及政策性减收的情况下，税收收入依然实现平稳增长，一个重要原因是税务部门不断优化纳税服务，切实加强税收征管。20××年以来，全国税务机关以科学发展观统领税收工作全局，积极推进依法行政，大力实施税收专业化、信息化管理，税收征管质量和效率不断提高。切实优化纳税服务，提升了纳税人税法遵从度，对税收收入增长起到了积极促进作用。

三、全年税收收入形势预测

当前经济发展面临的环境仍然十分复杂，继续实施的结构性减税政策如支持小微企业发展、扩大营业税改征增值税试点范围将会减少相关税种收入；另外，各地税务部门正在逐步规范公务员津补贴，大多数地区税务干部个人收入有所下降，在一定程度上挫伤了工作积极性，可能会对组织收入工作产生一些影响。但后几个月组织收入具备较多有利条件。从近期经济形势看，欧洲国家推出经济刺激计划，有望遏制欧债危机的恶化势头，我国出口增速较上半年将有所回升；工业企业去库存化将逐步趋于结束，工业生产有望稳步回升；商品房销量回升将带动相关产业的反弹；近期把“稳增长”放到重要位置，出台了一些政策措施，将会逐步促进经济增长；经济先行指数已经连续7个月反弹，预示着经济可能在下半年逐步回升。有关部门预计下半年我国经济增速在8%以上，全年GDP增长8.1%左右，这将为税收增长奠定坚实的税源基础。税收政策方面，对收入影响较大的新个人所得税法在四季度进入可比期，政策减收影响逐步趋弱。另外，上年税收收入前高后低，四季度税收收入仅增长10.6%，基数较低。

综合上述情况并结合经济税收历史规律，我们分析判断，20××年下半年税收收入增幅将比上半年明显提高，我们利用三种方法对全年税收收入进行了预测：

（一）按照近年上、下半年收入比重测算

在此前的六年中，上、下半年收入平均比重分别为52.7%和47.3%。按这个比重测算，下半年税收收入可完成53 848亿元，考虑个人所得税和支持小微企业发展等政策减收因素，下半年可完成53 000亿元，同比增长17.7%。这样，全年税收收入将完成113 000亿元左右，比上年增长13.5%，增收13 435亿元。

（二）运用计量经济学模型对总体税收测算

基于对全年经济发展、政策变动和征管水平的预期和展望，我们运用数学模型对20××年税收收入进行了预测。按照GDP现价增长12%模拟，全年税收收入预计完成114 108亿元，增长14.6%。再考虑个人所得税和支持小微企业发展等政策减收因素，全年税收收入预计完成113 260亿元，比上年增长13.8%，增收13 695亿元。

（三）运用计量经济学模型分税种测算

运用计量模型对国内增值税、消费税、营业税、企业所得税、个人所得税和海关代征进口税收六大主要税种收入进行预测，然后推算总体收入。测算当GDP现价增长12%时，全年税收预计完成113 408亿元（其中国内增值税、消费税、营业税、企业所得税、个人所得税和海关代征进口税收分别增长12.1%，9.5%，18.6%，18.1%，12%和9.5%），增长13.9%。再考虑个人所得税和支持小微企业发展等政策减收因素，全年税收收入预计完成112 560亿元，比上年增长13.1%，增收12 995亿元。

综合三种方法，初步预计全年税收收入将在113 000亿元左右，比上年增长13.5%，增收13 435亿元，其中后五个月预计完成43 272亿元，同比增长21.4%，这是在不考虑地方政府压力情况下的理论算账。今年以来，经济增长放缓，土地财政收入受房地产调控影响大幅减少，地方政府又被禁止举债，加上政府换届和刚性支出加大，这些因素共同影响导致地方政府对税收收入增长期望加大，据年初不完全统计，省、市、县安排税收计划增幅分别为11.8%、12.6%和14.2%，层层加码现象十分明显，一些地区尤其严重，如××省××、××市政府安排市国、地税局税收收入计划增长35%以上，多个县的计划增幅40%以上。估计后五个月一些地方政府还会向税务部门追加税收任务。受此影响，如不采取措施，全年收入将有可能达到114 500亿元，比上年增长15%。

四、后五个月组织收入工作建议

前七个月税收收入总体情况基本正常，实现了平稳增长态势，为国家加强宏观调控，实现经济发展方式转变和促进民生改善等提供了充足的财力保障。但组织收入工作中存在一些问题也必须引起高度关注：

一些地方突击收税，如前段时间媒体报道的××省××县地税局为了完成“双过半”的目标，短短20天入库税收6 448万元，占上半年该县税收收入的32%。还有一些地方虚增收入现象严重，如采用收入空转的方式，主要以地方固定收入税种为主，将财政资金拨付给企业，企业再次入库税款，如此反复循环。随意提高土地增值税预征额，对土地增值税清算后应退税款不及时办理退税；在增值税正常申报期内，要求企业多申报，增加销项税额，同时要求企业延迟抵扣进项税额；以自查申报、预缴的形式向企业预借税款或随意改变企业所得税预缴比例、方式收过头税；将本不属于当地的税收，通过各种非正规途径“拉”、“借”或“买”到本地；将已审核通过的应退税款或汇算清缴应退的企业所得税推迟办理达到延迟退税的目的；不落实税收优惠政策，或者落实税收优惠政策不到位，如在提高增值税和营业税起征点后，随意调高税收定额。另外，我们通过对征管系统数据和重点税源企业数据分析也发现存在一些收入质量不高的问题，如亏损企业仍预缴企业所得税、有增值税留抵税金同时又缴纳增值税、入库税金高于应纳税金等问题。

上述这些问题既严重违背了依法征税原则，扰乱了正常税收征管秩序，又增加了企业负担，极易引发社会矛盾。目前社会各界十分关注税收工作，众多机构学者和民众就税收超经济增长、税负程度、收入分配等热点问题展开了广泛讨论，税收增长过快也不利于社会公众理解税收工作，容易产生错误的舆论导向。这些问题如不解决，长此以往，将破坏法制统一，助长各自为政，各行其是，侵犯企业合法权益，损害税务机关的公信力。我们一定要有这个忧患意识。

与此同时，明年经济发展面临的环境依然十分复杂，组织收入工作中的不稳定、不确定因素较多。为此，必须坚持依法行政的原则，扎扎实实地做好今年组织收入工作，在加强税收征管的同时，坚决防止和制止寅吃卯粮，依法科学地掌控收入，未雨绸缪，为明年税收收入的稳定增长奠定基础。

根据总局领导对组织收入工作的要求和我们的预测，我们力争将全年的税收收入规模掌握在 110 500 亿元，增长 11%左右。相应后五个月税收规模为 40 772 亿元，增长 14.4%，全年超收 1 680 亿元。这样既圆满完成税收预算，满足了财政支出需要，也为明年收入持续增长奠定基础。为此，建议在后五个月着重做好以下几项工作：

（一）指导各地做好后几个月组织收入工作

下发规范税收征管工作的通知（已发），督导各地坚决贯彻执行组织收入原则，既要切实加强税收征管，依法办理欠税、缓税，减少税收流失，又要不折不扣地落实好国家出台的各项税收优惠政策，依法应抵尽抵，应退尽退。近期我司拟召开三个由各地主管局长参加的组织收入座谈会，将总局切实做好组织收入工作的意见和要求传达下去，就后几个月组织收入提出具体工作要求，重点强调扎实今年收入基础，落实各项税收优惠政策，防止和制止寅吃卯粮。座谈会上我司拟同各地共同测算全年收入目标，以此掌控全国税收收入。

（二）强化税收分析与预测

继续密切跟踪经济税源的发展变化，全面加强对重点税源地区、行业和企业的税源监控和经济税收分析，把握组织收入中的不确定因素及对税收收入的影响。根据经济税源发展、政策、征管以及财政需求等因素变化，准确预测税收收入，及早制定组织收入应急预案，主动提出统筹规划组织收入工作的意见和建议，为领导决策服务。

（三）开展税收收入质量检查

针对各地虚增收入的主要手段，我司拟在后几个月开展三项检查。一是开展重点地区税收会计检查，密切关注地方政府安排收入目标较高地区税收变化情况，及时发现并制止虚增收入的现象，坚决避免突击收税。二是充分利用前期我司对各地测算的税收收入质量评价结果，要求收入质量不高或者质量下降的地区进行自查，分析查找税收征管薄弱环节和经济税源结构存在的突出问题。三是利用我司掌握的重点税源企业数据，下发无利润预缴企业所得税、增值税进项税款应抵不抵、不据实申报、税负明显偏高等情况，要求相关税务机关核实反馈。同时，建议相关司局今后开展税收调研和执法检查，可将空转、收过头税等虚收行为作为工作重点。

（四）合理安排免抵调库指标

20××年经济税源增长趋缓，地方政府对税收期望很高，对免抵调库需求很大。前七个月全国共办理免抵调库同比增长了38%（同期国内增值税直接收入仅增长3%）。后五个月在下达免抵调库计划时，我们将实行总量控制，并参考各地增值税计划及增值税直接收入情况，区别对待，严格掌握调库指标，更好调控增值税收入。

（五）对企业所得税超缴税款适时办理退库

加强企业所得税预缴管理，尽可能按照据实征税原则。建议加快建立企业所得税超缴预退库制度，在年度中出现所得税预缴明显超过企业利润的情况，可以由企业申报，税务机关审核，再视全国税收完成情况，在年末对超缴收入给予部分退库。我们将适时召开银行、石油石化、房地产等大企业税收形势座谈会，一方面了解今明两年企业经营环境和税收形势，另一方面也了解是否存在超缴税款需要退库或者其他优惠政策执行不到位的情况，及时解决存在问题。

（六）强化稽查办案质量

前七个月全国税款查补收入778亿元，同比增长64.7%，增收306亿元，稽查查补工作成效显著。但有的地区反映，稽查局在没有发现企业违法违规行为的情况下，也要求企业先补缴税款。建议后几个月稽查工作重点放在强化办理案件质量上，严审核，重证据，取消稽查收入目标考核，根据收入完成情况适当调整查补收入入库节奏。

（七）建立组织收入工作激励机制

20××年组织收入任务十分繁重，工作异常艰难，建议总局拿出部分经费，对认真开展税收分析预测，积极掌控税源，有力调控收入地区给予适当奖励，以资激励。从长远来看，应当向财政部申请专项经费，建立组织收入工作激励机制。

（八）关注规范津补贴对税收工作影响问题

目前各地正在逐步规范公务员津补贴，多数地区特别是沿海发达地区税务干部个人收入明显下降，建议相关司局密切关注该问题对税收工作的影响，确保税收预算的圆满完成。

（九）适时提出调整相关税收政策的应急预案

截至6月底，全国增值税留抵税金余额约7 000亿元，大量的留抵税金势必对今后税收收入增长产生影响。关于消化增值税留抵税金的政策，我局已于去年和财政部达成共识，对固定资产购进以及其他一些政策性因素形成的留抵税金予以退税，建议加快研究进程，何时提出此议案可视后几个月收入情况再议。另外，建议今后涉及税收收入的政策（包括征管措施）出台，我司应全程介入，从政策对税收经济的影响把握，到收入入库或退库操作的可行性把关，税政部门应与我司一同深入调研、充分论证，以确保政策的顺利实施。

范文3

关于当前税收完成情况和全年税收形势分析的报告

按照《×××关于做好经济形势分析有关工作的通知》要求，我局对20××年前三季度的税收完成情况和全年税收形势进行了分析，提出了进一步深化税制改革和落实完善税收政策的思路。现报告如下：

一、前三季度税收收入情况

20××年前三季度，全国税收收入（不包括关税、船舶吨税、耕地占用税和契税，未扣减出口退税）完成××亿元，比上年同期增收 1 438 亿元，增长 3.1%。其中，中央级税收完成××亿元，增收 642 亿元，增长 2.2%；地方级税收完成××亿元，增收 796 亿元，增长 4.7%。税收收入主要有以下几个特点：

税收增长与经济发展趋势基本一致。今年以来，国家积极实施扩大内需、保持经济平稳较快发展的一揽子计划，国民经济运行持续企稳向好。反映在税收上，税收月度增幅自 6 月由负转正，8、9 两个月更是增长在 30%以上。总体看，月度累计增幅呈现逐月攀升走势，与经济企稳回升的态势基本一致。

税收增收主要来自国内消费税、营业税和财产行为税。前三季度，国内消费税因成品油和卷烟政策调整完成××亿元，同比增收 1 566 亿元，增长 79%；房地产市场交易活跃和实施适度宽松的货币政策带动营业税完成××亿元，同比增收 787 亿元，增长 13.5%；土地增值税、房产税等财产行为税收完成 3 643 亿元，增收 480 亿元，增长 15.2%；国内增值税和企业所得税这两大主体税种收入下降，分别下降 1.7%和 2.6%，共减收 502 亿元；海关代征进口税收和证券交易印花税减收较多，分别下降 8%和 59.2%，共减收 1 039 亿元。

西部税收增长比东部和中部更快。前三季度，全国三大区域税收收入均实现正增长。其中，西部地区税收收入完成××亿元，增长 8.6%，占全国税收收入比重 85%的东部和中部地区税收收入增幅较小，分别完成××亿元和××亿元，同比增长 2.5%和 1.4%，增幅分别比西部小 6.1 和 7.2 个百分点。

出口退税增长较快。去年以来，出口形势严峻，出口大幅下降，为了增强企业出口竞争力，支持企业扩大出口，国家多次提高部分出口产品退税率，同时优化出口退税流程、加快退税进度，前三季度，出口退税增长较快，全国共办理出口退税××亿元，同比增加 785 亿元，增长 18.6%。

二、前三季度税收情况分析

前三季度，税收在应对国际金融危机、促进我国经济发展中充分发挥了杠杆作用，同时，税务部门坚持依法治税、大力加强税收征管，实现了税收与经济的协调增长。

（一）各税种税收与相关经济发展基本保持协调增长

1—8 月全国规模以上工业增加值同比增长 8.1%，但工业品出厂价格下降 6.4%，其中采掘业和原材料工业价格分别下降 20.9%和 10.1%，加上增值税转型政策减收影响，前三季度，国内增值税完成××亿元，比上年同期减收 233 亿元，下降 1.7%。其中工业增值税完成 11 164 亿元，下降 4.5%，工业产品中价格降幅较大的原油、冶金、有色和化工行业增值税收入分别下降 52.6%、35.5%、53.9%和 17%，电力行业增值税受发电量因素影响也下降12.1%，5个行业合计减收1 088亿元。而成品油因售价提高和原油价格下降、交通运输设备行业因汽车产销形势好其增值税收入分别增长1.75倍和24.2%，专用设备、电气器材、电信设备和煤炭行业增值税也保持良好增势，增幅在20%左右。1—8月，社会消费品零售总额同比增长15.1%，与之相应的前三季度商业增值税完成2 700亿元，同比增长12.3%。

与投资和信贷相关的营业税收入较快增长。1—8月，全国城镇固定资产投资××亿元，同比增长33%，商品房销售额同比增长69.9%。相应地，前三季度，营业税收入完成××亿元，同比增收787亿元，增长13.5%，其中，来自建筑业和房地产业营业税分别增长22.1%和22.6%，共增收567亿元，占营业税总增收额的72%。虽然去年下半年以来几次调低银行利率，但由于信贷规模扩大，银行业营业税仍增长7.6%，增收61亿元，占营业税总增收额的近十分之一。

企业所得税降幅逐步趋缓。前三季度，企业所得税完成××亿元，同比减收268亿元，下降2.6%，其中，汇算清缴去年企业所得税××亿元，同比下降3.3%；预缴今年企业所得税××亿元，同比下降3.8%，比1—8月规模以上工业企业利润降幅低6.8个百分点，主要是一些地区提高企业所得税预缴比例增加了一些收入。

海关代征进口税收与一般贸易进口情况基本协调。前8个月，一般贸易进口总值同比下降18.8%，降幅较上半年缩小3.1个百分点。相应地前三季度海关代征进口税收完成××亿元，同比减收484亿元，下降8%，降幅较上半年缩小5.6个百分点。

（二）结构性减税政策支持经济社会发展的同时对税收收入带来影响

今年以来，为应对国际金融危机的挑战，国家在鼓励投资、扩大消费、稳定出口、促进就业等方面采取了一系列税收政策调整措施，对保持经济平稳较快发展起到积极作用。如：今年起全面实施增值税转型，有力地促进了固定资产投资增长，1—8月城镇固定资产投资中设备工器具投资同比增长29.1%；降低了增值税小规模纳税人征收率，促进小企业发展；降低排气量1.6升以下机动车车辆购置税税率，有力地促进了汽车消费保持较好地增长，1—8月乘用车销量同比增长36.8%，其中1.6升排量以下乘用车增长55.5%；对企业和个人取得的20××年发行的地方政府债券利息所得，免征企业所得税和个人所得税，暂停征收储蓄存款利息个人所得税，减少税收300亿元，直接增加了居民的可支配收入；对个人销售或购买普通住房暂免征收印花税和土地增值税，并放宽了个人转让住房的营业税优惠政策，促进了房地产市场的恢复；将证券交易印花税税率降至1‰，并改为单边征收，对个人投资者取得证券交易结算资金利息，暂免征收个人所得税，有利于证券市场的复苏；对原定于上年年底执行到期的下岗失业人员再就业税收优惠政策，执行期限延长至20××年12月31日；提高了金属矿、非金属矿采选产品的增值税税率，提高了成品油消费税单位税额标准，促进资源的合理开发和利用；调整卷烟消费税政策，完善卷烟产品消费税制度等。初步测算，前三季度税收政策增减相抵净减收约1 350亿元，影响税收增幅约3个百分点。

（三）税收征管措施收到明显成效

20××年以来，在经济增长放缓，企业效益大幅下滑、政策减收因素较多的情况，全国各级税务机关以科学发展观统领税收工作全局，切实采取多项有效措施，大力加强税收征管，遏制了税收收入下滑势头。先后下发《国家税务总局关于进一步做好税收征管工作的通知》、《国家税务总局关于加强税种征管促进堵漏增收的若干意见》、《国家税务总局关于加强税收征管状况分析工作的通知》和《国家税务总局关于印发〈进一步加强税收征管若干具体措施〉的通知》。各级税务机关以科学发展观统领税收工作全局，积极推进依法治税，坚持组织收入原则，大力实施税收科学化、专业化、精细化管理。深入开展税收分析，提高组织收入的预见性和前瞻性，促进税收和经济的健康发展。实施强化增值税、消费税、个人所得税、房产税等各税种管理的措施：开展商贸企业、水泥生产企业的增值税专项纳税评估工作，在部分地区试行“先比对、后抵扣”，严格海关抵扣凭证管理；完善成品油、烟、白酒的消费税管理办法；继续完善建筑业、房地产业项目管理办法；狠抓城镇土地使用税税源清查落实工作，强化城建税费的信息比对，下发《土地增值税清算管理规程》，加强部门间合作，做好房产税、资源税等各项财产行为税的税基控管；加强企业所得税预缴和汇算清缴的征收管理；认真开展税收专项检查，整顿和规范税收秩序，依法开展重点税源企业自查和抽查工作，加大税收违法案件查处和打击发票违法犯罪的力度，以稽查促征管，堵塞征管漏洞，前三季度查补税款660亿元，同比增长81.9%；大力开展欠税控制清理工作，本年新发生欠税同比下降34%；加强对非居民企业税收的管理，维护国家权益，来自非居民企业的税收完成437亿元，同比增长52.2%。此外，各级党委政府、社会各界积极支持和配合税收工作，广大纳税人依法诚信纳税意识不断增强，税法遵从度不断提高，也为增加税收提供了良好的社会环境。

三、全年税收形势分析

前三季度，国民经济持续向好，全国制造业采购经理人指数（PMI）连续7个月突破50这一临界点，工业生产增速逐月加快，全社会发电量和用电量连续5个月保持环比正增长态势，国内消费需求保持稳定增长，经济结构不断优化，区域发展协调性增强。税收征管采取了一系列有效措施，加之上年同期基数前高后低，税收增长回升态势较为明显，税收收入已经连续四个月正增长。按照完成全年税收预算测算，第四季度税收收入需同比增长31.4%，收入形势依然十分严峻，组织收入的任务非常艰巨。

从经济形势分析，影响今年税收增长的主要因素是外贸进出口和价格。国际市场需求仍处低迷，初级产品价格持续下降，进出口增速的持续回落继续给经济增长及税收增长带来重大负面影响。国内经济尽管企稳回升，但基础尚不稳固，进一步平稳上行还存在着不少的矛盾和困难，部分行业产能过剩、结构调整面临严峻局面，钢铁、有色等价格持续下降，必将减少相关企业利润，进而对税收收入增长带来不利影响。居民消费价格指数和工业品出厂价格指数仍然同比下降，不但影响了企业效益，并且对税收产生了直接的减收效应。

20××年是实施“十一五”规划的关键之年，面对财政收支紧张的突出矛盾，做好全年组织收入工作意义重大。为此，我局要求全国税务机关要一如既往地认真贯彻组织收入原则，不折不扣地落实各项税收政策，大力加强组织收入工作，深入开展税收分析预测，牢牢把握组织收入的主动权，继续加强各税种管理，严格增值税进项抵扣审核，加强企业所得税预缴管理，进一步推进个人所得税全员全额扣缴申报工作，强化非居民提供劳务税收管理，开展非居民企业税收专项检查，加强建筑安装业和房地产业税收管理，切实做好土地增值税清算等工作，继续加强税务稽查工作，严格欠税管理，采取有效措施防范新欠，大力清缴陈欠，在严格审核的基础上，做好出口退税和免抵调库工作，努力实现税收收入持续平稳增长。

四、进一步完善税收应对措施需要重点考虑的几个问题和建议

当前，我国和世界经济均出现了积极的变化，呈现了企稳向好的势头，但经济回升的基础还不稳定、不巩固、不平衡，经济复苏将是缓慢和曲折的过程。从外部环境看，世界经济前景还存在诸多不确定因素，且贸易保护主义有所抬头，外需下滑的压力仍然很大；从内部环境看，扩大内需在短期内受到多方面制约，一些行业、企业经营仍然困难，结构调整的任务十分艰巨。税收政策方面还存在着短期应急性政策运用较多而长期制度性措施引导不足、对传统产业领域关注较多而对新兴产业发展引导不足、对政策积极效应关注较多而对政策负面影响考虑不足等问题。基于此，今后一段时期税收应对措施的安排有必要重点从以下几个方面加以考虑：

（一）以调结构为重心，为强化经济增长动力提供良好的税收引导

金融危机对我国经济所带来的影响，集中暴露了我国经济长期所积累的结构性矛盾。在经济企稳回升之后，进一步保持和增强经济增长的动力，必然要求更加注重经济结构的调整优化。在此方面，税收调节的重心可主要围绕以下几个环节：

一是将加快服务业发展作为结构调整的关键环节。进一步优化服务业税收政策环境，重点推进增值税向营业税领域扩围，逐步消除目前对服务业征收营业税而存在的重复征税问题，在促进其发展的同时，充分发挥其对第一、第二产业效率提升的推动作用。近期可考虑从交通运输业、建筑安装业等与生产联系紧密的行业入手，逐步推开。在增值税扩围改革到位之前，可考虑将服务贸易出口纳入营业税免税范围，以实现出口税收支持由侧重于货物贸易向货物贸易与服务贸易并重的方向转变，促进对外贸易结构的改善，缓解出口增长过度依赖于货物贸易的压力。

二是将培育节能环保产业作为结构调整的先导环节。坚持节约传统能源资源和鼓励发展新兴能源相结合的思路，完善资源能源产业税收调节手段。扩大现行资源税、消费税的征税范围，将水资源、森林资源以及一次性塑料制品、立窑水泥等高能耗、高污染产品纳入调节对象，改进资源能源类税种的计税方式，逐步实现资源税由从量征收改为从价计征以加大税收调节力度；对新兴能源和新型节能产品的生产，可考虑在企业所得税方面给予适当的支持；对新型节能产品的消费，如油电混合动力汽车等，可考虑适当减轻其消费税税负；对节能技术服务、节能合同管理、排放权交易等，也可考虑通过营业税、所得税等方面的政策支持来促进其市场的培育和发展，从而形成从节能生产—节能消费—节能服务的一整套税收政策支持体系。

三是将壮大农业产业作为结构调整的基础环节。继续坚持“多予、少取”的思路，从更好地促进农产品流通、发展农村金融、分散农业风险的角度，对农产品流通可考虑全部

实行免征增值税，并改进农产品加工业增值税抵扣政策，将涉农小额贷款和农业保险给予适当的营业税、企业所得税减免，积极引导社会资金加大向涉农产业投入，促进农业产业发展壮大。

（二）以促民生为根本，为夯实扩大内需基础提供有效的税收支持

扩大内需的关键在于促进消费，而促进消费的基础则在于改善民生，提高居民整体消费能力。今后一段时期，税收政策需要更加注重围绕改善民生来促进消费的增长和内需的扩大。重点有以下几个方面：

一是进一步完善促进就业再就业税收优惠政策。注重政策扶持面由城镇失业人口向所有需要就业的城乡劳动力转移，为各类劳动力就业创造公平的税收环境；注重政策扶持方式由针对特定就业人群的优惠向产业优惠转移，促进产业发展和扩大就业的良性互动，以此提升居民参与国民收入分配比重，增强低收入群体的消费能力。

二是进一步提高增值税和营业税起征点以鼓励自主创业。可考虑将增值税起征点由目前的月销售额 2 000～5 000 元、营业税起征点由目前的月营业额 1 000～5 000 元，统一提高至 3 000～10 000 元，并可在财政压力有所缓解的情况下，可将增值税和营业税的起征点调整为免征额，以更好地促进中低收入个人和就业困难群体自主经营、自主创业。

三是进一步加大对个人普通生活消费的税收支持力度。可考虑免征个人购买经济适用房的契税，以更好地减轻中低收入个人住房消费的税收负担；取消一般化妆品消费税，以更好地满足居民日常生活消费需求；取消低排量摩托车消费税，以更好地适应摩托车已主要成为农村居民和城市低收入居民交通工具的实际情况。

（三）以强机制为依托，为保障经济平稳运行创造良好的税收环境

经济的长期平稳运行，需要良好的制度、机制保障。从根本上化解金融危机的影响，关键还得依靠制度性的治本之举。今后一段时期，税收作用的发挥有必要更加注重立足于为推进我国经济运行中深层次问题的解决，创造有利的税制环境。重点有以下几个方面：一是在公平收入分配方面，加快推进综合与分类相结合个人所得税制整体建设，采取综合手段而不是单纯提高费用扣除标准的方式，切实降低低收入者税负，刺激社会消费率提升。二是在改善外贸出口方面，根据优化出口结构的要求，形成相对稳定、简化的出口退税率制度，并积极建立有利于深加工结转的税收激励制度，促进加工贸易转型升级。三是在促进节能减排方面，积极研究开征碳税、硫税等新的专项性环境税种，建立环境污染外部成本内部化的税收调节机制；统筹推进消费税和车辆购置税改革，在逐步降低并取消车辆购置税的同时，适度提高成品油消费税税额标准并建立起成品油消费税与其价格挂钩的弹性机制，促进用油节约。四是在稳定资本市场方面，探索建立对交易净所得征税的制度，对个人减持限售股所得进行合理的税收调节，取消目前就证券交易全额征收印花税并频繁调整的做法。五是在引导房地产市场发展方面，加快推进按评估值征税的房地产税制改革，避免房地产市场税收调节手段的过度运用对市场带来的不良预期，促进房地产价格泡沫在市场机制的作用下得到合理挤压。值得重视的是，上述税收制度的建立及其作用发挥，需要以其他领域内相关机制的健全完善为基础。只有各方面制度、体制、机制改革的统筹推进，才更有利于化危机为契机，促进经济长期平稳运行。

（四）以促征管为手段，为实施积极财政政策提供有力的财力保障

在保持经济刺激力度和改善经济调节方式的同时，对实施积极财政政策的财力保障问题也需要更加予以重视。除了经济结构调整中一些政策性增收措施外（如资源税改革等），还需要通过推进依法治税，强化税收征管，堵塞税收漏洞，来确保应收尽收，以充实积极财政政策所需财力。一是深入开展税收经济分析，加强纳税能力评估，提高组织收入工作的预见性和前瞻性；二是全面加强各税种的管理和彼此之间的分析比对，促进税收征管的科学化、精细化、专业化；三是继续开展税收专项检查和专项治理，加大稽查力度，进一步规范纳税秩序，提高税法遵从度。

范文 4

关于 20××年
宏观税负和税收弹性情况的通报

为了便于各地开展宏观经济与税收对比分析，提高税收征管质量和效率，我们根据20××年税收完成数据和国民经济核算初步数据，对20××年全国及分地区宏观税负、增值税税负和税收弹性情况进行了测算和简要分析。现将有关情况通报如下：

宏观税负和税收弹性有所提高。20××年，全国税收收入（不包括关税、船舶吨税、耕地占用税和契税，未扣减出口退税，下同）完成××亿元，比上年增长 22.6%；据有关部门初步测算，GDP 完成××亿元，可比价增长 10.3%，现价增长 16.7%。宏观税负（税收收入与 GDP 之比）为 19.45%，比上年提高 0.94 个百分点，是 2001 年以来的最大值；现价税收弹性（税收收入增长率与 GDP 现价增长率之比）为 1.35，比上年提高 0.01（见图 A2-21）。

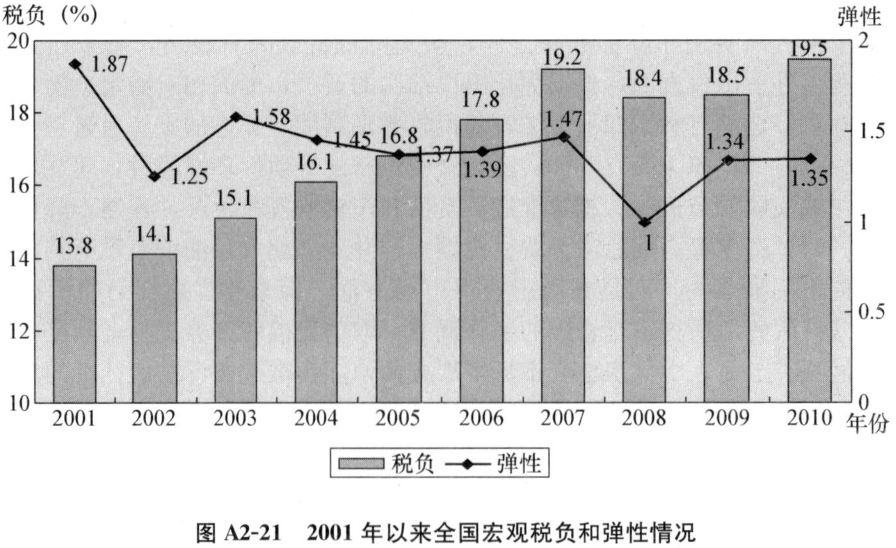

图 A2-21　2001 年以来全国宏观税负和弹性情况

三大区域宏观税负继续呈现东部高、中西低态势。20××年，东部地区宏观税负为21.54%（见图 A2-22），分别高于中部、西部地区 9.65 和 7.04 个百分点，宏观税负明显偏高主要是由于北京、天津、上海汇总纳税较多；中部地区宏观税负最低。从动态变化情况来看，三大区域宏观税负比上年均有所提高，东部、中部、西部地区分别提高了0.75、0.27和0.97个百分点，税收弹性分别为1.25、1.14和1.41。

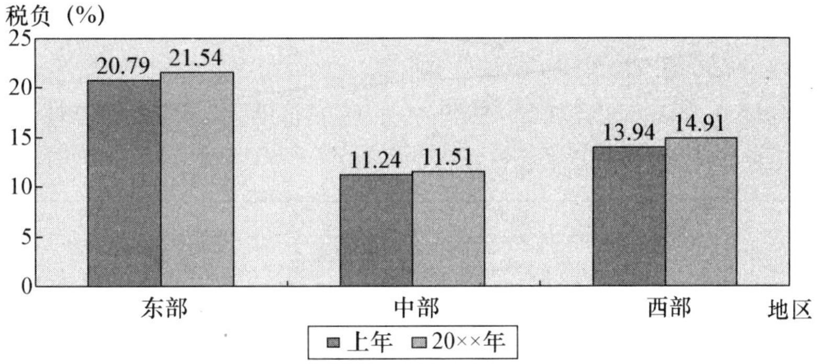

图A2-22　上年及20××年东、中、西部宏观税负情况

地区间宏观税负变动差异较大。20××年全国国税系统征收税收的宏观税负（国税局组织税收收入与GDP之比）为12.94%，比上年提高0.48个百分点，上升了3.9%；税收弹性为1.27，比上年提高0.42。分地区看，24个地区国税局宏观税负提高，其中天津、江西、重庆和西藏自治区国税局提高幅度在10%以上；北京、山西、黑龙江、河南、湖南、甘肃和青海省等7个地区国税局宏观税负下降。全国地税系统征收税收的宏观税负（地税局组织税收收入与GDP之比）为6.51%，比上年提高0.45个百分点，上升了7.4%；税收弹性为1.52，比上年提高0.03。分地区看，30个地区地税局税负提高，其中内蒙古、安徽、山东、广西、海南、重庆、四川、云南、宁夏和新疆自治区地税局提高幅度在10%以上；湖北、湖南和甘肃省地税局宏观税负微增，上升近0.2个百分点；山西省地税局宏观税负下降。

工、商业增值税税负一降一升。20××年，全国工业增值税完成16 705亿元，比上年增长11.5%；扣除免抵调库后工业增值税收入完成14 909亿元，比上年增长18.1%。同期工业增加值完成160 029亿元，现价增长18.3%，工业增值税税负为10.44%（见图A2-23），比上年回落0.64个百分点，主要是免抵调库收入减少和国家实行增值税转型翘尾减收所致；现价税收弹性为0.63。商业增值税完成4 904亿元，比上年增长27.9%，同期批发和零售业增加值完成34 363亿元，增长18.6%，商业增值税税负为14.27%，比上年提高了1.05个百分点，商业增值税的弹性为1.51。

地区间工业、商业增值税税负变动情况不平衡。31个地区中，内蒙古、山东和海南省工业增值税税负提高，其他28个地区全部下降，其中河北、山西、上海、浙江、安徽、福建、江西、河南、湖北、湖南、广西和青海下降幅度超过10%；北京等27个地区商业增值税税负提高，其中天津、河北、安徽、福建、江西、湖南、重庆、四川、云南、西藏和甘肃省国税局提高幅度在10%以上，而山西、海南、贵州和陕西商业增值税税负下降。

经济税收调整后的税负情况。由于第一产业税负较低，而第一产业在地区间分布又很不平衡；海关代征税收入库集中在口岸地区；证券交易印花税入库集中在上海、深圳，这些因素对地区税负影响较大。为了增强地区间税负的可比性，我们将GDP和税收均做了一些调整，即：GDP扣除第一产业增加值；税收收入扣除第一产业税收、海关代征进口

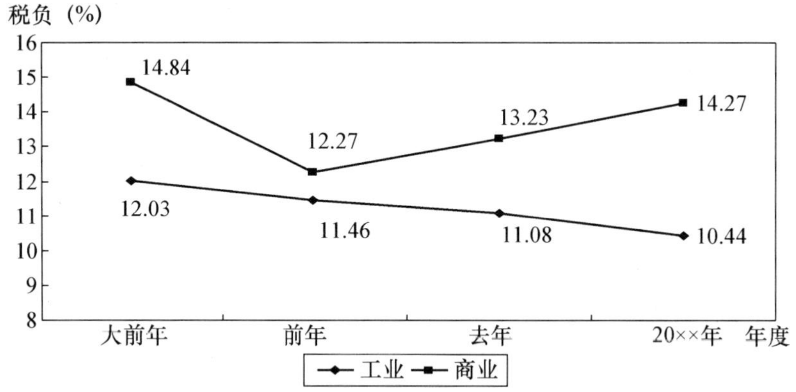

图 A2-23　前三年及 20××年工商业增值税负情况

税收和证券交易印花税，然后再进行地区间税负和弹性比较。调整后，20××年全国国税系统宏观税负为 11.3%，比上年提高 0.12 个百分点，上升了 1.1%，其中河北、浙江、海南、云南省国税局税收经济调整后的宏观税负出现下降；全国地税系统宏观税负为 7.23%，比上年提高 0.49 百分点，升幅为 7.3%，地区税负变化不大。具体情况见附表。

各地税务机关应就本地区 20××年宏观税负和税收弹性情况开展分析，查找变动原因，于下年 6 月底前通过 FTP 向国家税务总局上报分析情况（地址为 Centre//收入规划核算司/规划处/20××年宏观税负和税收弹性分析）。

范文 5

××省国家税务局关于 2011 年税收收入完成情况的通报

2011 年，全省国税系统在国家税务总局和省委、省政府的正确领导下，坚持以科学发展观为统领，以促进经济发展方式转变为己任，以组织收入为中心，积极推进依法治税，大力加强体系建设，不断强化税收征管，全省国税收入实现了稳步增长。

一、税收收入完成情况

（一）基本情况

2011 年，全省国税收入完成 4 089.92 亿元，比上年增长 21.59%，增收 766.82 亿元；不含海关代征“两税”，国内税收收入完成 2 886.83 亿元，比上年增长 14.72%，增收 372.05 亿元。

（二）收入特点

简要分析，2011 年全省国税收入有以下特点：

1. 收入规模再创新高，经济税收协调增长。2011 年全省国税收入首次突破 4 000 亿元大关，达到 4 089.9 亿元，再创历史新高。2011 年全省 GDP 预计完成 30 000 亿元，现价增长 14.9%，国税税负率达到 9.6%，比上年提高 0.5 个百分点，经济税收弹性系数为 1.45，税收快于经济增长。1994-2011 年全省国税收入完成情况如图 A2-24 所示。

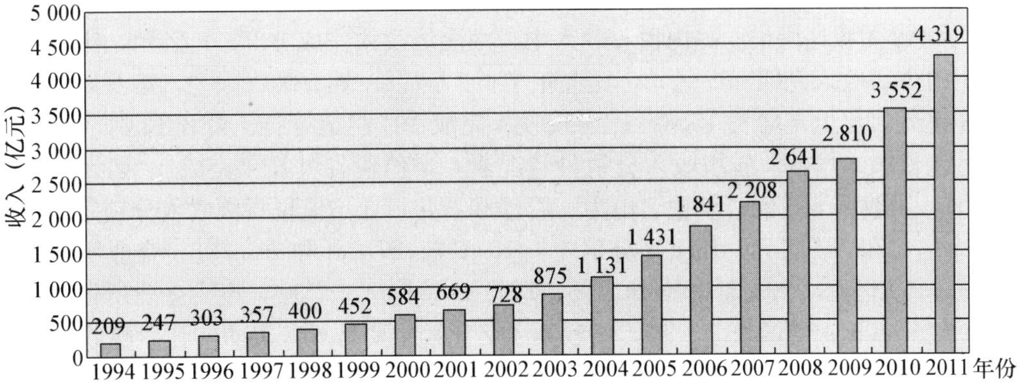

图 A2-24　1994—2011 年全省国税收入完成情况图

从国税收入规模的发展进程看，1994 年仅为 209 亿元，而 2011 年已经达到 4 319 亿元，是 1994 年的 20.7 倍，年均递增 19.5%，其中，“九五”、“十五”、“十一五”时期年均分别递增 18.8%、19.6%和 19.9%，国税收入规模迅速扩大。

2. 全年税收收入前高后低态势明显。2011 年，全省国税收入开局良好，一月、第一季度增幅分别达 47%、33.1%，顺利实现首月、首季“开门好”。自 6 月起增速有所放缓，6—9 月增幅分别为 28.6%、21.4%、24.8%和 18.3%。自 10 月始税收收入增幅出现陡降，10—12 月增幅分别为 11.6%、14.1%和－4.8%，特别是国内税收收入增幅回落态势更加明显，10—12 月增幅分别 9.8%、1.4%和－15.2%（见图 A2-25）。

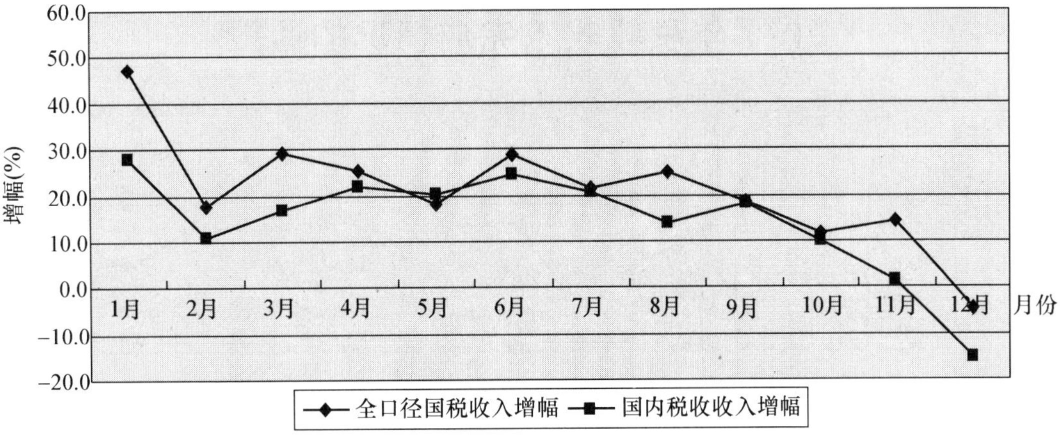

图 A2-25　2011 年全省国税收入增幅分月情况图

3. 企业所得税与海关代征税收拉动作用明显。全省企业所得税与海关代征税收收入快速增长，分别完成 662.8 亿元和 1 420.1 亿元，分别比上年增长 38.5%和

38.5%，共计增收579.1亿元，占国税收入全部增收额的75.5%，拉动国税收入增长16.3个百分点。国内增值税和消费税收入平稳增长，分别完成1 710.3亿元和377.6亿元，分别比上年增长8.9%和8.9%，共计增收171亿元，拉动国税收入增长4.8个百分点。

4. 省级收入领先增长。国内税收收入中，中央级收入完成2 223.9亿元，比上年增长13.9%；地方级收入完成675亿元，比上年增长17.7%。地方级收入中，市及以下级收入完成574亿元，比上年增长15.6%；省级收入完成101亿元，比上年增长30.6%，领先于其他各级次收入增幅。省级收入分税种情况看，增值税省级收入完成52亿元，比上年增长19%，增收8.3亿元；其中，电力、石油和石化行业增值税省级收入分别完成9.8亿元、34.5亿元和7.6亿元，比上年分别增长15.1%、27.9%和-6.2%。企业所得税省级收入完成48.9亿元，比上年增长46.4%，增收15.5亿元；其中，电力企业所得税省级收入完成9亿元，比上年增长1.5倍，增收5.4亿元，主要是××集团转让股权收益一次性增收省级收入4亿元。

5. 各市税收竞相发展。从收入增幅看，全省17个市国税收入均呈不同程度增长，收入增幅超过10%的市有15个，超过20%的市有7个，分别是D市（49.9%）、N市（31.5%）、E市（24.7%）、B市（24.4%）、A市（22.9%）、I市（20.5%）和J市（20.2%）。从收入规模看，全省有12个市国税收入超过百亿元，比上年新增K市和L市2市。其中，超过300亿元的有A市（1 223亿元）、B市（444亿元）、C市（361亿元）、D市（356亿元）、E市（331亿元）等5市；超过200亿元的有F市（263亿元）、G市（262亿元）、H市（205亿元）等3市；超过100亿元的有I市（148亿元）、J市（142亿元）、K市（110亿元）和L市（102亿元）等4市，其他市收入规模也稳步扩大。各市全口径国税收入规模与增幅情况见图A2-26。

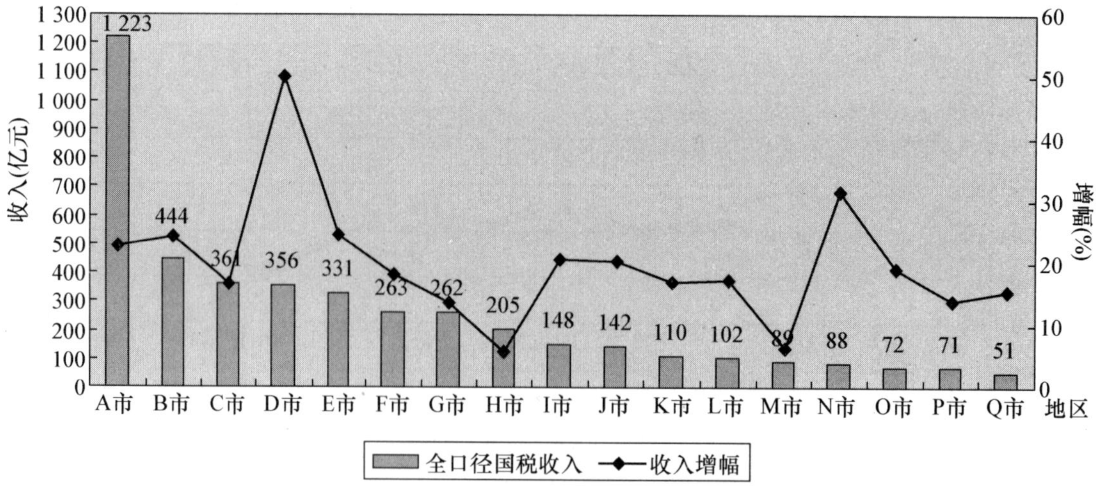

图A2-26 2011年全省分市国税收入与增幅情况图

扣除海关代征税收，各市国内税收收入规模与增幅情况见图A2-27。

6. 税收收入质量不断提升。一方面，税收优惠政策兑现及时充分。2011年，全省国

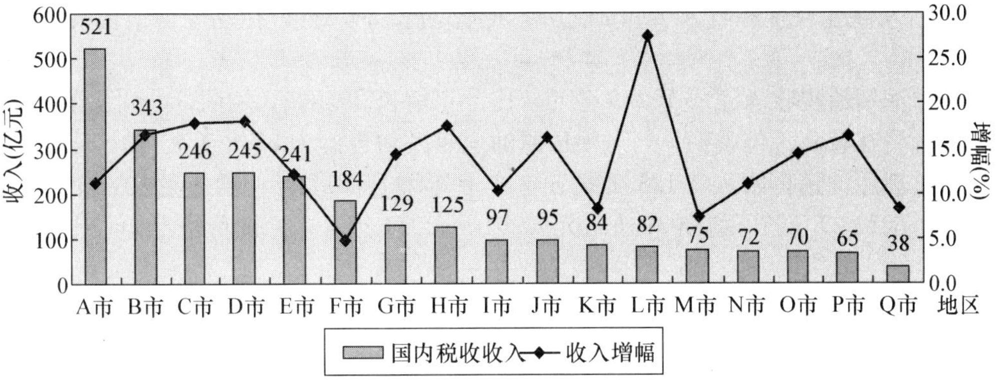

图 A2-27　2011 年全省分市国内税收与增幅情况图

税部门共兑现各项税收优惠政策 1 310.9 亿元，比上年增长 13.9%。其中，办理出口免抵退税 672.9 亿元，比上年增长 32.3%；增值税转型抵扣进项税额 248 亿元，比上年增长 9.9%，夯实了收入基础，增强了企业的发展后劲，为税收收入持续健康增长奠定了基础。另一方面，税收收入结构逐步改善。2011 年，全省石油加工、化工产品、建材、钢坯钢材、有色金属和电力等六大高耗能行业税收完成 724.8 亿元，比上年增长 12.2%，增幅比国内税收收入小 2.5 个百分点；占国内税收收入的比重为 25%，比上年下降 0.6 个百分点，在一定程度上体现了我省经济转方式调结构的成效。

（三）主要税种、行业增减收因素分析

1. 国内增值税

2011 年，全省国内增值税收入完成 1 710.3 亿元，比上年增长 8.9%，增收 140.1 亿元，占国内税收收入的比重为 59%，比上年回落 3.1 个百分点。

分直接收入和免抵调库收入情况看：国内增值税直接收入完成 1 543.2 亿元，比上年增长 9.1%，增收 128.2 亿元；免抵调库收入完成 167.1 亿元，比上年增长 7.7%，增收 11.9 亿元。

分工业和商业情况看：工业增值税完成 1 425.6 亿元，比上年增长 7.4%，增收 98.5 亿元；商业增值税完成 284.7 亿元，比上年增长 17.1%，增收 41.6 亿元。

分重点品目看：在 19 个重点监控的工业品目中，收入规模在 50 亿元以上的有 9 个，分别是原油（152.9 亿元）、煤炭（143.3 亿元）、化工产品（90.1 亿元）、电力（86.5 亿元）、通用设备（75.4 亿元）、交通运输设备（70.8 亿元）、成品油（70.2 亿元）、建材（68.9 亿元）和纺织（54.8 亿元），上述 9 个品目增值税收入共计 812.9 亿元，占工业增值税收入的比重为 57%。从收入增幅看，有 13 个品目实现增收，其中，卷烟、原油、建材等 3 个品目增幅超过 20%，化工产品、煤炭等 10 个品目稳步增长，而纺织品、交通运输设备、成品油等 6 个品目出现减收。具体情况分析如下：

——卷烟增值税收入完成 30.8 亿元，比上年增长 36.3%，增收 8.2 亿元。××工业公司适应市场变化，大力调整产品结构，提升高档卷烟产量，单箱利税随之提高，拉动增值税快速增长。2011 年，一类、三类卷烟分别销售 9.9 万箱和 155.2 万箱，同比分别增长 83.1%和 2.7 倍，而四、五类卷烟分别销售 79.7 万箱和 41.2 万箱，同比分别下降 50.8%

和27.8%；实现主营业务收入206.2亿元，同比增长28.3%，拉动卷烟增值税收入快速增长。

——原油增值税收入完成152.9亿元，比上年增长29.3%，增收34.6亿元。2011年国际原油价格在较高价位震荡，××油田原油全年平均售价为98.3美元/桶，比上年上涨36.5%；实现原油销售收入1 128.1亿元，比上年增长28.1%；增值税收入完成138亿元，比上年增长27.9%，增收30.1亿元。2010—2011年××原油价格走势对比情况如图A2-28所示。

图A2-28 2010—2011年××原油价格走势对比图

——建材增值税收入完成68.9亿元，比上年增长26.7%，增收14.5亿元。2011年，全省建材市场需求旺盛，主要产品价格上涨，销量增加。1—11月，平板玻璃、水泥产量同比分别增长31.4%和8.4%，非金属矿物制品业规模以上增加值增长15.8%，主营业务收入增长33.8%，拉动建材增值税收入增长较快。××水泥有限公司2011年生产水泥341万吨，比上年增长1.2倍；销售均价295元/吨，比上年上涨60.3%；入库增值税1亿元，比上年增长10.7倍，增收0.7亿元。

——化工产品增值税收入完成90.1亿元，比上年增长13.1%，增收10.5亿元。2011年，化工市场需求持续旺盛，产品价格快速上涨。1—11月，全省化学原料及化学制品业规模以上增加值增长17.1%，主营业务收入增长36.9%，拉动增值税较快增长。从全省重要化工产区R市情况看，2011年该市化工产品入库增值税21.7亿元，同比增长31.2%，增收5.2亿元，约占全省增收额的一半。其中，××集团的主要产品价格大幅上涨，拉动增值税迅猛增长，1—11月，该集团主要产品聚四氟乙烯均价10.6万元/吨，同比上涨1.2倍；制冷剂F22均价2万元/吨，同比上涨52%；全年入库增值税3.5亿元，比上年增长2.2倍，增收2.4亿元。

——煤炭增值税收入完成143.3亿元，比上年增长6.3%，增收8.5亿元。2011年煤炭价格运行较为平稳，拉动增值税收入稳步增长。全省主要产煤区H市2011年前11个月共销售煤炭8 221万吨，同比增长4.3%；煤炭平均售价734元/吨，同比增长8.4%；2010—2011年H市煤炭价格走势如图A2-29所示。煤炭增值税收入全年共完成85.2亿元

（约占全省60%），比上年增长6.2%，增收5亿元。此外，×××能源有限公司产能进一步扩大，销量明显增长，2011年销售煤炭513万吨，比上年增长36.2%；入库增值税7.3亿元，比上年增长31.1%，增收1.7亿元。

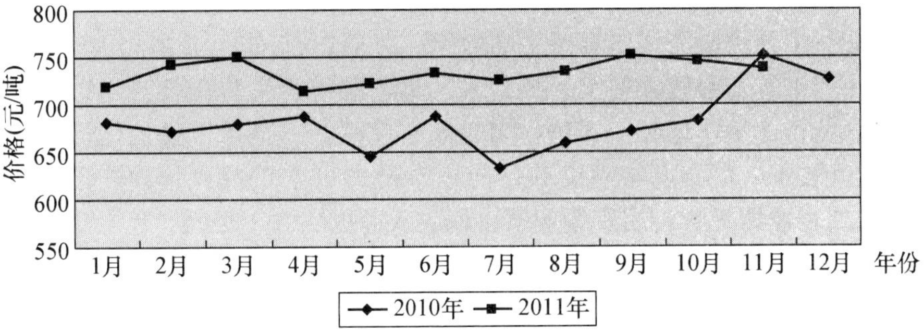

图A2-29　2010—2011年H市煤炭价格走势图

以上6个行业共计增收117.9亿元，占全省国内增值税增收额的84.1%，拉动国内增值税增长7.5个百分点。

——纺织品增值税收入完成54.8亿元，比上年下降15.7%，减收10.2亿元。2011年，纺织市场疲软、形势低迷，下游企业开工率低，纱、布需求减弱，企业订单减少，成本提高，增值空间压缩，产成品库存增加，导致销售收入、实现税金大幅下降。××纺织股份有限公司2011年棉纱、棉布销量分别完成46.2万吨和12亿米，同比分别下降17.7%和3.4%；实现销售收入185.7亿元，同比下降18.3%；国产棉购进均价2万元/吨，比上年上涨35.4%；12月末库存产成品54.8亿元，同比增长2.9倍；全年入库增值税4.3亿元，比上年下降48.3%，减收4亿元。

——交通运输设备增值税收入完成70.8亿元，比上年下降6.8%，减收5.2亿元。2009—2010年受“扩内需”政策拉动，交通运输设备市场行情持续高涨，而2011年出现了明显回落，产品销量不断下滑，导致增值税收入减收。××集团商用车有限公司2011年销售车辆1.9万台，比上年下降38.7%；实现主营业务收入142.7亿元，比上年下降64.5%；仅入库增值税41万元，比上年下降99.4%，减收6 430万元。

——成品油增值税收入完成70.2亿元，比上年下降6.5%，减收4.9亿元，主要原因：一是原油价格高位运行，导致炼油企业进项税额增加较大。中石化××分公司2011年1—11月实现主营业务收入724.9亿元，同比增长24.8%；但受原油价格上涨影响，原油采购成本完成463.3亿元，同比增长34.4%；全年入库增值税22.4亿元，同比下降3.6%，减收0.8亿元。二是中国海洋石油公司销售体制调整。2011年8月1日，中国海洋石油公司成立了中海油（北京）贸易有限责任公司，负责对外销售原油，适用增值税税率由5%变为17%，导致我省从中海油购进原油的地炼企业第四季度增值税减收4.9亿元。

2. 企业所得税

2011年，全省企业所得税收入完成662.8亿元，比上年增长38.5%，增收184.3亿元，占国内税收收入的比重为22.9%，比上年提升4个百分点。

分税款预缴和汇缴情况看：2011 年全省企业所得税预缴收入完成 542.8 亿元，比上年增长 37.9%，增收 149 亿元。2011 年经济稳步增长，企业盈利较多，1—11 月，全省规模以上工业企业共实现利润 6 295.8 亿元，同比增长 28.3%，带动了企业所得税预缴收入的较快增长。2011 年，全省企业所得税汇算清缴收入完成 92.8 亿元，比上年增长 75.4%，增收 39.9 亿元。汇算清缴收入迅猛增长的原因：一是 2010 年企业利润大幅增长，超出预期，导致 2011 年汇算清缴收入较大；二是××集团取得股权转让收益，2011 年入库汇算清缴收入 11 亿元，比上年增长 4.2 倍，增收 8.9 亿元；三是受金融危机影响，2010 年入库汇算清缴收入较少，仅比上年增长 10.4%，导致 2011 年的收入基数较低。

分内、外资企业情况看：内资企业所得税收入完成 428.1 亿元，比上年增长 42%，增收 126.5 亿元；外资企业所得税收入完成 234.7 亿元，比上年增长 32.7%，增收 57.8 亿元。

分重点行业情况看：在省局监控的 9 大行业中除电信企业所得税收入下降外，其余均呈不同程度增长。2011 年企业所得税重点行业收入比重情况如图 A2-30 所示。

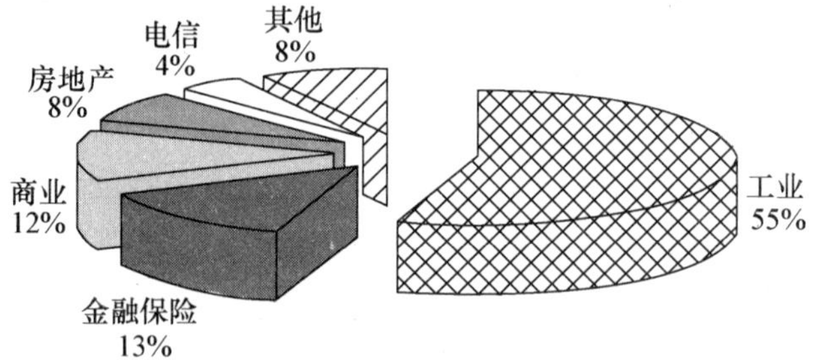

图 A2-30　2011 年企业所得税重点行业收入比重图

——工业企业所得税收入完成 363.6 亿元，比上年增长 48.8%，增收 119.2 亿元。其中，原油、化工产品、建材、有色金属和专用设备等行业所得税收入增收较大，2011 年上述行业市场形势持续向好，企业利润大幅增长，1—11 月企业利润同比分别增长 32.8%、50.7%、41.3%、43.9%和 25.8%，全年上述五个品目的企业所得税收入分别完成 39.8 亿元、40.5 亿元、24 亿元、10 亿元和 23.2 亿元，比上年分别增长 78.7%、95.3%、104.3%、158.9%和 63.4%，共计增收 64.7 亿元，占工业企业所得税增收额的 54.3%，拉动工业企业所得税增长 26.5 个百分点。

——商业企业所得税收入完成 79.2 亿元，比上年增长 41.7%，增收 23.3 亿元。2011 年，全省批发零售业销售旺盛，1—11 月实现社会消费品零售总额 14 997.9 亿元，同比增长 17.3%，限额以上批发零售额同比增长 28%，企业利润增长较快，拉动商业所得税增收较大。××农产品物流园有限公司 2011 年实现销售收入 5.6 亿元，比上年增长 2.4 倍；实现利润 4.6 亿元，比上年增长 3.8 倍；入库企业所得税 1.1 亿元，比上年增长 7.2 倍，增收 1 亿元。××药业集团受让股权，扣缴非居民企业所得税 2.3 亿元，比上年净增收。

——金融保险企业所得税收入完成 88.5 亿元，比上年增长 33.6%，增收 22.3 亿元。2011 年，全省金融市场运行平稳，融资规模增加，金融机构本外币贷款余额稳步增长；同时，国家连续多次上调存贷款利率，银行经营效益稳步提升，拉动所得税收入较快增长。××市农村信用社系统全年入库所得税 6.6 亿元，比上年增长 1.5 倍，增收 4 亿元。

——房地产企业所得税收入完成 51.2 亿元，比上年增长 22.7%，增收 9.5 亿元。2011 年房地产企业销售收入和利润继续保持稳步增长，1—11 月全省房屋销售面积达 7 925.5万平方米，同比增长 12.5%；房屋销售额达 3 571 亿元，同比增长 29.4%，企业所得税收入随之较快增长。

——电信企业所得税完成 28.6 亿元，比上年下降 10.5%，减收 3.3 亿元。受市场竞争激烈、资费下调等影响，××有限公司 2010 年第四季度和 2011 年前三季度共实现利润 36.4 亿元，同比下降 25.1%，减少 12.2 亿元；2011 年入库企业所得税 27.3 亿元，比上年下降 14.1%，减收 4.5 亿元。

3. 国内消费税

2011 年，全省国内消费税收入完成 377.6 亿元，比上年增长 8.9%，增收 30.9 亿元，占国内税收收入的比重为 13%。

与其他税种相比，国内消费税分布较为集中：一是市地集中，A、B、C、D 四市国内消费税分别完成 138.4 亿元、75.3 亿元、59.3 亿元和 25.8 亿元，共计 298.8 亿元，占全省国内消费税的 79.1%；二是品目集中，成品油、卷烟和酒 3 个品目消费税分别完成 218.7 亿元、122.8 亿元和 20.7 亿元，共计 362.2 亿元，占全部国内消费税的 95.9%。从收入增幅看，卷烟和酒消费税受市场销售旺盛拉动增长较快，比上年分别增长 19.1%和 12.2%；成品油和汽车消费税稳步增长，比上年分别增长 4.1%和 2.3%。

4. 车辆购置税

2011 年，全省车辆购置税收入完成 147.23 亿元，比上年增长 14%，增收 18 亿元，占国内税收收入的比重为 5.1%，是我省国税收入的第四大税种。

——从收入规模看：A 市、C 市、F 市、J 市、B 市列全省前 5 位，分别完成 22.3 亿元、17.1 亿元、16.1 亿元、13.1 亿元和 12.6 亿元，共计 81.2 亿元，占全省车辆购置税的 55.2%。

——从收入增幅看：I 市、N 市、A 市、C 市列全省前 4 位，增幅分别为 31.5%、23.2%、20.1%和 18.2%。

二、2011 年国税收入完成较好的原因

2011 年，全省国税收入增长较快，主要得益于全省经济的持续稳定发展，得益于各级党委、人大、政府的关心支持，得益于全省国税部门征管力度的不断加强，也与物价上涨有一定关系。

（一）我省经济持续稳定发展带动了国税收入的较快增长

2011 年，我省坚持以科学发展观统领经济社会发展全局，积极作为、科学务实，全省经济继续沿着良好的势头平稳健康发展。初步核算，全省 GDP 可比价预计增长 11%，规模以上工业增加值预计增长 14%，固定资产投资预计增长 20%，社会消费品零售总额预计增长 17%，进出口总额预计增长 22%，为全省国税收入增长奠定了坚实基础。

（二）各级党委、人大、政府的大力支持促进了国税部门组织收入工作的顺利开展

近年来，各级党委、人大、政府对国税工作倍加关注、大力支持，提出了提高“两个

比重”（即财政收入占国内生产总值的比重和税收收入占财政收入的比重）的目标，在全社会营造依法诚信纳税的良好氛围，形成打击偷逃骗税等涉税犯罪行为的合力，有力促进了国税收入的较快增长。

（三）全省国税系统扎实有效的工作措施，为国税收入较快增长提供了保障

今年以来，全省国税系统紧紧围绕年初确定的工作思路，整体工作稳步推进，重点工作卓有成效，有力促进了国税收入持续较快增长。

1. 全面落实各项税收政策。以转方式、调结构、惠民生为着力点，建立完善重大政策落实工作流程和重点部门、行业联系点等相关配套制度，全面落实增值税起征点提高、小微企业所得税减免等结构性减税政策。深入开展税收政策调研，全面分析政策调整对经济税收的影响，并就用足用好政策建言献策，赢得了地方党委政府的支持。围绕实施蓝黄两大发展战略和促进企业科技创新，积极向上级部门争取政策支持，得到省领导的充分肯定。2011 年，全省国税系统共落实各项税收优惠 1 311 亿元，比上年增长 13.9%，其中，抵扣固定资产进项税额 248 亿元，落实支持资源综合利用、高新技术和小微企业等增值税、所得税、消费税优惠 390 亿元，完成出口退（免）税 673 亿元。

2. 深入推进依法行政。加强税收规范性文件管理，清理并公布了现行有效和废止的税收规范性文件。认真做好重大税务案件审理工作，积极开展行政复议和诉讼。采取审前数据分析、现场核实疑点、延伸检查企业相结合的方式，深入开展税收执法督察，狠抓整改落实。严格执行税收执法责任制，深化执法管理信息系统应用，上线运行执法系统疑点信息库，加强执法考核和责任追究。加大稽查力度，深入开展广告、房地产、金融、医药等行业专项检查，组织重点税源企业轮查，与公安等部门联合打击发票违法犯罪活动，成功破获“2·24”虚开增值税专用发票等大案，整顿和规范了经济税收秩序。2011 年，全省国税系统共检查纳税人 8 067 户，查补收入 28 亿元。

3. 进一步优化纳税服务。深入开展“树立现代纳税服务理念”主题教育活动，举办全省国税系统“纳税服务——使命与责任”演讲比赛。广泛征集纳税人需求，加强税法宣传和咨询辅导，编印《税收优惠政策指南》，组织开展“做一回纳税人”、“我为企业谋发展，献一计”、在线访谈等活动。推进办税服务厅标准化建设，基本完成全省办税服务场所规范工作。认真做好 12366 新系统上线工作，加强运维管理，自 2011 年 6 月上线以来，全省共接听来电 38.1 万个，受理纳税申报 7.1 万户次。深化“两个减负”，对办税涉及的 6 大类 163 张表单进行统一规范，着手开发网上办税服务厅，积极探索国地税联合办税。理顺注册税务师行业管理体制，加强制度建设，开展专项检查，规范执业行为，发挥了涉税中介机构在纳税服务中的积极作用。

4. 积极开展税源专业化、信息化管理。制定税源专业化管理试点意见，积极稳妥地探索以管理对象、管理协作、管理团队和管理方法专业化为主要内容的税源专业化管理模式，在八个市局进行试点，取得了初步成效。拓展税收预警评估系统功能，优化参数和指标设置，充实完善产品和行业模板，定期开展讲评，加强复审复核，狠抓预警信息落实，开展税源与征管状况分析，深化纳税人用电数据等外部信息应用，强化各税种纳税评估，2011 年通过系统应用查补入库 62.18 亿元。加强户籍管理，规范纳税人身份验证，强化重点环节纳税人监控，开展登记信息比对，全省补办税务登记 9 174 户。加强金税三期工程建设，升级改造全省广域网，建成济南、南海、青岛“三地三中心”灾备体系，完成省局综合运维监控平台一期建设，加强网络和信息系统安全管理，信息化建设取得新的成效。

5. 不断强化各税种和重点领域税收管理。在货劳税管理方面，加强对增值税固定资产抵扣政策执行情况的监督管理，深入开展成品油生产企业、重点商贸企业和固定资产抵扣重点企业专项评估，推广应用车购税电子档案管理系统，进一步规范了车购税征管模式。在所得税管理方面，探索实行分规模、分行业、分事项管理，狠抓汇算清缴和纳税评估，开展享受优惠政策企业专项检查，优化完善所得税纳税申报系统，积极探索了企业所得税链式管理办法。在出口退税管理方面，不断加快退税办理进度，进一步优化退税服务，同时，加强退税关注信息审核，开展专项检查和评估，有效防范和打击了出口骗税。在国际税务管理方面，深入扎实推进反避税工作，加大税收协定执行力度，加强税收情报交换，认真做好“走出去”企业税收管理和服务工作，非居民企业所得税收入创历史新高，比上年增长 86%。在大企业税收管理方面，积极探索专业化管理和个性化服务新模式，建立涉税事项协调会议制度，组织定点联系企业税收自查，开展对兖矿集团的纳税评估，建立石油、石化等行业税收评估模板，通过税收自查查补收入 6.48 亿元。

（四）物价上涨进一步拉动了国税收入增长

2011 年国税收入增长较快，物价上涨是一项重要因素。税收是现价增长，2011 年全省居民消费价格指数（CPI）预计为 5、工业生产者出厂价格指数（PPI）预计为 6，对税收拉动作用较大。更值得一提的是，我省经济结构偏重，主体税源行业大多居于产业链的中上游，能源、原材料价格大幅上涨对税收收入更加利好。2011 年前 11 个月，全省原材料价格上涨 8.9%，采掘类产品价格上涨 13%，带动原油、煤炭、成品油、钢坯钢材、有色金属、建材和化工等七大能源原材料税收全年完成 965.5 亿元，占国内税收收入的 33.3%，增收 133.6 亿元，拉动国内税收收入增长 5.3 个百分点。

三、2012 年经济税收形势分析

（一）经济发展形势分析

当前，我省经济运行面临的国内外环境仍然非常复杂。从国际看，世界经济不确定、不稳定上升，凸显了经济复苏的长期性、艰巨性和复杂性。据联合国最新预测，2012 年世界经济增长 2.6%，比 2010、2011 年分别低 1.4 个和 0.2 个百分点。从国内看，我国经济运行仍处在变化的敏感期，平衡稳增长、调结构、控通胀三者关系的难度明显增大，经济增长存在下行压力。从我省看，影响经济平稳健康运行的矛盾和困难仍然较多，一些新情况新变化也需要引起我们高度关注。

1. 经济增速有所放缓。近年来，我省工业生产持续下行，2005—2007 年规模以上工业增加值增速分别为 28.4%、23.6%和 20.8%，2008 年开始急速下滑，2008—2010 年分别降至 13.8%、14.9%和 15%。2011 年仍呈下滑趋势，全年预计增长 14%；从月度看，9 月开始出现逐月下滑，12 月累计增幅比 8 月回落 0.5 个百分点。从税务部门掌握的数据分析，从 CTAIS 中抽取的全部纳税人计税销售收入增速连续 3 个月出现回落，2011 年 10—12 月增速分别为 25.4%、17.5%和 9.4%，比 9 月分别回落 4.4 个、12.3 个和 20.4

百分点；省局监控的重点税源企业计税销售收入增速也是连续 3 个月出现回落，9—11 月增速分别为 18.8%、11.4%、6.8%，比 8 月分别回落 6.4 个、13.8 个和 18.4 百分点。同时，反映宏观经济未来走势的先行指数连续下行，2011 年第三、第四季度企业家信心指数、企业景气指数出现明显回落，表明未来一段时间内经济增速仍可能缓慢回落。

2. 对外贸易增速明显回落。我省为东部沿海省份，进出口总额占全国的 6.4%，居全国第六。从我省出口情况看，2010 年为恢复性增长，增幅高达 31.1%，2011 年前期增幅仍然较高，前 8 个月累计增幅为 26.1%，但从 9 月开始出口出现明显下滑，9—11 月增幅分别为 17.7%、11.4%和 4.3%，比前 8 个月分别回落 8.4 个、14.7 个和 21.8 个百分点。同时，国际贸易摩擦加剧，2011 年前三季度，涉及我省出口产品的贸易救济调查案件达 38 起，占全国的 79.2%；出口企业订单特别是长单明显减少，从广交会一期成交情况看，我省成交订单 6 个月以下的短单占 86.8%，不少企业反映目前在手订单仅能维持 2—3 个月；我省出口主要以资源产品和初级产品为主，高新技术产品竞争力弱，2011 年前三季度高新技术产品出口下降 10.6%，机电产品出口增幅同比回落 18 个百分点。

3. 内部需求进一步趋紧。从目前情况看，汽车、住房等大宗消费拉动作用逐步减弱，2011 年 1—11 月，汽车产量同比下降 9.2%；商品房销售面积增长 12.5%，增速比前三季度回落 4.4 个百分点。随着家电下乡、以旧换新等鼓励消费政策的到期，加之新的消费热点短期内难以形成，2012 年我省扩大消费需求的难度加大。

4. 固定资产投资后劲不足。“十一五”初期，我省固定资产投资强劲增长，2005 年城镇规模以上固定资产投资增幅高达 34.7%，比全国大 7.5 个百分点，但从 2008 年开始出现逐年下滑，2008—2010 年投资增幅分别为 23.3%、23.1%和 22.1%，比全国分别低 3.3 个、7.3 个和 2.4 个百分点；2011 年前 11 个月全省增幅为 22.1%，仍比全国的数字（24.5%）小 2.4 个百分点，固定资产投资的长期不足将影响全省经济发展的后劲，进而影响税收收入的持续增长。

5. 企业生产困难加大。2010 年以来，企业生产成本、财务成本、用工成本等持续上升。2011 年前 11 个月，规模以上工业主营业务成本上升 26.8%，工业品出厂价格与购进价格的剪刀差达到 3.2 个百分点，比上半年提高 0.4 个百分点，进一步压缩了企业利润空间。亏损企业亏损额增幅逐月提高，第一季度为 28.8%，上半年达到 51.1%，1—11 月进一步上升到 53%。同时，受多次加息和提高存款准备金率影响，11 月末，金融机构各项本外币贷款同比少增 500 亿元；中长期新增贷款仅占全部新增贷款的 32.1%，比上半年降低 8.4 个百分点，企业特别是中小企业融资难的问题比较突出。

（二）当前组织收入中存在的矛盾和问题

当前，全省组织收入中出现了一些新情况和新问题，需要引起我们高度重视。

1. 国税收入增速明显回落。2011 年前三季度国内税收收入较快增长，累计增幅为 20.1%，但从 10 月开始急剧下滑，10—12 月增幅仅分别为 9.8%、1.4%和－15.2%。从企业申报数据看，全部纳税人应交增值税 9—12 月增速分别为 15.5%、9.7%、－4.5%和－11.6%。省局监控的重点税源企业应交增值税 9—11 月增速分别为 9.6%、4%、－16.9%，回落态势十分明显。如果延续这种走势，2012 年，特别是当年第一季度，我省国税收入形势将十分严峻。

2. 价格因素对国税收入影响较大。2011 年国税收入增长较快，价格上涨是一项重要因素。但是，从目前情况看，部分重点工业品已经出现了价格明显下滑和滞销现象，2012 年价格拉动作用将不复存在。例如，钢材和铝材价格自 2011 年 9 月开始下滑，至 12 月底价格分别下降了 20%和 15%左右；化工产品从 8 月开始大幅下跌，××集团主要产品 F22 制冷剂半年跌幅高达 50%；纺织和设备制造业销量出现大幅下滑，产品滞销十分严重；原油和煤炭价格均处在历史较高位，上涨空间不大，而且产量逐年下滑，2012 年上述行业税收发展前景不容乐观。

3. 国税收入对高耗能行业依赖过大。2010 年，全省六大高耗能行业共完成国税收入 647.3 亿元，占国内税收收入的 25.6%，比全国平均比重（11.8%）高 13.8 个百分点。2011 年，受经济发展方式转变影响，全省高耗能行业税收占比开始出现下降，共完成税收 724.8 亿元，比上年增长 12.2%，低于国内税收收入增幅 2.5 个百分点；占国内税收收入的比重为 25%，比上年下降 0.6 个百分点。今后，我省将进一步加大转方式调结构力度，遏制“高耗能、高排放”为特征的传统重工业过快发展，高耗能行业税收比重将进一步下降，将对国税收入产生更大影响。

4. 国税收入结构性矛盾较多。一是税种间收入增长不平衡。2011 年，企业所得税和海关代征税收快速增长，而国内增值税和消费税增长缓慢，特别是工业增值税持续低迷，增幅仅为 7.4%，比企业所得税增幅小 31.1 个百分点，而且 10—12 月工业增值税更是连续出现减收，增幅分别为－2.6%、－0.2%和－14.7%，2012 年工业增值税收入形势仍然堪忧。二是市地间税收增长不平衡。大部分市国内税收收入运行平稳，但区域间差距较大。菏泽（27.5%）增幅最大，济宁（4.8%）增幅最小，二者相差 22.7 个百分点，部分市税收收入形势较为严峻。三是级次间收入增长不平衡。国内税收收入中，省级收入增幅高达 30.6%，比中央级和市及以下级收入增幅大 16.7 和 14.9 个百分点。2012 年，原油价格预计将有所回落，而且省电力集团一次性增收因素消失，省级收入形势较为严峻。

5. 一次性增收和税收政策调整因素影响较大。据不完全统计，2011 年全省国税部门一次性增收共计 120 亿元左右，其中，查补税款 89 亿元，股权转让增收 16 亿元，车购税率提高增收 10 亿元。2012 年税收政策调整等因素也将对税收收入造成不利影响，例如，2012 年增值税起征点提高全省预计减收 9.2 亿元；资源税改革全省企业所得税预计减收 5 亿元；中海油销售模式改变将导致地炼企业税收预计减收 17.9 亿元，以上三项合计减收 32.1 亿元。

综上所述，2012 年全省国税收入形势较为严峻。但在看到不利影响的同时，我们也要看到税收工作中依然存在许多有利因素：我国仍处在可以大有作为的重要战略机遇期，经济持续较快发展的大趋势没有改变；我省经济综合实力和抗风险能力明显增强，特别是蓝黄“两大引擎”和红黑“两大助推器”战略的实施，为经济发展增添了新的动力，将为税收增长打下良好的税源基础。

四、2012 年拟采取的组织收入工作措施

2012 年是实施“十二五”规划承上启下的重要一年，全省国税系统要按照国家税务

总局和省委、省政府的工作部署，深入贯彻落实科学发展观，围绕服务科学发展、共建和谐税收的工作主题，坚持依法行政，落实税收政策，优化纳税服务，创新税收征管，促进全省国税收入持续稳步增长，为我省经济文化强省建设作出新贡献。当前，重点做好以下几项工作：

1. 准确把握经济税收形势。各级要密切关注、认真研究宏观经济走势，准确把握组织收入工作形势，既要看到各项有利因素，也要看到组织收入面临的困难，全面考虑，统筹安排，措施得力，努力实现今年税收收入目标。

2. 进一步落实组织收入工作机制。各级要严格贯彻落实组织收入原则，确保税收收入质量；落实好“领导包片、部门包点”的收入督导工作机制；强化省、市、县、分局之间的纵向互动和部门之间的横向联动机制。

3. 迅速分解落实税收收入计划。对省局分配的2012年税收收入计划，各市要根据当地税源实际认真测算，尽快层层分解到基层；要认真做好税收计划落实工作，及时反馈计划落实中存在的矛盾和问题，为今年的组织收入工作打好基础。

4. 努力实现首季“开门好”。当前税收收入形势十分严峻，各级要深入分析税源实际，切实加强各税种管理，采取卓有成效的工作措施，努力实现首季“开门好”。

范文6

从税收视角对××省经济发展方式转变和结构调整的思考

经济决定税收，税收是经济发展的晴雨表，税收收入情况能客观反映经济运行的情况。近年来，我省加大发展方式转变和结构调整力度，取得了明显成效。本文尝试从税收视角，分析近年来我省税收收入的发展变化趋势及结构特点，通过对税收收入的深入分析，反映我省经济发展所取得的成效以及存在的一些矛盾和问题，并通过与苏浙粤三省相比较，折射出我省经济与苏浙粤三省的差距所在，并提出相应的对策建议。

一、从税收视角看，我省转方式调结构成效明显

（一）税收收入规模增长迅速，与经济实现协调发展

近年来，我省税收增长迅速。“十一五”时期，我省国税系统共组织税收收入13 052亿元，年均增长19.94%，是“十五”时期税收收入的2.7倍。2010年，全省国税系统共组织税收收入3 552.1亿元，较2005年增长1.48倍，年均增长19.94%。同期全省GDP年均增长16.31%，税收增速略快于GDP增速，税收与经济实现持续协调发展。

（二）第三产业税收比重上升，全省产业结构逐步升级

我省的第三产业得到了快速发展，税收所占比重不断提高。2005年，我省第三产业

仅实现税收479.69亿元，占总税收的23.96%。到2010年，我省第三产业共实现税收1 881.98亿元，较2005年增长2.92倍，年均增长31.44%，比全省平均增幅大11.5个百分点，第三产业税收占总税收的比重达36.65%，较2005年提高12.69个百分点，产业构成渐趋优化。

（三）第二产业保持稳定增长，工业经济结构日趋优化

第二产业是我省税收的支柱性产业，多年来税收收入保持稳定增长。2005年，全省第二产业共实现税收1521.2亿元，占同期总税收的75.97%，到2010年，全省第二产业税收达3 244.04亿元，较2005年增长1.13倍，年均增长16.35%，占总税收的比重为63.17%。2005—2010年我省税收分产业构成情况如表A2-1所示。

在我省第二产业税源结构中，制造业一直占据主体地位，多年来在总收入规模中所占的比重基本保持稳定，其支柱型产业的地位稳固不变，而采矿业税收所占比重则逐年下降。2005年，制造业共完成税收收入1 046.91亿元，占总税收的比重为52.28%，到2010年，制造业收入规模已达2 437.37亿元，占总税收的比重为47.47%，与2005年相比，略有下降，但其主体地位仍不可动摇。而采矿业收入占总税收的比重则从2005年的14.18%下降到2010年的9.18%，下降了5个百分点。

表A2-1　　2005—2010年我省税收分产业构成表　　金额单位：万元

	2005年		2006年		2007年		2008年		2009年		2010年	
	税额	占总税收比重（%）	税额	占总税收比重（%）	税额	占总税收比重（%）	税额	占总税收比重（%）	税额	占总税收比重（%）	税额	占总税收比重（%）
总税收	20 024 190		25 795 119		31 500 163		38 110 505		40 425 729		51 350 306	
第一产业税收	15 313	0.08	8 865	0.03	8 279	0.03	75 080	0.20	59 278	0.15	90 093	0.18
第二产业税收	15 211 953	75.97	19 687 725	76.32	22 002 250	69.85	25 621 613	67.23	26 516 090	65.59	32 440 421	63.17
其中：制造业	10 469 130	52.28	13 736 033	53.25	15 519 060	49.27	19 149 374	50.25	20 076 411	49.66	24 373 678	47.47
采矿业	2 839 044	14.18	3 615 564	14.02	3 699 321	11.74	4 860 882	12.75	3 659 288	9.05	4 713 957	9.18
第三产业税收	4 796 924	23.96	6 098 529	23.64	9 489 634	30.13	12 413 812	32.57	13 850 355	34.26	18 819 792	36.65

二、从税收视角折射出转方式调结构中存在的问题

尽管从纵向角度分析，我省在转方式调结构方面取得了明显成效，但与苏浙粤等经济发达省比较，仍存在一些不足和问题。

（一）经济税收贡献率低，经济发展的质量和效益不高

2005年，我省共组织税收收入2 002.42亿元，比江苏、浙江、广东分别少706.94亿元、448.77亿元、2 124.52亿元，到2010年，这一差距分别扩大到2 099.22亿元、499.78亿元、4 916.2亿元，我省税收规模分别相当于苏、浙、粤三省的70.98%、91.13%、51.09%；其中，第三产业差距分别为1 075.72亿元、993.39亿元、3 802.52亿元。可以看出，虽然我省近年来税收规模有了较快增长，但与苏、浙、粤等省相比收入仍存在较大差距。

2010年我省现价GDP总量已达3 9416.2亿元，居全国第三位，经济规模优势得到进一步彰显。但与此形成对比的是我省的税收收入规模仅列全国第五位，GDP的税收贡献

率较其他省份有明显差距。2010年，我省的单位GDP税收贡献仅为0.13，比全国平均水平低0.06，比苏、浙、粤三省分别低0.05、0.08和0.09，究其原因，主要是由于经济发展的质量和效益问题，影响了税收的实现。

企业所得税作为企业效益的直接体现，最能反映经济发展状况。当前，我省企业所得税在总税收收入中比重过低，税收贡献率不足。2010年我省共完成企业所得税收入724.1亿元，占总税收收入的14.1%，低于全国4.69个百分点，比苏、浙、粤三省分别低4.59、1.93、3.75个百分点，可见，我省企业盈利能力差，经营状况有待改善，严重影响了经济发展的效益和质量，不利于税收的实现和增长。

从纳税户数来看，我省企业纳税户数少、层次低反映出我省微观经济活力不足。我省企业纳税户数少，增值税一般纳税人比重明显偏低。从企业登记户数情况看，2010年我省国税登记企业户数为101.4万户，仅分别为苏、浙、粤三省的64.29%、55.87%和42.85%。而从企业纳税户数情况看，2010年我省实现国税收入的企业户数为72.63万户，仅分别为苏、浙、粤三省的47.03%、64.94%和41.46%；我省实现税收户数占企业总户数的71.62%，比苏、粤两省分别低26.29和2.41个百分点。由于我省是人口大省，人均占比差别更加明显，根据2009年人口数计算，我省平均每93人才有1户企业，而苏、浙、粤三省平均49人、29人和41人就有1户企业。从企业类型看，增值税一般纳税人是税收收入的主力军，我省增值税一般纳税人为21.34万户，仅分别为苏、浙、粤三省的45.43%、62.36%和70.19%；我省一般纳税人占全部纳税人的21.05%，比江苏低8.74个百分点。

（二）高耗能行业税收比重高而高新技术产业税收贡献率低，经济结构有待于进一步优化

目前我省税收结构中第二产业仍占有较高比重，我省税收过度依赖第二产业，而第三产业税收规模小、比重低、发展慢，贡献相对不足。2010年，我省第二产业实现税收收入3 244.04亿元，占总收入的63.17%，高于全国水平10.7个百分点，比苏、浙、粤分别高4.24、14.28、19.79个百分点；第三产业实现税收1 881.98亿元，比苏、浙、粤分别少1 075.72亿元、993.39亿元和3 802.52亿元；我省第三产业税收占总税收的36.65%，比全国水平低10.77个百分点，比上述三省分别低4.23、14.38、19.91个百分点，第三产业对全省税收贡献仍然较低。由此可见，目前我省的比较优势行业仍然是以资源、劳动力和资本密集型行业为主，科技和人才支撑能力不足，工业发展方式粗放，发展潜力亟须提高。2010年我省与全国部分省十大高耗能行业税收收入对比情况如表A2-2所示。

采矿业税收比重过高，资源型行业在我省税收结构中仍占据重要地位。2010年，我省采矿业共完成税收收入471.4亿元，占总税收的9.18%，虽然较2005年有明显下降，但仍比全国平均水平高2.94个百分点，分别比江苏、浙江、广东高8.43、8.89、8.15个百分点。其中，煤炭和原油开采业共完成税收收入409.03亿元，占总税收的7.97%。由于煤炭和原油等原材料价格随市场需求的变动波动较大，对税收影响也极为明显，如2009年受金融危机影响，国际原油价格大幅下降，胜利油田全年原油平均销售价格仅为45.54美元/桶，同比下降46.96%，导致2009年全省原油行业税收同比下降48.98%，减收106.6亿元，拉动全省税收下降2.8个百分点，可见采掘业税收比重过高势必对税收的平稳发展产生不利影响。另一方面，目前我省采掘业产量已经达到高峰期，2006—2010年原煤产量年均仅增长 2.03%，原油产量则基本未实现增长，行业缺乏增长点也在一定程度影响了税收的进一步增长。

表 A2-2　　2010 年我省与全国部分省十大高耗能行业税收收入对比表　　单位：亿元

项　目	A 省	B 省	C 省	我省	我省比 A 省	我省比 B 省	我省比 C 省
税收收入合计	7 234.25	5 634.81	10 051.23	5 135.03	−2 099.22	−499.78	−4 916.20
十大高耗能行业税收收入合计	1 049.46	827.57	1 193.29	1 472.12	422.67	644.56	278.83
十大行业税收合计占总收入比重 %	14.51	14.69	11.87	28.67	14.16	13.98	16.80
煤炭开采和洗选业	20.54	0.03	0.03	243.36	222.82	243.33	243.33
原油和天然气开采业	14.36	0.08	57.49	165.68	151.31	165.59	108.19
纺织业	155.83	143.70	63.60	90.35	−65.48	−53.34	26.75
造纸及纸制品业	41.32	40.27	45.99	65.19	23.88	24.93	19.20
石油加工、炼焦及核燃料业	200.37	227.99	403.45	374.47	174.10	146.49	−28.97
化学原料及化学制品业	214.37	124.46	172.90	159.23	−55.14	34.78	−13.67
非金属矿物制品业	92.80	59.65	102.10	85.42	−7.38	25.78	−16.68
黑色金属冶炼及压延加工业	93.55	24.46	19.71	87.82	−5.73	63.37	68.11
有色金属冶炼及压延加工业	34.94	17.86	24.43	58.28	23.34	40.42	33.85
电力、热力的生产和供应业	181.37	189.08	303.59	142.31	−39.06	−46.77	−161.28

“高污染、高耗能、高排放”行业占比过高，不利于全省税收的持续健康发展。2010 年，全省化工、造纸等十大高耗能行业共实现税收 1 472.12 亿元，占总税收的 28.67%，比苏、浙、粤三省分别高 14.16、13.98 和 16.8 个百分点。以资源等生产要素的高投入为基础的化工、纺织、冶金等传统产业在我省税收结构中仍然占据主要地位，这一类型产业在大量消耗能源和资源的同时，产生的税收收入和社会效益不高，直接导致全省经济的粗放式增长。一方面，“三高”行业抗风险能力较差，2009 年受国际金融危机影响，全国原油、化工产品、钢坯钢材、有色金属、电力、造纸及纸制品等 6 个高耗能行业税收出现负增长，共计减收 1 854 亿元，向下拉动全国税收增幅 3.2 个百分点；而我省这 6 个行业占比更高，其减收对我省影响更严重，2009 年我省上述 6 大行业共计减收 213.23 亿元，向下拉动税收增幅 5.59 个百分点，比全国水平高 2.39 个百分点。另一方面，目前国家加大转方式、调结构力度，大力淘汰落后产能和限制高耗能行业发展，“三高”行业税源后期发展空间受到严重制约，将对我省税收经济造成重大影响。

高新技术企业发展不充分，税收贡献率低。高新技术产业是知识密集、技术密集的产业，具有高于一般产业的社会效益、经济效益和税收效益。截至 2009 年底，我省认定的高新技术企业仅有 1 081 户，而苏、浙两省的认定企业户数分别为 2 725 户和 2 878 户。从税收情况看，2010 年我省六大先进设备制造业共实现税收 513.85 亿元，比苏、浙、粤三省分别少733.22亿元、81.81亿元和942.29亿元；占总税收的比重为10.01%，比苏、浙、粤分别低7.23、0.56和4.48个百分点。

（三）涉外与私营企业税收发展缓慢，成为经济发展的薄弱环节

近年来，我省的外向型经济和个体私营经济发展缓慢，税源相对薄弱。2010年，我省涉外企业实现税收796.09亿元，分别比苏、浙、粤三省少1 446.33亿元、33.08亿元和2 336.41亿元，占税收总收入的比重为15.5%，分别比苏、粤两省低15.49个和15.66个百分点，仅比浙江高0.79个百分点。从内资企业看，我省各类企业发展也不均衡，我省税收收入较多地依赖于股份制公司，而个体私营企业税收较为薄弱。2010年，我省股份制企业完成税收2 579.44亿元，占税收总收入的50.23%，比苏、浙、粤分别高22.88、13.2和16.5个百分点；个体私营企业税收完成767.9亿元，占税收总收入的14.95%，比苏、浙两省分别低8.99和9.08个百分点，仅比广东高3.19个百分点。可以看出，无论是涉外企业还是个体私营企业税收，我省较其他省均存在明显差距，也说明了我省在吸引外资和发展个体私营经济方面，还有较大发展潜力。

表A2-3　2010年我省与全国部分省六大设备制造业税收收入对比表　单位：亿元

项　目	A省	B省	C省	我省	我省比A省	我省比B省	我省比C省
税收收入合计	7 234.25	5 634.81	10 051.23	5 135.03	−2 099.22	−499.78	−4 916.20
六大设备制造业税收收入合计	1 247.07	595.66	1 456.14	513.85	−733.22	−81.81	−942.29
六大设备制造业税收合计占总收入比重 %	17.24	10.57	14.49	10.01	−7.23	−0.56	−4.48
通用设备制造业	287.46	166.08	73.60	160.99	−126.47	−5.08	87.40
专用设备制造业	178.59	69.20	73.60	77.37	−101.22	8.16	3.77
交通运输设备制造业	271.49	126.39	441.31	129.78	−141.71	3.39	−311.53
电气机械及器材制造业	219.39	148.79	259.38	58.00	−161.39	−90.79	−201.38
通信设备、计算机及其他电子设备制造业	252.64	64.42	573.36	82.35	−170.28	17.93	−491.01
仪表仪器及文化、办公用机械制造业	37.51	20.78	34.90	5.36	−32.15	−15.42	−29.54

（四）个人所得税较低，全省人均收入、居民消费和购买力不足

我省的个人所得税无论从规模还是在总收入中所占的比重，都与苏、浙、粤三省存在明显差距。2010年，我省共完成个人所得税收入202.52亿元，比苏、浙、粤三省分别少249.83亿元、175.18亿元和515.62亿元；我省个人所得税占总税收的3.94%，比苏、浙、粤三省分别低6.25、6.7和7.14百分点。这主要是由于我省人均收入明显低于上述三省：2010年我省城镇居民人均可支配收入为19 946元，分别比苏、浙、粤三省低2 998元、7 413元和3 952元；农民人均纯收入为6 990元，比上述三省分别低2 128元、4 313元和990元，人均收入过低导致我省居民消费需求和购买力严重不足，影响了经济的持续高速发展。

另一方面，2010年，我省个人储蓄利息所得税完成2.2亿元，占税收总收入的0.04%，比浙江高0.02个百分点，与江苏基本持平。个人利息所得税贡献率高，说明了我省居民储蓄率较高，而在个人收入水平大幅低于苏、浙、粤等省的情况下仍然保持较高的储蓄率，也进一步说明了我省居民投资或创业渠道的匮乏以及居民消费不足。

（五）出口产品结构有待优化，对外经济结构亟待升级

从 2009 年海关出口数据分析，我省低退税率产品在出口产品中所占比重仍偏高，退税率 13%（含 13%）以下的产品出口额接近全部出口额的一半。仅从农产品退税情况来看，我省出口农产品的退税率大部分是 5%，占农产品出口额的 50.5%，而享受 13%和 15%退税率的深加工农产品出口较少，分别仅占 27.9%和 16.3%，说明我省出口的农产品主要还是初级产品，农产品的加工深度不够。近年来，我省的出口产品结构中，机电和高新技术产品所占比重逐年上升，农产品和纺织服装出口所占比重逐步下降。2009 年，机电和高新技术产品出口占全省出口的比重为 43%和 17.2%，分别比去年提高 1.8 个和 2.5 个百分点。但与江苏相比仍有一定差距，江苏 2009 年机电和高新技术产品出口占比为 69.7%和 46.7%，分别比我省高 26.7 和 29.5 个百分点，我省对外经济结构有待进一步升级。

三、促进我省经济发展方式转变和结构调整的建议

（一）利用现行税收政策，优化产业结构，提高经济含税量

实践证明，实现经济增长方式的根本转变、增强经济的发展后劲、促进经济快速增长的关键是优化经济结构。一是继续巩固和发展农业。在切实保护、稳定提高粮食生产能力的前提下，加快体制创新与组织创新，提高农业产业化经营的规模和水平。鼓励工商企业和国外资本投资农产品加工与流通领域，支持乡镇企业、个体私营企业，大力发展农副产品加工、储藏、保鲜和运销业，促进农村第一、第二、第三产业的融合渗透和城乡经济一体化，只有这样，才能增加农民收入，提高农业的税收含量。二是大力促进工业结构的优化升级，提高企业国际竞争力。要加快对金属、非金属采选、煤炭等附加值低但税负高的传统资源型工业的改造步伐；积极培植高新技术产业，争取在电子信息、生物工程、新材料三大领域有较大进展，带动机电一体化、生物制药、精细化工及节能环保等相关产业的发展。特别是加快高新技术产业的发展，既要建好高新技术产业开发区，更要使现有的高新技术产业开发区升级，争取享受更多的税收优惠，这是当前税收政策大力扶持的领域。三是大力发展服务业，在继续发展商贸流通、交通运输、金融保险等行业的同时，着力培植旅游业、房地产业、社区服务业等新的产业，壮大地方经济的实力。

（二）增加居民特别是中低收入阶层居民收入，切实提高居民消费能力

提高居民收入是提高居民消费能力的重要手段，居民收入和消费能力提高了，会直接拉动消费需求，减少产能过剩压力，减少经济发展对外需的过度依赖，从而实现经济发展的良性循环。党的十七届五中全会提出，要让居民收入与 GDP 同步增长。2010 年，我省的 GDP 总量为全国第三，但城镇居民人均可支配收入仅为为全国第八，增加居民收入应是“十二五”期间的一项重要工作。一是要加速城市化建设，大力增加农民收入，稳步增加职工特别是中低收入职工工资收入。采取各种有效措施，逐步缩小我省与南方一些省的收入差距。当然，很多困难或微利企业要实现这一点可能存在问题，增加居民收入还必须要有其他途径。二是要创造更多的就业岗位，为下岗职工、城市待业人员以及进城务工人员创造更多的就业机会。三是把财政增收的部分更多地投入到民生工程上，采取普惠性措

施，增加在教育、医疗和养老等方面的投入，减少居民的支出实质上就是增加居民的收入。四是加强对劳动者的培训和教育，提高劳动者的素质，把低知识水平、低技能水平的劳动者提升到高技能的工作岗位上，从而提高劳动者的收入水平。

（三）大力推动我省涉外和民营经济的发展壮大

一方面，要切实消除对涉外经济、民营经济和民间资本的歧视性政策。只要不涉及国家公共安全，各行业、各经营领域都要开放，着力打破各种公开或隐形的行政垄断，进一步清理各项行政事业性收费，真正为中小企业减负松绑，积极鼓励涉外和民间资本融入到各产业、各领域，促进各行业、各类型经济的公平竞争和健康发展。另一方面，要进一步加大政策优惠力度，切实帮助民营经济解决制约其发展的瓶颈问题，如中小企业融资难的问题。政府在多方运用社会资源扶持中小企业融资、加快建立社会信用体系的同时，应进一步加大政策优惠力度，积极引导以中小企业为融资主体的中小商业银行、农村信用社以及非金融类小额贷款公司的健康发展，着力提高小额贷款的风险收益，缓解中小企业融资难困境，为中小企业发展注入资金上的支持。

（四）提高税收管理水平，促进经济税收良性互动

第一，积极转变思想观念，努力促进经济税源协调发展。应把税源结构的调整和优化作为经济结构调整、产业升级的重要内容和工作目标，对招商引资新上项目和原有产业升级改造项目，要与财源收入和结构升级等因素结合起来，该限制的限制，该优先发展的优先发展，有针对性地解决我省税源结构方面的矛盾和不足。第二，用足用好税收优惠政策，引导企业更好、更快发展。用好鼓励创新的优惠政策，鼓励企业进行技术研发投入，大力发展高新技术产业，努力提高企业自主创新的能力，加快传统产业的升级换代。用好鼓励节能减排、资源综合利用、公共基础设施等税收优惠政策，实现全省经济税源均衡、协调、良性发展。第三，推进依法治税，不断提高税收管理水平。牢固树立法治观念，毫不动摇地坚持“依法征税，应收尽收，坚决不收‘过头税’，坚决防止和制止越权减免税”的组织收入原则，强化税收征管，规范税收执法，着力提高纳税遵从度，确保经济发展充分体现到税收增长上来。密切关注经济税收发展变化趋势，不断加大对各类税源的监控力度，坚持不懈地开展好各类税源调查研究，全面摸清税源底数，提高税收分析和预测水平，充分发挥税收管理在财源建设中的积极作用。

范文 7

××省 2008 年税收收入质量评价报告

内容摘要：构建税收收入质量评价指标体系和对税收收入质量进行客观全面评价的目的在于，促进组织收入工作由计划管理向征管质量管理转变，认真贯彻组织收入原则，促使税收收入与经济协调发展和可持续增长。本文以 2008 年的数据为例，从宏观层面、即期收入和微观层面选取了与税收收入密切相关的 6 个核心指标和 9 个参考指标，通过指数合成的方法综合评价税收收入质量，一方面是衡量各地组织收入工作的实际状况，另一方面也是通过对指标的分析，发现组织收入工作中还存在的薄弱环节，希望各地能够采取有效措施，进一步促进税收收入质量的提高。

为切实推进依法治税，贯彻组织收入原则，实现组织收入工作由计划管理向质量管理转变，促进税收收入持续稳定增长，近年来省局研究下发了《××省国税系统税收收入质量评价指标体系（试行）》，并应用该指标体系，选取了若干指标对 2007 年各市税收收入质量进行了实证分析。今年，我们对原指标体系进行了修改完善，调整了部分指标和计算方法，并以此对 2008 年的税收收入质量进行评价。

一、评价方法的选择

评价方法是评价系统的核心部分，它为评价指标的选择、构成以及评价模型的创建确定了框架。现阶段，对税收收入质量评价的总体思路是在研究经济和税收指标内在关系的基础上，衡量各地征收税款的努力程度。借鉴宏观经济预警研究的指数预警方法，我们筛选出一些指标作为评价指标，通过编制合成指数来反映税收收入质量的总体情况，称之为税收收入质量的指数评价法。

二、评价指标的选取

影响税收收入质量主要有经济运行情况和税务部门内部管理能力两方面因素，因此我们从这两方面综合考虑，具体分宏观层面、即期收入和微观层面三个角度，分别选取若干指标作为收入质量评价的指标。考虑到指标的重要性，我们又将指标分为核心指标和参考指标，并赋予不同的权重以示指标的重要程度。对指标的选取主要考虑以下原则：第一，指标的客观性，所选择的指标应立足于现有可取得的数据，包括有关经济部门发布的数据和税收征管信息系统中可以直接采集加工的数据；第二，指标的全面性，所选取的指标应能够较为全面地反映税收从应征、入库、退库等全部过程；第三，指标的可比性，指标分子分母内涵尽可能对应一致，地区间数据具有较强的可比性。按照上述原则，我们选取以下指标作为税收收入质量的评价指标（详见表 A2-4）。

表 A2-4　　税收收入质量评价指标

项目	序号	名称	公式
宏观层面	1	工业增值税弹性系数	工业增值税税源增长/工业增加值现价增长
	2	商业增值税弹性系数	商业增值税税源增长/批发零售总额增长
即期收入	3	新欠发生率	当年新增欠税/当年应征
	4	应退税款退库率	当年实际办理退库税额/当年审核通过的应退税额
微观层面	5	增值税行业税负综合指数	（地区行业税负/全省平均税负）×（地区行业销售收入/地区销售收入）
	6	所得税行业利润率综合指数	（地区行业利润率/全省平均利润率）×（地区行业营业收入/地区营业收入）

续表

项目	序号	名称	公式
参考指标	7	工业增值税和工业用电量系数	工业增值税税源增长/工业用电量增长
	8	往年陈欠增减率	(报告期往年陈欠－基期往年陈欠)/基期往年陈欠
	9	增值税零负申报面增减率	(报告期零负申报面－基期零负申报面)/基期零负申报面
	10	所得税亏损面增减率	(报告期亏损面－基期亏损面)/基期亏损面
	11	所得税查账征收面	查账征收户数/(查账征收企业户数＋核定征收企业户数)
	12	所得税预交率	所得税预缴收入/(所得税预缴收入＋所得税汇缴收入)
	13	正常申报率	正常申报税额/(正常申报税额＋查补税额＋评估税额＋其他)
	14	查补税款入库率	查补入库税额/查补应征税额
	15	误收退税率	发生误收退税户数/一般纳税人户数

三、评价方法说明

收入质量的指数评价法是在指标分析的基础上，将各项指标标准化，以标准化后的全省平均水平为基础，考察各地相对于全省平均水平的位置，计算该指标的相对分值，汇总各指标的分值得到单一指标，即合成指标，并以此对各地区的收入质量进行总体评价。

首先，将各项指标标准化，公式为：

1. 若指标值越大越好，则：

$$A=(A_i-A_{\min})/(A_{\max}-A_{\min})$$

2. 若指标值越小越好，则

$$A=(A_i-A_{\max})/(A_{\min}-A_{\max})$$

将指标标准化的目的是避免个别指标由于地区间差异过大，对最终的得分产生决定性的影响。

其次，计算标准化后的指标得分：

指标值得分＝标准化后的指标值/标准化后的全省平均值

第三步，将得分再次标准化，目的是减弱个别指标得分差异过大的影响，使最终结果较为公平。

第四步，给每个指标赋予相应的权数而将其综合起来，计算公式为：

$$合成指数 = \sum Wi * Di / \sum Wi$$

式中，Wi、Di 分别为第 i 个指标的指数和权数。在此，我们采用简单的算术平均分配权重，分别计算核心指标和参考指标的得分。

最后，将核心指标和参考指标按照 80％和 20％的权数计算最终的合成指数。如果最终合成指数高，说明该地区税收收入的风险较小，收入质量相对较好；如果最终合成指数低，说明该地区税收收入的风险较大，收入质量相对较差。

四、2008 年税收收入质量评价

按照上述计算方法，对已选取的指标，分别计算 2008 年各地区的指标值（详见表 A2-5～表 A2-19）。

表 A2-5　　工业增值税弹性系数

地区	工业增加值		工业增值税		弹性	标准化数值	得分	最终得分
	2008 年	增长（％）	2008 年	增长（％）				
全省	15 030.1	15.40	1 762.9	13.58	0.882	0.480	1.000	
A 市	1 555	10.10	172.6	－0.60	－0.060	0.000	0.000	0.000 0
B 市	2 398.9	12.40	318.4	18.32	1.477	0.783	1.633	0.783 1
C 市	910	19.70	84.4	17.53	0.890	0.484	1.008	0.483 7
D 市	1 191	15.00	133.7	10.01	0.667	0.370	0.772	0.370 3
E 市	3 924.1	14.00	577.6	12.91	0.922	0.500	1.043	0.500 2
F 市	1 201.1	18.90	116.8	15.83	0.837	0.457	0.953	0.457 0
G 市	281.3	22.70	35.2	24.49	1.079	0.580	1.209	0.580 1
H 市	381.8	22.90	41	18.38	0.803	0.439	0.916	0.439 4
I 市	670.5	20.20	44.5	22.71	1.124	0.603	1.258	0.603 3
J 市	795.9	19.50	69.8	9.60	0.492	0.281	0.586	0.281 2
K 市	774.7	16.30	66.2	7.48	0.459	0.264	0.551	0.264 2
L 市	704.7	16.00	88.1	27.13	1.696	0.894	1.865	0.894 2
M 市	241.1	22.40	14.5	42.63	1.903	1.000	2.085	1.000 0

说明：工业增值税＝入库工业增值税－调库收入＋免抵资源＋政策性减免，数据来源为税收会统报表和出口退税管理系统；工业增加值为统计部门公布的数据。

为了保证税收与经济的可比性，我们用工业增值税的税源，即入库工业增值税扣减调库收入加上当年的免抵资源，再还原政策性减免的影响后，与对应的经济进行比较。考虑到各地统计数据的准确性可能存在差异，因此我们用税收与经济的弹性作为衡量税收与经济协调发展的标准。

表 A2-6　　商业增值税弹性系数

地区	商业增加值		商业增值税		弹性	标准化数值	得分	最终得分
	2008 年	增长（％）	2008 年	增长（％）				
全省	3 088.27	21.52	237.03	22.24	1.033	0.443	1.000	
A 市	422.18	15.36	57.75	24.03	1.565	0.775	1.748	0.775 0

续表

地区	商业增加值		商业增值税		弹性	标准化数值	得分	最终得分
	2008 年	增长（%）	2008 年	增长（%）				
B 市	695.00	22.48	34.05	15.84	0.705	0.238	0.537	0.237 9
C 市	158.12	20.31	10.73	27.83	1.370	0.654	1.474	0.653 7
D 市	247.35	23.60	16.25	17.78	0.753	0.268	0.605	0.268 3
E 市	670.17	24.20	57.78	29.98	1.239	0.572	1.289	0.571 5
F 市	250.67	20.56	14.65	14.04	0.683	0.224	0.506	0.224 5
G 市	46.06	27.91	6.26	35.74	1.281	0.598	1.348	0.597 7
H 市	73.65	23.80	5.75	16.17	0.679	0.222	0.501	0.222 1
I 市	155.12	14.40	7.55	27.71	1.925	1.000	2.256	1.000 0
J 市	109.61	23.23	9.05	15.87	0.683	0.225	0.507	0.224 7
K 市	141.55	26.91	7.15	9.80	0.364	0.025	0.057	0.025 4
L 市	78.40	18.27	7.75	18.23	0.998	0.421	0.950	0.421 1
M 市	40.39	30.29	2.33	9.80	0.324	0.000	0.000	0.000 0

说明：商业增值税＝入库商业增值税＋政策性减免，数据来源为税收会统报表和征管系统；商业增加值为统计部门公布的数据。

与之前的原因相同，我们也选取商业增值税税源，即入库的批发业和零售业的增值税，还原政策性减免的影响后，与商业增加值作为衡量税收与经济协调发展的标准。为了消除特殊情况以及减弱个别大企业数据对结果产生决定性影响，使结果相对客观，我们对一些特殊情况和个别大企业的数据进行了剔除。

表 A2-7　　　　新欠发生率

地区	应征税金	本年欠税	新欠发生率（%）	标准化数值	得分	最终得分
全省	27 138 303	67 106	0.25	0.696 2	1.000	—
A 市	5 141 148	15848	0.31	0.618 0	0.888	0.618 0
B 市	4 378 425	1470	0.03	0.970 1	1.393	0.970 1
C 市	1 818 434	5697	0.31	0.611 6	0.878	0.611 6
D 市	2 053 429	16 231	0.79	0.000 0	0.000	0.000 0
E 市	6 127 775	14572	0.24	0.708 3	1.017	0.708 3
F 市	1 643 537	5101	0.31	0.615 3	0.884	0.615 3
G 市	608 048	979	0.16	0.806 8	1.159	0.806 8
H 市	925 761	95	0.01	1.000 0	1.436	1.000 0
I 市	759 928	2537	0.33	0.585 2	0.841	0.585 2
J 市	1 077 757	1367	0.13	0.850 6	1.222	0.850 6
K 市	971 266	1 814	0.19	0.773 8	1.111	0.773 8
L 市	1 296 536	1 334	0.10	0.881 3	1.266	0.881 3
M 市	336 260	61	0.02	0.989 9	1.422	0.989 9

说明：新欠为待征税金中“本年新欠”发生额，应征税金为“应征税金”科目中的当年发生额，数据来源均为征管信息系统。

新欠发生率是反映即期收入质量的指标。新欠发生率越低，说明当年应征税金中形成的欠税越少，税务部门内部的征管能力越高。考察各地的新欠发生率，是希望各地能够进一步加强欠税管理，保证税款及时足额入库。

表 A2-8　　应退税金退库率

地区	2008 年应退税金	2008 年已退税金	退库率（%）	标准化数值	得分	最终得分
全省	1 219 393.9	1 197 763.6	98.23	0.649 2	1.000	—
A 市	310 906.1	307 218.6	98.81	0.816 7	1.258	0.720 4
B 市	184 361.9	181 812.1	98.62	0.760 6	1.172	0.670 9
C 市	25 923.8	25 620.8	98.83	0.821 7	1.266	0.724 7
D 市	109 983.0	109 902.1	99.93	1.133 7	1.746	1.000 0
E 市	274 632.8	265 823.5	96.79	0.240 7	0.371	0.212 3
F 市	60 034.3	57 601.5	95.95	0.000 0	0.000	0.000 0
G 市	20 302.6	20 192.4	99.46	1.000 0	1.540	0.882 1
H 市	32 230.9	32 000.8	99.29	0.951 2	1.465	0.839 0
I 市	21 178.9	20 986.5	99.09	0.895 8	1.380	0.790 2
J 市	59 301.0	57 809.6	97.49	0.438 1	0.675	0.386 4
K 市	52 474.8	52 037.0	99.17	0.916 9	1.412	0.808 8
L 市	51 690.2	50 779.5	98.24	0.652 7	1.005	0.575 7
M 市	16 373.6	15 979.3	97.59	0.468 7	0.722	0.413 4

说明：应退税金指按照政策规定，经审核通过应办理退税的金额，不包括出口退税和误收退税。已退税金指经审核通过后实际办理的退税金额，数据来源为征管信息系统。

退库率越高，说明当期的税收收入水平较为客观，后期的收入压力相对较小，当期的收入质量相对较高。考察退库率，就是要求各地要坚决落实组织收入原则，防止个别地区为保收入增长而可能出现的应退不退的问题。为了使退库率的比较能够反映真实情况，实际退库税金和应退库税金不包含出口退税和误收退税。

表 A2-9　　增值税行业税负综合指数

地区	综合指数	标准化数值	得分	最终得分
全省	1.000 0	0.223 6	1.000	—
A 市	1.046 3	0.317 9	1.422	0.317 9
B 市	0.902 0	0.024 0	0.107	0.024 0
C 市	0.993 7	0.210 8	0.943	0.210 8
D 市	0.890 2	0.000 0	0.000	0.000 0
E 市	0.981 2	0.185 3	0.829	0.185 3
F 市	1.0425	0.3102	1.387	0.310 2
G 市	1.148 1	0.525 3	2.349	0.525 3
H 市	1.009 6	0.243 2	1.087	0.243 2
I 市	1.130 1	0.488 6	2.185	0.488 6
J 市	1.018 2	0.260 7	1.166	0.260 7
K 市	0.989 1	0.201 4	0.901	0.201 4
L 市	1.381 2	1.000 0	4.472	1.000 0
M 市	1.129 2	0.486 8	2.177	0.486 8

将行业增值税税负综合指数纳入收入质量评价指标范围，主要是为了反映地区税负的综合情况。为了尽量消除地区间经济结构的差异，着重反映各地的征管能力，我们以行业税负为基础，对行业税负进行了进一步处理，即以某地区分行业增值税税负相对于全省平均税负水平计算其相对值，再根据该行业销售收入占地区全部销售收入的比例为权重计算的综合税负水平。

表 A2-10　　企业所得税行业利润率综合指数

地区	综合指数	标准化数值	得分	最终得分
全省	1.000 0	0.540 3	1.000	—
A 市	1.029 9	0.594 0	1.100	0.594 0
B 市	0.987 8	0.518 3	0.959	0.518 3
C 市	1.255 7	1.000 0	1.851	1.000 0
D 市	0.955 6	0.460 4	0.852	0.460 4
E 市	1.012 3	0.562 4	1.041	0.562 4
F 市	0.927 7	0.410 3	0.759	0.410 3
G 市	0.735 3	0.064 4	0.119	0.064 4
H 市	0.699 5	0.000 0	0.000	0.000 0
I 市	0.766 9	0.121 2	0.224	0.121 2
J 市	0.971 3	0.488 7	0.904	0.488 7
K 市	0.819 6	0.215 9	0.400	0.215 9
L 市	0.845 5	0.262 5	0.486	0.262 5
M 市	0.848 3	0.267 5	0.495	0.267 5

与增值税行业税负综合指数的方法相似，我们对于所得税行业利润率综合指数的计算，是以某地区分行业利润率相对于全省平均利润率计算其相对值，再根据该行业营业收入占地区全部营业收入的比例为权重计算的综合情况。

表 A2-11　　工业用电量和工业增值税弹性系数

地区	工业用电量		工业增值税		弹性	标准化数值	得分	最终得分
	2008 年	增长（%）	2008 年	增长（%）				
全省	233 5	3.37	1 762.9	13.58	4.029	0.294	1.000	
A 市	207.7	0.29	172.6	−0.60	−2.079	0.000	0.000	0.000 0
B 市	393.5	−0.98	318.4	18.32	18.694	1.000	3.401	1.000 0
C 市	132.7	4.98	84.4	17.53	3.519	0.269	0.917	0.269 5
D 市	192.1	0.68	133.7	10.01	14.716	0.809	2.750	0.808 5
E 市	718.3	3.2	577.6	12.91	4.034	0.294	1.001	0.294 3
F 市	156.2	4.62	116.8	15.83	3.425	0.265	0.901	0.265 0
G 市	36.4	4	35.2	24.49	6.122	0.395	1.343	0.394 8
H 市	68.5	15.91	41	18.38	1.156	0.156	0.530	0.155 7
I 市	84.7	10.57	44.5	22.71	2.149	0.204	0.692	0.203 5
J 市	85.5	5.56	69.8	9.60	1.726	0.183	0.623	0.183 2

续表

地区	工业用电量		工业增值税		弹性	标准化数值	得分	最终得分
	2008 年	增长（%）	2008 年	增长（%）				
K 市	112.5	6.84	66.2	7.48	1.093	0.153	0.519	0.152 7
L 市	117.6	7.4	88.1	27.13	3.666	0.277	0.941	0.276 6
M 市	29.4	16.67	14.5	42.63	2.557	0.223	0.759	0.223 2

说明：工业增值税＝入库工业增值税－调库收入＋免抵资源＋政策性减免，数据来源为税收会统报表和出口退税管理系统；工业用电量为统计部门公布的数据。

在没有重大技术进步前提下，单位产出消耗的能源比例应较为稳定，因此工业增值税和工业用电量之间也应具有良好的对应关系。今年，我们将工业用电量纳入收入质量评价指标范围，也是希望能够充分运用第三方数据，为正确判断税收的合理增长提供依据。

表 A2-12　　往年陈欠增减率

地区	2007 年初余额	2008 年末余额	增加率（%）	标准化数值	得分	最终得分
全省	68 417.8	59 166.9	－13.52	0.145 9	1.000	—
A 市	12 218.2	10 152.4	－16.91	0.185 4	1.271	0.185 4
B 市	8 325.0	7 690.2	－7.63	0.077 0	0.528	0.077 0
C 市	6 580.6	6 097.6	－7.34	0.073 7	0.505	0.073 7
D 市	13 482.2	11 858.3	－12.04	0.128 6	0.882	0.128 6
E 市	5 974.1	3 702.2	－38.03	0.432 1	2.963	0.432 1
F 市	2 901.3	3 87.3	－86.65	1.000 0	6.856	1.000 0
G 市	929.0	914.5	－1.56	0.006 2	0.042	0.006 2
H 市	136.2	51.8	－61.99	0.712 0	4.881	0.712 0
I 市	4 577.1	4 219.5	－7.81	0.079 2	0.543	0.079 2
J 市	2 346.8	2 322.5	－1.03	0.0000	0.000	0.000 0
K 市	2 285.4	2 172.7	－4.93	0.045 5	0.312	0.045 5
L 市	2 994.5	2 778.6	－7.21	0.072 2	0.495	0.072 2
M 市	2 054.8	1 864.4	－9.26	0.096 1	0.659	0.096 1

说明：往年陈欠为待征税金中“往年陈欠”余额，数据来源均为征管信息系统。

往年陈欠增减率是反映即期收入质量的指标。往年陈欠增减率越高，说明清理欠税的力度越大。考察往年陈欠增减率，是希望各地不仅要控制新欠的发生，同时也要采取各种措施清理欠税，创造公平的税收环境。

表 A2-13　　增值税零负申报面增减率

地区	2008 年	2007 年	增减率（%）	标准化数值	得分	最终得分
全省	13.32	13.80	－3.50	0.353 0	1.000	—
A 市	7.02	20.24	－65.34	1.000 0	2.833	1.000 0
B 市	12.35	11.38	8.55	0.227 0	0.643	0.227 0
C 市	20.63	18.77	9.89	0.213 0	0.603	0.213 0

续表

地区	2008年	2007年	增减率（%）	标准化数值	得分	最终得分
D市	15.48	14.62	5.93	0.254 5	0.721	0.254 5
E市	14.14	12.92	9.48	0.217 4	0.616	0.217 4
F市	14.71	15.05	−2.25	0.340 0	0.963	0.340 0
G市	27.38	26.24	4.34	0.271 1	0.768	0.271 1
H市	16.35	14.58	12.11	0.189 8	0.538	0.189 8
I市	19.61	17.05	14.98	0.159 8	0.453	0.159 8
J市	8.43	7.66	10.11	0.2107	0.597	0.210 7
K市	14.35	11.76	22.04	0.085 9	0.243	0.085 9
L市	10.30	8.28	24.35	0.061 8	0.175	0.061 8
M市	27.90	21.42	30.25	0.000 0	0.000	0.000 0

说明：增值税零负申报面指企业年度增值税申报为零或负的企业户数占全部一般纳税人户数的比重，数据来源为征管信息系统。

我省增值税一般纳税人中销售收入零申报和应纳增值税零申报比重一直较高，考察各地的零负申报面，是希望各地要加强零负申报企业的管理，深入分析企业长期零负申报的原因，进一步堵塞管理漏洞，采取有效措施加强税收征管。

表 A2-14　　　　企业所得税亏损面增减率

地区	2008年	2007年	增减率（%）	标准化数值	得分	最终得分
全省	39.22	33.67	16.51	0.538	1.000	—
A市	42.02	34.51	21.75	0.315	0.585	0.314 6
B市	40.76	36.88	10.51	0.794	1.475	0.794 0
C市	50.13	42.08	19.12	0.427	0.793	0.426 9
D市	29.62	27.14	9.13	0.853	1.585	0.853 0
E市	38.54	33.36	15.52	0.580	1.078	0.580 5
F市	27.23	21.17	28.64	0.021	0.039	0.020 7
G市	48.46	40.58	19.42	0.414	0.769	0.413 9
H市	45.03	41.60	8.25	0.891	1.654	0.890 5
I市	48.16	37.30	29.13	0.000	0.000	0.000 0
J市	42.61	35.72	19.29	0.420	0.780	0.419 6
K市	42.59	37.85	12.53	0.708	1.315	0.707 8
L市	36.28	28.87	25.68	0.147	0.273	0.147 1
M市	43.58	41.24	5.68	1.000	1.858	1.000 0

说明：企业所得税亏损面指年度汇算清缴申报中，利润总额小于零的企业户数占全部应申报户数的比重，数据来源为征管信息系统。

我省企业所得税申报亏损的企业比重较高，已经成为企业所得税管理的难点之一。考察各地所得税申报的亏损面，是希望各地要进一步加强亏损企业的管理，尤其要将微亏企业作为加强所得税管理的重点内容。

表 A2-15　　企业所得税查账征收情况

地区	2008 年	2007 年	增减率（%）	标准化数值	得分	最终得分
全省	54.63	48.81	11.91	0.477	1.000	—
A 市	56.74	35.34	60.56	1.000	2.097	1.000 0
B 市	52.34	48.15	8.71	0.443	0.928	0.442 5
C 市	63.48	63.14	0.54	0.355	0.744	0.354 7
D 市	47.34	44.41	6.58	0.420	0.880	0.419 6
E 市	44.73	38.80	15.27	0.513	1.076	0.513 1
F 市	68.85	59.28	16.13	0.522	1.095	0.522 3
G 市	67.98	90.26	−24.68	0.084	0.175	0.083 6
H 市	57.62	58.76	−1.95	0.328	0.688	0.328 0
I 市	45.48	55.40	−17.90	0.156	0.328	0.156 5
J 市	68.06	74.15	−8.22	0.261	0.546	0.260 5
K 市	56.05	55.47	1.05	0.360	0.755	0.360 2
L 市	58.89	50.04	17.69	0.539	1.130	0.539 1
M 市	51.70	76.55	−32.45	0.000	0.000	0.000 0

说明：企业所得税查账征收面指按照查账征收方式缴纳企业所得税的户数占企业所得税纳税人户数的比重，数据来源为征管信息系统。

提高查账征收面是加强企业所得税管理水平的有效手段，也是所得税管理方法改革的主要方向。我省查账征收面同比虽有扩大，但总体水平仍然偏低。考察企业所得税的查账征收面，一方面是适应加强企业所得税管理的需要，另一方面也是希望各地能够完善管理方法，提高企业所得税的管理效率。

表 A2-16　　企业所得税预缴率

地区	2008 年预缴率（%）	标准化数值	得分	最终得分
全省	85.30	0.663	1.000	—
A 市	83.59	0.532	0.803	0.532 3
B 市	85.33	0.664	1.002	0.6642
C 市	82.12	0.420	0.634	0.420 4
D 市	80.07	0.265	0.400	0.264 8
E 市	89.75	1.000	1.509	1.000 0
F 市	83.80	0.548	0.828	0.5485
G 市	84.31	0.587	0.885	0.586 7
H 市	85.59	0.684	1.033	0.684 3
I 市	76.58	0.000	0.000	0.000 0
J 市	87.04	0.795	1.199	0.794 5
K 市	84.93	0.634	0.957	0.634 0
L 市	83.92	0.558	0.842	0.557 6
M 市	81.50	0.374	0.564	0.373 6

我省企业所得税的预缴率总体较好，但部分行业预缴率偏低的现象较为突出。考察企业所得税预缴率，是希望各地加强企业所得税的预缴收入管理，避免企业通过预缴收入和汇缴收入的调节，延迟税款入库。

表 A2-17　　正常申报率

地区	2008 年正常申报率（%）	标准化数值	得分	最终得分
全省	97.62	0.689	1.000	—
A 市	98.62	0.892	1.294	0.891 9
B 市	97.69	0.705	1.023	0.705 0
C 市	97.78	0.722	1.048	0.722 4
D 市	95.27	0.215	0.313	0.2155
E 市	97.78	0.722	1.047	0.721 5
F 市	96.07	0.377	0.547	0.377 0
G 市	99.15	1.000	1.451	1.000 0
H 市	94.21	0.000	0.000	0.000 0
I 市	97.31	0.626	0.909	0.626 3
J 市	98.43	0.854	1.239	0.853 5
K 市	98.21	0.810	1.175	0.809 6
L 市	98.81	0.930	1.350	0.930 5
M 市	97.80	0.727	1.055	0.726 8

说明：正常申报率指准期申报的税款占全部应征税款的比重，数据来源为征管信息系统。

与企业所得税预缴率相似，考察正常申报率是希望各地进一步提高企业正常申报税款的比重，降低企业自查补充申报的比例，避免企业通过补充申报的方式延缓税款入库。

表 A2-18　　查补税款入库率

地区	2008 年正常申报率（%）	标准化数值	得分	最终得分
全省	92.00	0.709	1.000	—
A 市	90.76	0.656	0.926	0.684 8
B 市	97.91	0.957	1.350	0.997 9
C 市	81.99	0.288	0.407	0.300 7
D 市	80.85	0.240	0.339	0.250 8
E 市	96.83	0.911	1.286	0.950 6
F 市	93.98	0.792	1.117	0.826 0
G 市	75.12	0.000	0.000	0.000 0
H 市	98.94	1.000	1.411	1.043 0
I 市	91.25	0.677	0.955	0.706 1
J 市	92.68	0.737	1.040	0.768 9
K 市	84.13	0.378	0.534	0.394 5
L 市	93.26	0.761	1.074	0.794 1
M 市	97.96	0.959	1.353	1.000 0

说明：查补税款入库率指稽查查补的入库税款占查补应征税款的比重，数据来源为征管信息系统。

考察查补税款入库率，是希望各地要严格执法，充分体现执法刚性，为企业的公平竞争创造有利的环境，另一方面，也可以在一定程度上增加税收收入。

表 A2-19　　误收退税率

地区	2008 年误收退税率（%）	标准化数值	得分	最终得分
全省	0.50	0.739	1.000	——
A 市	1.78	0.000	0.000	0.000 0
B 市	0.36	0.823	1.114	0.823 3
C 市	0.21	0.906	1.226	0.906 1
D 市	0.08	0.983	1.330	0.983 2
E 市	0.30	0.858	1.161	0.858 4
F 市	0.38	0.807	1.092	0.807 3
G 市	0.67	0.640	0.865	0.639 8
H 市	1.37	0.238	0.322	0.238 3
I 市	0.47	0.760	1.029	0.760 5
J 市	0.26	0.880	1.190	0.879 5
K 市	0.05	1.000	1.353	1.000 0
L 市	0.53	0.724	0.980	0.724 3
M 市	0.73	0.607	0.821	0.607 2

说明：误收退税率指发生误收退税的企业户数占全部一般纳税人户数的比重，数据来源为征管信息系统。

由于个别地区存在为了降低零负申报率，人工干预申报数据然后通过误收退税的形式冲减应征税金的现象。考察误收退税率，是希望各地不要采取人为操控的办法干扰数据分析的结果，而要采取切实有效的措施降低零负申报的比例。

汇总各项指标的得分，以核心指标 80%，参考指标 20%的权重计算合成指数（详见表 17）。

表 A2-20　　2008 年税收收入质量综合指数

地区	核心指标平均得分	参考指标平均得分	合成指数
全省	3.025	4.609	3.342
A 市	3.204	5.731	3.710
B 市	3.684	3.687	3.685
C 市	2.099	4.178	2.515
D 市	2.740	5.568	3.306
E 市	2.017	4.707	2.555
F 市	3.456	3.396	3.444
G 市	2.744	4.242	3.043
H 市	3.588	2.692	3.409
I 市	2.492	4.371	2.868
J 市	2.289	4.190	2.670
K 市	4.035	4.103	4.049
L 市	3.158	4.027	3.331

通过合成指数的比较，泰州、无锡、徐州等地的税收收入质量相对较好，常州、南通、镇江等地的税收收入质量相对较差。从区域看，苏北、苏中、苏南地区的平均合成指数分别为 3.38、3.16、3.11。以上是对于 2008 年各地收入质量情况的分析，由于选取指标的局限性和计算方法等原因，收入质量评价的结论有可能并不完全反映各地的真实情况。因此，以上结论仅供各地参考。各地应从以上分析的角度中，查找各自的薄弱环节，采取有针对性的措施加强税收收入管理，促进收入的持续稳定增长。

范文 8

从固定资产抵扣税款看××省投资质量

2009 年我国实施了结构性减税政策，其中影响力最大的是增值税转型，允许纳税人在应缴税款中抵扣购置机器设备时支付的增值税税款。2009—2011 年我省企业共申报固定资产抵扣税款 635 亿元，折合投资 4 370 亿元。我们通过对固定资产抵扣税款进行分析，反映我省投资状况，探讨我省投资中存在的薄弱环节，并提出相关对策建议，以期对优化投资、促进经济又好又快发展有所裨益。

一、增值税转型对我省经济税收的影响

（一）增值税转型对经济的影响

一是明显减轻了企业税负。在实现增值税的 30 个重点行业中，2011 年行业税负比 2008 年下降的有 21 个行业。税负下降较大的行业主要有化学纤维制造业、电力、燃气及水的生产和供应业、烟草制造业和黑色金属冶炼及压延加工业等，分别下降 2.9、1.9、1.8 和 1.6 个百分点。通过抵扣固定资产进项税款，减轻了企业负担，为我省企业发展增添了潜力和后劲。

二是有效提高了企业投资积极性。2009—2011 年，我省申报固定资产抵扣税款分别为 125.6 亿元、225.3 亿元和 284.1 亿元，2010 年、2011 年抵扣税款增幅分别为 79.4% 和 26.1%，机器设备类投资呈现出快速增长趋势，同时也推动了全社会固定资产投资的较快增长，2009—2011 年我省全社会固定资产投资分别增长 23.1%、22.1% 和 21.8%，2011 年投资总额完成 26 770 亿元，居全国第一。

三是促进了产业结构优化升级。机器设备的投入，加快了企业产品的升级换代和生产线的扩建改造，优化了产品结构，扩大了生产规模。如先进制造业中的汽车制造业、通用设备制造业 2011 年固定资产抵扣税款分别为 15.1 亿元和 14.7 亿元，位居各行业前列；重点税源企业上海通用东岳汽车三年来通过固定资产投资先后完成了新生产线建设和原先生产线的升级改造，产能由 2008 年的 24 万辆增加到目前的 48 万辆。

（二）增值税转型对税收的影响

一是直接抵减当期实现的税款。增值税转型政策允许企业在当期实现的税款中抵扣新

购进的机器设备类固定资产所含的税款，直接造成现有企业当期实现税款的减少。2009—2011 年，我省申报固定资产抵扣税款分别为 125.6 亿元、225.3 亿元和 284.1 亿元，分别拉低当年税收增幅 6.48、10.93、11.24 个百分点，随着企业投资力度的加大，影响税收增幅愈加明显。

二是新办企业实现税收滞后。从长期看，固定资产投资必将促进经济发展和税收增长，但是有些新建项目投入生产之后，几年后才产生盈利，实现企业所得税。同时，企业一购进固定资产就产生进项税额，企业正式投产后实现的销项税额要先用于抵扣进项税额，推迟了增值税税款的实现，有的企业要一至两年后才能实现增值税。

二、从固定资产抵扣税款看我省投资质量

（一）与 A 省相比，我省固定资产抵扣税款规模差距较为明显

从规模看，我省固定资产抵扣税款规模居全国第二位；从增幅看，在国家大规模扩大内需政策的刺激下，2010 年我省申报固定资产抵扣户数和税款的增幅明显较高，2011 年增长速度趋于平稳。我国与全国、A 省固定资产抵扣税额情况如表 A2-21 所示。

但是与 A 省相比，我省固定资产抵扣税款规模差距较为明显。2009—2011 年，A 省中报固定资产抵扣税款分别为 213.5 亿元、339.6 亿元和 465.1 亿元，2010、2011 年的抵扣税款增幅分别为 59.1%和 37%。2009—2011 年，我省申报固定资产抵扣税款仅分别为 A 省的 58.8%、66.3%和 61.1%，比 A 省分别少 87.9 亿元、114.3 亿元和 181 亿元，共计少 383.2 亿元。以此推算投资额，2011 年我省一般纳税人机器设备类固定资产投资额为 1 955.4 亿元，比 A 省少 1245.4 亿元；占全部固定资产投资额的比重为 7.5%，比 A 省低 4.7 个百分点。说明我省企业在购进机器设备、加强技术改造等方面与 A 省有较大差距。

表 A2-21　　我省与全国、A 省固定资产抵扣税额情况　　金额单位：亿元

项目	2009 年固定资产抵扣税额	2010 年固定资产抵扣税额		2011 年固定资产抵扣税额		2011 年推算机器设备类固定资产投资额	占固定资产投资总额的比重（%）
		数额	增幅（%）	数额	增幅（%）		
全国	1 835.4	3 212.8	75.1	4 263.1	32.7	29 340.0	9.7
A 省	213.5	339.6	59.1	465.1	37.0	3 200.8	12.2
我省	125.6	225.3	79.4	284.1	26.1	1 955.4	7.5

（二）大企业投资意识较强，中小企业投资力度还需进一步加大

从申报固定资产抵扣的企业规模看，2011 年我省销售收入在 10 亿元以上的大型企业有 851 户，占全部申报固定资产抵扣企业的 1.31%；共计抵扣税款 116.84 亿元，占全部抵扣税款的 45.65%。销售收入在 1 亿～10 亿元的企业有 5 837 户，占全部抵扣企业的 8.97%；共计抵扣税款 72.74 亿元，占全部抵扣税款的 28.42%。销售收入在 1 000 万元～1 亿元的企业有 20 142 户，占全部抵扣企业的 30.97%；共计抵扣税款 38.07 亿元，占全部抵扣税款的 14.87%。销售收入在 1 000 万元以下的企业有 38 213 户，占全部抵扣企业的比重为 58.75%；共计抵扣税款 28.32 亿元，占全部抵扣税款的 11.06%（见表 A2-22）。

从以上数据可以看出，销售收入在 1 亿元以上的大型企业户数仅占全部户数的

10.28%，但申报固定资产抵扣税款占全部抵扣税款的74.07%；而销售收入在1亿元以下的中小型企业户数占全部户数的89.72%，申报固定资产抵扣税款却仅占全部抵扣税款的25.93%。这说明一方面固定资产投资与企业生产经营规模存在正比关系，另一方面也反映出规模较小的企业受资金、技术、设备等条件的限制，投资力度小，可持续发展能力不强。

表 A2-22　　2011年不同规模企业申报固定资产抵扣税款情况

项目	户数（个）	比重（%）	抵扣税款（亿元）	比重（%）
10亿元以上	851	1.31	116.84	45.65
1亿~10亿元	5 837	8.97	72.74	28.42
1 000万元~1亿元	20 142	30.97	38.07	14.87
1 000万元以下	38 213	58.75	28.32	11.06

（三）大中型投资项目较少，小型投资项目占绝大多数

从企业申报固定资产抵扣税款规模看，2011年我省固定资产抵扣税款在1亿元以上的企业有20户，占全部抵扣企业的0.03%；共计抵扣税款45.52亿元，占全部抵扣税款的17.78%。固定资产抵扣税款在1 000万元~1亿元的企业有441户，占全部抵扣企业的0.68%；共计抵扣税款108.43亿元，占全部抵扣税款的42.36%。抵扣税款在100万元~1 000万元的企业有2 207户，占全部抵扣企业的3.39%；共计抵扣税款65.05亿元，占全部抵扣税款的25.41%。抵扣税款在100万元以下的企业有62 375户，占全部抵扣企业的95.9%；共计抵扣税款36.97亿元，占全部抵扣税款的14.44%（见表A2-23），每户企业平均抵扣税款5.93万元。可以看出，我省大型特别是中型的投资项目较少，绝大多数为小型投资，说明我省企业进行升级改造的投资较少，进行普通生产性投资较多。

表 A2-23　　不同规模固定资产投资项目抵扣税款情况

项　目	户数（个）	比重（%）	抵扣税款（亿元）	比重（%）
1亿元以上	20	0.03	45.52	17.78
1 000万元~1亿元	441	0.68	108.43	42.36
100万元~1 000万元	2 207	3.39	65.05	25.41
100万元以下	62 375	95.90	36.97	14.44

（四）高耗能行业、产能过剩行业投资较大，投资层级不高

分行业看，我省固定资产抵扣共涉及77个行业，抵扣税款前十名的行业分别为：电力、热力生产和供应业（45.35亿元）、化学原料和化学制品制造业（20.75亿元）、有色金属冶炼和压延加工业（15.18亿元）、汽车制造业（15.1亿元）、通用设备制造业（14.67亿元）、橡胶和塑料制品业（13.68亿元）、石油加工、炼焦和核燃料加工业（10.89亿元）、金属制品业（10.89亿元）、黑色金属冶炼和压延加工业（10.38亿元）和煤炭开采和洗选业（9.33亿元）（见表A2-24）。十大行业共抵扣税款166.21亿元，占全部抵扣税额的三分之二左右（64.94%）。这些行业是都我省的支柱产业和传统优势项目，说明增值税转型政策有效促进了我省传统优势产业的发展。但是，前十大行业中，六大高耗能行业有5个，并占据了前三位；产能过剩行业也有5个。虽然有些投资项目的目的是提高深加工能力或加强环境保护，但一定程度上说明目前我省投资的层级仍然不高。

表 A2-24　　2011 年我省固定资产抵扣税款前十大行业情况　　单位：亿元

序号	行业名称	抵扣税款	备注
1	电力、热力生产和供应业	45.35	高耗能行业、产能过剩行业
2	化学原料和化学制品制造业	20.75	高耗能行业、产能过剩行业
3	有色金属冶炼和压延加工业	15.18	高耗能行业、产能过剩行业
4	汽车制造业	15.10	
5	通用设备制造业	14.67	
6	橡胶和塑料制品业	13.68	
7	石油加工、炼焦和核燃料加工业	10.89	高耗能行业、产能过剩行业
8	金属制品业	10.89	
9	黑色金属冶炼和压延加工业	10.38	高耗能行业、产能过剩行业
10	煤炭开采和洗选业	9.33	

（五）高新技术行业投资比重小，尚未形成规模

2011 年，我省汽车制造业、计算机、通信和其他电子设备制造业、电气机械和器材制造业、医药制造业、铁路、船舶、航空航天和其他运输设备制造业、仪器仪表制造业、电信、广播电视和卫星传输服务业、软件和信息技术服务业和专业技术服务业等九大高新技术行业申报固定资产抵扣税款的企业共计 5 303 户（见表 A2-25），占全部抵扣户数的 8.15%；共计抵扣税款 35.28 亿元，占全部抵扣税款的 13.78%。可以看出，我省高新技术行业投资的户数和抵扣税款比重较小，说明我省高新技术行业总体规模仍较小。

表 A2-25　　2011 年我省高新技术行业固定资产抵扣税款情况

序号	行业名称	户数（个）	抵扣税款（亿元）
1	汽车制造业	1 102	15.10
2	计算机、通信和其他电子设备制造业	921	6.08
3	电气机械和器材制造业	1718	6.01
4	医药制造业	388	3.84
5	铁路、船舶、航空航天和其他运输设备制造业	634	3.72
6	仪器仪表制造业	269	0.22
7	电信、广播电视和卫星传输服务业	18	0.12
8	软件和信息技术服务业	224	0.11
9	专业技术服务业	29	0.08
合　计		5 303	35.28

（六）自有资金投资占主体，多渠道利用资金不足

我们对 2011 年固定资产抵扣税款前 100 名企业的融资资金来源情况开展了问卷调查（见表 A2-26）。从调查情况看，这 100 名企业共申报固定资产抵扣税款 89.94 亿元，占全部抵扣税款的 35.14%，推算企业共需投入资金 618.72 亿元。从资金来源渠道看，企业自有资金排名第一，共有 290.43 亿元，占全部资金的 46.9%；银行贷款 262.67 亿元，占全部资金的 42.5%；股权融资 34.03 亿元，占全部资金的 5.5%；向其他单位拆借 9.9 亿元，占全部资金的 1.6%，其他方式 21.69 亿元，占全部资金的 3.51%。可以看出，企业投资资金主要是自有资金和银行贷款，其他渠道融资规模较小，特别是作为现代重要融资渠道的股权融资所占比重太低。与苏浙粤三省相比，我省上市企业的数量和市值均有较大差距，截至目前，我省共有上市公司149家，比苏浙粤三省分别少83家、89家和221家；上市公司总值8 257亿元，比苏浙粤三省分别少2 458亿元、18 88亿元和16 624亿元。

表A2-26　　固定资产抵扣税款前100名企业资金来源情况　　金额单位：亿元

项目	合计	自有资金	银行贷款	股权融资	向其他单位拆借	其他方式
资金数额	618.72	290.43	262.67	34.03	9.90	21.69
比重（%）	100.00	46.94	42.45	5.50	1.60	3.51

三、对我省加强和优化投资的几点建议

固定资产投资是宏观调控的切入点和着力点，肩负着扩大内需、启动消费、拉动经济的重任，是我省经济增长的主要推动力。当前，我省要加快推进工业化、现代化、城镇化进程，改善民生，增加就业，还需要投资较快增长的支持和推动。因此，政府需要加大对投资增速和结构的宏观调控力度，进一步优化和完善市场投资环境，促进投资主体多元化，合理配置资源，不断提高投资的质量和效率，推动经济又好又快发展。

（一）强化政府调控引导，加快产业升级改造步伐

一是进行区别性投资，提高资源配置效率。对于传统产业，固定资产投资项目要起到上新产品或节能减排的作用，达到产业结构优化升级的目的。同时，高新技术产业是我省未来发展的引擎和希望所在，对于新兴产业，要鼓励加大投资力度，尽快完工投产，形成新优势和新的增长点；对于高技术产业，要引导通过固定资产投资，进一步实现技术创新、产品创新，增加产品附加值，走高端化发展之路。

二是加强大型项目投资力度，提高核心竞争力。大型项目是经济发展的强大动力和重要载体，建议注重大型项目投资，积极筹集、推动我省新上一批技术领先、优势突出、效益显著的大型项目，充分发挥其先导作用和规模效益，起到拉动一批、辐射一片的重要作用。加快企业战略性调整与重组，推动跨地区、跨行业、跨所有制兼并与联合，提高专业化分工和社会化生产程度，进一步发展一批核心竞争力强、主导产品优势突出的大型企业集团，提高产业整体竞争力。

三是加大资金扶持力度，促进中小企业发展。中小企业是全省经济的重要组成部分，在扩大就业、拉动经济等方面具有不可替代的作用，但是受资金、技术、设备、人员等条件的限制，投资量少，可持续发展能力弱，特别是融资难问题严重困扰和制约着中小企业发展。建议进一步加大对中小企业的扶持力度，加强和改善金融服务，帮助企业充分利用现行的金融和财政政策，拓宽融资渠道，支持其采用新技术、新工艺、新设备、新材料，加快技术进步和结构调整，促进中小企业蓬勃发展。

四是培育多元投资主体，为经济增长注入活力。建议进一步完善政府投资为引导、企业筹资为主体、民间资本和境外投资为支撑的投融资机制，充分调动民间投资和外商投资的积极性，积极培育多元投资主体，切实保证发展资金供应。进一步改善投资环境，加大招商引资力度，扩大利用外资的规模。引入竞争机制，在政策环境、市场环境、信息咨询

和服务环境等方面全面启动民间投资。培育和发展资本市场，引进市场化机制募集资本和吸纳社会资金，开辟多元化投融资渠道。运用市场手段推动国有资产流动重组，促进资源向优势企业和优势产品聚集。鼓励效益较好的企业积极上市，通过股市加大融资力度。

（二）加大财税政策支持力度，创造良好的发展环境

一是充分利用增值税转型政策，加快企业改造升级步伐。目前，我省产能落后和产能过剩的局面并存，严重阻碍了经济转型和快速腾飞的步伐。增值税转型的目的就是为了减轻企业负担、加快更新换代、优化产业结构，建议积极利用好增值税转型政策，严格取缔落后产能，引导和鼓励我省企业加强对机器设备类固定资产的投资，加快企业改造升级步伐，促进产品更新换代，不断增加企业发展的潜力和后劲，为企业做大做强奠定坚实的基础。

二是尽量减少项目收费，加大对采购省内设备的支持力度。建议省政府及相关部门，对引进的大项目，免除所有行政事业性收费，优先提供专项经费予以支持；对获得国家和省专项资金支持的项目，优先给予配套资金支持；为出口企业提供信贷支持，鼓励企业扩大出口；加强政府采购扶持力度，鼓励省内国产设备首购首用，对订购和使用省内首台（套）国产重大技术装备的重点建设工程和技改项目予以支持。

三是积极利用企业所得税优惠政策，调动企业技术研发的积极性。引导企业加大固定资产折旧力度，促使企业尽快回收投资成本，提高企业的再生产能力；调整所得税减免思路，压缩一般性减免，重点支持科研开发；落实好再投资退税制度，大力支持企业进行技术开发，加大技术开发资助和研究开发费用扣除力度，调动全社会力量为企业进行技术创新提供良好条件。

四是尽快实施营业税改征增值税政策，促进服务业繁荣发展。“营改增”政策能够消除目前对货物和劳务分别征收增值税与营业税所产生的重复征税问题，通过优化税制结构和减轻税收负担，为深化产业分工和加快现代服务业发展提供良好的制度支持，进而有益于促进企业实现低成本、高效益的持续发展，加快经济发展方式转变和经济结构调整的步伐。目前，上海、北京已经试点实施了“营改增”政策，天津、江苏、浙江、安徽、福建、湖北、广东和厦门、深圳8个省（直辖市、计划单列市）年内进行试点。我省服务业门类齐全，辐射作用明显，建议政府及相关部门做好前期准备工作，积极申请，尽快实施。

范文9

和谐奋进“十一五”跨越发展聚财力

——回望××市国税“十一五”发展历程

“十一五”期间××国税收入规模实现跨越式发展，宏观税负逐年提高，税收经济协调增长，产业结构趋于优化，各经济类型企业税收竞相发展，县域税收收入全面增长。本文从11个方面全面阐述“十一五”××市国税局取得的成绩。

一、税收规模不断扩大，为地方经济发展广聚财力

“十一五”期间全市共组织国税收入702.65亿元，每年一个台阶，税收收入规模实现五年步步高。开局之年的2006年税收收入为92.89亿元；2007年为116.53亿元，自此全市国税收入站到了100亿元历史大关之上；2008年、2009年分别完成143.84亿元、155.36亿元；“十一五”末年逼近200亿元大关，为194亿元。五年翻了一番，增收额超过100亿元，年均增幅为21.59%。增幅比全省平均水平（19.94%）大1.65个百分点；“十一五”期间累计组织税收收入突破700亿元，是“十五”期间的2.7倍。

五年间共组织市县级收入153.34亿元，占同期财政收入的25.3%，是“十五”期间（52.52亿元）的2.92倍。“十五”期间，全市市县级税收收入年均增收1.88亿元，“十一五”期间年均增收5.13亿元，比前者的增收额年均高出3.25亿元。“十一五”期间市县级收入年均增长21.35%，由2006年的20.23亿元迅速增长到2010年的41.42亿元，翻了一番。市县级税收节节攀升，为地方财政收入增长做出了积极贡献，为地方经济发展提供了强大支持。“十一五”税收收入与县市区收入发展情况如图A2-31所示。

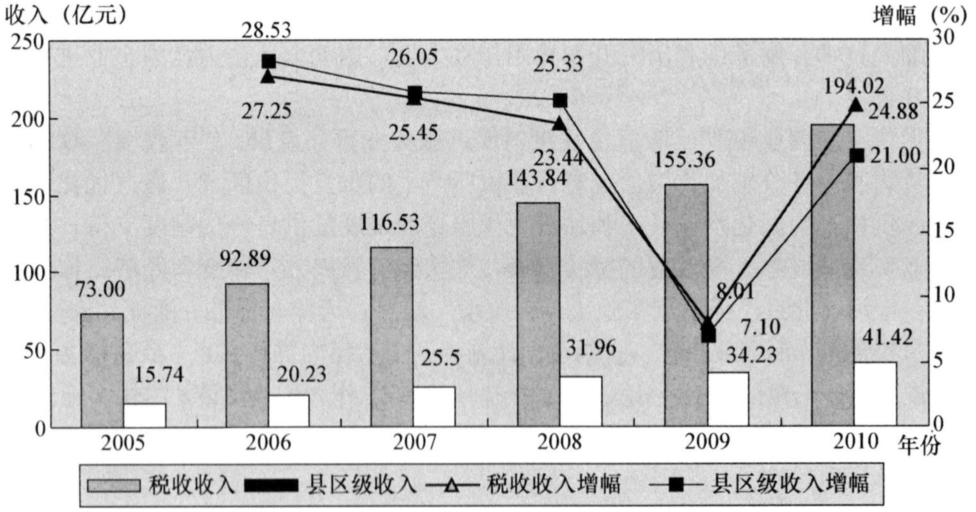

图A2-31 “十一五”税收收入与县市区收入发展情况

二、税收经济协调增长，宏观税负稳步提高

“十一五”期间税收收入年均增长21.59%，同期GDP年均增长15.57%，税收与GDP的弹性系数为1.39（见表A2-27），国税收入规模的扩展与经济规模的扩展相适应，税收增长与经济增长相协调。

表 A2-27　　　　“十一五”税收收入与 GDP 相关数据一览表　　　　金额单位：亿元

年份	税收收入	增长率	GDP	增长率（%，以现价计算）	弹性系数	宏观税负
2005	73.00		1 233.61			5.92%
2006	92.89	27.25%	1 425.75	15.58%	1.75	6.51%
2007	116.53	25.45%	1 706.3	19.68%	1.29	6.83%
2008	143.84	23.44%	2 082.01	22.02%	1.06	6.91%
2009	155.36	8.01%	2 238.12	7.50%	1.07	6.94%
2010	194.02	24.88%	2 542.8	13.61%	1.83	7.63%
年均增长率		21.59%		15.57%	1.39	

从“十一五”国税收入回归直线图（见图 A2-32）可以看出，其回归方程为：$Y=0.0869X-33.134$，即如果 GDP 增长 1 亿元，国税收入则增加 0.086 9 亿元。相关系数 R^2 取值范围是［－1，1］，其绝对值越接近 1，表明相关度越强，此图中测定系数为 0.983 8，说明国税收入与我市生产总值的相关性极高，关系极为密切，经济的发展对国税收入的增长具有决定性作用。

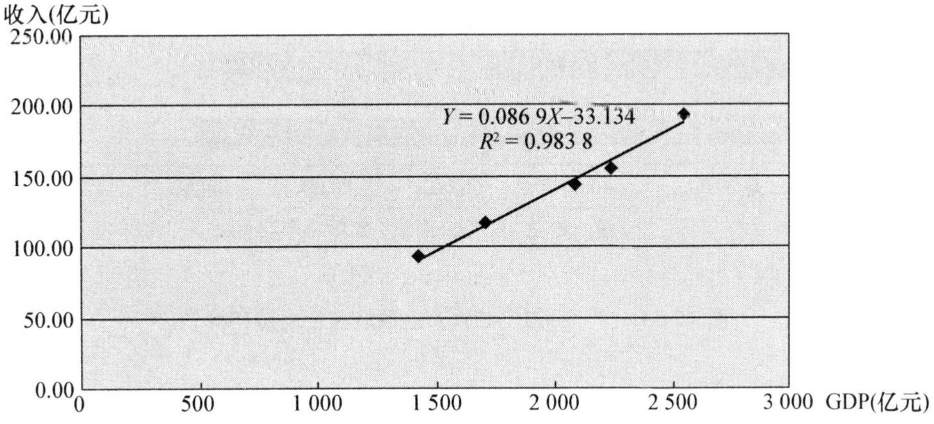

图 A2-32　“十一五”国税收入与 GDP 回归直线图

“十一五”期间我市宏观税负由 6.51%逐年提高到 7.63%，五年提高了 1.12 个百分点，呈稳步上升趋势。宏观税负稳步提升主要得益于 2006 年宏观税负调查工作的坚实管理基础。尤其是 2007 年以来，预警、评估两个系统上线运行，四年增收税款 11.84 亿元，其中 2009 年两个系统共增收入库税款 4.4 亿元，列全省第 4 位，拉动当年宏观税负提高了 0.2%。宏观税负逐年提高也反映了我市宏观经济调控力度的加大和聚财能力的提高。

三、税源结构不断优化，创税能力逐步增强

从我市三次产业经济结构变动情况看，2006 年三次产业比例为 13.1∶54.8∶32.1，2010 年为 12.6∶53.3∶34.1，体现出“三稳势态”，即第一产业稳中有降，第二产业稳居榜首，第三产业稳步提升。随着经济产业结构的不断优化，税收收入的三次产业结构也由

2006 年的 0：86.2：13.8 调整为 2010 年的 0.1：82.2：17.7。第一产业比重较低，此文不作分析；第二产业税收占全市税收的比重由 2006 年的 86.18%逐年下降至 2010 年的 82.17%，五年下降 4.01 个百分点；第三产业则由 2006 年的 13.82%逐年增长至 2010 年的 17.76%，五年增长 3.94 个百分点。税收的基础主要来源于稳固的第二、第三产业发展，第二产业、第三产业税收比重的此消彼长反映了税源结构的不断优化，更体现了我市"调结构、转方式"的初步成果。经济结构调整促进了地方税收产业结构优化，从三次产业的创税能力看，2006 年，百元 GDP 创税分别为 0 元、10.04 元、2.63 元，2010 年，百元 GDP 创税分别为 0.08 元、12 元、3.57 元。三次产业的创税能力均有不同程度的提高，经济税源结构的变化促进税收收入提质增效。"十一五"三次产业税收占比对照情况如图 A2-33 所示。

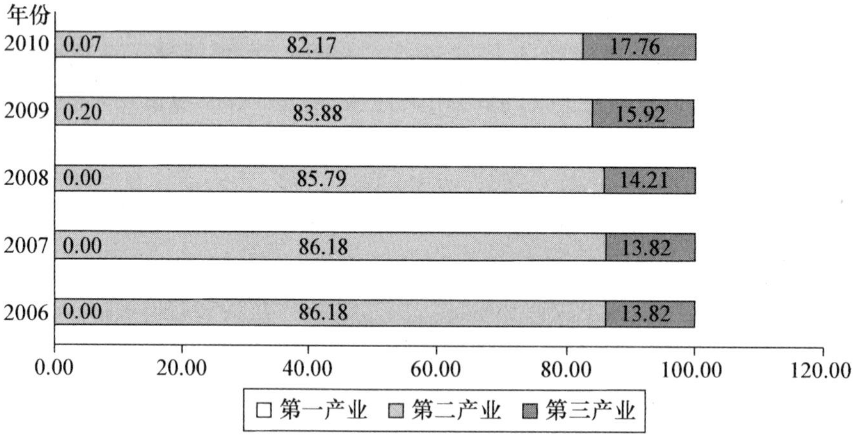

图 A2-33 "十一五"三次产业税收占比对照(%)

四、煤炭税收继续主导，商业税收发展活力彰显

从各行业税收占当年国内税收的比重看，有四个突出特点：一是煤炭税收比重遥遥领先。2006 年为 40.27%，2010 年为 48.95%，呈逐年提高趋势，"十一五"期间达到 46.32%，"一煤独大"仍是我市税源结构的一大特点，煤炭继续占据全市税收主导地位。二是商业税收比重逐年快速提升。由 2006 年的 6.95%升至 2010 年的 9.68%，上升了 2.73 个百分点，排名由第四位升至第二位。商业的繁荣反映了我市消费品市场的快速发展，经济构成趋向合理。三是发电行业大幅萎缩。其提供的税收占税收总量的比重排名也由 2006 年的第二降为 2010 年的第四。火力发电行业一直是我市的支柱产业之一，也是市政府提出的五大产业链中的重要组成部分，近年来，煤炭价格不断走高，"市场煤、计划电"的体制矛盾造成煤电价格倒挂，整个发电行业效益和税收呈现出下降趋势。四是机械、造纸行业对国税收入的支撑作用逐渐明显。随着工业化和城市化进程的加快，特别是房地产、城市基础建设投资的增长，市场需求的逐步扩张，两行业税收规模逐渐扩大，占国税收入的比重由 2006 年的 11.1%稳步上升到 2010 年的 12.6%。

从各行业税收增长速度看，年均增幅在20%以上的行业有商业、煤炭、机械，分别为28.91%、24.6%、24.56%，商业和煤炭是五大行业中五年来从未出现负增长的两个行业。尤其是商业税收“十一五”以来蓬勃发展，活力彰显，已成为引领全市国税收入增长的排头兵。近几年我市消费市场持续旺盛，在“转方式、调结构”的宏观背景下，消费的地位和作用逐渐凸显，城乡居民收入渠道不断拓宽，居民的消费观念随之发生变化；社会保障制度不断完善，进一步增强了居民的消费信心，为我市商业税收的快速增加打下了坚实的基础。“十一五”主要行业税收完成情况如图 A2-33 所示。

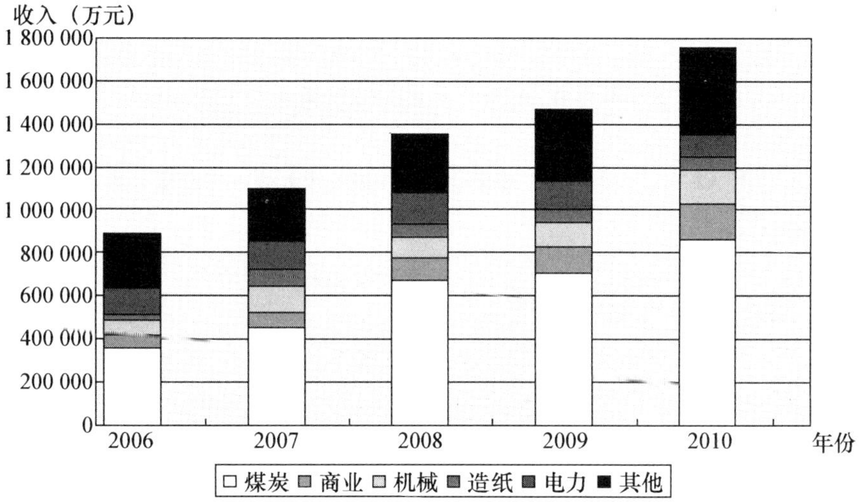

图 A2-33　“十一五”主要行业税收完成情况对照图

五、收入总量全省排名靠前，与鲁南经济带城市比较增速逐年提升

“十一五”期间，我市国内税收收入规模相对稳定，在全省排名靠前。2008 年列第 6 位，2006 年、2007 年、2009 年和 2010 年均列全省第 7 位，低于青岛、济南、东营、淄博、烟台、潍坊，是 2007 年国内税收过百亿元的七个市地之一。国内税收收入增幅与全省平均增幅相比，“十一五”期初期末小于全省平均值，中间三年均大于全省平均值，其中 2008 年比全省平均值大 9.42 个百分点。“十一五”期间全省国内税收收入分市完成情况如图 A2-34 所示。

“十一五”期间我市共组织国内税收收入 655.35 亿元，年均增长 18.66%。与鲁南经济带城市（临沂、枣庄、日照、菏泽、济宁）比较，总量位居五市之首，增幅位次略有提升，2006 年国内税收收入增幅 24.05%，处于五市最低水平；2007 年增幅 23.83%，低于日照、临沂、菏泽，居第 4 位；2008 年增幅 23.7%，低于日照，居第二位；2009 年增幅 8.03%，低于菏泽，居第二位；2010 年增幅 19.82%，位于五市中间位置（见图 A2-35）。

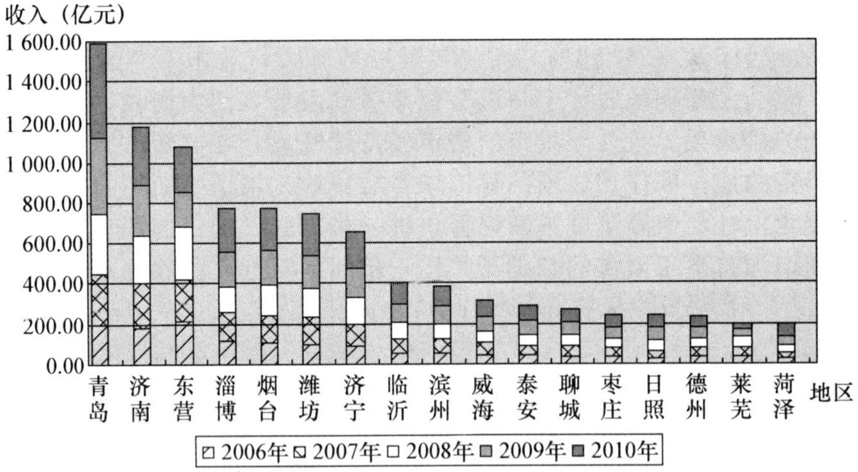

图 A2-34 “十一五”期间全省国内税收收入分市完成情况图

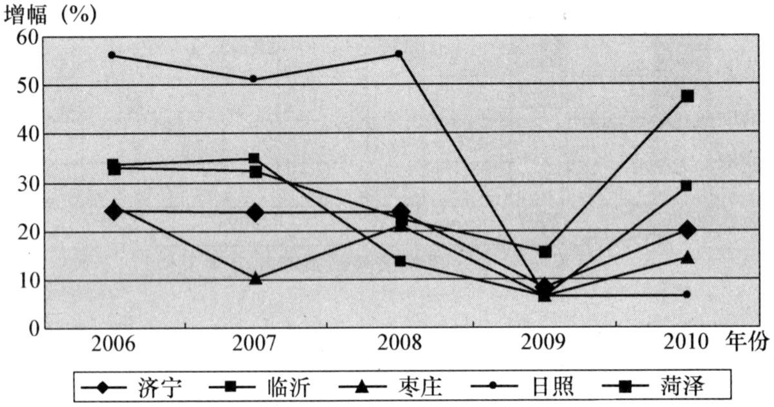

图 A2-35 “十一五”期间鲁南经济带城市增幅比较图

六、增值税主体地位突出，各税种协调发展

从五年间各税种所占比重和对税收增长的贡献来看，国内直接增值税占比持续在76%以上，对税收增长的贡献率是所有税种中最大的。2006年、2007年、2008年税收增长分别有60%、80%、90%来源于增值税的增收，2009年、2010年增值税增收额均占到全部税收增收额的70%以上。这与目前我国实行的流转税为主体税种的税制结构是一致的，增值税处于各税种的主导地位。“十一五”期间各税收收入占国内税收收入的比重如图A2-36所示。

从各税种年均增幅看，除免抵调库和个人利息所得税资源萎缩和征税政策取消出现下降外，国内直接增值税、企业所得税、消费税、车辆购置税年均分别增长19.17%、29.59%、40.25%、29.34%，实现了各税种协调增长的良好态势。企业所得税、消费税、车辆购置税年均增幅均高于国内直接增值税增幅，企业盈利能力和居民消费能力的逐步提

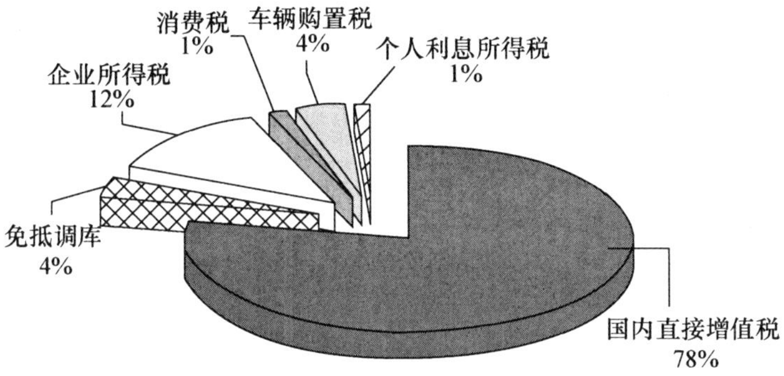

图 A2-36　“十一五”期间各税收收入占国内税收收入的比重图

高，反映在税收上既是三税种占国内税收收入的份额不断加大，税收占比由 2006 年的 13.85%，提高到 2010 年的 20.13%，税收规模由 2006 年的 12.25 亿元扩大到 2010 年的 35.3 亿元，翻了近两番。各税收协调增长，形成了合力支撑的税收增长格局。

七、县域税收全面发展，收入结构有待改善

“十一五”期间全市国内税收收入年均增长 19.72%，十三县市区国内税收收入实现全面增长。其中嘉祥年均增幅最高，为 48.03%；年均增幅在 30%以上的有 3 个单位，分别是梁山（36.81%）、金乡（33.64%）、汶上（33.61%）；年均增幅在 20%以上的有 4 个单位，分别是高新区（27.18%）、曲阜（26.09%）、鱼台（23.8%）、兖州（23.78%）；规模较大的邹城、任城、微山年均增幅仅在 10%以上，分别为 12.48%、17.72%、18.83%；因重点企业税收下滑或财政体制改革企业下划原因影响，泗水、市区年均增幅在 10%以下，分别为 7.96%、3.46%（见图 A2-37）。

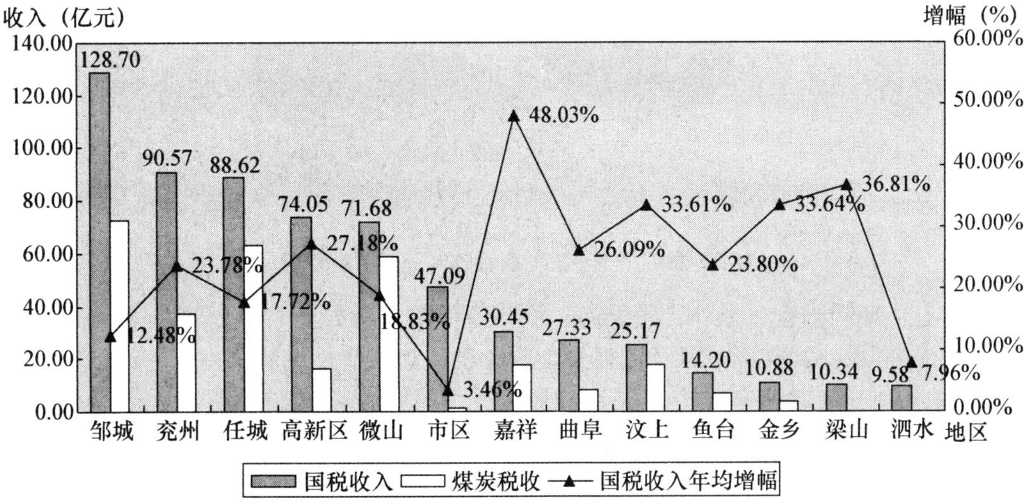

图 A2-37　“十一五”县域国税收完成情况对照图

从各县市区国税收入结构来看，煤炭行业所占比重较大，且整体呈逐年提高趋势。具体表现为两方面：一是煤炭行业在我市分布更加广泛。煤炭资源丰富是我市税源结构的经济基础，2006 年除市区、泗水和梁山 3 个单位外均有煤炭开采企业，到 2010 年除泗水外 12 个单位均有煤炭企业分布，几乎覆盖了所有县区。二是大部分县市区煤炭行业税收占比逐年提高。高新区和兖州税源结构优化的效果比较明显，煤炭行业税收占比十一五期间分别下降 4.47、3.19 个百分点。除以上两个单位外，煤炭行业税收占比均有不同程度的提高，其中微山由 2006 年的 82.56%上升至 84.25%，任城由 61.91%上升至 74.65%，邹城由 49.51%上升至 63.42%，鱼台由 48.17%上升至 61.34%，嘉祥由 33.31%上升至 59.92%，汶上由 46.21%上升至 61.7%，曲阜由 14.55%上升至 35.72%，金乡由 17.67%上升至 35.04%，煤炭行业是全市 10 个县市区的主导税源。县域税源过多依赖单一行业，煤炭资源的逐年萎缩，价格持续上涨乏力，将使我市国税收入逐步进入增长瓶颈，单一税源结构有待改善。

八、各经济类型企业税收竞相增长，国有、涉外、民营经济“三足鼎立”

纵观“十一五”期间各经济类型企业税收完成情况，国有、涉外、民营经济均呈逐年增收趋势，分别由 2006 年的 24.62 亿元、30.7 亿元、37.56 亿元增长到 2010 年的 42.52 亿元、75.39 亿元、76.11 亿元，年均增长率分别为 13.03%、27.5%、22.51%；从所占税收收入比重变化趋势看，国有经济、涉外经济此消彼长，民营经济稳步发展，国有、涉外、民营经济类型税收占比分别由 2006 年的 26.51%、33.05%、40.44%发展到 2010 年的 21.91%、38.86%、39.23%，整个十一五期间，国有、涉外、民营占税收收入的比重分别为 23.5%、35%、41.5%，呈“三足鼎立”之势（见图 A2-38）。

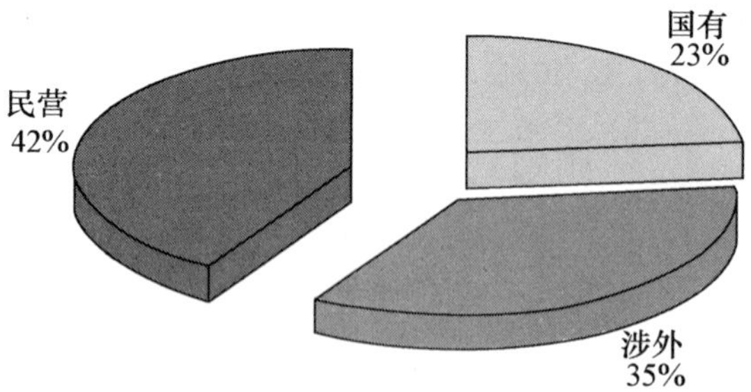

图 A2-38 “十一五”国税收入分经济类型图

“十一五”期间国有、涉外、股份制、私营经济企业税收年均增长率分别为 13.03%、27.5%、20.66%、31.66%，各经济类型企业税收呈竞相增长态势。一是非公有制经济蓬勃发展。“十一五”期间非公有制经济税收年均增长率 24.85%，高于全市年均增长率 3.26 个百分点，高于公有制经济年均增长率 11.82 个百分点；二是私营经济增势迅猛，税收增速最快。分别快于国有、涉外、股份制 18.63、4.16、11 个百分点；三是涉外经济领跑，对全市税收增长贡献最大。十一五期间涉外企业税收对全市税收增长的贡献率为 48.12%，分别高于国有、股份制、私营企业税收贡献率 28.86、22.96、36.54 个百分点。

九、纳税服务日趋优化，征管质量明显提高

各级国税部门以“始于纳税人需求，基于纳税人满意，终于纳税人遵从”作为纳税服务的出发点和落脚点，落实“两个减负”，简化办税程序，优化办税流程；建立健全了税收宣传、限时服务、首问负责制等制度。推进办税服务厅实体化、标准化建设和“网上税务局”建设，推行多元化的纳税申报方式和税库银联网，建立了24小时办税自助服务区，开通了网上认证、电子申报、网上申报等办税渠道，试点涉税事项“同城通办”，加强12366纳税服务热线的建设，系统内先后推出了“办税路路通”“纳税六通服务”“税e通”等纳税服务品牌，开通了“税信通”即时提醒服务平台，形成了全员、全程、全方位的纳税服务格局。

“十一五”期间系统上下不断探索完善税收管理员制度，开展宏观税负调查分析和征管状况分析，推进征管长效机制建设和征管体系建设。大力实施税收精细化、专业化管理，加强重点行业税源管理，强化跨区域经营大企业税收集中管理和国际税务管理。坚持推行科技管税和信息管税，深化信息数据分析利用，开发了税收管理员监控应用系统、农产品收购监控系统。深入应用税收分析预警和纳税评估“两个系统”，累计增收税款11.84亿元。完成了普通发票网络开票工作，实现了国税与地税联合办证和相关信息定期交流，税收管理走出了科学化与信息化相结合、集约化与专业化相结合的新路子。宏观税负由2006年的6.51%提高到2010年的7.63%，充分反映了税收征管质量的提高。

十、优惠政策兑现及时充分，为企业长足发展提供税收支持

“十一五”期间全市累计兑现税收优惠政策96.1亿元，占国税收入总量的13.68%。其中办理民政福利、资源综合利用、软件集成电路等先征后退4.77亿元，办理固定资产抵扣31.93亿元，办理出口退税30.32亿元，其他减免29.06亿元（见表A2-28）。做到了税收优惠政策兑现及时充分，应退尽退，有力地扶持了企业发展，为地方经济的发展提供了强有力的支撑。

A2-28　　“十一五”期间全市兑现税收优惠政策一览表　　单位：亿元

年份	税收收入	兑现优惠政策合计	其中：先征后退	出口退税	固定资产抵扣	其他减免、退税
2006	92.89	11.95	1.15	5.20	0.00	5.59
2007	116.53	14.42	1.31	6.00	0.00	7.11
2008	143.84	13.31	0.85	6.19	0.00	6.26
2009	155.36	25.95	0.69	6.00	13.62	5.64
2010	194.02	30.46	0.76	6.94	18.31	4.46
合计	702.65	96.09	4.77	30.32	31.93	29.06

十一、海关代征税收增势迅猛，强力拉动税收收入增长

随着进口货物数量和价值的逐渐增加以及部分大企业报关地点变更为济宁，海关代征“两税”在“十一五”期间增势迅猛，由 2006 年的 4.4 亿元迅速增长到 2010 年的 18.6 亿元（见图 A2-39），年均增长 43.27%，增长了 3.2 倍，五年增收 14.2 亿元，占全市税收增收额的 14%，强力拉动全市税收收入增长。

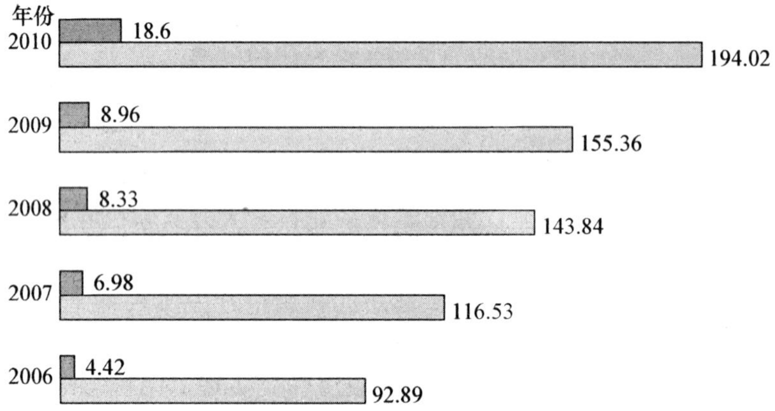

图 A2-39 “十一五”期间海关代征税收与国税收入对照图（单位：亿元）

“十一五”××国税收入实现了历史性的跨越式发展，突破了 100 亿元大关，到“十一五”末税收规模直逼 200 亿元大关。“十二五”××国税局事业奋进的号角已经奏响，站在新的历史时期，跨入更高的历史起点，我们将恪守“为国聚财、为民收税”的神圣使命，牢记依法组织收入这一基本职责，积极践行“忠诚、法治、尽责、创新、和谐、发展”的××国税价值观，以构建完善“六个体系”为工作主线来推动××国税整体工作水平的提升；认真落实“十二五”时期××国税局工作的总体思路，加快“单项工作争第一，整体工作创一流”的步伐，推动全市国税事业实现新跨越，为经济社会又好又快发展作出新的、更大的贡献。

范文 10

××市国家税务局 2010 年 1—7 月税收收入风险分析

排查税收风险点、强化税收管理是提高组织收入工作质量、规范税收执法行为、化解执法风险的重要保证。本期分析报告通过提取 CTAIS 数据、全市及各县区经济指标以及企业财务报表数据、申报征收数据等信息，对今年上半年全市宏观税负及前 7 个月分行

业、企业的税收、经济数据和涉税信息进行对比分析，初步对税收风险点进行分析评估，为加强税收管理提供参考。

一、宏观经济税收情况分析及主要风险点

（一）经济税收对比分析

今年上半年全市国税系统共组织税收收入309 858万元，比上年增长39.3%；全市生产总值完成5 539 700万元，现价增长29.4%。全口径宏观税负（全口径税收收入与GDP之比）为5.59%，比上年上升0.39个百分点，低于全省平均税负4.13个百分点，现价税收弹性（税收收入增长率与GDP现价增长率之比）为1.33。分县区宏观税负情况如表A2-29所示。

表A2-29　　2010年上半年全市宏观税负和税收弹性情况表　　单位：万元

地区	税收收入		GDP		宏观税负（%）		2010年上半年税收弹性
	2010年上半年	增幅（%）	2010年上半年	增幅（%，以现价计算）	2010年上半年	升幅（个百分点）	
全　省	18 118 900	32.0	186 459 000	18.9	9.72	0.97	1.70
全　市	309 858	39.3	5 539 700	29.4	5.59	0.39	1.33
××区	43090	44.0	614 553	22.2	7.01	1.06	1.98
×　×	22 136	3.6	653 789	22.7	3.39	−0.62	0.16
×　×	7344	31.0	362 855	19.9	2.02	0.17	1.56
×　×	9127	17.2	443 906	25.1	2.06	−0.14	0.68
×　×	15 354	28.6	666 346	26.2	2.30	0.04	1.09
×　×	75011	400.3	559 831	28.7	13.40	9.95	13.93
×　×	31711	42.3	667 189	29.0	4.75	0.44	1.46
×　×	10 006	22.5	364 035	25.2	2.75	−0.06	0.89
×　×	28 920	−19.2	564 303	27.0	5.12	−2.93	−0.71
××区	9 502	68.4	341 991	123.5	2.78	−0.91	0.55

说明：全市税收收入包含车购办收入，开发区收入为区级收入，分县区相加小于全市收入。

分县区看，××、××区和××宏观税负排名前三位，分别为13.4%、7.01%和5.12%；排名后三位的是××、××和××，宏观税负分别为2.02%、2.06%和2.3%。

从宏观税负变化情况看，有5个县区宏观税负比上年有所提高，5个县区宏观税负不同程度下降，其中××、××区下降较多，分别下降2.93、0.91个百分点。从税收弹性看，只有××的税收弹性接近1，税收与经济基本上同步增长。少数县区的税收弹性远远

偏离 1，税收与经济增减不同步，个别县区甚至反向变化。

由于第一产业税负较低，而第一产业在地区间分布又很不平衡，海关代征税收全部在开发区，这些因素对地区税负影响很大，为了增强地区间宏观税负的可比性，更清晰地反映各县区税负的实际情况，我们对 GDP 和税收作了一些调整，即 GDP 扣除第一产业增加值，税收收入扣除第一产业税收、海关代征进口税收，再进行地区间税负和弹性比较。调整后，2010 年上半年全市宏观税负为 7%（见表 A2-30），比上年同期上升 0.2 个百分点。

表 A2-30　　2010 年上半年全市宏观税负和税收弹性情况表　　单位：万元

地区	税收收入		GDP		宏观税负（%）		2010 年上半年税收弹性
	2010 年上半年	增幅（%）	2010 年上半年	增幅（%，以现价计算）	2010 年上半年	升幅（个百分点）	
全　省	18 094 773	31.96	170 404 000	19.21	10.6	1.0	1.66
全　市	309 858	39.26	4 449 700	36.97	7.0	0.2	1.06
××区	43 090	44.04	489 692	26.10	8.8	1.1	1.69
×　×	22 136	3.60	516 889	27.05	4.3	−1.0	0.13
×　×	7344	31.03	247 477	26.00	3.0	0.1	1.19
×　×	9127	17.19	328 597	32.04	2.8	−0.4	0.54
×　×	15 354	28.59	505 226	33.56	3.0	−0.1	0.85
×　×	75 011	400.31	559 831	28.74	13.4	10.0	13.93
×　×	31 711	42.28	522 552	36.18	6.1	0.3	1.17
×　×	10 006	22.46	267 933	32.51	3.7	−0.3	0.69
×　×	28 920	−19.22	467 070	31.43	6.2	−3.9	−0.61
××区	9502	68.42	341 991	140.84	2.8	−1.2	0.49

说明：调整后，GDP 扣除第一产业增加值，税收收入扣除第一产业税收、海关代征进口税收。

分县区看，××、××区、××明的宏观税负排名前三位，分别为 13.4%、8.8%和 6.2%；排名后四位的是××区、××、××和××，宏观税负分别为 2.8%、2.8%、3.0%和 3.0%。

从宏观税负变化情况看，有 4 个县区比上年有所提高，其中××、××区分别提高 10 和 1.1 个百分点。××、××等 6 县区宏观税负不同程度下降，其中××、××区下降较多，分别下降 3.9 和 1.2 个百分点。

分产业看，第二产业税收完成 227 934 万元，比上年增长 39%；增加值完成 2 872 300 万元，占 GDP 比重为 51.8%，现价增长 32.3%，税负为 8.19%，现价税收弹性为 1.2。从分县区情况看，2010 年上半年有 3 个县区第二产业税收出现同比下降，其余 7 个县区第二产业税收实现不同程度增长，增长较快的是××、××

区和××，但增幅中存在××煤矿影响和××区收入与GDP口径不一致等不可比因素。有3个县区第二产业收入弹性接近于1，有3个县区税收背离经济发展出现负增长。

第三产业税收完成68 777万元，比上年增长41.1%；增加值完成1 577 400万元，现价增长46.4%，占GDP比重为28.5%，税负为4.36%，现价税收弹性为0.9。从税收增速看只有××第三产业税收出现同比下降与经济增长相背离，其余9个县区均实现不同程度的增长，其中增长较快的是××、××和××，第三产业税收弹性只有××接近于1（见表A2-31）。

表A2-31　　2010年上半年全市税收与经济分产业情况表　　单位：万元

地区	税收收入						GDP		
	第二产业			第三产业			第二产业		第三产业
	2010年上半年	增幅（%）	弹性	2010年上半年	增幅（%）	弹性	2010年上半年	增幅（%，以现价计算）	2010年上半年
全　省	13 262 551	27.6	1.6	4 831 997	45.5	2.0	104 915 000	17.1	65 489 000
全　市	227934	39.0	1.2	68 777	41.1	0.9	2 872 300	32.3	1 577 400
××区	35 055	53.7	1.8	8 032	13.1	0.6	267 695	29.3	221 997
×　×	18 024	−1.4		4 062	32.4	1.3	351 738	27.7	165 152
×　×	5 498	23.9	0.8	1 844	58.0	2.9	165 186	29.1	82 291
×　×	6 857	22.5	0.8	2 155	−1.5		227 618	29.2	100 979
×　×	8 658	6.8	0.2	6671	75.7	1.7	331 444	29.0	173 782
×　×	71 451	493.8	14.8	3 560	20.2	0.5	307 775	33.3	135 489
×　×	27 724	44.8	1.6	3 751	25.7	0.5	363 748	28.8	158 804
×　×	7 105	29.3	1.1	2901	8.4	0.2	151474	26.3	116 459
×　×	24 962	−28.0		3955	245.7	6.8	367 055	30.2	100 015
××区	22 600	−32.4		31 846	47.0	0.2	239 983	115.8	90 151

说明：全市税收收入包含车购办收入，分县区相加小于全市收入。

（二）主要风险点

通过以上宏观经济税收数据对比分析，2010年上半年我市宏观税负稳步提升，但在全省仍处于中下游，调整后仍比全省平均值低3.6个百分点，大部分县区税负比较低，有可能存在管理出现漏洞、没有全面掌握税源情况等问题。第二产业税收虽然有较大增长，但主要是受××带动，部分县区第二产业税收明显慢于经济增长或与经济增长背道而驰，是否存在对工业企业分析不透，存在新税源没有纳入管理或老税源存在漏税、欠税等问题。

（三）税收风险预警建议

全市要进一步搞好调研，抓好税收分析。不仅要加强收入完成情况、增减收原因的分析，更要加强经济税收关系分析、收入质量的分析，税源状况分析，税收形势分析，及时发现、研究和解决组织收入中存在的问题和矛盾。各县区要全面掌握各类税源的情况，特别是工业企业的税收管理，深入分析工业企业税收管理中存在的问题，切实提高税收管理水平，防范税收执法风险，促进经济税收的协调增长。建议××、××和××对全县税收与经济进行全面分析，找出税负一直较低的根源，针对问题想办法，将经济的发展体现到税收收入上来，××还要对批零、金融、房地产等第三产业进行专项检查，分析是否存在管理不到位造成漏征或应征未征等情况。建议××区、××和××对今年和去年同期的税收经济数据进行全面分析，对第二产业税收要进行专项检查，找出税负和收入下降的原因，在今后的工作中针对根本问题开展工作。××、××和××还要对第三产业税收情况特别是产生税收较多的银行业、批零行业进行重点检查，分析是否存在人为因素致使第三产业税收增收异常。

二、一般纳税人数据分析及主要风险点

本文主要参照省局制定的《数据处理发布指标》的内容，通过提取CTAIS系统中纳税人信息、税务机关信息、一般纳税人申报信息等相关数据，按照增值税一般纳税人行业应纳税负率（后文简称税负），即分子为应纳税额合计与免抵额之和，分母为按适用税率征收应税货物销售额、按适用税率征收应税劳务销售额、按简易办法征收的销售额与免抵退办法出口货物销售额之和，测算了全市2010年1—7月增值税一般纳税人行业税负率情况。一般纳税人1—7月入库直接税收收入296 028万元，占全市直接税收收入的82%，是我市税收的主要来源，一般纳税人管理的好坏对全市税收收入有直接影响。为认清当前一般纳税人管理现状和税负情况，便于查找税收管理中存在的问题，本文对一般纳税人增值税税负现状进行了综合和分行业分析，对税收风险点进行初步评估并提出提高增值税税负率的一些办法和措施。

（一）分县区数据及分析

2010年1—7月，全市一般纳税人共实现销售额7 006 136万元，实现应纳税款163 234万元，免抵税额16 399万元，平均税负达到2.56，比上年同期提高了0.21个百分点（见表A2-32）。

2010年1—7月全市一般纳税人增值税税负平均为2.56%，比上年同期提高0.21个百分点，总的来看，重点税源和非重点税源增值税税负较去年同期都有所提高，但重点税源税负明显高于非重点税源。其中省级监控的254户重点税源企业平均税负为2.94%，比上年同期提高了0.2个百分点，比全部纳税人平均税负高0.38个百分点，比非重点税源企业高出1个百分点；非重点税源企业平均税负为1.95，比上年同期提高了0.28个百分点，但比全部企业平均税负低0.61个百分点。分县区情况看，有7个县区的平均税负比全市平均税负更高或与之相等，税负较高的有××、××区，分别达到4.67%和4.39%，其余3个县区低于全市平均，最低的××仅达到0.83。从增长速度上看，大部分县区一般纳税人增值税税负较

表 A2-32　　**增值税一般纳税人 2010 年 1—7 月应纳税负率分县区情况表**　　金额单位：万元

地区	重点税源					非重点税源					全部企业				
	销售额	应纳税额	免抵税额	税负（%）	同比升幅（个百分点）	销售额	应纳税额	免抵税额	税负（%）	同比升幅（个百分点）	销售额	应纳税额	免抵税额	税负（%）	同比升幅（个百分点）
××区	276 401	22 972	1 077	8.70	1.17	400 568	4 679	1 008	1.42	0.25	676 969	27 651	2 085	4.39	0.19
××	138 574	4 317	380	3.39	−0.93	401 746	6 437	6 201	3.15	0.83	540 320	10 754	6 581	3.21	0.30
××	74 745	1 728	52	2.38	−0.58	76 253	1 682	405	2.74	0.16	150 998	3 410	458	2.56	−0.18
××	134 434	4 453	682	3.82	1.17	158 510	2177	121	1.45	−0.40	292 944	6 630	802	2.54	0.26
××	155 370	4 102	1911	3.87	−0.78	84 609	2 148	100	2.66	−0.09	239 980	6 250	2011	3.44	−0.56
××	423 563	31 005	81	7.34	3.95	314 469	3 061	331	1.08	−0.02	738 032	34 066	413	4.67	2.53
××	359 620	17 523		4.87	1.74	537 341	10 960	743	2.18	0.15	896 961	28 483	743	3.26	0.81
××	61 097	2 904	916	6.25	0.90	165 883	3377	1404	2.88	0.73	226 980	6281	2320	3.79	0.60
××	1 898 277	12 925		0.68	−0.30	141 086	3 836	136	2.82	1.50	2 039 363	16 761	136	0.83	−0.17
××区	806 910	20 279	160	2.53	−1.24	396 679	2 669	390	0.85	0.05	1 203 589	22 948	850	1.98	−0.85
全　市	4 328 992	122 208	5 260	2.94	0.20	2 677 144	41 026	11 139	1.95	0.28	7 006 136	163 234	16 399	2.56	0.21

去年同期有所提高，但增长速度相差较大，提高较快的有××和××，分别提高了2.53和0.81个百分点，还有4个县区出现税负下降，下降较大的是××区和××，分别下降了0.85和0.56个百分点。从企业类型看，各县区普遍存在重点税源税负高于非重点税源企业，但个别县区存在重点税源与非重点税源税负相差较大，如××区和××，重点税源税负分别为8.7%和7.34%，而非重点税源企业仅为1.42和1.08，××还存在重点税源税负低于非重点税源企业的情况。××、××和××非重点税源税负同比提高，但重点税源税负同比下降。

（二）分行业数据及分析

从整体情况看，2010年1—7月全市一般纳税人共涉及39个行业，其中21个行业税负同比下降，占全部行业的一半还要多，其中下降较快的是专用设备制造业、文教体育用品制造业、电力热力的生产和供应业和通用设备制造业，分别下降了4.94、2.31、1.98和1.83个百分点；有16个行业税负同比提高，提高较快的有煤炭开采和洗选业、工艺品及其他制造业、饮料制造业和木材加工及木、竹、藤、棕、草制品业，分别提高了6.1、1.87、1.55和1.46个百分点。从销售额看，销售额较大的是批发业、石油加工炼焦及核燃料加工业、纺织业、和电力热力的生产和供应业，分别实现1 510 225万元、1 060 673万元、734 925万元和513 700万元。从实现应纳税款看，实现税款较多的是煤炭开采和洗选业、纺织业、医药制造业、电力热力的生产和供应业，分别实现应纳税款39 191万元、20 311万元、19 088万元和18 175万元。税负较高的是煤炭开采和洗选业、医药制造业和饮料制造业，分别达到11.33、9.51和5.99。分企业类型看，有11个行业重点税源企业税负低于非重点税源企业，其中非金属矿物制品业低1.4个百分点，皮革、毛皮、羽毛（绒）及其制品业低0.92个百分点，废弃资源和废旧材料回收加工业低0.64个百分点；16个行业重点税源企业税负高于非重点税源，其中煤炭开采和洗选业、医药制造业和交通运输设备制造业相差较大，分别相差12.79、10.94和8.9个百分点（见表A2-33）。

通过上述分析，各县区在一般纳税人管理中可能存在以下风险点：一是是否存在对企业了解不透，管理不到位的问题，二是是否存在企业账务不健全、不规范或人为调节账务等问题影响税收的实现，三是是否存在对一般纳税人认定不及时的问题，四是是否存在监管不力，造成偷漏税款或税款入库不及时的问题，五是是否存在对非重点税源一般纳税人重视度不高，疏于管理的问题。

税收风险预警建议：一是加强行业税收管理，对税负偏低行业、重点税源与非重点税源差距较大行业特别是税负同比下降的行业开展分析评估，及时核实企业实际生产经营能力，使企业申报征收数据与企业实际经营能力相匹配。如加强零售批发商贸企业的税收管理。防止商贸企业账务不健全、核算不真实，零售商场“以销定进”，人为控制应纳税款，返利收入不入账，品牌商品挂靠商场经营，购进货物不入账，搞两套账问题的出现。加强农副产品加工行业的管理，防止一些纳税人可能采取“自开、自抵”的办法，随意开具收购发票偷逃税款，造成期末留抵税款数额较大，部分企业可能存在投入产出不配比、账实不符、税负率偏低、发票开具不实，销售额增长的情况下，税收收入却增幅不大等问题。二是加强日常税源管理。依托CTAIS2.0征管平台、“两个系统”等，对纳税人涉税数据进行统计整理，筛选出税负异常变动企业，按企业规模进行统计汇总；同时组织专门人员

表 A2-33　　2010 年 1—7 月全市增值税一般纳税人分行业应纳税负率

金额单位：万元

行业名称	重点税源					非重点税源					全部企业				
	销售额	应纳税额	免抵税额	税负（%）	同比升幅（个百分点）	销售额	应纳税额	免抵税额	税负（%）	同比升幅（个百分点）	销售额	应纳税额	免抵税额	税负（%）	同比升幅（个百分点）
煤炭开采和洗选业	292 483	38 913		13.30	7.16	53 574	278		0.52	0.15	346 057	39 191		11.33	6.10
农副食品加工业	150 232	1141	2	0.76	0.05	234 688	615	340	0.41	0.13	384 920	1 755	342	0.54	0.08
食品制造业	12 257	646	2	5.29	−0.19	38 882	624	803	3.67	0.45	51 139	1 270	805	4.06	0.23
饮料制造业	48 615	2 226	762	6.15	1.59	4 073	169		4.16	1.11	52 688	2 395	762	5.99	1.55
纺织业	291 731	8 159	449	2.95	0.31	443 194	11 086	617	2.64	0.45	734 925	19 245	1 066	2.76	0.39
纺织服装、鞋、帽制造业	5 606	48	189	4.23	−0.58	16 628	610	197	4.86	1.66	22 233	658	387	4.70	0.87
皮革、毛皮、羽毛（绒）及其制品业	35 743	996		2.79	0.69	75 607	2 310	490	3.70	0.59	111 349	3 305	490	3.41	0.55
木材加工及木、竹、藤、棕、草制品业	14 922	475	315	5.29	0.84	235 687	4 459	6 072	4.47	1.51	250 609	4 933	6 387	4.52	1.46
家具制造业						7 455	135	117	3.38	−0.11	7 455	135	117	3.38	−0.11
造纸及纸制品业	24 672	500		2.03	−0.75	16 426	397		2.42	0.15	41 098	897		2.18	−0.33
印刷业和记录媒介的复制印刷	902	33		3.67	−1.36	12 544	447		3.56	−0.01	13 446	480		3.57	−0.09
文教体育用品制造业						2 723	20	53	2.68	−2.31	2 723	20	53	2.68	−2.31
石油加工、炼焦及核燃料加工业	1 023 952	1 857		0.18	−1.28	36 721	202		0.55	0.39	1 060 673	2 059		0.19	−1.21
化学原料及化学制品制造业	297 876	10 590	2 863	4.52	1.32	178 761	2 226	200	1.36	−0.57	476 637	12 816	3 063	3.33	0.50
化学纤维制造业															
橡胶制品业	13 830	385	66	3.26	−0.29	4 127	73	2	1.83	−1.24	17 958	459	68	2.94	−0.47
塑料制品业	1 406	65		4.63	1.24	23 262	538	215	3.24	1.01	24 668	603	215	3.32	1.00
非金属矿物制品业	121 481	2 287	69	1.94	−1.34	30 497	999	20	3.34	0.03	151 978	3 286	89	2.22	−1.07
黑色金属冶炼及压延加工业						2 052	31		1.49	0.02	2 052	31		1.49	0.02

续表

行业名称	重点税源					非重点税源					全部企业				
	销售额	应纳税额	免抵税额	税负（%）	同比升幅（个百分点）	销售额	应纳税额	免抵税额	税负（%）	同比升幅（个百分点）	销售额	应纳税额	免抵税额	税负（%）	同比升幅（个百分点）
有色金属冶炼及压延加工业	36 386	143		0.39	−0.97	158	10		6.62	6.62	36 543	153		0.42	−0.95
金属制品业	2 747	23		0.84	−0.78	78 315	821	296	1.43	0.02	81 063	844	296	1.41	−0.01
通用设备制造业	40 167	1 250	14	3.15	−3.11	33 023	884		2.68	−0.34	73 190	2 134	14	2.93	−1.83
专用设备制造业	1 490	39		2.62	−6.02	15 721	431	4	2.76	−0.82	17 210	470	4	2.75	−4.94
交通运输设备制造业	553	62		11.13	−0.46	15 508	346		2.23	−1.08	16 061	407		2.54	−1.32
电气机械及器材制造业	85 615	2 903	529	4.01	1.41	22 823	510	15	2.30	−0.58	108 438	3 413	543	3.65	1.01
通信设备、计算机及其他电子设备制造业						2 534	110		4.34	−0.80	2 534	110		4.34	−0.80
仪器仪表及文化、办公用机械制造业						2 867	121		4.24	−0.55	2 867	121		4.24	−0.55
工艺品及其他制造业	3 216	135		4.21	1.24	67 749	1 552	1 653	4.73	1.91	70 965	1 687	1 653	4.71	1.87
废弃资源和废旧材料回收加工业	10 442	183		1.75	−0.30	13 633	326		2.39	0.24	24 075	509		2.11	−0.02
电力、热力的生产和供应业	509 239	18 175		3.57	−2.00	4 461	0		0.00	−0.30	513 700	18 175		3.54	−1.98
燃气生产和供应业	8 304	320		3.85	−0.19	101	4		4.10	0.80	8 405	324		3.85	−0.18
水的生产和供应业	725					758				−0.12	1 483				−0.06
建筑安装业						1 251	21		1.69	0.05	1 251	21		1.69	0.05
其他建筑业						736	1		0.07	−16.93	736	1		0.07	−16.93
仓储业						23					23				
批发业	1 020 986	9 687		0.95	0.09	489 238	5 854		1.20	0.03	1 510 225	15 541		1.03	0.08
零售业	115 265	2 261		1.96	−2.10	291 472	3 432		1.18	0.31	406 737	5 693		1.40	−0.14
其他服务业						4 769	233		4.89	−2.19	4 769	233		4.89	−2.19

对这些涉税数据进行案头分析，由管理员下户核实。要进一步强化对企业的日常监控分析，对企业生产要素关键指标及时采集并进行深入分析，防止企业出现偷漏税问题，切实化解税收执法风险。特别是对连续二个月零负申报和税负异常下降的企业进行及时分析，有重大问题的要及时移交稽查部门。对一些集团型企业或外商投资企业或外国企业，要以整体监控分析为主，针对产业链、生产链、销售链等运作的特征，掌握成员企业生产工艺及投入产出的关系，防止利用关联交易转移、调节税款，监督企业如实申报。三是要进一步加强税务稽查力度。严格按照稽查制度的要求，实行经常性稽查和突击性稽查相结合的办法，通过稽查来发现问题。要明确重点，把管理移送的零负申报或低税负企业作为重点稽查对象，将账务不健全、申报不真实的行为作为稽查的重点范围。同时要提高提高稽查准确率，不断强化税收稽查的震慑力。稽查人员要加强学习，提高自身的业务素质，提高稽查的针对性和有效性。积极探索新的稽查方法，扩大检查范围，做到查处一个，带出一片，警示一方。对已经查实的违法案件，必须严格按照税收处罚的有关规定进行严肃查处。充分发挥税务稽查震慑作用，减少偷、漏税等违法行为的发生。

建议××区、××和××加强对非重点税源企业一般纳税人的监控和管理，缩小与重点税源的税负差距。建议××、××、××和××区加强对重点税源的分析，找出重点税源税负同比下降的原因。建议××对全县一般纳税人进行专项检查，重点分析整体税负偏低，重点税源税负低于非重点税源并同比下降等问题，找出根本原因，针对问题制定相应措施，进一步提高增值税一般纳税人税负，缩小与全市的差距。

（三）重点行业数据及主要风险点

1. 农副食品加工业

我市的农业经济比重较大，农副食品加工业在各县区比较普遍。2010 年 1—7 月份，全市农副产品加工业实现销售额 384 920 万元，同比增长 14.67%，实现应纳税额 2 097 万元，同比增长 34.94%，全市平均税负为 0.54%。其中重点税源税负为 0.76%，非重点税源为 0.13%，税负相差较大（见表 A2-34）。

从该行业情况看，××区和××出现税负同比下降，××重点税源税负下降较多，各县区普遍存在重点税源税负高于非重点税源企业，××区、××、××和××相差较大。

税收风险预警建议：各县区要加强对该行业的日常监控，特别是对非重点税源企业，防止一些纳税人可能采取“自开、自抵”的办法，随意开具收购发票偷逃税款，造成期末留抵税款数额较大，部分企业可能存在投入产出不配比、账实不符、税负率偏低、发票开具不实，销售额增长的情况下，税收收入却增幅不大等问题。建议××区、××、××和××对非重点税源企业进行专项检查，分析与重点税源之间的税负差距，加强日常管理和检查。建议××区、××和××要对该行业进行全面检查，分析税负低的原因。建议××对该行业重点税源企业进行专项检查，分析税负同比下降较多的原因。

2. 纺织业

纺织业一直以来都是我市的重点行业，目前我市纺织行业为劳动密集型产业，受金融危机影响大，如出现外销、内需严重受挫，很有可能造成企业开工不足，生产不能满负荷运行和劳动力无序竞争。再者我市大部分企业技术水平不高，科技含量较低，产品附加值低，投资回报期长，效益相对低下。属于能耗相对较高、污染重等落后生产工艺和设备的

表 A2-34　　**2010 年 1—7 月全市农副产品加工业增值税应纳税负率**　　金额单位：万元

地区	全部企业					重点税源					非重点税源				
	销售额	应纳税额	免抵税额	税负（%）	同比升幅（个百分点）	销售额	应纳税额	免抵税额	税负（%）	同比升幅（个百分点）	销售额	应纳税额	免抵税额	税负（%）	同比升幅（个百分点）
××区	22 145	178	5	0.83	−0.01	2 771	126		4.54	0.53	19 374	52	5	0.30	−0.01
××	24 146	187	5	0.80	0.13	4 299	128		2.98	0.67	19 847	59	5	0.32	0.06
××	7 141	103	2	1.48	0.35	2009	63	2	3.22	0.65	5 132	41		0.79	0.24
××	45 665	596	4	1.32	0.53	26 311	569		2.16	1.03	19 354	27	4	0.16	−0.01
××	114 351	129	258	0.34	0.07				0.00	0.00	114 351	129	258	0.34	0.07
××	26 398	69	66	0.51	0.05				0.00	0.00	26 398	69	66	0.51	0.05
××	3 487	21		0.60	0.18				0.00	0.00	3 487	21		0.60	0.18
××	32 094	250	1	0.78	−1.58	23 795	119		0.50	−2.42	8 299	131	1	1.59	0.49
××	57 082	168	1	0.30	0.03	53 073	136		0.26	0.01	4 009	33	1	0.84	−0.29
××区	52 410	53		0.10	0.06	37 972	0		0.00	0.00	14 438	53		0.37	0.28
全　市	384 920	1 755	342	0.54	0.08	150 232	1 141	2	0.76	0.05	234 688	615	340	0.41	0.13

表 A2-35　　**2010 年 1—7 月全市纺织业增值税应纳税负率**　　金额单位：万元

地区	全部企业					重点税源					非重点税源				
	销售额	应纳税额	免抵税额	税负（%）	同比升幅（个百分点）	销售额	应纳税额	免抵税额	税负（%）	同比升幅（个百分点）	销售额	应纳税额	免抵税额	税负（%）	同比升幅（个百分点）
××区	26 666	694	51	2.79	0.68	4 832	296		6.12	1.32	21 834	398	51	2.06	0.54
××	89 456	2 231	419	2.96	0.43	29 619	867	314	3.99	0.84	59 838	1 364	105	2.46	0.37
××	30 621	583		1.90	−0.36	22 235	373		1.68	−0.31	8 386	210		2.51	−0.50
××	30 894	735	74	2.62	0.71	11 109	235	45	2.52	0.39	19 785	500	29	2.68	0.91
××	41 577	1 065	3	2.57	0.04	10 391	428		4.12	−0.03	31 186	637	3	2.05	0.18
××	398 033	10 856	204	2.78	0.42	145 658	4 013		2.76	0.37	252 375	6 843	204	2.79	0.46
××	51 612	1 223		2.37	−0.11	14 529	423		2.91	0.23	37 084	800		2.16	−0.22
××	19 702	591		3.00	0.19	16 603	467		2.81	0.24	3 099	125		4.02	0.46
××	24 581	892		3.63	1.10	20 575	800		3.89	1.07	4 006	92		2.31	0.37
××区	21 783	374	315	3.16	1.00	16 181	258	90	2.15	−0.83	5 602	116	225	6.09	6.09
全　市	734 925	19 245	1 066	2.76	0.39	291 731	8 159	449	2.95	0.31	443 194	11 086	617	2.64	0.45

企业，这类企业只能生产质量低的纺织品，主要靠数量来取胜。即使企业想换新设备搞产业升级，也会因为资金紧张望而却步，最后也只能倒闭或被兼并，造成全市该行业税负一直不高。2010 年 1—7 月，该行业共实现销售额 734 925 万元，同比增长 18.25％，实现应纳税额 20 311 万元，同比增长 37.54％，全市平均税负为 2.76％，同比提高 0.39 个百分点。其中重点税源企业税负为 2.95％，同比提高 0.31 个百分点，非重点税源企业税负为 2.64％，同比提高 0.45 个百分点（见表 A2-35）。

总的来看，纺织行业各县区税负相差不大，重点税源与非重点税源企业税负大部分县区基本一致，除××和××外，其余 8 个县区税负较去年同期均有不同程度的提升。

综合以上因素，初步分析该行业部分企业存在以下风险点：一是是否存在隐瞒销售收入的问题。如销售对象有一部分是小规模纳税人，对方不需要增值税专用发票抵扣税款，部分纺织企业是否存在销售产品后不开具发票，也不计销售收入，甚至是两头都在外的手段和方法偷税。二是日常管理是否存在问题。纺织企业地域分散，企业管理水平参差不齐，并且各地在企业管理要求上也存在差异。加上纺织企业大部分规模不大，基本上是以销定产，盘点库存困难，企业是否存在账上有，账下无的现象。三是是否存在企业财务核算不健全，日常管理监督不到位造成税款的流失或不能及时入库等问题。四是是否存在人为因素造成税负过高或过低。

税收风险预警建议：一是根据企业纳税信用、财务管理水平、税负率等情况，对纺织企业实行分类监控管理。主要注重强化企业生产规模、生产能力的监控管理。防止企业隐瞒销售额、加工费收入偷税和超越生产规模和生产能力虚增销售额虚开发票的行为。全面掌握企业各项原辅材料、包装物、燃动力的购进及耗用情况，防止虚增购进数量和金额进而虚增进项抵扣税额。二是要加强日常管理。针对不同类型的纺织企业，税收管理员要结合税负情况加强对纺织行业的综合监控，对税负过低或过高的企业，要深入进行分析，及时开展税务约谈，对零负申报和税负较低的企业，要实行纳税评估，发现问题及时移交税务稽查部门。三是要加强对纺织行业会计的政策辅导，定期组织企业会计学习税收法律、法规等知识，加深其对税法的认识，确保企业会计能尽职责，从源头堵塞税收征收管理漏洞，促进纺织行业税收管理规范化、科学化、精细化。四是重点管严发票，积极推行“以电管税”。要加强纺纱企业农产品收购发票的监管，核实其票、款、货是否一致，是否存在汇总开具农产品收购发票的情况。同时在通过用电量科学测算理论产量的基础上，加强存货盘点，准确把握应税收入的实现。

建议××区和××对非重点税源企业进行深入调研，分析与重点税源税负之间的差距。建议××和××区对重点税源企业进行专项检查，分析重点税源企业税负较低的原因。建议××对该行业进行全面检查，找出税负较低和同比下降的原因，针对问题制定相关措施，缩小与全市的差距。

3. 化学原料及化学制品制造业

2010 年 1—7 月，该行业共实现销售额 476 637 万元，同比增长 132.04％，实现应纳税额 15 879 万元，同比增长 172.74％，全市平均税负为 3.33％，同比提高 0.5 个百分点。其中重点税源企业税负为 4.52％，同比提高 1.32 个百分点，非重点税源企业税负为 1.36％，同比下降 0.57 个百分点（见表 A2-36）。

表 A2-36　　**2010 年 1—7 月全市化学原料及化学制品制造业增值税应纳税负率**　　金额单位：万元

地区	全部企业					重点税源					非重点税源				
	销售额	应纳税额	免抵税额	税负（%）	同比升幅（个百分点）	销售额	应纳税额	免抵税额	税负（%）	同比升幅（个百分点）	销售额	应纳税额	免抵税额	税负（%）	同比升幅（个百分点）
××区	7 511	133		1.77	0.49						7 511	133	0	1.77	0.49
××	41 388	1 025	46	2.59	−0.88	32 242	871		2.70	−0.98	9 146	154	46	2.19	−0.31
××	48 447	437	1897	4.82	1.12	44 779	301	1 897	4.91	1.15	3 667	136		3.70	0.84
××	3 391	76		2.24	1.22	1 212	59		4.90	4.90	2 179	17		0.77	−0.26
××	9 280	177		1.91	−0.21						9 280	177		1.91	−0.21
××	2 534	93		3.66	0.17						2 534	93		3.66	0.17
××	39 575	1 249	1 058	5.83	0.72	23 194	981	916	8.18	2.30	16 381	268	142	2.50	−1.07
××	22 936	419	62	2.10	0.32	15 914	205	50	1.60	0.10	7 022	214	12	3.21	0.73
××	199 684	8 910		4.46	3.03	178 601	7 996		4.48	2.85	21 083	913		4.33	3.60
××区	101 891	299		0.29	−2.11	1 934	176		9.10	−2.74	99 957	123		0.12	−0.57
全　市	476 637	12 816	3 063	3.33	0.50	297 876	10 590	2 863	4.52	1.32	178 761	2 226	200	1.36	−0.57

总的来看，全市化工行业在经受了经济危机冲击后复苏明显，销售额和实现税收都大幅增长，平均税负同比提高，但非重点税源税负同比下降。从分县区情况看，各县区均涉及化工行业，主要集中在××和××区，但税负相差较大。税负较高的是××、××和××，税负最低的××区仅为0.29%。从增长速度看，××、××和××提高较快，××、××和××区同比下降。从企业类型看，除××外其余县区重点税源均高于非重点税源，但部分县区差距较大，如××区和××重点税源企业税负分别为9.1%和8.18%，比非重点税源企业分别高8.98%和5.68%个百分点。

综合以上因素，初步分析该行业部分企业存在以下风险点：一是部分企业是否存在“高进低出”避税、或“低价销售至账外转售”的偷税行为；是否存在产品、副产品销售不入账；材料、成品包装物、废旧工程物资销售不入账或挂往来，研发产品直接销售不入账，不申报纳税等隐瞒销售收入的问题。二是是否存在提前或多结转成本性支出或递延性支出一次性进制造费用，增加成本等产品成本核算不规范的问题。三是是否存在管理上的漏洞，造成税款流失或未能及时实现。四是是否存在人为因素造成税负过高或过低。

税收风险预警建议：一是加大税收政策的宣传力度。把税收宣传融入到日常税收征管中，对纳税人进行培训、辅导，使纳税人的守法意识得到提高。二是完善基础信息资料。建立化工企业生产工艺台账，对企业产品名称结构、具体生产工艺流程、基本原材料组成和所需数量、单位产品能耗、有无下脚料或衍生产品等基本情况进行登记，掌握企业基本情况。三是加强日常税收管理。在日常管理中及时采集相关涉税指标，并将各项指标进行分析，通过产品数量与原材料用量的对应关系，核实原材料进项税额，看有无多抵扣和虚开抵扣的现象；通过单位产品能耗和账面所用数量，测算产品生产量，结合存货情况核实销售，看企业有无少申报和迟申报现象；对下脚料或衍生产品进行核实，促使企业自觉申报。四是实行“链条式”的管理。将每个纳税人的各项涉税指标分类归集逐一进行比较，从而发现每个企业在哪项指标上存在问题，有针对性地去进行管理。

建议××和××对该行业非重点税源企业进行摸底检查，分析税负与重点税源的差距，做好非重点税源企业的日常管理。建议××、××和××区对行业进行全面分析，找出行业税负低、税负同比下降等问题的原因，特别是××区要着重分析重点非重点企业税负差距大的原因。

4. 医药制造业

2010年1—7月，该行业共实现销售额200 640万元，同比增长22.32%，实现应纳税额19 088万元，同比增长25.82%，全市平均税负为9.51%，同比提高0.26个百分点。其中重点税源企业税负为11.83%，同比提高2.14个百分点，非重点税源企业税负为0.89%，同比下降1.73个百分点，重点税源与非重点税源税负差距很大（见表A2-37）。

总的来看，销售额和实现税收都大幅增长，平均税负同比提高，但非重点税源税负同比下降。各县区均涉及该行业，但主要集中在××区，1—7月××区该行业一般纳税人实现销售额174 751万元，占全市的87.1%，实现应纳税额18 073万元，占全市的94.68%。县区间税负差距很大，较高的××和××区分别达到10.57%和10.34%，较低的××和××仅为1.65%和1.86%。从增长速度看，××和××增长较快，分别同比提高了4.39和1.33个百分点，有4个县区税负同比下降，下降较多的是××和××，分别下降了4.04

表 A2-37

2010 年 1—7 月全市医药制造业增值税应纳税负率

金额单位：万元

地区	全部企业					重点税源					非重点税源				
	销售额	应纳税额	免抵税额	税负（%）	同比升幅（个百分点）	销售额	应纳税额	免抵税额	税负（%）	同比升幅（个百分点）	销售额	应纳税额	免抵税额	税负（%）	同比升幅（个百分点）
××区	174 751	18 073		10.34	0.28	142 924	18 068		12.64	2.49	31 828	5		0.02	−1.52
××	3 422	104		3.04	0.43	1 730	43		2.51	0.20	1 692	61		3.58	0.37
××	1 128	62	6	6.02	−0.38						1 128	62	6	6.02	−0.38
××	115	10		8.87	4.39						115	10		8.87	4.39
××	1 194	126		10.57	−2.40	1 187	126		10.64	−2.63	8				
××	266	4		1.65	−4.04						266	4		1.65	−4.04
××	2 926	54		1.86	0.31						2 926	54		1.86	0.31
××	2 552	103	11	4.44	1.33						2 552	103	11	4.44	1.33
××	10 053	268		2.66	−1.41	9 148	227		2.49	−1.74	905	40		4.45	1.68
××区	4 232	267		6.31	0.54	3 158	244		7.72	−0.12	1 074	23		2.16	0.45
全　市	200 640	19 071	16	9.51	0.26	158 147	18 708		11.83	2.14	42 492	363	16	0.89	−1.73

和1.41个百分点。分企业类型看，重点税源与非重点税源企业税负差距较大，××区重点税源税负达到12.64%，而非重点税源企业仅为0.02%。

综合以上因素，初步分析该行业部分企业存在以下风险点：一是部分企业是否存在漏记、少记销售收入，账目混乱、账目不健全、账外经营，甚至不建账、刻意隐瞒销售收入等现象。二是是否存在生产企业发票使用不规范，对经销商仅以发货单、提货单等代替发票，少缴税款的问题。三是是否存在分支机构较多，存在挂靠现象，名为公司的分支机构，实际是自主经营、自行核算、自负盈亏。但不办理税务登记，不申报纳税的问题。

税收风险预警建议：一是加大税收宣传力度，提高医药行业纳税意识。着重开展税收政策宣传和严厉打击税收违法行为的宣传。申明国税部门坚决打击税收违法行为的立场，督促警示纳税人注意维护自身权益，认真履行纳税义务。二是强化信息采集，积极开展财务分析。深入企业了解主要药品的生产流程，掌握药品的所有剂型和品种，进一步采集企业各种财务指标，积极开展财务分析，完善企业基础信息资料便于日后监督管理。三是强化企业购产销环节监控。全面掌握企业的原材料采购计划，做好原材料采购对入库税收的影响分析；掌握药品所用主要原材料的投入产出量以及成本耗用情况；同时加强对库存产品发出情况的监管力度，防止商品发出不计收入情况的发生。四是强化纳税评估。结合行业特点，合理设置纳税评估监控指标，按月对辖区内规模相当的制药业之间进行数据比对，及时发现疑点问题、筛选评估对象、实施纳税评估。

建议××和××对该行业进行全面分析检查，找出税负低和同比下降的原因。建议××对重点税源企业进行分析，找出税负同比下降的原因。建议××区，对该行业进行专题分析，对非重点税源企业开展专项检查，分析非重点税源企业税负较低的原因。

5. 电力、热力的生产和供应业

2010年1—7月，该行业共实现销售额513 700万元，同比增长17.9%，实现应纳税额18 175万元，同比下降24.42%，全市平均税负为3.54%，同比下降1.98个百分点。几乎全部为重点税源企业，税负为3.57%，同比下降2个百分点。

总的来看，全市电力行业一般纳税人几乎全部为重点税源企业，今年以来销售额同比增长，但应纳税额同比下降，造成税负比去年同期下降较大。分县区看，该行业县区间税负较为平均，但个别县区税负偏低，税负较高的是××区和××，达到6.01%和5.97%，较低的××和××为2.86和2.96。从增长情况看，全市有6个县区税负同比下降，下降较大的是××区和××，分别下降2.94和1.63个百分点（见表A2-38）。

综合以上因素，初步分析该行业部分企业存在以下风险点：一是是否存在电力销售结算价与结算定价相同、采取“直供”方式销售电力发生的预收电价业务在电力产品发出后不记入产品销售收入、申报的应税收入（销项税额）与账列应税收入（销项税额）不一致、销售收入不入账，未计提、申报销项税额等隐瞒销售收入的问题，二是是否存在购进货物入库凭据与取得的发票上的数量、金额不一致；购进货物或者应税劳务用于非应税项目、固定资产改良支出、集体福利或者个人消费未转出进项税额。三是是否存在税收优惠企业管理不完善的问题，如资源综合利用企业使用煤矸石（石煤、油母页岩、煤泥）比例未达到原料总量的60%等。

表 A2-38 2010 年 1—7 月份全市电力、热力的生产和供应业增值税应纳税负率 金额单位：万元

地区	全部企业					重点税源					非重点税源				
	销售额	应纳税额	免抵税额	税负（%）	同比升幅（个百分点）	销售额	应纳税额	免抵税额	税负（%）	同比升幅（个百分点）	销售额	应纳税额	免抵税额	税负（%）	同比升幅（个百分点）
××区	2 316	139		6.01	—0.23	2 316	139		6.01	—0.23					
××	23 803	784		3.30	—0.30	23 803	784		3.30	—0.30					
××	30 351	1 812		5.97	—0.68	30 351	1 812		5.97	—0.68					
××	16 646	889		5.34	0.75	16 644	889		5.34	0.75	2	0		4.49	4.49
××	26 740	1 393		5.21	0.70	26 740	1 393		5.21	0.70					
××	42 846	1 267		2.96	—0.25	42 846	1 267		2.96	—0.25					
××	8 575	455		5.30	0.66	8 575	455		5.30	0.66					
××	9 211	454		4.93	1.66	9 211	454		4.93	1.66					
××	22 501	644		2.86	—1.63	22 501	644		2.86	—1.63					
××区	330 711	10 337		3.13	—2.94	326 252	10 337		3.17	—2.97	4 459				—0.30
全　市	513 700	18 175		3.54	—1.98	509 239	18 175		3.57	—2.00	4 461	0		0.00	—0.30

税收风险预警建议：一是加强电力行业户籍清理，及时掌握所有电站的设立、变更、注销、登记情况，完善电力行业基础信息。二是加强电力行业增值税一般纳税人认定，对达到增值税一般纳税人标准和条件的电力企业，必须严格按规定认定为增值税一般纳税人，按一般纳税人进行管理。三是加强电力行业账务辅导，建立健全税收征管档案，加大未按规定设置账簿的纳税辅导力度，促进电力企业建立健全账务核算，对电力生产企业进行定期和不定期检查，防止出现隐瞒销售收入情况的出现。

建议××、××和××区对该行业进行全面分析，查找税负并且同比下降的原因。建议××区和××针对税负下降的企业进行专项检查。

6. 批发零售业

2010年1—7月，全市批发行业共实现销售额1 510 225万元，同比增长19.37%，实现应纳税额15 541万元，同比增长29.04%，全市平均税负为1.03%，同比提高0.08个百分点。其中重点税源企业税负为0.95%，同比提高0.09个百分点，非重点税源企业税负为1.2%，同比提高0.03个百分点（见表A2-39）。

总的来看，全市批发业主要集中在××和××区，其他县区规模较小。县区间税负差距较大，较高的有××和××，较低的是××和××，税负仅为0.22%和0.5%。全市有6个县区税负同比上升，较快的是××区提高了0.28个百分点，有4个县区同比下降，××和××下降较多，分别下降了0.85和0.83个百分点。从企业类型看，重点税源税负普遍高于非重点税源，但个别县区两者相差较大，××区、××和××的重点税源税负分别为16.96%、17%和7.85%，而非重点税源企业税负为1.11%、1.33%和1.81%；××重点税源企业税负仅为0.14%，非重点税源企业税负则达到1.53%。

2010年1—7月，全市零售行业共实现销售额406 737万元，同比增长69.03%，实现应纳税额5 693万元，同比增长53.24%，全市平均税负为1.4%，同比下降了0.14个百分点。其中重点税源企业税负为1.96%，同比下降2.1个百分点，非重点税源企业税负为1.18%，同比提高0.31个百分点（见表A2-40）。

总的来看，全市零售业主要集中在××区和××区，其他县区规模较小。县区间税负差距较大，比较高的××和××分别为6.76%和4.44%，较低的××只有0.6。全市5个县区同比提高，5个县区同比下降。除××区、××和××区重点税源企业涉及该行业其余各县区均为非重点税源企业，三个县区重点税源企业税负均高于非重点税源企业，××区和××重点非重点税负相差较大。

综合以上因素，初步分析该行业部分企业存在以下风险点：一是是否存在行业分布广，规模普遍较小且数量大，造成日常监管不及时，存在漏征漏管，税款流失的问题。二是是否存在发票管理不严，部分企业虚开或不开发票等偷税行为。三是是否存在部分纳税人少计或不计销售收入，或存在账务管理混乱的问题。四是是否存在人为调节税款的问题。

税收风险预警建议：一是加强重点批发零售业的税源管理，把握税收主动权。建档跟踪批发零售行业中的重点税源大户，对每月销售额增减幅度较大的纳税户进行逐户分析、下户核实，进一步掌握纳税人当前经营变化状况，对其日常经营及经营变动情况做到心中有数。二是认真做好纳税评估，查找异常。按月筛选税负较低户及纳税异常户，分析其库

表 A2-39

2010 年 1—7 月批发业税负情况表

金额单位：万元

地区	全部企业					重点税源					非重点税源				
	销售额	应纳税额	免抵税额	税负（%）	同比升幅（个百分点）	销售额	应纳税额	免抵税额	税负（%）	同比升幅（个百分点）	销售额	应纳税额	免抵税额	税负（%）	同比升幅（个百分点）
××区	130 177	2 115		1.62	0.19	4 245	720		16.96	0.05	125 932	1 395		1.11	0.21
××	32 339	787		2.43	−0.67	1 585	109		6.89	−8.63	30 754	678		2.20	−0.04
××	14 249	297		2.08	−0.30	3 573	197		5.51	1.30	10 676	100		0.94	−0.72
××	25 002	764		3.05	−0.83	3 761	119		3.15	3.15	25 002	764		3.05	−0.83
××	37 478	488		1.30	0.12					−1.35	33 718	369		1.09	−0.05
××	134 629	669		0.50	0.00	60 808	281		0.46	−0.02	738 22	388		0.53	0.01
××	40 837	1 440		3.53	0.05	11 584	910		7.85	−1.46	29 254	531		1.81	0.78
××	28 646	404		1.41	−0.85	138	23		17.00	0.01	28 508	380		1.33	−0.49
××	703 517	1524		0.22	0.19	663 261	907		0.14	0.13	40 256	617		1.53	1.12
××区	363 349	7054		1.94	0.28	272 032	6 421		2.36	0.29	91 316	633		0.69	0.07
全　市	1 510 225	15 541		1.03	0.08	1 020 986	9 687		0.95	0.09	489 238	5 854		1.20	0.03

表 A2-40

2010 年 1—7 月零售业税负情况表

金额单位：万元

地区	全部企业					重点税源					非重点税源				
	销售额	应纳税额	免抵税额	税负（%）	同比升幅（个百分点）	销售额	应纳税额	免抵税额	税负（%）	同比升幅（个百分点）	销售额	应纳税额	免抵税额	税负（%）	同比升幅（个百分点）
××区	116 969	1490		1.27	−0.39	7 961	754		9.47	−0.97	109 008	736		0.68	−0.06
××	10 650	137		1.29	0.41						10 650	137		1.29	0.41
××	16 294	1101		6.76	−2.60	7 463	677		9.08	−7.92	8 831	424		4.80	3.92
××	5 523	55		0.99	0.10						5 523	55		0.99	0.10
××	10 698	149		1.40	−0.81						10 698	149		1.40	−0.81
××	17 593	105		0.60	−0.72						17 593	105		0.60	−0.72
××	4044	81		2.01	1.06						4 044	81		2.01	1.06
××	2 292	22		0.95	0.02						2 292	22		0.95	0.02
××	28 293	1 255		4.44	2.79						28 293	1 255		4.44	2.79
××区	194 382	1 298		0.67	−0.04	99 842	830		0.83	0.02	94 540	468		0.50	−0.14
全　市	406 737	5 693		1.40	−0.14	115 265	2 261		1.96	−2.10	291 472	3 432		1.18	0.31

存变化和税负率低的原因，有针对性地采取管理措施。严格确认销售实现时间。三是积极开展日常检查，堵塞税收漏洞。注重对行业各主要品种的毛利率、平均利润率、税负率等信息的搜集，按月筛选税负较低及纳税异常户，分析纳税人库存变化和税负率低的原因。四是严格确认销售实现时间。对纳税人的销售合同、订单进行认真审核，对不同结算方式的销货合同准确确认销售的具体实现时间，指导纳税人正确计算应缴税金。五是认真做好发票管理工作。对重点批发零售业户进行专项发票检查，做到以票管税、以票控税。

三、小规模纳税人申报情况及主要风险点

本文通过 CTAIS 系统在认定管理中查询出所有认定为小规模的纳税人，然后通过提取 ctais 后台数据，查询出所有被认定为小规模的纳税人申报信息，对应纳销售额、应纳税额、减免税额等信息进行比对分析。2010 年 1—7 月，全市小规模纳税人共实现全部销售收入 165 802 万元，同比增长 25.61%，增加 33 806 万元。实现应税销售收入 205 558 万元，同比增长 22.38%，增加 37 585 万元。实现应纳税额 6 087 万元，同比增长 36.92%，增加 1641 万元。应纳税额占应税销售收入比重为 2.96%。分县区看，实现应税销售收入和应纳税额较多的是××区、××区、××和××。应纳税额 10 个县区全部实现同比增长但增速差距较大，增长较快的是××区、××和××，增幅在 30%以上，增长较慢的是××，增幅为 2.23%。应纳税额占应税销售收入比重各县区比较平均，只有××区为 2.07%，比其他县区低 1 个百分点。分县区情况如表 A2-41 所示。

分行业看，全市小规模纳税人共涉及 51 个行业，实现应税销售收入较多的是零售业、电信和其他信息传输服务业、非金属矿物制品业和批发业。实现应纳税额较多的是零售业、房地产业、非金属矿物制品业和批发业。51 个行业中实现应税销售额同比增长的有 38 个，下降的有 10 个，应纳税额同比增长的有 35 个，同比下降的 12 个。分行业情况如表 A2-42 所示。

总的来看，全市小规模纳税人销售收入和应纳税额都比去年同期有所增长，但各县区增幅差距较大，小规模纳税人还是主要集中在批发零售业，存在分布广、规模普遍不大，不利于日常监控管理。

综合以上因素，初步分析该行业部分企业存在以下风险点：一是是否存在部分税务干部主观上重视不够，只注重对一般纳税人的管理，而对小规模纳税人的税收监管相对薄弱，给部分纳税人有机可钻，恶意偷逃税收的问题。二是是否存在税收管理员素质水平、业务能力相对较低，而且人员有限，征管力量不足的问题。三是在小规模纳税人的日常监控管理中是否存在管理员只凭经验核定税收，缺乏科学有效的税收监控手段。四是是否存在部分纳税人不按规定设账，造假账；不按规定开具发票或虚假代开发票；不主动申报或申报不真实等问题。

税收风险预警建议：一是进一步提高小规模纳税人管理的重视程度。要抽调素质水平高、业务能力强的税收管理员管理小规模纳税人，同时加强对小规模纳税人的政策宣传和纳税辅导，督促完善其账务，真实准确申报应税收入。二是进一步落实税收管理员制度。加强对一线税收管理员的培训，提高其履行职责能力和业务操作技能。同时明确职责，

表 A2-41 **2010 年 1—7 月全市小规模纳税人申报分县区情况表** 金额单位：万元

地区	全部销售收入			应税销售收入			应纳税额				减免税额		
	2010 年 1—7 月	增长额	增长率（%）	2010 年 1—7 月	增长额	增长率（%）	2010 年 1—7 月	增长额	增长率（%）	占应税销售收入比重%	2010 年 1—7 月	增长额	增长率（%）
全　市	165 802	33 806	25.61	205 558	37 585	22.38	6 087	1 641	36.92	2.96	831	−11	−1.32
××区	37 711	2 619	7.46	37 731	2 537	7.21	1 250	145	13.13	3.31	261	−108	−29.32
××	16 737	3 359	25.11	16 733	3 348	25.01	520	88	20.43	3.11	81	9	12.06
××	11 928	1 594	15.43	11 922	1 590	15.39	384	50	15.02	3.22	88	7	8.08
××	8 487	1 210	16.62	8 489	1 188	16.27	282	37	15.24	3.32	63	11	20.41
××	21 220	5 570	35.59	21 215	5 473	34.77	706	156	28.39	3.33	78	10	15.34
××	14 525	1971	15.70	14 521	1 969	15.69	465	53	12.82	3.20	69	26	60.15
××	21 878	6 930	46.36	21 883	6 921	46.25	724	219	43.44	3.31	55	−1	−2.53
××	9 135	523	6.08	9 134	524	6.08	292	6	2.23	3.19	47	4	10.37
××	11 842	3 010	34.09	11 842	3 012	34.10	384	96	33.35	3.24	35	6	19.69
××区	12 340	7 020	131.96	52 087	11 024	26.85	1 081	790	271.96	2.07	55	26	90.86

表 A2-42　　**2010 年 1—7 月全市小规模纳税人申报分行业情况表**　　金额单位：万元

行业	全部销售收入			应税销售收入			应纳税额			减免税额		
	2010 年 1—7 月	增长额	增长率（%）	2010 年 1—7 月	增长额	增长率（%）	2010 年 1—7 月	增长额	增长率（%）	2010 年 1—7 月	增长额	增长率（%）
农业	166	136	441.06	166	135	442.11	5.84	4.72	421.85	5.08	4.35	591.63
林业	452	427	1 754.11	452	428	1 805.30	14.14	13.22	1 435.30	12.91	12.44	2 658.27
畜牧业	238	215	943.19	237	214	938.23	7.52	6.84	999.02	7.47	6.78	990.82
农、林、牧、渔服务业	28	16	137.55	36	24	203.85	1.17	0.81	228.50	0.13	0.13	
煤炭开采和洗选业	2	−1	−25.00	2	−1	−25.00	0.06	−0.02	−25.00			
非金属矿采选业	30	19	160.00	30	19	160.00	0.91	0.56	160.00			
农副食品加工业	2017	544	36.95	2010	539	36.68	70.62	20.75	41.60	11.06	3.51	46.46
食品制造业	973	191	24.42	972	162	20.00	36.35	6.62	22.28	3.73	−0.29	−7.30
饮料制造业	542	95	21.37	541	95	21.32	49.73	13.33	36.62	0.12	−0.10	−46.64
纺织业	619	190	44.32	619	190	44.31	20.13	6.26	45.16	0.43	0.17	62.97
纺织服装、鞋、帽制造业	622	187	42.90	622	186	42.59	20.73	4.37	26.72	3.40	−0.02	−0.45
皮革、毛皮、羽毛（绒）及其制品业	111	−713	−86.49	111	−713	−86.49	3.42	−25.90	−88.34	0.57	−0.08	−12.41
木材加工及木、竹、藤、棕、草制品业	5 377	3 830	247.61	5 356	3 810	246.35	193.01	141.41	274.01	4.11	−0.01	−0.29
家具制造业	951	295	45.05	951	295	45.05	33.03	11.24	51.56	2.63	0.25	10.64
造纸及纸制品业	375	170	82.64	375	169	82.40	12.97	4.98	62.31	0.12	−0.04	−23.59
印刷业和记录媒介的复制印刷	969	265	37.61	1001	296	42.08	37.25	11.46	44.42	0.67	−0.15	−18.48
文教体育用品制造业	88	29	50.22	95	35	57.75	3.67	1.15	45.95	0.19	−0.02	−8.80

续表

行业	全部销售收入			应税销售收入			应纳税额			减免税额		
	2010年1—7月	增长额	增长率（%）	2010年1—7月	增长额	增长率（%）	2010年1—7月	增长额	增长率（%）	2010年1—7月	增长额	增长率（%）
石油加工、炼焦及核燃料加工业	15	−14	−48.16	15	−14	−48.16	0.46	−0.43	−48.16	0.01	0.00	−10.00
化学原料及化学制品制造业	2 630	−5 451	−67.45	2 668	−5 449	−67.13	91.90	−152.88	−62.46	61.28	−162.81	−72.65
医药制造业	109	1	0.87	122	13	12.48	5.57	0.83	17.49	0.27	0.24	688.60
化学纤维制造业	9	0	−3.55	9	0	−3.55	0.26	−0.01	−3.55			
橡胶制品业	154	19	14.12	154	19	14.16	6.26	0.92	17.32	0.68	0.47	227.37
塑料制品业	1 620	558	52.56	1 619	558	52.55	51.83	18.16	53.95	2.99	−0.27	−8.21
非金属矿物制品业	14 431	3 938	37.52	14 458	3 944	37.51	445.60	123.54	38.36	3.97	0.36	9.93
黑色金属冶炼及压延加工业	100	14	16.38	100	14	16.38	3.01	0.42	16.38			
有色金属冶炼及压延加工业	123	93	308.09	123	93	308.09	3.69	2.78	308.09			
金属制品业	1 395	507	57.04	1 395	507	57.07	47.13	16.60	54.40	3.66	0.91	33.31
通用设备制造业	706	205	40.95	720	211	41.33	25.75	7.28	39.42	1.13	−0.02	−1.82
专用设备制造业	767	323	72.96	767	321	71.88	28.13	11.79	72.11	0.83	0.25	43.86
交通运输设备制造业	349	37	11.80	349	37	11.76	12.89	1.46	12.79	0.20	−0.01	−4.73
电气机械及器材制造业	771	397	106.37	770	396	105.78	24.93	12.55	101.40	0.55	0.12	26.27
通信设备、计算机及其他电子设备制造业	50	29	141.86	50	29	142.03	1.52	0.87	133.54	0.08	−0.01	−14.60
仪器仪表及文化、办公用机械制造业	80	11	16.10	80	11	15.91	2.68	−0.01	−0.45	0.09	0.01	16.35

续表

行业	全部销售收入			应税销售收入			应纳税额			减免税额		
	2010年1—7月	增长额	增长率（%）	2010年1—7月	增长额	增长率（%）	2010年1—7月	增长额	增长率（%）	2010年1—7月	增长额	增长率（%）
工艺品及其他制造业	1 445	652	82.20	1 445	650	81.78	49.80	21.23	74.32	3.58	0.65	22.17
废弃资源和废旧材料回收加工业	95	69	261.53	95	68	260.04	3.66	2.30	168.95	0.09	0.01	16.84
电力、热力的生产和供应业	−1	−1										
燃气生产和供应业	−8	−8										
水的生产和供应业	138	30	28.04	140	25	21.93	5.48	−0.21	−3.64	0.01	0.01	855.92
建筑安装业	89	89		89	89		22.16	22.16				
建筑装饰业	−4	−4	−863.36	0.02	−0.48	−96.50	0.00	−0.49	−99.11			
仓储业	20	−43	−68.70	20	−43	−68.66	1.03	−0.95	−47.99	0.26	−1.63	−86.34
电信和其他信息传输服务业	32	32		39 169	4 270	12.24	0.95	0.95				
计算机服务业	5	−3	−33.98	5	−3	−33.98	0.15	−0.08	−33.98	0.03	0.01	100.00
批发业	8 921	2 035	29.55	9 307	1 610	20.91	371.79	92.58	33.16	50.21	21.60	75.52
零售业	108 324	25 029	30.05	108 405	24 975	29.94	3 433.25	859.03	33.37	602.99	102.51	20.48
银行业	1 368	−3 811	−73.58	1 368	−3 811	−73.58	93.69	−244.84	−72.32			
其他金融活动	24	−7	−22.50	24	−7	−22.50	4.38	−1.24	−22.13			
房地产业	2 632	2 413	1 098.83	2 632	2 402	1 042.22	658.00	601.24	1 059.34			
专业技术服务业	8	23	−149.37	8	5	151.59	0.37	0.27	286.34			
居民服务业	38	10	34.41	38	10	34.41	1.15	0.29	34.41	0.22	0.03	17.57
其他服务业	5 820	753	14.86	5 852	785	15.49	179.08	23.84	15.35	45.43	−0.50	−1.08

加大考核力度，从收入任务、征管质量等方面对税收管理员开展考核，通过考核，督促其履行好职责。三是充分利用外部数据，加强税收监控。要通过纳税人的耗电、用工、用料等指标来科学测定其产出量，要定期对同行业、同类别纳税人进行比对，发现异常，及时预警，同时动员纳税人开展自查自纠，有重大问题的及时移交稽查部门。四是加强普通发票管理。要严格按照有关规定发售增值税定额普通发票，并定期或不定期对发票发售使用情况进行检查比对，防止部分小规模纳税人销售不入账、代开虚开发票、开大头小尾票等偷税行为，同时加大宣传和奖励力度，鼓励消费者积极索取发票，调动社会共管发票的积极性。五是要加强对小规模纳税人注销企业的检查。防止一些小规模纳税人出现在销售额即将到一般纳税人认定标准前，主动提出注销，规避税务机关的严格管理和适用高税率风险的情况。六是要定期开展小规模纳税人税收分析。主要应对各类状态纳税人的增减变化情况，生产经营情况，行业管理和申报纳税情况，各类征收方式纳税人的增减变化情况及比例，核定征收户、双定征收户的月平税额及变化情况，发票使用面和使用情况，税负平衡情况、税收收入入库情况等进行格式化分析，并对每次分析情况建立台账，为小规模纳税人的管理提供科学依据。

四、个体双定户入库税款情况及主要风险点

2010 年 1—7 月全市个体双定户正常申报入库税款 5 004 万元，同比增长 25.63%，增收 1 021 万元。但分局间收入增减不均，增幅较高的有××、××和××，增幅分别为 74.55%、18.5%、17.83%。××和××收入出现负增长，分别下降 15.25%和 6.06%。从纳税户数看，全市 1—7 月双定户纳税户数为 13 409 户，同比增加 358 户，有 5 个县区户数减少，占全市 10 个征收单位的一半。从户均月份税额看，全市平均为 311 元，较高的是××（919 元）、××（376 元），较低的是××（165 元）、××（170 元）和××（199 元）（见表 A2-43）。

通过以上数据对比，1—7 月份双定户税收管理中主要存在以下方面问题：一是税收总量普遍较低，全市每月户均 311 元，个别县区更低；二是个别县区出现纳税户数下降，全市 10 个征收单位一半纳税户数出现下降；三是各县区局户均税额存在较大差距。

表 A2-43　　2010 年 1—7 月年双定户税收完成情况表

地区	入库税款（万元）	上年同期（万元）	同比增减（%）	增减额（万元）	纳税户数（个）	同期户数（个）	户数增减（个）	户均月份税额（元）
全　市	5 004	3 983	25.63	1021	13 409	13 051	358	310.99
××区	1 037	905	14.59	132	3 793	3 539	254	227.83
×　×	370	314	17.83	56	1 550	1 672	−122	198.92
×　×	200	236	−15.25	−36	981	922	59	169.89
×　×	227	199	14.07	28	861	911	−50	219.71
×　×	379	363	4.41	16	1 287	1 299	−12	245.40
×　×	378	319	18.50	59	1 289	1 346	−57	244.38
×　×	1 728	990	74.55	738	1 567	1 387	180	918.95
×　×	155	165	−6.06	−10	783	799	−16	164.96
×　×	347	321	8.10	26	769	695	74	376.03
××区	183	171	7.02	12	529	481	48	288.28

税收风险预警建议：一是加强管理，完善管户资料。将管户责任落实到税收管理员个人，防止税收管理员岗位轮换时在资料交接过程中发生资料不全不新不真实等问题，认真组织档案整理和下户调查，及时补齐纳税申报资料，更新联系电话、经营情况等基本征管信息。二是加强部门合作，堵塞管理漏洞。与工商、地税等部门加强协作，及时比对个体工商户增减变化信息，避免出现漏征漏管户；对国地税交叉共管户，在税务登记、日常巡查、定额核定等方面与地税部门加强沟通协作，共享征管信息数据，共同加强管理。三是科学测算，合理调整定额。组织开展行业典型税负调查，特别是对超市、烟酒门市等行业，采取科学测算的方式，根据经营路段繁华程度、经营规模、月营业额、用工情况、同行业利润水平等指标，量化采集涉税数据，并以此为依据制定出分行业、分区域、分规模的定额参考标准，由县区局相关各市督促税收管理员对照相关标准逐户跟踪落实双定户定额情况，及时将定额调整到合理水平，避免出现税负不公现象。四是加强对注销户的跟踪管理，防止虚假停业和虚假注销问题的发生。五是公开定额结果，广泛接受监督。通过在办税服务厅液晶显示大屏幕上集中公布最新定额名单、书面送达定额通知书等方式，让纳税人及时了解定额情况，公开地广泛接受社会各界评议监督，对一些因定额调高而产生不满情绪的业户，由税收管理员进行一对一的政策辅导与解释，及时消除误解。建议××、××对双定户管理情况进行专项检查，分析每月户均纳税额较低和入库税款同比下降的原因，特别是××要着重分析户数增加的情况下为何税款出现同比下降。建议××和××对双定户数进行分析，找出户数同比下降的原因。建议××对双定户进行专项分析，着重分析每月户均纳税额较高的原因，1—7月，××每月户均纳税额高达919元，是全市平均的近3倍。

五、临商税款入库情况及主要风险点

2010年1—7月全市共1 016户临商纳税户实现税款缴纳，同比增加了492户，增长93.89%。共入库临商税收收入4 081万元，同比增长54%，增收1 431万元。各县区全部实现临商税款缴纳，征收临商税款较多的是××区和××，分别入库2 956万元和505万元。有6个县区税款出现同比下降，下降较多是的××和××，分别减收1 500万元和45万元。纳税户数××和××同比下降，分别减少25户和1户，××区为1户，与上年持平，其他县区均有不同程度的增加（见表A2-44）。

表A2-44　　2010年1—7月临商税收完成情况表　　金额单位：万元

地区	入库税款	上年同期	增加率（%）	增加额	纳税户数（个）	同期户数（个）	户数增减（个）
全　市	4 081	2 650	54.00	1 431	1 016	524	492
××区	2 956	232	1 174.14	2 724	42	23	19
×　×	26	36	−27.78	−10	73	44	29
×　×	8	11	−27.27	−3	11	36	−25
×　×	106	115	−7.83	−9	70	54	16
×　×	64	50	28.00	14	108	73	35

续表

地区	入库税款	上年同期	增加率（%）	增加额	纳税户数（个）	同期户数（个）	户数增减（个）
×　×	93	138	－32.61	－45	232	147	85
×　×	291	45	546.67	246	347	80	267
×　×	28	9	211.11	19	120	53	67
×　×	505	2 005	－74.81	－1 500	12	13	－1
××区	4	9	－55.56	－5	1	1	0

从上述分析可以看出，全市临商纳税人户数和实现税款同比都有较大增长，但各县区税款总额和纳税人户数相差较大，个别县区是否存在管理不到位，有漏征漏管的现象、是否存在未及时入库等。

税收风险预警建议：一是进一步提高对临商税款征收的重视程度，特别是主要责任人要克服临商税源小、工作难度大的畏难情绪，切实加强临商税源管理，确保临商税款足额入库。二是加大征收管理力度。根据临商户经营的季节性变化及行业的不同特点，采取不同的征收方式，有效提高临商经营户税收征管质量。三是建立定期排查制度。各单位要对各街道分地段、分行业定期进行调查摸底，针对不同行业的经营特点，充分掌握各种纳税信息，摸清临商户的经营情况；四是强化协作关系。及时与工商、地税、市场管理等部门建立长期协作关系，定期不定期地交流临商户经营动态信息，并采取联合办公、配合协查等方法，加强对季节性经营户、特定行业户的管理，切实将应征收临商税款及时征缴入库。建议××区、××对临商进行专项分析，找出户数变动不大而税款出现较大变化的原因，建议××、××、××、××和××区对临商纳税情况进行专项检查，分析临商税款数额较小，户数增加而税款同比下降的原因，特别是××区要及时与其他相关部门联系，加大临商税收的管理，确保临商税款足额及时入库。

本文中所有数据均提取自CTAIS系统，只作为预警分析数据，不作为考核依据。

（此件不另发纸质文件）

二〇一〇年九月三十日

范文 11

税收资金安全方面存在的问题及建议

税收资金是指税务部门组织征收的各项收入，包括各种税款、非税收入、附加费、基金等。一般来说，税务机关组织征收的各项收入都要先后经过纳税申报、开票征收、上解入库等三个环节，而在税收资金的整个流动过程中存在着税收资金管理风险，它是由征纳双方关系及税务管理的特点和内涵决定的。本文从税收资金申报、征收和入库三个阶段入手，结合基层日常工作实际，就税收资金运动过程中存在的一些系统内外风险隐患进行简要分析，提出加强管理监控的具体举措，以期达到进一步夯实税收征收管理行为，确保税收资金安全有序，提高税收收入质量的目的。

一、税收资金安全的分析背景及现状

对税收资金的管理涵盖税收资金的整个流动过程，包括税款的应征、暂收、待解、保管、减免、在途、入库、提退等方面。加强税收资金管理旨在保护纳税人的合法权益，确保国家税收资金安全，提高税收收入质量，防范执法风险。

近年来总局对税收资金的管理高度重视，各级领导多次指示当前和今后一个时期税收收入规划核算工作的主要任务：是以提高征管质量与效率为主要目标，牢固树立风险管理意识，着力开展税收管理风险分析，最大限度地减少税收流失。一方面，要分析监控税收征管质量，保证税款及时足额缴入国库；另一方面，要发挥税收会计监督职能，防范税收执法风险，提高税款缴库质量。

随着税务系统体系建设越来越成熟，廉政教育和内控预防的不断加强，纳入征管信息系统之内的安全风险因素例如税务人员违规挪用税款、票证丢失等情况也逐渐减少，系统之外的风险因素例如纳税人申报不实造成国家税款流失、代征代扣单位的税款滞留、零散流动税源的控管不严等问题更加凸显，系统外的税收资金安全风险更需要我们高度重视。

二、目前税收资金管理中存在的问题与成因

（一）税金申报阶段主要存在系统外风险隐患

纳税人是缴纳税款的主体，也是税收流转的开始，依法纳税是每个纳税人的义务和责任，但税收是借国家权力参与经济活动中的分配与再分配，这就意味着被分配纳税人的财富被强制性上缴国家，国家与纳税人在税收上存在着博弈，导致法律意识淡薄的纳税人偷、漏、骗、抗税的现象时有发生，使得国家税收收入流失，也反映了初始于纳税人的税收资金风险。

第一，信息采集方面，大量涉税信息尚未被采集和整理。受税源管理方式、信息管理意识、信息采集手段、信息存储方式、信息管理责任等因素综合影响，现阶段税源信息主要通过税务登记、纳税申报、发票管理、日常管理和税务稽查等环节采集，这些信息中相当一部分是通过纳税人自己报送而获得，真实性、全面性不能得到充分保证。大量企业生产流程、产品配比、主要财务指标以及金融机构、工商部门等所拥有的核心信息数据尚未被有效采集。有些重要的税源信息其交流主要靠税收管理员的个人经验，形成了别离于征管信息系统之外的“体外循环”，这一点在零散税源、流动税源、隐蔽税源和边远税源的控管上体现得尤为明显。

第二，税源管理方面，注重静态管理，忽视动态管理。当前，基层国税机关的税源管理以静态管理为主，缺乏连续性，对纳税人生产经营变化情况往往不能及时采集更新。缺乏对纳税人生产经营状况变化、存货变动、实际税负等经济变量的了解、更新及分析，因此缺少对不同数据之间逻辑关系的分析，不能及时有效地发现税源异常变化情况，掌握企业税源变化趋势，导致纳税人申报方面不完全遵从税收法规，账外经营、账务不实、故意

瞒报、虚报等问题仍在一定程度上存在。

第三，政策方面，部分政策的实施导致一些征管风险的存在。如涉农产品买卖中增值税管理的链条不严密，农产品收购发票的开具与抵扣，存在以下问题：一是擅自扩大收购发票使用范围，不按规定抵扣税款。二是随意扩大收购发票的开具范围。将运费、人工费等费用混合开具在农产品收购价格中，按13%抵扣进项税，随意扩大收购发票的开具范围，多抵扣进项税。三是人为提高发票收购价格或人为调节发票开具时间，提高发票收购价格可以扩大抵扣基数，造成少缴增值税；调节发票开具时间，可以调整当期应纳税额，达到减少税款的目的。提高发票收购价格还可以增加生产成本，少缴企业所得税。

第四，减免税方面，存在具体管理措施不严的现状。一是纳税人减免条件不具备、备案资料不齐全。部分纳税人经营一些符合减免税政策的项目，同时也经营非减免税项目，为达到少缴或不缴税款的目的，纳税人不单独核算减免税项目混淆经营收入，虚增减免税收入，少缴不缴税款。二是税务机关审核过程不严谨、备案信息未及时录入征管软件。基层税务机关面对繁多的减免税项目、复杂的审批报备手续产生畏难情绪，疏于及时检查审批，造成备案资料不全，一些减免税信息不能及时录入相关系统。

（二）税款征收阶段主要存在系统内风险隐患

在税金征收阶段，税收资金由应缴和欠缴税金形态转化为待解税金、在途税金、减免税金和损失税金等形态，在这一转化过程中，税务部门占据了主导地位，在监控力量薄弱、制度惩治存在漏洞的情况下，容易产生税收资金安全问题。

第一，有的地方人为调节税收收入进度，提前或延缓征收税款，影响税收的真实性。一是有些地方政府分配任务过重，为完成分配的税收增收任务，有些税务机关采用“其他预收税款”等形式，提前征收下期税款；二是有些地方税务机关在税源充足，已完成税收计划的情况下，不愿超收，以免抬高基数，增加以后年度完成税收任务的难度，于是便采取“藏富于民”、应收不收或推迟征收的办法。目前税收任务偏重的情况较多，在一定程度上影响了税务机关的正常工作及企业的健康发展。不管是收过头税还是“藏富于民”，都违背依法征税的宗旨，都会损害纳税人的权益。

第二，税务人员管理不严，纳税人的税收遵从度不高。涉税审批或涉税意见不合规，对企业不实申报审核不严；税收管理员管理不当、催缴不力，造成新增欠税；有清缴能力的企业长期挂账陈欠税、呆账税金，而税务机关没有及时处理；对少数偷、逃、抗、骗税者处理不够严肃。这些都影响了公平、公正的竞争环境，侵犯了其他纳税人的合法权益。同时，税收执法的随意性也降低了纳税人的税收遵从度。

第三，税收票证管理中尚有执行不到位的地方。对于税务干部而言，税收票款安全就是一条高压线。以前使用手工票时主要有开具完税证大头小尾阴阳票的问题，一些税务人员从中贪污税款。现在，税收票证全部依托先进的信息化管理，票证管理从发放、领用到核查，其整个管理程序一般为手工和电脑同时操作，票证的填开也全部实现了机打，收现税款日趋减少，利用税票进行贪污、挪用的风险性被降到最低。但由于税收票证每次领用数量较大，库存较多，有的领发手续不完备、有的清点不及时、有的长期不组织核查，票证管理执行随意性较大。

第四，税务稽查查补运用不当。有些地方简单地把税务稽查作为完成当期收入任务的工具，出现收入任务压力大时就使用稽查手段，收入任务宽松时，就放松税务稽查工作，使税务稽查失去了应有的严肃性和规范性。因手续繁琐、征纳矛盾等因素的影响，还有很多时候税务人员主观愿意采用评估形式进行查补而弱化了稽查手段，特别是评估没有罚款，同样也造成了国家税款的流失。

（三）税款入库阶段，风险因素内外交困

在这一阶段，税收资金由在途税金形态转化为入库税金形态。原来每笔税款从征收到入库需要经过纳税人、征收机关、国库经收处、商业银行管辖支行票据交换所、人行国库等环节，现在财税库银系统推广使用后采用实时扣款方式，税款扣款成功的同时发送到国库，简化了入库流程，大大提高了入库效率，有利于减少税款流转中出现的问题。流转过程涉及的业务部门及单位广泛，任何一个环节稍有偏差或衔接不上，都影响到税款的正常入库，在税款入库的各环节容易产生不同程度的延压问题。

一是代扣代缴单位延压税款。市场个体税收委托代征管理中存在优势与风险。如有些城市各种规模的商城商场很多，商户的流动性也大，个体商户多，面广量大，个体税收征管难以监控。为便于税收管理，采用委托代征管理模式，既解决了纳税人办理纳税申报排队拥挤的突出问题，提高了服务效率，简化了纳税程序，也减轻了税务机关税收征管的工作量，但同时也存在一些风险因素。（1）容易造成委托代征的税款滞解。经营户在商城统一管理模式下，每月缴纳的税款由代征管理员收齐后，于申报期内到服务厅统一缴纳。代征管理员何时收取税款、何时到税务机关缴纳，这个时间税务部门不好掌握，有时委托代征员收取的代征税款次月到税务机关缴纳，经营户缴纳的税款在代征管理员手里最长时间能达到一个月，影响到税款入库的及时性和安全性。（2）市场内经营户频繁变动，税源监控难度大。按现有的征管模式，市场内代征的经营户不办理税务登记证的情况很多，税务部门要了解市场经营户数只能靠人工统计。又由于在市场经营的个体户流动性强，停业、更换经营者、改变经营项目的情况时有发生，变动频繁，而这些情况只有从市场管理部门才能取得，税务部门无法及时对税源变化进行监控，容易使得部分税款漏征和少征，造成税款的流失。

二是征收机关滞留税款。税收征管部门滞留税款。有的税务征收机关利用税收“过渡户”人为调节入库税款，调节税收进度；同时存在因工作失误造成延期结报缴销票证，而导致税款不能及时入库的情况；或者是因税务工作者业务不熟练、操作错误，出现预算科目和级次的不正确。这些都变为了税收资金在征收机关入库环节的安全隐患。

三是代理国库经收业务的商业银行积压延解税款。（1）国库经收处个别工作人员对税款报解工作不够重视，责任心不强，造成工作失误引起税款积压；（2）商业银行从自身利益出发，采取各种方式，有意占压、延解税款，如把税款列入“临时存款”科目而不上解，扣款时“先贷后税”，不及时报解税款形成人为积压。现在随着国税部门财税库银系统的运行，逐步取消纸质票解库，基本没有此种情况了。

四是国库延压税款及其他问题。可能存在因工作疏忽使税款未能及时入库造成延压或者个别国库擅自挪用税款，此方面问题主要由于不了解国库工作流程及监督机制，就实际情况看，出现此类问题的可能性较小，更多的是一些国库办理业务的方式影响税款的及时入库，例如：（1）国库原因造成的税票退回，主要是部分国库工作人员业务不熟练等原因，对开票比较少的预算科目做了退票处理。或者由于对一些预算科目及相关政策掌握不全面及时，没有了解相关的规定、核实具体的情况，而草率地做出退票处理，致使税务部门需重新开具税票重新入库，这不仅耽误了税款的正常入库，也使得部分纳税人错过了征收期而缴纳滞纳金，给纳税人造成了损失。(2) 国库部门操作失误，造成不同部门之间以及不同收款国库之间退库、入库混淆。致使有的部门报表增大，有的部门减小。只有通过财、税部门对账时才能发现错误，从而延误了正常的入库时间。

三、对税收资金安全管理的相关建议

(一) 对申报阶段税收资金安全管理的建议

申报阶段是税收资金运动的第一阶段，这一阶段是税收资金产生的起点，税金的总量和规模也取决于此，如何采取措施堵漏增收，防止违反规定提前征收、延缓征收，严格欠税管理是这一阶段的重点。应做好以下几点：

一是规范征收，深化税源专业化管理。规范征收管理是税务管理的基本要求，只有管理规范，才能有效地防范执法风险。探索税源专业化管理新模式，对税源实施科学分类，创新税收管理员制度。强化行业税收管理，总结分行业管理的方法和规律。推进增值税专用发票和其他抵扣凭证管理，强化成品油、卷烟、白酒消费税征管；实施企业所得税分行业征管，调整企业所得税预缴和汇算清缴办法，强化关联申报管理、转让定价调查和预约定价安排，加强反避税工作。

二是强化数据分析，降低税收资金安全风险。以提高征管质量与效率为主要目标，牢固树立风险管理意识，着力开展税收管理风险分析，最大限度地减少税收流失，开展税收与经济指标对比分析。区分不同税种，从地区、行业、企业等不同层面入手，面、线、点结合，综合查找税收流失风险。从地区入手，就是要区别不同的税种、税目开展地区税负、弹性分析，在“面”上发现税收与经济增长明显不协调的地区；从行业入手，就是要针对行业生产经营特征，运用行业历史数据，把握行业税收经济变动规律，在“线”上发现税收经济指标异常的行业；从企业入手，就是要分析测算同业税负率、利润率、投入产出率等行业指标预警值，综合依据纳税申报数据、生产经营数据、财务数据之间的内在逻辑进行关联分析，在“点”上发现异常现象，筛选疑点企业，为采取征管措施提供有针对性的信息。

三是严格审批，严防违反规定提前征收和延缓征收。(1) 充分利用数据分析平台，定期提取预缴税款信息，对预缴种类与预缴原因进行分类，审核是否有不符合规定的预缴税款，尤其是在每年的6月、12月，出现大额预缴税款的可能比较大。(2) 非特殊情况不受理延期申报、缓征税款的申请。征管法规定确因特殊困难不能按期办理纳税申报或者报送代扣代缴、代收代缴税款报告表的纳税人，经税务机关核准可以延期申报；对因特殊困难，不能按期缴纳税款的，经省、自治区、直辖市国家税务局、地方税务局批准，可以延期缴纳税款。目前我市企业经营一般较为稳定，出现特殊情况的可能较小，延期申报与缓缴税款不列入常规工作管理。如有纳税人出现需要延期申报或缓缴税款的情况，要认真核实纳税人申请理由，严格审核纳税人申报资料，核定预缴税款时要以上期实际缴纳的税额为参照，防止通过人为调整预缴税款额度来达到违规延缓和提前征收的目的。

四是要严格欠税管理，做好防欠、清欠工作。纳税人欠税直接影响到税款的及时到位，对税收资金安全构成直接威胁。对欠税行为应该做好全程监督，时刻监控企业经营状况，做好防范措施，一旦发现欠税苗头，应重点监控、严格控制发票使用，并对欠税企业及时进行催缴。可建立与当地政府、公安、法院等部门的欠税追缴合作机制，对已形成欠税的企业共同关注。

五是要严格减免税管理，正确贯彻和落实国家税收优惠政策。减免税是税务机关贯彻和落实国家税收优惠政策的重要手段，随着国家税收优惠政策的不断调整和完善，减免税涉及范围越来越广泛，对税务机关的业务要求与行为规范也越来越严格。(1) 严控减免资格审核，对纳税人申报资料与国家相关文件认真核对，必要时进行实地核查，确保纳税人真实符合减免条件，同时严格区分符合减免条件未申请减免和不具备减免条件而申请减免审批的情况，在保证纳税人合法权益的同时，避免因执法偏差而导致国家税收流失现象的发生。(2) 加强对已申请减免税纳税人的日常管理，不定期抽查企业实际经营情况，避免出现纳税人以不符合减免条件的生产经营内容申报减免税或提供虚假材料等手段企图骗取减免税。(3) 完善内部流转体系，纳税人申报材料及时录入征管系统，电子信息与纸质资料同步传递，备案材料及时入档，审批过程严格按照征管体系规定，不允许出现代签字、代审核的情况。

（二）对征收阶段税收资金安全管理的建议

征收阶段是税收资金运动的第二阶段，包含了税款从开票到纳税人缴款、税款上解的多个过程，是税务机关日常工作的最主要内容，也是税收资金运转的主干道，做好税款征收阶段的管理是整个税收资金风险管理的重中之重。应做好以下几点：

一是严格事前防范，抓好税款基础信息质量。狠抓收入分析与预测，强化动态管理，准确掌握当月收入变化；充分借助各类信息化平台，不断深化税源分类管理，根据日常监控掌握情况，对不正常企业做到早介入，早调查，摸清情况，提前制定应对措施；严格纳税申报审核基础工作，严把申报质量关，做好纳税人基本信息、税种、所属行业、品目、级次以及纳税期限的一次性鉴定准确，为开票征收打好基础。

二是规范事中执行，按规定及时足额征收税款。一是严格执行“依法征税，应收尽收，坚决不收过头税，坚决防止和制止越权减免税”的组织收入原则。坚持依法治税，强化内部管理，优化税收环境。依法按照规定的预算级次将税款征收入库，不得违规调增、调减应征税款，杜绝新增欠税，按规定及时足额征收税款。二是推进信息化全自动流转，提高纳税服务质效。大力推广财税库银横向联网、电子申报、网上申报等多元化申报和缴税方式，通过“前台受理，后台流转”的科技化手段提高税款征收的透明度，确保税款安全。财税库银横向联网系统的应用，实现了国税、国库银行等多部门的信息共享、服务优化、方便了纳税人缴税、也提高了工作效率，从多方面体现出联网系统的优势。但在日常操作使用中会出现因为财税库银系统故障造成的重复扣款、税款延压等问题，增加了对账更正的工作量，税务部门还需与银行、国库多加强合作与沟通，联合完善程序的优化工作，避免程序原因造成的税款流转问题。

三是狠抓事后追缴，提高税收征管质量。在组织收入过程中要准确把握和履行各岗位的职责和权力。对欠税企业一方面要求企业及早安排资金，通过化整为零，分次缴纳的方式缴纳税款，另一方面准确掌握企业还贷压力变化，在还贷压力小的月份集中开展清欠工作，取得事半功倍的效果。

四是严格税收票证管理，防范票证违规行为。税收票证使用质量的好坏，直接关系着国家税款能否安全、及时足额入库，关系着税务干部能否依法行政，对税收票证实施科学化、精细化管理势在必行。实现了税收票证模块集中上线后，日常征收中使用的十几种票证全部纳入CTAIS系统核算，票证领、用、存等实现了系统统一控管，大大提高了税收票证会计核算效率和水平，也提高了票证管理的安全性。信息化支撑下的税收票证管理仍然要做好用票人员与税收票证管理员的按时结报、缴销工作，票款金额一致，填用、作废、结存数量机内机外一致，并认真填写票证结报手册，相互监督，确保安全。同时，除了坚持票证日常检查，弱化岗位风险外，坚持有侧重点的专项抽查、延伸检查等，以达到彻底清除票证管理死角，杜绝不廉行为发生，严格执行责任追究，最大限度地避免税收票证违法违纪案件的发生。

（三）对入库阶段税收资金安全管理的建议

税款征收入库是税收管理活动的最终目的，税收会计直接参与税款核算、金库对账等税收活动，税收征收活动的每个阶段最终都反映到税收会计环节，通过会计核算体现出来，最容易发现每个环节出现的错误。因此加强税收会计监督，能够充分发挥税收会计监督职能，防范税收资金风险，提高税收收入质量。

一是做好与国库的对账工作。金库对账是税务机关与国库就税款入库情况进行核对，确保税款准确、及时入库的一项工作，财税库银横向联网系统上线后，国库每日可返回前一工作日的入库数据，税务机关导入系统后进行核对，保证国库与税务端数据一致，发现问题及时更正。每月月初与国库进行面对面对账，逐科目、逐级次核对入库数据保证税款入库的准确性。

二是加强部门协作。与银行、国库等部门建立定期联系协作机制，及时取得相关信息。比如说，各级国库部门有监督税款及时入库的职责，而且在税款从征收到入库的诸多环节中，国库部门监管涉及的环节最多，例如财税库银通信故障、银行延压税款等问题，可与国库部门及时沟通处理，促进税款及时、足额入库。

三是完善代征流程，将委托代征纳入CTAIS进行管理。从签订委托代征协议书，到定额征收模块，到发票管理模块，到开业、停业、注销等经营状态，全部纳入ctais中管理，使得征管系统中能够汇总生成委托代征税款，便于税务机关能及时全面的监控掌握委托代征全过程。由于我市个体商户较多、情况复杂，目前在委托代征管理方面很不完善，希望通过向先进单位学习经验和做法，加强我市委托代征工作。

四是严格执行税款退库制度。退税是税收资金流动的最后一个环节，税务机关应严格按照各项法律法规和财经纪律办理税款退库手续，确保税款资金安全。各项退税均坚持办税厅受理、税源监控单位初审、政策法规科复审、分管局长审批的流程，退税资料必须齐全、准确，退税原因需要符合国家相关规定。收入退还书开具人员与退库印鉴管理人员分离，通过岗位的相互制约保证退税政策的正确、准确执行。

收入核算部门要发挥退库办理工作的会计监督职能，对退税审批部门转来的退税审批件和纳税人的退税申请书，严格复核退税原因、退税依据、原完税情况、预算科目、预算级次、退税金额、退税收款账户等退库凭证项目内容，确保退库信息准确。

（四）弱化系统外风险因素，强化系统内安全机制

税收资金运动从纳税人流转开始，在这个较长的过程中存在诸多不确定、不安全风险，完全消除税收资金安全风险是不现实的，但风险除了有着客观性、潜在性、严重性、多因性，更是可控的，如何有效监督税收资金运动，防止税收资金延压、拖欠甚至流失，确保税款及时足额入库是做好组织收入工作的重点，也是有效防范和控制税收资金安全风险的重点。

一是利用各种途径获取有效信息，弱化系统外风险因素。（1）推进税源专业化管理。基层税源管理由于税收管理员人手少工作多、疲于应付的状况，存在涉税调查不深入、后续监管不到位、执行政策不规范、纳税服务不到位等问题。在此情况下适应经济税源状况，推进税源专业化管理，是优化征管资源配置，防范税收流失风险，提高税收征管质量和效率的有效途径，也是深化税收管理科学化、专业化、精细化的必然要求。（2）将外部信息适时适量纳入系统内的征管监控范围。例如采集企业生产经营信息、掌握税源变化情况，根据情况将临商户纳入正常管理等。（3）多途径掌握系统外信息。在不违反保密原则情况下，可与工商、地税等单位交流一些纳税人信息。例如收入核算部门可以利用数据核算的优势、着力开展税收分析，开展税收与经济指标对比分析、开展不同形态的税收资金分析，从“点”到“面”最大限度地减少源头上的税收流失；加强与国库、银行的沟通联系，促进税收的及时入库。

二是强化税务日常管理，降低系统内风险隐患。（1）完善日常风险管理机制。针对税收资金安全管理，在长期的税务工作中取得了一定的经验和措施方法，要使之进一步巩固和发展，着重抓好其中的薄弱环节。建立和完善管理制度，与国家宏观经济管理环境，税务机关的管理能力和管理手段相适应；在管理手段和管理措施的提升上，要以减轻基层税务机关、税务干部的为出发点和落脚点，使相关制度能够落实到实处。（2）充分发挥监督功能。依托税收执法检查、票证专项检查、税收会计检查及其他各种专项检查，利用数据综合分析利用平台、稽核系统等工具，落实内部监督机制，严格执行责任追究，规范税收征管活动。充分发挥税收会计监督职能，防范税收资金风险，提高税收收入质量。

从某种意义上讲，最佳的税收资金管理并不是单纯征收最多税款，它取决于更多的不同因素之间的复杂作用。现行条件下，应尽快梳理税收资金的管理过程，优化整合申报、征收、入库三项业务流程，通过“抓起点、控环节、审结果”，加强系统内外的纵向联动及横向互动，从而达到进一步夯实税收征收管理行为，确保税收资金安全有序，提高税收收入质量的目标。

范文 12

××集团调研分析报告

造纸包装产业是××市经济发展的支柱产业。目前，全市现有大中型造纸包装企业 20 多家，年销售收入已经突破 250 亿元，形成了以××纸业为依托，集育林、纸浆、机制纸、纸制品加工、印刷于一体的链条式格局。主要纸制品有文化用纸、工业原纸、办公用纸及印刷书写纸、箱纸板等200多种。

一、××纸业总体基本情况：

（一）基本情况

××纸业成立于1982年，经过30年的发展壮大，由一家默默无闻的造纸企业成长为一家全球先进的跨国造纸集团和林浆纸一体化企业，是世界造纸百强之一、中国最大的高档涂布包装纸板生产企业、全球最先进的非涂布高级文化用纸生产基地。集团于2006年11月在深圳证券交易所上市，业务涉及造纸、化工、外贸、电力、科研、林纸、投资等领域，拥有资产总额152亿元，年浆纸产能350万吨，员工1万余人。集团总部设在××，拥有28个分公司、子公司或参股公司，旗下企业主要分布在中国（兖州、鱼台、青岛、广西防城港）、东南亚和美国。2005年8月，××纸业与世界排名第一的美国国际纸业签订了投资4.8亿美元的战略合作协议，2008年8月由××纸业和美国国际纸业投资15亿元建设的年产30万吨无菌液体包装纸项目正式投产，该产品填补了亚洲空白。2010年11月，由××纸业集团投资6亿元兴建的白金五星级国际商务酒店——××国际酒店正式试营业，集团开始向第三产业投资领域迈进。集团主导产品为高档涂布包装纸板、高级美术铜版纸、非涂布高级文化办公用纸三大系列。产品主要服务于中国、美国、非洲、东南亚、中国香港等国家和地区，并与多个国内外知名品牌建立了长期稳固的战略合作伙伴关系。未来发展重点及方向为：大力发展育林—纸浆—机制纸—纸制品加工—印刷的产业链条，并延伸至造纸机械、助剂等相关配套产业，着力打造国家级造纸产业集群。围绕××纸业集团，大力发展高松厚度纯质纸、液体包装纸、轻型环保纸等品种。围绕上下游产业，扶持发展一批纸制品加工、包装印刷企业，配套发展造纸及纸制品加工机械、造纸助剂等产业。2011年集团完成浆纸产能308万吨，实现营业总收入254亿元。预计2012年，集团浆纸产量350万吨，销售收入突破300亿元，整体实力跻身世界造纸50强。

（二）发展历程

由最初的以草浆、废纸为主要原料的产品，发展到现在以木浆为主要原料的多种产品。2009年淘汰草浆生产线，2011年8月年产10万吨白板纸生产线拆除（太阳公司），标志着在执行国家产业政策，促进企业转型升级上又迈出了坚实的一步；由木浆完全依靠购进，发展到木浆30%左右可以自给，实施走出去战略，拓展发展空间，依托老挝丰富的林地资源、适宜的气候条件和极低的林浆纸投资成本，战略化的林浆纸一体化项目选址在老挝实施。2010年，老挝项目加速建设，1万公顷林地和30万吨制浆项目启动建设。越南木片专用码头和木片加工厂项目2010年启动建设，收购当地丰富的木材资源，完善林浆纸产业一体化链条，继续巩固上游资源。海外林纸一体化项目的逐步实施将极大地提高公司原材料控制能力，保证公司可持续发展；纸产品由单一品种发展到现在3大类几千个品种。纸业务约占71%，浆业务约占14%，化工产品及热电业务约占15%。

（三）所属分公司、子公司、参股公司

该集团旗下共有28家分公司、子公司或参股公司。

我局管理的共 20 户企业，外资企业 14 户，其中制浆企业 2 户；相关化工企业 5 户；造纸企业 7 户，造纸企业 2 户；回收企业 1 户；相关化工企业 1 户；销售企业 1 户；其他企业 1 户。

14 户外资企业的所得税由我局管理，6 户内资企业的所得税除××有限公司由我局管理外，其余 4 户由地税局管理。

（四）管理模式

采取集团化管理，既统一又独立，财务各公司独立核算，原材料集中谈判采购，分别结算。股份公司生产的热、电供给各公司使用，制浆公司（A、B 公司）的产品供各公司使用。

（五）享受的优惠政策

所得税：(1)“免二减三”政策——A、C、D 三家公司 2008—2009 年为所得税免征期，2012 年为最后一年减半期。

(2) 购买国产设备抵免所得税政策——C 公司 2007 年度所购国产设备投资扣除运费、安置费和调试费后的 10 728 万元的 40%抵免新增的企业所得税，截至 2011 年底已抵免 2 087万元，还有 2 204 万元待抵免。

(3) 高新技术企业所得税 15%税率——B 公司 2010 年被评为高新技术企业，2011 年度企业所得税将享受 15%的低税率。

二、2009—2011 年的经营状况

2009—2011 年为应对经济危机及后危机时期的影响采取：纸品的调整、产品的更新换代；增加纸浆自给率，提高毛利率与抗原材料波动风险的能力等措施。

2009—2011 年，新上 23＃机—华茂公司、24＃机—股份公司、化学浆及化机浆项目相继投产，浆纸产能由 2009 年的 192 万吨增长至 2011 年的 308 万吨。

2009 年实缴税金 48 026 万元，其中国税 37 090 万元，地税 10 936 万元；2010 年实缴税金 70 359 万元，其中国税 61 042 万元，地税 9 317 万元；2011 年实缴税金 55 529 万元，其中国税 38 007 万元，地税 17 522 万元。

（一）增值税

2009 年，集团实现营业总收入 1 421 828 万元，产品销售收入 1 391 778 万元，其中纸制品收入 993 158 万元，占产品销售收入的 71.36%，自制浆收入 89 764 万元，占产品销售收入的 6.45%。实缴增值税 35 413 万元，增值税税负率为 2.54%。

2010 年，集团实现营业总收入 1 981 542 万元，产品销售收入 1 648 304 万元，其中纸制品收入 1 174 099 万元，占产品销售收入的 71.23%；自制浆收入 227 406 万元，占产品销售收入的 13.80%。实缴增值税 50 612 万元，增值税税负率为 3.07%。

2011 年，集团实现营业总收入 2 254 783 万元，产品销售收入 1 857 449 万元，其中纸制品收入 1 321 907 万元，占产品销售收入的 71.17%；自制浆收入 246 408 万元，占产品销售收入的 13.27%。实缴增值税 24 758 万元，增值税税负率为 1.33%。

以上情况通过表 A2-45 可以直观地看出：2011 年产品税收收入同比增长 12.69%，增

值税下降51.08%；2010年产品销售收入同比增长18.43%，增值税增长42.92%，数据十分不匹配。

表 A2-45　　××纸业2009—2011年情况表　　单位：万元

项目	2009年	2010年	2011年	增长率（%）	
				2010年	2011年
营业总收入	1 421 828	1 981 542	2 254 783	39.37	13.79
产品销售收入	1 391 778	1 648 304	1 857 449	18.43	12.69
缴纳增值税	35 413	50 612	24 758	42.92	−51.08

原因分析：

1. 税收收入增加原因是产品销量增加。

主要产品产销量及单价对比如图A2-40、图A2-41：

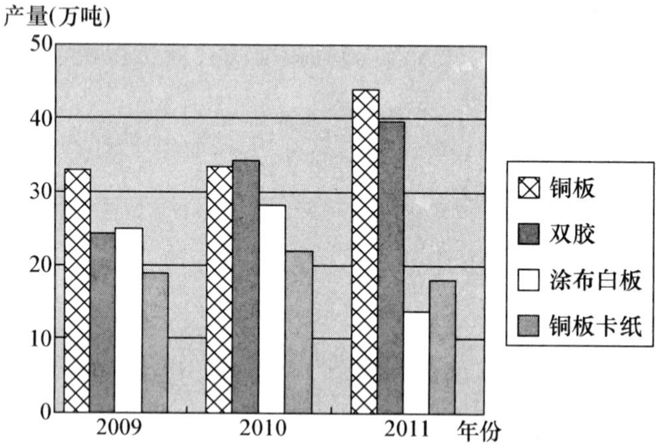

图 A2-40　主要产品2009—2011年产量对比

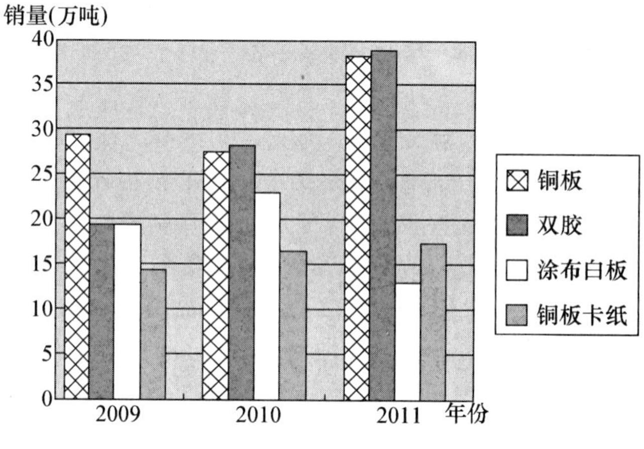

图 A2-41　主要产品2009—2011年销量对比

2. 产品价格2010年增长幅度大，而2011年基本未增加，铜版纸的价格还下降，如图A2-42所示：

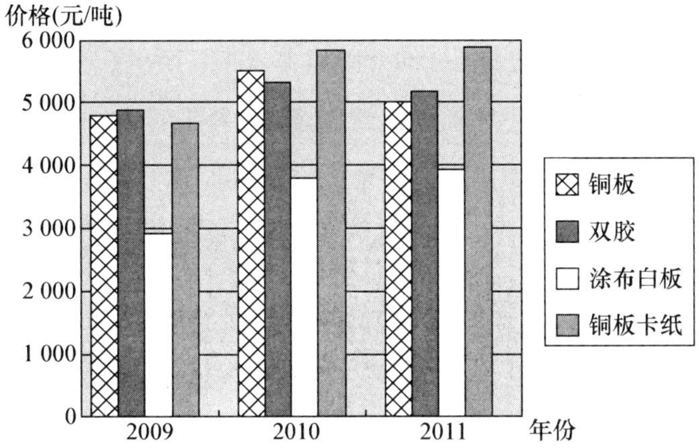

图 A2-42 主要产品 2009—2011 年单价对比

形成销项税：2009 年，集团实现销项税额 221 477 万元，2010 年，集团实现销项税额 312 054 万元，2011 年，集团实现销项税额 345 067 万元。2010 年增长 40.90%，2011 年增长 10.58%，回落 30.32 个百分点。

3. 主要原材料木浆及煤的价格不断上涨，导致原材料成本增加。主要原材料单价及采购数量如表 A2-46、表 A2-47 所示。

表 A2-46 **主要原材料采购单价对比表** 单位：元

名称	2009 年	2010 年	2011 年
木浆	3 342	4 484	4 516
煤	449	595	618

表 A2-47 **主要原材料采购数量对比表** 单位：万吨

名称	2009 年	2010 年	2011 年
木浆	130.47	133.06	156.07
煤	173.14	179.98	193.72

随着产能不断增加，材料采购金额也随之增长，2009 年，集团实现进项税额 194 329 万元，2010 年，集团实现进项税额 250 348 万元，2011 年，集团实现进项税额 331 014 万元。2010 年增长 28.83%，2011 年增长 32.22%，上升 3.39 个百分点。

4. 固定资产投入增加，抵扣加大。2009 年，集团固定资产投资 216 196 万元，应抵扣税金 8 985 万元，实际抵扣 5 972 万元，期末留抵 3 013 万元；2010 年，集团固定资产投资 56 601 万元，应抵扣税金 22 322 万元，实际抵扣 14 598 万元，期末留抵 10 737 万元；2011 年，集团固定资产投资 363 902 万元，应抵扣税金 33 162 万元，实际抵扣 7 173 万元，期末留抵 36 726 万元；2011 年，3 年共投资 636 699 万元，应抵扣进项税 64 469 万元，已抵扣 27 743 万元，还有 36 726 万元待抵扣。主要集中在股份公司、B 公司、E 公司、F 公司等公司。

5. 2010 年预缴税款影响 1.1 亿元。2010 年 12 月 1 日起，统一内外资企业城建税及教育附加，万国、国际纸业在 2010 年底尽可能增加税收款，2010 年 11、12 月两个月就缴纳增值税 10535 万元，造成 2011 年分别缴纳增值税 2 037 万元、3 829 万元，而 2010 年分别缴纳 14 362 万元，9 556 万元，分别减收 12 325 万元、5 727 万元，下降 85.82%、59.93%。如果这 1.1 亿元在 2011 年缴纳，则如表 A2-48 所示：

表 A2-48　　××纸业 2009—2011 年情况表（二）　　单位：万元

项目	2009 年	2010 年	2011 年	增长率%	
				2010 年	2011 年
营业总收入	1 421 828	1 981 542	2 254 783	39.37	13.79
产品销售收入	1 391 778	1 648 304	1 857 449	18.43	12.69
缴纳增值税	35 413	39 612	35 758	11.86	−9.73

（二）所得税

2009 年，实现利润总额 80 073 万元，实缴外资企业所得税 1 677 万元；

2010 年，实现利润总额 115 870 万元，实缴外资企业所得税 10 430 万元；

2011 年，实现利润总额 86 906 万元，实缴外资企业所得税 13 250 万元。

国家实行适度从紧的货币政策，存款保证金率及贷款利率不断上调，而集团近三年投资不断增加，资金需求大，导致集团融资成本大大增加，利润大幅下降。2009 年，集团财务费用 28 268 万元，2010 年则达到了 44 049 万元，同比增长 55.83%，2011 年更是达到了 72 256 万元，同比增长 64.04%。

（三）宏观环境对企业的影响

1. 从 2010 年开始，美国、欧盟相继对中国出口的铜版纸进行反倾销调查，征收反倾销税，导致国产铜版纸出口大幅下降，影响造纸行业整体出口量，生产的铜版纸也受此影响。

2. 2011 年，晨鸣、华泰等造纸行业巨头新增产能释放，导致市场竞争加剧，产品价格下降，吨纸毛利不断下降，严重影响造纸行业盈利水平。

3. 国家宏观调控政策导致整个市场景气度不佳，纸制品需求随之下降，另外房地产市场和汽车市场，也会影响造成行业的销售，如一辆汽车从生产到销售到消费者手中，会消耗约 100 公斤的包装纸。

三、2012 年税收形势分析

2011 年我国造纸行业总体发展呈放缓趋势，由于受到原料价格波动、行业产能集中释放、国内外消费市场相对疲软等因素影响，造纸行业虽然在投资、生产方面实现了较快的增长，但效益增幅远低于产值增幅，行业整体运行质量明显下降。2012 年，我国造纸行业能源及资源性原材料供求矛盾更加突出，行业周期性波动加剧，部分纸种出现阶段性产能过剩，针对这一问题，公司在老挝建设林浆一体化项目，降低外购原料的依赖度，减少原料价格波动对公司业绩的影响。

国家实行适度从紧的货币政策，存款保证金率及贷款利率不断上调，导致公司财务费用近两年不断上涨，针对这一问题，公司积极拓宽融资渠道，运用多种融资方式降低财务费用。

2012 年预计完成浆纸产量 350 万吨，实现营业收入 300 亿元，实现利税 18 亿元，实现税金 5.4 亿元。

附录三　常用分析软件介绍

一、Excel

Excel 电子表格软件是一个方便、实用、有效的数据分析工具，可用来进行包括时间序列预测与回归分析、OLAP 多维分析、优化分析、系统模拟等在内的各种税收数据分析，其日常功能已为广大读者所熟悉，本书仅就其部分与数据分析相关的功能及其操作做一简单介绍。

（一）常用技巧

1. 选择全部数据区：Ctrl＋Shift＋*

2. 在多个程序间快速切换：Alt＋Tab

3. 快速查找：Ctrl＋F

如何查找“?”和“*”：在“?”和“*”前加“~”

4. 定位的运用：Ctrl＋G

5. 快速浏览工作表：Ctrl＋Home 和 Ctrl＋End，注意：针对整个表，不能针对整个数据区

6. 禁止复制隐藏的列或行：使用“定位”命令 Ctrl＋G，在“定位条件”中选择“可见单元格”

7. 动作重复键：“F4”可以将上一次的操作重复一遍

8. 将文本转换成数字：Excel 在载入别的软件的数据时，经常出现带异常格式的文本，把列格式设成“数字”也无法正常显示的问题。可以在旁边加两列，一列用格式刷刷上“1”，另一列填入公式“数据列乘以数字 1 列”。

9. 切换单元格：向后切换＝Tab、向前切换＝Shift＋Tab

10. 常用数列的简化输入：“工具”→“选项”→“自定义序列”→添加新序列

11. 在不同的单元格使用不同的输入法：选中→“数据”→“有效性”→“输入法模式”，选择“打开”或者“关闭”

12. 在 Excel 中插入 Word 表格：同时打开 Word 和 Excel，左键选中拖入。

13. 隐藏单元格的内容：选中需隐藏区域，右键选择“设置单元格格式”，选择“数字”类型为“自定义”，然后在“自定义类型”栏输入“;;;”即可。

14. 快速编辑单元格：选中需要编辑的单元格，按“F2”键。主要是针对带有超级链接的单元格。

15. 恢复隐藏列："格式→列→取消隐藏"，将鼠标放在隐藏列分割线上，然后拉开。快捷键：Ctrl＋9 隐藏选定行、Ctrl＋Shift＋9 解除行隐藏、Ctrl＋0 隐藏选定列、Ctrl＋Shift＋0 解除列隐藏

16. 简单的复合图表：选择图表中的某个数据系列，单选"图表→图表类型"，然后选择需要的图表类型。

17. 将图片合并进图表：图表→"绘图区格式"→"填充效果"→"图片"

18. 按住 Shift 划线：按住 Shift 划线为平直线、正圆。

19. 快速绘制 Excel 图表：选中图表数据区，按 F11 或者 Alt＋F1

20. 关于函数的简单应用：

If（条件，那么这样做，否则就。）If 函数可以嵌套

sum"求和"与"批量求和"

Sumif（条件判断区，条件，数据区）

Power（数据源，乘方次数）

Trim（数据区）去空格

Find（要搜索的字符，从哪里搜索，从哪个位置开始搜索）

21. 巧用"选择性粘贴"中的"运算"修改数据：复制运算值，粘贴到目标单元格。

22. 如何查看表中公式：Ctrl＋`

23. 关于定位取值函数的应用：

Left：从左向右取指定的值

Right：从右向左取指定的值

Mid：从指定的位置取指定的值

24. 分窗口查看数据的方法：底部水平滚动条箭头右侧的条形小块，点击拖动。

25. 消除四舍五入形成的显示误差：工具→选项→重新计算→以显示精度为准，注意：该操作会修改真实数据，不推荐

26. 关于函数引用位置的设定：

Excel 默认为相对引用，即相对于公式所指定的区域引用数据。

如何使用绝对引用："F4"键。用"F4"键锁定的公式引用区域不会随计算区的变动而变动。

（二）税收数据多维分析

利用 Excel 强大的统计函数、符合条件的工作表区域数据统计 D 函数、数据透视表和数据透视图功能，可对微观的税收明细数据或宏观的税收统计数据进行分类汇总分析和多维分析。

1. 税收数据的获取

获取可用以进行分析的数据源的途径包括：

（1）利用各税收业务应用系统的 Excel 数据导出功能

综合征管系统、增值税管理系统、出口退税系统等很多业务应用系统以及税收数据分析决策支持系统可以提供，事实上也正在提供 Excel 数据导出功能，对导出的 Excel 基础数据再利用 Excel 的分类统计汇总分析功能进行进一步分析。

（2）通过 ODBC 直接存取数据库系统的数据源

以 Windows XP 为例所带的控制面板定义 ODBC 数据源。选择“控制面板—性能和维护—管理工具—数据源（ODBC）”，即可定义相应的 ODBC 数据源（除 Access 等本地数据库外，对于 Oracle 等网络数据库则事先应安装相应的 ODBC 驱动程序）。然后，选择 Excel 菜单“数据—导入外部数据—新建数据库查询（N）…”，弹出“选择数据源”对话框，选中数据源，利用查询向导，调用 Microsoft Query 查询，即可获得相应的数据库记录数据，并存放在相应的 Excel 工作表中。

本例以个人所得税随机模拟产生的一组纳税记录数据作为原始数据（1 000 个模拟纳税人一年 12 月的 12 000 记录中符合纳税条件的 6 165 条纳税记录），如图 A3-1 所示。

2. *税收数据的分类汇总*

选择“数据”菜单下的“排序”、“筛选”、“分类汇总”等各项功能，可以对以上数据清单进行排序、筛选（包括自动筛选、高级筛选）、分类汇总等。

	A	B	C	D	E	F	G
1	纳税人名称	行业	地区	教育程度	月基本收入	纳税日期	纳税额
3	纳税自然人6929160	制造业	功能拓展区	研究生	2361.19	2006-1-1	51.12
5	纳税自然人683454	制造业	功能拓展区	高中	1605.09	2006-1-1	0.25
6	纳税自然人6782272	房地产业	核心区	高中	6007.91	2006-1-1	536.19
7	纳税自然人6510503	租赁和商务服务业	发展新区	高中	1999.88	2006-1-1	19.99
9	纳税自然人6407234	电力、燃气及水的生产和供应业	功能拓展区	小学	4458.36	2006-1-1	303.75
10	纳税自然人6383051	居民服务和其他服务业	功能拓展区	高中	2431.58	2006-1-1	58.16
11	纳税自然人5899529	批发和零售业	功能拓展区	高中	1627.42	2006-1-1	1.37
12	纳税自然人5376410	科学研究、技术服务和地质勘查业	功能拓展区	初中	1619.79	2006-1-1	0.99
14	纳税自然人5019000	信息传输、计算机服务和软件业	发展新区	初中	2446.38	2006-1-1	59.64
15	纳税自然人4951346	租赁和商务服务业	生态涵养区	本科	2192.74	2006-1-1	34.27
17	纳税自然人472033	科学研究、技术服务和地质勘查业	功能拓展区	初中	2864.81	2006-1-1	101.48
18	纳税自然人4687319	电力、燃气及水的生产和供应业	生态涵养区	初中	3186.56	2006-1-1	133.66
24	纳税自然人3798493	制造业	核心区	本科	3433.10	2006-1-1	158.31
27	纳税自然人1818806	信息传输、计算机服务和软件业	核心区	高中	6857.70	2006-1-1	676.54
34	纳税自然人82695	批发和零售业	功能拓展区	本科	1917.06	2006-1-2	15.85
39	纳税自然人6745739	教育	核心区	初中	3095.15	2006-1-2	124.52
11968	纳税自然人1520781	科学研究、技术服务和地质勘查业	功能拓展区	高中	2984.58	2006-12-29	137.04
11969	纳税自然人1430897	教育	发展新区	本科	1758.27	2006-12-29	17.86
11974	纳税自然人6938732	卫生、社会保障和社会福利业	功能拓展区	本科	3988.09	2006-12-30	275.66
11975	纳税自然人6721486	制造业	功能拓展区	专科	3136.69	2006-12-30	138.99
11977	纳税自然人6313481	科学研究、技术服务和地质勘查业	功能拓展区	专科	4355.96	2006-12-30	312.56
11978	纳税自然人6247318	制造业	功能拓展区	高中	1687.39	2006-12-30	11.18
11988	纳税自然人3620406	卫生、社会保障和社会福利业	功能拓展区	本科	4787.59	2006-12-30	398.91
11990	纳税自然人2863053	建筑业	发展新区	专科	4652.86	2006-12-30	433.76
11991	纳税自然人2717554	文化、体育和娱乐业	核心区	小学	3932.23	2006-12-30	306.88
11993	纳税自然人2250235	制造业	功能拓展区	本科	2117.25	2006-12-30	35.18
11994	纳税自然人2177956	房地产业	核心区	本科	8471.97	2006-12-30	1260.66
11996	纳税自然人1818806	信息传输、计算机服务和软件业	核心区	高中	6857.70	2006-12-30	866.44
11998	纳税自然人1400699	租赁和商务服务业	功能拓展区	研究生	11082.16	2006-12-30	1864.85
11999	纳税自然人1391542	住宿和餐饮业	核心区	高中	2041.41	2006-12-30	34.93
12000	纳税自然人122780	科学研究、技术服务和地质勘查业	核心区	初中	2710.85	2006-12-30	104.84
12001	纳税自然人1196510	电力、燃气及水的生产和供应业	发展新区	高中	4914.84	2006-12-30	497.14

图 A3-1　纳税记录清单

对数据进行分类汇总，必须首先按分类字段“行业”为主关键字，“地区”为次关键字进行排序，然后对排序后的数据进行分类汇总：先按行业进行分类汇总，然后在已经按照“行业”分类汇总的基础上，再进行分类汇总（第二次分类汇总时，在弹出的“分类汇总”对话框中要去掉“替换当前分类汇总”的选项），如图 A3-2 所示。

3. *税收数据透视表和数据透视图多维分析*

Excel 所提供的数据透视表和数据透视图是用于汇总大量数据的交互式表格和图形，可以从不同的维度对各种汇总数据和明细数据进行分析。选择“数据—数据透视表和数据透视图”命令，选择数据源类型为“Microsoft Excel 数据列表或数据库”，所要创建的报表类型为“数据透视图（及数据透视表）”，单击“下一步”，选定数据源区域为图 1 所示的纳税记录清单，将相关字段拖动到行域、列域或页面域，即可生成相应数据透视表和数据透视图，如图 A3-3、图 A3-4 所示。

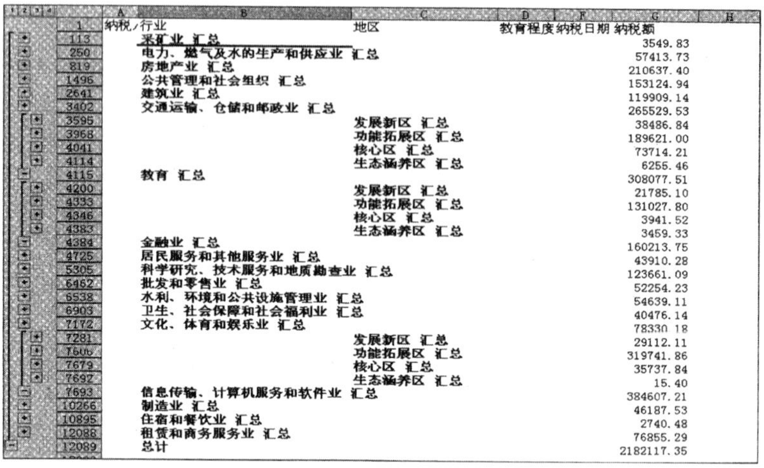

行号	纳税/行业	地区	教育程度	纳税日期	纳税额
113	采矿业 汇总				3549.83
250	电力、燃气及水的生产和供应业 汇总				57413.73
819	房地产业 汇总				210637.40
1496	公共管理和社会组织 汇总				153124.94
2641	建筑业 汇总				119909.14
3402	交通运输、仓储和邮政业 汇总				265529.53
3595		发展新区 汇总			38486.84
3968		功能拓展区 汇总			189621.00
4041		核心区 汇总			73714.21
4114		生态涵养区 汇总			6255.46
4115	教育 汇总				308077.51
4200		发展新区 汇总			21785.10
4333		功能拓展区 汇总			131027.80
4346		核心区 汇总			3941.52
4383		生态涵养区 汇总			3459.33
4384	金融业 汇总				160213.75
4725	居民服务和其他服务业 汇总				43910.28
5305	科学研究、技术服务和地质勘查业 汇总				123661.09
6462	批发和零售业 汇总				52254.23
6538	水利、环境和公共设施管理业 汇总				54639.11
6903	卫生、社会保障和社会福利业 汇总				40476.14
7172	文化、体育和娱乐业 汇总				78330.18
7281		发展新区 汇总			29112.11
7606		功能拓展区 汇总			319741.86
7679		核心区 汇总			35737.84
7692		生态涵养区 汇总			15.40
7693	信息传输、计算机服务和软件业 汇总				384607.21
10266	制造业 汇总				46187.53
10895	住宿和餐饮业 汇总				2740.48
12088	租赁和商务服务业 汇总				76855.29
12089	总计				2182117.35

图 A3-2 按行业、地区两级分类汇总

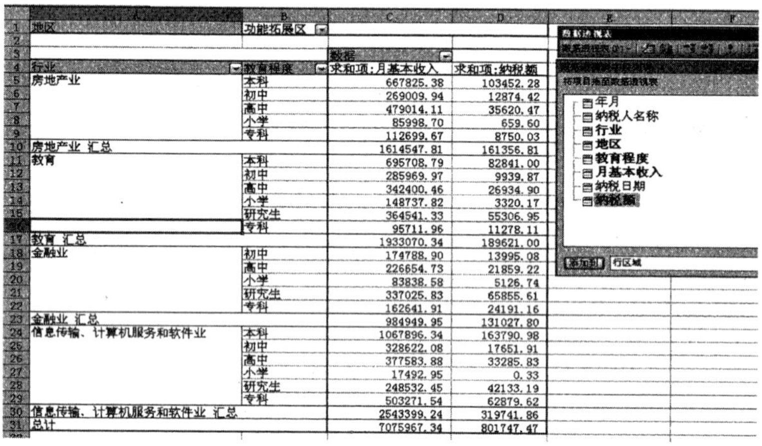

	行业	教育程度	求和项:月基本收入	求和项:纳税额
1	地区	功能拓展区		
3			数据	
5	房地产业	本科	667825.38	103452.28
6		初中	269009.94	12874.42
7		高中	479014.11	35620.47
8		小学	85998.70	659.60
9		专科	112699.67	8750.03
10	房地产业 汇总		1614547.81	161356.81
11	教育	本科	695708.79	82841.00
12		初中	285969.97	9939.87
13		高中	342400.46	26934.90
14		小学	148737.82	3320.17
15		研究生	364541.33	55306.95
16		专科	95711.96	11278.11
17	教育 汇总		1933070.34	189621.00
18	金融业	初中	174788.90	13995.08
19		高中	226654.73	21859.22
20		小学	83838.58	5126.74
21		研究生	337025.83	65855.61
22		专科	162641.91	24191.16
23	金融业 汇总		984949.95	131027.80
24	信息传输、计算机服务和软件业	本科	1067896.34	163790.98
25		初中	328622.08	17651.91
26		高中	377583.88	33285.83
27		小学	17492.95	0.33
28		研究生	248532.45	42133.19
29		专科	503271.54	62879.62
30	信息传输、计算机服务和软件业 汇总		2543399.24	319741.86
31	总计		7075967.34	801747.47

图 A3-3 分行业及受教育程度税收数据透视分析

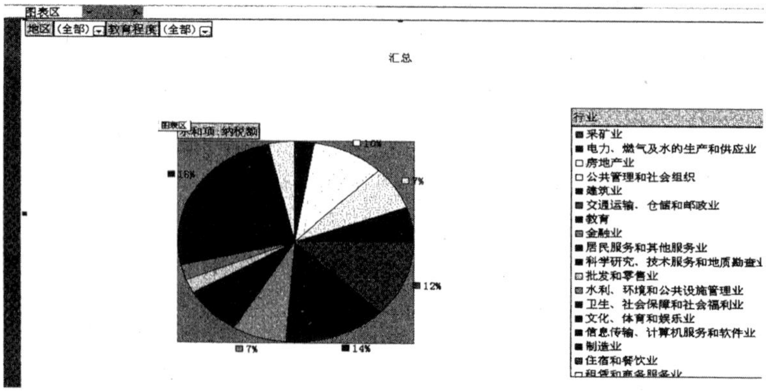

图 A3-4 各行业纳税贡献度数据透视分析

在数据透视表中将“月基本收入”拖至行域，选择“月基本收入”所在单元格，选择“数据—组及分级显示—组合”菜单，弹出如图 A3-5 所示的“分组”对话框，将步长设为 5 000。

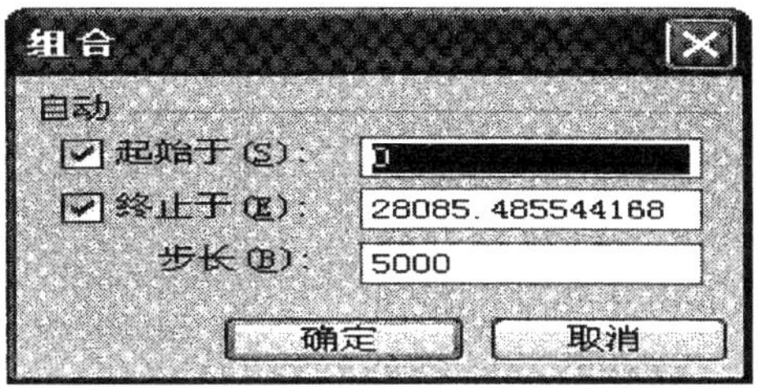

图 A3-5　数据分组对话框

从数据透视表字段列表中拖动“纳税额”到数据域，再重复拖动“纳税额”到数据域，拖动字段名“数据”到列域；选择“求和项：纳税额”，右键单击鼠标，选择菜单项“字段设置”，在弹出的数据透视表字段对话框中，设定汇总方式为“求和”，单击“选项”按钮，在数据显示方式下拉列表中选择“占同列数据总和的百分比”，如图 A3-6 所示，单击“确定”按钮，结果如图 A3-7 所示。

图 A3-6　数据透视表的字段设置

在数据透视表中，单击常用工具栏“图表向导”按钮，创建数据透视图，如图 A3-8 所示。

4. 基于 D 函数和模拟运算表的纳税户比例分析

因纳税户的计算是需要条件的，如纳税额>0；可利用 Excel 所带的 D 函数进行计算。D 函数的一般形式为“D 函数（数据清单，统计字段，条件范围）”，均有 3 个相同的参数，用以统计满足条件记录指定字段的统计值，比如 DSUM 函数用来统计满足条件记录指定字段的总计值，DCOUNT 函数用来统计满足条件记录行数。

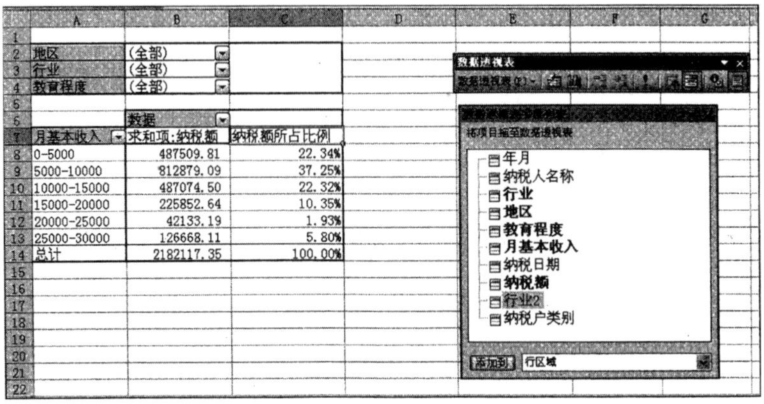

图 A3-7 各收入水平纳税额数据透视分析

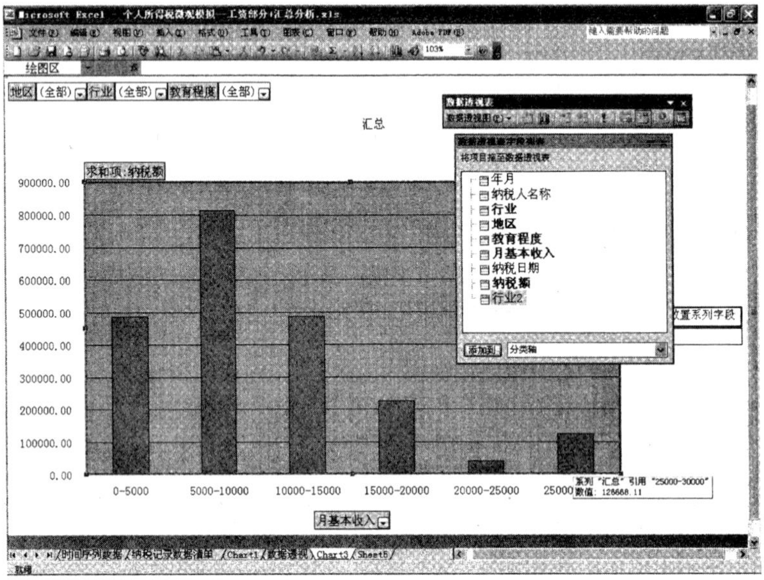

图 A3-8 各收入水平纳税额数据透视分析

构造条件范围，首行为字段名（必须同数据清单中的首行字段名），下面一行为字段的值，如图 A3-9 所示，构造出了纳税额大于 0、纳税日期在 2006 年、月基本收入在 1 600 和 50 000 之间的函数匹配条件。2006 年 12 月的纳税次数为“＝DCOUNT（Rec! A1：H12001，‘纳税额’，B2：I3)”，总纳税额为“＝DSUM（Rec! A1：H12001，‘纳税额’，B2：I3)”。

运用模拟运算表对各地区的一年 12 月的总纳税次数进行模拟，在单元格区域 D11：G11中放置各地区，在单元格 C12 中输入“＝B7”，选中单元格区域 C11：G12，选择菜单“数据—模拟运算表”，引用行的单元格为地区条件值“G3”，单击“确定”按钮，系统自动计算各地区的纳税次数。

然后，在单元格区域 C10：G10 中输入“地区”，与单元格区域 C11：G11 一起又构造了一个各地区 D 函数的条件范围，并以此为匹配条件，统计各地区的人月数，单元格 C13

的计算公式为“＝DCOUNT（Rec！＄A＄1：＄H＄12001，‘纳税额’，C10：C11)”，单元格 C14 的计算公式为“＝C12/C13”，并将其分别复制到单元格区域 D13：G13 和单元格区域 D14：G14 中，从而计算出各地区的纳税户比例。

单击常用工具栏“图表向导”按钮，创建柱状图，如图 A3-9 所示。

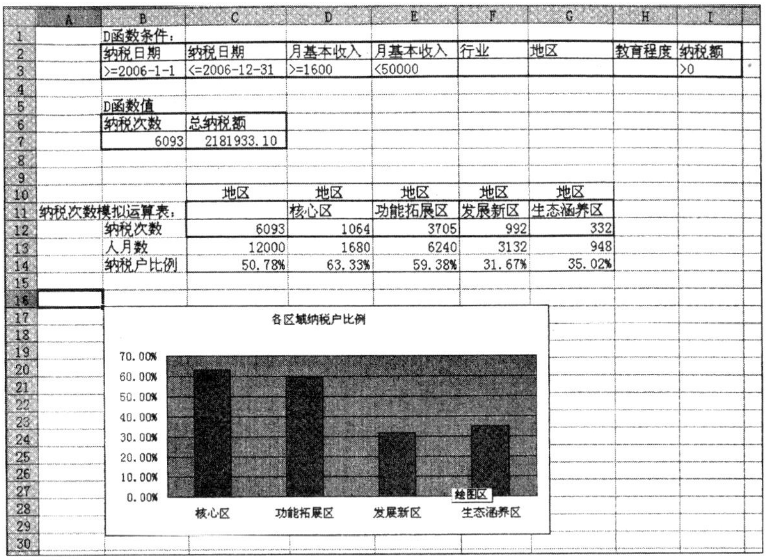

图 A3-9 基于 D 函数和模拟运算表进行各区域纳税户比例分析

5. 税收数据时间序列的形成

增加一列“年月”，在单元格 A2 中输入公式“＝DATE（YEAR（G2)，MONTH（G2)，1)”，并复制到单元格区域 A2：A12001 中；按“年月”、“日”进行两级分类汇总，则得到所模拟的每月每日纳税总额的时间序列数据，如图 A3-10 所示。

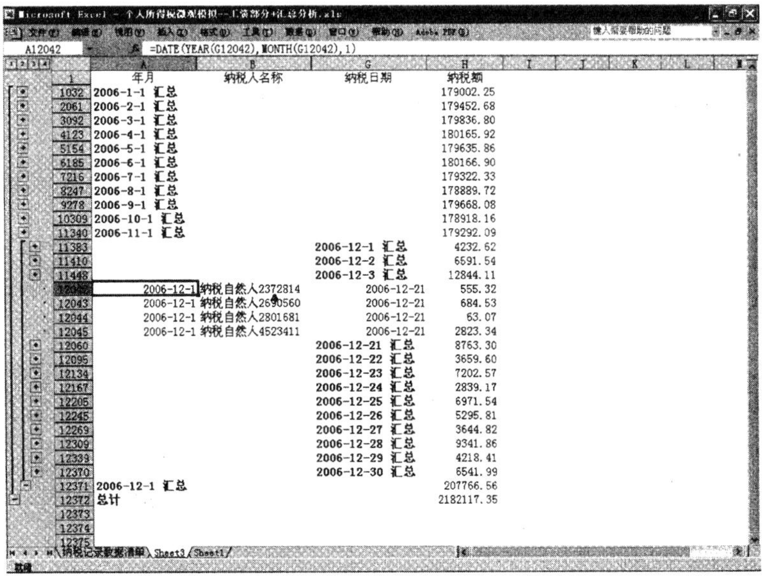

图 A3-10 基于明细数据的时间序列的形成

利用数据透视表可以更为方便地生成时间序列。如图 A3-11 所示，在数据透视表中将“纳税日期”拖至行域，选择“纳税日期”所在单元格，选择“数据—组及分级显示—组合”菜单，弹出如图 A3-12 所示的专门针对日期类型的“分组”对话框中，可同时选择“年”、“月”作为分组依据，单击“确定”按钮，结果如图 A3-13 所示。

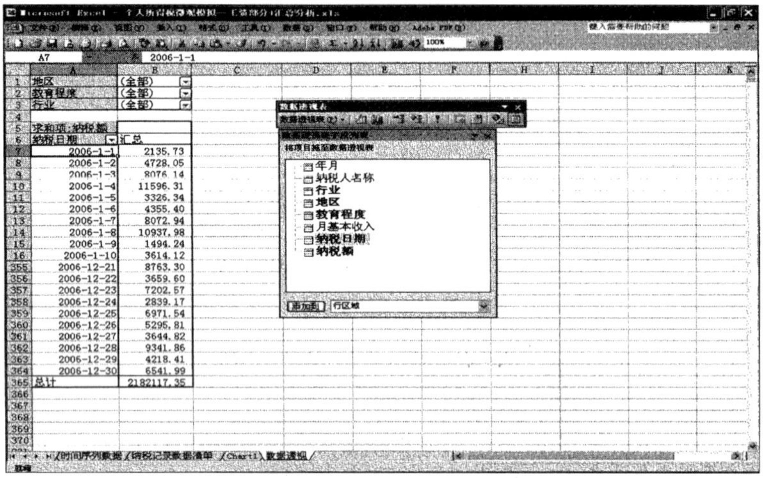

图 A3-11　基于数据透视表生成时间序列的原始数据

图 A3-12　时间字段分组对话框

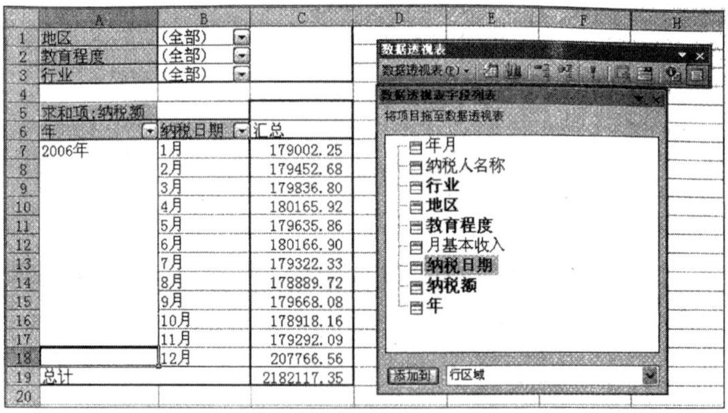

图 A3-13　基于数据透视表生成时间序列

在形成时间序列数据之后，即可采用前面“税收数据时间序列预测与回归分析”中所述方法进行时间序列分析和预测。

二、SPSS 综合案例应用分析

SPSS 原意是“社会科学统计软件包”，是 Solution Statistical Package for the Social-Science 的英文名称首字母的缩写，是世界上最早的统计分析软件。这里主要对 SPSS 的产生与发展、特点及功能、统计软件的安装与使用、如何使用帮助文件等方面进行介绍，最后简要介绍 SPSS 在各领域的应用。

(一) SPSS的产生与发展

SPSS最早是由美国斯坦福大学H. Nie等三位研究生于1968年研发，并于1975年在芝加哥成立了SPSS公司。该软件最初诞生时是用于大型机的统计软件。后来随着微型计算机的问世与发展，SPSS总部于1984年首先推出了世界上第一个微机版统计分析软件SPSS/PC+，并很快地应用于自然科学、社会科学、技术科学的各个领域。

1992年，SPSS公司推出Windows版本统计软件，同时也开始了其全球化的发展。1994年至1998年，SPSS公司先后并购了SYSTAT、BMDP、Quantime、ISL等公司，进而使SPSS公司从原来单一统计产品开发与销售，转向为企业、政府机构及教育科研提供全面信息统计决策支持与服务。自2000年SPSS 11.0起，SPSS英文全称改为Statistical Product and Service Solutions，即“统计产品和服务解决方案”。

SPSS作为一种使用方便的集成化计算机数据处理软件，以其强大的统计功能、便捷的操作方式、灵活的分析报告和精美的图形展式，赢得全球约26万家产品用户，广泛应用于通信、医疗、银行、证券、保险、制造、商业、市场研究、科研和教育等众多领域和行业。目前SPSS已成为世界最流行、应用最广泛的三大专业数据分析软件之一（它们是SAS、SPSS和SYSTAT）。

(二) SPSS的特点及功能

操作界面友好，输出结果美观是SPSS的突出特点。此外，功能强大、易学、易用，也是SPSS统计软件的竞争优势。它使用Windows窗口展示数据的分析和管理功能，使用对话框展示各种功能选择项，用户只要掌握一定的Windows操作技能，了解统计分析相关原理，就可以使用该软件为研究服务。SPSS采用类似Excel表格的方式输入和管理数据，数据接口通用，从其他数据库中读入数据十分方便，完全能满足非统计专业人士的工作和科研需要。这些都是广大专业和非专业数据分析人员对SPSS软件偏爱的原因。SPSS软件包含了尖端的统计分析方法、具备完善的数据定义操作管理和开放的数据接口以及灵活美观的统计图形和表格，这也使SPSS在各类院校以及科研机构中更受欢迎。

SPSS 18.0除保留原有产品的特点外，还以客户建议为基础，在数据管理、图形输出、统计分析功能和可编程性等方面增加了许多新特性。如提供新式的图表能够让用户将复杂的信息清晰地表现出来，PDF格式输出功能让用户更好地与他人共享信息，直接导入和导出各种数据模型让数据分析更加方便快捷。SPSS 18.0在SPSS命令语法语言的基础上提供与其他编程语言的结合功能，使其成为了最强大的统计开发平台之一。

PASW Statistics 18.0新增模块使统计分析更容易。自动数据准备功能帮助用户快速发现、改正数据中的错误或缺失值，提高了运算速度；新的非参数检验后计算分类，即表格创建后计算表格中的新分类、显著性检验、次SPC图中的规则检查；改进了PASW Statistics中某些算法和过程的性能；增强的模型窗口，能更清晰地理解ADP、二步聚类和非参数检验的结果，以及自动数据准备过程；改进了频数分析、交叉列联表和描述统计（包含在PASW Statistics Base模块中）等常用分析过程的性能。

(三) SPSS在经济学中的运用

在任何一个行业中，想要得到一个可靠的结论，统计分析都起着举足轻重的作用。数据是真实客观可靠的，在经济学领域，统计分析的运用已经非常广泛。小到居家过日子，大到国家的经济政策，统计分析都大有用武之地。

1. 研究问题

在讨论我们的研究问题之前，首先有个概念需要介绍一下。即恩格尔系数（Engel's Coefficient），该概念是19世纪由德国统计学家恩格尔提出的，指食品支出总额占个人消费支出总额的比重。用公式表示为：

$$\frac{\text{食物支出}}{\text{变动百分比}} \div \frac{\text{总支出}}{\text{变动百分比}} \times 100\% = \text{食物支出对总支出的比率(R1)}$$

$$\text{食物支出变动百分比} \div \text{收入变动百分比} \times 100\% = \text{食物支出对收入的比率(R2)}$$

注意：R2又称为食物支出的收入弹性。

也就是说，当一个家庭收入越少，家庭收入中（或总支出中）用在食物上的支出所占的比例就越大，当家庭收入增加时，家庭收入中（或总支出中）用在食物上的支出比例就会下降。同理也可说，一个国家越穷，每个公民的平均收入中（或平均支出中）用在食物上的支出所占比例就越大，随着国家的富裕，这个比例将呈下降趋势。

但是在学术界，对于恩格尔系数是否适用于中国存在争议，同时也有学者提出不能片面地追求GDP的高速增长。本节将1978—2008年的GDP的数据及恩格尔系数的数据，收集起来做一个分析，以得到恩格尔系数与GDP之间的关系。

2. SPSS软件操作过程

根据上述问题，选取了1978—2008年有关“国民总收入”、“国内生产总值”、“第一产业”、“第二产业”、“工业”、“建筑业”、“第三产业”及“人均国内生产总值”的有关数据，如表A3-1所示。同时选取1978—2008年有关“城镇居民家庭人均可支配收入”和“农村居民家庭人均纯收入”的“绝对数”和“指数”的相关数据，以及“城镇居民家庭”和“农村居民家庭”的恩格尔系数（数据来源：《中国统计年鉴2009》，中国统计出版社，2009），如表A3-2所示。

表A3-1　　1978—2008年国内生产总值

年份	国民总收入（亿元）	国内生产总值（亿元）	第一产业（亿元）	第二产业（亿元）	工业（亿元）	建筑业（亿元）	第三产业（亿元）	人均国内生产总值（元）
1978	3 645.217 474	3 645.217 474	1 027.534 543	1 745.2	1 607	138.2	872.4 829 315	381.2 311 068
1980	4 545.623 973	4 545.623 973	1 371.593 143	2 192	1 996.5	195.5	982.03 083	463.2 530 241
1985	9 040.736 581	9 016.036 581	2 564.396 891	3 866.6	3 448.7	417.9	2 585.03 969	857.8 204 998
1990	18 718.32 238	18 667.82 238	5 062	7 717.4	6 858	859.4	5 888.422 376	1 644
1991	21 826.19 941	21 781.49 941	5 342.2	9 102.2	8 087.1	1 015.1	7 337.099 411	1 892.759 642
1992	26 937.27 645	26 923.47 645	5 866.6	11 699.5	10 284.5	1 415	9 357.376 451	2 311.087 535
1993	35 260.02 471	35 333.92 471	6 963.762 895	16 454.43 131	14 187.97 131	2 266.460 004	11915.73 051	2 998.364 339
1994	48 108.45 644	48 197.85 644	9 572.69 475	22 445.39 906	19 480.70 948	2 964.689 582	16 179.76 263	4 044.004 115
1995	59 810.52 921	60 793.72 921	12 135.8 114	28 679.4 575	24 950.6 109	3 728.846 604	19 978.4 603	5 045.729 919
1996	70 142.49 165	71 176.59 165	14 015.38 999	33 834.95 901	29 447.60 708	4 387.351 936	23 326.24 265	5 845.886 547

续表

年份	国民总收入（亿元）	国内生产总值（亿元）	第一产业（亿元）	第二产业（亿元）	工业（亿元）	建筑业（亿元）	第三产业（亿元）	人均国内生产总值（元）
1997	78 060.835	78 973.035	14 441.88 567	37 543.00 219	32 921.38 856	4 621.613 632	26 988.14 714	6 420.180 477
1998	83 024.27 977	84 402.27 977	14 817.62 552	39 004.18 854	34 018.43 055	4 985.757 995	30 580.46 571	6 796.030 369
1999	88 479.15 475	89 677.05 475	14 770.02 847	41 033.58 159	35 861.4 793	5 172.102 287	3 3873.44 469	7 158.501 579
2000	98 000.45 431	99 214.55 431	14 944.7 225	45 555.87 796	40 033.59 287	5 522.285 085	38 713.95 385	7 857.676 093
2001	108 068.220 6	109 655.170 6	15 781.269 05	49 512.290 97	43 580.616 11	5 931.6748 61	44361.6105 4	8 621.706 22
2002	119 095.689 3	120 332.689 3	16 537.0196 6	53 896.767 79	47 431.308 28	6 465.459 517	49 898.901 82	9 398.054 458
2003	135 173.976 1	135 822.756 1	17 381.717 7	62 436.312 14	54 945.527 37	7 490.784 77	56 004.726 31	10 541.971 14
2004	159 586.747 9	159 878.337 9	21 412.734 04	73 904.311 87	65 210.029 12	8 694.282 746	64 561.292 01	12 335.577 64
2005	184 088.6	183 217.4	22 420	87 364.579 11	77 230.779 11	10 133.8	73 432.866 05	14 053
2006	213 131.7	211 923.5	24 040	103 162	91 310.9	11 851.09	84 721.4	16 165
2007	259 258.9	257 305.6	28 627	124 799	110 534.876 5	14 264.094 04	103 879.586 1	19 524.1
2008	302 853.366 1	300 670	34 000	146 183.4	129 111.998 5	17 071.36	120 486.607 1	22 698

表 A3-2　　1978—2008 年城乡居民家庭人均收入及恩格尔系数

年份	城镇居民家庭人均可支配收入		农村居民家庭人均纯收入		城镇居民家庭	农村居民家庭
	绝对数（元）	指数（1978=100）	绝对数（元）	指数（1978=100）	恩格尔系数（%）	恩格尔系数（%）
1978	343.4	100	133.6	100	57.5	67.7
1980	477.6	127	191.3	139	56.9	61.8
1985	739.1	160.4	397.6	268.9	53.31	57.8
1990	1 510.2	198.1	686.3	311.2	54.24	58.8
1991	1 700.6	212.4	708.6	317.4	53.8	57.6
1992	2 026.6	232.9	784	336.2	53.044 450 96	57.6
1993	2 577.4	255.1	921.6	346.9	50.316 703 07	58.1
1994	3 496.2	276.8	1 221	364.3	50.039 279 78	58.9
1995	4 283	290.3	1 577.7	383.6	50.090 598 91	58.6
1996	4 838.9	301.6	1 926.1	418.1	48.760 929 41	56.3
1997	5 160.3	311.9	2 090.1	437.3	46.595 024 89	55.1
1998	5 425.1	329.9	2 162	456.1	44.660 992 1	53.4
1999	5 854.02	360.6	2 210.3	473.5	42.067 977 93	52.6
2000	6 280	383.7	2 253.4	483.4	39.442 176 87	49.1
2001	6 859.6	416.3	2 366.4	503.7	38.199 023 92	47.7
2002	7 702.8	472.130 858	2475.6	527.9	37.676 371 67	46.2
2003	8 472.2	514.6	2 622.2	550.6	37.1	45.6
2004	9 421.6	554.2	2 936.4	588	37.7	47.2
2005	10 493	607.4	3 254.9	624.5	36.7	45.5
2006	11 759.5	670.7	3 587	670.7	35.8	43
2007	13 785.8	752.5	4 140.4	734.4	36.289 481 24	43.1
2008	15 780.76	815.7	4 760.62	793.152	37.889 058 38	43.67

①创建 SPSS 数据文件

将表 A3-1 和表 A3-2 中的数据在 SPSS 中进行合并，形成如图 A3-14 所示的 SPSS 文件，并将其保存为“经济学案例分析数据 . sav”。数据文件的变量名和标签如图 A3-14 所示。数据文件的编辑可参见具体书籍，此处不再赘述。

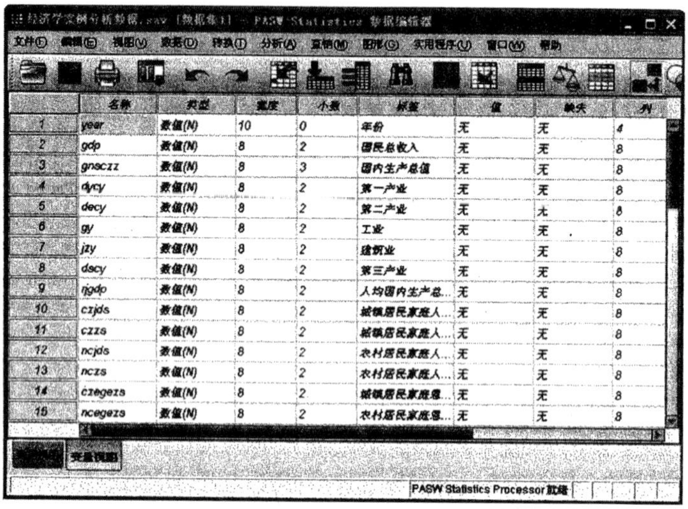

图 A3-14 经济学案例分析数据的变量视图

②描述性统计

由于本例中是各年的数据，如果做平均数、标准差等这样的一些描述性统计是没有意义的，本例可采用线图，来反映从改革开放以来中国的国内生产总值、第一产业、第二产业和第三产业发生的变化，同时也可以看出人均国内生产总值的发展变化；还可以看到城镇居民家庭人均可支配收入绝对数以及农村居民家庭人均可支配收入绝对数的变化；最后还可以看到城镇居民家庭恩格尔系数和农村居民家庭恩格尔系数的变化。具体操作如下。

a. 打开“经济学案例分析数据 . sav”文件。

b. 选择“图形”|“旧对话框”|“线图”命令，打开如图 A3-15 所示的“线图”对话框。首先选中“多线线图”，然后再在“图表中的数据为”选项组中，选中“个案值”单选按钮。单击“定义”按钮，打开如图 A3-16 所示的“定义多线线图：个案的值”对话框。

c. 在对话框的左侧变量列表框中，选中“国内生产总值”、“第一产业”、“第二产业”和“第三产业”4 个变量，然后单击“线的表征”列表框左侧的选入按钮，将这 4 个变量都移入“线的表征”列表框中。

d. 如图 A3-16 所示，在“定义多线线图：个案的值”对话框的左侧变量列表框中，选中“年份”变量，然后选中“类别标签”选项组中的“变量”单选按钮，并单击“变量”文本框左侧的选入按钮，将“年份”变量移入“变量”文本框中。

e. 单击“确定”按钮运行 SPSS 程序。

f. 选择“图形”|“旧对话框”|“线图”命令，打开如图 A3-15 所示的“线图”对话框。首先选中“简单”线图，然后再在“图表中的数据为”选项组中，选中“个案值”单选按钮。单击“定义”按钮，打开如图 A3-17 所示的“定义简单线：个案的值”对话框。

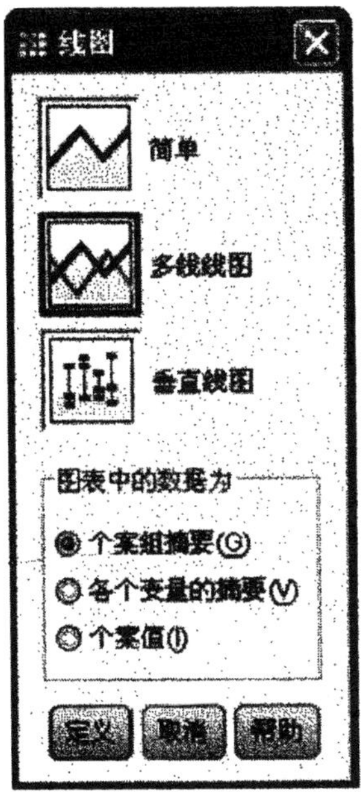

图 A3-15 “线图”对话框

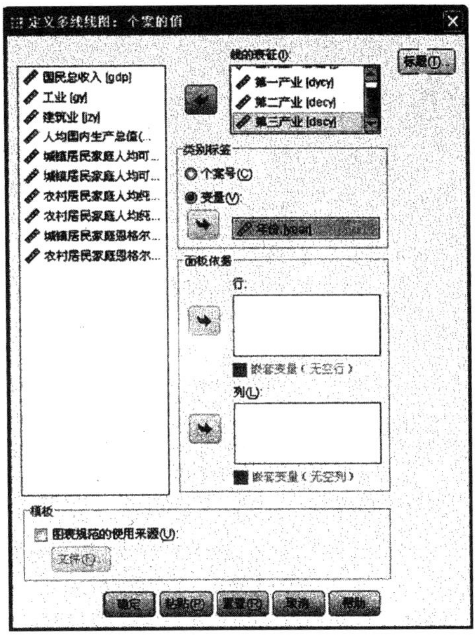

图 A3-16 “定义多线线图：个案的值”对话框 1

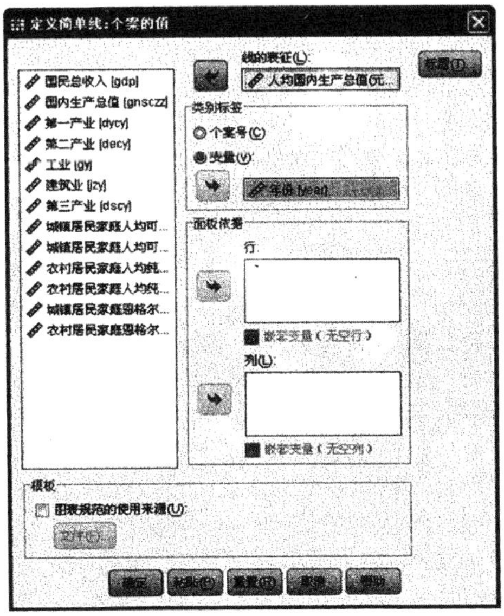

图 A3-17 “定义简单线：个案的值”对话框

g. 在对话框左侧的变量列表框中选中“人均国内生产总值”，然后单击“线的表征”列表框左侧的选入按钮，将这个变量移入“线的表征”列表框中。然后选中“年份”变量，再选中“类别标签”选项组中的“变量”单选按钮，并单击“变量”文本框左侧的选入按钮，将“年份”变量移入“变量”文本框中。

h. 单击“确定”按钮，运行 SPSS 程序。

i. 选择“图形”｜“旧对话框”｜“线图”命令，打开如图 A3-15 所示的“线图”对话框，首先选中“多线线图”，然后再在“图表中的数据为”选项组中，选中“个案值”

单选按钮。单击“定义”按钮，打开如图 A3-18 所示的“定义多线线图：个案的值”对话框。在对话框左侧的变量列表框中，选中“城镇居民家庭人均可支配收入绝对数”和“农村居民家庭人均纯收入绝对数”两个变量，然后单击“线的表征”列表框左侧的选入按钮，将这两个变量都移入“线的表征”列表框中。在左侧变量列表框中选中“年份”变量，然后选中“类别标签”选项组中的“变量”单选按钮，并单击“变量”文本框左侧的选入按钮，将“年份”变量移入“变量”文本框中。

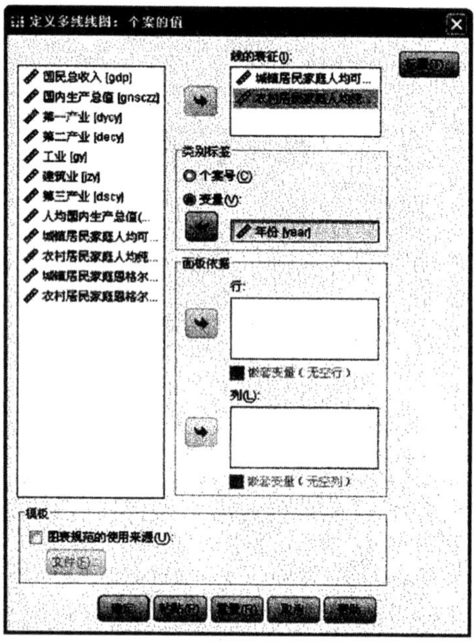

图 A3-18　“定义多线线图：个案的值”对话框 2

j. 单击“确定”按钮，运行 SPSS 程序。

k. 重复以上操作，作出“城镇居民家庭恩格尔系数”和“农村居民家庭恩格尔系数”随“年份”变化的曲线图。同时作出“第二产业”、“工业”和“建筑业”随“年份”变化的曲线图。

③相关分析

本例中，要分析各个变量之间的关系，首先可以从相关关系入手，看看哪些变量之间的关联更加密切，具体分析过程如下。

a. 打开“经济学案例分析数据 . sav”文件。

b. 选择“分析” | “相关” | “双变量”命令，打开如图 A3-19 所示的“双变量相关”对话框。

c. 在“双变量相关”对话框左侧的变量列表中选中除“年份”、“国民总收入”、“人均国内生产总值”等 3 个变量之外的所有变量，然后单击“变量”列表框左侧的选入按钮，将所有选中的变量都移入“变量”列表框中。

d. 在“双变量相关”对话框中间的相关关系选项组中，勾选 Pearson 复选框，在“显著性检验”选项组中，选中“双侧检验”单选按钮。

e. 勾选“标记显著性相关”复选框。

f. 单击“确定”按钮，运行 SPSS 程序。

④回归分析

a. 打开“经济学案例分析数据 . sav”文件。

b. 选择“分析” | “回归” | “线性”命令，打开如图 A3-20 所示的“线性回归”主对话框。

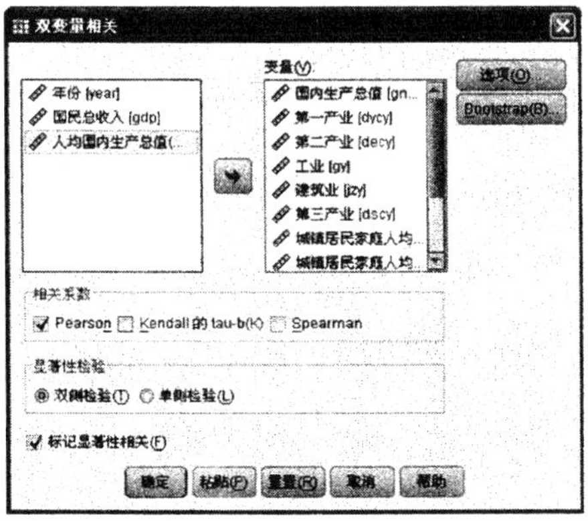

图 A3-19 “双变量相关”对话框

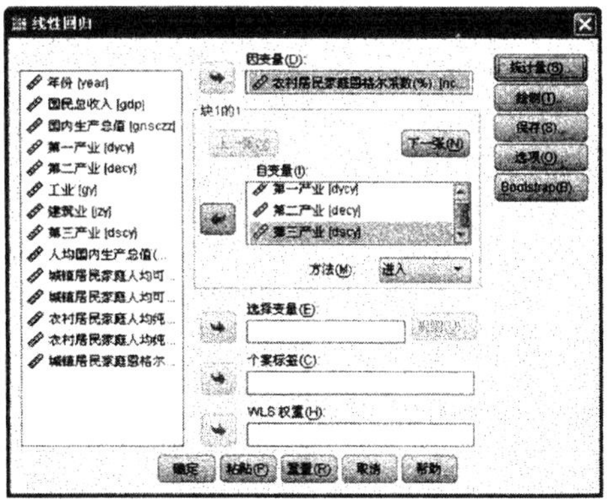

图 A3-20 “线性回归”主对话框

c. 在主对话框的左侧变量列表中，选中变量“农村居民家庭恩格尔系数（%）”，然后单击“因变量”文本框左侧的选入按钮，将其移入“因变量”文本框中。

d. 在左侧变量列表中，选中变量“第一产业”、“第二产业”、“第三产业”，然后单击“自变量”变量列表框左侧的选入按钮，将这 3 个变量移入“自变量”变量列表框中。

e. 单击“统计量”按钮，弹出如图 A3-21 所示的“线性回归：统计量”对话框。分别勾选“估计”、“协方差矩阵”、“模型拟合度”、“R 方变化”、“描述性”、“部分相关和偏相关性”和“共线性诊断”等复选框。单击“继续”按钮，回到“线性回归”主对话框。

f. 在“线性回归”主对话框的右上侧，单击“绘制”按钮，弹出如图 A3-22 所示的“线

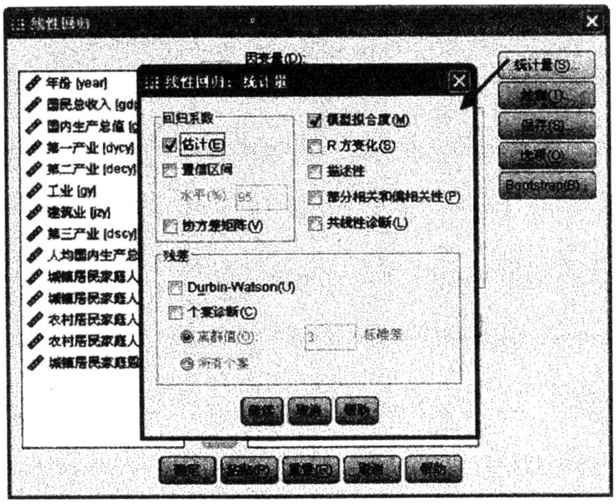

图 A3-21 “线性回归：统计量”对话框

性回归：图”对话框。在左侧变量列表框中选中 ZRESID，然后单击“Y（Y）：”文本框左侧的选入按钮，将其移入“Y（Y）：”文本框中。同理，将 ZPRED 移入“X2（X）”文本框中。并在“线性回归：图”对话框的左下角的“标准化残差图”选项组中勾选“直方图”、“正态概率图”复选框。单击“继续”按钮回到“线性回归”主对话框。

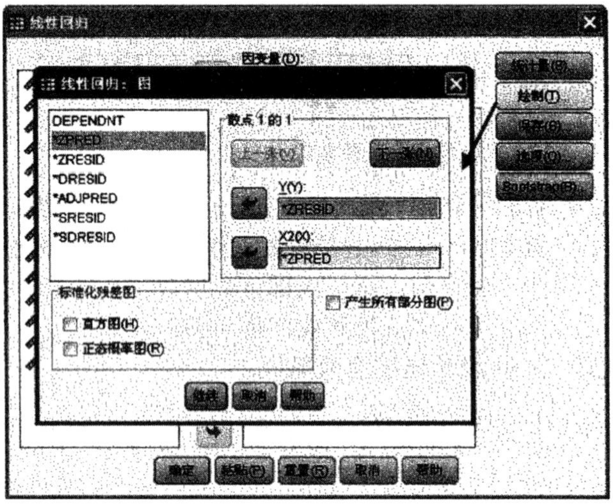

图 A3-22 “线性回归：图”对话框

g. 在“线性回归”主对话框的最下方，单击“确定”按钮，运行 SPSS 程序。

h. 选择“分析”｜“回归”｜“线性”命令，打开“线性回归”主对话框。

i. 在“线性回归”主对话框的左侧变量列表中，选中变量“城镇居民家庭恩格尔系数（%）”，然后单击“因变量”文本框左侧的选入按钮，将其移入“因变量”文本框中。

j. 重复以上操作，运行 SPSS 程序。

3. SPSS 结果整合分析过程

对于本例，可以从基本的描述性统计图、相关分析及回归分析 3 个方面来挖掘数据中的信息，3 个方面的结果呈现如下。

①描述性统计

如图 A3-23 所示，中国的国内生产总值 1978—1993 年增长速度并不是很快，1994—1996 年有一个快速增长期，1997—1999 年增长速度又有所放缓。1999 年之后中国国内生产总值呈 J 形增长。同时可以看到第二和第三产业的变化趋势和国内生产总值基本保持一致，而第一产业自 1978 年以来也一直在增长，但增长的速度比较缓慢。

如图 A3-24 所示，可以看到第二产业产值 1978—1997 年都保持高速增长，1997—1999 年增长速度有所放缓，但从 1999 年之后增长速度逐渐加快，基本呈对数式增长。同时也可看到，在第二产业的产值中工业产值占据了大部分，所以工业产值的变化趋势和第二产业的变化趋势完全一致。在第二产业中的建筑业产值 1978—2003 年增长速度都是非常缓慢的，2003 年之后建筑业的产值增长速度逐渐加快。

如图 A3-25 所示，中国人均国内生产总值除 1996—1999 年这 4 年增长速度有所放缓之外，自 1978 年以来中国人均国内生产总值一直保持高速的增长。

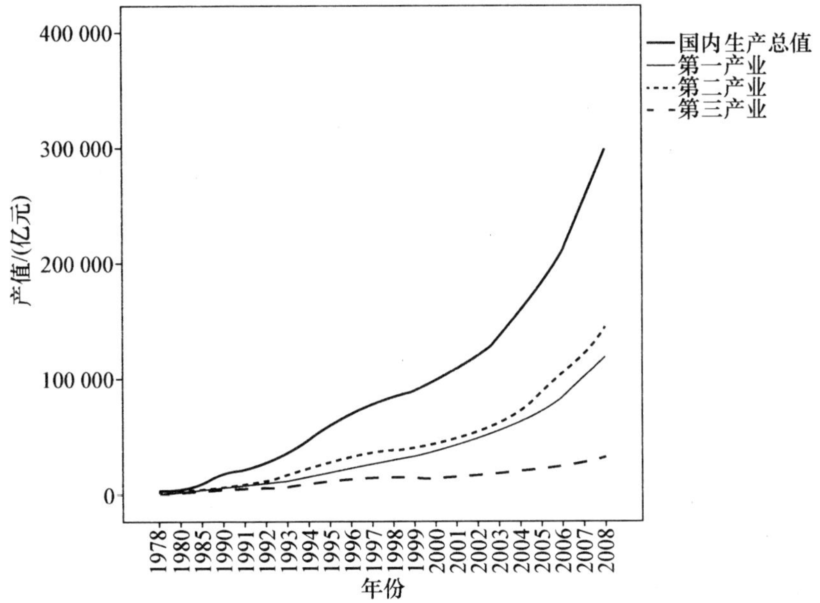

图 A3-23　国内生产总值以及其构成的变化趋势图

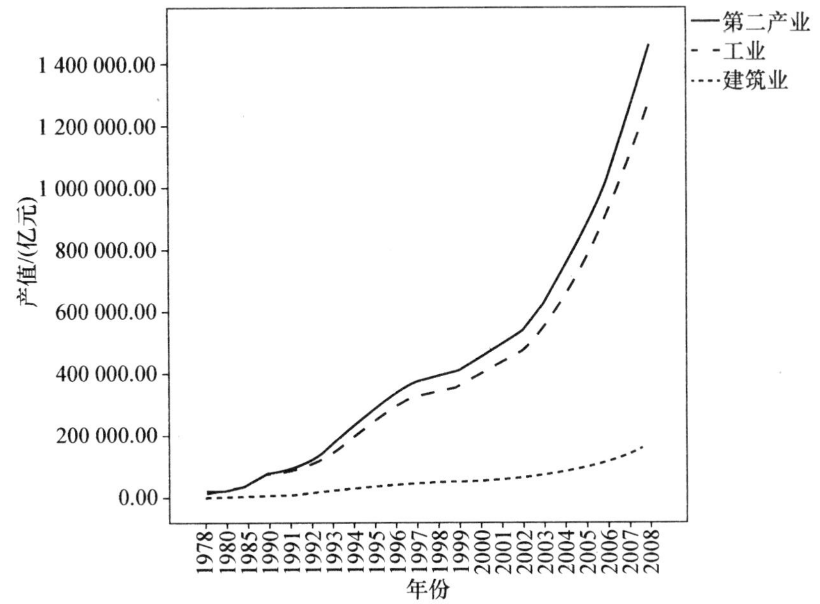

图 A3-24　第二产业以及其构成的变化趋势图

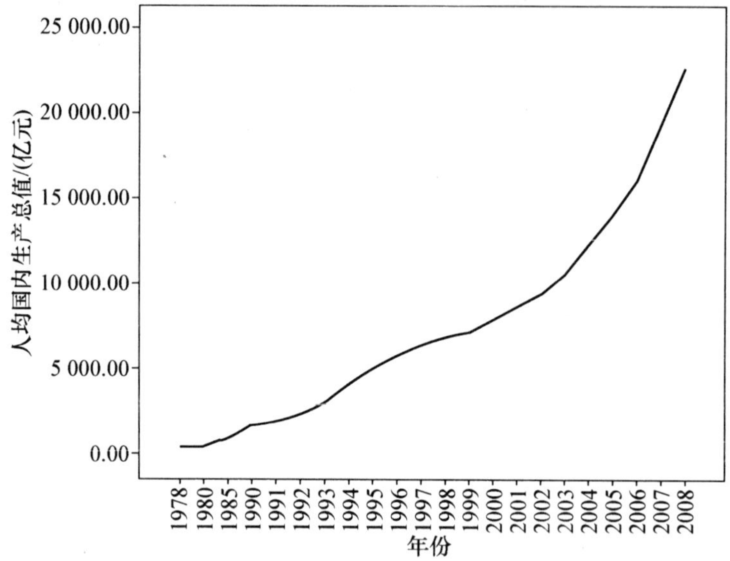

图 A3-25　中国人均国内生产总值的变化趋势图

如图 A3-26 所示，城镇居民家庭人均可支配收入绝对值从 1978 年的 343.4 元，增长到 2008 年的 15 780.76 元，增长速度非常快。相对而言，农村居民家庭人均可支配收入绝对值的增长速度比较缓慢，从 1978 年的 133.6 元，到 2008 年的 4 760.62 元。同时可以看见城乡之间的差距自 1978 年以来就越拉越大。但也可喜地发现，自 2004 年以来农村居民家庭人均可支配收入绝对值的增长在提速。

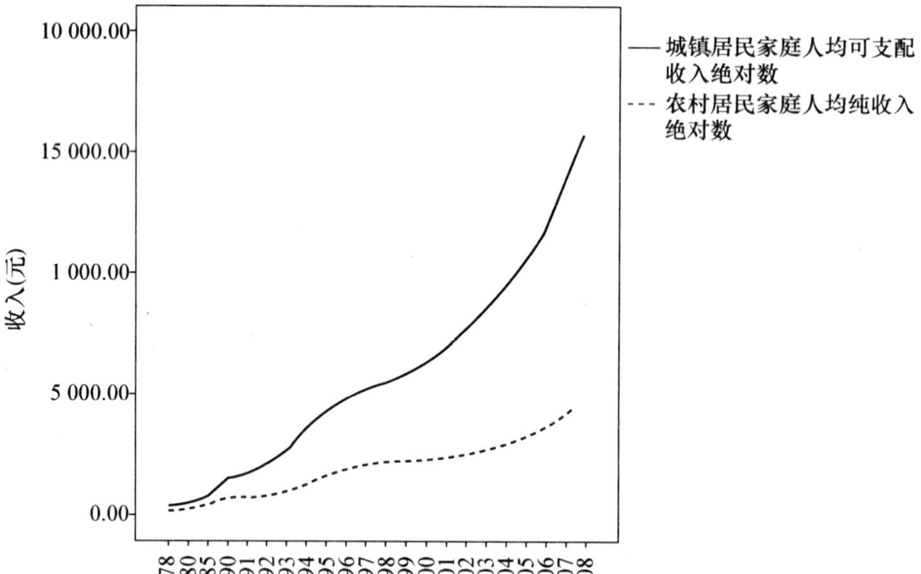

图 A3-26　城镇和农村居民家庭人均可支配收入绝对值的变化趋势图

如图 A3-27 所示，城镇和农村居民家庭恩格尔系数自 1978 年以来呈持续下降的趋势，且农村居民家庭恩格尔系数一直要高于城镇居民家庭恩格尔系数。

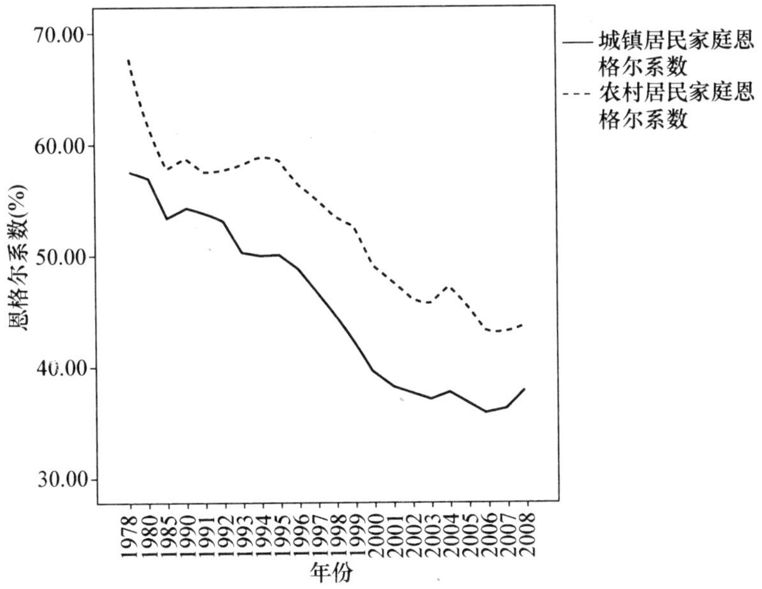

图 A3-27　城镇和农村居民家庭恩格尔系数的变化趋势图

②相关分析

由于篇幅限制，将分别用数字 1、2、3、4、5、6、7、8、9、10、11、12、13 来代替国内生产总值、第一产业、第二产业、工业、建筑业、第三产业、人均国内生产总值(元)、城镇居民家庭人均可支配收入绝对数（元）、城镇居民家庭人均可支配收入指数(1978＝100)、农村居民家庭人均纯收入绝对数（元）、农村居民家庭人均纯收入指数(1978＝100)、城镇居民家庭恩格尔系数（%）和农村居民家庭恩格尔系数（%）。如表 A3-3 所示，呈现的是这 13 个变量的相关矩阵。

在对相关分析的数据进行分析时，首先要清楚相关是存在真相关和假相关之分。真相关也就说两事物之间确实存在某种程度的关联，如父母亲的身高和子女的身高。假相关是一种数据上的错觉，例如小明种了一棵树，小明在长高，这棵树也在长高，如果将每年小明长高多少的数据和这棵小树长高多少的数据，放在一起做相关分析的话，那么相关系数肯定低不了，但只要研究者稍微思考一下就应该知道，这两者之间不会存在什么关联。类似这样的数据上的错觉就是一种假相关。研究者在对数据进行分析时必须还要有自己独立的思考能力，不能完全被数据左右，不能完全被 0.05 显著性的魔咒所套住。数据是死的，人是活的，万事万物也是在不断变化之中的，所以在分析数据时要多一个心眼。

在本例中，将所有的变量都放在一起做两两相关，形成一个 13×13 的相关矩阵。其中有一些数据是比较特殊的，比如 1 和 7 的相关系数为 1.000，1 代表国内生产总值，7 代表人均国内生产总值，人均国内生产总值等于国内生产总值除以中国的人口，这样的两个数据当然相关系数为 1 了，其实也就说明在进一步的数据分析中这两个数据只要选其一就可以了。

在表 A3-3 续表中 12 和 13 这两列所有的相关系数都是负数，12 代表的是城镇居民家庭恩格尔系数（%），13 代表的是农村居民家庭恩格尔系数（%）。这样就比较好解释了，因为恩格尔系数越大，说明国家越穷，恩格尔系数越小，说明国家越富。而中国是越来越强大，也就是说中国的经济越来越好，国内生产总值逐年攀升，当然恩格尔系数也就逐年下降了。

其中国内生产总值、第一产业、第二产业、工业、建筑业、第三产业和人均国内生产总值（元）之间的相关是非常高的，相关系数在 0.973～1.000 之间。因为国内生产总值就是由第一、第二和第三产业相加得到，所以在后面的分析中可用第一、第二和第三产业的数据代替国内生产总值这样也许会得到更多的信息。而其中第一产业、第二产业和第三产业的相关也比较高，相关系数在 0.973～0.977 之间，其实如果研究者深入思考一下，可以发现这三者之间的高相关应该是国家宏观调控的结果，国家要保证各个产业之间协调发展，所以才有这样的高相关。

表 A3-3 **相关系数**

	1	2	3	4	5	6	7
1	1	.981**	.999**	.999**	.999**	.999**	1.000**
2	.981**	1	.977**	.976**	.984**	.973**	.984**
3	.999**	.977**	1	1.000**	.999**	.997**	.999**
4	.999**	.976**	1.000**	1	.999**	.997**	.999**
5	.999**	.984**	.999**	.999**	1	.996**	.999**
6	.999**	.973**	.997**	.997**	.996**	1	.998**
7	1.000**	.984**	.999**	.999**	.999**	.998**	1
8	.996**	.990**	.993**	.992**	.995**	.994**	.997**
9	.992**	.977**	.988**	.988**	.988**	.993**	.992**
10	.981**	.997**	.977**	.976**	.983**	.975**	.984**
11	.955**	.977**	.949**	.948**	.955**	.950**	.959**
12	−.862**	−.889**	−.847**	−.846**	−.855**	−.867**	−.868**
13	−.893**	−.897**	−.880**	−.880**	−.882**	−.900**	−.896**

续表

	8	9	10	11	12	13
1	.996**	.992**	.981**	.955**	−.862**	−.893**
2	.990**	.977**	.997**	.977**	−.889**	−.897**
3	.993**	.988**	.977**	.949**	−.847**	−.880**
4	.992**	.988**	.976**	.948**	−.846**	−.880**
5	.995**	.988**	.983**	.955**	−.855**	−.882**
6	.994**	.993**	.975**	.950**	−.867**	−.900**
7	.997**	.992**	.984**	.959**	−.868**	−.896**
8		.995**	.992**	.971**	−.898**	−.916**
9	.995**	1	.978**	.973**	−.897**	−.929**
10	.992**	.978**	1	.979**	−.911**	−.917**
11	.971**	.973**	.979**	1	−.919**	−.948**
12	−.898**	−.897**	−.911**	−.919**	1	.965**
13	−.916**	−.929**	−.917**	−.948**	.965**	1

注：**. 表示相关系数达到了 0.01 显著水平（双侧检验，下同）。

③回归分析

通过以上的相关分析，可以看到各个变量之间联系的紧密程度。回归分析结果的整理如表 A3-4 中所示，从中可以看出，3 个变量对农村居民家庭恩格尔系数都有显著的预测能力。回归方程式可写成：

农村居民家庭恩格尔系数＝0.001×第二产业－0.001×第三产业－0.001×第一产业＋62.251

表 A3-4 第一产业、第二产业和第三产业对农村居民家庭恩格尔系数的逐步回归分析摘要表

投入变量顺序	多元相关系数	决定系数 R^2	增加量 (ΔR^2)	F 值	净 F 值 (ΔF)	B	β
常数						62.251	
第三产业	.900[a]	.810	.810	85.277***	85.277***	－.001	－4.615
第二产业	.932[b]	.869	.059	62.762***	8.456***	.001	4.711
第一产业	.956[c]	.913	.045	63.289***	9.328***	－.001	－1.011

从表 A3-5 中可以看出，第一产业、第二产业和第三产业 3 个变量只有第一个变量对城镇居民家庭恩格尔系数有显著的预测能力。回归方程式可写成：

城镇居民家庭恩格尔系数＝56.028－0.001×第一产业

表 A3-5 第一产业、第二产业和第三产业对城镇居民家庭恩格尔系数的逐步回归分析摘要表

投入变量顺序	多元相关系数	决定系数 R^2	增加量 (ΔR^2)	F 值	净 F 值 (ΔF)	B	β
常数						56.028	
第一产业	.889[a]	.791	.791	75.474***	75.474***	－.001	－.889

这样的结果出来之后，让人反思：为何农村居民家庭恩格尔系数显著受到第一、第二和第三产业的影响，而城镇居民家庭恩格尔系数只显著受到第一产业的影响；城镇居民最怕的是粮食涨价，所以第一产业对城镇居民的影响最大，但并不说其他两大产业对城镇居民家庭恩格尔系数没有影响，而只是没有达到统计上的显著水平而已。

三、其他税收分析常用的模型软件工具

税收数据分析模型支持系统可利用的主流数量分析工具主要包括计量经济软件平台 Eviews 和 Stata、通用数理统计计算平台 SPSS 和 SAS、通用科学计算软件 MATLAB、一般均衡模型通用软件包 GEM-PACK、通用数学建模系统 GAMS、微观模拟支撑工具软件类库 SWARM 等。

（一）计量经济学软件包 Eviews

Eviews 通常称为计量经济学软件包。Eviews 是 Econometrics Views 的缩写，它的本意是对社会经济关系与经济活动的数量规律，采用计量经济学方法与技术进行“观察”。

计量经济学研究的核心是设计模型、收集资料、估计模型、检验模型、运用模型进行预测、求解模型和运用模型。Eviews 是完成上述任务得力的必不可少的工具。正是由于 Eviews 等计量经济学软件包的出现，使计量经济学取得了长足的进步，发展成为实用与严谨的经济学科。

计量经济学软件包 Eviews 是进行回归分析和预测的一种工具，可以对时间序列和非时间序列的数据进行分析，建立序列（变量）间的统计关系式，并用该关系式进行预测、模拟等；能够处理以时间序列为主的多种类型的数据，进行包括描述统计、回归分析、传统时间序列分析等基本的数据分析以及建立条件异方差、向量自回归等复杂的计量经济模型。

Eviews 预测分析计量软件在科学数据分析与评价、金融分析、经济预测、销售预测和成本分析等领域应用非常广泛。Eviews 软件在 windows 环境下运行，操作接口容易上手，使得本来复杂的数据分析过程变得易学易用。

Eviews 引入了流行的对象概念，操作灵活简便，可采用多种操作方式进行各种计量分析和统计分析，数据管理简单方便。其主要功能有：

（1）采用统一的方式管理数据，通过对象、视图和过程实现对数据的各种操作；

（2）输入、扩展和修改时间序列数据或截面数据，依据已有序列按任意复杂的公式生成新的序列；

（3）计算描述统计量：相关系数、协方差、自相关系数、互相关系数和直方图；

（4）进行 T 检验、方差分析、协整检验、Granger 因果检验；

（5）执行普通最小二乘法、带有自回归校正的最小二乘法、两阶段最小二乘法和三阶段最小二乘法、非线性最小二乘法、广义矩估计法、ARCH 模型估计法等；

（6）对二择一决策模型进行 Probit、Logit 和 Gompit 估计；

（7）对联立方程进行线性和非线性的估计；

（8）估计和分析向量自回归系统；

（9）多项式分布滞后模型的估计；

（10）回归方程的预测；

（11）模型的求解和模拟；

（12）数据库管理；

（13）与外部软件进行数据交换。

（二）计量经济学软件 Stata

Stata 是一套提供其使用者数据分析、数据管理以及绘制专业图表的完整及整合性统计软件。它提供许许多多功能，包含线性混合模型、均衡重复反复及多项式普罗比模式。Stata 的统计功能很强，除了传统的统计分析方法外，还收集了近 20 年发展起来的新方法，如 Cox 比例风险回归，指数与 Weibull 回归，多类结果与有序结果的 logistic 回归，Poisson 回归，负二项回归及广义负二项回归，随机效应模型等。

具体说，Stata 具有如下统计分析能力：

数值变量资料的一般分析：参数估计，t 检验，单因素和多因素的方差分析，协方差分析，交互效应模型，平衡和非平衡设计，嵌套设计，随机效应，多个均数的两两比较，缺项数据的处理，方差齐性检验，正态性检验，变量变换等。

分类资料的一般分析：参数估计，列联表分析（列联系数，确切概率），流行病学表格分析等。

等级资料的一般分析：秩变换，秩和检验，秩相关等。

相关与回归分析：简单相关，偏相关，典型相关，以及多达数十种的回归分析方法，如多元线性回归，逐步回归，加权回归，稳健回归，二阶段回归，百分位数（中位数）回归，残差分析、强影响点分析，曲线拟合，随机效应的线性回归模型等。

其他方法：质量控制，整群抽样的设计效率，诊断试验评价，kappa 等。

Stata 的作图模块，主要提供如下八种基本图形的制作：直方图、条形图、百分条图、百分圆图、散点图、散点图矩阵、星形图、分位数图。这些图形的巧妙应用，可以满足绝大多数用户的统计作图要求。在有些非绘图命令中，也提供了专门绘制某种图形的功能，如在生存分析中，提供了绘制生存曲线图，回归分析中提供了残差图等。

Stata 的矩阵运算功能：矩阵代数是多元统计分析的重要工具，Stata 提供了多元统计分析中所需的矩阵基本运算，如矩阵的加、积、逆、Cholesky 分解、Kronecker 内积等；还提供了一些高级运算，如特征根、特征向量、奇异值分解等；在执行完某些统计分析命令后，还提供了一些系统矩阵，如估计系数向量、估计系数的协方差矩阵等。

Stata 是一个统计分析软件，但它也具有很强的程序语言功能，这给用户提供了一个广阔的开发应用的天地，用户可以充分发挥自己的聪明才智，熟练应用各种技巧，真正做到随心所欲。

（三）通用数理统计分析软件 SAS

SAS 系统主要完成以数据为中心的任务，是由众多模块组成的系统。其中 Base SAS 模块是 SAS 系统的核心。其他各模块均在 Base SAS 提供的环境中运行。用户可选择需要的模块与 Base SAS 一起构成一个用户化的 SAS 系统。

其中与税收经济分析相关的模块如下：

Base SAS、SAS/GHAPH、SAS/ASSIST、SAS/ASSISTSAS/AF、SAS/AF、SAS/EIS、SAS/ACCESS、SAS/STAT、SAS/ETS、SAS/0R、SAS/IML、SAS/WA、SAS/MDDB Server、SAS/InterNet。

SAS 基本运行环境介绍：

SAS 的基本运行环境是一个交互式用户界面，被称为显示管理系统（DISPLAY MANAGER），进入显示管理系统（DISPLAY MANAGER）可看到以下三个主要窗口：

PROGRAM EDITOR 窗口：编写 SAS 程序的文本编辑器；

LOG 窗口：显示有关程序运行的信息；

0UTPUT 窗口：显示有关程序的输出。

（四）通用科学计算软件 MATLAB

MATLAB 是英文 Matrix Laboratory（矩阵实验室）的缩写，最早是由莫勒（C. Moler）用 Fortran 语言编写的，用来方便地调用 LINPACK 和 EISPACK 的程序。后来他创立了 MATHWORKS 公司，对 MATLAB 做了大量的、坚持不懈的改进。

MATLAB 是一个高性能的科技计算软件，广泛应用于数学计算、算法开发、数学建模、系统仿真、数据分析处理及可视化、科学和工程绘图、应用系统开发，包括建立用户界面。当前它的使用范围涵盖了工业、电子、医疗、建筑等各领域。

MATLAB 提供的工具箱已覆盖信号处理、系统控制、统计计算、优化计算、神经网络、小波分析、偏微分方程、模糊逻辑、动态系统模拟、系统辨识和符号运算等领域。

目前在欧美各国 MATLAB 的使用十分普及。在大学的数学、工程和科学系，MATLAB 被用作许多课程的辅助教学手段；在科研机构和工业界，MATLAB 是高质量新产品研究、开发和分析的主要工具之一。1997 年，MATHWORKS 公司总裁兼首席科学家 Moler 因其对 MATLAB 的贡献当选为美国工程科学院院士。

以经济学的应用有一个专门的工具包，包括以下功能模块：

(1) 财务分析（Financial Toolbox）；

(2) 金融时间序列分析（Financial Time Series）；

(3) 广义自回归条件异方差（GARCH）；

(4) 金融数据实时连接（Datafeed）；

(5) 金融衍生产品工具箱（Financial Derivatives）。

（五）一般均衡模型通用软件包 GEMPACK

专用分析求解软件 GEMPACK 是一个用于解决经济建模的通用软件包，尤其是应用于一般均衡模型。它可用于各种各样的经济行为，包括多种方法。GEMPACK 可用于计算齐次方程组，或线性化的方程组，或者两者混合的方程组。该软件包提供了一组实用程序，用于处理经济数据、结果模拟。

GEMPACK 用于求解多国经济模型，其中最著名的就是澳大利亚的 ORANI 模型，多国贸易模型，区域模型或隔代模型（或者动态模型）。

GEMPACK 提供：

(1) 一种简明的语言用于描述经济模型的方程；

(2) 相应的程序将理论模型建立方程，以模拟理论模型运行；

(3) 可以选择内生变量、外生变量以及相应的变量；

(4) 提供实用数据管理程序，用于管理模型运行的数据，并可以转化成为相应的其他文件格式。

（六）通用数学建模系统——优化工具 GAMS

GAMS 是通用数学建模系统的简称，它是专门用于对线性问题、非线性问题和混合优化问题建模的数学工具。GAMS 尤其对大型、复杂问题有效。GAMS 可用于个人计算机、工作站、主机和超大型计算机上。

GAMS 可以以紧凑而又自然的方法对所处理的问题进行建模。使用者可以方便而快捷地改变方程的形式，可以从一个方案改到另一个方案，甚至于稍费一点劲就可以从非线性模型转为线性模型。

GAMS 可以使用户把精力集中在建模上，而不用考虑纯技术的问题。GAMS 语言类似于通用的编程语言，因此对具有编程经历的用户而言可以比较熟练地上手。

在 GAMS 中，数据只需通过数组或表的形式输入一次即可，模型一般通过简明的代数表达式来描述。如果碰到相似的问题，模型中的表达式可以复用。GAMS 中的模型可以导出到其他机器中运行。GAMS 还支持敏感度分析。

（七）系统动力学模拟软件 DYNAMO

DYNAMO 是英文 DYNAmic MOdels 的缩写，它是一种计算机模拟语言，能够把复杂的社会科学系统映射成系统动力学流图模型。DYNAMO 语言把流图模型送入计算机并算出准确的数字结果，其流程可以描述为：系统→因果关系图→流图→DYNAMO 方程→计算机→模拟动态变化结果。

图形 DYNAMO 是一个以图形界面为特征的新的连续模拟语言。它在传统 DYNAMO 语言的基础上，充分运用图形和窗口等新技术，为连续模拟语言的实际应用提供了全新的更为良好的环境和人机界面。对于各类模拟项目具有特别的价值。

图形 DYNAMO 与目前已有的各种 DYNAMO 语言相比，具有以下一些特点：

（1）可以用 DYNAMO 方程输入模型，也可以用流图输入模型；

（2）流图可以扩大；

（3）用 icon 画流图；

（4）可以用鼠标和键盘两种操作画流图；

（5）流图的良好修改功能；

（6）T 方程显示修改；

（7）C _ T _ N 方程值的复制和修改；

（8）结果的图形输出。

（八）微观模拟支撑工具软件类库 Swarm

Swarm 是 1994 年圣塔菲研究所（SFI）开发的一个模拟工具集，以研究复杂适应系统，从而将建模者们从编写程序的烦琐劳动中解放出来，可以将精力集中于他们所研究的专业领域。

1995 年 SFI 发布了 Swarm 的 beta 版。Swarm 是一个用于复杂适应系统（CAS）模拟的多主体软件平台。Swarm 用来支持建模者对复杂适应系统的研究，使用多主体模拟（Multi-Agent Simulation）的方法开展研究工作。

用户可以使用 Swarm 提供的类库构建模拟系统，使系统中的主体和元素通过离散事件进行交互。Swarm 的整个思想是提供一个执行环境，在这个环境中，大量的对象能够“生活”，并以一种分布式的并行方式互相作用。在 Swarm 上的很多工作并不仅仅是为了使并行性的任务易于管理，而且是建立一种机制，使人们意识到在它们的实验装置中多个时间线程是如何互相作用的。Swarm 支持分级建模方法，在嵌套结构中，个体可由其他个体的 Swarms 所组成。Swarm 提供了面向对象的可重用组件库，用来建模并进行分析，显示以及对实验进行控制。一个 Swarm 模型包括模型 Swarm（Model-Swarm）和观察者 Swarm（Observer-Swarm）。分层的“Swarm”可以将模型的数据收集和实现进行分离。Swarm 可以广泛用于各个研究领域，比如生物学、经济学、物理学、化学和生态学等。

税收经济分析系统中基于主体的微观模拟模型的实现可以完全在 Swarm 平台上进行，因为 Swarm 平台完全支持 Java 程序的开发，因此可以利用 Java 语言的易于集成的性能，在税收经济分析系统中加以调用。

Swarm 有 7 个核心库：defobj、collection、random、tkobjc、activity、swarmobject

和 simtools。前 4 个是支持库，有可能在 swarm 之外用到；后 3 个是 Swarm 专有的类库。目前 Swarm 还为建模提供 3 个领域相关的库：space、ga 和 neuro。可以将自行编写的库文件加入到其中。

以税收数据分析模型支持系统中一个简单的税收管理模拟为例，模拟程序的大致清单如下：

—Start Tax Admin. java（main 函数）；

—Tax ObserverSwarm. java（观察者）；

—TaxModelSwarm. java（模型）；

—Enterprise. java（个体）；

—TaxAdministrator（税务管理人员）；

—TaxAdminSpace. java（环境）。

更为复杂的模拟程序需要根据实际情况进行编制。编制的税收经济模拟程序可以通过 Swarm 平台与系统集成平台的交互，进行集成。

以上我们简要介绍了税收分析常用的模型软件工具，由于篇幅有限，我们仅以 SPSS（18.0 版本）为代表作了综合案例应用分析。读者若想详细了解其他软件工具，请参考相关专业书籍。

参考文献

[1] 廖晓理，刘新利. 税务统计分析 [M]. 北京：中国税务出版社，1997.

[2] 彭非，王伟. 基础统计学教程 [M]. 北京：中国财政经济出版社，2004.

[3] 张晓桐. EVIEWS 使用指南与案例 [M]. 北京，机械工业出版社，2007

[4]《税收分析方法》，国家税务总局，2010

[5] 刘新利. 税收分析概论 [M]. 北京：中国税务出版社，2000.

[6] 焦瑞进. 税源监控管理及其数据应用分析 [M]. 北京：中国税务出版社，2005.

[7] 贾俊平. 统计学基础 [M]. 北京：中国人民大学出版社，2004.

[8] 吴新联，董丽红. 在“逆向调节”表象之下——2002 年税收大盘点专题分析 [N]. 中国税务报，2005.

[9] 王道树，董丽红，韦国龙，赵连伟. 英国税收微观模拟模型简介及启示 [J]. 税务研究. 2009 (8).

[10] 程凌，潘慧峰. 国内外税收 CGE 模型及应用综述 [J]. 科学决策. 2010 (7).

[11] 谭荣华. 税收数据分析方法与应用 [M]. 北京：中国税务出版社，2012.

[12] 张红坡，张海锋，等. SPSS 统计分析实用宝典 [M]. 北京：清华人学出版社. 2012.

[13] 王敏. 经济税收分析的方法、模型和系统实现研究 [M]. 北京：经济科学出版社，2010.

[14] 焦瑞进. 微观税收分析指标体系及方法 [M]. 北京：中国税务出版社，2012.

后　记

近年来，各级税务机关对税收分析工作日益重视，税收分析工作水平不断提升。但在实际工作中，始终缺少一本理论与实践相结合、专门讲授税收分析的专用教材。为填补这一空白，我们组织编写了这本教材，以求对各位从事税收分析工作或对税收分析工作感兴趣的同志能有所帮助。

本书的指导思想是理论与实践相结合，不仅介绍税收分析的各种理论与方法，而且与实际工作紧密结合，力求突出本书的实用性，表述清晰，对实际工作具有较强的针对性。本书共分八个部分，第一章和附录部分由孙斌、刘明丽、赵守立执笔，第二章由付阳、李魁英、王玉翠执笔，第三章由王昕、李红东、张爱国执笔，第四章由李旭光、薛岩静、马振执笔，第五章由郝冰、李明、马玮执笔，第六章由郑继耀、曹树斌执笔，第七章由郭龙、周璞执笔。全书由郭龙、孙斌负责总纂，楚善良、冯鹤进行初审，赵喜红同志最后审定。

落其实者思其树，饮其流者怀其源。衷心感谢国家税务总局收入规划核算司各位领导对本书的悉心指导和鼓励，感谢济南市国家税务局、淄博市国家税务局、枣庄市国家税务局、烟台市国家税务局、泰安市国家税务局、临沂市国家税务局和山东省税务干部学校在编写本书过程中提供的热情帮助和支持，感谢山东国税系统广大干部职工对税收分析工作的支持和奉献，这是本书形成的力量源泉。

特别感谢山东省国家税务局局长刘景溪在百忙之中阅读书稿，并为本书作序，这是对我们的极大鼓舞。

在本书的编写过程中，参阅并引用了国内相关著作、教材、学术论文的相关观点和材料，我们在尽可能的范围内进行了标注，特向有关作者致谢。

因作者水平有限，加之时间仓促，书中难免有错误和疏漏之处，衷心欢迎广大读者和各方面人士积极对本书提出宝贵意见。

作者

2013 年 7 月